李正权 著

质量心理学概要

ZHILIANG XINLIXUE GAIYAO

经济科学出版社
Economic Science Press

图书在版编目（CIP）数据

质量心理学概要/李正权著.—北京：经济科学出版社，2012.5
ISBN 978-7-5141-1851-3

Ⅰ.①质… Ⅱ.①李… Ⅲ.①质量管理-质量心理学-研究 Ⅳ.①F273.2

中国版本图书馆 CIP 数据核字（2012）第 078362 号

责任编辑：柳　敏　李晓杰
责任校对：杨　海
版式设计：代小卫
责任印制：邱　天

质量心理学概要

李正权　著

经济科学出版社出版、发行　新华书店经销
社址：北京市海淀区阜成路甲 28 号　邮编：100142
总编部电话：88191217　发行部电话：88191537
网址：www.esp.com.cn
电子邮件：esp@esp.com.cn
北京汉德鼎印刷厂印刷
三河市华玉装订厂装订
710×1000　16 开　30 印张　560000 字
2012 年 5 月第 1 版　2012 年 5 月第 1 次印刷
印数：0001—3000 册
ISBN 978-7-5141-1851-3　定价：50.00 元
（图书出现印装问题，本社负责调换。电话：88191502）
（版权所有　翻印必究）

序

认识李正权先生，是在1994年第一届上海国际质量研讨会上。其实，在那以前，我就知道他的名字了，在《质量管理》（现《中国质量》）、《上海质量》、《质量春秋》等刊物上经常看到他的论文，觉得他的论文既有相当的理论基础，又有丰富的实践经验，能够抓住现实中的质量管理问题，结合实际探讨解决办法。那时，在国内质量管理学界，他就已经是知名人士了。记得出席那次研讨会的中国质量管理泰斗刘源张先生，就曾当着不少人的面，称赞他的论文写得很有冲劲很有水平。

会议期间，我和李正权先生同住一个房间，相谈甚欢，相交甚笃。临别时，他送给我两本他的专著，一本是《质量心理学》，一本是《质量问题大剖析——对质量的社会学研究》。他是最早从心理学、社会学角度研究质量问题和质量管理的学者之一，取得了相当丰硕的成果，在质量管理界引起广泛的反响。但是，他却没有停止自己的脚步，在自己选择的研究道路上继续前行，研究的领域日益丰富，研究的深度日益拓展，研究的成果不断出现。只要是从事和关心质量管理的人，都可以经常在各种报刊杂志上看到他的论文。我知道，他下乡当过知青，进厂当过工人，原来只有初中文化，后来通过自学考试才有了一个大专文凭，完全是靠坚韧的毅力自学成才的。因此，每当读到他的论文，我都为他感到欣喜，为他坚持不懈而感动。如今，他已经退休，却向我们捧出这样一本沉甸甸的《质量心理学概要》，集纳了他20多年的研究成果，让我们窥见到一位质量管理工作者锲而不舍的精神追求。在此，我要向他表示衷心祝贺。

随着经济社会的发展，质量问题越来越为社会所关注，人们对质量的认识也越来越深刻。如今我们已经知道，质量不仅仅只是"耐穿耐用"，也不仅仅是"价廉物美"，质量与人们心理的关联越来越广泛，也越来越紧密。正如李正权先生所指出的，心理学特性已经成为产品质量中很重要的质量特性，人们对产品质量的认知和评价越来越离不开自己的心理，质量甚至就是顾客对产品的满意程度。目前，顾客满意的质量观正在日益普及，从心理学角度来研究质量问题和质量管理，也就显得更加必要。对企业（不仅仅是企业）来说，懂得一些质量心理学的理论，可以更好地"理解顾客当前和未来的需求，满足顾客要求并争取超越顾客期望"。对顾客来说，学习一些质量心理学的知识，可以在与产品和产品生产者打交道中，例如在购买产品时，在使用产品时，增强自己"讨价还价"的能力，为自己争取更多更好的利益。对质量管理人员来说，掌握一些质量心理学的方法，可以更好地发挥员工的才干，改进质量管理，降低质量损失，提高质量效益。对员工来说，知道一些质量心理学的道理，可以增强自己的质量意识和质量能力，更好地把握自己的心理状态，从而减少差错，避免发生质量事故，提高产品质量。因此，本书适用范围相当广泛，值得关注质量问题的各方人士阅读。如果你是从事或将要从事质量管理工作的，更应该好好看看这本书。

　　质量心理学的概念是中国人最早提出来的，李正权先生为开拓这一新的研究领域付出了大量的心血。但是，本书并不是20多年前他那本《质量心理学》的翻版，不管从内容的广度还是从学术的深度都已经今非昔比。当年的《质量心理学》，研究的还仅限于企业内部的质量管理心理，或者说还仅仅是质量形成过程的质量心理学。本书把质量心理学的研究范围从质量的形成过程扩展到质量的交换过程和消费过程，从企业内部扩展到企业外部，扩展到顾客和其他相关方，扩展到整个社会，使质量心理学的理论有了更加丰厚的现实土壤。从学术深度上说，本书把质量心理学建立在质量的心理学特性、心理因素对质量从形成、交换到消费全过程的影响、对质量认知的心理因素以及心理学在质量管理中的作用这四大理论基础之上，提出了一系列新的理论观点。从实践价值来说，从20世纪80年代中期以来，不少企业、不少质量管理工作者都尝试过用质量心理学的方法来改进质量管理，推动诸如市场调研、顾客满意、内部沟通、全员参与、质量教育、持续改进、质量奖惩、QC小组活动等质量管理工作，并且取得了一定的成效。随着质量心理学的普及，我相信，不管是在企业的质量管理中，还是在政府的质量监督管理中，质量心理学都能发挥其理论指导实践的作用。

写本序的时候，正逢国务院发布《质量发展纲要（2011~2020年）》。《纲要》提出了"以人为本、安全为先、诚信守法、夯实基础、创新驱动、以质取胜"的工作方针。仔细推敲就可以发现，这些工作方针中，在很多地方，在很大程度上都涉及质量心理学研究的课题。因此，李正权先生《质量心理学概要》一书的出版，不仅符合《纲要》提出的工作方针，而且有助于《纲要》的落实。让我们一起努力，为实现《纲要》提出的质量目标而奋斗吧！

是为序。

温德成

山东大学教授、博士生导师

2012年2月12日于泉城

前　言

20多年前，我才到工厂的全面质量管理办公室（简称全质办）工作的时候，参加了一次不合格品的处理。该零件的技术问题很简单，略作补救就能修复利用。可是，参加处理的各方面却有很大的分歧，争论了半天也没有结果。当时我感到很奇怪，不可理解。后来，我进行了调查，才明白分歧的实质不是技术问题，而在于发生质量问题后，各方没有及时沟通意见，从而产生隔阂，导致不欢而散。这件事使我试着运用心理学的有关知识去分析和处理日常质量管理中碰到的问题，并试着从理论上去研究质量心理学，先后在《质量管理》（现《中国质量》）、《上海质量》、《质量春秋》等报刊以及有关学术会议上发表了多篇论文，并于1998年出版了专著《质量心理学》（重庆大学出版社）。

当年研究质量心理学的并不是我一个人。1986年，《质量管理》杂志就发表过相关文章。上海同济大学教授陈炳权也是国内研究质量心理学的专家之一，发表过不少论文，并于1991年出版了专著《质量心理学导论》（机械工业出版社）。1991~1993年，中国质量管理协会召开过多次质量责任制研讨会，质量心理学是这些研讨会的重要内容之一。上海、广东、重庆的不少作者都在会上发表过相关论文。据多次文献检索，可以肯定地说，质量心理学的概念是中国人最早提出来的。1993年在北京召开的亚洲质量与可靠性大会上，有关质量心理学的论文就受到海内外专家学者的高度关注。

但是，质量心理学并没有在中国质量管理中真正得到运用，更没有取得多少成效。随着后来推行ISO9000族国际标准和六西格玛（6σ）管理，人们对质量管理的工具理性更加看重，加上企业体制改革等多种原因，人们对质量管理中人的因素（特别是一般员工的因素）的认识大大降低，于是也就降低了对质量心理学的研究和实践热情。近十多年来，不论是相关期刊还是相关会议，都难以看到有关质量心理学的论文和管理经验。王辉淼先生在《质量春秋》2001年第9期发表《有必要提出"质量管理心理学"概念》一文，他竟然不知道早在20世纪80年代中期，就已经有不少专家学者对质量心理学（也可称为质量管理心理学）

的概念进行了论证和阐述。这说明，至少是对于质量管理人员来说，重温当年质量心理学研究取得的成果是很有必要的。

不过，当年人们研究质量心理学，关注的还仅仅是企业内部的质量管理心理，或者说还仅仅是质量形成过程的质量心理。拙著《质量心理学》中虽然有"社会文化心理对质量的影响"一章，但浅尝辄止，没有进行深入的研究。陈炳权教授的《质量心理学导论》虽然也有"产品销售服务与心理"一章，但仅仅是从企业的销售角度去说的。随着社会主义市场经济的建立，特别是进入21世纪后，产品的概念、质量的概念、质量过程的概念、顾客以及相关方的概念……不管是其内涵还是外延，都已经有了很大的扩展。在这种情况下，特别是顾客满意的质量观被人们普遍接受之后，当年的质量心理学概念已经显得过于狭窄，不能满足新的质量观对心理学的需要。把质量心理学的运用局限于质量的形成过程，局限于企业内部，当然可以起到提高产品质量和工作效率并提高员工满意度的效果，但在提高顾客满意度及提高企业与顾客关系的亲密度，在识别和满足顾客需求，在监视顾客满意度变化等方面，却难以起到作用。我们知道，在竞争日益激烈的情况下，对企业来说，后者可能比前者更加重要。因此，有必要把质量心理学的概念从质量的形成过程扩展到质量的交换过程和消费过程，从企业内部扩展到企业外部，扩展到顾客和其他相关方，扩展到整个社会。

正是这两种现实需要促使我在原来的基础上重新对质量心理学进行研究，本书就是这种研究的结果。全书分为四个部分共十六章（其中绪论作为引论，独立于四个部分之外），从质量形成、交换、消费诸过程以及社会的质量文化心理环境等方面对质量的心理特性和影响质量的心理因素进行了分析和阐述，并提出了一系列应对的方法和措施。

绪论"质量与心理学如何结缘"实际上是全书的引论。过去人们研究质量心理学，主要是从管理的角度去考虑，质量心理学实际上也就是质量管理心理学。事实上，质量能够与心理学"结缘"，并不仅仅是管理问题。绪论从4个方面分析了质量与心理学的关联性，一是质量概念本身就包含了心理学的内容，不管是从技术角度还是从经济角度来定义质量，质量都包含着心理学的内容，例如美观性就离不开人们的心理。如果把质量定义为顾客满意，那更是一种心理学的定义了。二是质量形成、交换和消费过程都离不开人的参与，当然也就要受人的心理的制约，心理也就影响了质量。三是在对质量的认知（检验）过程中，即使有相当精确的检测仪器，即使是对纯技术性质量特性的检测，认知（检验）者的心理同样起着不可忽视的作用。对顾客来说，对质量的认知（检验）往往更是心理的。四是从质量管理的角度来认识，心理学的地位和作用更是相当重要的。企业要提高管理的质量和效率,不仅要关注员工的心理,更要关注顾客的心理。

第一编是"质量形成过程的心理学"。在这一部分里,虽然沿袭了《质量心理学》一书的基本构架,但却进行了大量的修改和补充。第一章"个体心理对质量的影响",从一个质量标兵出质量事故的案例说起,用大量实例论证了员工个体的质量意识、质量能力和个体心理状态等心理因素对质量形成的影响,并对这些心理因素的构成和演变进行了分析,还分析了工作差错的心理原因。第二章"群体心理对质量的影响",从群体质量风气、质量活动中的人际关系、意见沟通等方面分析了群体心理对质量的影响,并以不合格处理中的心理因素对这些影响加以论证。第三章"组织与领导心理对质量的影响",一是从质量方针入手分析了企业的质量理念和质量价值观,二是分析了领导者的质量意识和领导行为对质量的作用,三是分析了质量管理体系的组织心理和内部质量保证的心理作用。第四章"心理学对质量管理的要求",总结了30多年来质量管理的一些经验,分析了全员参与质量管理的心理条件、质量责任制的心理作用、质量改进心理和企业的质量文化建设等,并从心理学角度提出了改进企业质量管理的建议。

第二编是"质量交换过程的心理学"。在这一部分里,分析了企业与顾客面对质量的不同心理。第五章"质量交换过程的心理特征",分析了企业与顾客因目标不同、标准不同在质量上存在的分歧,分析了质量的风险特征和不同环境(合同环境、非合同环境)的质量风险对顾客的心理影响。第六章"质量在顾客购买决策中的地位",分析了顾客对质量的需求和期望,分析了顾客的购买决策过程和顾客降低质量风险可能采取的措施,还分析了不同顾客购买决策的心理差异。第七章"顾客对质量的认知过程",分析了顾客对质量的感知和判断以及这种感知和判断的局限,提出了顾客主观质量的概念,并对影响服务质量评价的心理因素进行了分析。第八章"企业质量保证的心理作用",分析了企业的质量认证(包括质量管理体系认证)、广告宣传、技术检验、企业承诺、售后服务、顾客满意的监视和测量等质量保证手段对顾客的心理作用,并分析了企业与顾客关系对质量保证绩效的意义,还提出了企业形象竞争的概念。

第三编是"质量消费过程的心理学"。这一部分从顾客的角度来分析质量心理,着重于分析质量消费与顾客满意。第九章"质量消费过程的心理特征",从质量消费过程的成本和效益角度,分析了顾客对质量的感知和评价,提出了顾客满意与不满意的问题。第十章"顾客满意的心理基础",论述了顾客满意的定义、特征、影响,对质量的实现与顾客满意以及顾客满意的心理基础进行了阐述,还分析了不同顾客由于需求和期望不同、对质量的感知不同所产生的心理差异以及同一顾客满意状态的发展和变化。第十一章"顾客满意的质量观",论述了这种质量观形成的历史背景、基本要求和落脚点、包容量、增长极等三大特征。第十二章"企业的顾客满意战略",对企业如何建立以顾客为关注焦点的经营理念、如何把握顾客的需求和期望、如何建立与顾客的沟通渠道、如何对顾客满意进行监视和测量提出了建议。

　　第四编是"社会的质量心理学"。在这一部分里,把质量问题作为一个社会问题加以研究。第十三章"社会文化心理对质量的影响",分析了社会环境,特别是社会质量风气、社会人际关系、政府的监督管理对质量形成、交换和消费的影响。第十四章"企业的社会质量责任",提出了企业的社会质量责任问题,并借助 ISO9000 族国际标准的相关方概念,分析了员工、所有者、供方、社会等各方面对企业的需求和期望,对企业如何把质量责任变为质量动力的机制进行了分析。第十五章"社会质量文化建设",阐述了社会质量文化的构成要素、形成过程和表现形式,对社会质量文化与企业质量文化的互动进行了分析。第十六章"公共产品与社会生活质量",从全面建设小康社会的角度出发,对社会生活质量和公共产品质量进行了初步探讨,提出了质量也要为人为本的新观念,并对评价公共产品质量的社会心理因素进行了探讨。

李正权

2012 年 4 月

内 容 提 要

本书把质量问题与心理学结合起来进行研究，从质量概念包含的心理学内容，质量形成、交换和消费过程都要受人的心理因素的制约，对质量的认知（检验）过程中人的心理起着不可忽视的作用，要提高管理质量和效率就要关注员工和关注顾客的心理等四个方面论述了质量心理学的基础理论，并从质量的形成、交换、消费诸过程以及社会的质量文化心理等各个角度，对质量的心理特性和影响质量的心理因素进行了分析和阐述，提出了一系列应对的方法和措施，并从心理学角度提出了改进企业质量管理的若干建议。

本书作为作者20多年来研究质量心理学的结晶，理论联系实际，论述深入浅出，既有相当的理论深度，又有可资运用的实践方法，是企事业单位质量管理人员的必读书，也可供企事业单位经营管理人员、政府公务员和高等院校相关专业的师生参考。

目 录

绪论 质量与心理学如何结缘 ………………………………………… 1
    第一节 心理学视野：质量是什么 ……………………………… 1
    第二节 质量过程的心理基础 …………………………………… 7
    第三节 心理对认知质量的意义 ………………………………… 13
    第四节 心理学在质量管理中的地位和作用 …………………… 19

第一编 质量形成过程的心理学

第一章 个体心理对质量的影响 …………………………………… 27
    第一节 案例：质量标兵为何出了质量事故 …………………… 27
    第二节 员工的质量意识 ………………………………………… 32
    第三节 员工的质量能力 ………………………………………… 46
    第四节 员工的心理状态 ………………………………………… 54
    第五节 工作差错的心理原因 …………………………………… 62

第二章 群体心理对质量的影响 …………………………………… 76
    第一节 群体质量风气 …………………………………………… 76
    第二节 质量活动中的人际关系 ………………………………… 86
    第三节 意见沟通 ………………………………………………… 93
    第四节 不合格品处理中的心理因素 …………………………… 101

第三章 组织与领导心理对质量的影响 …………………………… 108
    第一节 企业的质量方针 ………………………………………… 108

第二节　领导者的质量意识和领导行为 …………………… 117
　　第三节　质量管理体系的组织心理 ………………………… 122

第四章　心理学对质量管理的要求 …………………………… 133

　　第一节　全员参与的心理条件 ……………………………… 133
　　第二节　质量责任制的心理作用 …………………………… 144
　　第三节　质量改进心理 ……………………………………… 153
　　第四节　企业的质量文化建设 ……………………………… 168

第二编　质量交换过程的心理学

第五章　质量交换过程的心理特征 …………………………… 181

　　第一节　企业与顾客在质量上的分歧 ……………………… 181
　　第二节　质量的风险特征 …………………………………… 186
　　第三节　质量风险对顾客心理的影响 ……………………… 192

第六章　质量在顾客购买决策中的地位 ……………………… 199

　　第一节　顾客对质量的需求和期望 ………………………… 199
　　第二节　顾客的购买决策过程 ……………………………… 205
　　第三节　顾客降低质量风险的措施 ………………………… 209

第七章　顾客对质量的认知过程 ……………………………… 214

　　第一节　顾客对质量的感知 ………………………………… 214
　　第二节　顾客对质量的判断 ………………………………… 219
　　第三节　顾客对质量认知的局限 …………………………… 226
　　第四节　顾客的主观质量 …………………………………… 230
　　第五节　影响服务质量评价的心理因素 …………………… 236

第八章　质量保证的心理作用 ………………………………… 242

　　第一节　企业的质量保证 …………………………………… 242
　　第二节　企业的质量信誉 …………………………………… 248

  第三节 企业的形象竞争 ·················· 255
  第四节 企业与顾客的关系 ·················· 265

第三编 质量消费过程的心理学

第九章 质量消费过程的心理特征 ·················· 273
  第一节 影响质量消费的心理因素 ·················· 273
  第二节 消费过程中的质量问题 ·················· 278
  第三节 消费过程中顾客对质量的认知和评价 ·················· 285
  第四节 怎样判断产品质量的优劣 ·················· 291

第十章 顾客满意的心理基础 ·················· 297
  第一节 顾客满意与顾客不满意 ·················· 297
  第二节 顾客满意的形成机制 ·················· 303
  第三节 顾客满意的心理差异 ·················· 309

第十一章 顾客满意的质量观 ·················· 315
  第一节 顾客满意质量观的形成 ·················· 315
  第二节 顾客满意质量观的主要内容 ·················· 323
  第三节 顾客满意质量观的特征 ·················· 329

第十二章 企业的顾客满意战略 ·················· 336
  第一节 企业的顾客满意战略 ·················· 336
  第二节 企业与顾客的沟通 ·················· 342
  第三节 顾客满意战略的提升 ·················· 348

第四编 社会的质量心理学

第十三章 社会文化心理对质量的影响 ·················· 359
  第一节 社会环境对质量形成、交换和消费的影响 ·················· 359

第二节	社会质量风气和质量道德	366
第三节	社会人际关系	375
第四节	政府对质量的管理	380

第十四章 企业的社会质量责任 388

第一节	企业的社会质量责任	388
第二节	企业对相关方需求和期望的满足	396

第十五章 社会质量文化建设 405

第一节	社会质量文化	405
第二节	社会质量文化与企业质量文化的互动	419
第三节	创建中国特色的现代质量文化	429

第十六章 公共产品与社会生活质量 442

第一节	提升公共产品质量	442
第二节	质量大堤与小康社会	451

主要参考文献 459

后记 461

绪 论

质量与心理学如何结缘

至今为止，大多数人都还把质量看作一个纯技术问题。虽然早在20世纪80年代中期，包括笔者在内的一些质量管理人员和质量管理专家就提出了质量心理学的概念，但主要还是从管理的角度去考虑，质量心理学实际上是"质量管理心理学"。事实上，质量能够与心理学"结缘"，不仅仅限于管理问题。本章将从质量概念、质量过程、对质量的认知和质量管理4个方面来分析质量与心理学的关联性。

第一节 心理学视野：质量是什么

一、心理学特性是重要的质量特性

"Quality is the most important production（本店最重要的产品是质量）。"美国纽约市郊一家食品专卖点门前曾经悬挂过这样一幅招贴广告。

质量真的能够出售么？谁见过质量？质量是什么东西？

我们知道，质量不是一种"东西"，不是产品本身，而是产品与要求有关的特性。[①] 产品是"过程的结果"，包括服务、软件、硬件和流程性材料4种类别。不同类别的产品有不同的要求，也就有不同的质量特性，例如硬件产品就有性

---

① 其实，不仅是产品，任何事物都有质量问题。事物既包括"物"，又包括"事"。所谓"物"，就是物质，是人们可以感知的，包括利用各种科学仪器感知的客观存在的各种各样的物质。所谓"事"，就是过程，是人们可以感知的、与人们生活和工作有关的过程。一般来说，在讨论质量问题时所说的"事物"，一是指产品（特殊的"物"），二是指过程（特殊的"事"），三是指体系或系统（特殊的"事"和"物"的结合体）。本书主要讨论产品质量问题。

能、寿命、可靠性、安全性、经济性、可维护性、时效性、美观性、创造性等，服务产品就有人员、环境、准时性、可信性、礼貌、舒适等。某种具体的产品究竟有哪些质量特性，需要具体分析。例如火柴属于硬件产品，就可能没有可维护性、时效性之类的质量特性。但不管是哪种类别或哪种具体产品，几乎都有相应的心理学的质量特性。

所谓心理学的质量特性，是指满足人们心理需要的或与人们心理认知有关的质量特性。

首先是为了满足人们心理需要而形成的产品的心理学的质量特性。人们购买和使用产品，是为了满足自己的需要。人与动物最大的区别之一，就是人不仅有生理上的需要，而且也有心理上的需要。美国心理学家马斯洛把人的基本需要分为5个层次，一是生理需要，二是安全需要，三是归属需要，四是自尊需要，五是自我实现需要。显然，后面3种需要都是心理需要。即使是纯生理需要，随着社会的进步，也已经注入了相当多的心理需要。例如，饮食是一种生理需要，但现代人的饮食需要不仅仅是对吃饱或吃得营养的需要，还包括了对饮食的色、香、味、形以及饮食环境等的需要，后者就带有相当多的心理需要成分。安全需要实际上也主要是心理需要，大多数情况下是对风险的规避，也就是对安全感的需要。事实上，现代市场上的产品，纯粹满足人们的生理需要的极其少见，大多数产品虽然有满足人们生理需要的成分，但更多的却是满足人们心理需要的，甚至是纯粹是满足人们心理需要的。前者如服装、香烟、健身等，后者如首饰、旅游、影视等。而为了满足人们的心理需要，任何产品都不得不具有相应的心理学的质量特性。特别是消费品，更是必须具有相应的心理学的质量特性。硬件产品的美观性、服务产品的礼貌性、软件产品的创新性等就是这样的心理学的质量特性。

其次是与人们对产品质量心理认知有关的心理学的质量特性。满足人们心理需要的质量特性，当然就有一个用心理去感受、去认知的问题，且不论。即使是与人的心理需要似乎完全无关的质量特性，也有一个心理感受和认知的问题。过去，人们对质量特性的认识往往局限于纯技术领域，将质量特性都尽可能纳入相应的标准中，然后通过检验，用标准来判断产品质量，只要达到标准要求的，也就是合格的，质量也就好。但是，从使用者的角度来考虑，产品质量却是他的一种感受，一种心理上的印象。例如，服务产品的等待时间，对于时间观念特强或性急或有其他事情要办的人来说，哪怕是一分钟，也觉得太长；而对于退休人员来说，可能多等5分钟也觉得无所谓。事实上，像可靠性、安全性、经济性、可维护性之类质量特性，都存在着这样的问题。即使是硬件产品的性能和寿命，不同的使用者可能也会有不同的感受和认知，从而有不同的评价。更不用说硬件产品的外观、服务产品的信誉、软件产品的创新、流程性材料产品的可靠性等等了。如果考虑到人们对产品质量认知的心理特征，相应的产品质量特性也就可能具有了心理学的特征，从而在一定程度上也就成为心理学的质量特性。

当然，相当多的心理学的质量特性也可以纳入到纯技术的标准中，可以用相应的检测设备予以检测。但是，即使是纯技术的质量特性，即使是可以用检测设备予以检测的质量特性，要使人相信（信任）其结果，也涉及到一个认知问题。而且，任何产品都有非技术的、检测设备不能检测的质量特性，往往只能用人们的感官去"检测"去把握。不同的人有不同的心理特征，有不同的认知方式，很可能就会有不同的"检测"结果。这就不能不涉及人的心理问题，不能不涉及心理学。因此，即使是从技术角度来考察质量，对质量是什么的问题，也往往离不开心理学，只不过这一直没有引起人们的重视罢了。

二、质量效益的心理感知和心理评价

产品是拿来使用的。使用产品的人是顾客，我们每个人都可以是顾客。按质量管理大师朱兰博士的说法，顾客需要的不是产品，而是产品提供的劳务，"这种劳务涉及范围广泛的人生需要，诸如营养、房屋交通、身份等等。在很大程度上，为了提供这些劳务，产品才是重要的或是有用的。"事实上，这些劳务（至少是其中的一部分）可以由我们自己提供给自己，或者说，可以由我们自己的劳动或活动来满足这些"劳务"的需要。例如交通，没有汽车可以步行，在相当多的情况下步行也同样可以到达目的地。

那么，我们为什么又要购买产品呢？很显然，产品给顾客提供的"劳务"，要比我们自己通过劳动或活动来满足这些"劳务"划算得多。从重庆到北京，如果步行，大概要走一两个月吧？如果我们这一两个月里去打工，得到的工资肯定比买一张火车票的钱多得多吧？因此，我们不会步行到北京（有人要步行环游那是另外一回事，且不论）。

什么叫"划算"？所谓"划算"，就是我们购买产品和使用产品所支付的费用，小于产品为我们提供的"劳务"的价值。也就是说，只有购买和使用产品所支付的费用小于获得的价值，我们才会购买，才会使用。但是，当我们买来一个面包，因为质量不好，不能食用，只好丢弃；或者我们买了一台彩电，经常出质量问题，影响了我们使用；于是也就可能剥夺或减少了我们应当获得的"劳务"的价值。这样，购买和使用产品的费用就可能大于我们获得的"劳务"的价值，于是我们就可能拒绝购买和使用。从"劳务"这种角度来考察，产品质量就可以归结为一个经济问题。

产品是"过程的结果"，这种结果可能有预期的，也可能有非预期的；可能有有益的，也可能有有害的；可能有正面的收益，也可能有负面的损失。决定预期或非预期、有益或有害、收益或损失的，是产品的质量特性。

一般来说，顾客总是从价值的角度或经济的角度去理解质量的。能够给自己提供价值的产品，能够给自己带来经济效益的产品，才是质量优异的产品；反之，不能带来价值和经济效益，或者带来的价值和经济效益不能达到自己预期的程度，其质量肯定不好。用公式来表示如下：

$$Q = S - C$$

式中，Q是顾客所获得的效益，由于是质量提供的，我们称为质量效益；S是顾客使用产品所获得的全部劳务收益，包括心理上的满足感等等；C是顾客使用产品所支付的购买费用、使用费用以及其他损失费用，包括心理上的失落感等等。

很显然，我们所说的劳务收益，与经济学所说的效用具有一定的相似性。在经济学中，效用是最核心的概念之一，是指人们对商品有用性的主观评价，是人们对商品用途的一种心理上的感受，具有相当丰富的心理学含义。不过，在本书中，我们使用术语劳务收益而不使用术语效用，是因为二者并不完全相同。首先，效用是针对商品而言的，不进入流通环节，不进行交换，就不可言"效用"；劳务收益既是针对商品的，也可以针对不是商品的产品，包括针对由自己劳动或活动而产生的劳务收益，例如自己"生产"的饭菜食品，也是有劳务收益的。其次，效用与价格是一对"孪生兄弟"，没有价格作为参照，效用也就说不清楚；劳务收益虽然也可以用金额来表示，也要参照相应的商品价格来确定，但价格却是本公式中的一种损失，是负面的"效用"，价格与劳务收益并不存在着必然联系。最后，经济学使用效用这个术语，主要是用来研究边际效用的，是用边际效用来研究价格问题；在本书中，我们用劳务收益来说明质量问题，既不讨论其"边际"，也不讨论质量的"价格"。

上面这个公式也适用于企业。Q实际上是企业的利润。这个公式也适用于社会，适用于政府。在现代社会，生产和使用任何一种产品，都要涉及到社会及其管理机构（政府），例如使用汽车，必然消耗能源、挤占道路、造成污染，但又可以给社会增加税收、带来繁荣。只有后者大于前者，社会才会允许人们使用汽车。但是，不管是企业还是社会、政府，其收益最终都是从顾客那里获得的，因此我们着重讨论顾客的质量效益问题。

从这个公式出发，我们可以给质量下一个经济学的定义：质量是产品（一组固有特性）给社会提供效益的程度，或者说是产品（一组固有特性）能够以最小的损失而给社会提供最大收益的程度。

读者可能已经能够理解，从经济学的角度来定义质量，质量同样包含着心理学的内容。

首先，顾客的劳务收益中包含着心理收益，损失中存在着心理损害，要研究质量，就不能不对产品是如何给顾客带来心理收益和心理损害的问题进行必要的研究，从而为提高顾客的心理收益、降低顾客的心理损害提供相应的理论或建议。

其次，顾客对自己的劳务收益和损失，包括可以完全用货币计算的劳务收益和损失，都存在一个心理感知和心理评价的问题。也就是说，顾客最终确定的"划算"或"不划算"，实际上是一个心理感知和心理评价问题。现实中，我们经常碰见对同样的产品、同样的质量并同样在使用，不同的顾客可能会有不同的心理感知和不同的"划算"或"不划算"的心理评价。这种不同的感知和评价，与不同顾客的心理特征密切相关。要研究质量，就不能不对顾客的心理特征是如何影响顾客对产品收益和损失的心理感知以及是如何影响对产品质量效益的心理评价的规律，进行必要的研究，从而为增强顾客正面评价、降低顾客负面评价提供相应的理论或建议。

三、质量是对产品的满意程度

我们知道，质量有符合性的定义，也就是产品（一组固有特性）符合规定要求（技术标准）的程度；有适用性的定义，也就是产品（一组固有特性）提供的劳务适用于顾客需求的程度；还有我们给出的经济学的定义，也就是产品（一组固有特性）给社会提供效益的程度，或者说是产品（一组固有特性）能够以最小的损失而给社会提供最大收益的程度。ISO9000：2005给出的质量定义"一组固有特性满足要求的程度"，因为对"要求"的理解可以各有不同，可以看作是这三种质量定义的综合。

进入21世纪后，顾客满意的质量观日益得到人们的认同。所谓顾客满意的质量观，就是从顾客满意的角度去认识质量，去要求企业构建和保持质量管理体系。从这样的质量观出发，质量就是顾客和其他相关方对产品的满意程度。由于产品是由顾客来使用的，一般情况下也可以说，质量就是顾客对产品的满意程度。可以说，这是一种崭新的质量定义，是一种心理学的质量定义。

从技术角度看，产品就是产品，质量就只是那些固有特性，质量往往是固有的、确定的，具有不依企业和顾客意志转移的客观性。因此，法律上也把质量定义为"合格"。《中华人民共和国产品质量法》规定："产品质量应当检验合格，不得以不合格产品冒充合格产品。"从经济学角度看，产品还是产品，质量就只是产品提供的劳务，这些劳务是可以通过计算的，也是相对客观的。而作为一种心理评价，质量往往就不固定了，也可能不明确了，往往以顾客的主观感受而转移。产品也不仅仅是产品本身了，除了产品的固有特性，赋予产品的特性，与产品相关的一些因素，例如产品的生产者、所有者、标识、包装、信誉（品牌、商标）等等，也将直接影响顾客对其质量的评价。这样，质量涉及的内容和范围大大扩展了。因此，准确地说，心理学的质量定义是"顾客对产品及其提供者的满意程度"。

顾客满意是顾客通过购买和使用产品，对企业及企业提供的产品进行心理评价的过程及其评价结果。这种评价是相当全面的。首先，顾客满意是针对产品质量特性的。以硬件产品为例，不仅包括性能、寿命、可用性、可信性、安全性、环境、经济性和美学等，同时还包括与此有关的广告服务、产品介绍（使用说明）、交货期、送货和售后服务等等。而且，这种评价贯穿于顾客从获得产品相关信息到购买、接收、使用、维护、用后处置的全过程。任何一个质量特性、任何一个服务环节、任何一个时候出现问题，都可能引起顾客的不满意，或者降低其满意程度。其次，顾客满意又是针对企业本身的。企业的性质、形象、管理、承担的社会义务或社会责任，甚至企业所在的国家或地区、企业内部员工的生存状态、所在社区的反映、与政府或其他企业的关系、主要管理者或最高管理者的政治态度等等，都可能或直接或间接影响顾客的满意状况。显然，顾客满意的质量定义比过去任何质量定义都更加全面，对企业的要求也就更高。

早在20世纪50年代（我国是80年代），就有了"顾客满意"这个术语，还有诸如"顾客至上"、"顾客是上帝"之类的用语。但是，那时候的人们，包括企业与顾客，并没有将"顾客满意"作为质量概念的内涵，作为质量的根本。不论是在理解上，还是在实际中，"顾客满意"更像是一句口号，一种广告用语。经过几十年的社会实践，特别是近20多年的社会实践，"顾客满意"越来越被企业和顾客所接受，已经形成世界性的潮流。20世纪90年代以来的世界经济变化和转折，促使这样的质量观更加深入人心。可以说，"顾客满意"是适应于知识经济时代的质量观。这种新的质量观是以人为本的人权观念普及的必然结果。顾客可以是外部的，也可以是内部的。顾客就是人，以人为本，为人类的生活质量，为人类的幸福不断提供产品、提供服务，是企业的根本任务之一，也是社会发展的根本目的。把质量观从企业一方转到顾客一方，反映了人的地位大大提高。产品质量的提高,可以更进一步加快社会的进步。

满意是一个心理学概念,是指一个人生理和心理的需要得到满足后的一种心理状态。既然人们把质量看作是顾客对产品及其提供者的满意程度,那么质量与心理学结缘就有了坚实的基础,从心理学角度来研究质量也就顺理成章了。

第二节 质量过程的心理基础

一、质量的形成、交换和消费过程

质量依附于产品而存在,质量的形成、交换和消费(使用)过程实际上也就是产品的形成、交换和消费(使用)过程。由于质量是产品的一种固有的、根本的属性或特性,离开了特定的质量,产品本身也不可能存在,更不可能投入到消费(使用)过程,因此我们也可以反过来说,产品的形成、交换和消费(使用)过程实际上也就是质量的形成、交换和消费(使用)过程(见图0-1)。

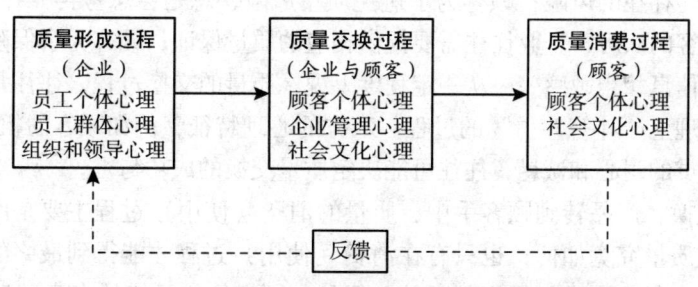

图0-1 质量过程及影响质量过程的心理因素

产品质量首先是设计出来的,其次是制造出来的。也就是说,质量的形成主要是由企业来完成的。[①] 首先,企业通过营销和对市场的研究,了解并确定市场(顾客)对产品及产品质量的需求和期望。其次,开发设计人员根据对市场研究的结果,进行新产品的构思或对老产品改进的设想,形成某一产品的概念,经过设计、评审、验证、确认等一系列工作,具体转化为产品规范(例如图样、技术

---

① 某些产品需要顾客安装、调试或作最后加工,某些服务类产品也需要顾客参与才能完成,顾客对这些产品质量的形成具有重要影响,因此我们加了限制词"主要"。

要求等等）。再其次，生产部门按照产品规范组织生产，形成产品。最后，对生产出来的产品进行必要的检验以确定其质量是否达到设计开发规定的要求。显然，在这一系列的过程中，都离不开人（员工）的工作。员工的工作质量如何，直接影响并决定了产品质量。员工不是机器，员工的工作质量是与他们的心理直接相关的。一是思想认识。如果员工不把质量当回事，那么通过他们的工作而形成的产品质量肯定就会存在问题。二是质量能力。如果员工的质量能力达不到规定的要求，想做好却可能做不好，产品质量也就不会好。三是生理和心理状态。感冒生病、心情紧张、性格乖张，都可能直接影响产品质量的形成。

质量的交换过程涉及企业与顾客双方。双方对质量的需求、关注的质量内容、对质量的认知都存在着相当多的差异，甚至存在着很大的矛盾。企业需要的是能够给自己带来最大利润的质量，顾客需要的是能够给自己带来最大劳务效益的质量；企业关注的是质量的技术内容，是合格与否，顾客关注的是质量的适用，特别是使用情况；企业有相应的技术知识和技术手段，对产品质量可以进行技术检测，而顾客往往不懂产品的技术原理、技术知识，更不可能进行相应的技术检测。这些差异和矛盾往往是因为双方不同的心理而产生的，而且又会对双方在交换过程中的心理产生重大影响。企业为了将产品销售出去，总是尽可能夸大产品的质量，甚至隐瞒产品质量可能存在的风险；顾客为了避免质量风险，总是会思考再三，小心翼翼。为了赢得顾客的认可，企业往往需要提供相应的质量保证；顾客为了保险，往往对负面的质量信息相当敏感……从一定程度上说，质量的交换过程，往往是企业和顾客双方在心理上"斗智斗勇"的过程。双方的心理特征，例如顾客的粗心或细心、企业销售人员的耐心和诚恳，往往可能决定质量交换的成功与否。

经过交换，产品转到顾客手中，质量的消费（使用）过程主要是由顾客来完成的。产品质量究竟如何，也只有在消费（使用）过程才能得到最终的证实。也就是说，是由顾客来进行最终判断的。但是，顾客往往只能从自身的感知、感受来证实或判断质量，而感知和感受都是一个心理过程，也就是顾客通过消费（使用）质量，需求得到满足的心理过程。首先，这种满足是通过没有消费（使用）质量的心理状态与消费（使用）质量后的心理状态进行对比后得到了一种心理评价。对比越鲜明，满足就越大，评价也就越高。其次，顾客又要把这种满足和自己的预期进行对比，达到预期甚至超越预期，满足就大，评价也就高。感知也好，感受也好，都与顾客的认知水平、要求和期望、个性心理特征等心理因素直接相关。同样的产品同样的质量，一些顾客感到满意，另一些顾客却不满意，根本原因就在于他们之间的心理因素不同。对某些产品来说，顾客的心理因素甚至直接决定了质量的消费。例如如果顾客心情不好，就难以得到音乐会的最佳质量享受；顾客缺乏相应的知识和能力，就难以获得照相机的最佳质量效果。

图 0-1 表示了整个质量过程所涉及的一些主要心理因素，本书将分 4 个部分对此进行分析，以构建一个新的质量心理学框架。

二、决定质量水平的技术、市场和管理系统

自从有了商品和商品生产，产品质量的形成总是与生产产品的技术，与消费产品的市场，与生产和销售产品的管理（即环境）分不开的。技术、市场、管理这三个系统决定了产品质量。产品质量或高或低，从宏观角度看，总是要从这三个系统去找原因。图 0-2 是产品质量与技术、市场、管理的关系示意图。

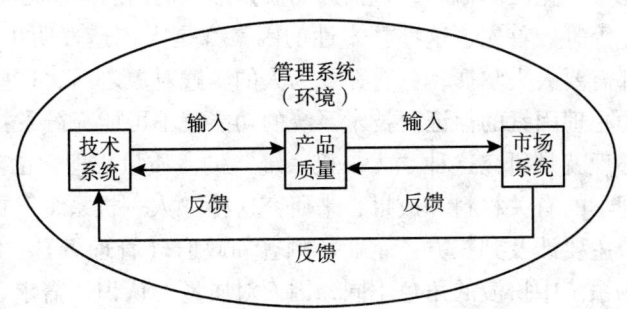

图 0-2　质量与技术、市场、管理的关系

从图 0-2 可以看到，产品质量首先是由技术决定的，其次是受市场制约的，最后它是在管理这个环境中形成的。要提高产品质量，特别是要大规模地、升级换代地提高产品质量，没有一定的技术条件是不可能的。不能设想，没有 20 世纪科学技术的大进步，没有诸如爱因斯坦等科学巨匠的伟大贡献，人类能够生产宇宙飞船、电子计算机这样的产品。因此，从一定的角度来说，质量创新就是技术创新。

在市场经济的情况下，产品生产出来以后，总要卖出去。如果市场不需要这种质量水平的产品，也就是说这种产品的质量水平高于或低于市场需要（这种需要的上下限范围当然是很大的），生产就不可能继续，产品质量就会下降或上升到市场需要的范围内。一种高质量的产品生产出来了，如果顾客没有能力购买（一般来说高质就会高价），或者没有能力消费，生产也不可能继续或大规模继续。如果是一个卖方市场，社会总需求大于总供给，"萝卜快了不洗泥"，要真正提高产品质量，肯定很难，甚至是不可能的。

生产、销售甚至消费,都离不开一定的社会政治文化环境,都离不开管理(包括社会的管理、企业的管理和家庭的管理)。在技术和市场都已经决定的情况下,或者说是大体不变的情况下,管理的重要性便显得特别重要。相同的技术条件,相同的市场机制,不同的企业生产的产品质量各不相同,其根本原因就在于管理方式和管理效率的不同。

但是,不管是技术系统、市场系统还是管理系统,都离不开人,离不开人的行为。人不是机器,他有自己独特的认知、情感和意志,也就是心理。人的行为总是受着人的心理的制约。自然环境、生理机制、社会因素等等当然也要制约人的行为,但是往往要通过人的心理来制约人的行为。离开了人的心理这个中介,不仅技术、市场和管理无法实现,即使是自然环境、生理机制和社会因素,可能都难以起到作用。

技术系统是一个宽泛的概念,包括产品质量形成的所有物质基础,材料、原料、设备、工艺等等。首先,这些技术性的因素都是人创造发明出来的。其次,所有的技术又都需要人去掌握,只有在成为人的实践对象之后,这些因素才有意义。离开了人的心理因素的保证,技术系统的功能就不可能充分发挥出来。劳动心理学和工程心理就是研究这种"人—机系统"的。质量心理学也要借助劳动心理学和工程心理学的有关材料和成果,来研究这种"人—机系统"的质量问题。

市场系统中主要涉及到三方:企业、顾客和政府(管理者)。由于三方的地位不同,在市场系统中扮演的角色不同,因而对质量的认识、需求、感知、判断等也就不同。观念上的或曰心理上的差异往往导致了他们之间的矛盾和冲突。市场心理学、消费心理学、广告心理学等等已经涉足这个领域,但是还没有全面地系统地研究上述的矛盾和冲突。质量心理学将试着来研究这一课题。

什么是管理?从某个角度来说,管理就是正确协调和处理各种关系。不论是对人的管理还是对物的管理,都需要研究和运用心理学知识,掌握人的心理活动规律,去提高管理效率和管理质量。开始的时候,管理心理学就是研究企业管理心理的一门学科。从某个角度来看,当时的质量心理学只是管理心理学的一个分支,是管理心理学在质量管理中的具体运用。随着研究的深入,质量心理学已经不仅仅是只研究企业的管理心理了,而且还要研究质量形成、交换和消费过程中涉及到的劳动心理、工程心理、市场心理、消费心理等问题。

三、心理因素对质量过程影响的历史演变

为了便于说明问题,有必要简要回顾一下产品生产和产品质量形成的历史演变。

原始人既是天然物质的收集者，也是天然物质的使用者。他们在面临各种生存问题时也遇到了种种质量问题。例如，哪些植物是可以食用的？哪些植物是有毒的？随着早期技术的发展，他们开始从事天然物质的培育和加工。最初，这些加工是由使用者自己去进行的。在这种情况下，几乎所有的质量任务或质量职能都是由一个人，即由一个身兼生产者和使用者的人去完成的（原始人虽然也有集体劳动，但参与集体劳动的人依然身兼生产者和使用者的双重身份）。一般来说，产品质量的形成就只与这一个人的心理因素有关。由于生产还处在原始状态，生产过程十分简单，原始人的心理也不像后来那么复杂，心理因素在质量过程中的作用也就比较简单，或者说这种作用还很小。

后来出现了分工，商业也有了相应的发展，出现了专业性的职业，例如农民、手工业工匠和商人等。这些专业性的工作本身又造成一种分离———一个人再也不可能既是生产者又是使用者了。这种分离给此时已经成为农村市场上作为卖主和买主的生产者和使用者带来了各种新的质量问题。农村市场的法则是"货物出手，概不退换"，即由买主（收取地租的地主也可算作买主）自行当心。因此，保证产品能适合使用是买主的事情。一般来说，买主能够完成这项任务。这些商品都是不复杂的，大多数质量特性都可以用人的肉眼去把握。买主通过以前的购买和使用，也早已熟悉了这些产品的质量特性，因此能够保证这些产品适合使用要求。大多数情况下，买主是通过对以前购买产品的检验来确立这种信息的。此外，买主可以信赖卖主众所公认的质量信誉。对卖主来说，取得一种不容置疑的质量信誉是一件头等大事。卖主的收入和家庭安全以及在社会中作为一名信得过的"手艺人"的地位，全都直接受其产品质量的影响。这些都是得失攸关的大事，它们都会对卖主竭尽全力使自己的产品能够适合使用要求产生强烈的影响。

由于使用者和生产者的上述分离，心理因素对产品质量的影响也就有了相应的发展，也就是说，不仅生产者的心理因素要作用于产品质量，而且使用者的某些心理因素（例如对产品质量的需求和认知等），也要通过生产者作用于产品质量。心理因素不仅在产品质量形成过程中的作用有所加强，对产品质量交换和消费的作用也凸显出来了。

随着生产的不断发展，愈来愈多地使用非天然的材料和工艺技术，产品复杂性的不断增加，越来越多的质量特性再也无法用人的感官来进行判断。生产者和使用者的关系也越来越复杂，产生了各种农村市场无法解决的新的质量问题。解决这些新的质量问题，需要各种新的方法和处理各种新的质量课题。在这些新的方法中，有些是技术性的，涉及到材料和产品规格或标准、试验规范、测量仪器的开发和使用；有些是立法性的，例如国家规定的有关产品质量的法规或法律；还有些是管理性的，在企业之上和企业内部成立了一些专门机构，负责已经分离出去的各种质量职能工作。这样，产品质量过程中所涉及的，就不仅仅是生产者和使用者了，还包括半成品或原材料供应者、销售者、管理者以及企业内部各级各类部门和人员。

而且，在原始经济和自然经济时代，生产往往是由一个人或少数几个人进行的。例如小手工业工匠的生产，往往是由他一个人或他家的少数几个成员，最多再加上几个学徒进行的。到了大工业时代，企业规模不断扩大，生产往往由几百几千上万人来进行。不管是谁，都不可能凭一个人的力量生产一辆汽车或一门大炮。这时，企业就要按照一定的科层制度，从上到下组织起各种专门化的部门（科室、车间、工段、班组等），设立相应的机构和相应的领导者。很显然，这些专业化部门就其从事的那一门或那几门、那一项或那几项工作，其工作能力大大优于任何小手工业工匠。但是，由于产品的复杂、技术的突出作用、所需的仪器仪表及设备装置增多，更由于人数成百成千倍的增加，加上复杂的科层机构，社会化程度提高了，也就多了一些"麻烦"，多了一些问题。

由于上述原因，心理因素在产品质量过程中的作用就大大加强了，也就是说，作用的范围扩大了，研究课题深入了。仅以对产品质量形成的影响为例，就表现了多方面的扩大和深入。首先，与原始经济和自然经济相比，影响产品质量的已经不仅仅是个体心理，还包括群体心理、组织与领导心理、社会文化心理。而且，后面几个层次的心理比起某一个或某几个员工的个体心理来，对产品质量的影响更大更深，其作用也就更大更强。原始经济和自然经济时代，生产者和使用者的个体心理当然也要受当时的社会文化心理的制约，当时的社会文化心理也要影响产品质量的形成。但是，与现代的大工业生产相比，可以说，那时候产品质量形成的心理基础主要还是个体心理。其次，原始经济和自然经济时代影响产品质量的心理因素，主要的还是劳动心理。到了大工业时代，就不仅是劳动心理了，工程心理、管理心理、社会心理等在产品质量形成过程中的作用或者产生了，或者大大强化了。例如，过去就不必研究人与机器、环境相互作用过程中的心理活动特点和规律，而现在这应当是质量心理学研究的一个重要内容。设计出更便于操作、更适合人的心理活动特点和规律的机器和环境，是提高产品质量的一个重要措施。再其次，商品经济取代了自然经济，商品交换更加深入，更加广泛，产品质量的形成和产品质量的消费之间更加依赖于市场作中介作桥梁，市场心理学、商业心理学、广告心理学、消费心理学等应运而生。与商品交换有关的各种心理现象，也会通过种种渠道，或多或少或大或小作用于产品质量。这也是原始经济和自然经济时代无法比拟的。最后，也是更重要的，现代人（包括生产者和使用者）的文化水平不断提高，眼界更加开阔，心理也日趋复杂，与产品质量有关的需要、认知、情感、能力等等心理现象的深度和广度也今非昔比。这样，心理因素在产品质量形成中的作用当然也就加大了，加重了，加多了。有人说，现在的思想工作比新中国成立初期难做。这实际上反映了现在的员工心理比20世纪50年代的职工心理复杂得多。更莫说与原始时代、自然经济时代相比了。

总之，产品质量过程中所涉及的心理问题，量更多，面更广，内容更深刻。各种不同的心理因素对产品质量的形成、交换和消费共同起着作用，组成一股合力，推动或阻碍着产品质量的提高，甚至可能迫使产品质量下降。本书将从产品质量形成、交换和消费三个方面来考察和研讨质量与心理的关系。

第三节 心理对认知质量的意义

一、感官的感知与经验的判断

我们去商店购买产品，首先要用眼睛去"看"，有的还要用耳朵去"听"，用鼻子去"嗅"，用舌头去"尝"，用手或身子去"摸"或"接触"，也就是用我们的感官去感知产品的质量状况，然后加以判断。事实上，这就是一个感官的"检验"过程。产品如果不能通过我们的感官检验，再好的质量也难以得到我们的认可。在供顾客选择的产品相当丰富的时代，过不了顾客感官"检验"的产品，往往要被顾客忽视，甚至被顾客抛弃。

从心理学角度来看，感官的感知其实就是一个心理过程。这个心理过程的结果不仅要受输入的信息（主要是产品本身可以凭感官感知的质量特性）的影响，也要受人的心理特征（例如感知能力）的制约。不管钻石多么漂亮，对失明的人来说是不可能感知的。因此，可以说，心理因素是认知（或检验）产品质量的基础。

人们的需要，包括生理需要和心理需要，往往都是由感官来反映的。某种生理需要得不到满足或满足得不好，就会使人出现紧张、疼痛、疲劳、虚弱等等感觉。例如饥饿了，我们会感觉肚子有一种疼痛感；锄头质量不好，我们就会感觉挖地特别费劲……在这种情况下，人们对质量的判断标准就直接与自己的经验相关。经验丰富的人，对产品质量的判断就准确一些；没有经验的人，就很难得出正确的结论。这种经验是在长期的生活和生产过程中形成的，在很多情况下还可能是父母或师傅传授的。事实上，在手工作坊中，师傅的地位和作用往往是至高无上的，没有多年的"功夫"，学徒是难以成为师傅的。这多年的"功夫"就是经验积累。经验的作用不仅体现于对相同产品的质量进行判断，而且也体现在对从来没有见过的产品进行的质量判断上。一种新产品出来了，人们从来没有见过，更没有使用过，但人们依然会调动自己相类似的经验来进行"检验"和判断。

这样的"检验"可以从四个方面来理解：

首先，在使用产品之前，我们总是要通过自己的眼、耳、鼻、舌、身等感官，去认识产品，认识产品的质量。产品的形状、色彩、声音、气味、滋味、温度……通过我们的感官被我们所感知，然后我们调动我们的知识和经验，将自己意识或观念中的相同产品的形状、色彩、声音、气味、滋味、温度……与我们感知的产品相对照，从而得出相应的结论。不同的产品，需要"检验"的项目是不同的，我们要"动用"的感官也会有所不同，有的产品需要"动用"多种感官，例如食品；有的产品则只需要"动用"眼睛一个感官就可以了，例如书籍（不含其内容）。如果我们感知的产品与我们观念中的产品相符合，甚至高于我们观念中的产品的"标准"，我们就会认为其质量不错；如果不相符合，低于我们观念中的产品的"标准"，我们就会认为其质量差。

其次，在使用产品的过程中，也会出现类似的"检验"过程。这时，除了眼、耳、鼻、舌、身等感官外，人的其他器官也可能参与到这样的"检验"过程中来。比如食品被"使用"后，味道如何？能否"经饿"？即使是诸如种子、肥料之类生产资料产品，其效果如何，当然要以事实为依据，但事实必须通过人的感官才能认识，离开了人的感官，"事实"就是哲学上的彼岸世界，对我们可能就没有多大意义。因此，产品的使用质量也主要是通过人的感官来进行"检验"的。

再其次，就是生产者对产品质量的"检验"，也离不开自己的感官。在大工业生产出现之前，生产者对产品质量的检验，主要是靠自己的感官来进行的。据考古发现，早在原始社会，人们在打制石器的时候，就已经有了最原始的质量检验，执行检验任务的往往是部落中的长老。到了自然经济时代，产品种类有所增加，复杂程度也有所提高，但绝大多数产品依然可以凭人的感官和经验来判断质量，再加上由于商品交换的规模和范围都还极其有限，生产者对产品的检验也主要还是靠自己的感官来进行的。就是到了现代，虽然已经有了相当多的检测设备，但不管是操作者还是检验人员，在对某些产品的某些质量特性进行检验时，也只能靠感官来进行。

最后，在相当多的情况下，产品的感观质量是顾客对质量的第一印象，这种第一印象往往促使顾客形成一定的心理定势。心理定势是指主体的心理模式对以后心理活动趋向的制约性，是主体对某种体验的准备性和倾向性，也就是人们常说的"先入为主"。由于有了感官质量这个第一印象，顾客就可能形成了对产品质量认识和判断的准备状态，决定着下一步继续认识和判断的趋势。第一印象不好，往往很难得到纠正，如果要纠正则需要更多更有说服力的信息。即使是很有理性认识的顾客，在他们购买产品时，在进行购买决策时，产品的感观质量依然是其"第一印象"，这"第一印象"依然可能让他们形成心理定势，"先入为主"，左右他们对产品质量的认识和判断。

二、技术检测的心理学意义

用感官和经验来认识和判断质量，由于人与人之间的感官差异、感觉差异、感知差异以及经验的不同，往往容易出现"公说公有理、婆说婆有理"的局面，使认识和判断既难以准确，又可能缺乏客观性。典型的故事是"瞎子摸象"。虽然我们不是瞎子，但往往局限于自己的立场、地位、观察（感知）产品的角度，同样会出现"瞎子摸象"那样的荒唐结果。过去，产品简单、质量特性不多或质量特性不需要过多的把握，加上商品交换规模小、范围窄，买方卖方往往直接见面并很可能同处一地，如果出现"公说公有理、婆就婆有理"的情况时，可以找一个经验丰富的第三者来仲裁。如果顾客上当受骗，他下次就会拒绝购买。在这样的情况下，用感官和经验来认识和判断质量，也基本"够用"了。

大工业生产，一是使生产方式现代化了，分工更细、规模更大、管理任务更重；二是引起市场的根本变化，规模迅猛扩大，范围逐渐走向全球化，商品交换扩展到生产、生活的方方面面。这样，对认识和判断质量来说，人们的感官就不"够用"了，人们的经验也不"够用"了，于是就出现了技术检测，人们也就通过技术检测来判断产品质量。

所谓技术检测，就是通过相应的检测设备，对规定的产品质量特性进行物理的或化学的测量，得出相应的结果，再把这样的结果与规定的技术标准对比，从而得出产品质量状况的判断。由于技术检测的结果具有客观性，又是"科学"的，而且可以对几乎所有的质量特性进行检测，因而比感官认知和经验判断更能让人们信服。

但是，我们知道，技术检测的质量特性只是一种代用质量特性，而不是真正质量特性。所谓真正质量特性是直接反映顾客要求和期望的质量特性。例如产品的寿命、可靠性、安全性等等。但是，真正质量特性往往是很难进行技术检测的。产品的寿命和可靠性，不到产品使用完毕，就不能得出最终的结论。不直接投入使用，产品的安全性也难以得到最后的证实。例如军工厂生产的一批子弹，除非你把这批子弹全部拿来进行射击检测，就不能真正判断其可靠性。而全部进行了射击，这批子弹也就全部消费完了，不再成为军工厂的产品。在这种情况下，就要根据顾客的要求和期望，制定相应的技术标准，确定一些数据和参数，来间接地反映真正质量特性。技术标准所规定的数据和参数就是所谓的代用质量特性。例如，汽车轮胎的真正质量特性使用寿命，就可以用耐磨度、抗压和抗拉强度等代用质量特性来间接反映。子弹的可靠性也可以按照规定的抽样方法进行抽样，然后对样品进行射击检测来确定。食品的安全性可以通过食品卫生状况以及有害细菌、有毒物质等来间接反映。

一般来说，一个真正质量特性往往需要多个代用质量特性来反映。现代工业产品的技术原理那么复杂，代用质量特性那么多，即使是某种产品的专家可能也不能完全弄明白，一般人又怎能搞得清楚呢？即使是传统产品，例如食品，在工业污染日益加重的情况下，针对真正质量特性安全性一项，就在不断地增加相应的代用质量特性，诸如有害细菌、农药残留量、是否转基因、含有哪些添加剂之类。这些代用质量特性也是一般人很难搞清楚的。对于一般人来说，技术检测的产品质量如何，只能看最后的结果，也就是技术检测所判断的合格还是不合格。懂行的人可能还会看看不合格项目究竟是什么以及不合格的程度。

产品经过检测没有发现异常，被判断为合格，并不一定说明这样的产品就能真正满足顾客的需要和期望。其原因，一是技术检测毕竟只能对部分质量特性进行，二是判断检测合格的标准并不一定就符合顾客的需要和期望。例如食品，一般情况下对有害物质的检测往往只针对铅、砷等少数几种，而有害物质那么多，在生产和销售过程中，很可能还会混入其他有害物质。未纳入检测的有害物质，往往要引起严重后果后才会得到人们的重视，也才能纳入到技术检测之中。又例如过去治疗感冒的药品中含中PPA，被认为是合格的。后来发现PPA对人体有害，国家禁止使用，如果再含有PPA才被认为不合格。但对病人来说，被认为合格的含有PPA的感冒药毕竟是有害的。随着科学技术的发展和社会的进步，这样的情况肯定会越来越多。

因此，产品技术检测合格，对顾客来说，只是一个心理安慰而已。安慰是一种心理过程，是对某种心理紧张进行缓解，是将负面的心理状态变为正面的心理状态的过程。顾客购买和使用产品，总是存在着质量风险，因而对产品质量总是存在着怀疑，因而也就要产生相应的紧张。企业通过产品技术检测，向顾客提供相应的产品质量保证，可以让顾客对产品质量产生信任，从而缓解其心理的紧张，使其从怀疑变成信任，从紧张变成放心，从怀疑、紧张的负面心理状态，进入到信任、放心的正面心理状态，从而及时作出购买决策。从这个角度来说，技术检测的意义就是安慰顾客，起的是一种心理作用。

三、质量保证的心理学意义

技术检测实际上是企业提供的一种质量保证。所谓质量保证，就是提供足够的信任，以表明产品质量能够满足要求。质量保证有内部的和外部的两种目的。外部的质量保证是向顾客和相关方提供的，内部的质量保证是向管理者和下道工序提供的。技术检测在企业内部表现为检验。不管是自检、互检还是专检，都是产品质量保证的一个内容，从心理学角度来看，也都是提供心理安慰的。操作者通过自检合格，对自己的操作才能充满信任，也才能继续放心操作下去。如果自检不合格，操作者就必须修改自己的操作。企业内部的专职检验，除了最终检验之外，在相当大的程度上也是为了给操作者提供信任的信息，使操作者能够对自己的操作充满信任，以保证继续放心操作。特别是在发现或怀疑产品质量存在某种问题时，检验结果对操作者、对管理者的心理安慰作用更明显。通过检验，问题不管是得到证实还是证伪，怀疑、紧张的心理状态都能够得到一定程度上的缓解（证实后可以采取相应措施予以解决），从而产生"松一口气"的效果，就是这种安慰作用的体现。

当然，质量保证不仅仅只是对产品的技术检测，按 ISO9000：2005 的规定，质量保证是"致力于提供质量要求会得到满足的信任"。技术检测虽然只是质量保证的一部分内容，但我们上面的分析对其他质量保证也同样适用。也就是说，质量保证实际上是对相关的人的一种心理安慰，是让相关的人缓解怀疑和紧张，使相关的人信任和放心。ISO9000 族国际"质量管理体系标准"原来叫作"质量管理和质量保证标准"。虽然 2000 年以后的 ISO9000 族国际标准不再像 1994 年版和 1986 年版那样强调质量保证了，但质量保证依然是其重要要求。ISO9000：2000 规定："质量管理体系还就组织能够提供持续满足要求的产品，向组织及其顾客提供信任。"2005 年版也有同样内容但文字略有不同的规定。因此，不少企业都花了相当大的精力和经费，推行 ISO9000 族国际质量体系标准，通过相关认证，获得认证合格证书，并向外广泛宣传。但是，对于一般顾客来说，有几个搞得清楚 ISO9000 是怎么回事？可以说，那张证书对他们仅仅是起一种安慰作用的，可以使他们增加对企业的信任。ISO9001：2000 的"ISO 前言"说："本标准的名称发生了变化，不再有'质量保证'一词。这反映了本标准规定的质量管理体系要求除了产品质量保证以外，还旨在增强顾客满意。"也就是说，ISO9001 的主要用途依然还是质量保证。

不管是在古代市场还是在现代市场，质量保证都是必需的。只不过古代市场是用经营者的信誉来担保的，现代市场则把相当部分担保职责交给了政府（政府的准入制度如生产许可证及监督检验制度等）和第三方（认证机构之类）。事实上，即使政府管理很严，认证机构也很负责，也不能完全保证企业提供的产品就没有质量问题。因此，质量保证的作用是有限的，只能使顾客有限地得到"安慰"，有限地"放心"。"限"在何处？那只能根据企业、政府和第三方、顾客自身的具体情况以及市场状况等来确定。在假冒伪劣产品泛滥的情况下，质量保证对顾客的安慰的作用是相当有限的，毕竟质量保证也是可以造假出来的，且不说有企业在造假，甚至个别政府部门和认证机构也在造假。在这种情况下，质量保证的心理作用也就大大下降了。

要提高质量保证的信用，需要社会各方面的共同努力，特别是企业自身的努力。没有诚信，就没有信用。信用缺失，质量保证就会失去意义。事实上，信用也是一种心理状态，是信任的一种表现形式。社会的信用状态决定了社会信任的社会心理状态。任何社会都必须有一定的信用水平，信用水平越高，社会就越稳定越发展，市场也就越繁荣。某人或某企业不讲诚信，就会像瘟疫一样传染，造成整个社会相互不信任。为了防止上当受骗，社会就可能付出更大的代价或成本，从而造成极大的浪费。目前，我国社会诚信和信用缺失已经严重影响到社会稳定和经济发展，如何重建信用，已经成为必须尽快解决的一大社会问题。质量保证的信用同样如此，值得我们认真对待。2011 年 10 月，党的十七届六中全会专门研究了社会诚信建设。会议提出，要"把诚信建设摆在突出位置，大力推进政务诚信、商务诚信、社会诚信和司法公信建设，抓紧建立健全覆盖全社会的征信系统，加大对失信行为惩戒力度，在全社会广泛形成守信光荣、失信可耻的氛围。"接着，国务院又专门召开常务会议，对制订社会信用体系建设规划作了重点部署，要求通过完善制度、加强教育，努力营造诚实、自律、守信、互信的社会信用环境，使诚实守信者得到保护、作假失信者受到惩戒，为社会主义经济、政治、文化、社会的改革和发展提供良好的道德保障。但愿我们的社会诚信建设能够尽快取得成效，能够为质量保证提供更加良好的社会环境。

第四节 心理学在质量管理中的地位和作用

一、人本主义的质量管理

我们知道，质量管理经历了三个发展阶段，即传统质量管理阶段（又称检验质量管理阶段）、统计质量管理阶段和全面质量管理阶段。全面质量管理的基本核心是提高人的素质，调动人的积极性，人人做好本职工作，通过抓好工作质量来保证和提高产品质量。全面质量管理要求"三全一多样"（全员参与、全过程管理、全企业管理和管理方法多样），首先就是全员参与质量管理。ISO9000族国际标准规定的质量管理八项原则，第三项就是全员参与。标准说："各级人员都是组织之本，唯有其充分参与，才能使他们为组织的利益发挥其才干。"在ISO9001和ISO9004中，对如何满足员工的需求和期望，对如何实现全员参与的要求，还进行了详细的规定。

全面质量管理的出现，开始于20世纪50年代末60年代初，其理论基础一是系统工程，二是数理统计，三是行为科学。行为科学是从社会学和心理学角度来研究人的行为的一门科学，又称为"组织行为学"，主要研究工作环境中个人和群体的行为，强调做好人的工作，通过改善社会环境以及人与人之间的关系来提高工作效率。从20世纪30年代著名的"霍桑试验"开始，行为科学在相当长的时间内甚至左右了管理学的研究方向。到后来，行为科学有所谓的"X理论"、"Y理论"、"Z理论"之分。"X理论"从人性恶的假设出发，主张采取"命令与统一"、"权威与服从"的方式对人的行为进行管理。"Y理论"从人性善的假设出发，主张采取下级参与决策和提出意见的方式对人的行为进行管理。"Z理论"主张把管理者和员工的积极性融为一体，以实现企业的发展目标。事实上，全面质量管理是以"Y理论"和"Z理论"为基础的，也就是重视人的因素，重视人，体现为一种人本主义的管理。这是全面质量管理的一大特点，也是一大优点。笔者认为，只有掌握了这一个特点，才能说掌握了全面质量管理的本质和核心。

首先，产品是过程的结果。过程质量如何，决定着产品质量。而过程是"将输入转化为输出的相互关联或相互作用的一组活动"。所有的活动都是人的活动，对于形成产品的活动而言，也就是人的工作。全面质量管理理论认为，产品质量是由工作质量决定的。所谓工作质量，是指与产品质量有关的工作对于产品质量的保证程度。工作质量涉及企业的所有部门和人员，体现在企业所有的经营、技术、生产、管理活动中，每个工作岗位都直接或间接地影响着产品质量，都存在着工作质量问题。而人的工作质量，与人的心理，包括其素质、思想、情感、心理状态等密切相关。如果不重视人的心理因素，对员工的心理不进行适当控制（包括通过关心去改变不良心理），质量问题就难以避免。而要控制员工的心理，就不能不站在员工立场上去关心他们。

其次，全面质量管理强调质量改进，并且是持续的质量改进，就不得不依靠员工。如果说对过程进行质量控制从而保证产品质量是员工必须承担的职责，做不好可以给予处罚的话，那么质量改进就不一定是员工必须承担的职责，员工往往可以做也可以不做，可以做成功也可以做不成功。要让员工参与到质量改进中来，企业只有"求"员工。要"求"员工，没有相应的措施，不创造一定能吸引员工参与的环境条件，肯定是不行的。即使你用某种强迫手段让员工参与进来了，但员工一旦消极对待，质量改进也就成了一句虚话。企业只有认真研究并掌握了诸如员工对工作有什么样的需求、为什么会抵制质量改进之类的心理，才能有针对性地采取措施。ISO9000族国际标准提出的质量管理八项原则之二是"领导作用"，标准规定："他们应当创造并保持良好的内部环境，使员工能充分参与实现组织目标的活动。"这种内部环境在相当大程度上可以说就是企业内部的质量风气或质量氛围。没有这样的质量风气或质量氛围，别说是质量改进难以进行，就是要满足规定的质量要求也很难。

最后，全面质量管理要求企业建立、实施并保持质量管理体系，这就必然要涉及诸如企业的机构设置，内部和外部、内部和内部的意见沟通，领导心理以及人际关系等等。也就是说，质量管理体系既要受到各种心理因素的影响，又会对有关人员和机构产生心理影响，也就是必然产生一系列的管理心理学问题。要减轻有关人员和机构心理上的不满或抵制，要提高各方面的积极性，就不能不研究人的心理，研究诸如组织心理、领导心理、管理心理之类的问题。如果不能有效解决这些心理问题，质量管理体系很可能形式有了，却难以有效运行，更难以取得真正的实效。

总之，全面质量管理的核心是调动人的积极性，而人非草木，孰能无情？要重视人的因素，要发挥人的积极性，不可不研究人的心理，不可不重视人的心理因素。重视人、关心人、满足人的需求和期望，正是人本主义的要求。从这个角度来看，全面质量管理就是一种人本主义的管理。

二、质量心理学的产生

很多人不知道，早在 20 世纪 80 年代中期，质量心理学的概念就已经有人提出来了。1986 年，《质量管理》（现《中国质量》）杂志就发表过相关文章。笔者从 1986 年开始研究质量心理学，1987 年以后在相关报刊上发表过一系列论文，并于 1989 年正式出版了专著《质量心理学》（重庆大学出版社）。上海同济大学教授陈炳权也是国内研究质量心理学的专家之一，发表过不少论文，并于 1991 年出版了专著《质量心理学导论》（机械工业出版社）。台湾著名质量管理专家陈宽仁教授在《品质系统中的人性因素》（初版于 1980 年，增订新版于 1992 年）一书中，也研究过一些质量心理学问题。1991 年至 1993 年，中国质量管理协会多次召开质量责任制研讨会，质量心理学是这些研讨会的重要内容之一。上海、广东、重庆的不少作者都在会上发表过相关论文。1993 年在北京召开的亚洲质量与可靠性大会上，有关质量心理学的论文受到海内外专家学者的关注。笔者还应约在台湾品质管制学会主办的《品质管制》杂志上发表过《心理学在品质管制中的应用》一文（1993 年 11 月）。该文的提要还收入了《中国新时期社会科学科研成果汇编》一书中。笔者的《质量心理学》还曾获得重庆市社会科学科研成果奖。

其实，把产品质量、质量管理与员工的心理联系在一起，从心理学的角度去研究和探讨产品质量和质量管理的一些问题，以寻找规律性并求得解决办法，可以说是全面质量管理本身的要求，是全面质量管理课题中的应有之义。朱兰博士主编的《质量控制手册》（中文第五版书名改为《朱兰质量手册》）是一部公认的国际性质量管理权威著作。且以第五版为例，我们随便翻到这部书的哪一章，都可以找到有关产品质量、质量管理与人的因素、与人的心理有关的论述。例如第二章"如何认识质量"分析了顾客的需要与顾客的满意和不满意，第十五章"人力资源与质量"分析了企业的人际关系对质量的影响，第二十三章"检验与试验"分析了检验人员的无意识差错，第二十五章"顾客服务"强调企业顾客服务"人员的个性是一项非常关键的要素"，等等。该书还专辟两章（第三十五章"质量与社会"和第三十六章"质量和民族文化"）来论述质量与社会心理和民族文化的关系。这说明，全面质量管理大量吸收了心理学的知识，也说明心理学在全面质量管理中所占的地位。

但是，质量心理学的概念是中国人最早提出来的。即使是像《质量控制手册》这样多达 220 多万字的巨著，仅仅只在有关章节涉及到人的心理问题，没有深入分析和展开，缺乏理论性、系统性、连续性和完整性，也没有提出质量心理学的概念（当然，讨论质量心理学不是也不可能是《质量控制手册》的任务）。质量心理学不是一个理论问题，而是一个实践问题。我国从20世纪70年代末80年代初引进全面质量管理后，遇到了种种困难和阻力，特别是受到相当一部分员工（包括技术人员和管理人员）的抵制，在相当长一个时期内成效并不显著。一些质量管理人员在现实中碰到问题后勤于思索，进行研究，提出了质量心理学的概念。90年代后，由于企业体制改革、推行ISO9000和质量管理人员断档等诸多原因，质量心理学被人们忽视，但现实的质量管理实践依然在向人们提出质量心理学的问题，当然也就有人不断提出相应的课题。

不过，当年提出的质量心理学概念，主要还局限于企业内部，还局限于产品质量的形成过程，对质量交换过程、消费过程中的心理问题还缺乏深入研究。近20多年来，我国的产品质量已经得到飞速提升，质量管理也出现了许多新的特点，质量交换和消费过程中出现的质量问题日益突出，特别是顾客满意质量观日益获得人们的认可，这一切都向质量心理学研究提出了新的要求和新的课题。在这样的情况下，笔者不弃浅陋，重新拾起当年的课题，继续进行质量心理学研究，但愿能够真正取得一点成果，还望有关专家和读者给予帮助和支持。

从新的角度出发，我们可以给质量心理学下这样一个定义：质量心理学是研究产品质量形成、交换和消费全过程中个体、群体、组织与领导以及社会文化的心理现象及其规律的科学。

三、从关注员工到关注顾客

随着市场竞争的加剧，顾客的地位逐渐提升。在我国，在经历了20世纪90年代末期连续多年的消费疲软的刺激，迫使企业加深了对顾客的认识。特别是2000年版ISO9000将"以顾客为关注焦点"作为质量管理八项原则之首，并将"增强顾客满意"作为整个ISO9000族国际标准的基本目的和基本框架，要求企业对顾客的需求和期望进行识别、确定、满足并给予监视和测量，促使企业加强了对顾客的研究。于是，一个崭新的质量观——顾客满意的质量观诞生了，并逐渐得到全社会的认同。

所谓质量观就是人们对质量的基本认识，其集中反映就是给质量所下的定义。这种定义可能是明确的，也可能是模糊的，甚至可能仅仅隐藏于人们的意识中。历史上，有过"耐穿耐用"的经验论质量观，有过符合标准的技术论质量观，也有过从提供效益的角度考察质量的经济论质量观，还有过满足顾客要求的适用论质量观。适用论质量观虽然也考虑到顾客的要求，但主要还是从技术的角度去考虑的，强调的只是一个"用"字。顾客满意的质量观把"顾客满意"作为判断质量的标准，把判断权完全转到顾客一方。要顾客满意，就不仅仅是一个"用"字，而是包含了与"用"相关的全过程的、全面的心理感受。因此可以说，顾客满意实际上是一个心理学的质量定义，顾客满意质量观超越了经验的、技术的、经济的、适用的各种质量观，但又包括了这些质量观所包含的全部内容。

质量心理学产生的时候，我国还处在短缺经济状态中。虽然那时也有了诸如"用户第一、顾客至上"之类的说法，但顾客的地位相对低下，经常被企业"欺负"。因此，质量心理学所关注的主要是企业内部的心理问题，特别是员工的心理问题。那时候，研究的重点集中在员工的质量意识、质量责任制、质量奖罚、工作差错、企业内部的意见沟通、组织与领导心理等课题上，对顾客的质量心理几乎没有进行过系统研究，对企业与顾客的关系也研究得不多。不管是李正权的《质量心理学》还是陈炳权的《质量心理学导论》，就使用"质量心理学"这个概念来说，实际上都是不完整的，或者说是以偏概全的。

质量心理学当然要关注员工。员工的心理，包括他们的质量意识、质量能力、心理状态以及他们与企业其他员工的关系、意见沟通等等。这些心理因素，对产品质量的形成，都具有不可忽视的作用。但是，这只是问题的一个方面。产品质量形成了，其"质量水平"再高，如果不交换、不消费，也就失去了意义。任何产品最终是要用于消费的，产品质量最终是由顾客在消费中来确定的。顾客也是人，也有自己的喜怒哀乐以及认知、情感、意志等等，而且有着不同于员工、不同于企业的需求和期望，甚至与员工、与企业的需求和期望完全相反。如果不关注顾客、不研究顾客的心理，质量心理学就必然是欠缺的。既然企业的质量管理已经"以顾客为关注的焦点"，质量心理学也就应当跟进，在关注员工心理的同时，关注顾客，关注顾客的心理，关注企业与顾客之间的心理差异以及意见沟通。

从关注员工到关注顾客，是质量心理学的一个发展。"顾客满意"中的"满意"毕竟是一个心理学的词汇，不从心理学去考察，就很难理解"顾客满意"的深刻含义和重要意义。事实上，近10多年来，有不少专家、学者和质量工作者在研究和实践"顾客满意"时，已经涉及了质量心理学研究的领域，展现了相应的成果。例如由马林主编的《用户完全满意》（中国经济出版社）、由唐晓芬主编的《顾客满意度测评》（上海科学技术出版社）、由张富山主编、李正权副主编的《顾客满意》（中国计划出版社、香港科荣出版社有限公司），由温德成、李正权著的《面向战略的质量文化建设》（中国计量出版社）等书中，都对顾客抱怨、顾客满意、顾客忠诚等进行了心理学的分析和研究，并从心理学的角度向企业提出了改进建议。

　　但是，质量心理学毕竟是一门完整的科学，需要形成自己的理论体系。本书的主要任务就是力图建立起质量心理学的一个理论框架。正如前面所论，质量心理学是一个涉及生产、交换和消费各个领域，涉及企业内部和外部，涉及员工、管理者和顾客，涉及企业、顾客、政府和社会各个方面的学科，需要大量的材料和科学的研究方法，既需要进行理论研讨，又需要进行实践或实验。虽然20多年前笔者就对质量心理进行过研究并发表过不少论文，还出版过专著，虽然近年来对顾客满意的心理学意义和要求也进行过研究并发表过不少论文，但毕竟学识有限，占有的材料并不那么丰富，又缺乏进行实践或实验的条件。在这种情况下，笔者鼓足勇气来撰写本书，当然十分困难，肯定存在许多谬误和不足。因此，殷切希望有关专家、学者和广大读者，特别是从事质量管理工作的读者批评指正，以供笔者在有条件的时候对不确切的、错误的、不完整的论述进行修正。

第一编

质量形成过程的心理学

第一章

个体心理对质量的影响

不同的产品,其质量的形成过程可能有所不同,但总离不开营销和市场调研、设计和开发、过程策划、采购、生产或服务提供、验证等阶段。一般来说,质量形成过程都是在企业内部完成的。企业的员工个体心理、员工群体心理以及组织与领导心理对产品质量形成具有重要意义。

第一节 案例:质量标兵为何出了质量事故

一、质量标兵也可能出质量事故

老苏是厂里的质量标兵,他加工的某零件结构特别复杂,但从来没有出过大的差错。那一天,他自己也不知怎么搞的,在铣一个支耳时计算错误,将支耳多铣去了3mm,造成报废,损失数万元。全车间议论纷纷。有人说:"还是质量标兵呢,还不是和我一样,也要报废!"老苏感到很委屈,忍不住嘀咕:"标兵也是人,人有失足,马有漏蹄,谁不出错呀?"有人就指责老苏态度不端正。

其实,老苏的话并没有错。

我们知道,直接影响产品加工质量的 4M1E 即人(Man)、机(Machine)、料(Material)、法(Method)、环(Environments)五大要素中,人是第一要素。产品质量形成过程中的每一个环节,都是由人的行为来实现的。不管企业的自动化程度有多高,没有人的劳动(包括体力劳动和脑力劳动)参与,生产就不可能进行,产品质量也就不可能形成。人的劳动,人的行为,总是直接受着人的神经系统的控制。也就是说,是受着人的心理制约的。老苏因计算("思维")错误而造成报废,计算错误又是他"注意"不够造成的,"注意"不够又可能是由于他心情烦躁引起的。"思维"、"注意"、"烦躁"等等，都是心理现象。这些心理现象作为一种因素，对产品质量的形成过程，自始至终都要产生影响。甚至可以说，是形成产品质量的心理基础。

我们以车工加工一颗螺钉为例，加工前他必须"看"图纸，"看"材料，要根据图纸进行"思维"，计算有关的尺寸，"想象"已经加工出来的螺钉形状，然后他要开动机床，进行操作，这就要求他必须有一定的"能力"，高度"注意"。他要坚持到螺钉的形成（也包括螺钉质量的形成），就要有一定的"意志"。作为人，他必然有一定的"意识"、"态度"、"感情"，还会有一定的"喜"、"怒"，"哀"、"乐"等等。上述的"看"、"思维"、"想象"、"能力"、"注意"、"意志"、"意识"、"态度"、"感情"、"喜"、"怒"、"哀"、"乐"等等，都是心理现象。这些心理现象总是或多或少或大或小或直接或间接地影响着他的加工效率和加工质量，也即或多或少或大或小或直接或间接地影响着螺钉的质量。其中任何一个环节出了差错，都可能造成螺钉不合格，发生质量问题。例如他"看"图纸时"注意"不够，"看"错了尺寸，加工出来的螺钉就要报废。可见，心理因素在产品质量形成过程中占有十分重要的地位，起着至关重要的作用。

事实上，不管什么人，不管做什么工作，心理因素都在起作用，越是复杂的劳动，越是脑力劳动，心理因素的作用越大，对产品质量的影响也就越大。以写作为例，心情不好时写文章，可能半天也写不出一个字来；一旦灵感来了，则可能才思泉涌，下笔如神。

当然，制约人的行为的，还有人的生理机制、自然环境、社会因素等等。直接影响产品质量的4M1E要素，也可以影响人的行为。但是，这些因素往往也要通过人的心理，才能影响或制约人的行为。老苏心情烦躁，是因为休息不好还是患了感冒？是因为车间噪音太大还是天气闷热？是因为与老婆吵架还是物价上涨？不管是什么原因，这些因素都只能通过老苏的心理反应来影响他的行为（加工操作），从而影响产品质量。心理因素在这里起到了十分重要的中介或桥梁作用。如果心理素质好，各种负面的影响可以通过心理调节得到控制或减弱，从而减轻其对产品质量的直接影响；如果心理素质不好，各种负面影响通过心理调节得到加强，产品质量就会大受影响。

二、工作质量与产品质量

为了说明人的心理因素对产品质量的影响，还必须说明工作质量与产品质量的关系。

人的心理因素直接影响的并不是产品质量，而是他的工作质量。所谓工作质量，就是与产品质量有关的工作对于产品质量的保证程度。工作是人的一种活动或劳动。即使我们说诸如"挖掘机正在工作"之类的话，也隐含着挖掘机等机器或工具是受人操纵的，并且是为人确定的目的而"工作"的潜台词。因此，我们可以说，工作质量就是人的活动或劳动对产品质量的保证程度。

在ISO9000族国际标准中，没有提到工作质量，却提出了过程质量。所谓过程，是"将输入转化为输出的相互关联或相互作用的一组活动"。所谓活动，当然是人的活动，也就是人的工作。决定过程质量的因素可能包括全部4M1E，也可能缺失4M1E的某一个或某几个因素，但却不能缺失人的活动。虽然我们不能说过程质量就是工作质量，但过程质量实际上隐含了对工作质量的要求，工作质量是过程质量最重要的并且是不可或缺的因素。

产品是"过程的结果"，产品质量也是过程质量的结果。过程质量是由4M1E的质量决定的，其中人的工作质量在其中又是最重要的和不可或缺的。虽然我们不能说工作质量就能完全决定产品质量，但却可以说工作质量是产品质量的基础和保证。全面质量管理的一个重要观点就是，通过提高工作质量来保证和提高产品质量。

工作是受人的心理支配的一种活动或劳动，人的心理因素正是通过支配人的活动或劳动来影响人的工作质量的，从而影响过程质量，最后影响产品质量。其关系见图1-1。

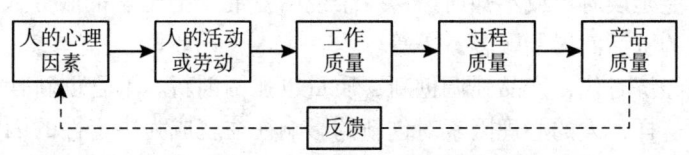

图1-1 心理因素与产品质量的关系

由于人的因素受人的生理机制、自然环境、社会因素等多种多样因素的影响和制约，并且又处在不停的变化和调整之中，因而往往是企业难以直接控制的。为此，在大工业生产中，企业往往在4M1E的其他因素和管理上做文章，以稳定人的心理因素，或者减轻人的心理因素对产品质量的影响，来确保产品质量的稳定。例如，在"机"的方面采用计算机控制以减轻人的心理失误，在"法"的方面增加相应的控制措施（如首件三检制）以防止出现成批差错，在"环"的方面增添相应设施以减轻对人的生理和心理侵害，在管理上给予员工更多的关心以稳定员工的情绪等。但是，不管怎么说，这些措施只能降低人的心理因素对产品质量的影响，却不可能消除这样的影响。随着科学技术的发展，很多简单劳动逐渐被机器代替，心理因素在这些劳动的过程中所起的影响可能有所降低。但是，操纵机器、处理机器所需要的劳动却更加复杂。而在复杂的劳动中，心理因素的作用往往更加重要，也更加突出。也就是说，心理因素对产品质量的影响从总体上看可能是更突出了，也更大了。

老苏加工的是零件特别复杂，所需要的劳动也就特别复杂，对他的心理要求也就特别高。在这种情况下，任何一个小的疏忽，都可能造成质量事故。在现实中，像他这样的计算错误，可能谁都会出现。为了防止这种计算错误，人们往往采用复核、检查、逆运算等多种方法来把关。老苏计算错误后没有发现，可能与规定的复核、检查程序存在疏漏相关。但是，即使程序规定很严密，因为心理上的粗心、注意力不够等原因，也还是可能让错误混过关去，造成质量事故。对老苏的质量事故进行深入分析，我们可以发现，心理因素对质量的影响是不可能消除的，只能是充分发挥其正面作用，并尽力减轻负面心理对质量可能造成的破坏。

如果说人的心理因素对传统硬件产品质量的影响可能有所降低的话，那么在服务类产品中的地位却大大提升了。服务往往需要员工与顾客进行直接接触，员工的心理因素往往直接影响其服务态度，从而影响其服务质量。比如说服务过程中的微笑，如果员工心理状态不佳，他即使微笑了，在顾客看来也可能是"皮笑肉不笑"，可能比不微笑更容易引起顾客的反感。一个性格急躁的服务人员，在向顾客解释时可能更容易发火或显得不耐烦；一个反应不灵活的服务人员，在顾客求助时可能延误时机或不知所措；一个说话爱带"把子"的服务人员，很可能会因为自己的脏话而得罪顾客；等等。

在知识经济时代，产品强调创新，质量也强调创新。不管创新什么，都需要人来进行。这样，人的心理因素对创新的影响往往就成为决定性的因素。创新首先要有勇气，而勇气就是一种心理状态。创新需要新的思维，比如直觉思维、逆向思维、抽象思维、灵感思维等等，没有良好的心理素质，新的思维就难以产生。对于软件产品来说，道理也是一样的。创新产品质量以及软件产品质量，与人的心理因素更是直接相关。

三、员工个体质量心理的构成

图1-2是著名的朱兰质量螺旋。从图中我们可以看到，为了实现产品质量要求，必须完成许多活动和任务。这些活动和任务组成了产品质量形成的一个接着一个的环节。产品质量形成的每一个环节，都是由若干个员工的个体行为（包

括脑力劳动和体力劳动）所完成的。任何工作都要分解到一个个员工身上，很显然，他们的工作质量高低，必然受着他们个体心理的制约。

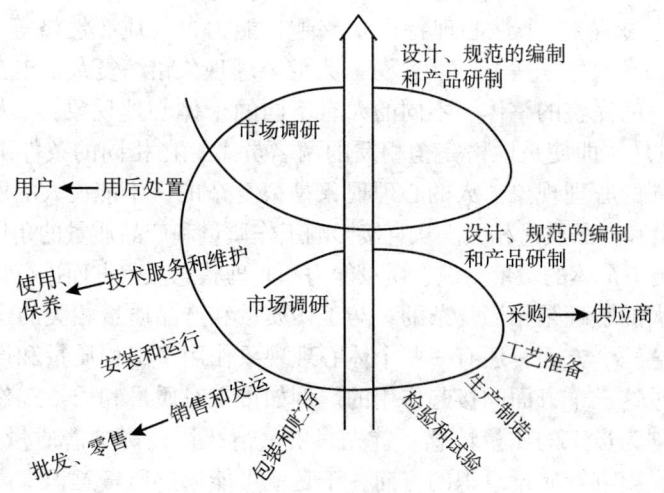

图1-2 朱兰质量螺旋

用 ISO9000 族国际标准提供的过程方法来看，任何一个过程，不论其大小长短，不论其简单还是复杂，都是"将输入转化为输出的相互关联或相互作用的一组活动"。所谓活动，当然是人的活动。一般来说，几乎所有的过程都可以进行必要的分解，使之成为员工具体行为的活动。在相当多的情况下，分解后的过程很可能是员工个体的活动。如果是集体操作的活动，也可以分解为员工个体的活动。这种员工个体的活动，显然要受其个体心理的制约。因此，员工的个体心理往往直接影响着过程质量，从而也就影响着产品质量。

当然，影响产品质量的不仅仅是员工的个体心理。在大工业生产模式中，往往是集体操作，还需要进行管理和领导，因而影响产品质量的还有群体心理、组织与领导心理以及社会文化心理。但是，不管是群体心理，组织与领导心理，还是社会文化心理，都是以个体心理为基础的，都是在若干个个体心理上形成的，而且也只有通过个体心理才能作用于产品质量。虽然，群体心理、组织与领导心理以及社会文化心理都有自己不同的特点，而且影响和制约着个体心理，为个体心理提供环境，制约着个体心理的方向和选择的限度，对质量的影响也更加重要；但是，离开了一个个个体的人，所谓的群体，所谓的组织与领导，所谓的社会也就不存在，群体心理，组织与领导心理以及社会文化心理也就失去了意义。因此，要分析心理因素对产品质量的影响，应当从个体心理开始。离开了对个体心理影响质量的分析，其他心理因素对质量的影响也就无从说起。而且，也只有把握了个体心理对质量的影响，也才能把握群体心理，组织与领导心理以及社会文化心理对质量的影响。

所谓个体心理，是指人的个体心理现象，包括人的心理过程（认识过程、情感过程、意志过程）、个性心理特征（兴趣、能力、气质、性格等）、个体心理状态（喜、怒、哀、乐等）三大部分。人的心理现象错综复杂，丰富多彩，同时又是一个统一的完整的整体。不同的人有不同的个体心理现象，"人上一百，形形色色"。但是，即使是性格完全相反的两名员工，在相同的条件下，他们也可能表现出共同的心理现象。人的心理现象是很复杂的，不能说人的所有心理现象都与工作质量和产品质量相关。从直接影响工作质量和产品质量的角度出发，我们将在本章对员工个体的质量意识、质量能力和心理状态三个方面进行详细分析。

当然，人的心理是相当复杂的，与工作质量和产品质量相关的个体心理现象可能并不止这三个方面，还有一些个体心理现象作用于工作质量和产品质量，但很可能是通过这三个方面间接起作用的。例如员工对质量和质量工作的好恶及情绪反应可以称为员工的质量情感。首先，质量情感往往影响着质量意识的形成、巩固和发展，影响着质量意识的方向，于是就可能通过质量意识来影响工作质量和产品质量。其次，质量情感往往通过员工对质量能力的控制、提升或降低等手段，再通过质量能力来影响工作质量和产品质量。最后，质量情感对员工的心理状态更具有直接影响，不同的质量情感会造成员工不同的心理状态，从而影响工作质量和产品质量。面对加工难度大、质量要求高的零件，在不同的员工中就会产生不同的质量情感。有较强质量意识并对自己的质量能力充满信心的员工，很可能跃跃欲试，产生肯定性的质量情感，从而激发出他更强的质量意识，去提升自己的质量能力。在心理状态上，还可能产生瞳孔放大、心率增加、血液从内脏加快运输到四肢等生理反应，以适应操作需要。相反，质量意识较差并对自己的质量能力缺乏信心的员工，很可能摇头叹气，产生否定的质量情感。表现在心理状态上，他很可能产生有气无力、背后发凉等生理反应，这对其操作肯定是不利的。因此，掌握了质量意识、质量能力和心理状态对工作质量和产品质量的影响，也就大体掌握了个体心理对工作质量和产品质量的影响。

第二节 员工的质量意识

一、质量意识的构成要素

质量意识是左右员工质量行为的指导思想，是解决员工愿意还是不愿意做好工作的心理因素。作为一种理性认知，质量意识指导员工对质量的认识和了解，加深员工对质量的情感，决定员工对质量的态度。所谓质量态度，是员工通过意见和行为举止反映出来的对产品质量和质量工作相对稳定的心理倾向，也就是员工质量意识的外在表现。

从构成角度考察，质量意识包括了三种心理成分：

1. 对质量的认知。所谓对质量的认知，就是对事物质量属性的认识和了解。任何事物都有质量的属性，这种属性只有通过接触事物的实践活动才能把握。一般来说，人们总是先接触事物的数量属性，例如事物的大小、多少，然后才可能接触事物的质量属性。质量相对于数量，可能更难把握。通常情况下，数量可能是事物的现象，而质量可能涉及事物的本质。要认知事物的本质，没有一番去粗取精、去伪存真、由表及里的过程，往往是不行的。因此，对质量的认知过程可能比对数量的认知过程更长，也更难一些。从这个角度看，对质量的认知更需要通过教育培训来强化。对员工来说，要认知产品的质量特性，要认知产品质量和质量工作的重要性，仅仅通过自发的、盲目的、放任自流的实践过程，一般来说是很不够的，而应当通过加强质量教育培训来加快、来促进。

2. 对质量的信念。对质量的认知是解决"什么是质量"的问题，而对质量的信念是解决"质量应当怎样"的问题。质量信念往往可以使人形成一种质量意志，也就是在具体的工作中，能够左右员工去完成相应的质量要求。质量信念还可能左右人对质量的情感，使员工对产品质量和质量工作形成热爱的感情。从心理学角度看，质量信念联系着与质量相关的知、情、意三个方面，在质量意识中具有核心作用。当然，质量认知是形成质量信念的基础，但仅仅有质量认知往往并不一定就能形成质量意志，也不一定就能产生对质量的情感。也是就说，质量认知还不能起到控制人的质量行为的作用。事实上，企业中不少人，包括一些厂长经理，说起质量来也头头是道，但由于并没有树立起质量信念，依然不把质量当回事。从这个角度来说，树立质量信念的意义更重要。

3. 相关的质量知识。所谓质量知识，包括产品质量知识、质量管理知识、质量法制知识等。一般来说，质量知识越丰富，对质量的认知也就越容易，对质量也越容易产生坚定的信念。质量知识丰富，也能够提升员工的质量能力，从而使其产生成就感，增强对质量的感情。可以说，质量知识是员工质量意识形成的基础和条件，但是，质量知识的多少与质量意识的强弱并不一定成正比。有的人虽然质量知识丰富，但质量意识可能并不一定就强。

上述三种成分中，最重要的是质量信念。质量信念是员工自己控制自己质量行为的关键因素。工作开始前，质量信念可以使员工确定工作的质量目标；工作进行中,可以使员工充分发挥自己对质量认知和相关质量知识的作用,随时调整自己的操作,从而保证操作符合相关质量要求;工作结束后,可以使员工通过监视和测量,对工作及工作结果的质量进行评估,以确定是否达到质量要求。当质量没有达到规定要求时,质量信念可以迫使员工去进行必要的返修或改进,以使结果达到规定的质量要求,并且可以迫使员工总结经验教训,防止下次出现不合格。而最重要的是,当质量与其他目标发生矛盾和冲突时,质量信念可以起到协调、控制和改变行为方式的作用,使矛盾和冲突得以合理解决。

二、质量意识的功能

质量意识在产品质量形成中的作用是不言而喻的。质量意识差,是工作质量差的根本原因。心理状态不佳,可能造成差错,发生质量事故,但毕竟是偶发性的。质量能力弱,工作质量当然不会好,但能力弱可以通过学习训练而提高。产品质量长期上不去,工作质量经常出差错,追究起来,往往就追究到质量意识上。质量意识如何,往往可以衡量一个员工的工作质量,也可以衡量一个企业的质量管理成效。ISO9001:2008专门规定了"能力、培训和意识",把质量意识与质量能力并列,作为培训的主要内容。在ISO9004:2000中,关于意识的培训,比能力的培训规定得更具体更详细。从字面上看,其中一些内容,例如,"文化和社会的习俗"、"组织未来的设想"之类,似乎与质量无关,但更说明了质量意识所需要的知识、思想、信念等,是相当广泛的。

质量意识具有对员工质量行为进行控制的功能,从而使其行为符合质量意识的要求。特别是在质量遇到冲击出现波动的情况下,质量意识往往能够坚定员工质量信念,使其不因为外界的干扰而动摇或改变既定的质量行为。质量意识又具有对质量的评价功能。一般来说,这种评价功能并不直接表现为判断产品质量水平的能力,而是表现为对产品质量、工作质量和质量管理进行的价值评价,反映了员工的价值观;或者说是质量在员工价值观中所占的地位及所起的作用。质量意识在工作中还具有调节功能。员工在工作中必然会遇到各种各样的问题,包括对质量的干扰、冲击、损害等,需要员工进行必要的调节,质量意识就能起到这样的调节作用。

具体说来,质量意识具有以下作用:

1. 对行为的方向性和对象的选择性具有调节作用。意识能够驱使人们趋向或逃离某种对象或事物,影响着一个人对某事、某物或某人作出他个人的选择。员工对产品质量的意义(特别是与自己利益的关系)有深刻认识,对质量工作抱有肯定态度，就会乐意参加质量管理，重视工作质量；相反，质量意识淡薄，态度不端正，就会反感质量管理活动，忽视工作质量。

2. 对信息的接受、理解与组织作用。一般来说，人对有深刻认识并抱有积极态度的事物容易接受，感知也容易清晰；对没有认识并抱有消极态度的事物则不容易接受，感知往往模糊，有时甚至给予歪曲。质量教育的实践表明，质量意识强的员工，学习积极性高，学得快，学得好；相反，质量意识差的员工，学习往往出现困难，学不好，记不牢。意识和态度对信息还具有"过滤"作用，这种作用甚至反映到实际操作中。操作中看错数据，往往也与质量意识有关。质量意识差，对相关的质量要求注意往往不够，因而更容易"看错"。而质量意识很强的员工，对相关质量要求不仅敏感，而且注意，"看错"的几率就要小得多。

3. 预定对对象或事物的反应模式。意识是在过去认识和情感体验的基础上形成的，一旦形成就会使人对某种对象或事物采取相应的行为模式。质量意识强的员工，就会重视质量，对质量工作抱积极态度，在接受新任务时，会积极考虑新任务的质量问题，在完成新任务过程中就会时时把质量放在首位，而不论领导是否给他交待或强调过质量；相反，质量意识差的员工，一听说"质量"二字，心中就会反感，不管领导如何强调，也难以把质量放在首位。

4. 导致情绪上的不同体验。人们对事物的认识不一样，态度不一样，所产生的情绪体验也就不相同。一般来说，对认识深刻并抱肯定态度的事物和行为，可以给人带来满足、愉快、喜爱等内心体验；对认识和态度上否定的事物和行为，则可能带来相反的内心体验。质量意识强的员工，质量态度往往积极，不但能积极参加质量改进，而且能够产生肯定性情感，心情舒畅，也就更容易产生成就感；相反，员工的质量意识差，质量态度就会消极，也就会感到这也不对那也不是，或者烦躁、冒火、生气，或者恼怒、痛苦、不安。

三、质量意识的性质

现代心理学认为，人的意识有三个层次，即无意识层、前意识层和意识层。人的自我（Ego Icon）是由三个力学关系的相互作用构成的：一是无意识，又称为伊特（id），是欲望、冲动和能源的储存库；二是超我（Super ego），是道德、良心和理想的自己对自我的控制；三是外界的影响，包括社会的道德、义务、纪律、教育、舆论和法律对自我的影响。一个人如果能够取得这三种力学关系的平衡，个体心理就能够提高其活动性的功能和创造性的效果，自己也能够体验到幸福。人的一生就是一个不断打破旧的平衡，求得新的平衡的过程。

显然，质量意识，也就是对质量的认识、了解、思想、信念、评价等，不是天生的。一般来说，质量意识不存在于无意识层之中。按照奥地利著名精神病学家和心理学家弗洛伊德的说法，伊特主要是生的欲望（包括生存意识、生殖意识即性意识等）和死的欲望（包括破坏意识、侵略意识等）。应当说，伊特里不但没有质量意识，而且还可能有反抗、抵消和破坏质量意识的意识。因此，质量意识不能在伊特中去寻找。

超我是道德、良心和理想的自己。超我意识不是天生的（婴儿就没有超我意识），是在伊特和外界这两种力的作用下，通过自我调节后转化而成的。超我意识与伊特，与自我意识，与外界对自我的要求都是不相同的。按照弗洛伊德的说法，伊特实行的是"快乐"原则，仅仅追求一种生理上的满足。自我实行的是"现实"原则，既不能完全按伊特的要求行事，又不能完全按超我的要求行事，还要顾及外界的要求。一般来说，自我意识是一个调和物。超我实行的是"理想"原则，理想是人类特有的现象，正因为有理想，人类才会不断进步。人出生之后，不断接受外界的信息，经过自我的转化，才产生超我意识。因此，我们说超我意识是社会实践的产物。

质量是产品的一种属性。就整个人类来说，质量的概念是生产发展到一定程度之后才产生的。原始人在采撷果实、捕捉动物的时候，虽然有石器好用不好用、锋利不锋利的概念，有果实好吃不好吃的概念，却还没有质量的概念。本书后面将对原始社会的质量观进行分析，说原始社会质量定义是"能吃能用"，只是我们通过对其生产方式的分析，对出土文物和远古神话歌谣的考证，替原始人确定的。人类的质量观念的形成大大迟于数量观念的形成。数量的概念也是在原始社会末期才真正形成，质量的概念当然就形成得更晚。而质量意识的概念是在商品经济充分发展以后才产生的，严格来说，是20世纪初才提上了人类的议事日程。可以说，质量意识是人类较晚才形成的一种意识，不是人类所固有的。

再从某一个人来说，质量意识是外界对他的自我的作用力的产物。别说婴儿，就是小孩子，甚至那些与生产和商品绝缘的人（现实生活中当然不存在这样的人），也是没有质量意识可言的。外界通过各种渠道，首先是教育的渠道，不断对自我施加压力，当这种力达到一定的阈值，作用时间也达到一定的阈值，在战胜了伊特的反抗、抵消和破坏之后，经过自我的调节（选择、扬弃和吸收），质量意识才能产生。当外界对自我的作用力很小，或作用的时间很短，就会在自我中转瞬即逝，质量意识也就不可能产生。而外界对自我作用的力转化为质量意识后，就进入超我意识的范围内。所以说，质量意识是一种超我意识。

我们设质量意识为 Q，设外界的力度为 W，设伊特的力度为 id，那么就有：

$$Q = W - id \quad \cdots\cdots\cdots\cdots\cdots\cdots\cdots\cdots\cdots\cdots \text{公式 I}$$

由于人的生理、心理等状况的千差万别，相应地，人的伊特的力度 id 的强弱也就不相等，在相同的外界的力度 W 的作用下，每个人的质量意识 Q 的强度也就大有差异。

应该说，我们给出的公式 I 还是不完善的。前面所说的三种力学关系中，如果某一种力过强，平衡便被破坏，自我就会变弱，烦恼和心理疾病（甚至精神疾病）便可能随之产生。为了求得新的平衡，人们往往采取转移（或升华或发泄或投射等，下同）的方式，使那过强的力得以消除。这就是所谓的自我防御机制。按弗洛伊德的说法，文艺创作、体育运动等实际上是转移伊特的力的一种方式，或者说是伊特的力的一种转移。同样，外界的力和自我的力也能通过自我调节后转移。这样，公式 I 就应当改为：

$$Q = (W - Z_1) - (id - Z_2) \quad \cdots\cdots\cdots\cdots\cdots\cdots \text{公式 II}$$

其中，Z_1 是外界的力 W 被转移的程度，Z_2 是伊特的力 id 被转移的程度。

从公式 II 可以知道，质量意识 Q 的强弱取决于外界的力 W、W 被转移的程度 Z_1、伊特的力 id 以及 id 被转移的程度 Z_2。在同一企业里，W 的大小可能是一致的或基本上是一致的，但是每个人的生理、心理和自我防御机制等状况不同，Z_1、id、Z_2 却是不同的，甚至相差很大。所以，同一企业的不同员工就会有不同的质量意识。这就是不同的员工质量意识强弱不等、千差万别的心理原因。

四、质量意识的形成机制

很显然，为了增强员工的质量意识，我们应当尽量加强外界的力 W 的强度，减弱外界的力 W 被转移的程度 Z_1；如果伊特的力 id 对于某一个人是一定的或不变的话，还应当尽量加强伊特的力被转移的程度 Z_2。也就是说，W 应当最大，Z_1 应当最小，Z_2 应当最大（对于人类来说，伊特还是一个"黑箱"，人们还无法对伊特进行直接分析和直接控制）。

（一）关于 W

我们说质量意识 Q 是外界的力 W 通过自我调节后进入超我意识的一种力，那么质量意识 Q 最根本的来源就在于外界的力 W，W 的大小最终决定着 Q 的强度。W 过小，不足以抵销伊特的力 id，就不可能产生质量意识 Q。

质量意识主要是在生产、消费、交换和分配过程中形成的。按照一些政治经济学家的说法，生产、消费、交换和分配是生产的四个又统一又有区别的阶段。

在这四个阶段中，要求质量的现实需要不断刺激和作用于自我，其力度不断加强，质量意识便会逐渐产生。

1. 生产阶段。生产、消费、交换和分配这四个阶段中，生产阶段又是最重要的，或者说又是最主要的。生产的根本目的包括两个方面：一是为社会提供使用价值，即提供产品或劳务，二是为企业提供价值，即提供补偿成本的资金和利润。使用价值，或曰产品和劳务，都有一个质量问题。不能为社会提供使用价值，也就不能为企业提供价值，所以质量问题又与企业回笼资金和赢得利润相关。这种质量的现实需求就会变成一股压力，作用于生产者的自我，从而产生质量意识。

2. 消费阶段。消费包括两种含义的消费，一是生产过程中物料和人力的消费，一是生活资料的消费。不管是哪一种消费，都有一个质量问题。原材料不合格，就会给生产造成严重困难；消费品质量差，就会给消费者带来不便、浪费甚至危险。在消费过程中，质量问题严重起来，人人都能体会到质量的重要性了。

3. 交换阶段。商品交换促进了人们对质量的认识。交换中不仅有数量关系，首先还是质量关系。在马克思的等式"一只羊＝一袋小麦"中，如果小麦是霉变了的，或者羊是病的，这个等式就变成了不等式，交换也就无法进行。一旦进入交换，质量的要求就超出生产者自身的范围，也就是不仅仅表现为自己对自己的要求了，而且还表现为交换的对方对自己的要求。因此，外界的力 W 加强了。

4. 分配阶段。不管是生产者内部的初次分配还是社会的再分配，都存在着质量问题。现代社会的分配形式虽然主要采取货币形式，但是并役有完全排斥或消除实物分配的形式。社会的再分配中，福利、教育、服务、公益事业等方面也存在着质量问题。分配中的质量要求对人的自我也构成一种力。

在上述四个阶段中，由于生产阶段是产品质量形成的主要阶段，所以生产阶段对质量的要求是主要的外界的力 W。没有接触过生产的人当然也消费过，也交换过，甚至也参加过分配，其质量意识一般来说还是很薄弱的，或者说还是朴素的、片面的、零碎的和浅薄的。这里所说的生产范围是很广的，不仅指操作过程，也包括管理过程。一个新员工进厂以后，天天参加生产活动，对质量的现实要求（包括产品本身的要求和反映这种要求的企业的要求），不断作用于他的自我，他的质量意识便会逐渐明确、全面、系统、深化，逐渐加强，形成科学意义上的质量意识。

促使质量意识产生的外界的力 W，对员工来说，主要表现为质量教育和质量奖罚。一般来说，质量教育主要属于精神方面的力，质量奖罚主要属于物质方面的力。两个方面必须结合，强调一个方面而否定另一个方面都是错误的。质量教育有正反两个方面，质量奖罚更是正反两个方面的。应当以正面教育为主，以反面教育为辅，以奖励为主，以惩罚为辅。

对于质量意识来说，外界的力 W 一般是正值，但也有 W 出现负值的时候。例如，企业质量风气不好，管理者在处理质量问题时态度不正确，领导片面追求产值产量的行为等等，都会形成或明显或不明显的负值的 W，给自我施加或有形或无形的压力。这样，质量意识就会削弱。员工个体的从众过程，实际上就是质量意识形成的过程。从众有正反两个方面，反面的从众就是削弱质量意识。因此，应当尽量减少以至消灭负值的 W，也就是消除群体的、企业的和领导的不正确的质量态度。

（二）关于 Z_1

外界的影响是多种多样的，自我对外界的影响有选择的自由。由于外界的要求往往与人的伊特有矛盾，一般来说，受教育者是不愿轻易地将外界的力 W 转化为超我意识的，总要想方设法转移外界的力 W，或拒之不纳，或左耳进右耳出，或曲解，或宣泄。伊特实行的是"快乐"原则，而社会则要求任何人都只能在不损害他人利益的情况下寻求"快乐"，这就形成了对伊特的限制，而伊特总想冲破这种限制，矛盾和冲突就产生了。只有社会的限制达到一定程度，在战胜了伊特的反抗、抵消和破坏之后，也就是说在外界的力 W 不能完全被转移掉之后，超我意识才会产生。

Z_1 是客观存在的。只有外界的力 W 与受教育者的需要（包括不同层次的需求）合拍，受教育者才会将外界的力 W 自觉地转化为超我意识。这就对质量教育（质量奖罚也可以看作是一种教育）提出了两个要求：一是注重教育的内容、形式和方法，使其符合员工的心理需要，二是消除员工抵抗、排斥和转移外界的力 W 的不良心理因素。不少员工（包括一些领导干部）不愿参加质量教育的学习，或者参加了也接受不进去，就是因为这两个方面都存在问题，而主要的是教育方面的问题，例如教育内容与员工的需要脱节，教育形式的单一化，教育方法的"大会战"等。克服质量教育上存在的问题，是减少 Z_1 的重要途径。

Z_1 的大小视员工的文化、心理、情绪、地位和在企业中充当的角色等状况的不同而有所不同，也就是视员工的需要状况的不同而有所不同。从 W 和 Z_1 的关系看，有下面几种情况：

1. $W < Z_1$，即 $W - Z_1 < 0$。如果外界的力 W 作用的方向、作用的时间错误，员工便会产生逆反心理。这样，W 不仅不能起到肯定的作用，甚至还会产生否定的作用，对质量意识造成破坏。例如，操作者发生成批报废，管理人员在没有查

明原因、没有分清责任的情况下就对他进行批评和处罚，他就很可能会产生逆反心理，从而破坏他的质量意识，甚至造成有意差错，拿产品质量出气。所谓逆反心理，就是自我与外界的要求相反的取向，其原因往往是外界的力 W 作用方向和作用时间错误。要防止员工产生逆反心理，出现后则应当尽快消除，其方法主要还是改进质量教育和质量奖罚。

2. $W=Z_1$，即 $W-Z_1=0$。关于外界的力 W 被 Z_1 全部抵消的例子也可以举出很多。操作者发生质量事故，管理人员没有帮助他分析事故的原因，教育工作没有跟上，仅仅简单地扣发奖金了事。这样，他很可能把扣发的奖金通过其他渠道（例如多做工时）捞回来，"堤外损失堤内补"，或者压缩某项开支以抵销奖金的损失，使外界的力 W（惩罚）被宣泄掉了。

3. $W>Z_1$，即 $W-Z_1>0$。当然，一般情况下，外界的力 W 大于 Z_1。在某些情况下，Z_1 甚至可能是负值。如果员工的文化水平较高、道德意识较强、理想程度较完善，当外界的力 W 对自我形成压力时，就会和他的文化、道德、理想互相协同，出现 $1+1>2$ 的情况。这样，他不仅能将外界的力全都转化为超我意识，甚至还可能将 W 值加大或翻番。"郢书燕说"[①] 的故事就是这样产生的。所以，在员工中开展读书活动、进行道德教育等等，对增强员工的质量意识也有积极作用，质量管理部门应该积极参与这些活动。

（三）关于 id

说伊特还是一个"黑箱"，就是说其中许多东西还不甚了了，甚至还一无所知。又因为是无意识、潜意识，人们往往不能意识到其存在与否，所以遭到各种各样的否定和反对。现代心理学的研究已经表明，无意识、潜意识是存在的。梦、直觉、灵感以及无意识差错、下意识动作等等，都可以用无意识或潜意识来解释。根据弗洛伊德的说法，人们无意识所犯的错误，例如失手打烂碗、无意差错造成质量事故，其"罪魁"往往就是伊特。伊特中的破坏意识和质量意识是矛盾的，它抵销和否定质量意识。

一般情况下，伊特是外力难以控制的，更不可能完全消除。长期压抑伊特的力，很可能给人的心身健康带来严重危害。当员工生理、心理不稳定时，往往可能就是其伊特在起作用了。在这种情况下，管理人员应设法帮助他，疏导他的情绪，防止伊特的破坏作用。员工本人也应该加强超我意识的力度，避开不必要的

[①]《韩非子·外储说左上》："郢人有遗燕相国书者，夜书，火不明，因谓持烛者曰：'举烛。'而误书'举烛'。举烛非书意也。燕相国受书而说之，曰：'举烛者，尚明也。尚明也者，举贤而任之。'燕相白王，王大悦。国以治。治则治矣，非书意也。"

不良的外界刺激，自觉接受外界的力 W，压抑破坏意识，或让其转移，以减少其对质量意识的侵犯和破坏。

（四）关于 Z_2

对伊特的力 id 不能长期压抑，长期压抑可能给人的心理和生理带来严重的危害，甚至会造成精神病症。关键不在于伊特的力 id 表不表现，而在于要把这股力转移和升华，或者通过其他正当方式予以宣泄。例如，某些体育运项目就可以说是破坏意识的一种转移或宣泄。有的企业建立的情绪发泄室，就是将员工伊特中的恶意识（包括破坏意识）诱导出来，给以充分宣泄（以不损害他人利益为准），从而减少伊特对自我的压力。

恶意识的渲泄和转移，不能针对质量意识（当然也不能针对其他肯定性的意识），否则 Z_2 就变成负值，从而加强了伊特的力度。开展各种有益的体育、娱乐、文艺、旅游等活动，有助于伊特的力 id 的转移或宣泄，应当提倡。

五、质量意识的巩固和发展

从以上考察中可以知道，质量意识的形成不是一朝一夕的事，形成后的巩固和发展更重要。质量意识形成后，不管其强弱如何，在破坏意识的冲击下，有逐渐减弱的趋势。只有外界不断向员工进行质量教育，质量意识才能巩固。因此，质量教育不是一劳永逸的事。

为了讨论质量意识的巩固和发展，有必要介绍"文化无意识"的概念。在讨论质量意识形成机制时，我们主要利用的是弗洛伊德的无意识理论。弗洛依德理论的最大局限就在于他只注意到人的动物本能，而否定了人的社会性。他说的无意识只是"本能无意识"。生和死的欲望，仅仅是人的一种动物性，其他动物也可能存在。人和其他动物的根本区别，就是人的社会性。本能无意识当然是存在的，这是人的自然属性，然而又并不像弗洛伊德所说的那样，可以囊括整个无意识现象。为了补充弗洛伊德的不足，有的心理学家（例如弗洛伊德的弟子荣格等人）提出了"群体无意识"、"社会无意识"、"文化无意识"等概念。人的后天的、自由自觉的活动，都属于文化活动。所谓文化无意识，就是指的这样一种无意识，它不是人先天的、自然本能的产物，而是后天的、人的文化活动的结果。或者说，这种无意识正是人有意活动的结果。自我和超我的主要部分在意识层，但也有一部分在前意识层，甚至还有一部分在无意识层。进入无意识层的自我和超我，就可以叫文化无意识。

质量意识要巩固，要发展，就应当让质量意识尽量下潜，进入前意识层和无意识层。也就是说，要让质量意识的一部分成为文化无意识。那些质量意识很强、技术水平较高的员工，即使在不重视质量的企业或时期里，也能坚持高质量的生产，一个重要原因就是他的质量意识已经进入前意识层和无意识层，已经成了一种文化无意识。

要让员工形成质量的文化无意识，很重要的一条就是企业要形成浓厚的质量文化氛围。在企业的质量文化氛围中，员工通过潜移默化的质量教育，就可能逐渐形成质量的文化无意识。从心理学角度来看，企业的质量文化建设，很大程度上就是为了这个目的。

任何一种无意识都与行为有着密切关系。可以认为无意识是人的行为的一种内在驱动力。伊特（本能无意识）对自我形成压力，要求自我满足其"快乐"；文化无意识也会对自我形成压力，要求自我满足其"理想"。在个体行为中，作为非理性因素的文化无意识，其参与力量相对增强，影响着个体行为的方向和结果，质量意识积淀的那一部分文化无意识，在质量行为中起着相当大的作用。保证质量行为不越轨，起作用的主要还是这种文化无意识。在许多情况下，员工往往并没有明确地或明显地考虑质量问题，但这并没有影响他的操作，他也并没有发生质量问题，就是文化无意识在起作用。

质量意识进入前意识层和无意识层后，在意识层还照样存在。如果我们不把员工哪怕是刚进厂的新员工看成是"纯粹"的人，不把他们看成是一张"白纸"，那么前面所给出的公式Ⅱ就应当有所改变：

$$Q = Q_1 + Q_2 + (W - Z_1) - (id - Z_2) \quad \cdots\cdots\cdots\cdots \text{公式Ⅲ}$$

其中，Q_1是意识层中的质量意识，Q_2是沉淀到无意识层中的质量意识，其他与前面所述的含义相同。

那么，质量意识怎样才能进入潜意识层和无意识层呢？心理积淀是意识向无意识转化的基本途径，亦即文化无意识形成的基本途径。当超我的力达到一定阈值，就会逼迫伊特作出部分让步，腾出一部分地盘，让超我占据。超我不是自己形成的，它是外界的力经过自我调节后形成的。要加强超我的力度，关键还在于加强外界的力W。这样，解决办法又回到公式Ⅱ（也可以用公式Ⅲ来表示）上，即不断加强质量教育。

积淀者，积累和沉淀也。质量教育经常进行才可能称为积累，质量意识达到一定强度才能沉淀。心理积淀是一个自觉与不自觉的过程。狭义的质量教育，例如参加有关学习、进行质量奖罚等，实际上就是主动地、有意识地实现质量意识的心理积淀。但是，积淀的具体实现又是一个难以意识到的、不自觉的过程。此外，还大量存在这样的情况：人们在生活中生活，他们不得不接受生活环境中有关质量的各种文化因素，例如质量风气、企业和领导的质量态度、产品的质量知识等的影响。这些影响也会通过自我的调节，积淀到前意识层和无意识层中去。这更是一种不自觉的过程。相比而言，后一种心理积淀在文化无意识的形成中作用更大。企业质量文化建设的作用，也主要体现在此。

只有质量意识进入了前意识层和无意识层，成为一种文化无意识后，质量意识才称得上巩固。这样，质量意识的抗干扰能力才会大大加强，对质量行为的导向和制约作用也会大大增加，从而从有意和无意两个方面来保证员工的质量行为符合要求，使其行为的质量倾向较为稳定。

六、质量意识的心理作用

质量意识的心理作用主要表现在对外界干扰的抵制上。员工不仅生活在企业里，也生活在社会中。不管是在企业里还是在社会中，都有损害质量意识的言论和行为。我们把有损质量的外界影响视为干扰。当质量意识的力度还不够强时，它的抗干扰能力也是较弱的；当它的力度得到增强，它的抗干扰能力也相应增强。也就是说，当外界干扰较大、持续间较长，质量意识较强的员工也能不为所动，保持自我平衡，不产生否定性的从众行为。事实上，许多员工都有这种抗干扰能力。

从另一方面说，当外界有利于质量的影响产生，质量意识也能通过自我的调节，主动吸收其影响，从而加强本身的强度。前面说过，一个人能够取得伊特、超我和外界这三种力学关系的平衡，个体心理就能提高其活动性的功能和创造性的效果，自己也能体验到幸福。质量意识在平衡员工心理中所起作用很大。那些质量意识强、生产的产品质量高，因而经常受到表彰奖励的员工，往往更热爱本职工作，更有创造的劳动成果，其产品质量往往能够持续提高。

质量意识对破坏意识有抑制作用。质量意识通过自我，压抑伊特中的破坏意识，不使其发泄时影响产品质量。这样，自我也就不会因为破坏意识的有害发泄而受到外界的惩罚，从而保持心理平衡。当然，伊特不能长期压抑，还需要转移和无害发泄。质量意识在伊特转移和无害发泄时也起到导向作用，防止其对产品质量的损害。

那么，是不是质量意识越强越好呢？不是的。质量意识是一种超我意识，而超我意识是一个包括道德、理想、信念、思想等在内的集合体，是一个复杂的意识系统。例如就员工而言，就还有提高产量多做贡献的意识、安全意识等等。如果这些意识的力度相差过大,过强的质量意识就会压抑甚至破坏其他意识,造成员工人格不完整甚至人格缺陷。这样,对员工来说,质量意识的作用就可能成为否定性的。现实中,那种借口质量而不要产量的人当然不在此例。但是,由于过分害怕出质量问题,小心翼翼,从而影响生产任务完成的事例也的确存在。不讲成本,追求质量的尽善尽美,也是质量意识否定性作用的表现。我们所说的质量,是最佳质量;所说的质量意识,是最佳质量意识。所谓最佳质量意识,就是在超我意识的系统中,质量意识和其他意识平衡,各占各的位置,质量意识不和其他肯定性意识冲突。随着客观情况的演变,最佳质量和最佳质量意识也应进行相应的调整。

质量意识的形成、巩固和发展是员工心理成熟的一个方面。心理成熟并不一定和年龄增长同步,它是一个无止境的完善和学习过程。心理成熟的程度既受主观因素的制约,也受客观因素的影响,是主观和客观不断适应的过程。心理成熟或不成熟,都会反映到人的行为中来。一般来说,成熟程度不高的员工缺乏事业心和责任感,在工作中作用发挥不大。成熟程度高的员工,有事业心和强烈的责任感,能发挥较大作用,能多作贡献。因此,促进员工心理成熟是企业管理包括质量管理的一个重要任务。

七、质量教育的目的

质量意识的形成、巩固和发展都有赖于质量教育。质量教育的目的就是促进员工质量意识的形成、巩固和发展。也就是说,质量意识的建设依赖于质量教育,质量教育就是为了质量意识建设。当然,这儿所说的质量教育是广义的,不仅包括了办班上课、各种培训,更重要的是平时通过开展质量活动对员工进行潜移默化的教育。

任何一项行为,其内容、形式和方法往往源于其目的。目的明确了,内容、形式和方法也就明确了。目的不对,内容、形式和方法也就可能出偏差。教育有两个方面,一是教育者(包括教育的组织者),一是受教育者。这两方面的目的(或者说其动机)又有什么不同呢?如果不同,又怎样把它们结合起来呢?

先说教育者或教育的组织者,即企业方面的目的。不错,企业进行质量教育的目的是为了提高产品质量,以求获得更好的经济效益。但是,在质量教育和产品质量之间毕竟还存在一些中间环节。这就是质量意识和质量能力以及由它们所决定的质量行为。质量教育的直接目的当然是增强员工的质量意识,提高员工的质量能力。产品质量仅仅是质量意识和质量能力以及由它们所决定的质量行为的功能作用之产物，离开质量意识和质量能力以及质量行为这些中间环节，质量教育和产品质量以及经济效益几乎难以发生直接联系（见图1-3）。

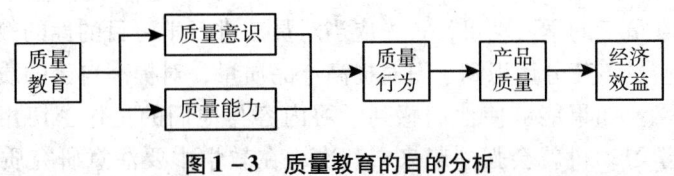

图1-3　质量教育的目的分析

不少企业对这些中间环节重视不够，研究甚少，幻想着"立竿见影"，追求急功近利，结果欲速则不达。人们往往又把教育理解得过于狭窄，似乎就是上课讲TQM，讲ISO9000，讲PDCA，今年讲这一套，明年还讲这一套。教育内容和现实需要脱节，再加上质量教育中其他形式主义做法，反而使质量教育达不到提高产品质量的目的。从质量意识的形成机制来看，应该说，凡是促进质量意识形成和发展的外界的力W都可以叫做质量教育，因此其内容、形式和方法都应当有所改变。

再说受教育者即员工的目的。心理学告诉我们，学习者必须有强烈的学习动机，即有"我要学"的心理倾向，才能学习得好。学习者的学习行为是由学习动机促成的。学习动机是对学习起推动作用的心理因素，它不仅决定着学习者的学习性质（为什么而学），而且也影响着学习成效。如果缺乏学习动机，不管外界如何施加压力也是徒劳的。那么，员工接受质量教育或学习质量知识的动机又应当是什么呢？图1-4为员工学习动机的分析示意图。

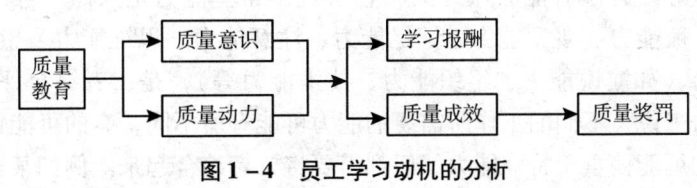

图1-4　员工学习动机的分析

员工学习的目的当然应当是提高自己的质量意识和质量能力，这是企业对员工的要求，员工自己也应当这样要求自己。但是，员工的质量意识和质量能力提高后，得不到认可，得不到"用武之地"，得不到相应的报酬（包括精神和物质的），员工就不可能有较强的学习动机。从图1-4可以看到，质量教育必须与质量奖罚联系起来，质量奖罚反过来又成为质量教育的基本前提。在质量奖罚不分明的企业，质量教育肯定是搞不好的。图中的学习报酬不仅仅是指奖学金之类的物质报酬,主要还是学习中获取知识满足员工需要的程度,也就是员工自己对自己的"报酬"。对学习优异者适当给予奖励(如奖金、合格证书、表彰等)也是必要的。

为了激发员工的学习动机,首先应当对员工进行学习目的性的教育。在质量教育中,要使员工充分认识到学习对提高产品质量,对提高自己的质量意识和质量能力的意义。如果能够使他们感到学习内容与他们的工作密切相关,很有价值,他们的学习动机就会强烈起来。其次,在教学中要注意研究质量教育的内容、形式和方法,以激发员工的学习兴趣,使员工通过学习得到精神上的满足。最后,还应当适当采取奖罚、竞赛、考试等动机诱因,激发员工的学习动机。对员工的学习动机注意不够,质量教育不仅不能吸引广大员工参加,反而会使员工产生反感。一旦形成逆反心理,把质量教育当成负担,员工就不愿意参加学习,或者人到心不到,达不到教育的目的。那种以惩罚方式强迫员工参加学习,更是不对的。

第三节 员工的质量能力

一、质量能力的构成要素

质量能力是员工保证自己的工作顺利达到一定质量水平的能力,是解决员工能不能够做好或有没有能力做好的一种心理因素。能力是人的一种个性心理特征,包括一般能力(观察能力、记忆能力、注意能力、思维能力、想象能力等)和特殊能力(如演说能力、组织能力、技术能力等),是二者综合评价的结果。对质量能力来说,不同的工作所需要的能力可能有所不同,有的可能偏重于一般能力,有的可能偏重于特殊能力,但都需要将二者综合起来。例如某工人其他各种能力包括技术能力都很强,注意能力却很差,粗心大意,经常看错图纸,发生质量事故,就可以说他的质量能力不高。必须说明的是,质量能力不等于技术能力。所谓技术能力是指员工掌握的技术知识、操作方法和相关经验,这无疑是质量能力的重要因素,但却不是唯一的要素。

能力既来自于人的先天生理和心理特征,又来自于后天的学习和实践。不同工作所需要的质量能力是不相同的,但一般来说,质量能力大致包括以下要素:

1. 生理能力。所谓生理能力就是人的生理特征与所能从事的活动的关系。

任何工作都需要相应的生理能力。一般来说,身高体壮才能当搬运工,视力良好才能当驾驶员……随着科技发展,相当多的工作对员工的生理能力要求放宽了,但生理能力依然是质量能力的基础条件之一。至少在目前,我们还不能设想让聋哑人去当导游或者去当解说员吧?

2. 心理能力。所谓心理能力就是人的心理特征与所从事的活动的关系。生理能力虽然也可以通过后天的锻炼得到增强(例如运动员通过训练提高了运动能力),但毕竟主要来自于先天。心理能力当然也与先天有关,但主要还是后天形成的。观察能力、记忆能力、注意能力、思维能力、想象能力等一般能力,都可以说是心理能力。对绝大部分工作来说,心理能力比生理能力更加重要。

3. 知识。知识如果外在于人,本身并不能体现为能力。但人一旦掌握了某种知识,不仅能够大大增强与这种知识相关的能力,而且知识通过指导人的活动目标、活动方向、活动过程,从而直接体现为人的能力。同时,由于学习和掌握知识需要经历很复杂的记忆、思维、想象等心理过程,这个过程对提高人的心理能力具有十分重要的意义。随着工作日趋复杂,质量能力对知识的需要也越来越强烈。在相当多的情况下,质量能力主要体现在知识上。

4. 经验。严格来说,经验也是一种知识。一般来说,知识是外来的,是通过学习获得的,而经验往往是内在的,是通过经历获得的。从某种程度上说,知识如果不内化为经验,也不能成为能力。因此,经验作为质量能力的组成要素,往往更加重要。不管是成功的经验还是失败的经验,都能通过对人的活动进行指导、控制、矫正而体现为人的能力。

员工工作质量总的倾向,主要取决于他的质量意识和质量能力。用公式表示:

$$工作质量 = f(质量意识 \cdot 质量能力)$$

显然,要想把工作做好,要想提高工作的质量水平,光有良好的质量意识是不行的,还必须有相应的质量能力。质量能力不高,要保证工作质量很难,甚至是不可能的。当然,质量能力对工作质量的作用,是与质量意识联系起来的,是在质量意识指导下产生作用的。质量意识好而质量能力不高,可以通过学习和训练来提高质量能力;质量能力高而质量意识不强,也可以通过激发员工表现自己的能力的需要来改变质量意识。质量意识与质量能力相辅相成,它们对工作质量的作用不能截然分开。

从与工作的关系角度来分,我们可以把质量能力分为质量保证能力和质量改进能力,下面分述之。

二、质量保证能力

质量保证能力是员工保证自己的工作顺利达到既定质量水平的能力。鉴于员工从事的工作各不相同，在产品质量形成过程中的角色和地位各不相同，我们不能确定统一的质量保证能力所包含的内容。例如设计人员和生产工人的质量保证能力就有很大的不同，而生产工人中的车工和炼钢工的质量保证能力也有很大的差异。但是，绝大多数员工的主要工作是操作，就连工程技术人员画图纸、清洁工做清洁都可以叫操作。从操作出发，可以把操作能力、注意能力和观察能力作为最主要的质量保证能力[①]。

（一）操作能力

不同的工作所需要的操作能力是不同的。操作中，有主要用手的，有主要用脚的，也有手脚并用的。传统的缫丝工人还要用牙齿，因此招收缫丝工人时还得检查门牙是否整齐、坚固。虽然如此，对各种不同的操作还是可以进行综合分析，从而得出一般操作能力的概念。现实中可以看到两种人：一种人心灵手巧，做什么会什么，学一种操作，换一样工种，几天之内便能熟练掌握操作要领和操作技巧，便能保质保量完成任务，其质量甚至超过那些长期从事该种操作或该工种的人；另一种人则笨手笨脚，做本职工作勉强可以应付，换一个岗位，调一样工种便很难适应。我们说前者操作能力强，后者操作能力弱。

操作能力不同于知识，甚至不同于智力。书写也是一种操作。知识多智力高的人不一定能写一手好字，大学生当工人也可能显得笨手笨脚。但是，知识、智力与操作能力又是密切相关的，操作能力要在一定的知识、智力水平上才能形成。操作能力往往是在掌握知识的过程中形成和发展起来的，并且受到智力水平的制约和限制。知其然并知其所以然，操作能力就会大大提高。随着科学技术的发展，各种工作的操作方法、操作程序和操作动作将越来越简化，而操作过程中以及进行操作之前所需要的知识和智力却将越来越多、越来越深、越来越高，知识和智力对操作能力的促进作用将日益增强。例如有自动导航系统的飞机，对驾驶人员操作能力的要求相对降低了，而对其知识和智力水平却提出了更高更严格的要求。

---

① 因服务产品是"在供方和顾客接触面上至少需要完成一项活动的结果"，其质量保证能力还要包括沟通能力。关于沟通，读者可以参考本书有关章节的论述。

不管是哪种操作，都要求动作协调、迅速、准确，有的还要求细腻、优美。动物的小脑是负责动作协调的"指挥部"。把狗的小脑切除，其动作就会出现严重的不协调，连行走也会表现出令人可笑的滑稽来。小脑状况往往影响动作的协调和准确，也影响动作的迅速、细腻和优美，也就是说影响着操作能力的高低强弱。

动作往往也与人的性格相关。理智型的人冷静、善思，自控能力强，其操作动作的准确性就较高，而其迅速性就可能比不上情绪型的人。情绪型的人热情、易冲动，操作动作往往受情绪的影响，表现出忽高忽低忽好忽坏的不平衡态。开朗活泼的人动作往往优美，沉着冷静的人动作往往细腻；前者属于外向型性格，后者属于内向型性格。但是，人的性格又是可以改变的。通过学习和锻炼，即使性格不利于某项操作的人，也可以提高该项操作的水平。读过任斌武的小说《开顶风船的角色》的人，可能都还能记得那个性格急躁的战士鲁牛子，他是著名的"快三枪"，只有头三枪能打十环，继续射击，效果会越来越差。为成为真正的神枪手，鲁牛子通过学习做鞋垫、绣花等办法，锻炼自己，终于克服了性格方面的弱点，获得了成功。

（二）注意能力

注意是心理活动对一定事物的指向和集中。由于这种指向和集中，人才能够清晰地反映周围现实中的一定事物，而离开其余事物。可以说，在一定的时间内，人不可能清晰地反映周围现实中的所有事物，而只能清晰地反映一定时间内的某一件或某几件事物。全神贯注、专心致志，就是高度的注意。注意能力在质量保证能力中十分重要。事实上，相当大一部分质量事故和零件报废，都是因为操作者注意不够、粗心大意造成的。

不同的操作所要求的注意能力是不同的。精细、复杂、动作变化较多较快的工作，要求有较高的注意能力，粗放、简单、动作变化较少较慢的工作，要求的注意能力就相对低一些。但是，哪怕是最简单的工作，注意不够也可能酿成质量问题。由于对简单工作不重视，注意分散，往往更容易出质量问题。

不同的员工其注意能力是不同的。这可能与人的气质不同有关。多血质和胆汁质的人有相同的倾向，心理活动进行的速度较快，稳定性较差，其情绪容易冲动，注意力容易转移，注意能力相对较低。黏液质和抑郁质的人则相反，心理活动进行的速度较慢，稳定性较好，注意力稳定，注意能力相对较高。多血质和胆汁质的员工在工作中，特别是在容易出差错的时间和地点，更应当小心一些，以避免粗心造成的失误。

同一员工在不同时间不同环境里注意力往往是不同的。情绪高涨时，注意能力就会提高，情绪低落或情绪高涨过头，注意能力就会减弱。环境优美，注意力就会增强，环境污染严重，例如噪音大、空气浑浊、视线昏暗，注意力就会降低。疲劳、紧张、疾病等因素也会降低人的注意力。

员工的注意能力是可以改变的。提高质量意识的强度，严格按规定的操作程序办事，增加复核复验（例如执行首件三检制①）等方法，都可以减少因注意力不够造成的质量问题。

有人说，注意力过度集中也可能出错，甚至更可能出错。其实，所谓注意力过于集中，往往不是集中在操作上，而是集中到"不要出事"的思想上，集中到对行为后果的担心上。这实际上是情绪紧张的表现。情绪紧张是很容易出差错的，应当及时消除和克服。

（三）观察能力

应当说，注意能力中就包括了观察能力。从产品质量形成过程出发，可以这样来区分：产品质量形成之前主要需要注意能力，形成过程中主要需要操作能力，形成之后要判断产品合格与否则主要需要观察能力。例如车工加工零件，加工前先要看图纸，看工艺卡片，检查毛坯或材料是否符合要求，等等，这时注意能力特别重要，稍一疏忽就可能出现差错，因看错图纸而报废的事故不少。然后加工，磨车刀、搭走刀、转动摇把，等等，这时操作能力占有第一位作用，动作不准确、不及时或不协调，操作程序混乱，就可能碰坏车刀，打伤零件，出现废品次品。零件加工完毕，要测试检验，观察能力就起着核心作用。特别是进行官能检验时，没有特殊的观察能力就难以判断零件合格与否。当然这种划分只是粗略的。事实上，质量保证的三种能力又是搅在一起，综合起作用的。车工在操作中，要计算尺寸，要看刻度，能够离开注意能力吗？不会操作检测器具，能够观察吗？三种能力中任何一种能力不足，都可能出错。

观察能力是一种感觉知觉能力，记忆和思维在观察中也起着重要作用。观察能力要受视力、听力等感官功能的制约。近视眼不矫正就难免观察错误，有耳鸣、重听等病症的员工往往难以听出发动机的异响，触觉迟钝难以查出机械的轻微跳动，味觉不灵当然当不上品酒师。但是，任何人都可以通过加强注意、思维等心理过程，通过积累经验来补偿感官功能的缺陷或不足。

---

① 即首件自检、互检、专检制度。

三、质量改进能力

质量改进能力是员工改进自己的工作使其质量水平达到一个新的水平的能力。质量改进能力要以质量保证能力为基础。既定的质量水平尚且不能保证,还谈什么改进和提高?质量改进能力不仅包含了质量保证能力的全部内容,而且还有特殊要求。质量改进取得成功或告一阶段后,质量改进能力的主要内容又会转化为质量保证能力。质量改进对员工能力的特殊要求主要有:(1)发现问题的能力,(2)创新能力。

(一) 发现问题的能力

质量改进的前提是发现既定质量水平的不足,发现自己工作中存在的问题;否则,质量改进就无从谈起。质量改进对员工能力的第一个要求就是能够迅速地准确地发现问题,揭示工作中的矛盾,找到改进的地方或方向。

发现问题不仅需要一般能力,而且需要从事本职工作的特殊能力。要发现问题,必须有锐敏的观察力和丰富的想象力。发现就是观察,没有观察(眼、耳、鼻、舌、身的感觉、知觉都可以叫观察)的发现是不可能的。经验丰富的员工仅凭听声音就能发现机器的故障。优秀的厨师仅凭舌尖的感觉就能指出烹饪菜肴时应当改进的地方,例如火候不够、盐加多了还是少了等等。但是,只会观察不会想象,问题也难以发现。所谓想象,就是对更高一级的质量水平有所思维,从而在头脑中构成新形象。马克思说过:"劳动过程结束时得到的结果,在这个过程开始时就已经在劳动者的表象中存在着,即已经观念地存在着。""最蹩脚的建筑师从一开始就比最灵巧的蜜蜂高明的地方,是他在用蜂蜡建筑蜂房以前,已经在自己的头脑中把它完成了。"有无这样一个想象过程,是人与动物的根本区别之一。这个想象的状况如何,往往决定着质量改进成效的大小。古话说:"求乎上,得乎中;求乎中,得乎下;求乎下,无所得。"

质量改进之前在头脑中构成的新形象,实际上是一种新的参照系。把这种新的参照系与观察的结果进行对比,才能够发现存在的问题。这种新的参照系也可能不是想象或不仅仅是想象的产物,国内国外的质量先进水平、顾客对质量的新要求、设计人员修改后的技术资料等等,都可以成为新参照系的组成部分。针对某一具体工作、某一具体产品的质量改进,凭想象形成新的参照系,往往更多更普遍,想象的作用也更大。

想象能力受着知识和智力的制约,知识贫乏、智商不高的人,想象力不可能丰富。但知识多而不用，受书本约束，想象力也反而可能被削弱。有的工人肯动脑子，善于想象，其发现问题的能力高于知识比他多的工程技术人员，也不是没有可能的。

发现问题的能力受思想品质、性格气质、情绪状态等心理因素的制约。思想保守的人往往满足于现状，很难发现问题，即使发现了也难以想办法去改进。相反，有开拓精神的人对现状始终持分析批判态度，发现问题的能力往往较强。

（二）创新能力

质量改进不能仅仅停留在发现问题上，发现问题后如何解决更加重要。解决问题需要创新能力。所谓创新能力，就是能够更新或完善自己工作的能力，也就是能够迅速掌握新的工作方法，做出独创性工作的能力。创新能力也是一种综合能力，包括问题原因的分析能力、寻找主要原因的能力、解决问题的能力、检查复核的能力等等。

美国著名质量管理专家戴明博士提出的 PDCA 循环反映了质量改进和各项工作都必须经过的过程。很显然，在第一个步骤即分析现状、找出存在的主要质量问题时，特别需要发现问题的能力。而在计划（P）阶段的其他步骤中，在执行（D）、检查（C）、总结（A）等阶段中，对创新能力又有很高的要求。我们知道，PDCA 循环具有大环套小环、不断循环上升的特点，因此，发现问题的能力和创新能力又总是互相结合在一起，不断推动质量的提高，不断推动大环小环向前运动。

创新对思维品质有特殊要求。有人说创新需要发散性思维，有人说需要凝聚性思维。其实，在发现问题、分析问题原因、寻找解决问题方法的时候，其初始阶段往往需要发散性思维，在后期阶段则主要靠凝聚性思维。第一、第二两个步骤即分析现状发现问题和寻找原因时，特别需要发散性思维，而在其他步骤则特别需要凝聚性思维。例如在利用因果图分析质量问题时，开始时，应当充分发挥每个 QC 小组成员的智慧，尽可能把所有的原因都找出来。这时，发散性思维特别重要。当因果图作出后，要确定主要原因，凝聚性思维的作用就显得特别突出。

灵感思维对创新的作用很大，但又是可遇而不可求的。头脑风暴法、KJ 法等就是为了促使灵感产生，强化思维环境，造成一种氛围，以寻找解决问题最佳方法的管理措施。质量改进中应当积极采用这些方法。

创新能力因人而异，受生理、心理、文化和经历等多种因素的影响，也受到外界环境的影响。我们要和压抑员工创新能力的官僚主义作斗争，要创造条件，充分发挥员工的创新能力。员工的创新能力是可以改变的。在客观环境因素的激发、帮助和鼓励下，员工可以通过学习和实践来提高自己的创新能力。当然，提高创新能力的基础，还在于是否有这种动机，也就是说，取决于员工的价值取向。

四、质量能力形成和发展的条件

质量能力是怎样形成的呢？怎样去提高员工的质量能力呢？下面，就制约能力形成和发展的条件，谈一点意见。

1. **生理素质**。生理素质是能力形成和发展的自然前提，离开这个前提就谈不上能力的发展。按心理学的解释，生理素质是人的先天的解剖生理特点，又主要是感觉器官和神经系统的特点。生理素质不仅是能力发展的生理条件，而且也是人的心理发展的生理条件。显然，企业在招收员工、分配员工和对员工进行人事管理的时候，就应当考虑员工的生理素质。例如，有严重生理缺陷的人就不宜招收进工厂（为残疾人开办的企业除外），更不宜分配到重要的生产岗位上。由于不同工作所需要的质量能力不尽相同，应当把生理素质较好的员工分配到对质量能力要求较高的岗位，而把生理素质较差的分配到对质量能力要求较低的岗位。有的岗位对员工的生理素质有特别要求，例如要求身高、力大、视力好、听力强、感觉灵敏、牙齿整齐等等，更应当充分考虑。感觉迟钝的人被分去当汽车司机，是很危险的。

2. **教育**。生理素质提供了能力形成的生理条件，而社会实践则是能力的来源，某些生理素质上的缺陷甚至可以通过实践和学习得到不同程度的补偿。生理素质再好的员工，不接受教育，不学习，其能力也仅仅是潜在的，不仅表现不出来，反而可能湮灭。质量教育是培育质量能力的重要手段。不要把质量教育理解得很狭隘，似乎只有讲授 TQM 和 ISO9000 才是质量教育，而把操作能力、技术知识等方面的指导和教育排除在质量教育之外。目前，企业在相当程度上把教育和培训交给了社会，招收员工时仅仅只看他有没有"证"；一旦招收进来，就要他马上能够顶岗操作。这种做法当然可以降低企业的人事管理费用，但如果连基本的教育培训也不进行，就难免不出质量问题。近年来，煤矿安全事故频发，一个重要原因就是下井矿工几乎都是农民工，几乎没进行过任何培训，连基本的安全知识也没有掌握。因此，当新员工进厂时，不管其是否有"证"，都应当进行相应的培训。

3. **实践**。质量能力是在产品质量形成过程中形成的，是在生产和工作中表现出来的。离开了生产和工作的实践,就无所谓质量能力。因此,能力最终还是实践的产物。不同的职业、不同的工作,制约着能力发展的方向。要提高质量能力,关键还在于在工作中不断实践,不断总结经验,不断改变那些不利于质量的心理因素,不断适应工作的要求。为了使质量能力相对稳定,不宜经常变动员工的工作岗位。那些在同一岗位上工作了几十年的老工人,其质量能力很强,就是因为在实践中积累了丰富的经验。如果把他的工作岗位变动一下,他的质量能力就可能大大下降(当然今后也还可以提高)。

4. **主观能动性**。相同的教育、相同的实践,不同的员工质量能力却不相同,除了生理素质的原因外,主要是因为其主观能动性的发挥是否充分所致。人的能力必须通过自身的积极活动才能得到发展。对本职工作具有强烈而稳定的兴趣和爱好,常常标志着对该项工作的质量能力发展水平。即使有某种生理或心理缺陷的员工,只要热爱本职工作,努力学习,勇于实践,也可以发展自己的质量能力,甚至可以超过那些没有缺陷的员工,成为该项工作的行家里手。这就给质量管理人员提出一个课题:如何去培养员工对本职工作的兴趣和爱好?第五章我们在讨论"需要—动机—行为—目标"模式时,再来回答这个问题。可以肯定的是,就教育抓教育,就培训抓培训,或者不管三七二十一,把新员工一下子推到生产岗位上去,往往难以取得预期效果。

第四节 员工的心理状态

心理状态是指员工在一定时间内心理活动的综合表现。"人逢喜事精神爽",人在获取成功或遇到喜事的时候,就会思想活跃、记忆清晰、心情开朗、做事敏捷果断……表现出一种精神上的振奋状态。相反,遭受挫折后,人往往在一段时间内就会沉默不语、抑郁寡欢、思想迟钝、智力下降、注意不稳定……表现出一种沮丧、消沉的心理状态。

心理状态是影响工作质量的重要心理因素。员工的心理状态处在最佳水平,工作质量就会大大提高,相反,心理状态不好,或沮丧,或过于兴奋,都难免产生工作差错,甚至酿成质量事故。

下面就影响心理状态的三大因素进行一些分析。

一、个性心理特征

员工的个性心理特征是很不相同的。影响心理状态变化的主要是气质和性格，还有人的心理节律。人的气质和性格往往又和人的生理素质、性别、年龄、经历、思想品质、道德、情操等情况有关，从而呈现出千差万别来。从心理学角度看，这些千差万别中又有规律性，是可以进行分类的。

（一）气质

人的气质可以分为四个基本类型，即胆汁质、多血质、黏液质、抑郁质。多血质的人感受性低而耐受性高，不随意的反应性强；具有可塑性和外向性；情绪兴奋性高，外部表露明显，反应速度快而灵活。多血质的人心理状态变化频率较高。胆汁质的人感受性低而耐受性高，不随意的反应性高，反应的不随意性占优势；外向性明显，情绪兴奋性高，抑制能力差；反应速度快，但不灵活。胆汁质的人心理状态变化幅度较大。黏液质的人感受性低而耐受性高，不随意的反应性和情绪兴奋性均低；内向性明显，外部表现少；反应速度慢，具有稳定性。黏液质的人心理状态变化幅度较小。抑郁质的人感受性高而耐受性低，不随意的反应性低；严重内向；情绪兴奋性高而体验深，反应速度慢；具有刻板性，不灵活。抑郁质的人心理状态变化频率较低。

人的气质类型无所谓好坏之分。任何一种气质类型在这种情况下可能有积极意义，而在另一种情况下又可能有消极意义。心理状态变化频率高、幅度大，对于接受质量教育、改进工作质量、适应新环境新工作等方面，当然有其长处；但是，注意力不够、情绪变化大起大落，又明显不利于工作质量的稳定。相反，心理状态变化频率低、幅度小、反应迟缓，当质量问题出现苗头时就可能难以发现，对质量改进不利；但是，情绪变化不大，注意能力较强，对工作质量的稳定又大有好处。但在实际中，纯属某一气质类型的人是少数，大多数人的气质是混合型的。由于心理锻炼和心理不断成熟，由于外界强大的刺激和影响，人的气质也可能改变或转化。

（二）性格

性格是十分复杂的心理构成物，可以从不同的角度对人的性格进行分类。

按心理活动倾向内部或倾向外部来分，可以分为内向型和外向型。内向型的人沉着冷静，内心情感体验深刻，但不易外露。外向型的人开朗活泼，善于交际，情感外露，心直口快。显然，前者的心理状态变化不容易被人察觉，其心理状态对质量的影响往往是隐蔽的，后者的心理状态变化公开明显，为质量管理人员控制其心理状态提供了方便。

按理智、情绪和意志在性格结构中占优势的情况来分，可以分为理智型、情绪型和意志型。理智型的人冷静沉稳，思想深刻，自控能力较强，行为受理智支配。情绪型的人热情，易冲动，行为易受情绪支配。意志型的人行动目标明确，主动坚强，行为受意志支配。显然，理智型的人心理变化频率较低，一旦思想改变，变化幅度就大，这种性格对质量的稳定和提高都是有利的。情绪型的人心理状态变化频率高、幅度大，工作质量往往受情绪的影响，表现出时高时低的波动来。意志型的人心理状态变化频率低、幅度小，工作质量较为稳定。

按独立性程度来分，可以分为独立型和顺从型。独立型的人擅长于独立思考，乐于发表与众不同的意见，坚持以至固执己见。顺从型的人独立思考能力差，人云亦云，随波逐流。显然，前者在质量管理中可以起较大作用，其心理状态有利于质量改进；后者在质量风气好的群体中，能够稳定地保证工作质量，但在质量改进中往往无所作为。

性格的形成是一个十分复杂的过程。性格与气质有关联，但是又有很大的不同。性格受人的思想观点制约，有好坏之分。比起气质来，性格对心理状态影响更大。一般来说，气质难以改变或转化，而性格的可塑性较大，良好的性格可以凭借教育和训练来培养，不良的性格也可以改变或转化。

二、心理节律

根据现代科学的研究，人体功能有周期性变化，这种周期变化又被称为生理心理节律。一般可以分为三个层次：

（一）层次一

以出生日为起点，呈正弦曲线的体力强弱周期（23 天）、情绪高低周期（28 天）、智力兴衰周期（33 天）。当曲线处于正方向时称为高潮期，处于负方向时为低潮期，与 X 轴相交时称为临界期（一般为 2 至 3 天）。这三条曲线中，对心理状态影响最大的是情绪周期曲线。情绪高低变化在女工中表现尤其明显。妇女的月经周期一般为 28 天，在经前和经后的几天中往往表现出忧郁、焦虑不安、烦躁易怒、自信度降低、疲劳、头痛、心情沮丧等消极情绪，而被称为"经前期紧张综合症"。而在排卵期前后，情绪与上述状况相反，心情舒畅、开朗、自信、愉快，呈现出积极的情绪状态。男子的情绪变化也与妇女相似，只是男子没有月经、排卵这些外部征兆，自己与他人都不易察觉罢了。

在高潮期，人的体力、情绪和智力都呈肯定性，表现为精力充沛、情绪高涨、才思敏捷；在低潮期，人的体力、情绪和智力都呈否定性，表现为容易疲劳、情绪低落、思维受阻；在临界期，人的体力、情绪和智力都不稳定，大起大落，往往容易出工作差错。有统计资料表明，在发生交通事故的汽车司机中，心理节律特别是情绪周期处于临界期的，所占比重大大高于处于高潮期的。

（二）层次二

生理心理在一天24小时内也存在着周期变化。随着工作、娱乐、饮食、睡眠时间的社会化，人的机体在生理活动和工作效率上也形成了每天的节律。例如体温在凌晨2～5时最低，而下午中段时间最高。血压、脉搏次数、血液的化学成分变化、内分泌腺的活动以及其他生理方面，也可以观察到类似的周期。只要作息时间一改变，一切周期都可能提前或推迟几小时，甚至可能把白昼和黑夜完全颠倒过来；而要延长或缩短24小时这个基本周期，即使在实验室控制条件下，也很难办到。例如，把一个人关在与外界隔绝的小舱里，使他看不到钟表和阳光，一天到晚都让他处在黑暗或光亮中，他到中午前后还是想吃饭，夜间还是想睡觉，早晨还是想起床。

不少企业都实行三班制或两班制，这就干扰了24小时的生理心理节律，尤其是干扰了夜班员工的睡眠，容易使工产生疲劳、注意力不集中、肌肉乏力、短时记忆力消失等现象，夜班发生质量事故的概率超过白班。据陈昭在《工业心理学漫谈》中提供的某矿山一个季度的事故统计，事故次数以白班为基数，夜班竟高达324%，中班也达到184%，事故次数最高峰在凌晨4时左右；出矿量如果也以白班为基数，夜班仅达到96.4%，中班只达到90.2%。

对于某些员工来说，因为个人的种种关系，例如喜欢夜班的安静和谐或凉爽（夏季），夜班的工作质量也可以超过白班。脑力劳动者的思维效率，据有人研究，可以分为百灵鸟型（清晨工作）、猫头鹰型（深夜工作）和混合型（不择工作时间）。毛泽东、鲁迅、巴尔扎克等就属于猫头鹰型，习惯于深夜工作。员工，包括从事操作的生产工人也有这种情况。为了适应员工的生理心理节律，一些企业采用弹性工作制，缩短工作制、职业分享制等新的工作制度，或者采用四班三运转、六小时工作制、四六工作制等一些新的工作制度。事实表明，这些新的工作制度不仅有利于效率的提高，而且特别有利于工作质量的提高。

（三）层次三

生理心理节律在白天也存在着周期变化。据研究，从起床后大约每隔4个小时，生理心理就会出现一个低潮期，这些低潮期一般在9时、14时、18时左右，约持续一个小时左右。苏联科学家格雷宾通过实验证明：实验者若在21时入睡；

第二天早上4~5时起床,则在一天中能保持较高的工作效率和较好的心理状态;若在7~9时起床,醒后就感到有些不适,整天都有紧张感,且在14时后就想休息。他认为,应在生理功能增长时间内从事最重要最紧张的工作,劳动时间可以改为早上5~6时至午后1~2时。

生理心理节律是客观规律,不以人们的意志为转移。但是。只要认识了这个规律,掌握它,并自觉运用它,就可以避免不必要的工作差错。例如在高潮期中充分发挥体力、情绪和智力的作用;在低潮期中注意休息和营养,避免不必要的体力支出和情绪刺激,克服不利因素;在临界期中则时时警惕,小心对付工作,避免大起大落。又例如可以适当调整工作时间,适当安排工间休息,以适应生理心理节律的变化。

只强调生理心理节律的副作用,把工作质量问题一股脑儿全推在这上面,当然不对。但是,作为质量管理人员,要真正重视人的因素,关心人,理解人,就不能不懂得人的生理心理节律。当员工处于低潮期和临界期时,应当帮助员工解决具体困难,防止员工因体力、情绪和智力的波动而影响工作质量。不少企业在女工月经期间适当照顾,例如放假一天等等,不失为一项好措施。

生理心理节律的变化范围是在人的身体素质、气质和性格所限定的幅度之内,其幅度大小因人而异。有些人低潮期表现出来的体力、情绪和智力,往往高于或优于另一些人在高潮期的表现。身强力壮者的体力,任何时候都会高于年老体弱者;多血质的员工,低潮期的情绪也会比抑郁质的员工兴奋。把生理心理节律绝对化是错误的。

高潮期、低潮期所表现出来的体力、情绪和智力状态也是相对的。处于高潮期却突然遭到挫折或否定性刺激,也会情绪低落;低潮期获取成功,遇到喜事,也会"人逢喜事精神爽",情绪高涨。因此,处于低潮期时,为了工作质量的需要,可以用外界刺激和自我调节的手段,改变消极因素,使心理状态转向良好。

三、外界刺激

任何人总是生活在一定的客观环境之中。客观环境不仅是指物质环境,也包括人文环境;不仅有人们可以意识或已经意识到的环境因素,也有人们难以意识或还没有意识到的环境因素。心理状态固然受员工心理特征的制约,更要受客观环境的制约。相对说来,个性心理特征较为稳定,而外界刺激则变化较大。外界刺激往往是引起心理变化的直接原因或现实原因。如果企业对员工的刺激长期不变,听之任之,是不利于员工心理成熟的,对工作质量的提高也是不利的。按照系统论的观点，一个系统处在封闭状态中，没有与外界的能量和信息（负熵）的交流，该系统的熵就会日益增大，最终导致系统走向无序（死寂）状态。员工的心理也是一个系统，同样需要外界的信息即刺激，否则就可能影响心理的发展和成熟。

我们把有利于提高质量的外界刺激称为肯定性刺激，把不利于提高质量的外界刺激称为否定性刺激。质量管理的任务就是加强肯定性刺激，防止和减少否定性刺激。为叙述方便，我们把外界刺激分为：（1）物质刺激，（2）精神刺激，（3）无意识刺激，它们都有正负两个方面。

（一）物质刺激

所有的外界刺激都需要物质作中介。这里说的物质刺激，主要是对员工物质利益上的刺激，也就是质量奖罚。物质刺激的结果，最终还是要引起精神和心理上的变化来达到刺激的目的，也就是保证员工心理处于良好的状态。因此，必要的质量奖罚，对质量管理来说，还是很重要的。ISO9004：2009 就规定：组织应当"引入适当的，基于员工个人成就的承认和奖励制度。"

（二）精神刺激

对员工的心理状态进行直接刺激，例如思想工作、精神奖励、行政处分、人与人之间的情感交流等等，可以称为精神刺激。在马斯洛心理学的五个层次需要中，前两种即生理需要和安全需要，主要是物质的，这是物质刺激和无意识刺激的心理学基础，后三种即归属需要、尊重需要和自我实现需要，主要是精神的，这是精神刺激的心理学基础。按照马斯洛的说法，后三种，特别是后两种需要比前两种需要更高级、更重要、更能激发人的积极性，对心理状态的影响当然也就更大。因此，在物质刺激的同时，还应当加强精神刺激。

精神刺激不仅仅是评选先进，更重要的是尊重员工、理解员工，把员工真正当作企业的主人，吸收员工参加管理和决策，使员工能充分发挥自己的特长，增强其责任心和自信心，提高其在企业中的地位。此其一。其二，在处理质量问题中，要设身处地为员工着想，实事求是，是一就说一，绝不要说二，在批评和处罚时慎重，不能侮辱人，更不能"上纲上线"，像过去那样抓"阶级斗争新动向"。

员工与员工之间，特别是领导与被领导之间、管理者与被管理者之间的人际关系，是精神刺激的一个重要方面。人际关系好，团结互助，和睦相处，就会心情舒畅；人际关系恶劣，经常吵架斗嘴，明争暗斗，就会心情沮丧。调节和改善人际关系,是员工心理状态处于良好的重要条件。

员工所受的精神刺激不仅来自企业内部,也来自家庭和社会。家庭和睦,心理状态往往较好;回家就吵架的员工,难免不把那沮丧、愤恨和暴躁的情绪带到工作上来。应当关心员工的爱情、婚姻、家庭等切身问题。社会对员工也有正反两个方面的刺激。某护士曾说:"上班挤车挤得腰酸背痛,还和人吵一架,你叫我上班时的态度如何好得起来?受了侮辱,浑身发抖,又怎么工作?"看来,提高质量与全社会的共同努力是分不开的,是一大系统工程。

(三) 无意识刺激

物质刺激和精神刺激是对人的意识的刺激,是员工能够意识到的外界刺激。员工没有或者难以意识到的外界刺激,可以叫无意识刺激。

无意识刺激是对员工潜意识和生理的刺激,其刺激源主要还是物质的,是客观环境对人的刺激。例如工作场地的灯光、色彩、环境空间、音响、温度、湿度等等,工作时间的季节、气候、早晚(班)、上下午等等,员工往往没有意识到却又同样能够引起员工心理状态的变化。我们知道,正常人在100分贝的噪音环境里工作,心情就可能变得烦躁。在车间墙上乱涂颜色,密密麻麻胡乱张贴,造成"色彩污染",也会使人感到烦躁和郁闷。目前,对工作场地的环境状况已有较深入的研究,并且已运用于实际。但仍有一些企业还在人为地污染环境,高音喇叭、红绿标语、烟雾粉尘、废渣废水随处可见。员工走进车间就像走进垃圾堆,活受罪,实在是应该改变了。当然,改变环境质量要有一定的物质条件,例如不可能将矿工都安排到井外来,不可能杜绝野外工作的风霜雨雪,等等。但是,力所能及的则应当改变。整洁文明生产应当是质量管理部门负责的一项工作。

(四) 心理状态对质量影响的特点

在影响质量的个体心理因素中,如果说质量意识和质量能力相对比较稳定的话,那么心理状态的变化频率和变化幅度往往都比较大。心理状态受员工的气质、性格等个性心理特征的制约,也受外界各种刺激的影响。外界的刺激在不断变化,生理和心理的活动以及心理状态也就在不断变化着。昨日情绪不佳,今日情绪可能高涨;刚才还高高兴兴的,不知为什么突然又变得心事重重;这些心理现象大家可能都有过,是相当普遍的。

在影响员工心理状态的因素中,如果说个性心理特征相对固定的话,那么外界刺激就可能无时无刻不在变化之中。一般来说,个性心理特征决定了心理状态变化的性质和幅度，而外界刺激决定了变化的方向和频率。员工的个性心理特征各不相同，外界刺激的方式和深浅程度更是千差万别，心理状态变化的频率和幅度、变化的形式和内容也呈现出不同的色彩。同样的外界刺激，对不同员工的心理状态往往会产生不同的影响；同一员工，对不同时候的同样的外界刺激往往也可能产生不同的反应。个性心理特征良好的员工，对外界刺激的适应能力相对较强，特别是对外界的不良刺激往往能够抵制和排除。即使是一般员工，事实上也有很强的适应性，同样的外界刺激经历多了，很可能再也引不起他的心理反应。所谓"习惯成自然"，就是对外界刺激不再引起强烈反应。

心理状态不仅是造成无意差错的主要原因，而且对员工接受质量教育、发挥质量能力也具有重要意义。员工心理状态良好，往往更容易接受质量教育，更能够发挥质量能力。在应急的心理状态下，员工的潜能甚至能够得到超常的发挥。有报道说，发生火灾时，一位身体瘦弱的女工竟然从烈火中扛出一台重达150公斤的设备来。事后让她再扛，她却连挪动一下也不能了。2008年汶川"5·12"大地震中，类似的故事也不少。

四、个体心理的综合作用

员工个体心理对工作质量的影响是最直接的、最具体的，因而也是最现实的。一般来说，质量意识如何，决定员工愿意还是不愿意做好；质量能力如何，决定员工能够还是不能够做好；而心理状态则在一定程度上影响着员工的质量意识和质量能力的发挥。虽然如此，质量意识、质量能力和心理状态对工作质量的影响却又不是分割开来的，而是共同起作用，综合在一起起作用的。在讨论这三种心理因素时将它们分开进行说明，并不意味着能够把它们截然分割。

为了说明这一点，我们可以用一个三维坐标系来表示（图1-5）。X轴为质量意识，Y轴为质量能力，Z轴为心理状态。如果需要对员工个体心理因素影响工作质量的情况进行定量分析，可以在这个三维坐标系上进行。如果X、Y、Z的值都处在较大位置时，工作质量就有了相应的心理因素作保证（当然这并不意味着工作质量就一定很高，因为影响工作质量的不仅有心理因素，还有其他因素，例如设备、材料、工艺等）。如果X、Y、Z的值都处在较小位置时，工作质量就缺少相应的心理因素作保证，就难免不出差错，难免不出质量问题。

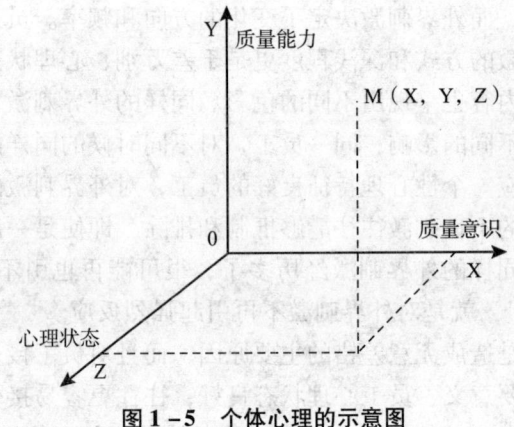

图 1-5　个体心理的示意图

我们可以把图 1-5 上的 M 点看作是员工的个体心理指数，它是员工质量意识、质量能力和心理状态的乘积（即 X、Y、Z 的乘积）。这样，我们就可以对员工个体心理指数进行测量和计算，从而进行定量的研究。例如我们可以把员工质量意识、质量能力和心理状态从低到高分为 5 个级别，分别用 1~5 分来确定，那么个体心理指数即 M 的最小值是 1 分，而最大值是 125 分。某员工质量意识得到最高分 5 分，质量能力得到高分 4 分，当天的心理状态却只有 3 分，那么他的个体心理指数即为：

$$5 \times 4 \times 3 = 60 \text{（分）}$$

相对于最高分 125 分来说，显然，他的个体心理指数 60 分偏低，应当采取相应的措施予以补救，防止出现重大质量事故。

第五节　工作差错的心理原因

质量意识不强，质量能力不高，心理状态不佳，都可能造成工作差错。工作差错就是工作中间出现失误，从而造成质量问题或质量事故。决策失误也是一种工作差错，但因决策是在没有现成答案或不能完全预见后果的情况下进行抉择，对决策者的能力、学识、心理素质要求更高，本书暂不探讨决策质量。一般工作与决策不同，对绝大部分员工特别是操作者来说，他们的工作往往是程序化的、标准化的，只需按既定的方法、方案、工艺要求、行动准则等去办就行了，心理状态对其工作质量影响很大。我们主要讨论这样的工作差错。

朱兰博士把工作差错分为三种：（1）无意差错；（2）技术性差错；（3）有

意差错。下面我们分别对这些差错产生的心理原因进行讨论，并提出一些改进意见，供读者参考。

一、无意差错

无意的字面意思就是没有注意，在人的意识层里没有反映或没有印象。无意差错有几个明显特点：（1）不是故意的，员工不想出现差错；（2）不知不觉的，在出现差错时，员工往往不知道自己已经出了差错；（3）不可预测的，没有人事先知道员工会在什么时候出差错，将出现什么差错，连员工自己也不能预测。在各类差错中，只有无意差错才表现为随机性。反过来说，当有关差错的数据表现为随机性时，很可能就是无意差错。当然，这种随机性也可能具有一定的规律性，例如因疲劳造成的无意差错往往发生在加班加点的时候。

无意差错是因为不注意，这和员工的注意能力有关。注意能力低的员工，差错往往多于注意能力高的员工。注意力离不开注意能力的制约，却又是随客观条件和心理状态变化而围绕注意能力的水平线上下波动的。粗心、紧张和疲劳是降低注意力的主要原因。

（一）粗心

粗心是直接表现出来的不注意或注意力不够。引起粗心的原因很多，包括紧张和疲劳（这后面再谈）。现择其要者而述之。

1. 工作对注意力的依赖程度过高。工作复杂对注意力依赖程度过高，一旦超过员工的注意能力保证范围，就容易造成差错。例如某装配过程所需零件、部件、螺钉、销子、垫圈等上千种，错装漏装的现象就难免发生。增加或改进设备，改进工艺等是降低工作对注意力依赖程度的好方法。例如上述装配过程可以划小，采取流水作业。但是，在一定技术条件下，又不能指望过多减少工作复杂程度。因此，提高员工注意能力、减少其他因素对注意力的干扰也很重要。在工作对注意力依赖程度过高的情况下，应适当减少工作时间以预防疲劳，适当调节工种、工序或工作频率，适当增加工间休息，采用诸如涂色、增加安全保护装置、采用电脑控制之类的方法、加强检验等，也可以减少粗心造成的差错。

2. 工作环境不良降低注意力。工作环境的亮度、色彩、噪音、温度、湿度、气味、烟雾、粉尘、空间排列等等，都可能影响员工的注意力。改善环境当然需要一定的条件，但问题是一些企业的管理人员不懂劳动心理学和劳动卫生学，人为地污染环境，例如车间安高音喇叭播放流行歌曲，厂房里乱张贴、乱悬挂、乱涂色彩等等，应当改变。

3. 工作非程序化造成的粗心。工作程序化是降低工作对注意力依赖程度的重要手段。任何一种操作，不管多么复杂，实际上都是一个一个动作组成的。例如车工操作，总离不开启动、进刀、退刀等动作；进刀、退刀则是手柄顺时针或反时针的摇动。如果把这些分解了的动作按一定的程序组织起来，然后固定不变，天长日久就会在员工头脑中形成一种模式，就会变成下意识动作，这样就降低了对注意力的依赖。车工进刀、退刀之所以不会摇反手柄，往往并不是他把注意力集中到手柄上或握手柄的手上，而完全是一种下意识动作。工作程序化能够增加下意识动作在所有动作中所占的比例，并且能够提高下意识动作的精度。相反，工作无程序，手忙脚乱，东抓西找，就难免不出差错。

4. 感知觉粗心。感知是人脑对直接作用于人的感觉器官（眼、耳、鼻、舌、身）的客观事物的个别属性或整体的反映，即看、听、嗅、尝、摸等等。首先，人的感知是有限的。例如人的视觉只能感受波长 760 纳米到 400 纳米的电磁振荡，也就是可见光谱部分，而这个部分只占电磁振荡全部波长的一小部分。又例如人的嗅觉就不如狗的嗅觉。其次，不同的人对刺激物的感觉能力即感受性是不同的。抑郁质的人感受性高，其他三种气质的人感受性低。再其次，任何人都可能存在感知觉的错觉。例如两条长度完全相等的线段，一粗一细，就可能把细的看得比粗的长。最后，感知觉还受感觉器官健康程度的制约。例如近视眼就比眼睛健康的人视觉差。由于感知觉粗心，即看错、听错、嗅错等而引起的工作差错是很多的。这是否与人的经验主义有关呢？俗话说："聋子会安名"。实际上就是用过去的感知觉得来的认识结果，来套现在正在感知的对象，张冠李戴而造成差错。

5. 记忆粗心。任何工作都需要记忆，记忆错误也会引起工作差错。记忆一般处于前意识层中，当人们需要的时候才将它唤醒。而在唤醒的过程中，必然受到各种内外因素的干扰，或者不能唤醒（想不起来），或者唤醒后出现在意识中的记忆已经与原来输入的信息发生了变化或差错，也就是记错了。关于后者，也有两种情况，一是原来接受信息时就发生了感知觉差错，二是接受信息时没有差错而唤醒过程中发生了差错。记忆不能唤醒，想不起来，人们往往不愿或不敢贸然行动，还不至于产生工作差错。如果记错了（一般情况下人们又不会意识到这种记忆错误），还要按错误的信息去行动，就会产生工作差错。因此，不要过分相信记忆、依赖记忆。在容易出差错的地方，在把握不准的时候，在别人提出异议的情况下，一定要慎重，不妨查查文字记录（例如重新消化图纸资料），不妨对记忆的信息进行一下核对。

6. 思维粗心。思维粗心一般表现在计算错误上。这往往并非思维能力弱、计算能力差造成的。出差错的地方往往是诸如"3 + 2 = 5"之类的简单计算，在需要较为复杂思维的地方反而不容易出错，可见思维粗心也是"不注意"引起的。这可能是意识对简单思维放松了控制造成的。轻敌麻痹思想造成思维粗心，使不少人在简单的计算过程中犯错误，例如多写一个或少写一个0之类，可能很多人都有过切身感受。克服思维粗心的方法，是对思维结果进行一次复查。验算就是复查的好方法。

7. 情绪性粗心。上列各类粗心都有情绪因素在内，例如思维粗心往往与骄傲自满情绪有关。情绪低落、情绪过分高涨、情绪不稳定、情绪紧张都可能引起工作差错。情绪低落，兴奋程度低，注意力往往难以集中，难以发挥作用。情绪过分高涨，兴奋程度高，注意力往往难以转移，在需要注意力转移的时候就容易发生差错。情绪不稳定，注意力往往波动变化，这比低落和过分高涨还容易出错。情绪紧张的心理原因更复杂一些，后面再详谈。

粗心与否与人的气质和性格有关。例如理智型性格的人冷静、善思，自控能力较强，其粗心的频率就少于情绪型性格的人。气质和性格的改变当然是比较困难的，但气质也不是不可能改变的，而性格的改变更是随处可见。提高质量意识，增加工作动力，该复查的要复查，该检验的要检验，就能将粗心引起的差错降到最低限度。从企业来说，应当增加或改进设备和工装，改进工艺，采取各种技术手段，降低工作对注意力的依赖程度。

（二）紧张

适度的紧张是在劳动积极性作用下出现的正常工作状态，这一状态是顺利进行动作的必备条件。我们这里所说的引起工作差错的紧张，是极端条件下生理和心理机能的高度紧张。这种紧张超出了生理所能承受的正常水平，使人的生理和心理难以维持正常的活动，从而表现出心跳过速、组织智力活动吃力、动作失调，甚至浑身颤抖、难以自禁等等现象。显然，一旦发生这种紧张，工作难免不出差错。长期处在这样的紧张中，还会酿成各种疾病，特别是精神方面的疾病来。

所谓极端条件包括主观的和客观的两个方面，引起过度紧张的不利因素范围较大，从操作角度来看，其主客观因素主要有：

1. 生理不适应。生理上不适应工作（包括工作对象、工作环境和工作方法等），便会引起紧张。外界的不良刺激，员工身体的内部病变或心理节律变化，都可能引起生理的不适。例如噪音过大、感冒生病都可能引起紧张而产生差错。

为消除生理的不适，当然需要员工努力，包括锻炼身体，提高体质和适应工作的能力，但更需要从管理上去消除外界的不良刺激，改善工作条件，关心员工的疾苦，适当调整员工的工作。

2. 工作难度过大。工作难度大于员工的能力，员工对工作无把握，也可能引起紧张。时间紧、任务重，也可能给员工造成紧张。企业可以通过改进工艺、增加工装设备、采取均衡生产等等手段，来减少工作难度。

3. 错误动作的后果影响过大。越怕出错越出错，就因为出了差错，后果影响大，心理上的过分担心和害怕引起了紧张而造成新的差错。一般来说，这种情况往往是管理人员过分强调工作的意义、片面强调惩罚而引起的。因此，改进管理方法有助于放松这种紧张。

4. 经验不足。初次上战场的士兵，临战前夕，心跳加速，浑身发抖，并不是因为胆怯。经过几次战斗后，这种紧张就会消失。经验不足和害怕出错引起的紧张都是恐惧引起的紧张，都是对自己信心不足引起的，往往来得特别突然，自己难以把握，更难以控制。遇到恐惧性紧张反应时，在条件许可的情况下，应立即停止工作，让情绪平静下来，紧张消除后再继续工作。

5. 非常的气氛。遇到技术表演、知识竞赛、领导来参观等情况，往往会使气氛搞得过分紧张，加大员工心理负担，从而使员工产生工作差错。因此，不要人为制造紧张气氛。

6. 发生工作差错之后。发生工作差错之后，人的心理负担也会增大，甚至一个差错引出另一个差错。管理人员不要在员工出现差错之后立即就去处理，加大员工的这种紧张；员工更应头脑冷静，宁可放一段时间去处理差错造成的质量问题，也不要因急于处理而引起更大的差错。

（三）疲劳

疲劳可能因为身体病变、休息不好、情绪过度兴奋、性生活过度等原因而引起，这里主要指因持续工作引起的劳动能力，特别是质量保证能力的暂时下降。劳动心理学认为，疲劳是对劳动效率和工作质量发生重要影响的因素之一。作为生物的人，各种器官的运动都是有一定限度的，达到或超出这个限度，就会感到疲劳。当然，不同的人或同一个人在不同的情况下，这个限度是极不相同的。疲劳以后的人体有各种消极体验，例如：（1）无力感；（2）注意力的失调，即注意力容易分散、急慢、少动或相反，杂乱好动、游移不定；（3）感觉失调，参加活动的各感觉器官的官能发生紊乱，感知能力下降；（4）动觉的紊乱，动作不协调、不准确，滞缓或忙乱，动作的自动化程度降低；（5）记忆和思维发生故障；（6）意志衰退，决心、耐心和自控能力减退；（7）睡意强烈，眼皮打架甚至打瞌睡等等。在上述某一种或数种情况发生后，疲劳就来临了，工作差错就随时可能发生。

疲劳是所有的人的共同现象，消除疲劳是每个人都必须做的事。毛泽东曾说过："睡眠和休息丧失了时间，却取得了明天工作的精力。如果有什么蠢人，不知此理，拒绝睡觉，他明天就没有精神了，这是蚀本生意。"

引起疲劳的因素很多，除了主观方面的原因（身体素质差、病变、心理原因等）之外，客观方面的原因主要有：

1. 工作单调。操作动作和实际活动及对人的感觉如果千篇一律，就会引起人的单调感。不善于控制和排除这一感觉的人，对工作就会变得懒散，导致提前疲劳或过早疲劳。单调感总是与进行单一枯燥和短时操作的劳动相联系的。例如传统的缫丝工，拿茧——取头——缫丝，长时间的单一动作，又缺少思维活动，就容易产生单调感。单调感引起的疲劳，主要是倦怠、瞌睡感，还有就是无聊、不同程度的情绪不佳以及对工作的麻木，也就是俗语说的"提不起精神"。

随着工业的进步，工种和工序越分越细，流水线作业越来越多，单调性的工作也越来越普遍。如何与单调状态作斗争，是值得研究的。不少心理学家都提出了预防和克服单调状态的办法，例如深刻认识工作的必要性，提高动机和刺激因素在工作中的作用；将简单和单调的工序合并为复杂和比较多样的工序；定期改换员工的工序操作；周期性改变作业节律；提高操作的自动化程度，分散员工的注意力；创造旨在减轻乏味感的外部环境；实行间歇，适当安排工间休息，播放功能音乐等等。古巴烤烟工人为克服工作单调状态，从19世纪起就流行边干活边讲故事，直到如今。事实证明，这不仅没有降低，反而提高了劳动效率和工作质量，员工也欢迎。

2. 工作时间过长。不管是谁，不管从事何种工作，时间过长都会引起疲劳。在我国的一些企业里，引起员工疲劳的原因，主要是不适当地加班加点，相当多的员工每天甚至要工作12小时！对员工来说，增加工作动力，加强锻炼，注意休息，增加营养，减少不必要的体力精力支付（包括减少家务劳动、缩短上下班在途时间等），都是预防疲劳的措施。对企业来说，适当减少劳动时间（例如实行四班三运转、六小时工作制等），适当增加工间休息，特别是不要经常加班加点，可以减少员工的疲劳程度。极度疲劳时，必须立即停止工作，否则会酿成重大安全和质量事故，损失更大。

3. 工作强度过大。所谓工作强度，是指在相同时间里付出的体力或脑力的量。付出体力的量过大，会引起肌肉疲劳，从而感到腰酸背痛，严重者还会引起腰肌劳损，落下病根。付出脑力过大，会引起思维疲劳，从而感到头昏眼花，严重者还会引起高血压、心脏病和脑血管意外。工作强度过大的工作，中间更应当有较多的间隙或休息时间。四川有俗话说："三抬四歇，皇帝老倌都晓得。"就是这个意思。此外，还可以通过改进工艺、增加设备等方法来降低工作强度。

4. 疲劳病。所谓疲劳病，实际上是长期疲劳的结果。这种病的主要症状是浑身无力，做什么事都提不起精神，并伴有抑郁、悲观、失眠、健忘等亚健康特征，患者多为任劳任怨、献身工作的中年人，也包括一些所谓的"网虫"。特别是中年知识分子，最容易得这样的疲劳病，并可能因此而猝死。员工一旦发现自己有疲劳病的症状，应当尽可能放松自己的精神压力，该休息时一定要休息，采用诸如休假、旅游、体育锻炼之类的方法来消除疲劳，切不可继续强行工作。企业更应当关心那些长期处于疲劳状态的员工，为他们消除疲劳创造必要的条件。

（四）无意差错的心理分析

按弗洛伊德的说法，粗心、紧张、疲劳等引起的无意差错，实际上是无意识（潜意识）的"有意"。例如，疲劳引起的差错，往往就是无意识对继续工作的"反抗"，是无意识或潜意识用差错的形式来提醒意识，要求意识停止工作，以消除疲劳。

这样说，一般人是难以接受的。这除了对精神分析学说无知外，主要是对自己的无意识特别是无意识中那些违背道德、舆论和良知的本能感到恐惧。其实，只要多少了解一点精神分析的理论，只要对自己的差错进行一些心理分析，就会发现，日常生活中时常发生的差错，例如语误、笔误、读误、看错、听错、计算错误、动作错误、记错等等，以及动机性"遗忘"，几乎都可以在无意识里找到原因。这些无意识的原因受到意识特别是超我意识的压抑，平时难以表现出来，一旦有机会，它们就会冲破意识的包围，借差错的形式来表现。循着差错的踪迹去寻找这种"潜抑"，虽然不一定完全找得准确，但总会在什么地方抓住无意识的蛛丝马迹，让我们找到心理学上的证据。

我们以誊写为例。抄漏字、词、句、段的情况一般都发生在誊写的中间，这往往与无意识相关。对于所抄写的文字感到无聊，总会有早点抄完的无意识，于是就发生"超前"现象，漏掉字、词、句、段。这种差错的直接原因可能是粗心、疲劳或紧张。正是因为粗心、疲劳或紧张的时候，意识放松了对无意识的控制或压抑，无意识就"钻"了出来，给人们开一个玩笑，造成差错。

二、技术性差错

技术性差错是因为技术方面的原因造成的，一是由于设备、工艺、原材料等纯技术原因造成的,二是由于员工的质量能力达不到要求造成的。前者不在我们讨论的范围内,姑且排除。如果是因为质量能力造成的,就会呈现出明显特点:一是员工往往能够意识到差错的原因;二是差错长期存在,难以解决;三是更换人员后,差错可能消除,也可能发生变化。

关于质量能力,本章第三节已经讨论过,此处就从略了。

三、有意差错

有意差错是指那些明知自己正在发生但却打算让其继续下去的差错。有意差错的明显特点一是可以意识到的,也就是说,在出现差错的时候,员工知道自己已经出了差错;二是故意的,也就是说,差错是员工蓄意制造的;三是一贯的,也就是说,制造有意差错的员工通常都是一贯出差错的,一般不会表现为随机性,而是具有连续性的特点,差错不一定局限于某一具体类型,很可能表现为多种类型。如果把有意差错看作是一种越轨行为,根据越轨社会学的研究和分析,就可能有各种各样的社会学的、心理学的、人类学的解释。在资本主义条件下,有意差错可能也是一种阶级斗争的手段,员工可能通过有意差错来达到阶级斗争的目的。此且不论。从管理学的角度看,有意差错的根本原因是管理不善引起的,反映出员工对管理者、对企业和不良社会现象的不满。

(一) 舍弃质量目标的有意差错

舍弃质量目标随时随地都可能造成差错。为了赶进度,单纯追求产值、产量,就可能出现该检验的不检验、不合格产品不按规定程序处理就放行等现象。这些现象实际上就是有意差错。这样的有意差错又有两种情况:

一是多种目标造成质量目标的舍弃。任何企业都存在着多种目标,包括质量、安全、产量、成本、交货期、利润等等。对企业来说,利润是其第一级目标,质量、安全、产量、成本、交货期之类都是二级目标。当第二级目标与第一级目标发生冲突时,企业往往会舍弃第二级目标去保第一级目标。在第二级目标之间发生冲突时,那些与第一级目标联系更加直接或更加紧密的目标也可能冲击那些联系不太直接或不太紧密的目标。员工总是按企业对目标的强调程度和完成目标后对自己收益如何来衡量其轻重的,总是首先选择企业特别强调的目标和对自己收益(包括精神上的收益)影响较大的目标。事实上,员工为多得奖金或早点休息,很可能舍弃质量目标,甚至降低质量标准,故意出现差错。

二是工作困难造成质量目标的舍弃。在工作条件差、工作难度和强度大的岗位上，在生产任务紧张的情况下，质量意识差的员工就可能有意降低质量标准，甚至用蒙混过关的做法来减轻工作难度。

要杜绝上述有意差错，根本的问题在于企业真正把质量目标放在第一位，用质量目标去统帅其他第二级目标，并将第一级的利润目标与质量目标真正挂钩，以保证在任何情况下都能坚持"质量第一"的方针。企业还应当提高质量在工资、奖金分配中的地位，堵塞员工牺牲质量、片面追求数量的漏洞。

（二）违反工艺纪律的有意差错

员工或者是因为怕麻烦，或者迷信自己的技术水平和质量能力，或者因为其他原因，有意违反工艺纪律或操作规程，从而造成有意差错。这样的有意差错相似于刑法上所说的过失犯罪，也就是说，员工并不想出现差错，只是对自己违反工艺纪律或操作规程的行为可能造成差错心存侥幸，以为可以凭自己的技术水平和质量能力避免差错。实际上，过去他也可能因此避免过差错。但是，工艺纪律和操作规程往往是通过科学试验或无数次尝试得来的，不能因为某一人或某一次违反而没有造成差错就可以被推翻的。不严格按工艺纪律和操作规程办事，出现差错的可能性就会成倍增加，出现差错也就在所难免。因为这样的差错是有意违反工艺纪律或操作规程造成的，因此也可以视为有意差错。

要避免这样的有意差错，必须严格工艺纪律和操作规程，不能因为没有出现差错就任其都违反，否则一旦出现差错就后悔莫及。例如在成批生产的工序上应当建立首件三检制，当天加工的第一件产品必须经过自己检验合格、互相检验合格并交专职检验员检验合格才能进行成批加工。如果违反首件三检制，也可能不会出差错，但万一出现差错，就可能造成成批的质量问题，损失就大了。正因为如此，企业质量管理的一项重要任务，就是对工艺纪律和操作规程的执行情况进行严格监督，不允许任何人随意违反。

（三）为补偿不公正指责的有意差错

员工受到不公正指责和处罚，心中不服，往往会制造有意差错来"补偿"，以求得心安理得。例如报废了一批零件，责任并不在某员工，或他自认为责任不在自己，但他却受到处罚，如果他的申诉又没起到作用，他就很可能在下一次的工作中故意制造一些差错（一般是别人难以察觉的差错），来补偿处罚给他心理上带来的"损失"。因此，对员工的指责和处罚一定要实事求是，而且要有错必纠。即使是实事求是的指责和处罚，也要尽可能事前以理服人，事后以情感人，尽可能不要让员工的心理受到不应有的损伤。

（四）对管理人员不满的有意差错

因为所处的地位和所扮演的角色不同，特别是因为领导的官僚主义和管理人员的粗暴作风，员工很可能对企业及其领导以及管理人员产生不满。员工之间也会因种种原因相互产生不满。这些不满可能是真正的不满，也可能是假想的不满（例如把管理人员当作老板），但员工都可能采用有意差错来发泄这种不满。要消除员工的不满，首先应当尽可能消除劳资矛盾（例如不要拖欠工资）；其次要尽可能克服官僚主义的粗暴作风，提升员工的地位；最后要改善企业内部的人际关系，正确处理各种矛盾和纠纷。当然，对发泄不满、有意制造质量事故的，也应严肃处理。必要时，也可以使用诸如情绪发泄室之类的手段，将员工的不满转移或进行无害发泄。

（五）因错再错

由于客观原因和主观原因的种种限制，对任何人来说，工作差错都是难免的。出了差错并不可怕，问题是如何对待差错。因为出现差错而引起新的差错，为了纠正第一次差错（一般来说是无意差错）而引发第二次差错（往往是有意差错），在实际中是常见的。这种有意差错往往是为了逃避责任或者为了减少损失而发生的，结果却往往小错酿成大错，损失更加严重。员工出了差错后，受到指责和处罚（即使是公正的），思想产生抵触情绪，也可能以错对错，造成更大的差错。因此，在员工出现差错后，要教育他们头脑冷静，正确对待，采取正确的方法来挽救或弥补损失，切不可一错再错。

（六）有意差错的社会学分析

从社会学角度来看，有意差错是一种越轨行为。所谓越轨，就是违反某一社会群体成员的准则或价值观念的思想、感受或行为。有意差错是违反企业准则的行为，当然是越轨。社会学家为说明越轨行为，提供了多层次多角度的解释，借助这些解释可以加深我们对有意差错（甚至包括无意差错）的认识，得到一些启发。

1. 自然环境和生物机体的原因。炎热或寒冷、干燥或过于潮湿，以及其他一些自然环境因素，都可能引起人的生理或心理的变化，从而造成差错。员工生理上的缺陷或某种特殊习惯（例如左撇子）也可能是差错的原因之一。

2. 社会、社会结构和社会冲突的原因。在一定的条件下，员工很可能把工作差错作为反抗社会、反抗企业的手段，甚至作为阶级斗争的手段。

3. 特殊社会结构变量的原因。这种解释是以社会解组理论为基础的。有人认为，日甚一日的都市化（日益扩大的规模、增加的密度以及社会的异质性）引起社会的解组，从而导致一些人的越轨行为。例如临时工的有意差错往往多于正式工，可能就是这个原因。

4. 亚文化群的原因。甲企业允许的做法，乙企业不允许，这就是亚文化群的原因。例如修理行业中的一些做法，就被制造行业认为是违反工艺纪律。

5. 社会互动的原因。学徒工向师傅学习，而师傅的操作是错误的，是违背工艺纪律的；管理人员要求按某种方式操作，因为他平时经常说错做错，水平较低，员工反其道而行之，偏不按他的要求去做；领导强调多种目标，员工权衡之后舍弃质量目标；等等，都是社会互动。

6. 个性心理学的原因。这是弗洛伊德学派的解释，把有意或无意造成的差错都看作是无意识中的破坏意识在作祟。

7. 相互作用过程的原因。这与以下两种层次的解释都是非科学的，且姑妄听之。有人出了差错，往往埋怨别人："就是因为你站在这儿，不然我不会出错！"这就是相互作用过程的解释。

8. 特定情境和行动的独特性质的原因。有人产品不交检验就送下道工序，被发现后则说："我本来是要交检验的，检验工那时正忙，我懒得等了。"这是特定情境的解释。有人在装配中乱敲打，被发现后则说："我本来不想敲打的，只是顺手用榔头敲了一下而已。"这是行动独特性质的解释。

9. 具体活动和事件的原因。有人发生质量事故后说："我做要发生，你做还不是要发生。"有人违反工艺纪律后说："我只能这样干，别无选择。"这是用差错是不可抗拒的力量的产物来解释自己的越轨行为。

此外，还有标志论（例如有人说："违反工艺纪律不是我的错，是工艺纪律本身错了。"）、编剧理论（例如有人为了显示自己的技术水平或反抗精神故意违反工艺纪律）等观点的解释。

朱兰博士说："人类明显地具有一种强烈要求获得质量的本能——渴望生产优质产品而不是劣质产品。在工作场所以外，这种本能，例如在儿童游戏活动和成年人的业余爱好中，是非常明显的。博物馆和考古工地也都充满着这种本能确系源远流长的迹象。在工作场所之内，这种本能却面临着其他因素的强烈对抗。"[1] 因而，朱兰博士认为，80%以上的工作差错都是管理人员可以控制的，要减少差错就必须改进管理，主要是改进质量管理。

---

[1] 这里说的本能是指人类的文化本能，与本章第二节所说的人类的生物本能有所不同。

四、对待工作差错的心理

不管是什么原因引起的，对员工来说，工作差错总是一种挫折、一种失败。工作差错，特别是质量事故发生后，员工（责任者）又会怎样对待呢？其心理又会产生什么变化呢？了解这种心理对于帮助员工克服工作差错，调查处理质量事故，都大有好处。

心理学试验表明，人们对挫折的反应总有两个方面：一是心怀不满的攻击，包括攻击自己和他人，以及攻击无辜的物品；二是为求得心理平衡，为差错寻找合理化原因，尽可能进行心理上的补偿。

（一）攻击行为

人们对挫折的第一个反应是攻击行为。此处的"攻击"和"行为"都是广义的。责备他人，向器物发泄是攻击，自责自罚也是攻击；能够见到的外部反应是行为，内化了的别人不能察觉到的反应，例如梦中的报复，也是一种行为。

1. 对外的攻击行为。对直接触犯他的人或物（例如学徒、共同操作者或机床、工具）的攻击可能是外显的，例如指责他人或摔打工具；也可能是内藏的，例如在心里埋怨他人或无辜的物品。有时候不能或不敢对触犯他的动因表现攻击行为，就可能转而向较弱的人或无生命的物品发泄不满。师傅出了故障，往往以细小的过失训斥学徒。实在找不到发泄的对象，也可能抓起榔头往钢板上乱敲一下。对外的攻击行为还以其他多种方式出现，有时可能不容易认出，或者时过境迁，引起攻击行为的直接原因连他自己也可能忘记了。工作不顺心，回家为一点小事发火，与妻子吵架，殴打孩子，就是这样的攻击行为。

攻击行为是很普遍的，人人都可能表现。从某种角度来说，攻击行为也是合理的，可以理解的。但是，攻击行为毕竟是攻击，很可能产生不良后果，应当尽可能避免。反过来说，长期压抑因挫折而引起的不满，积蓄过多，又可能爆发更大的攻击，产生更严重的后果，甚至酿成心理病或神经症。因此，只要不损害他人，不危害工作，员工有一点攻击行为，完全可以不必去指责。往废钢板上敲几榔头又有什么关系呢？埋怨几句，姑且听之，就让他去埋怨吧！建立情绪发泄室之类的设施，更是有百利而无一害。

2. 对内的攻击行为。后悔、自责、自罚实际上是对自己的攻击。这种攻击往往能够产生积极的后果。不少员工遇到挫折后，通过"后悔——总结经验教训——继续努力"这样一个过程，变挫折为顺利，变失败为胜利。但是，这种对内的攻击行为应当是适度的,应当实事求是地分析工作差错(挫折)的原因,而不应自责过多、自罚过猛,更不能"上纲上线"乱攻击。严重的自罪感是神经症的病因之一,甚至可能造成自伤自杀的悲剧。遇到一点挫折便长期萎靡不振,其原因就是自我攻击太多太猛。

(二) 合理化行为

挫折发生后的攻击行为一旦指向自身,采取损害自尊心的形式,受挫折者往往就会采用掩盖措施,即合理化行为。所谓合理化行为,就是为了减轻自豪感或自尊心的伤痛编造出种种理由,来开脱自己对工作差错所应负的责任。合理化行为表现形式、范围极为广泛,主要有:

1. 投射。把自己的工作差错归罪于别人或没有生命的物品,"推客观原因",表现为是一种向外的攻击行为,但其实质是为了解脱自己,同时也就成为一种合理化行为。

2. "因病获益"。这是一个心理学术语。人们在心中往往认为,身体有病就不会受到别人的特别责难,于是就用它来解释工作差错的原因,作为逃避责任或避免处罚的手段。由于暗示的作用,工作差错发生后,如果觉得身体这里不适,那里又痛,有时也真的能惹出病痛来,从而逃避责任。这实质上也是一种对内的攻击行为。

3. 否认或隐瞒。在工作差错没有造成严重后果的情况下,否认或隐瞒差错有一定的作用。但是,一味否认或隐瞒,小的差错可能积累成大的差错,后果将趋于严重。如果后果本来就严重,却要否认或隐瞒,那就可能酿成重大质量事故。用酸葡萄态度来掩盖工作差错给自己带来的损害,例如说:"我又不想得你那几个质量奖。"也是一种否认或隐瞒心理。

4. 过度补偿。工作出了差错,反而用吹牛或卖弄一手来掩盖可能造成的产品缺陷,抵御他人的指责,这是另一种保护自尊心的例子。吹嘘是一种虚弱的保护形式,一旦被戳穿,往往更尴尬。

5. 灰心。对待失败的办法中最有害的,是随灰心而来的放弃努力。灰心可能产生嫉妒,对没有出差错的人采取不合作的态度,甚至散布谣言,暗中使小动作等等,造成更加严重的后果。灰心可能改变一个人的精神面貌,造成人的心理疾病,严重者甚至可能"退行"[①] 到儿童心理阶段去,引发强迫症等症状。

---

① 退行是精神分析学派的概念,反映人们遇到挫折后放弃成熟的态度和行为模式,用以往较为幼稚的方式来满足自己的欲望。

人们对挫折的反应，不管是攻击行为还是合理化行为，一般来说都是无意识的作用。一个人工作出了差错，拿无生命的物品出气，事后他自己也会觉得十分可笑。否认既成事实，或者"掩耳盗铃"，虽然合理化了，事后也会觉得自己的行为幼稚。那种梦中对自己或对他人的攻击，对挫折的幻想补偿，更是无意识作祟了。正因为如此，对挫折后的攻击行为和合理化行为不应过多指责，只要不侵犯他人，不危害产品质量，就不必追究。绝大多数情况下，攻击行为和合理化行为发生以后，当挫折者冷静下来，自己也会觉得自己的行为不可思议，从而纠正自己的行为。

　　合理化行为在平衡人的心理方面具有相当重要的作用。任何人都不可能不发生差错、挫折和失败。一旦发生，心理失去平衡，长期沮丧、痛苦、自责，毕竟不是好事。与其如此，在心理上进行合理化，使心理恢复平衡，又有什么不好的呢？员工发生重大质量事故，难道非要把他"打翻在地，再踏上一只脚"吗？承认挫折后的合理化行为，并不是在提倡"阿Q精神"，并不是学所谓"精神胜利法"。在取得心理平衡后，还要认真分析差错的原因，总结经验教训，防止今后再出现类似的差错。也就是说，着眼点不在过去而在今后，在于今后实实在在的胜利。

　　不同的人，或同一个人在不同的条件下，采取合理化的方式是有所不同的。这不仅与挫折的性质有关，也与人的心理成熟程度有关。一般情况下，心理成熟程度高的人，合理化行为的理智成分也高，由合理化行为转入严肃对待挫折的速度也快。因此，进行心理锻炼，促使心理不断成熟，对每一个人来说都是十分必要的。

第二章

群体心理对质量的影响

在现代化大生产的情况下，要完成图1-2朱兰质量螺旋上的质量活动，不论是谁，一个人无论如何是办不到的。就是要完成其中一项，往往也需要几人、几十人、几百人甚至几千人。任何一个企业，都有大大小小的各种组织或机构，例如车间、处室、班组等等，从而形成或大或小的人群组合体。此外，在非生产过程中也会形成一些人群组合体，党团组织、各种结社协会是一种（正式团体），因合得来而经常交往的是另一种（非正式团体）。这些人群组合体都可以叫做群体。群体是由若干个体组成的，但不等于个体的简单集合。从系统论的观点来看，群体的功能往往大于个体功能的算术和。一万名员工，谁也别想一个人就造出大炮来，把他们组成一个企业，却可以造出成千上万门大炮来。

所谓群体心理，是指某一人群组合体的成员共同表现出来的一种心理状态，表现为群体感受、群体舆论、群体风气等心理现象。群体心理是在个体心理基础上形成的，反过来又会制约个体心理。群体心理学要研究的，有人际关系（包括个体与个体、个体与群体、群体与群体之间的关系），群体心理动势，群体压力与内聚力，群体的竞争与冲突，意见沟通的网络与基本条件等等。从对产品质量形成的影响出发，我们主要探讨：（1）群体的质量风气；（2）质量活动中的人际关系；（3）意见沟通的地位和作用。最后我们将以不合格品处理中的心理因素作为例子，对意见沟通的意义和作用作进一步的说明。

第一节 群体质量风气

一、质量风气的组成要素

质量风气反映了群体的质量态度。群体质量态度不是个体质量态度的简单平均，而是由群体中大多数员工的质量态度来体现的。质量风气是群体（特别是在生产过程中形成的群体）对质量重视程度的反映，是综合评价的结果。

质量风气是在群体成员共同认可的质量目标下，在质量意识较为统一的基础上，经过群体全体成员的共同努力，逐渐形成并表现出来的。质量风气由认知、情感、意志和行为等多种心理因素所构成，包括群体全体成员的质量态度和质量工作作风等一系列行为习惯的总和，而群体的质量意识是群体质量风气的核心构成要素，在形成质量风气中具有关键作用。质量风气如何，可以从群体的质量意识、群体的质量舆论、群体的质量气氛、群体的质量作风、群体的心理动势等诸方面来分析，然后进行综合评价。由于群体质量意识是质量风气的基础内容和核心成分，往往决定了群体风气的性质和走向，因此也可以说群体质量风气就是群体质量意识的表现。

（一）群体质量意识

群体质量意识是群体内各个个体质量意识综合的结果。要增强群体质量意识，首先要增强群体内个体的质量意识。如果群体中大多数个体的质量意识都很弱，该群体的质量意识当然就不可能很强。这是一方面。另一方面，群体质量意识又不等于个体质量意识的简单平均数，不同的个体质量意识对群体质量意识的影响和作用是不同的。这是因为不同的个体在产品质量形成过程中的地位和所扮演的角色不同，在群体中所处的地位和角色也不同，往往有重要、一般、不重要之分。群体中的中心人物（包括正式团体的领导人如厂长、经理、车间主任、班组长和非正式团体中自然形成的中心人物）的质量意识在群体质量意识中占有重要地位，对群体质量意识的影响和作用较大，有时候人们甚至是以中心人物的质量意识来评价该群体的质量意识的。对于企业来说，管理者，特别是最高管理者的质量意识对整个企业的影响最大。因此，抓群体质量意识建设，首先要抓中心人物的质量意识建设。

群体质量意识一旦形成，反过来又要制约和影响群体内个体的质量意识。群体质量意识强，必然表现为群体质量荣誉感强烈，群体质量舆论浓郁，群体质量作风优良，从而形成较强的群体心理动势，迫使个体"从众"。按第二章的说法，也就是对个体形成了较强的外界的力 W，增强或改变着个体的质量意识。

（二）质量舆论

质量舆论是群体中占优势的对产品质量和质量工作的言论或意见，是群体质量意识和群体质量情感的表现形式，却又有其独立性。质量舆论实际上是对某些有关质量的事实和行为以议论、褒贬、奖罚等形式进行评价，或肯定或否定，从而引起群体成员情绪上的体验和思想上的考虑，促使他们调整自己的质量行为，以达到质量舆论所允许的水平。质量舆论是一种强大的推动力和教育因素。没有正确的舆论支持，质量工作往往难以展开，更难以取得实际的成效。营造正确的质量舆论应当是质量管理工作的题中应有之义。

舆论有自觉性的和自发性的。企业为了某一质量目的，通过质量教育、质量宣传、质量奖罚等手段，使企业形成较浓郁的质量气氛，从而产生较强的质量舆论。这种舆论应当成为质量舆论的主体。企业的质量管理部门要抓好这样的质量舆论建设，促使质量舆论向积极的方向发展。同时，也要注意自发形成的质量舆论。自发的舆论是通过信息沟通，群体成员彼此相互作用，最后汇集成一种群众性的意见，反映了群体的道德行为规范。自发的质量舆论对群体成员往往形成一种无形的压力，约束着他们的行为，其影响力往往更大。积极健康的质量舆论往往能够迫使员工改变错误的质量态度，纠正不良的质量行为。消极的不健康的质量舆论，对质量先进者往往形成严重的心理压力，很可能给他们的心灵造成创伤。因此，要抵制不健康的舆论，其办法就是制造健康的舆论，扶正压邪。

舆论的形成与扩散带有浓厚的感情色彩，群众的激昂情绪往往是无法压抑的；舆论本身（包括某些不健康的舆论）往往又有许多合理因素，容易为群众接受。因此，质量管理人员应当学会分析质量舆论反映出来的员工的意见和要求，为改进质量提供依据。对群众的意见和要求漠然置之，就可能使群众产生反感，不健康的质量舆论不仅不能抵制，反而可能扩大。

积极健康的质量舆论不是一下子"打造"出来的，要通过多方面深入细致的工作逐步培养。对于质量管理人员来说，一是要随时分析质量舆论的倾向和性质，以自己鲜明的言论和举动把质量舆论引向正确方向，要旗帜鲜明地抵制和谴责不正确的质量舆论；二是要培养群体中心人物的分析和评论能力，抓领导的质量意识教育，由他们去引导质量舆论的发展方向，发挥他们在质量舆论形成中的优势作用；三是要利用各种形式，大力表扬好人好事，批评不利于质量的言行倾向，使代表群体正确愿望和要求、有利于质量的言行成为舆论的核心。

（三）质量气氛

气氛是一定环境中给人某种强烈感觉的精神表现或景象。群体质量风气是质量气氛的内在因素，偏重于心理环境；企业的质量环境是质量气氛的外在因素，偏重于物质环境。二者相互促进，相互影响，共同构成了群体的质量气氛。在质量气氛浓厚的环境里，员工获得强烈的有关质量的感受，心理受到强烈的刺激，往往就会自觉或不自觉地顺应这种气氛的要求。质量气氛是一种外界刺激，对员工的质量心理起着激励、调节等作用。

质量气氛是群体质量风气的表现形式。群体的质量意识、质量情感、质量舆论和质量作风，通过看得见的或看不见的方式，使群体的成员和外来的人员获得相应的感受，即使没有外在的可以显现的质量环境，也依然可以感受到相应的质量风气。因此，在营造质量气氛时，应当更加注重群体质量风气的形成和提升。

但是，质量气氛可能更直接地是通过企业的质量环境来体现的。没有相应的质量环境，不论是员工个人还是群体，其质量意识、质量情感等等的形成，都缺少相应的刺激，也就是说缺少相应的外界压力。因此，企业应当采取相应的措施，吸引员工参与质量管理，经常性地开展各种形式的群众性的质量管理活动，有意识地去营造质量气氛。通过诸如质量宣传、质量教育、质量评议、质量管理小组、质量控制点、质量改进、质量现场会、质量访问、质量分析会、废次品展览、质量报告会、质量征文、质量先进评选之类的质量活动，可以使企业内部形成浓厚的质量气氛。只要有生产，只要有工作，就有相应的质量问题，企业就应当讲质量，要"年年讲、月月讲、天天讲"，使质量气氛始终保持，长盛不衰。

当然，天天讲质量，天天一个调，也会使员工听腻，甚至引起反感。要保持浓郁的质量气氛，应当从员工的人生需要出发，注意有张有弛、松紧得当的节奏把握，讲究活动方式方法的多样化和艺术性，使员工喜闻乐见，更容易接受。

在浓郁的质量气氛中，员工看见的、听见的、接触到的、感受到的，经常性地与质量相关，就会促使员工想的、说的、考虑的、议论的、评价的也经常性地与质量相关。这样，质量在员工的意识中就会逐渐提升地位，从而按照群体质量风气的要求去行动。

（四）群体质量作风

群体质量作风是群体质量行为的一种主要趋向，是群体质量意识和群体质量情感在质量行为中的具体表现，是长期的群体质量行为所养成的一种习惯和方式。任何群体，只要它承担着一定的质量职能，总要形成一定的质量作风。质量作风一旦形成，就会相对稳定。质量作风与群体的工作质量和产品质量有着更直接的关系。

笔者当装配工的时候，所在的班组成员大多是在十年动乱中参加工作的。为了完成当时的高指标生产任务，班组形成了紧张快速的工作作风，质量往往被忽视，错装漏装等质量问题经常发生。这种作风后来一直延续，管理人员不催大家不动，管理人员一催就忙忙慌慌，甚至自觉加班加点赶任务，结果产品质量经常出问题。显然，这是一种不好的质量作风。要改变不良的质量作风，需要通过质量教育来提升员工的质量意识，更需要通过加强质量管理（例如保持均衡生产），必要时还应当对其成员进行必要的心理训练，帮助他们克服急躁情绪，保持行为稳定。

群体质量作风是通过"杂化"，即潜移默化、耳濡目染的形式，对其成员产生作用的。它像一只大染缸，使群体成员不知不觉地受到感染和同化。一个新成员进入有良好质量作风的群体，就会受到影响，使自己适应这种作风的要求，自觉抑制不适应这种作风要求的质量行为。否则，他就可能被该群体所拒绝、所孤立，甚至受到批评和攻击。

二、质量风气的心理功能

曾经有一家大型国有企业，产品质量一直存在这样那样的问题，几乎年年都要成批返修。企业领导似乎也认识到质量问题制约了企业的生存和发展，于是几乎年年都要搞质量整顿。每次整顿，开质量现场会，办废品展览，处理重大质量事故，表决心，下战书，什么都搞过，可是产品质量依然搞不上去，成批报废、成批返修、顾客退货、上级通报等情况依然经常发生。拖了十来年，企业只好宣告破产，为质量付出了"死亡"的代价。

当然，造成这家企业破产的原因是多方面的，这家企业质量搞不上去的原因也是多方面的，但质量风气不好是其中一个重要原因。长期的计划经济模式，长期强调数量、进度，长期依靠加班、会战，长期对不合格零部件采取"处理利用"的作法，使该企业形成很不好的质量风气。几乎所有的生产管理人员和调度人员都认为，不"处理利用"不可能；几乎所有的操作者，甚至包括检验人员都认为，违反一下工艺纪律、出一点不合格产品很正常。于是，违反工艺纪律的现象屡禁不止，不合格而"处理利用"的零部件甚至占到全部零部件的50%以上，产品质量焉能不出问题！虽然进行了质量整顿，但由于没有从根本上解决质量意识上的偏差，表面上轰轰烈烈，实际上并没有起到多大作用，质量风气并没有得到根本转变。因此，企业破产只是或早或迟的事罢了。这个反面例子已经可以说明质量风气的作用了。

（一）从众行为

群体质量风气实际上是一种群体心理动势。所谓群体心理动势，是指群体成员共同表现出来的一种心理趋势，表现为群体压力和内聚力，反过来又对个体心理产生影响和作用。质量风气形成的这种催人行动的心理压力，与权威的或领导的命令不同。它不是自上而下的明确规定，不是强制员工去改变自己的行为；而是因为群体内多数成员的一致意见，影响了员工的行为反应。虽然这样的压力不具有强制的性质，却使员工在心理上更难以违抗，其改变员工行为的效果往往比强制命令还要灵验。这种在群体压力下，群体成员放弃自己的意见而采取与大多数成员一致的行为，社会心理学中叫作从众行为。

所谓从众行为，说白点，就是我们平时所说的"随大流"。不管是在工作和学习中，还是在日常生活中，从众行为都是非常普遍的。一个班组的大多数成员赞成某项质量改进，个别人虽然不想参加，但是最后往往也会加入进来；如果真的不让他们参加，他们还可能产生孤独感，产生抵触情绪，甚至还会表现到平时的工作中，影响工作质量。现实中，员工既可能"从众"之健康行为，也可能"从众"之不健康行为。从众的性质如何，主要还要看群体心理动势的性质。因此，要使员工的从众行为朝有利于质量的方向发展，首要的是要培养健康的群体质量风气。

从众有四种情况：（1）表里如一的服从，即心服口服。从众的员工乐于采取群体共同的意见和行为，这是最理想的。（2）表面服从，内心反对，即口服心不服。从众的员工虽然赞成群体的意见，和群体共同行动，但心里却耿耿于怀。这样的从众可能是为了维护群体的一致，也可能是出于个人的考虑而采取的权宜之计。随着时间的推移，其态度也可能改变，或者心服了，或者口也不服了。（3）表面不服从，内心赞成，即心服口不服。这或许是为了面子，明知理屈还口硬；或许是因身份地位特殊，有些顾虑而不便公开表态。一般来说，这样的员工不会有反对群体的表示，更不会有反对的行为。（4）表里一致不服从，即口不服心也不服。这可以叫做反从众行为。这可能是因为坚信自己是正确的，也可能是因为决心与群体对立到底。

质量管理人员应当注意员工口服心不服的情况。在处理质量问题时，仅仅依赖惩罚，动辄扣工资扣奖金，往往会造成员工口服心不服。应当慎重使用惩罚的手段。口服心不服，内心不协调，就会影响情绪，造成不好的心理状态，很可能造成新的工作差错。也应当注意心服口不服的情况。如果了解到对方已经心服，就应适可而止，不必因其口硬而生气发怒，采取过火的做法，否则就会造成人际关系的紧张。对于反从众行为应当具体分析。采取这种态度的员工往往掌握着真理或部分真理。质量管理人员应当诚恳地听取他们的意见，并进行认真分析，肯定和吸引其合理的部分。这样往往可以改变他们的对立情绪。当然，从众行为也有消极的一面，它往往压抑人们的创造精神。因此，不应该仅仅依赖群体压力去促使员工改变质量行为，还应当提高员工的质量意识，让他们自己去改变质量行为。

群体压力对群体达到群体的目标、维护群体的利益、保持群体的团结都具有重要作用。事实上，要达到某一质量目标，没有全体成员（至少是大多数成员）的支持和合作，往往是不行的。群体成员行动不一致，势必影响质量目标的实现，甚至可能引起群体的分裂和瓦解。现实中就有不少因为意见分歧而相持不下，一些成员退出，从而造成质量管理小组分裂的事例。群体[]有一定的压力是必要的，但又要避免借用群体压力去压制员工的独创精神，切忌利用群体压力去对付与自己意见不同的同事。

（二）质量风气的心理功能

质量风气是群体综合的心理状态，也可以说是该群体的"质量个性"，是一种无形的力量和无声的命令，往往可以迫使那些与群体质量态度差距过大的员工改变自己的质量态度，以逐步向群体的质量态度靠拢。

首先，良好的质量风气使员工经常处于一种强烈的情绪感染之中，给员工的质量行为以巨大的推动和鼓舞力量，于不知不觉中接受它的教育和感化，使自己的质量行为与它的要求相适应。因此，良好的质量风气是保证和提高质量的一种群体心理因素，对于完成企业的质量目标具有极大的推动作用。

其次，良好的质量风气对员工的心理状态是一种肯定性的刺激。浓郁的质量气氛、积极的质量舆论、严谨的质量作风，可以使员工精神振奋、心情舒畅，质量工作的主动性、积极性和创造性都能得到充分调动，质量能力也能得到充分发挥。在第一章第四节中所举的那位护士，她在上班路上受到不良刺激，心理状态不佳。但如果她来到一个质量风气良好的医院上班，那不良刺激就可能很快被忘记，其心理状态就可能向好的方向转变。如果其领导和同事会做工作，让她宣泄那不满情绪，再给予一些宽慰，并且让她休息片刻，平静平静情绪，她的心理状态就会更迅速地好转。

最后，小群体的质量风气对大群体的质量风气有很大影响（反过来当然也是成立的），企业的质量风气还会影响整个社会的质量风气。群体与群体之间，其质量风气也是相互影响的。为了使这种影响趋于正面，企业可以通过树立质量先进集体等方式，来发挥这些先进群体质量风气的影响作用。

三、形成质量风气的心理条件

一个群体要形成良好的质量风气，需要多种条件。从心理学角度对这些条件进行考察，提供必要的心理依据，可以避免某些盲目性。

一是要有正确的质量目标。ISO9000：2005指出："质量方针和质量目标的建立为组织提供了关注的焦点。"一个群体有一个共同关注的焦点，大家思考的、议论的、行动的、评价的都与质量相关，也就相应地形成了质量风气。质量风气是以质量目标为基础的，较高的质量目标是培养良好质量风气的思想基础和精神支柱。在生产过程中形成的群体，不论其大小，从企业到班组，甚至3个人组成的质量控制点，都要有相应的质量目标。质量风气既是完成质量目标的心理环境，又是质量目标催生的心理氛围，二者相辅相成。

二是中心人物的模范带头作用。群体中的中心人物不论是正式任命的还是自然形成的，如果能够以身作则，时时处处都把质量放在首位，就会带动整个群体，促使群体质量风气的形成和提升。ISO9000族国际标准提出的八大质量管理原则之二，就是领导作用："领导者确立组织统一的宗旨及方向。他们应当创造并保持使员工能充分参与与实现组织目标的内部环境。"所谓内部环境，虽然涉及的具体项目很多，但如果从心理学角度考察，实际上就是企业的质量风气。中心人物，特别是各级领导的质量意识不强、质量态度不正，就会起到心理上的"反功能"作用，抵消质量教育的作用，败坏群体质量风气。

三是要把经常积累同集中教育结合起来。群体质量风气的形成主要靠经常性的质量教育。但是，配合形势任务的变化，开展一些集中的、专题性的教育或活动，对质量风气的形成也可以起到强化和促进作用。所谓"质量管理始于教育，终于教育"，在这始与终之间，如何把握常态教育与集中教育的关系，是很重要的。戴明博士曾经提出过"十四项原则"，其中有一项就是"质量管理不能搞运动"。把质量风气寄托于集中教育，以为来几次集中教育整顿，搞几次轰轰烈烈的质量运动，就可以让企业形成浓厚的质量风气，就可以把质量搞上去，那是一种幻想。但是，为了保持和提升质量风气，又的确需要通过相应的质量教育形式，一张一弛，经常与集中相结合才行。

四是要正确运用定势的心理影响。定势是一个心理学概念，是指主体状态的模式对以后心理活动趋向的制约性，是主体对某种体验的准备性和倾向性。也就是说，由一定的心理活动形成的准备状态，决定了同类后继心理活动的趋势。"第一印象"、"先入为主"、"心理偏见"，甚至一些直觉，都可以说是定势现象。人的心理活动有定势规律。根据定势规律，新员工一进企业，就应当让他们接受质量教育，使他们一开始就对质量有一个正确的认识，从而形成定势。开发新产品，第一个目标就是质量；投产新产品，第一件事应当抓质量；新领导上台，"第一把火"就应当烧向质量问题；等等。良好质量风气的形成，往往就是从这样一些"第一"开始的。张瑞敏当初才到海尔，第一件事就是组织全厂员工砸不合格冰箱。没有那样的"第一"，海尔能有今天的辉煌吗？

四、员工的质量道德

员工长期处在一定的质量风气环境中，就会形成一定的质量道德。质量道德是调节人们质量行为的准则。从道德的层次上来说，道德既可能是社会的，又可能是某一企业或某一群体的，也可能是某一个体的。

员工在接受各种形式的质量教育之后，形成一定的质量意识。员工的质量意识在日常生活中就会成为其评价、调整涉及质量的各种行为的规范，使符合规范的行为能够很自然地得到认同、赞赏和实施，使不符合规范的行为得到反对、鄙视和制止或中止。这种规范实际上就是员工遵循的质量道德准则。显然，质量意识只有通过质量道德的这种控制机制，才能真正起到作用。

不同的员工质量意识的强弱可能有所不同，其质量道德可能也有高低之别。但在一个群体中，员工的质量道德总是受群体质量道德的平均水平所限制，群体不允许其成员的质量道德水平离群体平均水平太远。否则，就会受到群体的指责，甚至被群体所抛弃。一般来说，质量意识越强，质量道德也就越高。但质量道德毕竟又与一般道德相关联，员工的一般道德往往是不相同的，有的员工道德观念强，有的员工道德观念弱，甚至还有员工缺乏社会所要求的基本道德。一般道德观念强的员工，往往会增大质量意识对质量道德的作用；而一般道德观念弱的员工，往往会减弱质量意识对质量道德的作用。而一般道德的形成和变化，与员工所处的内外环境、与整个社会的道德水平密切相关。中国是一个讲"德治"的国家，但往往是以家庭为中心，越向外道德越容易被弱化。因此，相对于市场经济来说，中国人就不太讲道德。事实上，我们在市场上看到了太多的不讲道德的现象，包括不讲质量道德的现象。在这种情况下，企业更需要加强对员工质量意识的教育，通过强化质量意识来强化质量道德。

质量道德对质量行为的控制表现为两种形式：一是正常情况下的控制。所谓正常情况就是内外环境没有出现异常，员工的心理状况也没有出现异常，工作在顺利进行之中。这时候，质量道德的控制作用呈现出隐蔽的形态，员工似乎没有意识到质量问题。但是，质量道德又像暗中守卫的哨兵，监视着员工的质量行为。如果员工的质量行为出现越轨迹象，质量道德就会立即发挥提醒、警示的作用，使员工迅速纠正越轨行为。二是非正常情况下的控制。所谓非正常情况就是内外环境有了变化，或者是员工心理状况出现波动或异常，从而影响了工作的顺利进行。例如发现质量问题、某种事件冲击了质量、员工情绪发生大的波动等等。这时候，员工很容易产生冲击质量的动机，甚至把动机变为具体行为。质量道德为了防止这种破坏质量的行为，就会迅速出来加以制止。于是，员工就可能发生质量道德与冲击质量动机的争执（思想斗争），消除或减弱冲击质量的动机。这种思想斗争可能是隐蔽的，也可能是公开的，可能很微不足道，也可能相当激烈。不过，一般来说，公开的、激烈的思想斗争出现的情况并不多，质量道德在大多数情况下只是起着隐蔽的、警觉的作用。虽然作用是隐蔽的、警觉的，但对质量行为的控制却是相当有效的，甚至可以说是须臾也不能离开的。

道德不是抽象的，而是具体的，是可以通过分析自己处理相关事务的行为过程及其结果来把握的。人们也可以通过对他人行为的分析去把握其道德水平。比起一般道德来，质量道德可能更容易被自己或他人把握。特别是在面临思想斗争时，质量道德的高低强弱往往就突出地表现出来了。我们知道，在相当多的情况下，员工完全可以抛弃相应的质量要求，用弄虚作假、偷工减料来蒙混过关（检验）。在出了质量问题后，也可以找"窍门"，混过检验。在这种情况下，质量道德就可以起到"慎独"的作用。不仅员工自己要以通过能否"慎独"来把握自己的质量道德，而且管理者或群体的其他人也可以通过某人是否"慎独"来把握其质量道德。

在遇到有人影响或破坏质量的时候，质量道德可以起到抵制、反对、揭露、纠正等作用。事实上，在一些企业里，几乎每天都会遇到或多或少否定质量要求、影响或破坏质量的现象，从而与一些员工的质量道德发生冲突。具有较高较强质量道德的员工，往往就会采取相应的态度，予以抵制、反对、揭露、纠正。这样的员工越多，企业里有关质量的负面言行就会越少，企业的产品质量也就越容易得到保证，而企业的整个质量道德也就越高越强。

当然，质量道德仅仅是控制员工质量行为的一种方式，是一种内在的控制。不能设想员工人人都是"君子"，都有很强的质量道德，也不能设想质量道德不会发生变化。因此，在强调提升员工质量道德水平的同时，依然要加强对员工质量行为的外部控制，也就是质量奖罚措施。质量奖罚措施不仅对那些质量道德观念薄弱的员工起着控制作用，迫使他们遵守相应的质量规章制度，而且对质量道德观念较强的员工也起着鼓励作用，并有利于他们把企业的质量要求内化为质量道德。但不管怎么说，由于质量道德是员工自己对自己的要求，是内化的控制机制，控制能力更强、效果更明显，因而更应当受到我们的重视。

第二节　质量活动中的人际关系

一、人际关系的心理功能

不管是从宏观还是从微观来看，员工个体与个体之间、个体与群体之间、群体与群体之间，都存在着千丝万缕的联系。即使某个员工被派到边远地方的仓库值班，也依然与其他员工存在着或直接或间接或明显或隐蔽的采取各种各样方式并涉及各种各样内容的联系。在这些联系中，也包括了受主体个性特点调节并伴随着满意与否等状态或评价的心理关系。这种心理关系就叫做人际关系。所谓组织，按 ISO9000：2005 的定义，就是"职责、权限和相互关系得到安排的一组人员及设施"。这里所说的"职责、权限和相互关系"，实际上也就涉及人际关系。组织是由"一组人员"组成的。人员与人员之间，难免不发生人际关系。特别是现代化的大型企业，集体操作的生产形式越来越多。即使是单独操作，往往也存在着上工序与下工序之间、操作者与辅助工人以及管理者之间的各种各样的人际关系。从质量心理学的角度看，人际关系主要是通过影响员工的心理状态而作用于产品质量的。此外，良好的人际关系对提高员工的质量意识和质量能力也具有显著影响。

不可否认，虽然中国的传统文化特别强调诸如"忠"、"孝"、"仁"、"义"、"礼"、"信"之类，但实际上我们在人际关系上却存在着不少问题，"窝里斗"、"内耗"等现象到处可见，甚至相当严重，影响也很大。本来，对质量管理起作用的是以工作为中心的人际关系，但是，在质量管理中，特别是在处理质量事故或质量问题时，一些人，包括一些质量管理人员，往往把许多与工作无关的人际关系的问题也带了进来，把本来很简单的事情弄得很复杂。这样，往往就难以就具体的质量管理和质量问题论事，也就增加了质量管理和处理质量问题的困难。这种情况，对企业的质量管理人员来说，几乎都有深刻的感受。

改善人际关系是企业管理，也是质量管理的重要课题。所谓"感情投资"，所谓关心员工的切身利益等等，实际上都是从人际关系的角度来考虑的。改善人际关系应当贯穿到质量管理的各个方面，贯穿到质量管理的全过程中。

从心理学角度来看，良好的人际关系具有以下功能：

1. 良好的人际关系是团结的基础。协作是现代工业生产的必然要求。随着企业规模的发展，分工越来越细，协作在产品质量形成中所占的地位也越来越高。协作不仅需要有明确的职责、权限，更需要相互间的团结。团结是协作的基础，没有良好的人际关系，就谈不上团结，更谈不上协作。特别是在集体操作中，例如锻压、装配、建筑、冶炼等工作中，人际关系不好，往往就会直接影响产品质量。相互帮助、相互支持、同心协力、协调一致、共同合作，对任何工作来说，都是必不可少的，往往成为质量的重要保证。

2. 良好的人际关系能够促进质量风气的形成和发展。群体质量风气的诸多因素，特别是群体压力和内聚力的形成，有赖于人际关系。一个群体的人际关系良好，群体成员之间就能够通过互相的感染、暗示、模仿等心理行为，形成统一的质量风气。人际关系不好，你说向东，我偏说向西，从众行为往往就难以发生，甚至还会出现反从众行为。事实上，关系恶劣的员工之间，是难以相互模仿的，更难以相互感染。

3. 人际关系对员工的心理健康具有重要影响。人类的心理适应，最主要的就是对人际关系的适应。人际关系作为一种精神刺激，往往影响甚至决定着员工的心理状态。十年动乱中人际关系空前恶化，那时人人心怀恐惧和不安来上班，产品质量谁还顾得上呢？事实上，人际关系紧张，员工的心理就会承受相当大的压力。这种压力长期得不到缓解，就会使员工出现紧张、焦虑、郁闷等心理状况，引起失眠、厌食、血压升高等症状，甚至引发精神疾病，严重影响员工的心理和生理健康。因此，不少人宁愿少收入，宁愿多劳累，也不愿意到一个人际关系紧张的群体里去工作，可见人际关系对员工的重要性。

4. 人际关系良好能够满足员工的归属需要。所谓归属需要，实质上就是对良好人际关系的向往，对得到自己所从属的某一企业或某一群体的承认并在其中发挥作用的需要。这种需要得不到满足，就会使员工产生孤独感和失落感，引发心理上的紧张，从而导致心理状态的失调。人际关系良好，实际上就是员工之间相互"承认"、相互"认可"，员工一进入群体，就有了"回家"的感觉。反之，员工虽然天天上班，天天与群体其他成员待在一起，却与群体其他成员形成心理上的隔阂，他怎么能有归属的感觉呢？

5. 良好的人际关系对提高质量管理人员的威信具有重要作用。如果质量管理人员与其他人员在人际关系存在严重问题，就会影响自己的威信。事实上，我们都愿意听和自己关系好的人的话，愿意接受他的意见；而对和自己关系不好的人的意见，往往听不进去，或者加以抵制，或者有意无意歪曲，很难完全按他的意见去做，哪怕他的意见是正确的。因此，质量管理人员应当与员工建立良好的人际关系，这对搞好质量管理也是十分必要的。

二、有关质量管理的一些人际关系

企业中的人际关系是错综复杂的，所有的人际关系对产品质量和质量管理都会产生或直接或间接的影响，以下这些人际关系可能更直接地影响着产品质量和质量管理。

(一) 质量部门与其他部门的关系

企业的质量部门包括质量管理、检验、计量、理化分析、标准化、外场服务等，其中最重要的是质量管理和检验。质量管理是企业管理的纲，质量工作应当在企业的所有工作中占中心位置，但这并不是说质量部门就可以凌驾于其他部门之上。

1. 检验人员与操作者的关系。质量管理所遇到的人际关系难题中，相当一部分是在检验人员与操作人员之间发生的。作为产品质量的直接制造者，与作为产品质量的检测鉴定者，操作者与检验人员之间在地位上存在着明显的差异。一旦处理不当，就会出现问题，或者无原则的一团和气，检验形同虚设，不合格品轻易就能过关；或者检验人员故意"卡"操作者，给操作者制造麻烦，造成操作者不满；或者操作者用欺骗手段蒙混检验，相互推诿扯皮。要处理好二者的关系，关键是要把思想统一到"质量第一"的基础上来。对于操作者来说，产品质量好，你"卡"我也不怕。对于检验人员来说，要充分体贴操作者，设身处地地为操作者着想，加强首件"三检"、工序检验、巡回检验和质量监督，协助操作者防止出现成批不合格；即使操作者出了质量问题，也应平心静气、实事求是地分析，切不可自以为高人一等，出口伤人。

2. 质量管理人员与生产管理人员的关系。质量管理的直接目的是使产品质量得到控制，确保产品质量达到规定要求；生产管理的直接目的是使生产能够正常进行，确保生产任务的完成；二者存在着明显的差异，往往导致了意见分歧。事实上，在企业里，质量管理人员经常与生产管理人员发生矛盾和冲突。特别是任务重、时间紧的情况下，双方向最高管理者（厂长经理）告状的事，在很多企业里都时有发生。要解决矛盾和冲突，首先需要思想统一，把存在着差异的工作目的统一起来，也就是统一双方的质量方针。其次需要质量管理人员更加主动，注意倾听生产管理人员的意见，善于在确保质量的基础上与生产管理人员取得一致。最后需要在处理具体的质量问题时搞好协调，既要坚持原则，又要考虑生产进度的具体情况，尽可能及时和迅速，不要随便"小题大做"，更不要揪住不放。

3. 质量管理人员与操作者的关系。发动全体员工参与质量管理，在工作中交流感情，缩短心理距离，是改善质量管理人员与操作者关系的根本方法。质量管理部门有质量奖罚权，但一定要慎重运用，否则就会伤害操作者的感情，造成人际关系的紧张。

质量部门在上述人际关系中处于主导地位，因此应当加强自身建设，提高自身的威信和吸引力，这是十分重要的。

（二）质量部门之间的关系

质量部门之间的关系主要是质量管理和检验之间的关系。检验人员是产品质量的把关者，质量管理人员是质量工作的管理者，二者目的一致，但也存在着地位上的差异。质量管理部门所需的数据、信息、统计资料等，几乎都来自检验人员；离开了检验人员，质量管理部门就可能成为瞎子和聋子。因此，质量管理部门应当依靠检验人员，充分尊重检验人员的意见，注意协调与他们的关系。

质量管理部门要协调好与检验人员的关系，一个重要的问题就是要处理好检验人员与操作者发生的矛盾冲突。正如前述，检验人员与操作者之间的矛盾和冲突往往是难以避免的。在这样的矛盾和冲突发生时，作为协调者，质量管理部门一定要公正，要善于协调。首先要维护检验人员的正当权益，为他们撑腰，这是建立质量管理人员与检验人员之间良好关系的基本保证。其次又要防止偏袒检验人员，特别是在检验人员做得不对的时候，该批评就要批评，该处罚就要处罚。最后还应当监督检验人员，防止他们放弃原则、把关不严、监督不力以及错检漏检，特别要防止他们和操作者一起隐瞒质量事故，遗留质量隐患。

（三）员工与员工之间的关系

员工认识上的分歧和个性上差异，再加上一些客观因素，难免有心理上的亲疏远近等差别，难免不发生矛盾、纠纷和冲突。特别是在以血缘分亲疏、以地缘分远近的中国传统文化影响下，员工与员工之间往往存在着一些现实问题。如果企业的管理者之间存在矛盾，就会在员工中拉帮结派，各敲各的锣，各唱各的调。在不少企业里，包括一些民营企业里，这种帮派现象并不少见，有的甚至成为企业的痼结，长期得不到解决。所谓"窝里斗"，所谓"内耗"，原因就在于此。笔者曾在国有企业工作过20多年，也在一些民营企业、港资企业做过管理顾问，对此深有体会。一个企业要把管理关系理顺，笔者认为，首先就要理顺企业的权力系统。如果谁对谁负责、谁能决定什么事、谁不能决定什么事定不下来，你吵我闹，你争我斗，企业的管理是怎么也搞不好的。

事实上，就是在一个班组内，往往也分成两个或几个小团体，也就是四川俗话说的"分坨坨"。"坨坨"之间，往往长期扯皮、闹架、不团结，明争暗斗。这样的人际关系往往直接影响产品质量。你出了质量问题，我发现了不说，还等着看你的"好下场"；我只管我这道工序，给下道工序造成质量问题，不关我的事；甚至采取小动作，给对方的工作埋下质量隐患；等等。因此，加强员工之间的人际关系建设，对质量来说也是很重要的。

生产班组的员工天天在一起，人际关系不好，对员工的心理状态是更直接更现实的精神刺激。一上班就争吵，谁还会心平气和地投入工作呢？因此，要加强调解工作，做好防范措施，促进员工之间的团结。作为领导，要注意"一碗水端平"，切不可支一方压一方，扩大员工的矛盾和纠纷。质量管理部门在力所能及的范围内，也应当参与这样的协调工作。

（四）干群关系及管理人员与生产工人的关系

随着改革开放，企业中干与群、管理人员与生产工人的距离逐渐拉开，不管是工作还是权力，不管是地位还是收入，差别越来越大，已经成为两个完全不同的阶层。特别是农民工，更是处于社会的底层，时时处处事事都可能受到歧视。因此，大多数员工都不愿与领导交往。而即使愿意交往的员工，可能也没有渠道、没有机会交往。笔者在深圳做管理顾问时，看到那些年轻的从农村来的女工在管理人员面前害怕的样子，深深地感到如今企业内的干群关系、管理人员与生产工人的关系存在着严重问题。不管是从社会正义角度来看还是从企业管理角度来看，这都是一种退步，与历史潮流肯定是不相符的。

领导的官僚主义，管理人员的颐指气使，企业不为员工着想，企业内没有一个公平公正的环境，上级对下级不能平等待人，甚至压制和打击员工，就会使员工放弃工作的主动性。员工工作中的有意差错，相当一部分就是因为员工对领导有意见，心中有气而造成的。当员工对领导、对管理人员怀有真正的不满或假想的不满心理，就可能用工作差错和质量问题来进行报复。即使不报复，员工的心理状态也会偏向消极，引起心理波动，降低质量保证的心理因素，对质量造成影响。

朱兰博士一直强调"8020原则"。他认为，在全部质量问题中，有80%是由于管理者自身造成的，只有20%是由员工自身造成的。他还认为，即使是员工有意造成的差错，其原因也在管理者身上。可是，现实中，一旦出现质量问题，几乎所有的领导或管理人员，往往都把责任推给员工。企业如果对此没有清醒的认识，不设法改善企业内部的干群关系以及管理人员和生产工人的关系，绝大多数质量问题是解决不了的。全面质量管理的一个显著特点就是全员参与质量管理，ISO9000族国际标准规定的八大质量管理原则也有"全员参与"的要求，这不仅是因为质量的性质决定了要全员参与，而且也是为了改善人际关系特别是干群关系以及管理人员与生产工人的关系，从而使全员围绕一个共同的质量目标去共同奋斗。事实上，日本企业更加重视质量管理小组活动对改善人际关系的作用，而不是所谓的经济效益。

要改进干群关系，要改善管理人员与生产工人的关系，作为矛盾的主要方面，领导和管理人员应当采取主动，一是要在思想上真正"以人为本"，关心员工、体贴员工、尊重员工、爱护员工，而不是把他们仅仅看作受雇佣的劳动力，只有这样，员工才可能对产品质量树立真正的责任感。二是要采取措施，发挥员工的积极性，特别是要注意保护他们维护质量的积极性，不能把他们维护质量的言行当作"偷奸耍滑"加以批评。三是要公正对待他们，特别是当领导或管理人员存在缺点或错误时，要勇于承认错误，敢于自我批评。四是当员工出现差错或犯了错误时，要耐心说服，切忌以势压人。五是当员工对领导或管理人员产生不满时，不管这种不满是真正的不满还是假想的不满，都应当通过思想工作，及时疏导。六是要为员工行使民主权利创造条件，加强沟通，在企业内营造一个生动活泼的和谐氛围。

（五）员工与企业之间的关系

如果员工有强烈的企业意识，热爱企业，他就会自觉维护企业的质量信誉，并把这种感情贯注到实际工作中去。反之，员工对企业漠不关心，甚至一心想离开本企业，他就很难有维护企业质量信誉的情感。对企业报敌视态度的员工甚至会有意制造差错，故意造成质量问题或质量事故。因此，企业应当关注员工与企业的关系。

所谓企业意识，就是员工与企业一体感的意识，员工归属于企业的意识。企业意识不仅是一种群体荣誉感，而且还是一种人际关系的反映。员工在企业里处得不好，领导和群众对他都有意见，他对领导和群众的意见更大，他能有强烈的企业意识吗？企业经营不善，年年亏损，或者经营不错却不关心员工的切身利益，多年不调整工资，不改变工作环境，员工又怎能关心企业的命运，与企业产生一体感呢？

日本企业十分重视培养员工的企业意识，他们通过终身雇佣、学习培训、改善劳资关系、改善企业内部各种人际关系、发动员工参与管理等手段，使员工对企业产生依赖感、荣誉感和一体感，甚至拼死为企业卖命也在所不惜。这样的企业意识使员工能够自觉维护企业的质量荣誉，愿意为企业的生存和发展投入更多更好的质量行为。可以说，日本的质量管理小组活动正是建立在这种企业意识的基础上的。没有这样的企业意识，要真正地广泛地持久地开展质量管理小组活动，可能是不行的。我国的质量管理小组活动的历史已经有了30多年，但真正坚持下来的并真正取得成效的企业却并不多，这可能是一个根本原因吧。

三、改善人际关系的方法

改善人际关系是企业管理，也是质量管理的一个大的系统工程，企业的各个部门都有责任，都应当结合自己的工作去努力。这里只提一些原则性建议：

1. 发挥中心人物的作用。前面谈过中心人物对群体的影响力，实际上就是中心人物对群体成员的个性吸引力。中心人物讲团结、公正、廉洁，就会促使群体的人际关系健康发展。中心人物不团结（例如领导班子内部闹矛盾、有两个中心人物以上的群体），互相扯皮，各拉一派，势必造成群体内部人际关系的紧张。

质量管理人员实质上是质量管理的中心人物，其素质如何，对有关质量管理的人际关系有很大影响。质量管理部门的自身建设，对改善人际关系有很大的作用。

2. 建立良好的组织结构。组织结构是否合理，不仅影响效率，而且影响人际关系。机构重叠，人浮于事，职责不清，互相扯皮，难免不影响团结。反之，组织结构合理，分工恰当，职责明确，各得其所，各尽其能，工作井然有序，当然有利于改善人际关系。扯皮事少，争吵就少，关系就好。争吵越多，关系越难处。

3. 发动员工参与管理。员工参与管理（当然包括质量管理），能够增强员工对企业与工作环境的认识，减少或克服他们由于不了解管理意图和措施而引起的不满心理，由此可以造成干群之间相互关心、支持、谅解、配合默契的心理气氛，使他们体验到归属感、亲近感，从而改善干群关系。管理人员适当参加劳动，也能起到类似的作用。

对于质量管理人员来说，与员工一起搞好质量管理，一起参加质量攻关和质量改进，可以增加互相了解，有利于改善质量管理人员和员工的关系。

4. 加强信息交流，提高透明度。人际关系出现的问题，相当一部分是由于信息交流出现障碍，意见未能沟通，互相产生误会造成的。加强信息交流，提高透明度，有助于使员工了解企业的奋斗目标和达到目标的各种措施，促使人们相互配合、协调，为实现目标同心协力，还可以增进彼此间的了解，减少误会，避免不必要的冲突，增强团结。如果缺少透明度，沟通渠道阻塞，上下左右相互不了解，各行其是而相互推诿和埋怨，难免不影响人际关系。干群对话、民主生活会、各种座谈会、谈心活动等等，都是信息交流的好形式。

质量管理人员应当充分利用质量分析会、不合格品处理、质量管理小组活动、质量攻关等机会，与生产管理人员和操作者交流信息，沟通意见。影响质量管理部门与车间关系的一个重要因素是质量奖罚。车间因质量问题被扣发了奖金，如果缺乏信息交流，质量管理部门没有及时通报和耐心解释，就会引起车间和员工的不满。这是应当十分注意的。

5. 开展批评和自我批评。人与人之间总是会发生矛盾的。回避矛盾，掩盖矛盾，害怕人言，谋求表面一致，只能恶化人际关系。而开展批评和自我批评，促进积极的思想斗争，是调整人际关系的重要手段。当然应当注意批评方法。自我批评在调整人际关系中尤其重要。要做好批评和自我批评，首要的是要客观地评价别人，有知人之明；客观地评价自己，有自知之明。这当然难以做到，不管是知人还是知己，都会遇到许多障碍，包括心理方面的障碍，例如近因效应、成见效应、晕轮效应、时间心理效应、不正常误差等等。但是又应该努力去克服这些障碍，否则，搞不好批评也搞不好自我批评，不利于处理好人际关系。

6. 培养群体意识。群体意识是成员对群体的态度。企业意识就是一种群体意识。群体意识强的员工，对群体有一种责任感、荣誉感和自豪感，对群体其他成员就会产生亲切感、归属感和热爱感。大家都有相同的群体意识，就容易统一思想，融洽感情，协调行为，从而产生人际关系中的凝聚力，把大家团结在一起。

7. 增强人际吸引程度。在同一群体中，有的关系密切，有的只有点头之交，有的仅仅认识而已，有的甚至势不两立。这反映了人与人之间相互吸引的程度。人际吸引程度受多种因素的影响，包括人的社会关系、职业、职位、经济收入、居住条件、文化教育程度、年龄、性别、仪表、人生价值体系、生活目标、生活和工作作风、能力、性格等等。增强人际吸引的程度，是改善人际关系的一个十分重要的内容。质量管理人员应当深入员工之中，发挥自己在个性方面的优点和长处，增强自己的人际吸引力。

第三节 意见沟通

一、意见沟通的心理功能

2000年版ISO9000族国际标准发布后，人们对其中的5.5.3"内部沟通"和7.2.3"顾客沟通"的规定感到新奇又感觉疑惑：这沟通是什么意思呢？为什么把这个心理学术语用到质量管理体系中来了呢？企业应当怎样做才能达到标准的要求呢？

沟通是一个心理学术语，也叫作意见沟通。所谓意见沟通，是指人与人之间传达思想、观念、感情或交换信息的过程，亦即人与人之间的信息交流。传达思想、观念、感情对群体心理来说是一种基本的形成条件和维持条件，而交换信息则是质量管理的基础工作（质量信息工作）之一。有的心理学家甚至认为，"现代管理就是意见沟通的世界"。当然，在交换信息的时候，人们也要通过语言、语气、神态等形式交流思想、感情、态度等等。同样的信息，从不同人的口中传出来，往往会产生不同的效果。从心理学角度看，信息固然重要，而思想、感情、态度等对交流双方的心理更有重要意义。

人类的社会活动都是借沟通的方式来完成的，质量管理活动更是如此。沟通能够提供信息、分享经验、增进了解、协调行动、鼓舞情绪、增强人际关系。人类约有70%的时间是用在意见沟通上，人们每天有10小时的时间在进行相互交往和沟通。即使是宅男，即使是待在网上，也离不开沟通。质量管理的主要工作或基本工作方式，都是在与上下左右进行交往，沟通意见。质量教育、质量分析、质量监督、质量奖罚、质量立法等等，哪一样都离不开意见沟通。实际上，这些工作的本身就是一种意见沟通。在第一章图1-2的质量螺旋图上，只要一个环节的沟通遇到障碍，就会直接或间接影响产品质量。技术人员画的产品图，操作者没看懂，也就是说他们之间没有能够有效沟通，加工出的产品就必定出问题。要想发动、协调和团结全体员工通力合作，群策群力完成质量螺旋图上所示的各种质量职能，首先必须沟通信息。

从心理学角度看，意见沟通在质量管理中占有举足轻重的地位，至少有以下功能：

1. 信息功能。质量信息工作是质量管理的基础工作之一。从本质上讲，质量管理活动的过程就是信息流动的过程。要搞好质量管理，就要掌握大量的信息。只有信息灵、情况明，才能决心大、决策准。意见沟通可以交流信息，搜集资料，无疑能够提高质量管理功效。

2. 协调功能。管理活动的职能就是正确协调和处理各种关系，也就是对信息的反馈与控制。要反馈，要控制，要协调，要处理，就必须在企业内部进行上下左右的沟通，通过上情下达或下情上达，把大家的力量集中起来，统一步调，分工协作地实现企业的目标。

3. 人际功能。意见沟通能使群体成员之间的思想、情感得以交流，增进彼此之间的了解，有助于消除隔阂、误会、矛盾和纠纷，促进良好的人际关系的形成和发展。人际关系中矛盾的产生，隔阂的形成，往往是意见未能得到有效沟通造成的。当然，人际关系状况如何，也决定着意见沟通的状况，二者是互相促进的。"心有灵犀一点通"，情人之间凭一个眼神也能传递恩爱思念之情。人际关系不好，正面的意思作反面理解，意见当然难以沟通。

4. 情绪功能。意见沟通不仅能增进彼此的了解，在沟通中还能传递情绪，互相倾诉喜怒哀乐之情，从中获得理解、同情、帮助和支持，避免产生孤独感和寂寞感，从而保持愉快的心境，有助于增进身心健康。意见沟通是对员工的一种精神刺激。意见不能沟通，往往使人心情沮丧，产生消极的情绪，使心理状态向负的方向发展。意见能够沟通，喜怒哀乐有人理解、同情和分享，情绪就会高昂，心理状态就会向正的方向发展。

5. 促进质量风气形成。质量风气形成的过程，实质上就是意见沟通的过程。群体质量意识正是在个体质量意识互相交流、互相沟通的基础上，综合平衡而形成的。不论是群体质量情感的形成，还是群体质量舆论和群体质量作风所产生的群体压力，都离不开意见沟通。从众的过程正是个体与群体之间意见沟通的过程，是个体接受群体意见的过程。而质量气氛更是意见沟通的结果。质量教育和质量宣传本身就是意见沟通的方式，质量评议、质量管理小组活动、质量分析会等等群众性质量管理活动，总离不开意见沟通。员工关心质量，思考质量问题，谈质量工作，也是意见沟通。可以说，意见能够沟通，意见沟通的效率较高，是质量风气形成的基础。

二、意见沟通的基本条件

在意见沟通中，发信者往往有自己的目的，往往有促进、加强或改变、削弱受信者某种思想或言行的企图。这种企图可能是公开的，也可能是隐蔽的，可能是强烈的，也可能是微弱的。一般来说，要绝对达到发信者的目的几乎是不可能的。任何沟通系统中都存在着沟通障碍，这种障碍只是大小不同而已。所谓沟通障碍，是指信息在传递过程中失真或中断。信息失真表现为添加、省略和改变三种。要使意见沟通尽可能达到沟通的目的，就必须尽力减少沟通障碍。这就要谈到意见沟通的基本条件。从质量管理角度来看，这些条件有下面一些：

1. 沟通的双方要互相尊重、理解和相互参与。沟通双方地位上的差距是意见沟通中最常见的主要障碍之一。质量管理人员与企业最高管理者之间，与操作者之间，与其他管理人员之间，都存在着明显的地位差距，从而往往使意见难以沟通。一般来说，这种障碍大多数是居于高一级地位的一方造成的。地位较高的一方很容易摆架子，"老子说了算"，使人"敬而远之"。地位较低的一方由于不理解或不了解，也会对另一方产生误会和偏见。这就要求双方互相尊重、互相理解和相互参与。质量管理人员首先应当尊重他人，任何时候都不应当有高人一等的意识和表情，特别是要乐意接触员工，不随意训斥人，不动辄以惩罚相威胁，还要善于听取不同意见，正确对待异议。当然，质量管理人员也应当受到尊重。在企业中，经常有人用生产任务来压质量，动辄扬言："任务完不成你负责"就是不尊重质量管理人员的表现。要互相尊重就必须互相理解，设身处地地站在对方的位置和立场上考虑问题。理解首先是了解，这就要求质量管理人员深入实际，做好深入细致的调查工作，掌握第一手材料，也要求其他人员特别是生产工人了解质量管理人员的工作。群众性质量管理活动的另一个重要目的就是增进这种互相了解，相互参与可以增进这种互相了解。

2. 沟通的双方都要克服沟通过程中的心理障碍。信息在传递过程中总要受到人的认识、需要、情感、态度、兴趣等心理因素的"加工"，这就可能造成信息的走样和失真。造成信息走样和失真的心理因素就是心理障碍。这种障碍首先表现为对信息的"各取所需"，甚至添加、缩减或歪曲；其次表现为往往根据自己的主观判断去推测对方的"言外之意"和"弦外之音"，以致产生误会；再其次还表现为知觉偏差对意见沟通的妨碍；最后表现为前面所说的地位障碍，地位障碍实质上也是一种心理障碍。要使意见沟通顺畅，双方都应当注意克服自己的知觉偏差（如近因效应、成见效应、第一印象效应以及个人好恶、私人感情、嫉妒心理等不正常误差），不要随意去猜测对方的"言外之意"和"弦外之音"，要全面理解对方的意见而不要抓住一点不放。对质量管理人员来说，更要自觉克服自己的心理障碍。

3. 建立合理的组织结构。组织层次过于庞大，信息经过层层传递，必然会流失，造成信息失真。传递层次越多，失真的可能性越大。这就是意见沟通中的组织结构障碍。对于质量管理来说，首先应当通过建立高效率的质量管理体系，构建意见沟通或信息传递网络；其次要求质量管理人员经常深入基层，了解情况，尽量做到"一竿子插到底"；再其次应当依靠检验人员，多方了解情况；最后应当使沟通渠道多样化，例如允许和支持员工越级反映质量问题或申诉意见。

4. 采用正确的信息传递方式。不考虑对方的情况，"对牛弹琴"（按毛泽东在《反对党八股》一文中的解释来理解，即不看对象乱弹琴），就会构成传递工具的障碍。根据具体情况，传递工具可以是书面的或口头的，会议式或个别交谈式，鼓动式或情深理透式的，等等。这就要求质量管理人员提高语言表达能力、写作能力、演说能力、说服人的能力等等。

三、意见沟通的渠道

在意见沟通过程中,传达者直接将意见、信息传给接受者,或中间经由某些人传给接受者,这就是沟通通道或渠道的问题。由各种通道组成的沟通模式就叫沟通网络。企业中正式的沟通网络反映了一个组织的结构,也可以表明企业中的权力系统。

不同的沟通网络对于企业的活动效率,对于意见沟通的效率和信息失真或丢失的程度,都有不同的影响。图 2-1 是美国管理心理学家莱维特通过实验提出的五种正式的沟通网络图,圆圈代表信息的传递者,线条表示信息的传递。

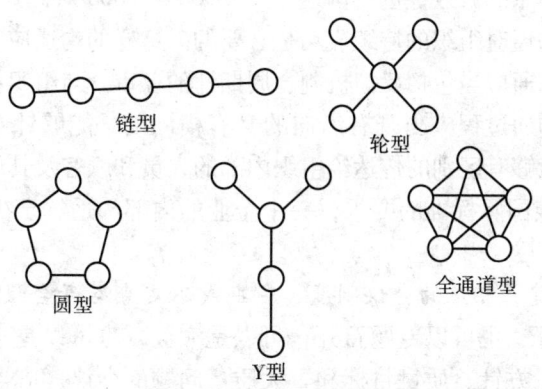

图 2-1 五种沟通网络

这五种模式都有各自的优缺点:(1)轮型沟通网络有一个中心人物,其他成员都提供信息给他,而彼此之间则不沟通。这种沟通网络沟通速度快,正确性高,但不利于提高士气。(2)圆型沟通网络是地位平等的沟通,每个成员所具有的沟通路线与沟通数目都相等,信息交流是循环式的。这种沟通网络中的成员士气高,但沟通速度慢,精确性也不够。(3)链型沟通网络中居于两端的人只能跟其内侧的人沟通,其沟通速度比较快,但信息经过层层筛选可能失真,也不利于提高士气。(4)Y 型沟通网络兼有轮式和链式的优缺点,即沟通速度快,但不利于提高士气。(5)全通道沟通网络中任何人都能与其他人直接沟通,这种沟通网络民主气氛浓,士气很高,显然是一种最好的信息沟通方式,但一般只适用于小型会议,超过十人以上的会议,就不大可能让每个人都发表意见。

在质量管理中,上述五种沟通方式都可能采用到。召开座谈会、分析会,人人都可以发言，显然属于全通道型沟通；按照行政组织结构向下发送有关决定、意见、命令，显然属于链型沟通；各车间处室与质量管理部门的沟通，显然属于轮型沟通；质量信息要求闭环管理，显然属于圆型沟通；车间质量管理员既要向车间领导汇报工作，又要向工厂质量管理部门汇报工作，显然属于Y型沟通。不管采用哪种沟通网络，都要注意其优缺点，扬其长，避其短。而在具体管理中，需要采用何种沟通方式，则要视情况而定。

四、企业内部的意见沟通

ISO9001：2008规定："最高管理者应确保在组织内建立适当的沟通过程，并确保对质量管理体系的有效性进行沟通。"ISO9004：2000对此规定得更详细："战略和方针的有效沟通对组织的持续成功是必要的。这样的沟通应当是有意义的、及时的、持续的。沟通应当包括反馈机制、周期性的评审，与组织积极解决环境变化相结合。组织的沟通过程应当既有纵向的又有横向的，能够针对不同的需要。例如，同样的信息能够有区别的传达给组织内部的人员和顾客及其他的外部相关方。"

按ISO9000族国际标准的要求，一个企业的内部沟通，至少应当采取以下方式来进行：

1. 企业应当建立相应的会议制度，定期或不定期召开会议。按照企业规模，会议可以分层召开，也可以专题召开；可以是大会，也可以是小会。涉及到企业的经营战略、质量方针、质量目标和重大质量问题的会议，应当由最高管理者负责组织或亲自主持。在企业内部，应当经常召开诸如质量分析会、质量讲评会、质量通报会、质量表彰会之类的会议，以便沟通质量方针、要求、目标及完成情况。对班组来说，每周都应召开一次全体人员参加的工作会议，总结上周工作，安排本周任务。发生重大质量问题或质量事故后，根据问题或事故的性质，应当立即召开会议，分析原因，落实责任，制定纠正措施。

2. 企业应当建立与企业的规模、机构、管理模式、员工素质、沟通事项等相适应的沟通渠道和沟通过程。要确保上级的指示、指令、意见按规定的沟通渠道和沟通过程，及时准确下达到需要的地方和需要的人员。一般来说，上情下达不能越级，应当一级一级下达，更不能由最高管理者直接去命令操作者。在一些企业里，上级越级下达命令的情况相当普遍，最高管理者直接指派员工的事也经常发生。这是很不对的。当年蒋介石就喜欢直接指挥基层师团部队，结果前线总指挥连部队到哪里去了也不知道，造成指挥系统的混乱，岂能不打败仗？如今虽然强调组织的扁平化，但那是要有一个前提条件的，也就是员工必须具有相对高的素质。在员工素质达不到要求的情况下，过分的扁平化，很可能使上级主管人员，特别是最高管理者难以应付。组织越是扁平化，越应当按规定的沟通渠道和沟通过程进行上情下达，否则将会造成更大的混乱。

3. 企业应当建立相应的请示报告制度。下级应当定期向上级报告工作。这种报告可以是书面的，也可以是口头的，还可以通过会议的形式报告。除了定期报告外，一旦发现重大质量问题还要随时报告。一般来说，下级向上级报告非常事件，可以越级，任何中间环节都不得截流、阻止、干扰，更不得打击、报复。与上情下达最好不要越级不同，下情上达一般是可以越级的，因为"上情"往往是指示、指令、命令之类，需要下级执行；而"下情"往往只是情况、信息、请求之类，上级可以从中获取真实情况，并不需要上级一定要去"执行"。因此，企业应当规定，每个员工都有权向最高管理者报告情况。而上级主管人员，包括最高管理者还应当主动地、经常地深入基层和员工，进行调查研究，寻求基层和员工的报告。由于中间环节往往使真实信息失真、变形，中间主管人员为了自身利益甚至故意歪曲信息，最高管理者往往难以了解真实情况。如果最高管理者只相信中间环节的报告，很可能因信息失误而决策失误。因此，最高管理者能否深入基层和员工，往往是企业内部沟通的一个关键。

4. 企业可以采用多种形式加强内部沟通。例如下发相关文件、资料、书籍；书写悬挂标语、标牌，出版黑板报、宣传栏；建立公司网站，设置公司邮箱，开设公司内部的论坛或公司的 QQ 群，让员工充分利用这些虚拟空间发表意见；设置厂长经理信箱，鼓励员工直接向厂长经理反映情况；鼓励管理人员深入现场调查研究，要求管理人员撰写相关的调研文章；开展各种形式的员工联谊活动，组织员工的业余爱好等等。必要时，企业还可以设置诸如有奖征集意见建议之类的专门奖励项目，鼓励员工为企业出谋划策，征集员工的建议和意见。内部沟通形式的多样化、经常化，不仅可以提高上情下达、下情上达的有效性和时效性，而且可以鼓舞士气，加浓质量风气，增强员工对企业的认同感和向心力。

5. 企业应当采取措施保护意见沟通。企业保护员工批评与自我批评的自由，保护员工为公司发展出谋划策、提建议和意见的积极性，严禁任何人打击报复，对压制员工反映真实情况、压制员工提建议和意见的积极性、打击报复员工的，一经发现，要坚决查处。这样才能保护意见沟通渠道和意见沟通过程不受到损害。

五、企业的质量信息管理系统

一个企业，每天都会产生、发送、接收、反馈各种各样的信息。从心理学角度看，企业内部的绝大多数信息，实际上就是企业的或员工的意见，或者是经过企业或员工加工的具体情况。企业对信息进行管理，实际上也就是进行意见沟通；企业的质量信息管理系统，实际上就是依赖一个固定的、规范的沟通渠道，经常进行的意见沟通过程。没有一个这样的质量信息管理系统，企业的意见沟通，特别是有关质量的意见沟通往往就会出现阻塞。因为阻塞，基层单位和员工往往就可能隐瞒质量问题或质量事故，甚至各行其是，造成质量管理的混乱。

ISO9004：2009 把信息作为一种基础资源，要求企业进行管理。事实上，需要企业管理的信息，绝大部分都与质量相关，可以称其为广义的质量信息。但是，作为质量管理部门，不可能把所有与质量有关的信息，也就是广义的质量信息都管理起来。例如成本肯定与质量有关，质量管理部门管不管成本？人员素质及培训直接关系到质量，质量管理部门能够代替人事部门去管理招聘和培训的信息吗？且不说这将造成管理的混乱，只说哪个质量管理部门能够管得过来！因此，质量管理部门要管理的质量信息，只能是狭义的，具体情况只能根据各个企业的具体情况来确定。一般情况下，企业的质量管理部门只需要管理与产品符合性相关的质量信息，其中最重要并且最多的就是不合格的信息。

企业应当建立质量信息的管理系统，规定质量信息的种类、重要程度、搜集方法、传输渠道、传递时限、处理程序、反馈方式、归档要求等等，以形成正式的质量信息沟通系统。特别是有关不合格品的信息，是质量控制的重点，也是质量信息管理的重点，更应当有明确的规定。一般来说，企业的质量信息系统应当形成网络，这样的网络与企业的机构设置应当是相互协调的。对某一条质量信息来说，则应当形成一个闭环的循环系统，如图 2-2 所示：

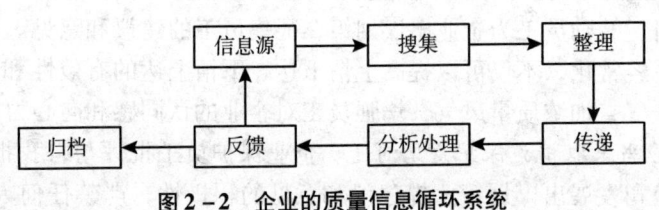

图 2-2　企业的质量信息循环系统

很明显，质量信息循环系统是一个圆型沟通网络。为了避免这样的沟通网络速度慢、精确性不高的弱点，信息源、搜集者、整理者、传递者应当尽可能是一个单位或一个人，而分析处理者、反馈者也应当是一个单位或一个人。同时，还应当规定相应的时限，不能让任何一个环节有意无意耽搁时间。信息的载体形式可以是书面的（例如专门的表格），也可以是电子化的，还可以先用口头（电话）传递，随后用书面或电子形式进行固定。

在意见沟通中，可能有的并不一定需要接收信息者向发出信息者反馈意见，但在质量信息管理系统中，这样的反馈却是必不可少的。也就是说，对质量信息的沟通来说，必须形成一个闭环系统，信息从哪里发出，最后也应当将最后的处理意见反馈到哪里。如果质量信息经分析处理后，不能反馈到信息源（也就是发出信息者），那么，质量问题就得不到解决，这样的信息传递和分析处理也就失去了意义。一般来说，如果企业规模较大，相应的质量信息在相关的单位之间流动，质量管理部门只对其流动进行监视，以防止其"流失"。如果企业的规模较小，或质量信息特别重大、特别重要，质量管理部门还可以直接参与到质量信息的流动中去，进行相应的组织协调工作。

由于质量信息大多涉及到不合格产品，其分析处理者往往是不合格产品的责任者，因而在接到信息后反馈的一方往往有意无意进行拖延、推诿、扯皮，使质量信息得不到及时有效的解决，因此质量信息管理的难点和重点都在反馈上。质量信息一旦不能形成闭环，很可能造成生产受阻，长期下去就会严重损害质量，并给员工心理造成负面影响。意见积累起来，不仅严重影响士气，而且会严重败坏企业的质量风气。因此，构建一个渠道畅通、搜集准确、整理规范、传递顺畅、处理高效、反馈及时的质量信息管理系统是十分必要的。

第四节 不合格品处理中的心理因素

不合格就是"未满足要求"。对生产企业来说，即使认真推行"六西格玛管理法"，也不能完全保证不出不合格品。不管是按几个 σ 的标准来控制，都只能使合格率趋于 100%，而不可能完全达到 100%。因此，企业都有不合格品控制的问题。所谓不合格品处理，就是按 ISO9001：2008 的要求，"经有关授权人员批准，适用时经顾客批准，让步使用、放行或接收不合格品"，当然也包括决定返修、返工、报废不合格品。在一些机电加工企业，特别是那些小批量、多品种的机电加工企业，不合格品处理往往成为质量管理部门的重要工作内容。

20 多年前，笔者才开始从事质量管理工作时，参加了一次不合格品的处理过程。该零件的技术问题本来很简单，略作返修就可以让步放行。可是，参加处理的各方却有很大的分歧，争论了半天也没有结果。笔者感觉奇怪。会后笔者对各方进行了调查，才明白分歧的实质不在技术问题，而在于发生质量问题后各方没有及时沟通意见，从而产生隔阂，导致不欢而散。也正是因为这个事件的刺激，才促使笔者从心理学角度来研究质量问题。本节就是写于当时的一篇论文，现进行了一些文字改动,附列于此,以供读者参考。

一、不合格品处理的目的

一般来说,不合格品处理有两个目的:一是防止今后再发生,一是尽量减少经济损失。两个目的存在明显的差异。由于参加处理的各方偏重的目的不同,就会产生矛盾,出现各种心理障碍。消除心理障碍,跨越消极的心理过程,促发各方面的积极性,是不合格品处理应当重视的问题。

手工业时代,不合格品处理十分简单,责任者自己决定就成了。随着工业的发展,科学的进步,产品越来越复杂,越来越精密,不合格品处理就不仅牵涉责任者,而且牵涉到设计、工艺、生产管理、检验等各类人员。在个别部门(如国防工业)还牵涉到顾客(驻厂军代表)。由于牵涉人员越来越多,不合格品处理也就越来越复杂,处理过程中的心理因素也就越来越重要。事实上,不合格品处理中出现的一些问题和矛盾,往往和参加处理的各相关方人员的心理因素有关。

不合格品处理的目的有两个:一是防止今后发生类似事件,一是尽量减少经济损失。从第一个目的引出"三不放过"原则(即原因不找出不放过、责任不明确不放过、纠正措施不落实不放过),从第二个目的引出返修品、超差利用品、处理品等概念。正因为有两个目的,而这两个目的又存在明显的差异,参加处理的各方偏重的目的不同,就会产生矛盾,影响处理过程和处理结果。一般来说,责任者、生产管理人员强调第二个目的(责任者往往又是为了推脱责任以减轻或免除相应的处罚),检验、技术、质量管理人员和顾客却强调第一个目的。这种情况下在生产任务较重、不合格品出现较多较频的时候,往往更加严重。

不合格品管理的重要课题就是协调因目的偏重不同而产生的矛盾,把两个目的统一起来,把矛盾各方的思想统一起来。应当指出,两个目的虽然有差异,有矛盾,但最终还是统一的。很显然,第一个目的未达到,第二个目的就成了空话。因此,在具体处理之前,必须着重强调第一个目的。ISO9001:2008 规定:"组织应采取措施,以消除不合格的原因,防止不合格再发生。"就是这个意思。否则,这一次放过,似乎减少了损失,下一次类似事件发生,损失将会更大。"三不放过"原则的最终目的还是减少损失,是为了在更大的范围和更大的程度上减少损失。参加处理的各有关人员,必须首先把思想统一到第一个目的上来。没有到达这一步,处理就没有达到目的,或者说没有达到最重要的目的。

ISO9001:2008 还规定:"应编制形成文件的程度,以规定以下方面的要求:a) 评审不合格(包括顾客抱怨);b) 确定不合格的原因;c) 评价确保不合格不再发生的措施的需求；d）确定和实施所需的措施；e）记录所采取措施的结果；f）评审所采取的纠正措施的有效性。"按照标准的这些要求，我们把不合格品处理过程分作三个阶段；（1）发生阶段；（2）处理阶段；（3）继续生产阶段。其程序见图2-3。

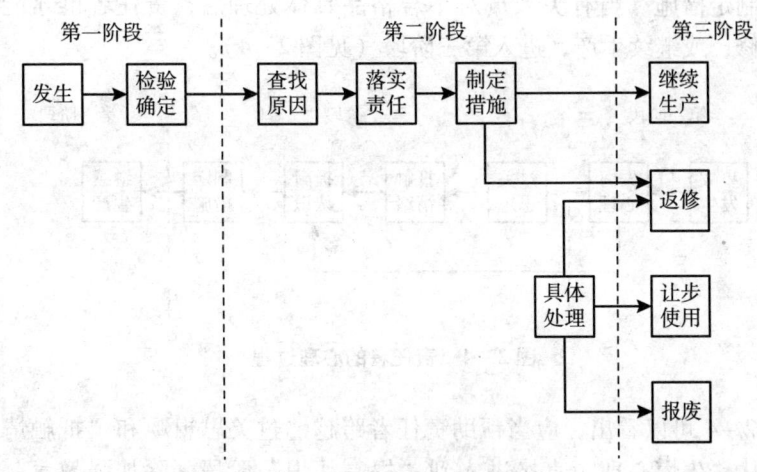

图2-3　不合格品处理程序

参与处理的各类人员在不同阶段中的心理状态是不同的。从中找出带规律性的东西，制定相应的解决办法，使不合格品处理得到有效控制，是我们应当研究的课题。

二、责任者的心理

可以说，任何人都不愿生产不合格品，不愿出质量事故和质量问题。当不合格品出现后，责任者的第一个思想反映就是："糟糕！"从而产生失悔。这种失悔心理是责任者走向第一个目的的心理基础。在制度不健全、奖罚不过硬的单位，由于没有"关"，这种失悔心理就会被无所谓的心理所替代。情况好的，把废品一丢，重做一个；情况坏的，把废品丢进合格品中，给质量带来更大的隐患。在制度健全、奖罚过硬的单位，由于把关较严，责任者往往因为怕扣工资或奖金，想方设法混过关；混不过，又会产生硬着头皮挨批挨罚的过关思想。这种过关思想往往影响责任者去具体查找不合格品产生的原因。为了过关，责任者也可能写检查，用几句"质量意识不强，粗心大意"之类的套话掩盖对具体原因，特别是心理原因的分析，因此往往不能真正解决问题。当过关企图失败后，责任者又很容易产生抵触情绪，或者对抗、公开争吵、不欢而散，或者沉默、不理不睬、等待处罚。由于抵触，原因查不清，措施缺乏针对性，很难保证今后不再发生类似问题。因此，应当尽量避免责任者产生抵触情绪。如果产生，则要及时消除。只有消除了过关思想和抵触情绪之后，责任者才能和有关人员一起，查找原因，落实责任，制定措施。当有关人员对不合格品具体处理后，责任者也才能心情舒畅，或返修，或继续生产，进入第三阶段（见图2-4）。

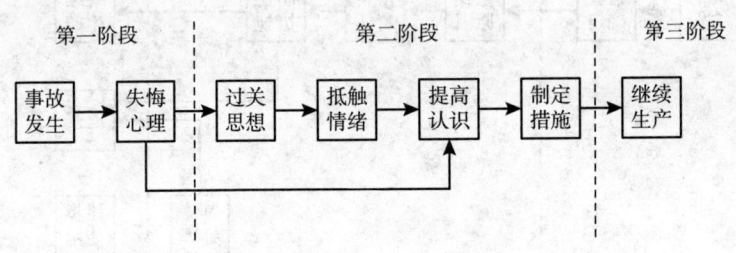

图2-4 责任者的心理过程

从图2-4可以看出，应当帮助责任者跨越"过关思想"和"抵触情绪"两个过程，从"失悔心理"直接进入到"提高认识"阶段。除加强教育，增强责任者的质量意识，严格管理，建立健全不合格品管理制度外，还应当做好责任者的心理疏通工作。首先，要从实际出发，具体问题具体分析。我们知道，不合格品的产生，不仅有人的原因，还有设备、材料、方法、环境等因素的影响。究竟是什么原因引起的，应当具体分析。其次，要清除责任者和管理人员的对立情绪。该罚的当然要罚，但不能罚字当头。教育当头，才能沟通思想。再其次，要尽量解决责任者的具体困难。责任者的心理波动是影响操作、造成不合格品的重要因素。而心理波动往往又是具体困难引起的，清除这些具体困难往往能够起到意想不到的作用。最后，还要注意保护责任者的积极性。失悔心理就是积极性的一种表现，从这里引发责任者的认识，使其认识到与其事后失悔，不如提早预防，把不合格品消灭在发生前。

三、生产管理人员的心理

生产管理人员最怕出不合格品。特别是在时间紧、任务重的情况下，大批量多批量的不合格品的发生，往往要影响生产进度，甚至影响任务的完成。这时，生产管理人员的焦虑更大。这种焦虑心理往往会产生两种结果：一是埋怨情绪，从而不问青红皂白惩罚责任者，引发责任者的抵触情绪；二是过关思想，风急火燎要求质量管理部门尽快放过关,甚至用完不成任务来逼迫质量管理部门放弃"三不放过"原则。在落实责任时,生产管理人员往往偏袒责任者,并美其言曰"保护积极性。"由于偏袒,真正的原因难以查清,措施也就难以奏效。偏袒往往使责任者产生错觉,以为出了质量问题有人保护自己,可以轻松过关,从而在思想上放松对自己的要求(见图2-5)。

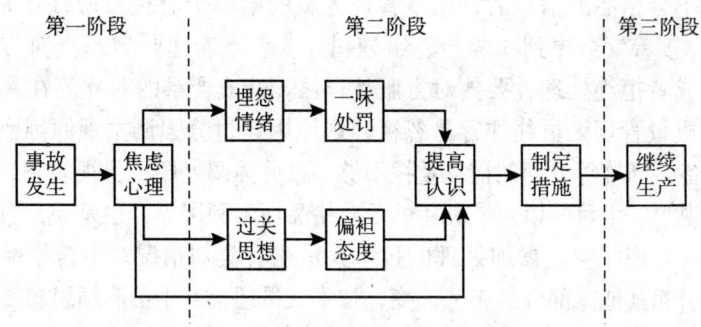

图2-5 生产管理人员的心理过程

事实上,很多企业不合格品处理中存在的主要问题,就是生产管理人员片面强调第二个目的,片面强调数量而忽视质量。个别企业管理很乱,动辄采用"大会战"的方法搞生产,在关键车间派驻所谓工作组,避开质量管理部门,为不合格品大开绿灯,造成恶性循环。个别车间和员工出了不合格品不报告,丢在一边,待到月底年底,逼迫工厂放行。因此,提高生产管理人员的认识,是不合格品处理的关键之一。

首先,要让生产管理人员从焦虑心理跨越埋怨情绪、偏袒态度和过关思想等过程,直接进入到提高认识阶段,关键在于不合格品处理必须程序化、制度化。质量管理部门负责企业处理不合格品,就是一个有效的措施。

其次,质量管理部门应当改善与生产管理人员的关系。这包括两个方面的内容:一是预防,一是具体处理时不要摆架子。质量管理部门要把不合格品的预防放到具体处理之前,与其出了不合格品后进行处理,不如不出不合格品。这样,生产管理人员才会认识到质量管理部门并非是与生产作对的,并非只要质量而不要数量。当不合格品出现以后,才能充分合作。质量管理部门在处理中的态度,对生产管理人员心理的影响很大。摆架子、傲慢、不具体分析等态度,容易造成对立情绪。相反地,耐心热情,设身处地为生产着想,在不影响产品性能、质量要求的前提下,尽量利用或返修,即使报废处理也讲明情况,这反而容易促进生产管理人员对质量的认识。

四、质量管理和技术人员的心理

质量管理人员当然也是不希望出不合格品的。但是，在质量和生产两个部门还存在矛盾的企业里，质量管理人员往往又把处理不合格品作为强化质量管理的手段。得到不合格品的信息后，质量管理人员的第一个心理反应往往是："终于抓住你了！"接着就会想到扣奖金、给处罚。或者不着边际地指责对方，老账新账一起算，或者拒绝处理，要挟对方服从自己，造成严重的对立。在具体分析原因的时候，质量管理人员往往容易忽视客观原因，过分强调主观原因，从而对落实技术、设备、环境等方面的措施重视不够。过分强调处罚，忽视教育，强调第一个目的，忽视第二个目的以及该利用的不合格品而不利用等，也是质量管理人员应当注意纠正的心理倾向。参加处理的技术人员也有类似情况。不合格品利用处理后，往往要引起其他零部件的工艺改变，技术人员还会产生怕麻烦思想。

驻厂军代表在不合格品处理中的意见必须尊重。厂、军双方意见不一，导致处理不下去，往往是厂方未能尊重军代表的意见，军代表为维护尊严而导致的。

起组织作用的质量管理人员必须公正，兼听兼信，还要懂一点心理学。所谓公正，就是要强调两个目的的统一，既坚持原则，又灵活掌握，该利用的就要利用，尽量减少经济损失，同时还要善于消除处理过程中各方人员包括自己的心理障碍，特别是要善于引导责任者和生产管理人员跨越消极的心理过程。通过处理过程，引发各方面的积极性，使质量管理和产品质量都更上一层楼。

五、不合格品处理的意见沟通

不合格品处理是企业中人与人之间意见沟通的过程。为了沟通，不仅要消除各种心理障碍，而且还要立正确的沟通渠道。如果采用轮型沟通网络（见前文图2-1），即由车间直接通知质量管理和其他有关部门到车间进行处理。这样，质量管理部门是被动的，很难有效地审核车间是否已查明原因、落实责任和制定措施。各方来到现场，即使发现质量分析会也未召开，往往还是难以拒绝。"来都来了，就处理了吧。""三不放过"往往成了空话。为避免这种情况，质量管理部门应当争取主动，沟通渠道适宜采用Y型网络（见图2-6）。车间发生不合格品后，通过质量分析会查明原因，落实责任，制定措施，报质量管理部门审核，再由质量管理部门通知相关人员到车间具体处理。增加这一"关"，可以有效保证达到第一个目的。

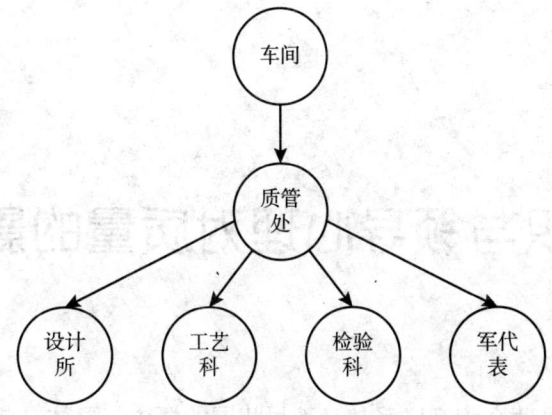

图 2-6 不合格品处理的意见沟通渠道

质量分析会是意见沟通的重要形式。当不合格品发生后，应及时召开分析会。质量分析会首先是查找原因的会，而不仅仅是追究责任的会。原因查清了，责任才能真正落实，措施也才会具体有效。有些质量问题，开了多次分析会都没有解决，不是争吵就是不欢而散，往往不是质量问题本身有多么复杂，而是心理障碍所致。你追我的责任我就跳，我追你的责任你又吼，意见难以沟通。如果把开质量分析会的时间算作金钱，甚至会大大超过不合格品本身的损失。因此，质量管理人员应当掌握好质量分析会的主题，把各方面的注意力引导到查找原因这个主要目的上来。必要时，还可以运用心理分析方法，了解各方面人员的真实意图，以避免陷入无休止又无意义的争执之中。

第三章

组织与领导心理对质量的影响

组织与群体是两个相互联系却又不尽相同的概念。群体是相互依存、相互影响、相互作用的人群结合体,偏重于人与人的关系,组织是在群体基础上形成的较为固定的形式,偏重于群体与群体之间的结构。从心理学的角度看,可以说群体是内容,组织是形式。

组织心理学研究的是组织结构或形式对参与该组织成员的心理影响和作用等问题。不同的组织结构或形式,同一组织在上一级组织中的不同地位或充当的不同角色,组织内部各个下级组织之间的意见沟通方式或沟通渠道,组织的决策过程或程序,组织领导的方式方法以及领导者的心理与行为等等,对员工心理的影响往往都是不同的。组织结构或形式直接影响质量螺旋图(第一章图1-2)上的每一项质量活动的结果,而且还在各个环节之间起作用。因为组织不健全、结构不合理而产生的扯皮、推诿责任以至质量问题,随处可见。而领导在质量管理中的地位和作用更是不言而喻的,领导的心理和行为对员工心理的影响也是不言而喻的。

从质量管理出发,这一章我们主要探讨:(1)企业的质量态度,这种态度体现为企业的质量方针;(2)领导的质量意识和领导行为;(3)组织结构与组织功能以及质量管理的组织机制,也就是质量管理体系的心理基础问题。

第一节 企业的质量方针

一、企业的质量方针与质量理念

按ISO9000:2005所下的定义,质量方针是"由组织的最高管理者正式发布的关于质量方面的全部意图和方向"。但是,不少企业对质量方针的认识相当肤浅，要推行ISO9000了，必须要一个质量方针，于是便让秘书什么的按照别人的模式，随意编成几句话，就算完成了质量方针的制定。至于这样的质量方针是否能够真正指导企业对质量问题的处理，几乎很少考虑过。于是，我们在企业的质量手册上往往看到的是千篇一律的质量方针，没有企业的特色，往往起不到"宗旨"和"方向"的作用，形同虚设。

从管理心理学的角度来看质量方针，是指企业在处理质量问题时实际遵循的原则。这样的原则可以体现为企业正式的实际上实施的质量方针，也可能仅仅是心照不宣的企业大多数成员（特别是企业的管理者）遵循的潜规则。如果企业正式的质量方针与潜规则不相符合，这种正式的质量方针往往就形同虚设。本章所说的质量方针，是与潜规则相符合的质量方针，是企业实际实施的质量方针，而不是那种仅仅为了制定出来给别人看的质量方针。

理念就是观念，也就是人们的看法和思想，是思维活动的结果，是"理性的概念"。质量理念就是人们对质量的看法和认识，是人们对质量问题的思维结果，是对质量的"理性的概念"或理性的理解。质量理念是企业质量文化的核心，具有企业文化"元点"的意义。质量方针实际上是质量理念的一种具体表述，质量理念是制定或形成质量方针（包括潜规则）的基础。在一定意义上甚至可以说，企业的质量方针就是企业的质量理念。

影响或制约企业质量理念形成的因素是多方面的，举其要者如下：

1. 顾客的质量需求。企业的质量理念主要来自于顾客对质量的需求。事实上，顾客对不同的产品有不同的质量需求，不同的顾客对同样的产品也可能有不同的质量需求，而且这种需求始终处在不断地变化中，在不断地调整或提升。因此，企业就不能仅仅用社会上一般的质量需求去代替自己特定顾客的质量需求，而应当通过调查去把握顾客对质量的需求。只有真正理解了顾客对质量的需求，并且包括理解了顾客未来的需求，才能保证自己的质量理念不落后，也才能在竞争中更好地赢得顾客。

2. 管理者的质量理念。企业的质量方针往往是由其管理者提出来的。管理者可能来自于学校，可能来自于其他企业，也可能来自于本企业。在他成为管理者之前，他已经有了自己的质量理念（也就是质量意识），他的这种质量理念必然要影响企业的质量理念。由于地位变化，由于顾客需求形成的压力，他也可能对自己原有的质量理念进行调整，甚至完全来一次"思想革命"。但不管怎么说，管理者的质量理念对企业的质量理念起着"领头羊"的作用，企业的质量理念往往打下了管理者质量理念的烙印。

3. 企业的质量文化传统。企业一旦成立，就开始形成自己的质量文化，这种文化作为一种传统,使今后的企业质量文化对其具有"路径依赖"的作用。这种"路径依赖"也体现在质量理念的形成或改变上。根据顾客需求和管理者的质量理念提出的企业质量理念,在推广中往往会受到企业原有的质量文化的抵制、修正、更改,当然也可能会得到推动、扩大、提升。30多年来,我国不少企业在接受新的质量理念方面就经历了相当多的周折,计划经济条件下形成的企业质量文化,对市场经济所要求的质量理念接受起来很难,甚至可以说是一场"思想革命"。一些企业没能把这场"思想革命"进行到底,没能将市场经济所需要的质量理念建立起来,结果在竞争中失败了。虽然一些国有企业走入困境甚至破产的原因很复杂,但质量理念没得到根本转变也是其原因之一。

4. 社会的质量环境。企业处在社会中,社会的质量环境对企业质量理念的形成具有不可忽视的作用。所谓社会质量环境,包括社会的质量法制环境、社会的质量舆论环境、社会的质量文化环境等等。目前,我国的质量法制还不健全。以《中华人民共和国产品质量法》和《中华人民共和国消费者权益保护法》为例,就存在不完善的地方,对假冒伪劣产品的处罚力度不够,对消费者权益的保护力度也不够。在这样的质量环境中,一些企业就不愿意提升自己的质量理念。如果质量法制环境更严厉一些,一旦发现不合格产品就给予重罚,企业还能随便把不合格产品推到市场上来吗?

5. 科学技术的发展。产品质量的提升毕竟依赖于科学技术的进步,科学技术对企业质量理念的形成起着推动或制约作用。回顾近百年来质量理念的发展过程,人们就可以发现,每当科学技术出现重大突破后,产品质量就会上一个新台阶,而人们的(特别是企业的)质量理念也就会有新的提升。从单件装配到流水线作业,如果质量理念不改变,就很可能造成流水线"流"而不动,质量问题就可能阻塞流水线。因此,企业在新产品投产时,在新设备引进时,在新技术运用时,都应当适时调整自己的质量理念,不要让旧的质量理念阻碍了新产品、新设备、新技术的运用。

二、企业的质量价值观

企业的质量方针是企业质量理念的具体表现,而企业质量理念的核心是企业的质量价值观。价值观是人们对事物与自己的关系的基本判断,是对事物是与非、好与坏、对与错的基本判断。质量依附于产品,是产品的根本属性。由于产品与人存在着某种关系,例如是自己生产的,或者是自己消费的,产品的质量属性也就与人们存在着关系。人们对产品质量与自己的关系的基本判断,或者说人们对质量给自己带来什么利益的基本判断，就是人们的质量价值观。质量价值观决定了人们把质量放在什么样的位置上来对待、来处理的宗旨和方向。

对于企业来说，质量价值观有两个核心问题，一是"什么是质量"，二是"质量应当怎样"。前者是反映了人们对质量"是与非、好与坏、对与错"的基本判断原则，后者反映了人们对质量与自己关系的基本判断原则。而反映企业对这两个核心问题认识的"理性的概念"，就是企业的质量理念。

（一）为社会增值的质量价值观

正如我们在绪论中已经论述过的一样，顾客总是从价值的角度或经济的角度去理解质量的。能够给自己提供价值的产品，能够给自己带来经济效益的产品，才是质量优异的产品；反之，不能给自己带来价值和经济效益，或者带来的价值和经济效益不能达到自己预期的程度，其质量肯定不好。按ISO9004：2009的规定，"组织可以通过在一个较长的时间区间内，通过平衡的方式，持续实现其利益相关方的需求和期望来实现持续成功。"相关方除了顾客之外，还包括了员工、所有者/股东、供应商及伙伴、社会（即受企业或其产品影响的团体和公众）等。员工、所有者、供方和社会都有从企业生产销售产品的过程中获得利益的需求和期望。如果我们用"社会"一词来包含上述的所有相关方，那么显然可以得到这样一个结论，质量就是为社会增值。所谓增值，就是为社会增加价值，或者说是为社会增加总价值。社会的总价值最终体现在社会的福利上，增值也就是为社会增加净福利。如果企业的所有相关方都能从中获得增值，都能获得相应的质量效益，而且所增之值或所获得的质量效益高于社会平均水平，那么这样的产品才能称作质量高，否则，就不能冠以"质量"。

企业只有充分考虑各相关方的需求和期望，尽可能把为所有的相关方增值作为关注焦点，尽可能使自己的生产经营活动、使自己的产品为社会增加最多的社会净福利，才能使自己在竞争中处于"先手"。而要为相关方增值，特别是要为顾客增值，而且还要使所增之值最大，靠的只能是质量。也就是说，企业应当建立为社会增值的质量价值观，而不仅仅只把质量当作技术问题，当作"符合不符合标准"规定的问题，要把为社会提供最大的增值效应作为自己质量理念的核心。

为社会增值首先是通过为顾客增值来实现的。按ISO9000：2005给顾客所下的定义，"接受产品的组织或个人"就是顾客（ISO9000：2005还用示例说明，受益者也是顾客），那么我们可以将顾客这个概念作一个广义的理解，企业的相关方都可以视作企业的"顾客"。为此，为社会增值的质量价值观也可以用"顾客至上"来加以简化。

(二) 把质量放在第一位的质量价值观

企业毕竟是营利性的组织，而且面对着多个目标，因而在生产经营中必然要遇到很多"实际"问题，质量目标与其他目标发生矛盾乃至发生冲突的情况总是时有发生的。如何认识质量与企业自身利益的关系，如何认识质量与其他目标的关系，或者说，企业把质量放在什么位置上，用什么原则来处理质量与其他目标的矛盾和冲突，成为企业质量价值观另一个核心问题，或者说是更重要的问题。

不错，几乎所有的企业都能认识质量与企业自身利益存在着密切的关系，但对这种关系的密切程度却各有各的不同认识。这种不同认识往往决定了企业的质量价值观，而不同的质量价值观往往又决定了质量在企业生产经营中的地位和作用。当企业在考虑质量问题时，当企业遇到质量与其他目标发生矛盾和冲突时，应当从顾客的角度来考虑，坚持把质量放在第一位的原则，也就是人们通常所说和"质量第一"的原则。实际上，"顾客至上"、"质量第一"这两个原则，正是企业应当坚守的两条最基本的质量理念。

早在20世纪80年代，"质量第一，永远第一"就已经成为人们的常识。但是，喊口号是一回事，嘴巴上说是一回事，能不能用"质量第一"的价值观来处理企业所面临的问题，来解决质量与企业其他目标的关系，或者说能不能真正坚持"质量第一"原则，则是另外一回事。在企业的生产经营活动中，一旦遇到质量与其他目标发生冲突了，很多企业牺牲的往往是质量，"质量第一"往往也就变成了"质量第二"。

首先是质量与投入的关系。在一定条件下，谁都愿意生产高质量的产品，但因为生产高质量的产品需要相应的投入，例如需要更先进的技术、更优良的设施、更优质的原材料、更熟练的员工等等。因此，对质量的投入往往限制了产品质量的提升。当然这并不是说，对质量的投入越多越好，更不是说企业应当追求尽善尽美的质量。但是，企业往往不是质量投入过度，而是投入不足，不愿意在质量上花钱的现象相当普遍。由于质量投入不足，往往影响产品质量。生产假冒伪劣的企业且不论，就是一些大型国有企业，在质量设施上往往也是因陋就简，得过且过。为了降低采购成本，对不合格的原材料往往睁只眼闭只眼。至于在员工培训上，在质量奖励上，更不愿意多花钱。

其次，在质量与企业其他目标发生矛盾和冲突时，往往才能检验是否在真正坚持"质量第一"的原则。企业有利润（成本）目标、数量（产量或产值）目标、进度（速度）目标、市场目标等等。从道理上说，这些目标的完成都应当依赖于质量目标,都只能建立在质量的基础上。但是,在某些情况下,质量目标是"软"目标,适当降低质量要求似乎也可以蒙混过关,即使出现某种程度的不合格,顾客往往也难以知晓,或者知晓了也无法对企业提出索赔要求。于是,当质量与其他目标发生矛盾和冲突时,一些企业往往就牺牲质量的"软"目标,去保其他所谓的"硬"目标。虽然某一次这样处理也有其合理性,甚至也可以通过其他方法来弥补因此而给质量造成的损害,但经常这样处理,实际上反映了企业并没有"质量第一"的理念,而且上行下效,牺牲质量的事就会在整个企业泛滥成灾。

再其次,在处理顾客投诉、国家监督抽查不合格、社会负面舆论等异常情况时,是否坚持"质量第一"原则。任何企业都不可能不出质量问题,即使是推行"6δ管理法",也还可能有十万分之一的不合格产品。问题在于质量出了问题,引起顾客投诉、政府通报、舆论批评后,企业怎么办。坚持"质量第一"的原则,就应当把质量问题真正当作"问题",采取相应的补救措施,予以补救。可是不少企业面临这样的处境时,或者采取不以为然的态度,不把质量问题当作"问题";或者推诿塞责,用各种借口加以掩饰;质量在他们心目中并不是"第一"的。

最后,"质量第一"的原则要求企业对质量进行持续改进。任何产品的质量都不可能到达一个"光辉的顶点",都有可能进行改进的地方,包括通过改进管理来降低成本、提高效率。特别是在科学技术日新月异的当代,以质量为核心内容的持续改进对任何企业都是必要的。企业开展持续改进活动,既是"质量第一"原则的要求,又是"为社会增值"质量价值观的要求。企业只有真正建立起"顾客至上"、"质量第一"的质量理念,才能真正开展持续改进活动,持续改进活动也才能真正取得成效。

三、质量方针的心理作用和管理作用

虽然企业可以没有正式的质量方针,但从管理心理学角度看,一个正式的质量方针可以为企业确定"关于质量方面的全部意图和方向",可以为企业成员规范质量理念、提高质量意识提供样板,可以为企业处理相关质量问题提供原则或规则,在质量管理中具有相当重要的作用。不过,企业首先要解决为什么要建立质量方针、质量方针管理对企业有何意义的认识问题。不解决这一认识问题,仅仅为了符合ISO9000的要求去依葫芦画瓢,质量方针肯定难以取得真正的成效,甚至失去其作用。

（一）从心理学看质量方针的作用

我们知道，人与动物的最大区别之一，就是有着丰富的心理活动。人的一切言论、行动都受心理活动的指导和制约。对于劳动来说，心理活动这种指导和制约作用更加明显。原始人去采摘野果之前，首先要确定为什么去采摘、采摘什么、采摘回来怎么办，这就好像是一个"方针"。这个"方针"就会指导着劳动者去进行自己的劳动，并对其劳动进行制约，不让其劳动超出预定的轨道。

人类从诞生以来的这种特性，随着经济社会的发展和劳动的日益复杂化而得到加强。事实上，如今我们做任何一件事，都离不开既定的"方针"。只是这个"方针"未能用语言固定下来，有时显得模糊而已。举例来说，肚子饿了，要进厨房去煮饭，你肯定有一个既定"方针"——饭菜要可口、要适量，没有客人来可以简单一些，如果有剩菜剩饭尽量利用，等等。可以说，任何事情都有类似的情况。

我们每天都会遇到各种各样的事，把对各种各样的事的"方针"归纳提炼出来，就形成了我们的为人处事的"方针"。为人处事的"方针"与我们的人生哲学相关，是在人生哲学指导下形成的。例如笔者的为人处事"方针"是：对人要真诚、坦白、热忱、友好，对己要严格、节俭，对事要认真、负责，等等。一个人为人处事的"方针"一旦形成，就会用它来指导自己的日常行为。当然，在现实中，个人的"方针"往往是潜在的。即使某人宣布了他的"方针"，人们也要通过听其"言"观其"行"来把握。但是，即使"言"、"行"脱节甚至相反的"方针"，也会对他的行为产生指导和制约作用，包括指导他说假话做假事。一个人为人处事的"方针"一旦形成，要改变也就相当困难。符合"方针"的事，他会努力去做；不符合"方针"的事，他会消极对待，甚至加以拒绝。这就是某人在甲公司是模范员工，到了乙公司后对工作依然认真负责的原因之一。

质量方针对员工的心理作用也与此相似。如果企业的质量方针已经变成员工自己的质量方针，员工在遇到质量问题时就会按质量方针规定的宗旨和方向去处理。

（二）从管理学看质量方针的作用

什么是管理？ISO9000：2005 的定义是："指挥和控制组织的协调的活动"。也就是说，管理的主要内容是指挥、协调和控制。这中间就有这样几个问题：(1) 用什么去指挥？(2) 用什么去协调？(3) 控制什么，或者说控制的标准是什么？不解决这些问题，管理就是一句空话。要解决这些问题，就必须引入方针。一个企业总是由若干个人组成的。人一多，他们在质量问题上的"为人处事"的"方针"就可能不一致，或者总的倾向一致，在具体情况上又不一致。由于不一致，就可能导致步调混乱、各行其是。为此，就要求他们的"质量方针"统一，而统一的标准就是企业的质量方针。也就是说，用企业的方针去指挥他们个人的"质量方针"，迫使他们至少在企业要求的范围内，使自己的个人的"质量方针"不与企业的质量方针发生冲突。企业没有质量方针（这当然是不可能的）或质量方针不明确，其指挥作用就没有了或被削弱了，管理就失去了基础，当然就搞不好。

协调更需要质量方针。质量方针指明了方向，当企业中不同的人步调不统一时，有人这样做，有人那样做，就需要用质量方针去协调。所谓协调，就是把那些不符合质量方针要求的人或活动识别出来，要求他们纠正。企业的人越多，机构越复杂，协调的任务就越大，就越需要有明确的质量方针。一个企业之所以管理混乱，往往就是协调出了问题。没有明确的和统一的质量方针，就是协调中的最大问题。

所谓控制，是通过各种手段让企业中的所有活动及其结果都被限制在所预期的范围之内。这预期的范围，对活动而言，就是质量方针规定的"关于质量的全部意图和方向"。企业通过不断的测量、检查、分析和判断，一旦发现某人的活动超越了质量方针规定的范围，就要采取措施，迫使其纠正，改变其结果。

企业的质量方针是指导企业质量行为的准则。企业的所有质量行为，包括设立的质量目标、选择的质量战略、制定的质量策略等等，都离不开质量方针的指导。企业的质量方针反映了企业的质量经营目的和企业的质量理念。一般来说，企业都有一个总方针（它可能是非正式的或未形成文件的或未发布的，但实际上却是存在的），在这个总方针之下，又可能有各种子方针，如战略方针、人才方针、市场方针、技术方针、采购方针、环境方针等等。质量方针是总方针的重要组成部分，在各种子方针中具有更重要的地位，往往成为总方针的纲。这是由于质量在企业的经营中的重要地位所决定的。事实上，相当多的企业甚至把质量方针作为总方针来对待。

四、企业的质量目标

按 ISO9000：2005 的定义，质量目标是组织"在质量方面所追求的目的"，通常是"依据组织的质量方针制定"的，实际上就是质量方针的具体体现，也就是组织质量理念在目的上的具体体现。

古话说："求乎上，得乎中；求乎中，得乎下；求乎下，无所得。"所谓"求"，就是目标。质量目标对员工具有激励作用、示范作用、导向作用和凝聚作用。质量目标越具体，与企业与员工的切身利益越相关，这些作用也就越明显越大。

第一，质量目标可以激励员工，使他们精神振奋、斗志昂扬、士气高涨。从心理学角度看，目标能够增强人的信心，"逼迫"人下决心。质量目标通过层层分解，落实到每个员工头上，使员工看到了完成质量目标与自己切身利益的关系，更看到了质量目标与质量方针的关系，于是就能下决心去完成这个目标。这样，员工的精神就会得到激励，从而表现出昂扬的士气来。一个企业的士气如何，也就是说员工的积极性怎样，往往决定了企业的发展。任何一个企业家都不愿意看到员工死气沉沉、干活没劲。

第二，质量目标可以给员工作一个示范，使员工明白什么是应该做的、什么是不可以做的，以及自己的工作要达到什么目标，从而使员工用质量目标来规范自己的行为。这种规范也是一种限制，也就是促使员工去规避、去限制自己与实现质量目标相背离的行为。质量目标通过员工的意志过程，促使员工去实施达到目标的措施，去规避与达到目标不相符的做法，而且质量目标还"逼迫"员工坚持这样做下去，使员工具有完成质量目标的意志。

第三，质量目标对员工的个人目标具有导向作用，鼓励他们将自己的个人目标与质量目标挂钩，甚至统一起来。任何员工都有自己的人生目标，人生目标是在人生方针指导下确定的，不过有的员工目标明确，目标远大，有的员工目标不太明确、不太远大。在人生的各个阶段，人生目标也可能发生变化，人生目标往往是处于不断修正的过程中。根据人生目标，在人生的方方面面也会形成更加具体的目标，在人生的各种事情上还会有更加具体的目标。质量目标的导向作用，既表现为促使员工按实现质量目标的要求去制定、明确、提升自己的个人目标，同时也表现为促使员工修订、放弃或暂时放弃与质量目标不相符合的个人目标。企业的质量目标与员工的个人目标一旦协调或统一起来，就会产生巨大的物质力量。如果员工的行为既是为实现自己的目标，也是为实现企业的目标，就可以放开手脚，就可以减轻以至消除实现质量目标中的心理障碍，使全部力量集中到一点上。

第四，质量目标可以凝聚全体员工的思想和智慧，使他们团结一心去为实现质量目标而努力。质量目标给全体员工指明了努力的方向，指明了需要达到的目的。目标一致，才能让资源、时间和行动凝聚在一起，员工们的行动才能一致起来。这样，群体质量风气才能旺盛，群体之间的人际关系才能融洽，群体之间的沟通才能顺畅。也就是说，群体心理就能增强对质量的正面影响。

最后，质量目标实现后，不管是对员工个人还是对员工群体，都会带来心理上的愉悦。这种愉悦感反过来就会加深员工对质量的感情，巩固甚至提升员工的质量意识，从而使企业贯彻落实质量方针得到更好的保证。如果实现质量目标后，企业能够根据员工个人人生目标的要求，适当给予表彰奖励，员工的心理愉悦还将得到提升，这种作用也将更加明显，甚至还可以放大。

第二节　领导者的质量意识和领导行为

ISO9000 族国际标准规定的质量管理八项原则的第二项就是"领导作用"。在汉语中，"领导"既可以指领导者，又可以指领导行为。在企业中，所有可以行使"领导行为"的人员都可以称为"领导"，但一般特指那些经过正式授权、具有正式领导权的人员。按 ISO9000：2005 的术语，管理者，特别是最高管理者就是领导。本节主要对最高管理者的质量意识和领导行为进行分析阐述。

一、领导者的质量意识

ISO9000：2005 规定："领导者应确保组织的目的与方向的一致。他们应当创造并保持良好的环境，使员工能充分参与实现组织目标的活动。"代表企业质量意识的质量方针，是由最高管理者正式发布的。很显然，最高管理者（也就是最高领导者）的质量意识对质量方针的制定、发布、实施具有决定性作用。在日常管理工作中，领导者的质量意识总是通过具体的言行表现出来，影响着员工的质量行为和企业的质量风气，并左右着企业的质量方向。因此，领导者的质量意识应当比一般员工更强烈、更先进才行。

但是，领导者的质量意识并不是天生的，其形成机制可能比一般员工显得更复杂一些。如果领导者是从本企业内提拔起来的，他的质量意识就是在本企业群体质量意识的水平上形成的；如果是从外部调入的，他的质量意识就离不开他原来所在群体的质量意识所决定的水平，即是由他原来的质量意识所决定的。这是其一。

其二，因为成了领导者，身上的担子加重了，这就可能促使他原来的质量意识有所改变，既包括向好的方向前进，也包括向不好的方向后退，这主要决定于客观条件的状况以及领导者对这种状况的认识。一般来说，领导者身上的担子，归根到底就是两个"箩筐"，一头是质量，一头是数量（产量、利润、生产进度等主要与数量有关）。领导者总是根据上级强调的重心或市场需求的重心来调整这两个"箩筐"。虽然从理论上说没有质量就没有数量，这两个"箩筐"应当平衡，但是实际上要真正把握二者的辩证统一关系是非常难的。不管是企业内部的生产还是市场销售，质量能够产生的影响毕竟要慢一拍，往往是间接的，因而也就显得"软"一些。在这种情况下，领导者如果目光短浅，就很可能降低其质量意识。

其三，未成为领导者前，其质量意识往往只能适应他原来的工作需要。假如他是工人，他只需要保证自己加工的产品符合要求就行了；如果他是设计人员，他只需要保证设计质量达到顾客的需求就可以了。可以说，工人也好，工程技术人员也好，在未成为领导者之前，其质量意识还是朴素的，不需要了解工作之外更多的制约质量的因素。成为领导者后，仅有朴素的质量意识是不行的。领导者不仅要对制约质量的各种因素有更多的理论的和实际的把握，而且要站在决策者的位置上对本企业的质量方针和目标作出决定。因此，领导者应当用更多的时间来接受质量教育，让朴素的质量意识上升到自觉的高度。

其四，领导者还必须适应企业的质量要求，包括适应企业质量方针和员工群体的质量要求，使自己的质量意识与其协调。一个质量意识相对较低的领导者，来到一个质量理念先进、员工质量意识较强的企业担任管理者，该企业已经具有的质量理念、质量文件（内部法规），对其质量意识是一个很大的促进。如果他不遵守这些已有的质量法规，他很可能受到员工的抵制，说话无人听，或者被架空，或者失去权威性。当然，领导者可以利用手中的权力去修改原来的质量法规，但是在全社会强调质量的情况下，他要大幅度降低企业的质量目标，降低员工的质量意识，往往只能在暗地里进行，他口头上还不得不讲讲质量。这样，降低的幅度可能就很有限，需要的时间也可能较长。当然，对大多数新任领导者来说，都是要努力去提升企业原有的质量理念的。他可以通过修改企业的质量方针、质量法规去达到自己的目的，他还可以用自己的行为去促使员工质量意识的提升。张瑞敏才到海尔时，就采用了一个"极端"的行为，用砸不合格产品的行动去提升员工的质量意识，结果获得成功。总之，领导者与企业之间、与员工之间的质量意识是相互影响、相互制约、相互促进并不断发展的。

一个企业的产品质量差，往往是由于其领导者的质量意识差造成的。20世纪80年代，德国专家威尔纳·格里希曾经担任过武汉柴油机厂厂长，在工作中接触了不少中国的厂长经理。为此，他曾一针见血地指出，中国一些厂长的弱点，"主要是他们的质量意识比较差"。虽然这样的批评已经过去了20多年，但同样的现象却依然存在。因此，如何提高企业领导者的质量意识，很值得研究。

对领导者进行质量意识教育当然是重要的,进行质量考核也很必要。但是,最重要的还是提升市场对质量的需求。从企业内部来说,则要通过变"人治"为"法治",真正发挥质量管理体系制约企业所有成员,包括制约其领导者的作用。

二、质量:厂长经理应当做什么

按 ISO9000:2005 的定义,最高管理者是"在最高层指挥的控制组织的一个人或一组人"。对大多数企业来说,最高管理者就是厂长经理。厂长经理是企业的法人代表,按照法律规定应当对其产品质量承担责任。在 ISO9000 族国际标准中,最高管理者的作用几乎体现在所有的条款中,其"领导作用、承诺和积极参与,对建立并保持有效和高效的质量管理体系使相关方获益是必不可少的"。因此,可以说,厂长经理是企业质量管理的第一责任人。但是,实际上,相当多的厂长经理却不"管"质量,往往把质量管理的事全部推给管理者代表。这显然是不对的。

(一)厂长经理应当知道什么

厂长经理要管质量,当然首先就应当知道一些质量知识。那么,厂长经理应当知道一些什么呢?从企业的角度出发,至少应当知道以下知识:

1. 有关质量的法律法规。最基本的是《中华人民共和国产品质量法》和《中华人民共和国消费者权益保护法》。厂长经理应当知道:(1)关于产品应当检验合格,不得以不合格产品冒充合格产品的规定;(2)关于生产许可证的规定;(3)关于产品必须保障人体健康和人身、财产安全的规定;(4)关于不得掺杂、掺假,以假充真,以次充好的规定;(5)关于不得生产国家明令淘汰产品的规定;(6)关于不得伪造产品的产地,伪造或者冒用他人厂名、厂址,伪造或者冒用认证标志等质量标志的规定;(7)关于产品标识包括有包装的产品标识的规定;(8)关于销售"处理品"的规定;(9)关于产品质量监督检查的规定;(10)关于产品质量责任及损害赔偿的规定等。除了这十条之外,厂长经理还应当了解有关计量、商标、标准、经济合同、维护消费者合法权益、反不正当竞争等法律法规。上述有关质量的法律法规似乎都是常识,可事实上不少当厂长经理的却并不清楚。在"中国质量万里行"活动中,有的厂长甚至连生产假冒伪劣产品是违法犯法行为这一点也不知道!小厂如此,大厂也不例外。一家万人大厂销售"处理品",厂长坚持要挂合格证,结果引起质量纠纷,造成该厂重大损失。

2. 质量成本。质量成本是一门比较深的学问,不能要求厂长经理全部掌握。

但是，厂长经理应当懂得质量与成本的关系，懂得质量成本四大科目之间的关系，以获得最佳质量效益。很多企业都存在的消耗高效益低的问题，相当大一部分都是因为质量问题引起的。按不少企业的经验，适当增加生产过程中的预防费用，可以大大降低故障费用（损失）。随着市场经济体制建立完善和《中华人民共和国产品质量法》、《中华人民共和国消费者权益保护法》、《中华人民共和国侵权责任法》等法律法规的严格实施，企业向用户转嫁内部损失的做法将越来越难以奏效。厂长经理更应当懂得适当增加预防费用的意义，把质量控制的重点放在预防上来。我国产品整机质量差和个别零部件质量过剩的情况同时存在，后者的质量成本控制余地很大，懂一点质量成本，可以大大提高企业的效益。

3. 全面质量管理的基本指导思想。不能把全面质量管理仅仅看成是"三图一表"（因果图、排列图、控制图，措施计划表），"四大支柱"（质量教育、标准化、POCA 循环、QC 小组）。这样理解，并没有抓住全面质量管理的真谛，也难以真正取到成效。全面质量管理的基本指导思想应当包括四个方面：（1）系统思想。产品质量的形成过程是一个大的系统，受人、机、料、法、环等各子系统因素的影响。要解决质量问题，头痛医头脚痛医脚是难以见效的，必须有系统的考虑。当厂长经理的处于企业行政权力之巅，更应当具有系统思想，通盘考虑，不要把质量管理部门变成"消防队"、"救火车"，忙忙乱乱，结果什么问题也没有解决。（2）预防思想。不能等质量问题出现了才去抓，而要以预防为主。首先要从市场调研、合同评审、产品开发开始，其次要抓好生产过程（包括采购、生产、检验等）的质量控制。当然，这些并不需要厂长经理亲历亲为，但厂长经理应当用预防思想来指导企业的质量管理。（3）法治思想。现代质量管理十分强调程序文件的重要性，什么事都要按规定去做，不能随心所欲。当厂长经理的不仅要指导有关部门"立法"，制订相关制度和文件，更重要的是要以身作则，依"法"治理，不能随意推翻规定的程序和办法。（4）责任落实。要实行谁主管谁负责的原则，不能把与质量有关的事一股脑儿全推给管理者代表或质量管理部门。不管是出了问题还是安排工作，都必须职责权统一，才能使质量管理取得效果。应当强调的是，上述指导思想不仅仅是知识，最重要的观念。

4. 质量管理体系及其审核。厂长经理（特别是大中型企业的厂长经理）管质量，不必也不可能去管具体的产品性能设计、加工过程控制等等。厂长经理应当管全局，抓大事，指方向，树目标。对于质量管理来说，厂长经理最重要的就是负责质量管理体系的建立健全并对其定期进行审核。这就要求厂长经理必须懂得关于质量管理体系及其审核的知识，懂得 ISO9000 族国际标准的基本知识。对于质量管理体系的组织机构、职责、程序、过程和资源之间的关系，厂长经理应有比较正确的理解。这样,在决定组织机构和其职责时,才不至于违背质量管理体系正常运行的要求;在对质量管理体系进行审核时,才会抓得住问题的实质和要害,达到审核的目的。

(二) 厂长经理应当管什么

作为企业的最高管理者,厂长经理要考虑要管的事很多,不可能把全部或绝大部分精力都放在质量管理上。正因为如此,ISO9001:2008才规定:"最高管理者应在本组织管理层中指定一名成员,无论该成员在其他方面的职责如何,应使其具有以下方面的职责和权限:a) 确保质量管理体系所需的过程得到建立、实施和保持;b) 向最高管理者报告质量管理体系的绩效和任何改进的需求;c) 确保在整个组织内提高满足顾客要求的意识。"但是,质量毕竟是企业的生命,质量管理毕竟是企业管理的纲,厂长经理指定了管理者代表以后,并不能卸下自己肩上的质量责任。作为企业的法人代表,厂长经理是质量的第一责任人,不能不花相当多的精力来管质量抓质量。

那么,就质量而言,厂长经理应当管些什么呢?按ISO9000族国际标准的规定,可归纳为以下几条:(1) 向组织传达满足顾客和法律法规要求的重要性;(2) 制定质量方针;(3) 确保质量目标的制定;(4) 进行管理评审;(5) 确保资源的获得;(6) 对质量管理体系进行策划;(7) 指定管理者代表并明确其职责权限;(8) 审查批准质量手册、重要的程序文件和质量计划;(9) 带头维护质量形象,作员工表率。

上述职责中,最重要的是制定质量方针。企业的质量方针与厂长经理的质量意识紧密相关,质量意识不高,虽然可以把"质量第一"写入文件挂上墙,但实际上,当质量与数量、进度之类目标发生矛盾时,"质量第一"的方针往往就变成了"质量第二"的方针。在质量问题上,厂长经理松一寸,车间主任就会松一尺,员工更会松一丈。

对质量管理体系的运行和产品质量的状况经常进行监视、检查和审核,是厂长经理的另一项重要工作。质量管理体系应当提供内部的质量保证,以使厂长经理信任本企业的产品质量和质量管理体系的有效性。但是,这种内部质量保证毕竟只是一种"灰箱",是不太明白的,而且很可能与现实情况并不相符。厂长经理经常直接下到基层去检查,去发现问题,去挑毛病,不仅可以掌握情况,还可以督促有关单位有关人员不断改进,促使质量进一步提高。

具体的质量管理工作不是厂长经理的事。ISO9001:2008 有上万字之多,ISO9004:2009 更达2万余字,要把其要求变成企业的质量手册和程序文件,没有10万字，很难伸展。大型企业的质量手册和程序文件，有的竟达百万字之多！厂长经理哪来那么多精力消化？因此，厂长经理要信任自己的管理者代表和质量管理部门。这就有一个如何用人的问题，质量管理毕竟是一种专业，随便指定一个人作管理者代表或质管科科长，可能很难管好质量工作。一般来说，管理者代表或质管科科长需要一两年时间的实践才能真正入门。在未入门之前，工作就难免受损。因此，在如何选择管理者代表或质管科科长这个问题上，厂长经理还是应当慎重一些为好。

第三节 质量管理体系的组织心理

一、影响质量管理体系功能的心理因素

管理职责是质量管理体系要素中最重要的部分。所谓管理职责，除了制定质量方针、质量目标等职能外，最主要的就是企业内的机构、职责、权限和沟通。要使质量管理体系有效和高效运行，企业内必须机构健全、职责明确、权限合适、沟通顺畅，这就涉及到组织心理学的问题。

任何一个较大规模的企业，都要实行分层次的多级管理。就企业而言，不同规模与特点的企业，由于管理层次的多少不同，因而有多种形式的组织结构。组织结构是企业各个部分之间关系的一种模式。组织结构与组织功能存在着密切的联系，不同的组织结构往往有不同的组织功能。要提高组织功能，往往应当从改革组织结构入手。

企业的组织结构是否合理，是否有效率，对质量管理将产生直接的影响，从而也将对产品质量产生影响。十年动乱中，不少企业把检验人员下放到车间，改变了检验部门的组织结构，虽然检验人员不一定减少了，却造成产品质量大幅度下降的严重后果（当然还有其他原因）。有的企业把质量管理与检验两个部门合并，检验失去了质量管理机构的监督，往往造成质量管理功能的衰减，甚至致使矛盾层出，后来又只好将其分开。为什么组织结构会这样严重地影响组织功能呢？除了其他原因之外，组织结构对员工心理的影响占有突出的地位。组织结构的改变，就会引起员工心理的改变。

任何组织结构组织形式，对参与该组织的成员都会产生这样或那样的影响。这种影响就叫做"组织的心理功能"。尽管各种组织结构对其成员的心理作用大

小不尽相同，但也存在共同的心理功能，如统一和协调组织目标，分配和确定角色（给成员分配职务，确定每个成员所"扮演"的角色），沟通与控制组织内部门与部门、部门与个人之间的信息，激励成员，给成员以努力工作的心理动力等等。

组织结构是发挥组织的心理功能及其他组织功能的工具，是一个或大或小的系统。一个好的组织结构系统不是一朝一夕自发形成的，而是在向目标奋斗的过程中受诸种因素包括心理因素的影响而逐步形成的。组织功能的发挥既要受心理因素的影响，又要产生心理方面的作用，也就是说，组织结构的输入和输出两个方面都与心理有关联。

如果作一个简单的归纳，那么影响质量管理体系功能的心理因素主要有：（1）质量方针和质量目标因素。这在前面已经讲过。（2）质量功利因素。要激励员工去实现质量目标，这个目标就要有一定的功利，质量奖罚就是其中一个重要的功利内容。（3）质量规范因素。所谓质量规范，包括质量行为的规范、质量言论的规范，也就是群体的质量情感、质量舆论、质量作风和企业的质量规章制度（法规）。（4）强制因素。企业的所有质量法规，特别是质量责任制、工艺纪律、质量管理制度、程序必须遵照执行，否则就给予处罚。缺少上述心理因素的保证，企业的质量管理体系往往就只是贴在墙上的一张图表（组织机构图）和放在文件柜里的一本质量手册，是难以发挥其质量功能的。

二、质量管理体系的组织心理

按 ISO9000：2005 的定义，质量管理体系是在质量方面指挥和控制组织的管理体系，也就是建立质量方针和质量目标并实现这些目标的相互关联或相互作用的一组要素。在这组要素中，不管是职责还是过程，不管是资源管理还是监视改进，都需要人去实施。而人必然有自己的心理，人的心理如何也必然影响到质量管理体系的运行成效。本书对质量管理体系的心理基础已经进行了多方面的分析，现再对质量管理体系的组织心理进行一些分析。

建立健全质量管理体系的基本前提，是要有一套质量管理的组织机制，也可称为质量管理组织体系。不管是从心理学角度看，还是从实际情况看，质量管理体系首先都是一个组织体系。没有一个相应的组织体系，所谓质量方针、质量目标以及资源、过程之类，都可能是虚无缥缈的东西。质量管理体系的组织体系，也就是 ISO9000 族国际标准关于管理职责、权限与沟通的有关规定。机构不全、职责不清、权限不明、沟通不畅，质量管理体系也就不能有效运行。而机构、职责、权限、沟通往往与人的心理相关。因此可以说，健全机构、落实职责、明确权限、加强沟通就是质量管理体系的心理基础。

（一）建立健全质量管理的组织体系

要进行质量管理并要取得成效，没有一定组织机构是难以想象的。质量管理是一项复杂的系统工程，质量管理的组织体系也是一个复杂的系统，参与产品质量形成各个环节的有关部门，诸如开发设计、采购、生产、检验、销售等部门，都是其中的组成部分。但是，要确定这些部门的质量管理职责，要监视他们履行质量管理职责的情况，要协调他们的行为，必须有人处于他们之上或之外来进行。按照ISO9001的规定，最高管理者应指定一名管理者代表并赋予权限，以使其能对质量管理体系进行管理、监视、评价和协调，从而使质量管理体系有效和高效地运行并得到改进。对规模较大的企业来说，管理者代表一个人是难以胜任这些工作的，于是就应当有专门的质量管理机构。从这个角度看，要建立健全质量管理体系，首先就应当建立一个在最高管理者领导之下的、由管理者代表直接指挥的质量管理机构。在不少企业中，这个机构就叫质管部或质管科。

但是，质量管理并不是质管部（科）一个机构一个部门的事情。在企业中，任何一个部门的工作，都关系到产品质量，都有自己的工作质量问题，因此都应当有相应的质量管理职责。因此，企业内部所有的部门，也都应当有相应的质量管理人员或机构。与企业相对应，部门的"最高管理者"也"应当指定一名管理者代表"，来负责相应的质量管理工作。如果部门的规模相当大，承担的质量职责相当重，例如大型企业的开发设计部门，也可以建立由"管理者代表"直接指挥的内设机构。当然，如果部门的质量管理职责相对较轻，也可以由部门的"最高管理者"自己来承担相应的质量管理工作。以此类推，企业应当层层建立相应的质量管理组织体系，直到企业最基层的班组，也应当设立质量员。按全面质量管理的要求，企业的每个成员都应参与质量管理。这样，从企业的最高管理者到管理者代表，从企业的质管部（科）到科室、车间、班组，一直到每个员工，都有了自己的质量管理职责，才能说形成了完善的质量管理体系的组织体系。

有人会提出问题：如果这样，会不会造成企业机构臃肿呢？ISO9001：2008充分考虑到这个问题，在规定管理者代表的职责时加了一个前缀："无论该成员在其他方面的职责如何"。也就是说，管理者代表可以是"兼职"的。如果企业（包括企业的内设机构）规模不大，这种"兼职"是可以普遍采用的，这样就不会造成机构臃肿。

为什么要形成这样的组织体系呢？从心理学角度看，这套组织体系的作用是很大的。首先，它有利于意见沟通，该体系实际上就是有关质量的意见沟通网络。其次，它能够吸引员工参与到体系中来，使员工对体系以及体系的目标认同。再其次，它能够增强对员工的影响，激发员工的积极性。最后，员工认识到自己是体系的一员或一部分，认识到自己工作对产品质量的重要意义，就会对体系产生归属感。因此，组织体系不应当只是个形式，只是一张贴在墙上的图表，而应当是有内容、有活动、有员工参与的具体的组织机构。

（二）对质量管理组织体系的几点要求

首先，作为管理者代表的办事机构，质量管理机构应当具有一定的独立性。质量管理是一种综合管理，质量管理机构即使不能完全独立，也应当设在其他综合管理机构（例如办公室）内，而不适合设在其他职能部门内。不少企业将质量管理的职能交给检验部门，或在检验部门内设置质量管理机构，这是不妥当的。检验是直接涉及"生产和服务提供"的部门，是质量管理机构重点监视、评价的部门，如果质量管理机构受制于检验部门，往往就会失去这样的监视和评价作用。因此，质量管理机构应当从检验部门中独立出来。这种独立不仅因为二者的职能不同，还在于这种独立可以大大提高质量管理工作的地位，大大提高质量管理机构的影响力（即权威性），对员工心理也将产生更深刻的影响。质量管理机构的独立性主要是通过独立行使自己的职权来体现的。这些职权主要是质量立法权、质量监督权、质量裁决权、质量奖罚权等。一些企业的管理者，包括其最高管理者，往往无端干涉质量管理机构的工作，随意否决质量管理机构的裁决和奖罚，使其独立性得不得保障。这样往往使质量管理机构丧失权威，降低其地位，当然也就降低了其作用。

其次，质量管理组织体系必须具有统一性。所谓统一性就是在质量管理中，应当保证质量管理机构及其直接领导者即管理者代表、最高管理者的"一元化"领导，所有有关质量管理的工作（立法、协调、监视、裁决和奖罚等），都应当经过质量管理机构，而不能在其之外另搞一套，把他架空。这种统一性实际上就是质量管理的统一性。否则就可能造成"政出多门"，使基层单位和员工无所适从，引起心理上和管理上的混乱。例如违反相关规定，撇开质量管理机构，由某人或某非质量管理机构去处理不合格品，就容易引起这种混乱。

再其次，质量管理组织体系还必须网络化。所谓网络化就是从上到下都要有质量管理机构或人员，形成一个网络，涵盖产品质量形成过程中承担质量职能的所有部门和大大小小的机构。也就是前面说的建立健全质量管理的组织体系。

最后,要形成科学的质量管理沟通网络。质量管理机构是最高管理者及其代表进行质量管理的助手,是企业质量管理体系的办事机构。质量管理的权力系统(或者说是沟通网络),呈现为 Y 型结构(见第二章图 2-1)。这种结构的缺点是中间办事机构思想作风事关重大,如果作风不正,喜欢"打埋伏",就会造成沟通障碍。为了避免这种情况,应当明确规定下级组织(包括员工)可以越级向上报告。但是上级领导(例如最高管理者)向下级组织(例如车间)下达指令,却不能避开中间办事机构(例如质管部)。质量管理的沟通网络应当如图 3-1 所示,以保证上情下达、下情上达的畅通无阻。这实际上给最高管理者提出了一个要求:有关质量管理的指令应当通过管理者代表及其办事机构(例如质管部)下达,不能简单处理。有的厂长经理到车间去,往往随口答应车间有关质量裁决和质量奖罚的要求,破坏了质量管理的统一性,显然是不对的。

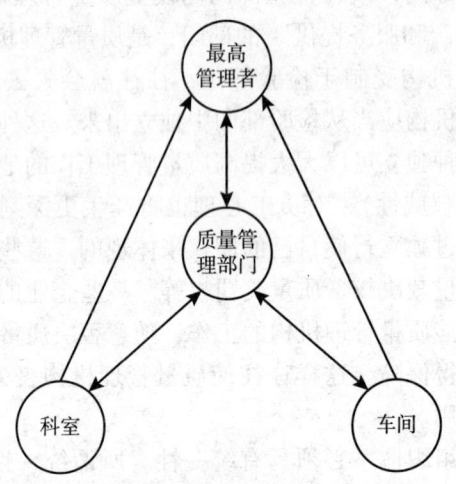

图 3-1　质量管理的沟通网络

(三) 质量管理机构的组织结构问题

质量管理组织体系的核心是质量管理机构。作为从事生产和服务的企业,除质量管理机构外,还有其他一些部门,例如检验、计量等质量部门,以及设计、工艺等技术部门,也承担着相应的质量管理职能。如何理清这些部门的质量管理职能,值得研究。企业的质量职能根据其工作性质可以分为两类:一类是涉及产品质量形成过程的质量职能,承担这种质量职能的组织机构,其工作质量的好坏对产品有着直接影响,如设计、采购、检验等职能;另一类是综合管理职能,主要是做好与产品质量形成有关部门之间的组织协调工作，使这些部门的质量职能发挥得更好，而不直接参与产品质量的形成，如计划、财务、人事等职能。显然，把后者从属于前者是不妥当的。相反，后者应当在地位上略高于前者，才能做好协调工作。

质量管理是一项综合管理。企业里的综合管理部门往往也不止一个，如何理顺它们的关系（即它们之间是什么结构、如何协调关系）也是一个值得研究的问题。企业规模不大，当然可以将这些综合管理机构合并在一起。企业一旦达到相应的规模，就不应该随便合并，合并则弊多利少。要明确它们各自的职责和职权，避免职责职权交叉、重合或留有空档。这些机构一般都由最高管理者直接领导。最高管理者应当有这样的领导艺术，既要发挥它们各自的作用，又要避免它们之间因管辖范围而推诿扯皮。

（四）质量管理机构的威信

从字面上看，威信包括权威和信用两个内容，而权威又包括权力和威望，信用又包括被人信任和自己守信等内容。从心理学角度看，威信就是影响力，这种影响力的作用如何，当然要受被影响者的制约，但更主要的还是受影响力自身的大小和方向的制约。

质量管理机构的权威或影响力，首先来自企业最高管理者授予的权力。没有这种权力，别人当然可能不会听你的。但是，在影响力结构中，非权力的影响力往往占有更加重要的地位。朱兰博士曾经指出："实际上，总公司质量经理的权力更多地取决于他的知识和品格，而不靠他的组织地位。"这就要求质量管理人员：（1）知识丰富，不仅要有专业知识，而且要有心理学、社会学等非技术科学的知识；（2）品格高尚，公正廉洁，主动热情，坚定而不固执，正确行使职权，遵守职业道德；（3）有工作实绩，在工作质量上能够成为员工的榜样或典范。

威信建立起来后，还要保障或维护。这首先要求质量管理机构自身维护，也就是要求质量管理机构要有优良的工作作风和正确的工作方法。从心理学角度来要求，这主要包括：（1）坚定，碰到阻力不能随便后退；（2）公正，特别是在质量裁决和质量奖罚中必须公正；（3）积极，不积极就不会有工作实绩，威信就难以维持；（4）冷静，善于自我控制，尤其要控制自己的报复冲动；（5）加强自身的组织建设和思想建设。

其次，质量管理机构的上级，特别是最高管理者和管理者代表，对质量管理机构威信的维护和提高也很重要，这种维护实际上就是对质量管理机构独立性的维护。这主要要求：（1）不要随便否决和推翻质量管理机构的决定；（2）允许质量管理机构越级反映质量问题；（3）在质量管理人员遇到困难，特别是受到打击报复时，要及时地为他们撑腰；（4）经常督促质量管理机构对相关部门、基层单位和员工进行监视、考核和奖罚等。

三、内部质量保证

（一）内部质量保证的意义

我们知道，ISO9000族国际质量管理体系标准曾经称为"质量管理和质量保证"标准。在ISO8402：1994《质量管理和质量保证术语》中，质量保证被分为内部质量保证和外部质量保证。内部质量保证是"在组织内部，质量保证向管理者提供信任。"2000年版ISO9000族国际标准虽然不再强调质量保证，也不再区分内部质量保证和外部质量保证，但在企业的质量管理中，内部质量保证依然是相当重要的。事实上，2000年版以及2008年版ISO9000族国际标准要求的监视、测量、审核、分析以及管理评审等等，在很大程度上就是为了内部质量保证，也就是说是为了向企业内部的管理者和相关人员提供信任。

信任是一个心理学术语。从管理者和相关人员的角度来看，就是相信而敢于托付。上工序交付下工序的产品，下工序是否相信其质量是合格的，往往影响到双方的关系，甚至影响到产品的继续加工。管理者对产品质量是否有信心，往往影响到管理者的决策。如果企业内部之间缺乏最基本的信任，其生产经营是难以想象的。因此，企业在建立质量管理体系时，必须高度重视内部质量保证，使内部质量保证形成相应的体系。当然，内部质量保证体系并不是独立的，并不需要企业另外去搞一套，实际上它是企业质量管理体系在内部质量保证上的体现。不过，这种内部质量保证也具有自己的一些特点，也有自己的一些特别要求。特别是大型企业内部，过程复杂、工序繁多，一种产品往往需要经过一长串的加工过程，最终产品往往需要相当多的零部件经装配而成，因此，内部质量保证显得更加重要。

内部质量保证最基本的要求是：不合格的原料不投产，不合格的零件不下传，不合格的产品不出厂。为此，企业应当建立相应的进货检验、工序检验、中间检验，并按要求出据相应的合格证明。任何一道工序，任何一个员工，在没有相应合格证明的情况下，都有权拒绝加工。这样的要求对诸如图纸资料之类的软件也是一样的，没有经过相应程序批准的图纸资料，任何单位、任何个人都有权拒绝使用。

这种质量保证不仅体现在上下工序之间，甚至也体现在本工序上。在相当多的工序，都应当推行"首件三检制"。所谓"首件三检制"，就是每天上班加工的第一件产品，首先应当进行自检，然后进行互检，最后交专业检验人员进行检验。只有首件检验合格，并且是经过自己、同事和专业检验人员"三检"都是合格的，才能继续加工。这实际上就是一种质量保证，自检是自己为自己提供信任；互检和专检是他人为自己提供信任。这样的信任使自己对自己加工的产品质量有了一个"底"，心里踏实了，继续加工也就可以放心进行。

内部质量保证对于管理者来说也是相当重要的。管理者虽然也可以经常通过检查、监督、审核等方式去了解情况，但不可能对产品直接进行检验来判断质量状况或质量水平。一般来说，管理者只能通过间接的各种信息，例如下级的汇报、专门的报告之类来了解情况。如果管理者对产品质量和质量管理情况心中没底，不管是对内还是对外，要进行决策，要采取行动，往往就会感到困难。正因为如此，ISO9001：2008明确规定："最高管理者应按策划的时间间隔评审质量管理体系，以确保其持续的适宜性、充分性和有效性。"管理评审以及提供给管理评审的诸如审核结果、顾客反馈之类信息，实际上就是内部质量保证的一种形式。通过管理评审，最高管理者对本企业的产品质量状况和质量管理体系的效率及有效性心中有了"底"，心里也才能踏实，在进行相应决策时也才不至于"瞎子摸象"。

（二）内部质量保证的难点

内部质量保证毕竟不同于外部质量保证，内部质量保证体系在运行时，往往可能出现以下一些问题，这些问题也就构成了内部质量保证的难点。

一是下工序对上工序的监督可能失责。我们经常说，下工序就是顾客。但是，由于这种内部顾客往往并不承担像外部顾客那样的质量风险。上工序产品质量不合格，只要不涉及下工序的加工，下工序往往就不当一回事。今后质量问题爆发后，即使要追究责任，下工序往往可以逃避处罚。在这样的情况下，下工序即使发现了质量问题，往往可能睁只眼闭只眼，从而使质量问题继续流转，造成质量隐患，使下工序对上工序的监督失责。为了弥补内部质量保证的这一薄弱环节，企业应当建立独立于生产系统的检验系统，让独立于生产系统的检验人员来把好这一关。对大型企业来说，检验系统可能更多地体现为内部质量保证。如果检验人员受制于生产系统，上述现象往往就难以避免。

二是下工序对上工序的监督可能失效。同外部质量保证不同的是，下工序并不是真正的顾客，他不能因为上工序出过质量问题而拒绝继续"购买"，而且也缺乏对上工序进行处罚的手段，上工序的质量保证往往就会打折扣。即使有独立的检验系统，但因为产品质量特性并不需要全部检验，往往只需要检验部分质量特性或进行抽样检验，隐藏质量问题往往也就很容易。在这样的情况下，要实行"不合格的零件不下传"往往就有些困难。上工序隐瞒了质量问题，下工序即使发现了，往往也没有办法对上工序进行处罚，从而使下工序对上工序的监督失效。这样还可能造成上下工序之间的矛盾，扯皮的事往往就难以避免。如果企业的管理者对上工序这种行为采取容忍的态度，企业内部的质量保证很可能就名存实亡。

三是检验系统失责或失效。对大多数企业来说，内部质量保证往往是建立在检验系统之上的。检验人员不仅承担着产品质量检验工作，更重要的是要随时发现所在工序、车间在质量管理上存在的问题。企业内部有关产品质量的信息，往往都来自于检验人员。检验人员不严格把关，或者不能按规定传递相关信息，就是失责。如果检验人员没有一个固定的信息传递渠道，获得的相关信息不能随时反映给相关部门，就是失效。事实上，这种失责失效现象，在一些企业内部是很普遍的。

四是内部审核的失责或失效。按ISO9001：2008的要求，"组织应按策划的时间间隔进行内部审核"。但是，目前一些企业在进行内部审核时往往走过场，只看好的，不看差的，缺乏客观性、公正性。这实际上是失责。由于失责，在把审核结果提供给管理评审时，往往也就失效了。事实上，不少企业的最高管理者，甚至是一般管理人员，对本企业的质量管理体系，甚至对本企业的产品质量往往是不太信任的，或者并不是根据内部审核来信任的，内部审核往往成为应付外部审核的一个过场，失去了应有的作用。

五是相关部门或人员"报喜不报忧"。内部质量保证的重点是"向管理者提供信任"。管理者，特别是最高管理者往往只能依靠诸如管理者代表、质量管理部门或检验部门的报告来获取相关的信息。由于"喜"往往可能得到相应的报偿，而"忧"往往可能受到相应的责难，因此这些部门或人员往往会"报喜不报忧"。特别是"忧"可能涉及到这些部门或人员的责任时，他们更可能采用隐瞒的态度，使管理者得不到真实的情报，即使"信任"了，往往也缺乏坚实的根基；而一旦"忧"被揭露出来，"信任"也就完全丧失。一般来说，人们往往也喜欢"喜"而不喜欢"忧"。管理者如果对"喜"和"忧"没有正确的认识，如果不对获取"忧"的信息采取特别的态度和措施，更可能助长这些部门或人员"报喜不报忧"的态度，从而使自己获取的信息存在片面、虚假等毛病，"信任"的建立也就成了问题。

(三) 内部质量保证的实施

不管是管理者还是一般员工,对质量的信任都只能建立在对质量状况真实、准确、及时、充分的把握之上。因此,内部质量保证的关键是获取真实可靠的质量信息。而要获取真实可靠的质量信息,就必须建立一个运转可靠、反应敏捷、足以信任的质量信息管理系统。

从内部质量保证的角度来看,质量信息管理系最重要的是确定相应的信息源。这些信息源至少应当包括:(1)在设计和开发、采购、生产、销售、售后服务等环节的重要节点上设置的质量检测、检验、监视、评审、审核等过程;(2)在可能产生质量问题的节点上设置的质量监视、检验、检测等过程;(3)在出现质量问题后所进行的评审、处置等过程;(4)定期或不定期地采用的抽查、检查、评审、审核等过程。鉴于企业的质量信息面广、量多,不可能将所有的质量信息都纳入到质量信息管理系统中来进行传递、处理、反馈,管理的重点是那些涉及或可能涉及不合格的质量信息。

这就有一个问题,既然是为了提供"信任",那就应当多提供有关合格的质量信息,为何又强调管理的重点是涉及或可能涉及不合格的质量信息呢?其实,提出内部质量保证的问题,实际上已经隐含着一个前提,那就是管理者以及企业的各部门和全体人员,对本企业的产品质量已经存在着一定的"信任"。如果连这种基本的"信任"都没有,一个企业也就没有可能维持正常的生产经营活动了。下工序如果对上工序没有一点基本的"信任",他还可能继续加工吗?强调管理的重点是对涉及或可能涉及的不合格的质量信息,目的是消除不合格,从而增强"信任"。质量问题揭露得越彻底,越容易得到改进,也就越容易消除,从而也就越容易增强"信任"。

如果说外部质量保证主要是消除顾客对质量存在的疑惑,内部质量保证则主要是增强管理者和全体员工对质量本来就存在的"信任"。因此,外部质量保证的主要手段是宣传产品质量的优势,是"报喜";内部质量保证的主要手段是寻找产品质量可能存在的问题,是"报忧"。"报忧"可能降低对质量的"信任",从而促使相关部门或人员采取质量改进措施,使"忧"转化为"喜",从而又增强了"信任"。从这个角度来说,质量改进是内部质量保证必不可少的环节,没有相应的质量改进,内部质量保证往往就难以继续。即使原来的"信任"程度很高很强,一个接一个的"忧"不断出现,也就不断削弱了"信任"的强度,再强的"信任"用不了多少时间也会消失掉。

为了消除质量问题,变"忧"为"喜",企业质量信息管理就必须做到"闭环"管理。所谓"闭环"管理，就是质量信息从信息源发出后，按规定进行传递、分析、处置，还必须回到信息源来，使信息源获得相应的处置的措施（也就是质量改进的措施）。信息源不能获得质量改进措施，质量问题继续存在，质量信息管理也就失去了意义和作用。总之，内部质量保证的关键就是获取涉及或可能涉及不合格的质量信息，并对其进行相应的处置，从而消除不合格。只有这样，才能使"信任"建立在坚实的基础上，并日益得到增强。

第四章

心理学对质量管理的要求

前面几章，我们在分析心理因素对质量的影响时，实际上已经提出了不少心理学对质量管理的要求。本章将改换角度，对全员参与、质量责任制、质量改进和质量文化等质量管理工作进行一些心理学的分析，从心理学角度提出一些建议。

第一节 全员参与的心理条件

我们知道，全员参与是全面质量管理的一个基本要求，也是ISO9000族国际标准提出的八项质量管理原则之一。标准指出："各级人员都是组织之本，只有他们充分参与，才能使他们的才干为组织带来收益。"如果仅仅从这样的角度来理解全员参与，显然是不全面的。企业在动员全体员工参与质量管理时，不能仅仅从为企业带来收益的角度去考虑，还应当从满足员工需要的角度去考虑。为此，有必要对全员参与的心理基础进行考证。

一、质量的性质与全员参与

全面质量管理的"全"字，包括三层意思：首先是全员参与，其次是全过程，最后是全企业。全面质量管理为什么要提出全员参与呢？这首先是由质量的性质决定的。

质量是产品的属性。虽然不同的产品有不同的质量特性，但所有的产品都不止一种质量特性。即使是火柴这样的简单产品，也有性能、安全性、可靠性、经济性、美观性等多种质量特性。而每一种质量特性，往往又可以分解为多个具体的质量特性值。例如火柴的性能就包括能否划燃、燃烧的时间长短、火焰的热量能否达到点燃引燃物（譬如香烟）的要求等等质量特性值。这些质量特性值，往往与生产产品的原料、材料、工艺、加工质量等因素相关,任何一个环节出现问题,都可能影响这些质量特性值,从而影响其质量特性。例如火柴加工时,火柴头上没有粘上足够的火柴药,就会影响火柴的性能,或者划不燃,或者燃烧时间不够长。事实上,产品质量是企业各个生产环节、各个部门全部工作的综合反映。企业中任何一个环节、任何一个人的工作质量,都会不同程度地或直接或间接地影响产品质量。

正是质量的这种性质,决定了全员参与。

首先,产品质量是设计开发出来的。这里所说的设计开发是广义的,既包括设计部门所进行的狭义的设计,更包括由管理者所决定的产品质量水平。管理者所决定的质量水平,实际上体现为企业的质量方针和质量目标。质量方针和质量目标是狭义设计质量的指导思想,更是生产加工质量的指导思想。没有这样的指导思想,或者这样的指导思想是低水平的,你要设计人员设计出高质量水平的产品,你要操作人员生产加工出高质量水平的产品,往往是不可能的。可以说,质量方针和质量目标是企业最重要的"设计"。有的最高管理者不愿意参与质量管理,甚至说:"我已经指定了管理者代表,有他管了我就不管了。"这是相当错误的。全员参与,首先要求最高管理者和管理者参与。在 ISO9000 族国际标准给出的八项质量管理原则中,领导作用甚至是放在全员参与之前的。

其次,产品质量是生产出来的。这里所说的生产也是广义的,包括 ISO9000 族国际标准所指的"产品实现"的全过程。产品在"实现"的过程中,质量也同时在"实现"。只要其中任何一个环节出现问题,都可能给产品质量造成损害。有时一个很不起眼的小问题,往往造成重大质量事故。例如设计人员写错一个数据,很可能就造成产品成批报废。医院药房的司药员看错药品的单位,很可能给患者造成更大的病痛,甚至造成死亡。因此,只要与"产品实现"全过程有关的人员,都应当参与相应的质量管理。

再其次,影响产品质量的因素涉及到方方面面。即使以一个零件为例,其质量就要涉及到人(加工者)、机(设备)、料(原料、材料)、法(加工方法、加工工艺)、环(环境条件)、检(检测设备、检测方法)、存(贮存、保管)、运(运输)等因素。与这些因素有关的员工,其工作质量都可能通过这些因素作用于产品质量。例如清洁工在做清洁时,扬起的尘土,很可能影响加工的环境条件,从而造成产品不合格。从这个角度来说,企业内的每一个员工的每一项工作,都可能对产品质量造成影响。虽然这样的影响有大有小,或直接或间接,但都应当参与到质量管理中来。

最后,质量是企业的生命,是企业发展的基础,是员工关注的重大问题。如果产品质量长期不合格，或者出现重大事故，很可能影响企业的生存，至少要影响企业的盈利。而企业一旦不能继续生存下去，或者企业因质量事故而造成亏损，都将直接影响员工的利益。因此，员工对产品质量肯定是要关注的。特别是那些正处在发展期中的企业，其产品质量甚至可能成为员工关注的焦点。员工的关注，为员工的参与提供了前提，提供了心理准备或心理条件，企业应当为他们的参与提供相应的形式和途径。

二、全员参与什么

在ISO9000族国际标准中，全员参与后面并没有相应的宾语。那么，全员参与什么呢？如果学习过全面质量管理的基本知识，如果对ISO9000族国际标准进行过认真体会，我们就知道，全员参与主要（或者说实际上）就是参与企业的质量管理，也就是参与企业的质量管理体系的建立和保持。具体来说，全员参与主要体现在以下几个方面：

（一）认真履行自己的职责和权限

按ISO9001：2008的规定，组织应当规定每个员工的职责和权限。即使企业没有明确规定，事实上每个员工也都有自己相应的职责和权限。认真履行自己的职责和权限，是员工参与质量管理的最重要的内容。产品质量与每个员工的工作都相关，每个员工都能把自己的工作做好，确保自己的工作质量达到要求，确保自己输出的产品质量是合格的，实际上就是认真履行了自己的职责，也就为产品质量贡献了自己的力量。每个员工都能严格把住质量关，例如发现不合格产品及时报告，发现违反质量管理规章制度的事情就进行抵制，实际上就是认真履行了自己的权限，也就为企业的质量管理体系有效运行提供了支持和帮助。

应当注意的是，不管是从心理学角度还是从管理学角度来看，职责和权限都是相辅相成的，没有一定的职责，也就没有一定的权限；反过来说，没有一定的权限，也难以履行相应的职责。如今，不少企业不把员工当作企业的主人，而是仅仅当作雇佣的劳动力，只规定员工的职责，不授予员工的权限，只要求员工履行职责（完成生产任务），不允许员工享有相应的权限（例如抵制违反质量管理规章制度的事）。这与全员参与的质量管理原则完全是背道而驰的。从表面看来，这可能为企业带来利益，但实际上很可能使员工产生反感，最终还是要损害企业利益的。

（二）进行质量监视和监督

我们知道，影响产品质量的因素是很多的，一个微不足道的小零件、一个似乎可以忽略的质量特性值（例如零件上的某个尺寸）、一个违反规定程序的小疏忽、一个不符合规定要求的环境条件等等，都可能导致产品质量不合格。不管是质量管理人员还是其他管理人员，甚至承担着质量监督的检验人员，都不可能完全监视到这些影响质量的因素。因此，应当发动全体员工来进行监视和监督。企业应当明确规定，任何一个员工对质量问题都有监视权和监督权。

员工参与质量管理，在很大程度上体现为对工作的监视和监督。要正常履行质量监视权和监督权，首先，员工就必须有相应的觉悟，也就是有相应的质量意识，时时、处处、事事都关心着产品质量。其次，员工还需要有相应的质量知识、相关经验，对企业的质量管理体系的规定有所把握。这样，才能发现质量问题，才能分辨出哪些是违反质量管理规章制度的，也才能真正履行好自己的监视权和监督权。

如果说员工认真履行自己的职责是其本职工作的话，那么，员工进行质量监视和监督（以及后面要说的持续改进自己的工作质量等）则可以说是其分外之事。也就是说，员工可以进行质量监视和监督，也可以不进行。进不进行，完全取决于员工的觉悟。因此，员工的监视权和监督权应当由企业的最高管理者授予，绝不允许任何人，特别是相关管理人员对员工的质量监视和监督进行打击报复。

（三）持续改进工作质量

按质量成本理论，产品质量应当以满足顾客需求为限，不需要也不应该质量过剩，其提升应当有一个限度。因此，我们提出持续改进工作质量，而不是持续改进产品质量。

我们知道，员工的工作质量是产品质量的保证。如果说产品质量的提升有一个限度的话，那么工作质量就是没有限度的。持续改进自己的工作质量，不仅能够提升产品质量，而且可以降低消耗、提高效率，而后者对企业的意义同样重要，甚至更加重要。ISO9000族国际标准把持续改进作为八大质量管理原则之一，在标准中提出了一系列要求，其意义也在于此。

ISO9004：2009指出："改进活动可以是单个工位上的小进步也可以是组织范围内的显著性改进。"员工参与质量管理，持续改进工作质量，既包括持续改进自己本职工作的质量，也包括参与改进自己所在班组、车间、企业的工作质量。这样的持续改进，按 ISO9004：2000 的说法，"改进的范围可从渐进的日常的持续改进，直至战略突破性改进项目。""这些改进可能导致组织对产品或过程进行更改，直至对质量管理体系进行修正或对组织进行调整。"不要把参与质量管理小组（QCC）作为员工参与持续改进的唯一形式。员工没有参与质量管理小组，即使是自己私下进行的改进，也应当视为员工参与。一旦取得成效，也应当给予相应的表彰奖励。

（四）提供自己的意见和建议

全员参与质量管理的前提是全员关注产品质量和质量管理。一般来说，一个人越关注的事，越容易对其产生意见和建议。因此，是否提供自己的意见和建议，往往反映了员工对产品质量和质量管理的关注程度，同时也反映了员工参与质量管理的程度。企业应当建立相应的沟通渠道和沟通过程，为员工提出意见和建议创造条件。一个企业中全员参与的程度（例如参与的百分比），甚至可以用员工提出意见和建议的情况来进行衡量。

人是过程中最重要的因素，更是过程中最活跃的因素。过程中的其他因素，不管是机（设备）和料（原料、材料），还是法（方法、工艺）和环（环境），往往都是"死"的，只有人是"活"的，能够去发现过程中存在的薄弱环节和问题。有些问题，例如产品重量不达标，通过相应的检测设备也可以发现，但也需要通过人来进行处理。员工天天接触产品，处在过程之中，最容易发现过程的薄弱环节和问题。揭露这些薄弱环节和问题，就是意见；提出改进这些薄弱环节，解决存在问题的意见，就是建议。这样的意见和建议，往往是持续改进所必需的。即使有的意见和建议没有价值，或者不能实施，或者现在没有设施的条件，也应给予支持，至少应当给予赞赏和相应的表扬。

员工提出自己的意见和建议，是热爱企业的表现，是关注产品质量和质量管理的体现，这样的积极性必须进行保护。但是，有的管理者看不到这一点，对员工的意见和建议采取官僚主义的态度，往往一句硬邦邦的话就打击了员工的积极性。

（五）积极参与企业的质量活动

全员参与的程度实际上是员工对企业的向心力的表现，反映了企业的凝聚力。为了动员员工参与，企业应当开展各种各样有利于员工参与的质量活动，包括适时开展的群众性的质量活动。所谓群众性的质量活动，就是企业全员广泛参与的质量管理活动，包括质量教育活动、质量报告活动、质量宣传活动、质量评选活动、质量管理小组活动、质量控制点活动、质量攻关活动、质量分析活动、走访顾客（下工序）活动、质量文艺演出活动……

开展质量活动，包括群众性质量活动，当然应当有明确的目的和目标，应当解决存在的质量问题。但是，把群众性质量活动与企业的效益直接挂钩是很不妥当的。群众性质量活动往往不是直接去增加效益，而是通过提高员工的质量意识、改进质量管理去提高效益。很多质量活动，往往并不能直接增加企业效益，甚至还要企业加大投入（成本）。例如质量教育、质量奖励等质量活动，企业不投入，是不可能开展起来的。事实证明，只要质量活动是认真开展的，增加的投入必定会得到成倍的回报，企业还是很划算的。

质量活动，特别是群众性质量活动要真正取得成效，关键就是如何发动员工参与。发动员工参与质量活动最好的方法，就是以点带面，让质量活动真正取得成效，让员工真正体会到质量活动能够给他们带来实实在在的利益，包括得到承认、工作满意和个人发展等方面的利益。

三、全员参与与人本主义

我们知道，全面质量管理的出现，是与行为科学的兴起和发展分不开的。重视人的因素、重视人，是全面质量管理的一个特点，也是全面质量管理的一个优点。这个特点和优点，反映的正是全面质量管理的人本主义精神。全面质量管理以人为本的精神，不仅体现为以顾客为关注焦点，也体现为全员参与。

（一）知识经济：人才是最宝贵财富

"各级人员都是组织之本，唯有其充分参与，才能使他们为组织的利益发挥其才干。"特别是在知识经济时代，企业的成功与否，更多地决定于有无适用的人才。虽然不能说企业的所有员工都是人才，但人才却是在员工中产生的。企业不仅需要管理人才、开发人才，也需要操作人才（如操作工人）。关键性的人才可能用高薪去"买"，但却不能"买"到企业所需的全部人才。一般来说，初中级管理人才、大多数技术人才、几乎全部操作人才，甚至那些能够满足本企业独特需求的高级管理人才、高级技术人才，往往只能靠企业自己去培养。如果仅仅把员工当作被雇用者，企业没有一个全员参与的环境，人才是培养不出来的。

企业要获得成功，不仅需要发挥人才的聪明才智，而且需要发挥全体员工的聪明才智。员工的聪明才智只能在参与过程中才可能被激发出来，才可能表现出来，否则就可能自生自灭。从这个角度来看，全员参与又是企业发现人才、发掘人才的必由之路。

事实已经证明，在知识经济时代，企业能否成功，往往在于能否创新。笔者认为，21世纪的质量管理将从全面质量管理发展为全面质量创新（TQI）。任何创新都是人去进行的，是基于人的智力活动的创造发明，因而质量管理将更加重视人的作用，特别是人才的作用。创新不仅仅是技术的创新、产品的创新，也包括管理的创新。因此，即使处于生产过程中的工人，也应当是企业关注的对象，企业也应当充分发挥他们的智力潜力，让他们在创新中展现自己的才华。事实上，生产过程中的员工处于被管理之中，对管理的不足、缺陷、弊端有着更切身的感受，因而可能更有创新的冲动，对他们的意见和建议更不能忽视。

既然人才是企业最宝贵的财富，企业如果不重视人，不以人为本，就可能留不住人才，人才也就可能不愿意展露自己的本领，不愿意发挥自己的聪明才智。而企业是否真的以人为本，不仅体现在为员工提供相应的报酬、优良的工作条件，更体现在能否让员工参与上、全员参与的人本主义性质在知识经济时代也就更加突出。

（二）全员参与与员工满意

员工是企业的相关方之一，是企业业绩的受益者。员工对企业的典型期望是职业的稳定和工作的满意。ISO9004：2009规定："既然员工是最有价值的关键资源，有必要确保他们的工作环境有利于个人成长、学习、知识传递和团队协作。""组织应当激励员工理解他们的职责和活动在为顾客和其他利益相关方创造和提供价值方面的重要性和意义。"按照ISO9004：2000的说法，就是"组织应当识别其人员在得到承认、工作满意和个人发展等方面的需求和期望。对他们的这种关心有助于确保最大程度地调动其人员的参与意识和能动性。"也就是说，企业越是关注员工，员工越能积极参与，从而越能使员工满意。

首先，全员参与有利于员工展示自己的才干。我们知道，人人都有自己的潜力，都有发挥潜力、展示自我的需要。按马斯洛对理论，这种自我实现的需要，是需要层次论中的高级需要。满足这样的需要，对人的心理、感情、生活、工作都有很大的积极影响。员工在参与过程中，可以充分发挥自己的潜力，展示自己的才干，从而实现自己的这种需要。

其次，全员参与有利于员工的工作得到承认。任何人都有获得尊重的需要。在企业中，工作业绩得到承认，是员工获得尊重，包括获得自尊的前提。为了鼓励全员参与，企业应当通过各种管理手段，对员工创先争优作贡献取得的成绩进行测量、评价、表彰和奖励。因此，全员参与为员工的成绩能够显现出来、能够脱颖而出创造了条件,从而也为员工获得尊重创造了条件。

再其次,全员参与有利于员工获得奖励。这种奖励可以是精神方面的,也可以是物质方面的。全员参与提升了企业的业绩,为企业带来了收益,企业应当将这些收益的一部分拿出来,作为对员工创先争优的奖励。不管是精神奖励还是物质奖励,都可以使员工精神更加振奋,都可以激发员工新的追求,从而更愿意发挥自己的才智。

最后,全员参与有利于员工得到相应的培训。企业要使员工充分参与,应当进行必要的培训。按 ISO9004:2000 的说法,"提供继续培训,并进行个人发展的策划",是企业鼓励员工参与的前提条件之一。一方面,员工通过培训,可以提高受教育的程度,使知识得到发展;另一方面,员工通过参与,在实践中能够获得相应的知识、技能和经验。这样,员工就可以获得更多的工作机会,包括提升的机会。

总之,企业是否鼓励、实施全员参与,以及全员参与的程度(包括广度和深度),是员工能否满意的一个非常重要的方面。企业要以人为本,以员工为本,就应当采取措施,鼓励并吸引员工参与,从而使他们满意。

(三) 全员参与与员工的归属感

从心理学角度看,全员参与需要员工对企业有相应的认同。但是,在市场经济条件下,员工往往是企业雇用的劳动力,员工要认同企业往往存在着不少心理障碍。目前,即使是国有企业,即使是管理人员,其主人翁地位和意识也几乎丧失殆尽。在这种情况下,要在员工中提倡主人翁意识,要员工发挥"企业主人"的作用,显然不合时宜。为此,企业更应当采取措施,消除员工的心理障碍,把以人为本的理念体现到企业的整个管理过程中,为全员参与创造相应的心理条件。

按马斯洛的理论,归属需要也是人的基本需要。按归属的群体不同,可以是家庭的,也可以是职业的,可以是地区的,也可以是企业的。员工进入企业,成为企业的一员,对企业就有了归属需要。事实上,人们往往把自己的职业作为一种重要的归属。"我是医生"、"我搞管理"……是职业的归属表现。"我在某某企业工作"、"我在某某单位上班"……是企业的归属表现。员工对企业的归属需要越强烈,或者说对企业的归属感越强烈,员工与企业的认同也就越强烈。

要增强员工对企业的归属感,企业就应当满足员工的归属需要。一般来说,员工需要一个有社会地位的、有较好信誉的企业作为自己的归属。企业在社会上的地位越高,在社会上形象越好,员工对企业就越有归属感。其次是企业能够给

"归属"的员工提供相应的"保护",包括职业稳定的"保护"和尽可能完善的生活"保护"(如工资、安全、社会保障等等)。企业的"保护"越稳定、越完善、越有效,员工对企业就越有归属感。最后是企业对员工的"态度"。企业仅仅把员工当作劳动力,最大限度地榨取员工的剩余价值,员工就很难把企业作为自己的"归属"。反之,企业以人为本,采取措施鼓励和吸引员工参与,为员工发挥聪明才智创造条件,员工的归属感就会不断增强。从这个角度上说,员工的归属感既是全员参与的前提,又是全员参与的结果。企业的社会地位往往不是一时半会就可以提升的。对大多数企业,特别是中小型企业里的员工来说,可能更看重企业的"保护"和企业的"态度"。

日本企业对此相当重视。一方面,他们采取终生雇佣的制度,对员工进行"保护";另一方面,他们通过独特的企业文化,吸引全员参与。于是,我们就听说了这样的故事:一群员工到餐馆吃饭,要喝本企业生产的啤酒,结果该餐馆没有卖这种啤酒,员工们不仅拒绝其他牌子的啤酒,还为该餐馆不卖本企业的啤酒而不满,最后酿成冲突,把该餐馆也砸了。为此,这群员工被警方拘留。

四、为全员参与创造条件

全员参与能够给企业带来收益,企业当然希望全员参与。但是,要让每一个员工都参与到企业的质量管理中来,仅仅凭借企业的行政权力是不行的。即使是开个会,企业可以进行点名,可以对迟到、早退和缺席的员工进行考核,但却不能保证坐到会场来的员工都能认真听会,更不能保证员工在会上都能充分发表自己的意见。一般来说,员工参与的事项往往是其"分外"之事,或者说是其职责之外的事,员工可以参与,也可以不参与,甚至可以拒绝参与,参不参与全凭员工的自觉和自愿,企业不能通过行政手段来强迫员工参与,因此需要企业采取措施来鼓励和吸引全员参与。

企业采取的措施,最重要的是创造全员参与的心理条件,或者说是创造一种全员参与的文化氛围。我们在前面已经对这样的心理条件进行了一些论述,这里再作一点简单的概括。

1. 正确对待所有的员工。从最高管理者的思想认识到企业的规章制度,都不能将员工仅仅当作劳动力,更不能当作"奴隶",而应当把员工视为企业的宝贵财富,看作最重要的资源,在管理理念上来一次革命。没有这样的"革命",即使有相应的制度,有相应的全员参与形式,往往也难以真正吸引员工参与,更难以使员工满意。员工只有在感觉到自己被企业当作"人"了,对企业有了归属感，才可能产生参与的热情。否则，员工即使形式上参与了，心理上却在拒绝，不仅达不到全员参与的目的，反而可能对企业产生怨恨，甚至危害企业的利益。事实上，如今不少员工对本企业都有不满情绪，参与的热情不足，原因就在企业并没有真正以人为本、以员工为本。

2. 确定员工参与什么。全员参与并不是让员工不分主次、不讲程序地参与企业的所有活动。首先，承担不同职责的员工参与的活动是有所不同的。一般情况下，不可能让保安员去参与产品的技术攻关，也不可能让最高管理者去参与对检验员错检、漏检的监视和监督。其次，参与的方式和深浅也有所不同。例如企业制定质量方针和质量目标，是最高管理者的职责，员工可以通过规定的渠道反映自己的意见和建议，但并没有决定权。而且，不同的员工因为所掌握的信息和资源不同，所反映的意见和建议也有所不同，因此参与的方式和深浅也不同。最后，要提倡员工积极参与与自己本职工作相关的质量管理，包括质量策划、质量控制、质量保证、质量改进等等，把本职工作做好。

3. 敞开员工参与的渠道。一般来说，员工参与的主要方式是反映情况、发表意见、提供建议，这都涉及到意见沟通。企业应当有相应的沟通渠道，使员工能够将自己的意见和建议及时向领导或管理人员反映。除了制度化的沟通渠道之外，还应当有非制度化的沟通渠道，例如根据某一具体情况公开征求员工的意见和建议、组织相关的讨论、召开听证会等等。没有畅通的参与渠道，员工即使有参与的热情，也无法有效参与。如果企业过分注重员工的等级，中层管理人员堵塞沟通渠道，员工除了被动完成自己的任务，再也不会关心企业，这样企业就会显得死气沉沉。

4. 给员工提供参与的机会。企业应当创造必要的条件，为员工提供参与机会。一是开展形式多样的群众性质量管理活动，给员工创造经常性的参与机会。例如质量自检互检活动、质量管理小组活动、质量监督员活动等等。二是将企业的重大项目交给员工讨论、评价、征求意见和建议。例如可以通过"竞争上岗"、"招贤榜"、"课题招标"等形式，吸引员工参与岗位竞争、质量改进、技术攻关。三是给员工提供非本职工作的参与机会。例如在进行内部审核时吸收操作工人代表参加审核，企业在进行重大决策时吸收员工代表参与等等。参与机会越多、形式越丰富，员工参与的热情也会越高，员工的潜力也才会被激发出来。否则，就会出现想参与却无从参与的尴尬局面，员工的参与热情也就会烟消云散。

5. 严肃处理压抑员工参与的人和事。任何企业都难以完全避免官僚主义现象，压抑员工参与的人和事总是可能发生的。员工参与所提的意见和建议，很可能与领导或管理者的意见不相符，甚至可能损害到某些人的利益，因此打击报复的现象往往也难以避免。不管是压抑还是打击报复，都会严重损害员工的感情，不仅损害被压抑被打击报复的员工的感情，而且还会损害其他员工的感情。员工参与的感情一旦被损害，往往就会放弃参与。因此，不管压抑或打击报复涉及的是"人"（例如管理人员），还是"事"（例如规章制度），都必须严肃处理。即使员工的意见和建议不正确，也要从保护员工的参与热情的角度着眼着手，来处理压抑和打击报复。

至于企业应当通过哪些具体活动来鼓励员工参与，ISO9004：2009 提出了 5 条，我们罗列于此，以供读者参考：（1）建立过程去分享知识和员工的能力，例如一个收集改进建议的计划。（2）引入适当的，基于员工个人成就的承认和奖励制度。（3）建立技能分级制度和职业生涯发展规划，促进个人发展。（4）持续评审员工满意度水平、需求和期望。（5）提供指导和辅导的机会。而在 ISO9004：2000 中则提出了 12 条，我们也将其罗列于此：（1）提供继续培训，并进行个人发展的策划；（2）明确各自的职责和权限；（3）确立个人和团队的目标，对过程性能进行控制并对结果进行评价；（4）促进人员参与目标的确立和决策；（5）对工作成绩给予承认和奖励；（6）促进开放式的双向信息沟通；（7）对其人员的需求进行连续评审；（8）创造条件以鼓励创新；（9）确保团队工作有效；（10）就建议和意见进行沟通；（11）对人员的满意程度进行测量；（12）调查人员加入和离开组织的原因。

五、全员参与使企业获益

员工充分参与，员工的个人目标与企业的目标结合在一起，员工当然可以因为实现了个人目标而获益，但获益更大的却是企业。可以说，全员参与是企业和员工的双赢。虽然员工可以从奖励中获得一些经济利益，但从我们前面的分析中可知，员工主要获得的还是职业稳定、归属、满意、自我实现等心理收益，而企业获得的却主要是经济收益。企业获得的收益主要表现在：

其一，员工认真履行自己的职责和权限，关心产品质量，参与质量管理，对产品质量和质量管理进行监视和监督，一方面可以提高产品合格率，另一方面可以降低废品率和其他质量损失，这就使企业获得了一大笔收益。

其二，员工参与质量改进，虽然可能有投入，却是低投入高产出。通过质量改进，可以提高生产效率和产品质量，可以降低成本。我国企业曾经广泛开展的技术革新活动、质量管理小组活动、降损活动等等，不知为企业提供了多少效益!这些活动正是典型的全员参与活动。

其三,员工通过参与企业的各项管理活动,可以使他们与企业更加紧密地联系在一起,对企业产生认同感、归属感,在一定程度上消除劳资矛盾或劳资对立,从而使企业内部更加团结。我们知道,劳资矛盾一旦发展,很可能酿成阶级斗争,激烈的阶级斗争往往使斗争的双方受到伤害。避免这样的伤害,当然是企业最大的利益。20世纪以来,西方发达国家正是通过包括鼓励员工参与等多种手段,使劳资矛盾得到极大的缓和。目前,我国劳资矛盾较为尖锐,提倡全员参与具有重要的现实意义。

其四,员工充分参与,使企业内部形成良好的人际关系和企业文化,可以大大减少员工之间、管理人员和操作人员之间的矛盾和冲突,使企业内部融洽亲密。这样,就为企业的和谐和发展提供了必要的条件,企业也就获益了。

其五,员工充分参与,可以极大地鼓舞士气,使人人都创先争优作贡献,从而保证企业各项工作得到顺利完成。员工作出了贡献,企业应该给予奖励,但事实上那些奖励仅仅是企业获取利益的极小部分,企业才是最大的赢家。

第二节 质量责任制的心理作用

一、质量责任制的地位

从心理学的角度看,质量责任制是约束和刺激质量行为的一个重要因素。而实行严格的质量责任制,则是提高产品质量的基本保证。

(一) 质量责任与质量行为

质量行为是员工对产品质量和质量工作的实际反应或行动,受到员工质量意识的影响和制约,这种影响和制约是来自员工本身的,是一种心理内部的约束。这种约束当然十分重要。加强质量教育工作,提高员工的质量意识是质量管理的必要前提。

但是,质量意识的形成和巩固也不是一天半月就能办到的,质量行为不能等员工的质量意识形成和巩固之后才进行。而且,对行为的约束如果只来自员工本身,只来自心理内部,也是很不全面很不够的,对行为还应当有来自外部的约束。外部约束质量行为的因素就是质量责任(见图4-1)。

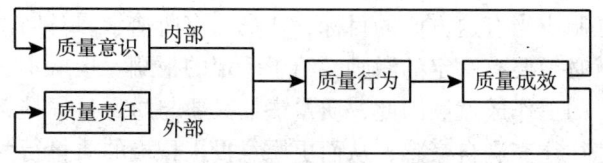

图 4-1 质量行为的控制机制

质量责任是员工在产品质量形成过程中所承担的质量职能，把这种职能用书面形式明确和固定下来，就是质量责任制。应当给每个部门、每个单位和每个员工都规定相应的质量责任，并且认真贯彻和考核。制定质量责任制的关键在于明确责任。许多质量问题的产生，往往不是因为技术问题，而是由于质量责任不清产生的。某厂发动机输出齿轮合成装配，过去经常发现质量问题，原因和责任者难以查清，往往不了了之。后来他们决定，在产品上打上装配者的印记，明确责任。新办法一实行，质量问题便大幅度下降，而且一旦出现问题，原因和责任者也一查就清，整改措施和返修也能顺利进行。这个事例说明，质量责任制应当落实到每个员工，落实到每道工序，其内容应切实可行，而不在于订了多少条款。

（二）质量责任的心理作用

质量责任是来自外部的对质量行为的约束。从马克思主义哲学中我们知道，外因要通过内因才能起作用。质量责任制对质量行为的约束作用还是要通过人的心理才能实现。

质量行为是在"需要—动机—目标"的推动引导下产生的。如果质量责任与员工的需要无关，员工就不可能产生保证和提高产品质量的动机，质量责任制也就可能失去约束质量行为的作用，质量行为就会向消极的、负的方向发展。在人的生理、安全、归属、自尊和自我实现这五大基本需要中，质量责任当然应当与生理和安全的需要挂钩。例如发生严重质量事故的应当扣发奖金或工资，甚至应当调动工作、解雇除名。随着经济社会的发展，人们占优势的需要也在不断上升，特别是那些具有相应能力的优秀员工，自尊和自我实现的需要往往成为其主要的人生需要。质量责任如果只与人的低层次需要挂钩，只与钱打交道，对高层次需要没有激励作用，同样难以促进质量行为。

质量责任以及与其密切相连的质量权限和质量奖罚，首先应当与人的自尊需要相联系。与自尊需要相关，即员工有对地位、名誉、责任、奖励等的追求。在现阶段，工资的多寡往往体现了地位和荣誉。但是，当收入达到一定水平之后，员工对工作的追求往往并不在于钱，而是追求在"钱"上面所体现出来的公平和尊重。质量责任制应当有这方面的目标，让员工有所追求。马斯洛认为，要使人们努力工作，就必须要有一定的激励，给予一定的报酬。报酬不一定是金钱，最好的报酬是自己的工作成就。因此，质量责任又要与质量目标挂钩。生产优质产品的企业和员工往往充满自豪感，从而更愿意投入积极的质量行为，就是这个道理。前面所举的装配小组的例子，操作者在自己的产品上打上印记，实际上也是对自己产品充满自豪感的一种行为。事实上，该小组的优秀工人打印记时的态度都很认真。

图4-2是质量责任心理作用的示意图。质量责任激励人的需要，人的需要诱发人的质量动机，质量动机产生质量行为。质量责任这种来自外部的约束，通过人的心理动因，变成了人的内部心理约束。

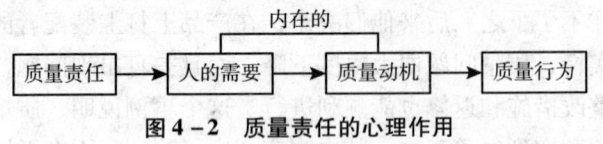

图4-2 质量责任的心理作用

质量责任的心理作用还表现在促使质量意识的形成、巩固和发展上。质量责任是来自外界的对自我的约束力，这种约束力通过自我的调节，就可能转化为质量意识。

（三）质量责任与质量权限

质量责任制的实质是责、权、利三者的统一。只有责没有权和利的责任制是起不到作用的，起码来说是起不到激励员工质量动机的心理作用的，甚至还可能相反，造成员工心理上的反感，引发有意差错。美国著名管理学专家道格拉斯·麦格雷戈说："我们完全可以预料，当人们在工作中被剥夺了满足他们重要的需要的机会时，他们会作出什么表现——懒惰、消极、不负责、抵制任何变化、追求蛊惑人心者、提出不合理的经济要求。"这里所说的员工的重要需要，不仅指员工生理、安全等方面的需要，而且也指员工自尊的需要，包括对自己合法权利的需要。

所谓责，就是负责。而要负责，就必须要有相应的权力。以管理者代表为例，按ISO9001：2008的规定，他要确保质量管理体系所需的过程得到建立、实施和保持，他就应当获得相应的资源，对质量管理体系的相关事项具有相应的决策权，对造成重大质量事故的单位和个人具有相应的处罚权，等等。否则，他又怎么能"确保"呢？又如一个班组长，如果没有管理班组的权力，说的话没有人听，有人违反工艺纪律他连制止权也没有，他又怎么能对班组里出现的质量问题负责呢？员工要承担自己加工的产品的质量责任，他就应当有权拒绝加工不合格的材料，有权拒绝装配不合格的零件部件。因此，每个单位、每个员工的责和权应当是相互依存的，有责就必须有权，缺一不可。而且应当是有多大的责就有多大的权，有多少项责就有多少项权，相辅相成。

建立质量责任制不仅要有责有权，还要有利。所谓利，就是和员工的利益挂钩，对质量好的要奖，反之要罚。否则，质量责任也会失去对质量行为的约束力，同样起不到作用。反过来说，质量奖罚的作用也就是保证质量责任制的贯彻执行。质量奖罚首先应当刺激员工的高层次需要，不能仅仅看作是钱的问题，其他项目的奖励（例如精神奖励）和惩罚（例如行政处分）也很重要。

为了说明责、权、利的关系，我们再回到前面提到的质量行为的概念上。首先，质量行为要受质量责任的约束，这是行为进行之前的约束。其次，质量行为在进行之中要受行为者权力的影响，什么可以做，什么不可以做，什么先做，什么后做，都可以交给员工自己去把握。当然，这必须有一定的限度，这就引出权限的概念。必要的工艺纪律和规章制度必须建立，并且要求每个员工严格遵守。但是，在制定工艺纪律和规章制度时，又必须充分考虑员工的质量权限，尽量多给员工一些自主权。例如装配中先装什么，后装什么，除特殊要求之外，就不应该限得过死（当然，界限在什么地方，还需要在实际工作中研究和试行）。如果对自己的行为和动作没有一定的自主权，任何劳动哪怕是极简单的劳动也无法进行。按马斯洛的观点，员工对自己质量行为的自主权越多（当然也有界限），他对其控制就越有效。最后，质量行为还要受行为结果的影响，这就要求质量责任与质量奖罚挂钩。奖励作为一种诱因，可以把员工的质量行为同要达到的一个特定目标更好地联系在一起，使员工进一步明确努力目标，从而更好地控制自己的行为。惩罚作为一种控制手段，可以使那些不利于产品质量的行为受到压抑、中断或使其受阻，最后迫使其放弃。因此，在建立质量责任制时，要处理好责、权、利的关系，三者要相辅相成，互为补充（见图4-3）。

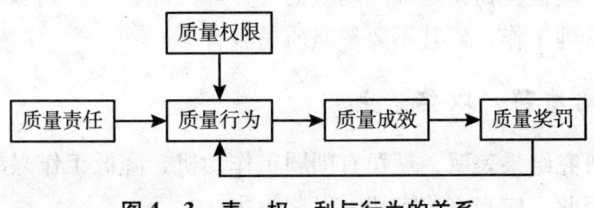

图4-3 责、权、利与行为的关系

二、质量奖罚的几个问题

没有严格的质量奖罚，质量责任制就可能成为一句空话。如何看待质量奖罚，如何进行质量奖罚，都是值得认真研究的课题。

（一）如何看待质量奖罚的作用

不能夸大质量奖罚的作用。有人以为，只要推行了质量否决权，产品质量就可以稳定提高，他们或者信奉"重赏之下必有勇夫"，主张用奖金去"堆"出高质量，或者一味强调惩罚，动辄扣发奖金工资给处分，甚至像过去那样抓"阶级斗争新动向"。把质量奖罚抬到不适当的地位，显然是不对的，对质量本身也是有害的。

质量奖罚的作用主要表现在心理上。奖罚作为一种诱因，可以把人的行为同要达到的一个特定目标更好地联系起来，使集体或个人进一步明确努力目标，相反，惩罚作为一种控制手段，可以使那些无益的、违背要求的行为受到压抑、中断或使其受阻，最后迫使其放弃。奖励能够满足员工的某些需要，能够进一步扩大和增强那些得到满足的内驱力，从而保持行动的主动性和积极性；相反，惩罚具有预期到丧失已经获得的利益和地位威胁的效应，从而对行为既有预防性又有促进作用，人们为了避免惩罚会去努力工作，保证质量。

从图4-3上可以看到，质量成效如何，可以获得相应的质量奖罚，而质量奖罚对质量成效却没有直接关系，并不能直接促进质量成效的提高，它们之间需要质量行为作中介。质量奖罚是通过影响质量行为而影响质量成效的。但是，影响质量行为的又不仅仅是质量奖罚，质量责任、质量权限以及质量意识、质量能力、心理状态等心理因素（还不包括非心理因素）都要影响质量行为。虽然这些因素本身也可能受到质量奖罚的影响，但是它们的形成过程往往更复杂。例如员工的心理状态就受着自身生理和心理的各种因素影响，还要受外界各种刺激的影响。严格地说，质量奖罚只是外界刺激的一种。因此，在强调质量奖罚时，不能忽略其他质量管理工作，尤其不要忽略质量教育。

（二）有奖有罚，以奖为主

心理学的研究结果表明，惩罚有削弱工作动机、降低工作兴趣、伤害自尊心的消极作用。因此，应当有奖有罚，以奖为主。

强调以奖为主，不是说只奖不罚。其实，只要事先做好工作，注意掌握惩罚的尺度，完全可以使用惩罚的手段。实践证明，对于违反工艺纪律，造成重大质量事故和产品质量低劣的单位和个人，必须给予处罚，对不良的质量行为必须给予否定。否则，不良的质量行为就会发展起来，威胁产品质量和企业的质量信誉。推行"质量否决权"考核办法，从一定意义上说，就是为了加重处罚的强度，使其取得更好的效果。质量管理部门不能害怕被处罚的单位和个人闹事和报复而放弃自己的处罚权。

但是，又不能只重惩罚，不讲奖励。有的质量管理人员对质量奖罚存在着偏见，对惩罚很感兴趣，对奖励则卡得很死。某企业在质量考核中，一年内扣奖面达 50% 以上，扣出的奖金达数十万元，而加奖的一个也没有。这种重罚不重奖的做法引起基层单位的反感，为躲避扣奖，多次出现弄虚作假的事。因此，应当改变用惩罚推动工作和控制质量的做法。

（三）多种奖励形式相结合

质量奖励必须注意不同员工不同的心理需要与不同的心理发展水平，采取多种形式，因地制宜，因人而异，才能提高奖励的效价。

目前，我国的工资水平还比较低，员工对物质奖励（包括提高工资）的需求较为强烈，采用增加工资、发放奖金等物质奖励形式是完全必要的。但是也要看到，员工对钱的需求并不一定完全是为了吃、穿、用等生理需要，其中也包含着在钱的收入上所体现的成就、公平、相互攀比等心理需要。这些心理需要实质上是一种精神上的需要。因此，应当把物质奖励和精神奖励结合起来，在发放奖金时别忘了精神方面的奖励（不一定就是发一张奖状），在进行精神奖励（例如表扬和宣传）时也别忘了要有一定的物质奖励作后盾。

不要滥用奖金。心理学的研究表明，外在奖励（特别是奖金）的期望可能降低对活动的内在兴趣。特别是在奖罚不公平的情况下，有奖甚至比没有奖还糟。员工一旦产生不公平感，就会降低努力，甚至会制造有意差错来抗议这种不公平。一旦出现这种情况，不仅要及时疏导，更重要的是要迅速纠正奖罚上的不公平现象。

行为科学的研究指出，奖金的作用随着使用的时间而递减，特别在收入水平提高的情况下更是如此。在奖金有限的情况下，应当寻找其他奖励方法，重视内在奖励和精神奖励。扩大员工的质量权限（例如给予产品免检荣誉等）、提高员工在质量管理中的地位（例如参加各种质量管理活动等），也是一种奖励。即使采用物质奖励，也不要仅仅靠发奖金以图方便了事，还可以采用组织获奖员工外出参观、考察、旅游、疗养、自由选择假期等方式。

员工的需要是多种多样的，奖励的形式也应当适应员工的需要，尽可能多种多样。这样，通过质量奖罚以提高员工的质量责任感，从而提高工作质量和产品质量。

三、质量监督的心理作用

质量责任和质量奖罚并不是直接联系的，需要有一个中介，需要一个桥梁把它们联系起来。联系它们的中介就是质量监视和质量监督。从某种意义上说，监视和监督是一个意思，当然也有某些区别。ISO9000族国际标准不使用"监督"，而使用监视，而监督是我们常用的术语。监督是监视并督促，比监视多一层意思，所以我们就用监督这个术语了。

质量监督要"督"。"督"的形式一是提醒，二是警告，三是考核。提醒和警告达不到目的，就要进行考核。或者说，质量监督的结果应当纳入考核。为了简洁，本节除了特别提到之外，我们使用的质量监督一词包含着质量考核的内容。质量监督以质量责任为依据，监督的结果就是质量奖罚的依据。没有这个中介，质量责任制就只是贴在墙上的空头条款，质量奖罚也不能落实。

（一）质量监督的分类

企业内部的质量监督包括三个方面，一是对产品的质量监督，二是对生产过程的质量监督，三是对质量管理体系的监督。

1. 对产品的质量监督。产品质量是工作质量的综合反映，是质量监督的主要对象，包括产品检验、产品质量审核、下道工序对上道工序产品质量的监督、销售部门对产品的验收和监督等等。其中最主要的是检验。

手工业时代，工人既是直接操作者，又是质量检验者。随着生产发展，产品复杂程度增高，对零部件互换性、标准化、通用化的要求越来越高，质量检验职能才从直接操作中分离出来，产生了专职检验队伍。但这并不意味着操作者不再需要对自己的操作过程进行有效控制，更不是说操作者不再需要对产品质量的把握。相反地，还更应强调自检和互检。检验人员判断产品合格或不合格，并把合格与否反馈给操作者，这无形中就给操作者的心理上施加了一种压力。由操作者判断产品合格与否时，实际上存在一个漏洞、一个空子，难免有不合格品被操作者有意或无意地作为合格品的现象发生。如今漏洞被堵，操作者必然增加对自己质量行为的控制力度。此外，由于各种感知觉在人与人之间存在误差，操作者认为合格的，检验人员可能认为不合格，而又是以检验人员的检验结果为准，这就迫使操作者把公差控制在离上下限较远的地方。自己检验产品，往往无法分出高低；而检验人员公布检验结果，谁高谁低有一个公正标准，这对加强操作者的责任心和荣誉感都是很大的激励。

检验合格了，并不是说产品质量没有问题。在企业内部，下道工序实际上是上道工序产品的顾客，下道工序的监督比检验监督更广泛更深入，而且也是对检验质量的一种有效监督。下道工序往往能将错检漏检、规定不检验或只抽样检验的产品质量特性的问题和其他隐藏的质量缺陷揭露出来，从而达到监督的作用。

2. 对生产过程的质量监督。对产品的质量监督是一种事后把关的质量监督，对造成产品缺陷的原因往往并没有把握，这样不仅对有质量缺陷的产品难以挽救，而且不能及时督促操作者纠正或整改质量行为。要从事后把关向事前预防转变，就应当对过程实行质量监督，其中最主要的是工艺纪律监督。

工艺纪律监督的心理作用主要表现在：首先，操作者一进入操作过程，就成了监督对象，其心理上一开始就有一定的约束，迫使其把质量行为纳入正轨；其次，打破了个别操作者的侥幸心理，可以防止个别员工钻检验的空子，让某些质量特性无法检验或短时间无法检验的不合格品混过关；最后，使操作者的错误行为或不合格的操作方法提前得到纠正，防止产品质量事故，既为企业减少损失，又使操作者免受惩罚，多受奖励，有利于其积极性的维持和发展。

3. 对质量管理体系的监督。在ISO9001：2008中，监视和测量的内容包括顾客满意、内部审核、过程和产品等方面。标准明确规定："组织应策划并实施以下方面所需的监视、测量、分析和改进过程：a）证实产品要求的符合性；b）确保质量管理体系的符合性；c）持续改进质量管理体系的有效性。"可以说，质量监督更重要的是对质量管理体系的监督。

对质量管理体系的监督，按ISO9001：2008和ISO9004：2009的规定，主要是对体系业绩的监视和测量，包括对顾客满意程度的监视和测量、内部审核、财务测量、自我评定等内容。这样的测量和监督，主要不是针对某一员工，而是针对整个企业的。监视和测量的过程及结果，不仅对企业的员工心理将产生影响，其中对监视和测量中发现问题所涉及到的员工产生的影响尤其显著，但更主要是对企业管理者的心理产生影响。管理者对自己的决策带来的结果如果不清楚，往往就难以作出进一步的决策。特别是在质量管理方面，过分的自信往往可能造成产品质量的下滑，甚至造成质量管理体系的严重缺陷。管理者通过对体系业绩的监视和测量，找出体系中存在的问题，可以采取措施对体系加以改进，从而使质量管理体系更加有效，更加高效。

（二）质量监督的地位

行为科学中有所谓X理论（性恶论）和Y理论（性善论）的对立，其实，这二者都忽视了社会实践对人的心理的决定作用。员工的需要是各不相同的，同一员工的需要也是在不断变化的，员工的现实需要和潜在需要以及长远需要更是有差异有矛盾的。质量责任制对员工的激励，一般来说，着眼于员工共同的、较为稳定的、潜在的和长远的需要。一方面，充分信任员工，这是全面质量管理的一个重要要求。但是这并不是说可以放弃对员工的教育和监督。员工是否按工艺要求加工？加工出来的产品是否合格？当然需要员工自己"慎独"，自己严格要求自己。另一方面，也需要外界的力量去帮助去督促，二者结合才是完善的。员工总会产生各种各样的工作差错，也需要外界的力量去帮助他纠正。外界力量的具体体现，就是质量监督。自觉接受监督，以便取得他人和社会的认可，可以说也是人的一种需要，是归属的需要。

从企业内部某一个单位来看也是这样，需要从两个方面去控制：首先是引导，要求该单位按质量管理体系的要求去做，包括下达有关质量计划。但是，要求了，计划下达了，如果不去检查，不去监督，质量管理部门不仅心中无底，而且也难以推动其按要求去做，去完成计划。质量监督实际上是从后面打"鞭子"。

从企业来看，作为一个独立的经济单位，企业有自己的特殊利益（获取利润）。企业是否按照政府有关规定生产，产品是否符合规定的质量标准，作为社会往往难以具体把握，更不可能去一个环节一个环节"看守"。这就给企业造成了可乘之机，用假伪劣产品来蒙混社会，牟取非法利润。社会为了减少损失，就必须对企业实行质量监督。

质量监督的本意，是督促被监督者执行质量责任制。积极有效的监督，需要有一定的制约权作后盾。与制约权相脱离的监督，即使规章制度条条再多，监督者能力再强，也是无意义的。例如一些假伪劣产品屡禁不止，就因为制约权掌握在某些地方政府手中，他们泰然处之，甚至幕后支持。而新闻媒体的揭露，有关部门的查处，比起那些政府来，制约权小得多。制约权不仅表现为考核权和奖罚权，对顾客来说，这种制约权则表现为宣扬或损害企业的质量信誉，积极或拒绝购买该企业的产品等等。

质量监督应当具有普遍性和相互性。普遍性是说，在产品质量形成的各个环节各个方面各个阶段都要实行监督。相互性是说，监督者也要接受监督，接受被监督者的监督，进行互相监督。

（三）质量监督对人际关系的影响

不可讳言，质量监督完全可能引起人际关系的恶化。事实上，监督者和被监督者发生纠纷和冲突的现象屡见不鲜，严重者甚至还出现过打架、伤害等事件。

站在被监督的一方来看，自己的工作或产品被人监督，是对自尊心的一种侵犯，这就可能引起不满。这岂不与前面说的接受监督是人的一种需要相矛盾？问题在于，监督什么，怎样去监督。弄得好，被监督者心情舒畅，还会感谢监督者，事实上这也屡见不鲜。弄得不好，特别是监督者工作质量不高，态度不好，方法不对，被监督者就会产生不满，矛盾就会发展，甚至激化。作为监督者，手中有一定的制约权，如何在监督过程中既要完成监督任务，又要防止和消除被监督者的不满，是十分值得研究的。其中一个重要方面，就是要善于把握被监督者的心理状态，对症下药。

从管理的角度看，监督者和被监督者的关系应当是平等的，但在事实上却又存在着不平等的现象，因此应当从各个方面来弥补这种事实上的不平等。例如强调监督的相互性，鼓励被监督者监督监督者，允许被监督者申诉、反驳和控告，对监督者的营私舞弊、滥用职权、打击报复、失职行为进行严厉制裁，在条件许可的情况下，让监督者与被监督者定期互换工作等等。质量奖罚是质量监督的直接后果，强调以奖为主，也可以弥补被监督者心理上的不平等感。为了获奖，就必须接受监督和考核。

从宏观上看，从最终结果看，质量监督又是有利于人际关系改善的。首先，质量监督是预防重大质量事故的重要手段。以操作者为例，加工的产品有重大质量隐患，被监督者发现了，从而避免了更大损失，操作者必然是会感谢监督者的。其次，如果不实行质量监督，一个接一个质量问题的发生，企业受到重大损失，就会给每个员工造成损失，从而引起员工对监督者的不满。最后，在质量监督过程中，各种意见及时沟通，减轻相互的心理压力，也有利于人际关系的改善。例如上道工序走访下道工序，了解下道工序对自己的意见，主动接受质量监督，把潜在的不满引发出来，通过正常的意见交流而得到解决，增进双方了解，关系就会密切起来。

第三节　质量改进心理

质量改进不仅仅是对产品质量的改进，更重要的是对过程、对质量管理体系的改进。质量改进的目标可以是提高产品性能，也可以是降低废品损失，还可以是减轻劳动强度或减少控制费用，可以涉及到质量管理体系的所有要素。质量改进不仅是员工的事，更是管理者，包括最高管理者的责任。产品质量改进可能是有限度的（顾客并不需要过剩的质量），而对质量管理体系，包括对质量方针、质量目标的改进却是没有限度的。因此，ISO9000族国际标准提出了持续改进的概念，并将其作为质量管理八项原则之一。标准说："持续改进总体业绩应当是组织的永恒目标。"

质量改进往往是在打破或改变原有工作方法的基础上进行的。这就不仅需要发现原有工作方法的不足，不仅需要有一定的质量改进能力，而且更需要有动力，有质量改进的心理动机。很显然，这种动机是决定改进能够进行并且能够取得成果的重要因素。研究质量改进心理，不仅对质量改进有意义，而且对整个质量管理都有意义。

一、质量改进的心理阻力

朱兰博士指出："从表面上看，建议的变革是技术性的。但是，任何技术上的变革，总有一位'不速之客'——变革所生的'社会'后果伴同而来。这种社会后果，就是对涉及的人们所产生的习惯、信仰、态度、作风、传统、地位等等上的影响。这种影响，才是改进变革所面临的真正问题。"行为科学家把这一套习惯、信仰等等称为"思想习惯格局"。除了社会学上的意义外，思想习惯格局主要还是指心理学上的意义，即质量改进的心理阻力。

我国的传统文化心理中保守倾向相当严重，因而质量改进的心理阻力相应来说就比别人严重。改革开放以来，这种阻力正在日益受到冲击，但其实力决不能低估。颂古非今、因循守旧、两个"凡是"、僵化思想都是其表现。

为什么员工对质量改进会产生心理阻力呢？这可以从质量改进过程的三个阶段来分析，也可以从企业的领导层、专业人员、一般员工三个层次来分析。这里我们且从质量改进过程的角度来进行分析。

1. 质量改进前的心理阻力。质量改进之前的心理阻力主要表现在两个方面，一是看不出需要进行改进的地方，二是看出了需要改进却又不愿意进行改进。

需要改进而又不能发现，自然与员工的能力特别是质量改进能力相关，但是与人的保守思想更相关。保守思想严重的人，总认为现在一切都好了，总喜欢拿现在与过去比，"忆苦思甜"，心满意足，根本不去或不愿意去发现质量问题，质量问题当然也就发现不了。一般来说，随着年龄的增长，人的思想逐渐趋于保守。为抵制这种倾向，每个人都应加强心理锻炼，例如多接触年轻人，多思考各种问题，多接受新事物等等。要克服保守思想，除后面将谈到的一些方法外，最主要的是增加新的参照系。如果参照系总是过去，只有纵向，没有横向，就难以打破自满自足的状况。"不比不知道，一比吓一跳。"有计划有目的地组织员工听取顾客意见，外出参观，学习别人的先进经验，举办产品对比展览和废品展览，对克服自满自足都是必要的。ISO9001：2008 规定："组织应利用质量方针、质量目标、审核结果、数据分析、纠正措施和预防措施以及管理评审，持续改进质量管理体系的有效性。"ISO9004：2000 则列举了获取纠正措施和预防措施（也就是质量改进）的信息、数据的一系列来源，通过诸如顾客抱怨、不合格报告、内部审核报告、市场分析之类信息，也可以发现存在的质量问题，从而打破自满自足的保守思想。

知道了需要改进却不愿改进，其心理原因和社会原因都比较复杂。首先可能是无所作为思想作祟，其次可能是害怕改进的麻烦，最后可能是担心改进后的结果对自己不利。无所作为其实也是保守思想。有人说："这么多年都过来了，何必要改进？""产品供不应求，没有必要改进。"因循守旧，鼠目寸光，对提高产品质量极为不利。那些技术革新能手之所以能取得一个又一个成果，不仅在于他们的质量改进能力很强，首先还在于他们没有或很少有保守思想，一旦发现可以改进的地方，立即专注于问题之中，行动起来再说。怕麻烦和担心改进结果对己不利，后文详述。

2. 质量改进中的心理阻力。质量改进之中和之后的心理阻力都将反馈到改进之前，都将表现在改进之前。但是，这两种心理阻力又毕竟是在改进之中和之后产生的，也可能是上一次改进产生的，是一种"经验的重复"，还可能是意识中产生的，是一种想象或推测的产物。这样，改进之中和之后的困难、挫折和损失，便预先对员工的心理形成一股阻力，因而表现于改进之前。

质量改进中的心理阻力主要表现也有两个方面：一是怕麻烦，二是半途而废。

质量改进就是要改革现有的工作秩序，包括对人员、设备、材料、方法和环境等方面的各种因素进行变革，这必然就有大量工作要做。要改进，首先就要分析现存质量问题的原因，然后就要针对这些原因采取措施，而任何一项措施都需要人去动脑动手，付出辛勤的劳动。正因为这样，不少员工，包括一些专业人员（技术人员或管理人员），甚至一些领导者，不愿进行质量改进，或者刚刚开始便打退堂鼓。

质量改进对现有秩序来说是一种新事物，要保证百分之百成功，往往是不可能的。事实上，哪怕一个小小改进，也会遇到种种困难，包括社会原因方面的困难。领导不支持，旁观者嘲讽，各种人为障碍，往往是质量改进半途而废的首要原因，这无疑地加大了质量改进的心理阻力。害怕失败而不为，碰上困难而退缩，在所有的变革中都存在。

克服改进前的心理阻力,在于勇于实践;克服改进中的心理阻力,在于敢于坚持。这都需要激发员工的心理动机,做好各方面的工作。

3. 质量改进后的心理阻力。质量改进之后的心理阻力主要是担心改进后的结果会有损于自己的权益,包括物质和精神两方面的权益。

质量改进之后,很可能损害员工的物质权益。新操作方法可能比原操作方法劳动强度大,例如织布工要消灭或减少疵点就要更辛苦;质量改进减少了工作量就可能减少获取收入的机会,甚至还可能因为质量改进造成一部分员工失业;等等。质量改进的结果损害员工的物质权益,当然就会引起抵制。

员工对质量改进后果的另一个担忧,是害怕打破现有的习惯、信仰、地位、传统等等,给员工造成不稳定或不安全感,也就是害怕对自己的精神权益带来损害。这种担心往往超过对物质权益受损害的担心。朱兰博士曾经举过一个例子:"一位工程师曾经建议改变一下工作方法,这一改变涉及到把制成品的储存从一台指定的机器转移到中央储存区。这位工程师对工人们反对这种新方法感到迷惑不解。这种方法看来对所有有关方面都是有利无害的,但是工人们却认为这种方法'将无法实行'。工头心中最清楚工人反对的真正原因所在——工人的生产是出类拔萃的,许多人都在自己的机器旁留步不前。对自己的工作感到满意和自豪,谁愿意放弃这种乐趣呢?"类似的例子随处可见:某厂建立了一条装配流水线,工人却还是照过去一样两人组合,单件装配。厂长发现后大发脾气,工人还是不理。经分析才明白,该班组的几个技术骨干害怕别人不重视质量,影响自己声誉,结果使大家都反对流水线作业。车间通过思想工作和严格质量责任制,问题才解决。

质量改进损害了人的五种基本需要中的任何一种,都会引起员工的抵制。由于过去的消极经验,他们也会抵制对他们无损害甚至有利的质量改进。损害高层次需要即精神上需要的质量改进,更会受到抵制。"我们完全可以预料当人们在工作中被剥夺了满足他们重要的需要的机会时,他们会作出什么表现——懒惰、消极、不负责、抵制任何变化、追随蛊惑人心者、提出不合理的经济要求。"这段话我们在前一节就引用过,用在这里更是适当的。

二、质量改进的心理动因

人的心理是非常复杂的。正像有作用力就有反作用力一样,对待质量改进,员工既有心理上的阻力,又有心理上的动力,既有消极抵制的心理因素,又有积极推动的心理因素,此消彼长,形影不离。质量管理的任务就在于消除员工的心理阻力，激发他们的心理动力，诱发他们参与质量改进的动机。

人的五种基本需要都可以引发而成为质量改进的心理动因。员工有对经济收入即钱的需要。因此，对质量改进活动应该有适当的奖励办法，不仅应该奖励取得显著效果的改进活动，对仅仅提了建议、进行了改进但经济效果不显著、一般的小改进都应该奖励。人的优势需要是各不相同的，而且也在变化和发展，更要重视刺激员工高层次需要，例如强调集体荣誉，强调振兴企业，强调为国家多作贡献，一切行之有效的思想政治工作，都应当坚持。

有这样一个工人，其貌不扬，常被人讥讽。他埋头钻研技术，接连完成了几次技术革新，于是名声大振，再也没有人取笑他了，反而竖起大拇指说："这小伙子不错，脑瓜子灵！"奥地利心理分析学家 A. 阿德勒认为，人有一种自卑情结，这种自卑情结可以产生对成就的需要（补偿作用）。他把为优越而奋斗称作生命的实质。为了取得成果而受到表彰和尊重（自尊需要），为了实现某种抱负某种理想（自我实现需要），都可能成为员工质量改进的心理动因。随着文化水平的提高和经济收入的增加，高层次需要越来越成为员工进行质量改进的推动力。

强调高层次需要的作用，并不否认低层次需要在质量改进中的地位。事实上，大量的质量改进，特别是员工自发进行的质量改进，往往是出自于对减轻劳动强度、缩短劳动时间的需要。员工通过质量改进，减轻了劳动强度，提高了工效，缩短了工时，管理人员不应该急于去"扭紧螺丝钉"，去扣减工时和增加定额，去加重员工的负担。否则，员工就会感到得不偿失，增加对质量改进的心理阻力，压抑质量改进的心理动因。经过一段缓冲时间，再去"扭紧螺丝钉"，效果可能要好得多。而且即使这样，"螺丝钉"也不要"扭"得过紧，诱发员工的反感。"扭"得过紧，员工如果觉得不如不改进，甚至会退回到原来的质量状况去。

作为质量管理者，应该懂得"需要—动机—目标"理论，善于设立各种目标，采用适当手段，去刺激员工的需要。当员工有了某种需要（基本需要变成现实需要）之后，又要善于把员工的需要引导到质量改进上来。前面所举那位工人，当他屡受讥讽时，就会心怀愤怒，驱使他去改变这种处境，从而推动他去寻找改变处境的办法。这时，管理人员就应该善于发现他的这种改变处境的需要，善于分析和把握他的能力、特长、爱好，及时设立目标，把他的注意力引导到质量改进中来。当他取得几次成功后，被人尊重的需要得到满足，又要善于激励他在更大范围、更高层次上被人尊重的需要，还要激励他的自我实现需要。如果一个人是出于自我实现需要（包括实现自己理想的需要）而投入质量改进活动，他就能够克服各种心理阻力和各种外部困难，坚定不移、坚持不懈，取得一个又一个成果。那些技术革新能手，那些事业心极强的员工，那些怀有崇高理想的先进分子，不断开动脑筋，寻找薄弱环节，进行质量改进，往往就体现了他们的自我实现需要。

三、将心理阻力变为心理动力

员工的心理阻力，归根结底是害怕质量改进影响他们的需要，而心理动力也是来自于他们的需要。需要既表现为阻力又表现为动力，岂不矛盾？阻力能否变成动力呢？又怎样变成动力呢？

马斯洛的需要层次论有三个基本观点：（1）人的需要总是由低级向高级发展的，即高级需要的出现是以低级需要的满足为条件的。一个人只有当低层次需要获得基本满足后，高一层次需要才会充分发挥作用。（2）人的各种需要中，有的需要对人的行动有较强的心理动力，在需要结构中占有主导地位，这就是优势需要。优势需要一旦产生，往往又能压抑其他需要，包括尚未满足或尚未充分满足的低层次需要。（3）只有高级需要的满足才能产生令人满意的主观效果，才能得到一种鼓舞力量。也就是说，当低级需要满足时，它就不再具有激励作用。高级需要（例如自我实现需要）则不同，越得到满足，人们就越具有从事这种工作的热情。

根据马斯洛的这些观点，要有效地消除员工对质量改进的心理阻力，并且要把阻力变为动力，首先应当认识员工思想习惯格局的现状，分析员工的心理阻力来自哪一个方面，是怎样形成的；其次应当分析当前的这次质量改进可能对员工的哪些需要造成损害，又可能刺激员工的哪些需要，并且加以对比；最后是要善于做思想工作，注意工作方法，减弱或消除质量改进对员工需要的损害，增强质量改进对员工需要所带来的满足。

如果质量改进能够刺激员工的优势需要，这种改进遇到的心理阻力相应就小一些，而产生的心理动力就很大。人的优势需要是各不相同的，而且是变化和发展的。这就需要分析，并对不同的员工采取不同的方法，而不能简单化和"一刀切"。一般来说，员工对经济收入即钱的需要较为强烈，对质量改进给予适当奖励是必要的。但这并不是说，员工的优势需要就是为了钱，而钱又仅仅只是满足其生理需要而已。随着收入水平的提高，奖金的作用将随使用时间而递减。有人就说："为那两个钱，我才懒得干呢！"就是奖金作用递减律的结果。因此，不能仅仅用奖金去刺激员工，去逼迫员工进行质量改进，特别是这种改进有损员工高层次需要的时候，反而会与员工的心理造成激烈冲突，给今后的改进活动和改进后的保持埋下祸根。事实证明，用行政命令，用强迫手段（例如扣发奖金、调动工作、收回信任、公开批评甚至行政处分）去逼迫员工进行质量改进，不是搞不起来，就是半途而废，或者即是完成了改进项目后，时隔不久员工又会"复旧"，放弃改进了的设备和操作方法，退回到原来的老样子去。某钳工组曾经按车间要求设计和制造了一套夹具，以提高加工质量。但该夹具装夹太麻烦，增加了员工的劳动量。不到半个月，大家都弃之不用。车间派人现场督促，有人监督时大家没有办法只有使用，监督的人不在时则又不使用。最后还是车间屈服，该夹具丢在一边，报废告终。

如果质量改进有损于员工的优势需要，这种改进遇到的心理阻力就相当大。克服这种阻力不能硬碰硬，用强迫方法去推行，而应当从几个方面去努力：（1）用高层次需要去激励员工；（2）适当调整和变动这种改进，把这种损害降低到最低限度；（3）用其他方法弥补这种改进对优势需要的损害。初上战场的士兵，往往都可能怕死（安全需要成了优势需要），通过思想政治工作，对祖国和人民的热爱（归属需要）和对自己的尊重（自尊需要，例如电影《高山下的花环》中的赵冬生）上升为优势需要，安全需要就失去了优势地位。关于第二点，可用前面所引朱兰博士举的那个例子，为弥补制成品转移储存区给工人"对自己的工作感到满意和自豪"带来的损害，可以在制成品上贴上工人姓名标签，以示表彰，从而降低这种损害。前面所举装配流水线可作第三点的例子：由于实行了严格的质量责任制，弥补了给员工自豪感带来的损害；不仅如此，该车间还经常开展技术练兵、技术比赛等活动，更是对员工自豪感损害的一种弥补。所以后来员工都愉快地接受了质量改进的结果，都愿意上流水线操作。

朱兰博士认为，人类有一种强烈要求获得质量的本能（文化本能）。这种质量的本能可以说也是人的一种需要，而且是一种高级需要（自我实现需要）。质量管理者要善于把员工的这种需要变为动机。这就要求不失时机地设置质量改进目标，把员工的注意力引导到这种目标上来，从而形成质量改进的心理动力。员工由此而产生的心理动力往往有很强的力度，能够战胜多种心理阻力，也能克服各种外界困难，从而取得一个又一个质量改进成果。遗憾的是，一些管理人员往往并不相信员工有这种质量本能，有这种自我实现的高级需要。建议大家都来学一点心理学，都去做一点调查。

四、创造持续改进的环境条件

所谓持续改进，是不断的质量改进。一次质量改进往往容易进行，持续改进不管是对员工个人来说还是对企业来说，都是相当困难的。这就涉及到持续改进的环境。没有相应的环境条件，企业不可能进行这种质量改进的"循环活动"。

企业的工作环境是人的因素和物的因素的组合。这些因素影响员工的能动性、满意度和业绩，同时也对企业业绩的提高具有潜在的影响。对持续改进所需而言，主要是指环境中人的因素，又特别是指"创造性的工作方法和更多的参与机会，以发挥组织内人员的潜能"，我们称为人文环境。

一般来说，员工进入企业后，就会规定他的职责，给他安排工作任务。不能正常履行职责，完不成工作任务，企业就会对他进行处罚。职责和工作任务一般都有较为具体的指标，便于进行测量和评价。虽然企业可以将质量改进纳入员工的职责中，但改进什么，如何改进，改进结果如何，等等，企业往往难以形成工作任务指标下达给员工，因而也就难以测量、评价和考核。质量改进有赖于员工的主观能动性，有赖于员工的态度和自觉。通常情况下，逼迫员工进行质量改进是难以持续的，也是难以成功的；只有员工自觉地、主动地投入质量改进中，质量改进才可能顺利进行，也才可能持续。而要员工自觉地、主动地投入质量改进，则需要企业为他们创造一个有利于持续改进的环境条件。

从心理学角度来分析，持续改进的环境条件包含了以下内容：

1. 最高管理者的支持和领导。ISO9000：2005 规定："最高管理者通过其领导作用和实际行动，可以创造一个员工充分参与的环境，质量管理体系能够在这种环境中有效运行。"标准规定的最高管理者的基本职责之一，就是"实现持续改进"。ISO9004：2000 规定："除了渐进地或连续地持续改进之外，最高管理者还应当考虑将过程的突破性更改作为组织业绩改进的一种手段。"ISO9001：2008 也规定：最高管理者应确保质量方针，"包括对满足要求和持续改进质量管理体系有效性的承诺"。而在 ISO9004：2009 中，更是要求最高管理者识别组织环境的变化，进行创新以满足利益相关方的需求和期望。最高管理者对持续改进的认识，是具有决定意义的。认识正确，他就会按标准的规定去实施自己的职责，对所有的改进活动给予支持，并主动领导整个企业的改进活动，从而使持续改进成为企业的一个基本目标，形成一种基本任务或要求。如果最高管理者把所有的改进都认为是附加的要求，或者只作为是员工或下级的事，就会影响员工或下级，使他们也将改进当作附加的要求或他人的事。这样，谁还会主动、积极、自觉地进行质量改进呢？

2. 各级管理者以身作则。各级管理者（当然也包括最高管理者）应通过以身作则、持之以恒和配置资源，为创造持续改进环境履行必要的领导职责并承担义务。所谓以身作则，就是自己也要积极参与到质量改进之中，包括持续地改进自己的工作过程。所谓持之以恒，就是对持续改进持之以恒地支持和领导，并培育一种广泛交流、相互合作和尊重个人的环境。所谓配置资源，就是为持续改进提供相应的培训、专家（人才或人员）、信息、资金和其他物质条件等。

由于认识上的或体制上的原因，个别管理者对员工的质量改进要求（意见和建议）往往采取推诿、抵制、压抑和反对的态度。这就会大大打击员工的积极性，是一种破坏持续改进环境的恶劣行为，必须坚决纠正。最高管理者应抓住个别典型事例，进行严肃处理，一是教育其本人，二是改善环境条件，给全体员工一个明白无误的信息。

3. 企业内相同的价值观。持续改进要求企业内有一套共同的价值观。价值观实际上就是人们的世界观、人生观的反映。持续改进所要求的价值观，其核心是"质量第一"和"为社会增值"。只有企业、企业的管理者和企业的绝大部分员工都确立了这样的价值观，企业才可能真正进行持续改进，才会有热心于质量改进的稳定的心理状态。不能设想，一个以制造假冒伪劣产品的企业，能够进行持续改进。也不能设想，不关注顾客需求、没有社会责任感的企业，能够在质量改进上真正下工夫。企业内形成了这样的价值观，也就形成了一种文化氛围，形成了一种良好风气，对落后的或新进入的员工就会产生极大的感染，使他们融入持续改进中来。

4. 有确定的质量改进目标。按 ISO9001 和 ISO9004 的规定，企业的质量方针和质量目标都必须包括持续改进的内容。也就是说，企业的质量目标中应有质量改进的目标。企业的质量改进目标经过展开，还可以有部门的、班组的、个人的质量改进目标。目标对员工有一种激励、鼓励作用，是形成持续改进环境的重要因素。

5. 交流、合作和相互之间的信任。一般来说，质量改进是对现行的程序、方法等进行改变，有时"牵一发而动全身"。只要有一个部门或人员从中作梗，就可能使这种改变难以进行。因此，在交流与合作中还需要相互之间的信任。如果企业内部互不信任，就会迫使所有的改进活动中止而失败。交流、合作和信任的情况反映了企业内的人际关系。人际关系中矛盾的主要方（居于上级、上一层次或掌握资源较多的一方），应当放下架子，主动与对方进行交流与合作，信任对方，切忌一棒子就将对方打回去。任何员工在受到打击后，都难以坚持质量改进。

6. 尊重员工的首创精神。质量改进、持续改进虽然与改革创新有所不同，但同样包含了改革创新的因素。改进中所采取的措施，不是既定的（文件规定或习惯形成的），很可能是从来没有采用过的，甚至可能是在书籍之类信息源中无法找到的。也就是说，很可能是首创的或独创的。如果企业各级管理者没有尊重员工首创精神的意识，对员工首创或独创的措施采取质疑、否定、阻挠、反对的态度，必然打击员工质量改进的积极性。即使员工提出的措施存在问题，也应该通过评审或试验来解决。不问三七二十一，"一棒子打死"，挫伤了员工积极性，不仅使这一项质量改进难以进行，而且还会影响今后的质量改进，破坏持续改进的环境条件。因此，只要员工有建议，有改进的要求和行动，就应当给予鼓励和奖励。

7. 进行必要的教育和培训。质量改进需要相应的方法和工具技术，具体的改进项目可能还需要相应的技术知识和管理知识以及经验。这就决定了应当进行必要的教育和培训。企业的所有成员，包括最高管理者在内，均应在质量管理原理和实践、质量改进方法的应用方面得到教育和培训，其中包括质量改进工具和技术的使用。其实，ISO9001 和 ISO9004 规定的培训内容，几乎都与持续改进相关。

8. 对改进过程进行鼓励，对成功的改进进行必要的奖励。管理者（包括最高管理者）对持续改进的支持，不仅体现在进行改进之前，更体现在改进之中和改进之后。改进进行之中，管理者应当进行鼓励。这种鼓励包括三个方面：（1）为改进提供必要的资源（例如给予必要的时间、经费等）；（2）为改进鼓劲加油，经常予以关注；（3）当改进遇到困难时，及时予以解决。改进进行之后，管理者要对其结果进行评价和认可，以鼓励与质量改进所需的价值观、态度和行为相一致的行动。认可后应进行适当奖励，奖励的目的是树立榜样，以吸引更多的员工参与到改进中来，形成一种人人做贡献、求进步和争先进的风气。

9. 有较高的士气。拿破仑说过："军队士气和装备之比是 3∶1。"就是说，士气比装备更重要。对企业来说，所谓士气，是员工对工作的热情和信心，是一种群体心理状态。企业士气高，员工的工作效率也就高。对质量改进的热情也就高；反之，员工就会对质量改进持冷漠态度，即使使用某种合理手段，或者带有强迫性质，他们的参与也可能是被迫的。企业要培养较高的士气，当然有赖于企业的业绩，但更有赖于企业良好的人际关系、长期的思想政治工作和生动活泼的企业文化。全员参与既是士气高的形成条件，又是士气高的一种表现。因此，持续改进也应当坚持"全员参与"原则。

10. 追求新的更高的目标。质量改进是持续不断的，不能中止，也没有终点。为此，就要不断设置新的更高的目标，以吸引全企业所有部门和人员去追求。只有这样，持续改进才能"持续"。一个目标完成了，还应给自己提出新的更高的目标，使改进项目在新一轮 PDCA 循环中上升。这样，才可能摆脱环境因素中的自满、骄傲和惰性，使其保持生机和活力。

上述持续改进环境条件的内容不是互相独立的，而是统一的、综合起作用的。我们把它们分开来讲解，是为企业创造持续改进环境条件提供思路和思考。也就是说，企业应当从这些方面去做工作，为持续改进创造一个合适的优良的环境条件。

企业持续改进的环境条件，是通过两个方面作用于员工的。一是通过引导、鼓励、示范、榜样的作用，吸引员工参与质量改进，并为他们提供持续改进所必需的项目、目标、资源、奖励；二是通过大多数员工的态度、行为和舆论，形成一种压力，迫使那些不愿、不想或反对质量改进的员工参与到改进中来。只有当大多数员工都能主动地、积极地、自愿地参与质量改进，企业的持续改进才能真正坚持下去，并真正取得成效。

必须肯定，绝大多数员工对改进都有需要。通过质量改进，降低消耗，提高质量，不仅企业可以获益，员工个人也可以获益。例如提高收入、稳定职业、降低劳动强度、改善工作环境等等。可以说，持续改进不仅是顾客的需求和期望，也是员工的需求和期望。企业创造一个有利于持续改进的环境条件，正是满足这种需求和期望的一种行为，员工也就会积极投入到质量改进中来。企业没有这样一个有利于持续改进的环境，就会使他们失望，不仅潜在的积极性和聪明才智难以发挥，反而会浇灭他们对企业的一片热忱。对企业来说，这无疑是一种损失，而且可能是一种重大损失。在高新技术产业中，甚至可能是一种致命损失。

但是，又必须看到，质量改进又可能侵害员工的权益，例如增加劳动强度、使其丧失工作机会等等，从而对质量改进采取消极抵制的态度。这时，持续改进的环境条件对改变他们的态度就会起到积极作用。也就是说，会使他们由消极变为积极，由抵制变为参与。

全员参与质量管理最集中地体现在改进过程之中。没有绝大多数员工主动积极参与，企业连质量管理都搞不好，又遑论持续改进了。企业持续改进的环境主要是通过一种吸引、激励和感染来发动员工参与的，其次才是通过形成的群体心理，迫使个别反对或抵制的员工也来参与。这种群体心理实际上也形成了一种持续改进的心理环境。

五、质量管理小组活动

质量管理小组活动的主要目的是质量改进。我国的质量管理小组活动已经有了30多年的历史，但真正取得成效的却并不多，相当部分质量管理小组或者名存实亡或者收效甚微。原因是多方面的。不注重我国的文化背景，不注意研究质量管理小组活动中的心理因素，是一个重要原因。下面，我们准备从心理学角度，对改进质量管理小组活动提一些建议。

（一）质量管理小组的组织

质量管理小组是什么样的组？它与行政班组的区别在哪儿？可以从组织心理学角度来探讨。只有把质量管理小组的性质确定下来，才便于对它的活动和管理进行探讨。

质量管理小组当然是一种正式组织。按规定，质量管理小组要登记注册方才被认可。但是，质量管理小组又要建立在自愿的基础上。也就是说，参不参加，参加后退出与否，都由员工自愿。甚至最先的组建也应当是自愿的。当然，依靠行政命令也可以建立质量管理小组，参加这种质量管理小组也还是应当遵循自愿原则。用强迫手段（例如威胁、惩罚）逼迫员工参加，这样的质量管理小组很难巩固，也很难取得成效。严格说来，质量管理小组活动毕竟是分外之事，员工有权不参加。正因为这样，质量管理小组又带有非正式组织的性质，是介于正式组织与非正式组织之间的一种组织。

正式组织与非正式组织有各不相同的特征。正式组织具有上级组织正式赋予的权力，个人行动受各种规章制度的约束，强调行动的一致性；非正式组织成员的个体行为受自发形成的行为规范的约束，往往缺乏一致性。正式组织成员之间有一定的上下层次，各自分担一定的角色任务；非正式组织成员之间带有明显的情绪色彩，其联结的纽带往往是个人之间的需要、情感和兴趣。很显然，带有非正式组织性质的质量管理小组应当比行政班组更强调民主，更注重组织内部的感情色彩。否则，何必还要在行政班组之外成立质量管理小组呢？何不就用行政班组去代替质量管理小组呢？

非正式组织有三种不同的类型：一是由某些局部利益而形成的利益型组织，二是由崇拜心理因素而形成的权威型组织，三是由某些人员之间存在一定的社会关系而形成的社会型组织。质量管理小组可以是利益型的（质量改进的结果对所有成员都有利），也可以是权威型的（围绕某技术革新能手或质量标兵而形成），还可以是社会型的（小组成员之间有某种社会关系）。不管是哪一种，它的成立都带有自愿的性质，其成员之间更带有感情色彩。用行政命令来组建质量管理小组也不能违背这两条原则。强迫参加，会遭到强烈抵制；成员之间不和，矛盾纠纷严重，迟早都要闹翻。某厂一个质量管理小组，两个核心人物有矛盾，各搞各的，实际上分裂成两个小组。更有一些质量管理小组因感情不和，最终还是解散了。

一个需要（前面讲的质量改进的需要也就是员工参加质量管理小组活动的需要），一个感情（感情也是人的一种基本需要即归属需要），是增强质量管理小组凝聚力和吸引力的关键所在。

(二) 质量管理小组的活动

作为质量管理人员，笔者参加过不少质量管理小组活动，感到有两个问题值得关注：一是活动未能正常进行，二是思维求同性对活动的影响。

先说第二个问题。质量管理小组既然带有非正式组织的特征，不同的员工参加质量管理小组就可能有不同的动机，不同的动机也就反映了不同的需要。这是其一。其二，不同员工的地位、角色、文化水平、思维习惯等等是不相同的。因此，质量管理小组成员在活动中就可能有不同的要求和不同的意见。质量管理小组活动要求选题要准，分析问题的原因要明，采取的措施要得力，如果凭一两个成员作决定，显然是不行的。从组织的性质和组织的目标这两个方面都可以看到，质量管理小组活动不仅要求行动的一致，更需要思维活跃，各抒己见。只有在此基础上，集思广益，才能真正求得意见的一致，从而求得行动的一致。

中国传统的求同性思维习惯对质量管理小组活动是很大的干扰，影响了质量管理小组活动的成效。这种求同性首先反映在选择活动课题上。急功近利，希望一锄头挖一个金娃娃；从上而下重攻关型质量管理小组，轻管理型质量管理小组，就是这种求同性的反映。质量管理小组成果评审，攻关型的容易评上，因其成果报告容易套入既定的框框（选题理由、原因分析、措施计划、实施、效果、标准化、遗留问题等，类似于八股），管理型的虽然对产品质量的保证和提高起了很大作用，因其成果报告难以套入框框，便很难评上。这种成果评审的求同性，对质量管理小组选择活动课题带来了很大的消极影响。

求同性在活动中表现得更加严重。不同意见往往难以发表，一两个人说了算相当普遍。本来，各种质量管理和质量改进工具的使用都应建立在全小组成员充分发挥智慧的基础上，各种智力激励法应在质量管理小组活动中广泛推广。事实上，不少质量管理小组并没有这样。某个人说了，大家去干就行了，事后才来"倒装"因果图、排列图、措施计划表之类。这和质量管理小组成员的组成也有关。有些质量管理小组总要弄一个领导或工程技术人员进来，领导发了言，谁又愿去反驳呢？工程技术人员这样说，当工人的只好跟着去做。领导、工程技术人员、工人的"三结合"当然是对的，但是如果理解成领导定课题，工程技术人员定措施，工人奉命去干，就错了。况且，"三结合"仅仅是质量管理小组的一种组织形式，随着质量管理小组的普及，全是工人参加的质量管理小组将越来越多。总之，"一言堂"违背了质量管理小组自愿和民主的宗旨。

正因为质量管理小组活动的课题（内容）、活动的方式和活动后的结果不能吸引员工，员工对参加质量管理小组活动会失去热情，相当一部分质量管理小组难以正常开展活动，甚至名存实亡。要改变这种状况，不能不改进质量管理小组的管理。

（三）质量管理小组的管理

改善质量管理小组管理，一个很重要的方面就是运用管理心理学的方法去组织去管理。第一是要善于用引发积极性行为的动机理论去激励员工，使他们从需要出发，自觉自愿参加质量管理小组活动，还要使质量管理小组活动真正能够满足他们的需要。第二是要运用有关学习的心理学原则，对参加质量管理小组的成员进行培训，使他们能够掌握最基本的质量管理知识以及常用的质量改进工具，真正具有质量管理小组活动的能力。第三是要运用群体心理学特别是小群体心理学的理论，加强质量管理小组内部的团结，使其形成一定的压力和内聚力，使每个成员都自觉顺应其群体心理动势的影响，形成质量管理小组的群体意识。第四是要运用意见沟通的理论，建立适当的沟通网络，疏通沟通渠道，为质量管理小组内部的意见沟通和质量管理小组与外部人员的意见沟通创造条件。第五是要运用组织心理学的理论，随着课题的进展和质量改进的需要，随时整顿质量管理小组，并且要注重影响组织功能的心理因素，特别是目标和功利因素，以激发员工参加质量管理小组活动的积极性，等等。

此外，还应当认识到，质量管理小组形式是多种多样的。质量管理小组活动的目的是质量改进。同样的目的可能由不同的道路去达到。只要是进行质量改进的，又有一定的组织形式，都应当予以承认，而不能借口他们是非正式组织，或者没有运用所谓新老七种工具[①]，采取否认态度。因此，注册登记工作也应当改进。

六、质量改进的心理绩效

作为变革现实的一项实践，质量改进活动一方面改进质量，一方面也对参加改进的员工有很大的反作用，改造他们的主观世界。从某种意义上说，质量管

---

① 老七种工具是指排列图法、分层法、调查表、因果图法、散布图法、直方图法、控制图法；新七种工具是指关联图法、KJ法、系统图法、矩阵图法、矩阵数据解析法、PDPC法、箭条图法。

小组活动对员工的心理作用以及对人际关系的改善，可能比提高效益节约金钱的作用更大。但是，我们往往对此认识不深，只注重所谓的经济效益，只注重节约多少钱，绞尽脑汁去算所谓的经济账，事实已经证明，这很容易使质量管理小组活动陷入困境。

质量改进活动起源于员工的需要，反过来又会刺激员工的需要，特别是在取得较大的成效后，对员工需要刺激更大。而且，这种刺激的对象，往往还高于质量改进之前的那种需要。如果起先是源于对金钱的需要，在质量改进取得一个又一个成果后，对荣誉的需要就可能被刺激而诱发出来，有的还可能发展到自我实现的需要。当然，这里说的成果，主要是事实上的成果，真正的成果，而不仅仅是获奖。某厂一个发动机装配质量管理小组，成立之初主要是为解决一个严重的质量问题。因该问题装配工段挨了批评，被扣了奖金。通过攻关，该问题得到解决，受到工厂表扬。质量管理小组本应注销，但他们尝到甜头，不愿解散，自己寻找课题，坚持多年，取得一个又一个成果。该质量管理小组组长说："过去是要我们搞，现在是我们自己要搞。"

质量改进活动对转变员工的质量态度有很大作用。质量态度往往总是在质量实践中转变的，而质量改进是一项积极的质量实践。员工参加质量改进活动，有利于提高他们的质量意识，增强他们的质量情感，从而转变他们的质量态度。有的企业为推广质量管理小组活动，曾经向参加活动的员工发放活动费。活动广泛开展起来后，即使取消了活动费，自愿参加质量管理小组活动的员工却有增无减。这说明员工的质量态度有了很大转变。朱兰博士在谈到引进变革的办法时，第一条就是"吸收那些将受到影响的人，积极参加到变革的计划和执行中去"，也就是这个道理。克服思想习惯格局，最好的办法也是在实践中去克服。习惯、信仰、态度、作风、传统等等，是在实践中形成的，也只有在实践中才能改变。

质量改进活动是增长员工质量能力的重要"学校"。在质量改进中学习质量改进，质量改进能力才能真正提高，也才能真正掌握全面质量管理的有关知识。否则，新老七种工具讲得头头是道，也是没用的。全国著名劳动模范、青岛港工人许振超只有初中文化，通过自学，不断参加技术革新，进行质量改进，积累了相当丰富的经验，从一个普通港口工人成长为世界一流的技术专家，被誉为新时期产业工人的杰出代表。类似的例子是很多的。

质量改进，特别是质量管理小组活动最重要的心理绩效是改善人际关系。为了一个共同的目标，大家一起研究问题，一起进行质量改进，无疑会增强相互之间的情感交流，有利于沟通意见。作为一个群体，质量管理小组不仅对自己的成员有一种群体压力，影响他们的行为反应，而且还有一种内聚力，吸引他们并使他们同心协力进行合作。有这样两位员工,过去互相有意见,参加质量管理小组活动后,不仅消除了隔阂,而且增进了感情,成了一对好朋友。质量改进活动是员工参与企业管理的一种形式,对改善干群关系,提高员工在企业中的地位,无疑也有一定的作用。笔者曾经到日本参加过铃木公司的世界质量大会,从会上发表的成果来看,他们甚至是从改善人际关系、改善劳资关系的角度出发,来推广质量管理小组活动。这值得我们借鉴和思考。

第四节 企业的质量文化建设

从心理学角度来看,质量文化实际上就是人们与质量有关的行为和心理的一种传统的固定模式。企业的质量文化是企业文化的有机组成部分,是企业进行质量管理的基础和依托。离开了相应的质量文化,企业的质量管理就只能是无源之水、无本之木。反过来说,企业的质量文化又离不开质量管理,只有通过培训、策划、实施、改进等一系列质量管理活动,才可能建立起企业的质量文化。因此,加强质量文化建设,努力培育质量文化,既是企业进行质量管理的前提,又是企业进行质量管理的结果。

企业的质量文化是由企业的质量精神、质量制度和质量的物质载体体现出来的质量形象构成的。从哲学角度看,质量精神、质量制度和质量形象是相互依赖、相互影响、相互作用的统一体。它们之间的关系可以用图4-4的三角形来表示。

图4-4 质量文化构成要素的关系

一、质量精神文化建设

马克思主义的唯物论认为,文化的基础是物质,文化是由生产方式决定的。企业的质量文化也是这样,企业的生产方式决定企业的质量文化。按照这样的观点,我们似乎应当首先分析企业质量文化的物质因素。但是,一般来说,企业质量文化的物质因素往往是既定的，其改变往往涉及到投资，涉及到企业的生产方式。在一定物质基础上形成的质量文化，特别是其中的精神文化和制度文化在一定的条件下往往又具有决定性作用。因此，我们先分析质量精神，再分析质量制度，最后再分析质量文化的物质因素。

（一）企业的质量精神是企业质量文化的核心

企业的质量精神肯定是在一定的物质基础上形成的，但我们不能把这种物质基础狭义化，似乎只是企业的基础设施之类和企业的产品之类。企业的基础设施和产品形象当然对企业质量精神的形成具有一定的作用，但企业质量精神的形成是在全社会的物质生产基础上形成的。企业所处的社会质量环境、所面对的市场质量需求、所处的质量竞争环境等等，都是企业质量精神形成的物质条件。对一家企业来说，可能是先有质量精神，才有其他质量文化项目建设的展开。因此，企业质量精神往往是企业质量文化建设的指导思想，是企业质量文化的核心内容。

与动物不同，人具有丰富的心理活动，能够通过思维来掌握客观事物的规律。质量精神是企业管理者和全体员工，即企业的人的质量思维的产物，也是其质量思维的基础。企业质量文化最直接的体现可能是企业的质量制度，可能是企业的质量设施和产品质量形象，但质量制度是由企业的人去制定和执行的，质量设施是由企业的人去购置和维护的，而产品更是由企业的人去制造或实现的。如果企业的人不具有相应质量理念和质量意识，没有相应的质量道德，质量制度就不可能制定出来；即使制定出来也没有人会认真执行。同样，质量设施也好，产品质量也好，也就得不到根本的保障。

当然，质量精神往往是摸不着看不见的，只有深入企业去感受才能真正把握。不错，企业可以提供书面的质量方针，其管理者也可以就质量问题侃侃而谈，对员工也可以通过考试之类获知其相应的认识，但这些很可能没有真正反映企业的质量精神。由于质量精神是核心，要真正把握就相应困难一些。只有通过实际考察，通过企业及其管理者在处理质量问题时的态度，通过其员工对产品质量采取的行为来加以判断。但不管怎么说，企业质量精神却是客观存在的，并且在企业质量文化中发挥着核心作用，左右着企业质量文化建设的方向。因此，建设企业质量文化，最重要的是建设企业质量文化精神。

（二）企业质量精神形成的过程

现代企业大多是大工业生产的产物。建立一家新的企业，当然需要大量的物质投入，例如修建（租用）厂房、办公楼、购买设备、整治环境等等。但是，在建立企业之前，企业的管理者可能就已经有了自己的质量理念，这种理念必然要支配他的行为，影响他对企业质量文化的认识。在建立企业的过程中，企业的管理者可能就已经开始考虑企业质量文化了，特别是考虑企业质量精神了。这种考虑可能是认真的、直接的或有意识进行的，也可能是无意识中进行的、间接的或心知肚明的。也就是说，企业质量精神在企业创建之初就开始形成了，开始时可能仅仅表现在企业管理者的思想中。而管理者的思想很快就会体现于企业的建立过程中，例如对企业的设计是按高质量标准还是马虎凑合？购置设备是从生产高质量产品出发还是仅仅只从节约成本出发？那些在建立企业时就有创名牌意识的管理者，与那些把造假作为发财手段的黑心老板，其质量精神有天壤之别。由于他们的质量理念不同，在建立质量制度时，在购置或安排质量设施时，也就会有不同的态度并采取不同的方法，从而影响整个企业质量文化的形成。

接着，管理者的质量理念通过言传身教，就会影响企业的员工，从而给企业质量精神深深地打下他们的质量理念的烙印，为企业形成传统的质量精神奠定基础。管理者的质量理念往往是通过质量方针来体现的。质量方针就是他们处理质量问题的宗旨。这样的质量方针与企业正式发布的质量方针很可能是有差异的，但往往更能影响员工的质量行为。有的企业没有制定和发布质量方针，但其管理者的思想中却不可能没有这样的质量方针。这种思想中的质量方针可能是有变化的，是"浮动"的，但往往更具有效力，更能对企业质量精神的形成产生影响。事实上，在不少企业中，领导的一句话往往把相当多的质量制度抵消了，员工对此也心知肚明。于是，上行下效，员工往往就向管理者的质量方针看齐，也在自己的思想中形成相应的"质量方针"。管理者和员工思想中的"质量方针"综合起来，就成为企业的质量精神，或者说形成企业质量精神的核心内容。

当然，企业不仅仅是管理者的企业，企业的员工进入企业之前，就已经接触了整个社会的质量"教育"，也形成了相应的质量理念。如果管理者和员工的质量理念不同，双方就可能发生冲撞，有时甚至可能发生激烈的冲突。冲撞或冲突的结果，可能是双方都有所让步，从而达成妥协；可能是某一方服从于另一方，从而形成以某一方质量理念为主的质量精神；可能是继续冲突，甚至分道扬镳，各走各的。笔者一位师兄弟下岗后应聘到一个私营企业，发现老板经常以次充好，不把质量当回事，多次提出意见不被接受，只干了两个月就自动辞职回家，就是不能有效解决冲突的结果。当然，这样的例子不多。在相当多的情况下，员工的质量理念往往低于企业的要求，往往用消极的方式对待管理者提出的质量方针。这需要企业通过加强质量教育和强化质量责任制来解决。

事实上，企业质量精神的形成是一个相当复杂的过程，在管理者与员工之间、员工与员工之间、企业与员工之间、质量制度与质量精神之间、质量文化的物质因素与质量精神之间都会出现磨合、冲撞和冲突，相互影响，相互妥协、相互促进、相互整合。但不管怎么说，企业一旦建立，其质量精神也就开始形成了，直到质量精神相对固定下来。

（三）企业质量精神的构成要素

作为一种精神，企业质量精神往往不能直接观察到。走进一家企业，我们可以看到墙上的质量标语，可以看到质量手册上的质量方针，甚至可以通过询问其管理者或员工得到某种印象，粗略地走马观花式的考察往往难以把握其质量精神。但是，企业的质量精神毕竟是一种客观存在，虽然不能直接观察，但通过对企业处理具体质量问题的态度及方式方法的考察，仍然是可以感受到的。为了为考察企业质量精神提供方便，更为了企业塑造自己的质量精神时能够有一个便捷的方法，我们可以把企业质量精神分解成若干构成要素。一般来说，企业质量精神是由企业的质量理念、质量方针、质量意识和质量道德构成的。这四大构成要素也是企业质量精神的表现形式。

在这四大构成要素中，质量理念最为重要，它是企业质量精神的核心，表现为企业的质量价值观。其次是质量方针，它是质量理念的具体表述，有书面的质量方针和实际执行的质量方针之别，二者很可能存在差异，我们更看重的是实际执行的质量方针。企业质量理念和质量方针在其管理者和全体员工思想中的表现就是质量意识，质量意识包括了质量理念和质量方针的内容，但其外延更广泛。质量意识对企业管理者和全体员工的质量行为进行控制，这种控制机制就是他们的质量道德。企业质量精神最终就是通过质量道德来起作用的。

质量方针、质量意识和质量道德我们已经在相关章节中进行了论述，企业的质量理念建设我们将在第十二章进行阐述。

二、质量制度文化建设

企业作为一个组织，必然有其相应的制度，否则就无法存在，更无法进行正常的生产经营。这里说的制度，不仅仅是指一般的规章制度，而且指企业的领导管理体制和企业内部的特殊典礼、仪式、风俗、习惯等等，其中特别重要的是企业的领导管理体制。

企业的质量制度是企业质量文化外在的行为规范，起着约束企业所有成员的质量行为、维持企业的质量活动正常秩序的功能。企业质量制度包括三个层面的内容：一是企业的质量体制，二是企业成文的质量规章制度（质量手册、质量程序、作业指导书等），三是企业不成文的或非正式的质量制度（质量习惯、质量传统、质量作风等）。

（一）企业质量体制建设

质量体制是企业关于质量工作的领导管理体制，其具体表现为：质量由谁负总责，负责质量管理的机构和人员的地位和职权，出现质量问题后由谁负责处理，负责质量工作的各级机构、人员的权限及其在企业中的地位，各级各类人员的质量职责和权限，等等。

质量体制是企业质量制度文化的核心，有什么样的质量体制，就会有什么样的质量规章制度，也就会有什么样的质量习惯、质量传统和质量作风。质量体制对企业质量制度文化起着约束作用。一旦质量体制有所变化，就应修订相应的质量规章制度，就可能引起质量习惯、质量传统和质量作风也起变化。例如，一家企业设置了质量副厂长，并赋予了他很大的权限，那么就会引起整个质量体制的变化，从而要求一些质量规章制度作出修改，以适应这种变化。过去由企业技术负责人最后拍板的不合格品处理权限，很可能就会转到质量副厂长手中。如果这位质量副厂长对质量要求更加严格，就会改变操作工人的某些质量习惯和质量作风。

质量体制是企业落实其质量方针、保证其质量目标实现的组织、资源、运作措施，企业要想达到预期的质量目标，就应当按照质量方针的规定和质量目标的需要，并根据自身的具体情况来进行质量体制建设。

质量体制是客观存在的，只要企业在从事生产经营活动，在提供产品，就会有相应的质量工作，也就会有相应的质量体制。而质量管理体系是一种（请注意是"一种"而不是全部）适用于"寻求优势"和"寻求信任"的各类组织的、标准化的质量体制。由于ISO9000族国际标准提供的质量管理体系模式是建立在全面质量管理理论基础之上的，汲取了世界各国先进的质量管理经验，因而这样的质量体制是先进的。作为一种先进的质量体制，质量管理体系具有自己独特的优势。ISO9000：2005指出："质量管理体系能够帮助组织增强顾客满意。""质量管理体系方法鼓励组织分析顾客要求，规定相关的过程，并使其持续受控，以实现顾客能接受的产品。质量管理体系能提供持续改进的框架，以增强顾客和其他相关方满意的几率。质量管理体系还能够针对提供持续满足要求的产品向组织及其顾客提供信任。"

（二）企业的质量规章制度建设

企业的规章制度体现在企业的质量文件中。因此，企业的质量规章制度建设也可以说成是企业质量文件的制定和保持。按ISO9000族国际标准的规定，质量文件包括质量手册、质量计划、规范、指南、程序、作业指导书和图样、记录等。在讨论企业质量制度文化时，我们且把不具有质量规章制度性质的质量记录、图样之类质量文件排开。也就是说，本书所说的质量文件主要是指正式的、成文的质量规章制度。如果企业的质量文件符合ISO9000族国际标准规定的要求，那么，这些质量文件实际上也能较为全面地反映企业的质量文化，传递企业文化的信息，甚至成为企业质量文化的书面表达形式。

正式的规章制度实际上就是企业内部的"法"。这种"法"是由企业制定或认可，并由企业采取相应的强制措施以保证其执行的行为规则，体现了企业的意志。但是，不少企业都发现，即使编制的质量文件很适用，但往往也被束之高阁，没有得到有效的贯彻执行。这说明，质量文件的贯彻执行，还需要具备相应的法治基础。所谓法治基础，就是在整个企业管理中依"法"办事的精神、习惯和传统。这种法治基础可以从以下几个方面来把握：首先，企业管理者是否具有依法办事的理念。在管理过程中，管理者是依靠"人治"还是依靠"法治"，就体现了这种理念。事实上，不少企业管理者并不看重质量文件的价值，总以为自己是"完人"，一切以自己的意见为准，自己的一句话就可以改变任何文件的规定。这样，企业就不可能有法治基础，质量文件当然也就难以贯彻执行。其次，企业是否用强有力的手段去贯彻执行"法"。不管是质量文件还是其他文件，一旦制定出来，就应当坚决贯彻执行。如果谁不贯彻执行，谁要故意违反，企业就应当用强有力的手段，例如处罚手段，去加以纠正。没有强制力的"法"，也就不成为"法"。不敢或不愿意动用强制力去维护质量文件，当然也就说不上法治基础了。最后，员工是否有依法办事的意识。员工是企业内部"法"的实际执行者，如果他们都对质量文件加以抵制，而企业又没有足够的强制手段去加以纠正，质量文件当然也就形同虚设。因此，培养员工的法治精神，对于质量制度建设具有重要意义。

当然，首先是企业管理者应当具备相应的法治精神。一方面，企业管理者要直接面对顾客的、政府的和社会的质量要求，包括质量法律（例如《中华人民共和国产品质量法》、《中华人民共和国消费者权益保护法》等等）要求，他必须依法办事，否则就可能受到相应的惩罚。另一方面，企业管理者又要面向企业内部，需要用质量规章制度去规范和约束员工的质量行为，采用法治的手段去管理企业。如果企业管理者没有法治精神，或者法治精神过于淡薄，就不能有效治理企业，企业管理很可能陷于混乱。如何有效运用质量规章制度的"法"的作用，应当成为区分企业管理者管理水平高低的一个重要界标。

（三）企业的非正式质量制度建设

所谓非正式质量制度，是企业不成文的、没有得到企业管理者正式认可的，但在实际中又能够贯彻执行的质量制度，一般来说，包括企业及其员工的质量习惯、质量传统和质量作风，还包括那些潜规则。可以说，任何企业都有自己的或多或少的非正式质量制度。企业正式的质量制度相对健全和完善的企业，非正式质量制度起的作用可能相对较小；而企业正式质量制度不健全不完善的企业，其质量行为可能都由这些非正式质量制度在支配。

非正式的、不成文的质量制度是在员工长期的质量实践中形成的，得到全体员工的默认，实际上具有相当大的权威性，在调整企业员工质量行为中起着相当大的作用。在一个群体中，群体成员往往只有按照质量习惯、质量传统和质量作风的要求去办事，否则就可能受到群体成员或明或暗或直接或间接的反对，甚至被孤立。为了防止被孤立，员工往往只好"从众"，让自己的质量行为符合群体成员认可的质量习惯、质量传统和质量作风。可以说，非正式的、不成文的质量制度对员工是一种"软管理"，这种"软管理"有时比正式的、成文的质量制度还有效得多。

企业应当重视"软管理"。一方面，应当通过宣传、提倡、鼓励等手段，去支持员工培养良好的质量习惯、质量传统和质量作风；另一方面，应当通过规范、批评、制止等手段，去改变或转化员工不良的质量习惯、质量传统和质量作风。企业当然需要"硬管理"，用正式的、成文的质量制度去约束员工，对违反质量规章制度的应当给予必要的惩罚，没有这样的"硬管理"，企业就会陷入混乱状态。但是，仅有这样的"硬管理"肯定不够。质量习惯、质量传统和质量作风之类非正式的、不成文的质量制度往往更容易被员工自觉接受，也就更容易得到真正的贯彻执行。只有"硬管理"的企业，员工可能尽职尽责而不可能尽心；如果加上"软管理"，员工才会尽职尽责又尽心。因此，企业在加强"硬管理"的同时，也应当加强"软管理"。

一般来说，在企业质量管理体系健全、质量管理规范，也就是其正式质量制度在符合全面质量管理或ISO9000族国际标准要求的情况下，企业的非正式质量制度往往呈现出正面效应；反之，则呈现出更多的负面效应。虽然正式质量制度和非正式质量制度往往存在着矛盾、抵触甚至冲突；但事实上，非正式质量制度往往是正式质量制度的反射，是正式质量制度的"影子"，是在正式质量制度的制约下、影响下形成的。因此，要规范非正式质量制度，关键还在于规范正式质量制度，使正式质量制度健全完善起来。

当然，如何规范非正式的、不成文的质量制度，对企业来说，也是应当进行研究的问题。并不是说所有非正式质量制度都要转变为正式质量制度，一是没有必要，二是没有可能。但是，那些对企业实施质量方针和质量目标有重大影响的非正式制度，其所涉及的过程对质量管理体系来说又是必不可少的，就可以将其转变为正式质量制度。

非正式质量制度要转变为正式质量制度，也就是将其文件化，将不成文的质量习惯、质量传统和质量作风变成成文的质量规章制度。在这样的转变过程中，需要从质量管理体系文件的完整性、实用性等角度加以考虑，尽可能将其纳入质量管理体系文件体系中。但更重要的是，要在文件化的过程中，将非正式质量制度提升一个层次，使其符合企业质量管理体系的要求。首先应当进行认真的调查研究，理清非正式质量制度的来龙去脉，确定其合理部分和不合理部分，保留其精华，去除其糟粕。其次要将其上升到企业实施质量方针和质量目标的高度来认识，对其相关内容进行补充、完善、提高，使其符合质量管理实际的要求。

三、质量物质文化建设

企业的质量形象是其质量文化在物质层面的体现，是企业的质量价值观的物质载体，具有客观的具体的物质特性，构成企业质量文化的"硬文化"或外显文化，是企业质量精神文化和质量制度文化的物质体现和外在表现。企业质量物质文化包括企业的质量设施、质量活动、产品质量形象和企业质量形象。

（一）质量设施的建设和维护

企业要生产经营，就必然需要相应的设施；而要保证产品质量，不仅需要专门的质量设施，而且要求一般的设施能够满足产品质量的要求。作为企业质量能力的物质基础，作为企业质量文化的物质载体，企业必须具有相应的质量设施，并且应当让人们从这些设施上感知企业的质量文化。企业的质量设施在一定程度上反映了企业的质量文化。

通过质量设施去考察企业的质量文化，不仅要看其设置什么、如何设置、怎样设置，最重要的还是看对其如何进行管理、怎样管理、管理结果如何。设置什么、如何设置、怎样设置与企业的性质、规模、产品相关，相似企业之间可能具有一定的可比性，不相似的企业之间就不具有可比性。ISO9001：2008 规定："组织应当确定、提供并维护为达到符合产品要求所需的基础设施。"一般来说，"达到符合产品要求"就可以了。而第二个方面的问题，即如何进行管理、怎样管理、管理结果如何,则更深刻地反映了企业的质量文化。

事实上,考察一家企业的质量文化,一般都是从参观企业生产现场开始。即使企业没有高大的厂房和先进的设备,但走进车间一看,厂房干干净净,设备亮亮堂堂,材料或零件堆放整整齐齐,你就会有企业管理有序的感觉。相反,即使是设施很先进很完备的企业,垃圾油污遍地,材料零件乱丢乱放,设备锈迹斑斑,你能不摇头吗?企业文化,包括企业质量文化,往往从企业的环境、设施上面反映出来。这样的反映,比起听汇报、看文件来,往往能够更真实、更直接、更容易把握企业文化,包括企业质量文化的真实情况。

企业要生产合格的产品,就要有一定的质量能力。企业的质量能力既表现为企业的管理能力和员工的质量能力,也表现为企业的质量设施反映出来的能力。可以说,质量设施是企业质量能力的物质基础。在很多情况下,一台先进设备的引进,往往可以大幅提升企业的质量能力,从而引起企业质量管理体系的改变。因此,不能忽视企业质量设施的意义和作用。

(二) 广泛开展质量活动

活动是为达到某种目的而采取的行动。为了区别于一般的生产经营活动,我们把质量活动定义为直接围绕产品质量和质量管理开展的活动。企业的质量文化建设当然是围绕产品质量和质量管理来进行的,因此都可以视为质量活动。从这个意义上说,质量活动就是企业质量文化建设的物质载体。没有质量活动也就没有质量文化建设,质量文化建设正是通过各种各样相关的质量活动来进行的。

从质量文化建设的角度来看,最重要的质量活动是质量管理活动。制定质量方针、确定质量目标、建立质量管理体系、编制质量文件等等,都是质量管理活动。鉴于本书对这些质量活动已经进行过阐述,我们在本节只对群众性的质量活动进行讨论。所谓群众性的质量活动,就是组织全员广泛参与的质量管理活动,包括质量教育活动、质量评议活动、质量报告活动、质量宣传活动、质量评选活动、质量奖罚活动、质量小组活动、质量控制点活动、质量建议活动、质量攻关活动、质量监督员活动、质量分析活动、质量整顿活动、走访顾客(下工序)活动、质量演讲活动、质量文艺演出活动等等。

广泛的群众性质量活动为企业营造出良好的质量氛围。所谓质量氛围,就是笼罩着企业的有关质量的特殊气氛,形成企业内部的质量环境,特别是质量的人文环境。良好的质量氛围,是企业质量文化建设所必须具备的环境条件,更是企业质量管理体系能够正常运行必不可少的基础条件。广泛的群众性的质量活动对员工又是一种最好的质量教育。员工看见的、听见的、接触到的经常和质量有关，就会使员工想的、说的、议论的、评论的也经常性地和质量有关，这就可以形成积极的群体心理，从而使质量风气向积极方向发展，使员工承受着相应的心理压力，迫使员工采取符合企业要求的从众行为。广泛的群众性的质量活动更是企业质量文化建设的基础。企业不能关起门来进行质量文化建设，更不能排斥员工搞质量文化建设。各种各样的群众性的质量活动，为员工参与质量管理提供了舞台，为他们展现才干提供了机会。任何质量管理都可以通过相应的形式来吸引员工参与，都可以从群众性的质量活动中获得相应的推动力量、改进建议以及贯彻执行的保证。

（三）塑造产品质量形象

产品的质量形象通常是顾客在购买使用某产品后对该产品的质量水平的心理定位，有时也可能是其他顾客或第三方机构的质量评价的传递和转移。产品质量形象由企业的产品质量水平所决定，当然也与企业自己进行的宣传相关。

影响产品质量形象的因素几乎包括了产品所有的质量特性，但其中最主要的或最直接的往往是产品的外观、性能、可靠性以及价格等因素。一般来说，产品质量形象的树立所需的时间较短，顾客经过一次购买和使用就有可能对产品质量给予很高的评价。这和企业的品牌形象差别较大，品牌形象通常需要长期的努力，需要企业各种产品、几代产品的良好质量形象才能树立起来。可以说，产品的质量形象是企业品牌形象的基础，没有产品质量形象，也就不可能有企业品牌形象。

由于顾客与企业处于利益的对立统一中，顾客可以获得的质量信息不完整，加之在市场中，企业总是通过诸如广告之类手段宣传自己的正面质量信息，对负面信息讳莫如深，有利于企业的正面信息偏多，因而顾客对企业的负面质量信息特别敏感。这就会大大降低顾客的信任度。在这种情况下，顾客往往对企业的自我宣传存在不信任的心理。顾客一旦获得了企业的负面质量信息，一是立即就会引起注意，二是相信的程度往往大于正面信息，三是相互之间往往会迅速传递，四是对其质量形象的影响往往更大。

企业往往借助于具有一定权威的第三方机构来塑造自己的质量形象，例如通过政府或中介机构的质量认可、质量表彰和质量认证等。根据国家质量监督检验检疫总局的调查，获得中国名牌产品称号的多数企业其产品销量均有较大幅度的提高，这就是企业通过中国名牌推进战略委员会这一权威机构的质量表彰来提升产品质量形象从而带来的良好效应。但是，质量形象形成的基础是产品的实物质量，不管企业有多少认证证书和奖励证书，顾客买到的产品如果存在严重质量问题，企业的产品质量形象便会受到破坏，潜在的顾客就有可能流失。顾客对产品质量的感受，顾客之间对产品质量的评价，往往才是企业质量形象的根本，正所谓"金杯银杯不如顾客的口碑"。

（四）塑造企业的质量形象

企业的质量形象是企业的产品质量和企业的质量行为给顾客或潜在顾客留下的印象，是顾客或潜在顾客对企业质量表现的主观反映。企业的产品质量形象当然是企业质量形象的一个重要方面，甚至是一个主要方面，但企业质量形象又不仅仅是有关产品质量的形象，更不是某一件产品或某一批产品质量就可以让顾客或潜在顾客形成企业质量形象的。企业质量形象是其全部产品质量与企业全部质量行为综合后给顾客或潜在顾客留下的印象。企业质量形象受产品质量、质量信誉、品牌形象、企业实力、企业领导人形象等多方面因素的影响，并通过这些方面对外展示企业的质量形象。

一般来说，顾客对企业质量形象形成相对稳定的认识需要一个综合的过程。也就是说，顾客往往并不是根据获得的企业的某一条信息，特别不是根据某一条正面信息就形成企业质量印象的，而是根据自己获得的，包括有意搜集获得和无意获得的各种各样的相关信息，经过筛选、分析、综合，才形成企业质量形象。

关于企业质量形象，读者可以参阅本书第八章第三节"企业的形象竞争"。

第二编

质量交换过程的心理学

第五章

质量交换过程的心理特征

在商品经济条件下，企业生产的产品不是用于自身消费，而是用来交换。所谓交换，就是交换的双方各自拿出自己的东西给对方。顾客拿给企业的是货币，只要不是假币，一般来说，货币不会涉及到对方是否"吃亏"的质量问题，而只有数量问题。企业拿给顾客的是产品，则产品包括了质量问题，正如在本书绪论所说，质量有一个心理学的特征和心理学的评价问题。相对于数量可以说个"一清二楚"来说，质量却往往是"说"不清楚的。于是，在质量的交换中，交换双方的心理状况就不能不影响到交换的整个过程。

第一节 企业与顾客在质量上的分歧

企业与顾客进行交换的是产品，而质量是产品的一个根本属性。质量没有达到相应的水平，产品也就失去了意义，甚至可以说产品本身也就不存在。由于质量存在着相应的心理学特征，在对其评价上又存在着心理学问题，企业和顾客往往就会产生分歧。这种分歧主要体现为双方交换的目的、目标以及使用的标准不同上。

一、企业与顾客交换的目的不同

企业之所以要将产品用于交换，其目的是为了从顾客那里去换回货币，以补偿投入的资本，并获取预期的利润。顾客之所以要用货币来与企业交换产品，其目的是为了通过对产品的使用，来满足自己范围广泛的人生需要。双方交换的目的不同，就直接影响着对产品质量的认识和评价，从而影响着整个交换过程。

从企业一方来说，其根本目的是获得补偿和利润。虽然如今大多数企业也认识到质量的重要性，但依然是建立在获得补偿和利润这个根本目的的基础上的。产品质量低劣，产品就卖不出去，补偿和利润也就不可能获得。因此，企业即使把质量当作目的，也仅仅只是根本目的派生出来的第二层次（甚至是第三层次）的目的。如果没有相应的法律法规限制，如果销售了假冒伪劣产品而不受惩罚，如果只进行一次性销售，企业肯定是不会关注质量的。事实上，我们经常看到一些企业采取"打一枪换一个地方"的策略，推销其假冒伪劣产品。至于那些流动商贩，往往更容易采取这种策略。

由于质量不是企业的根本目的或第一层次的目的，企业对质量的关注往往不够。当遇到质量问题时，只要造成的质量问题可以隐瞒，可以不让顾客知晓或顾客可能不能知晓，企业往往会采取"睁只眼闭只眼"的态度，把存在质量问题的产品推销出去。即使是大企业，即使是以重视质量闻名的企业，这样的事也很可能发生。近年来，奔驰汽车、东芝笔记本电脑、西门子冰箱等世界名牌产品的质量问题就是例证。因此，顾客对企业提供的产品质量往往不会百分之百地放心，总是存在着一定警惕性。这就难免影响顾客在交换过程中的决策和态度。

从顾客一方来说，其交换目的与企业截然不同。用朱兰博士的话来说，"用户主要的兴趣，不在产品而在劳务"。一般来说，产品给顾客提供的劳务越多、越好，产品质量就越高；或者反过来说，产品质量越高，产品给顾客提供的劳务就越多、越好。因此，顾客关注的往往不是产品本身，而是产品质量。至于企业关注的补偿和利润，顾客或者没有兴趣去关注，或者不需要去关注。曾经有一家企业以自己经营困难和亏损为借口，欲图把一批不合格产品推销给顾客，在市场上造成一个大笑话。

顾客关注质量，但产品质量所包含的内容往往相当丰富，从物理特性到感官特性，从功能特性到时间特性，从行为特性到人体工效特性，从性能到寿命，从安全到可靠，从时效到美观，不同的顾客可能看重的特性项目也不同，也会影响他们在质量交换中的决策和态度。

当然，企业与顾客的交换目的虽然不同，但双方都需要获得对方的东西，企业需要获得顾客的货币，顾客需要获得企业的产品，各有所求，又不得不相互妥协。这样的妥协，既表现于双方各自掩饰自己的真实目的（特别是企业更会掩饰），又表现为双方经过讨价还价而达成交换协议。不交换，不管是哪一方，都不可能达到自己所期盼的目的。鉴于顾客具有选择的权利，企业往往只能"屈从"于顾客，也来关注质量问题。

但是，企业关注质量的目的，不是质量本身，而是质量是否能够给自己带来更大的效益，或者说是否能够赚更多的利润。顾客关注质量，是为了获得更多的劳务收益，劳务收益的多少，往往直接与产品质量相关。而企业的利润，往往并不与产品质量直接相关。除了质量，企业还可以通过其他手段，例如提高销售价格、降低成本、扩大销售等去获取利润。有时候，提高质量甚至与多获利润还会产生尖锐的矛盾和冲突。因此，企业就有了忽视质量，甚至降低质量的"理由"。即使企业被迫去"将就"顾客的目的，也不会丝毫忘记自己赚钱的目的。这种目的上的分歧，始终制约着顾客和企业在质量交换过程中的心理。

二、企业与顾客交换的目标不同

顾客交换的目的是获得产品提供的劳务，其目标是尽可能多地获得劳务，也就是尽可能多地获取质量效益。所谓质量效益，就是用最少的支出或成本（包括购买费用、使用费用和其他损失费用），去获取最大的劳务收益。用本书绪论中给出的公式来表达，就是：

$$Q = S - C \quad \cdots\cdots\cdots\cdots 公式 \text{I}$$

由于式中 C 包含了三项内容，我们且把公式 I 细化为公式 II：

$$Q = S - (GF + YF + SF) \quad \cdots\cdots\cdots\cdots 公式 \text{II}$$

式中：Q 是顾客所获得的效益，由于是质量提供的，我们称为质量效益；S 是顾客使用产品所获得的全部"劳务"收益，包括心理上的满足感等等；GF 是顾客使用产品所支付的购买费用，YF 是顾客使用产品所支付的使用费用，SF 是顾客使用产品所支付的其他损失费用，包括心理上的失落感等等。

下面，我们借助公式 II 来分析顾客与企业在交换目标上所发生的冲突。

1. 劳务收益。产品给顾客提供的劳务收益，在相当大的程度上是由产品质量来决定的。显然，在交换过程中，顾客希望产品提供的劳务收益越大越多越好，也就是产品质量越高越好。这样，在后面几个要素不变的情况下，顾客就能获得更大的质量效益。从某种意义上甚至可以说，顾客的希望是无限的。但是，对企业来说，产品提供的劳务收益的大小、多少、好坏，也就是产品质量的高低，不仅要受到科学技术的限制，也要受到成本的限制，还可能受到企业的人员、管理、设计、生产等各种因素的限制，并不是想提高就能提高的。这其中，最重要的是受到成本的限制。企业也希望产品提供的劳务收益越大越多越好，也希望产品质量越高越好，但由于成本的限制，企业只好限制产品提供的劳务收益和产品质量，不可能无限扩展，更不会追求质量的尽善尽美。有时候，企业可能还会采取诸如价值工程（VE 工程）等手段，减削产品不必要的功能（也就是减削产品不常用的劳务收益）或过剩质量，以降低成本。于是，顾客的希望与企业的限制就构成了矛盾冲突,这种矛盾冲突对双方在交换中的决策和态度就不能不产生影响。

2. 购买费用。所谓购买费用,就是顾客与企业在进行质量交换时直接支付给企业的货币,也就是企业销售产品的价格。显然,顾客希望购买费用越低越好,这样才能使自己更多地获得质量效益。相反,企业却希望产品价格越高越好,这样才能使自己获得更多的利润。二者的矛盾冲突很可能使质量交换失败,因此又只有通过"讨价还价"的过程,来使双方的目标逐渐接近,从而使交换过程得以继续。双方在"讨价还价"中,又各有自己的底线。顾客的底线是"划算",也就是在其他要素不变的情况下,自己能够获得质量效益。企业的底线是产品成本加预期的最低利润。一般来说,企业提供的产品价格不可能低于产品成本。对购买费用(销售价格)目标的矛盾和冲突,也影响着双方在交换中的决策和态度。

3. 使用费用。所谓使用费用,就是顾客在使用产品过程中产生的费用,包括顾客支付的网络费用、能源费用、维修维护费用以及使用产品的劳务费用。使用费用有些是明显的,例如购买燃料的费用;有些是隐藏的,例如顾客自己维护维修产品时所付出的劳务。事实上,相当多产品的使用费用都高于购买费用,但是人们往往还是过分重视"原价"(购买费用)而忽视使用费用。虽然如此,顾客在购买过程中还是相当关注使用费用的,而且还将更加关注。对顾客来说,使用费用越低越好。但是,要降低使用费用,虽然也需要顾客合理使用,但更需要产品本身的质量来保证。所谓产品本身的质量,一是在设计时就高度关注顾客使用费用,使产品具有相应的经济性;二是在制造过程中不遗留影响使用的质量问题。要做到这两个方面并不是那么容易的,需要企业相应的投入,这又涉及到成本。因为使用费用具有滞后性,顾客往往容易忽略,企业为了降低成本(相应也就可以降低销售价格),往往不愿意在降低使用费用上下过多的功夫。在使用费用上的矛盾和冲突,也影响着双方在交换过程中的决策和态度。

4. 其他损失费用。所谓其他损失费用主要是指产品出现质量问题后所产生的费用,也包括产品升级换代造成的产品"过时"而报废所造成的费用。应当说,企业和顾客都不希望产品出现质量问题,但即使是按六西格玛(6σ)管理法来进行控制,也不可能完全消除质量问题。产品即使100%合格,也可能隐藏着未能被人发现的若干质量问题。这些质量问题往往会在使用过程中暴露出来,给顾客造成损失。这样的损失不仅反映在产品停用、维修等直接损失上,也反映在因产品质量问题造成停工、事故等间接损失上,还反映在给顾客造成的心理伤害上。产品升级换代,原来的产品不能或不便使用了,也会给顾客造成损失,包括造成心理伤害。对企业来说，质量问题的存在（哪怕是万分之一）是不可避免的；对顾客来说，这万分之一的质量问题往往就成了他百分之百的损失。顾客当然期望能够尽可能降低这样的损失。但是，要降低这样的损失，特别是在质量问题出现的概率已经很小的情况下，企业往往要投入更多的成本，而这往往又是企业不愿意的。于是，双方在这个方面也可能存在矛盾和冲突，从而影响其在交换过程中的决策和态度。

总之，顾客期望通过使用产品，能够获得更大的质量效益，而要使顾客获得更大的质量效益，企业往往就要增大成本，从而又可能减少顾客的质量效益。在这种情况下，双方目标往往发生矛盾和冲突，从而对质量交换产生影响。

三、企业与顾客在交换中使用的标准不同

我们知道，因为所站的角度不同，人们对什么是质量会有不同的认识，也会有不同的定义，从而也就会有不同的标准。顾客期望从质量中获得更多的劳务收益，对质量的认识往往是依据经济学，也就是用公式Ⅰ或公式Ⅱ来认识质量，来定义质量，来把握质量。顾客所使用的质量标准，可以称为"真正质量特性"的标准。企业当然要关注顾客的需求，但企业往往难以用"真正质量特性"来进行产品设计、生产和检验，而只能将"真正质量特性"转化为"代用质量特性"。特别是顾客的心理需求，往往是说不清楚的，难以具体化为相应的质量规范，往往只能用"代用质量特性"来代替。

到目前为止，已经有了符合性和适用性、经济学和心理学的诸多质量定义。虽然质量理论界一直强调，要从顾客的角度来定义质量，把质量定义为"适用"，定义为"为顾客提供效益"，定义为"顾客满意"等等，但由于这些定义本身存在的不确定性，操作性也不强，因而企业依然把质量定义为"符合"。作为质量交换过程中第三方的政府（其主要职责是规范、监督质量交换），为了使质量定义便于操作，也通过法律法规，把质量定义为"符合"。《中华人民共和国产品质量法》规定："产品质量应当检验合格"。所谓"合格"，就是符合相关的标准，主要是技术标准。在该法第二十六条中，还具体规定："产品质量应当符合下列要求：（一）不存在危及人身、财产安全的不合理的危险，有保障人体健康和人身、财产安全的国家标准、行业标准的，应当符合该标准；（二）具备产品应当具备的使用性能，但是对产品存在使用性能的瑕疵作出说明的除外；（三）符合在产品或者其包装上注明采用的产品标准，符合以产品说明、实物样品等方式表明的质量状况。"也就是说，只要达到这三条要求，产品质量就是合格的。法律是

这样认为,政府是这样认为,企业往往也是这样认为。但是,顾客需要的往往不是产品本身(即使产品是"合格"的),需要的是产品提供的劳务,而且这样的劳务能够真正给自己带来质量效益。从这个角度上说,顾客往往并不看重产品是否"合格"。只要产品能够给自己提供相应的劳务收益,顾客甚至愿意购买假冒产品。即使是美国那样的发达国家,假冒名牌产品也大有市场,原因就在于此。

不错,在产品开发设计时,企业往往要通过市场调查,去把握顾客对产品质量的需求,去把握产品的"真正质量特性"。但是,进入质量交换过程,产品质量往往已经形成,企业不愿意或不可能再将"真正质量特性"作为自己的质量标准,而只能使用"代用质量特性",也就是相应的技术标准。但是,即使在交换阶段,顾客对质量的认识依然没有变化,使用的质量标准依然是"真正质量特性",也就是适用、经济、能够使自己心理得到满足。显然,双方在质量交换中对质量的认识不同,衡量质量的标准也不同,这不能不对交换过程产生影响。

虽然如此,但现代产品技术性能复杂,所涉及的质量内容繁多,并不是哪个顾客都能用"真正质量特性"可以衡量的。面对商店品种繁多的化妆品,谁能衡量其"真正质量特性"? 即使是学日用化学的女大学生,又有几个能够说清楚化妆品的质量? 在相当多的情况下,顾客往往不得不听取企业对质量的讲解,不得不屈从企业对质量的认识,不得不接受企业的质量标准。由于是"不得不",由于是"屈从",顾客始终存在疑虑,害怕上当受骗。在这样的心理状态下,顾客购买决策也就更加谨慎。企业为了促使交换成功,也就不得不考虑顾客的这种心理,在质量目的、质量目标和质量标准诸方面去"迎合"顾客的心理。由于是"迎合",就免不了采取隐藏、掩饰、转移甚至欺骗等方法,从而使质量交换过程显得相当复杂。研究质量交换过程企业与顾客双方的心理,为双方提供必要的建议,也就显得很有必要了。

第二节 质量的风险特征

一般来说,产品交换涉及两大要素,一个是价格,一个是质量。价格比较直观,比较明晰,排除诸如信息风险和降价风险,对顾客来说就是价格不存在风险。1就是1,2就是2,即使计算错误,也容易纠正。质量则不同,在交换时,顾客往往认识不了、把握不住,心中无底,因而存在着相当大的风险。一旦交换完成,质量风险就从企业手中转移到顾客手中,顾客就可能承担质量问题造成的损失。因此,在质量交换中,存在着一个质量风险问题。

所谓质量风险，就是在购买和使用产品的全过程中，给顾客造成额外损失（不含应付出的购买及使用成本）的可能性。质量风险之所以存在，是因为质量本身的诸多特性造成的。

一、质量的非直观性

质量不等于产品，不是一个实体，既不是事也不是物。谁见过纯粹的质量？诸如"Quality is most important production"（本店最重要的产品是质量）之类，其实只是广告宣传罢了。谁能买质量来充饥？谁能买质量来御寒？质量只是产品的属性，是依附或蕴含于产品之中的，是随着产品的形成而形成的，不能独立于产品之外。当然，没有质量也就没有产品，但"没有质量"却是说不清楚的。不合格产品也可能有一定的质量，不能说其没有质量。即使完全报废的产品，也有一定的质量属性，也有若干质量包含于其中。

由于质量是依附或隐藏于产品之中的，当然也就不能或不便直观。人们当然可以用眼、耳、鼻、舌、身，通过对产品的观察来判断质量，但这并不是直观的结果，而是评价的结果。即使是产品外观质量，也是评价的结果。像硬件产品的性能、寿命、安全性、可靠性等质量特性，非经专门检测仪器进行检测，往往还是不能判断的。现代高科技产品，由于技术更加复杂，其质量更是不可能凭直观就可以完全把握的。某些产品（例如服务）的质量特性可能能够通过人们的感官和心理去把握，但往往要等到服务过程结束后才能真正判断，其实也是具有一定程度的非直观性的。对顾客来说，这就存在着风险。

即使是合格产品，即使是经过检测没有发现质量问题的产品，实际上也可能存在着质量问题。但由于是不能或不便直观存在的质量问题，这种可能存在的质量问题就是一种质量风险。虽然这种质量风险可能并不是企业有意造成的，也不是企业有意要转移给顾客的。但是，质量风险存在却是一个事实。如果企业明知存在质量问题，却依然欲图将质量风险转移给顾客，那问题就更严重了。事实上，企业将不合格产品（包括零部件）让步使用（处理利用），就具有这样的性质。试问：哪家企业没有让步使用过不合格产品（包括零部件）呢？

在质量交换中，顾客明显处于弱势。质量如何，不能像价格那样可以直接判断，顾客往往会受质量交换的中介物（产品）之外的其他因素所左右，往往只能听企业"自说自话"或"自言自语"。一般来说，企业不愿意也不会把存在的质量风险告诉顾客，只会说"好"的。如果顾客相信了企业的"自说自话"，购买了产品，企业也就将质量风险转移给了顾客。

这种非直观性的质量风险，对顾客购买心理的影响是相当大的。不能直观，顾客只好寻求其他可以借助的因素，诸如过去购买使用的经验（包括他人的经验）、政府或新闻媒体提供的信息等。必要时，顾客还可能自学相关知识来减轻自己的质量风险。

二、质量的非明确性

一件产品，甲商场卖5元，乙商场卖6元，谁都会自觉趋于低价者。质量与价格的另一区别，是非明确性。一般来说，质量难以用具体数字或具体描述来标明。某些质量特性虽然也可以用数字来表示，例如汽车时速多少公里，但这只是汽车质量的一个性能指标，而不是质量的全部。相当多的质量检测数据，都只是"代用质量特性"指标，而不是"真正质量特性"指标。至于合格率、无故障时间之类质量特性，虽然也是用数据表示的，但那只是概率或平均数，并不能直接、准确反映某一件产品的质量水平。

任何产品，其质量所包含的内容都相当广泛，都具有多种质量特性，甚至具有成千上万的质量特性。以客车为例，《汽车产品质量检验评定》系列标准规定的检验项目就有300多项、13000多分，但仍然未能穷尽客车的全部质量特性项目。即使是一盒火柴，也有性能（燃烧）、寿命（燃烧时间）、可靠性（能否燃烧）、安全性（会不会发生危险）、存贮性（可以放多长时间）、防损坏性（容不容易受潮）、美观性（好不好看）等多种质量特性。一种产品，可能在某些质量特性上可以用数据来表示，而在另一些质量特性却不能用。而产品质量究竟如何，往往又是综合评价的结果。综合评价当然可以采取打分的方式来进行，但那"分"却并不是质量本身，因而也是不明确的。

而且，受技术质量知识、检测手段以及心理差异的影响和制约，顾客也难以对产品质量作出确切的判断。即使作出了判断，往往又存在着相当多的非理性成分，甚至往往与产品质量脱节。有几个姑娘懂得化妆品的化学成分？哪怕是学日用化工专业的大学生，可能也没有谁将化妆品买回去后进行过化学分析吧？更不用说在交换前或交换过程中进行化学分析了。对同样一种产品，不同的顾客可能得出不同的质量结论。张三认为A品牌好，李四认为B品牌好，王五认为C品牌好，他们可能都有自己的理由，例如过去购买使用的经验（包括他人的经验）、获得的广告印象之类，但这并不能说明产品质量本身就是好的。经验虽然有用，但经验是过去的，事物在发展，经验往往与现实并不一致。用经验来判断产品质量，往往可能判断失误，因而也是非理性的认识。

这种非明确性的质量风险，只有当顾客对产品进行使用后才可能逐渐明确起来。但是，等明确起来后，质量风险早已转移到顾客手中，甚至已经承受了质量损失。因此，在购买产品时，顾客总是有所顾虑，总是有些担心。很多顾客都会说："买到歪货，只能怪自己运气不好。"这样的心理状态对质量交换的影响是相当大的。

三、质量判断的滞后性

对绝大多数产品来说，其质量究竟如何，往往要等到使用完毕后才能最终作出真正可靠的判断。使用前，虽然也要通过检测、检验来判断某些质量特性，但测量装置往往只能检测产品的"代用质量特性"，而很难检测产品的"真正质量特性"。诸如寿命、可靠性、可维修性等质量特性，在使用结束前，往往是不可能进行判断的，需要经过使用，并且是整个产品寿命周期的使用，才能获得质量究竟如何的最终结论。20 世纪 90 年代，啤酒瓶发生爆炸的事件经常见诸报端。废旧啤酒瓶是否存在爆炸危险，就是不可检测的，除非把每个废旧啤酒瓶都进行一次试验。正因为如此，当有顾客因啤酒瓶爆炸受伤后，诉讼到法院，法院却以顾客不能提供有效证据而不支持顾客。事实上，顾客不可能把每一瓶啤酒都拿到法庭上来进行开瓶测试，因而也就提不出所谓的可靠证据。

由于质量判断具有的滞后性，顾客在购买产品时，也就不可能对产品质量进行最终判断。虽然有关部门有关专家也可能教给顾客如何判断质量的方法，虽然顾客也可以通过总结经验识别某些质量特性，但这依然不能完全或最终解决质量判断的滞后性问题。一些假古董和书画赝品，不是也骗过著名的古董和书画鉴定专家吗？更何况一般顾客对产品质量还是一窍不通呢！即使你是该产品的专家，即使你有条件对产品进行检测，你也不可能对该产品的质量 100% 准确地下结论，也不能保证你的结论完全正确。虽然你的结论的正确程度可能很高，甚至接近于 100%，但也只是接近而不是达到。

在购买时顾客不能对质量进行真正的最终的判断，才使假冒伪劣产品有了可趁之机。特别是药、酒、烟、化妆品、保健品之类，其最终质量效果如何，往往是说不清楚的，更容易被企业利用。近 20 多年来，市场上出现过多少保健品？这些保健品是否真正有用？是否能够增强人的体质？是否像其宣传的那样能够治病？鬼才知道！不少红极一时的保健品，红了几年后就烟消云散，虽然没有人更没有权威部门给其下个结论，但事实已经说明，这样的保健品实际上是没有用处的。可是，企业却从顾客腰包里掏去了几十几百亿的人民币！

质量判断的滞后性，使顾客购买产品时增大了质量风险。为了减少风险，顾客就只能提高警惕，尽可能谨慎。这样，就为质量交换增添了麻烦。为了消除这样的心理障碍，需要企业帮助顾客进行质量判断，也需要顾客从多方面获取质量信息，以增强自己判断的正确性。

四、质量损失的广泛性

顾客购买了产品，通过使用，既可从中获得收益，也要支出相应的成本（损失），顾客期望收益与成本（损失）的差（也就是质量效益）越大越好。但是，如果产品质量存在问题，不仅可能降低顾客应当获得的收益，更重要的是可能扩大顾客的支出成本（损失）。

产品不该存在的质量问题，给顾客造成的质量损失是很广泛的。一是降低了顾客的劳务收益。例如买来了电视机出现质量问题，要送去修理，在修理期间顾客无法看到电视，就是一种收益损失。二是增加了顾客的使用成本。例如电视机在送修理过程中所产生的交通费、人工费等。三是增加了顾客的其他损失费用。例如电视机是父亲主张购买的，他很可能受到家人的责备，从而造成他的精神损失。电视机虽然修好了，但由于是经过"修理"的，也会在顾客心理上造成阴影，这也是一种精神损失。这些损失都是因为产品质量问题造成的，因而可称为质量损失。

顾客所承担的这些额外的质量损失，是由企业造成的，但企业并不会给予补偿，至少不会给予全部补偿。按《中华人民共和国产品质量法》、《中华人民共和国消费者权益保护法》的规定，经营者负有对不合格产品进行修理、更换、退货的责任和对人身伤害和财产损失进行赔偿的责任。不少企业在发生质量损失后，往往还要采取推诿、拖延等手段，来加大顾客的质量损失，甚至完全不承担法律法规所规定的责任。因此，事实上，相当大一部分质量损失依然是由顾客来承担的。从质量损失的广泛性来看，更是如此。例如顾客因质量问题造成的精神损失，相关法律法规并没有作出赔偿规定，顾客只有自己承担。从质量损失的总量看，可以说，顾客承担的部分大大超出了企业承担的部分。

由于购买时难以排除有质量问题的产品，而一旦质量问题发生了，顾客就要承担相当大的损失，顾客在购买时就不得不认真起来，尽可能减轻自己的质量风险。但是，顾客除了谨慎从事之外，几乎没有其他有效办法来避免这样的质量风险，这也就不能不影响顾客在质量交换中的心理。

五、质量的非合同性

这可以从两个方面来理解：一是在非合同环境中，质量当然缺乏合同性，顾客很难用合同来保护自己的合法权益。二是在合同环境中，虽然也可以在合同或合同附件中规定相应的质量要求，但不可能包括全部质量要求，更不可能对所有的质量特性都进行明确表述。事实上，很多合同纠纷都是因质量问题造成的。由于质量要求在合同中没有规定，或者规定得不明确，或者甲方、乙方对合同规定的质量要求在理解上存在差异（甚至某一方故意利用这样的差异来进行欺骗），关于合同的质量纠纷也很难得到公正处理。

在非合同环境下，顾客可以引用《中华人民共和国产品质量法》、《中华人民共和国消费者权益保护法》等法律法规来保护自己的合法权益。但法律法规的规定毕竟是原则性的，并不针对具体的质量问题。只要企业提供的产品合格，企业就可以推脱责任。即使产品不合格，顾客也难以进行证明。如果由顾客将产品送去进行检测，可能造成的损失更大。至于起诉到法院，顾客往往更可能是得不偿失。《中华人民共和国产品质量法》、《中华人民共和国消费者权益保护法》已经实施将近20年了，事实上，有几个顾客打质量官司胜诉过呢？即使胜诉了，又有几个顾客觉得"划算"呢？

在合同环境下，顾客可以引用合同的质量条款来维护自己的合法权益，但这依然是一个艰难的过程，很可能也是得不偿失的。材料、原料、配套件质量差是一个相当突出的问题，作为顾客的一方却往往连"喷嚏"也打不出来。即使企业严守合同，同意退货，但因质量问题引起的顾客一方的停产、停止销售、信誉等诸多损失，依然只能由顾客一方自己来承担。

因此可以说，任何产品都在一定程度上存在质量的非合同性问题。这种非合同性，往往使顾客失去了合同的保护，在发生质量问题并造成质量损失后，也就难以借助司法救济来弥补自己的质量损失。这样，顾客在购买产品时，就不得不承担可能造成的却不能得到弥补的损失风险。这种风险也只能靠顾客自己"小心"来减轻。

总之，在质量交换过程中，对顾客来说，质量具有相当大的风险特征。不同的产品，质量风险可能有大小不同之分，而顾客对质量风险的认识水平、识别能力和承受能力（包括心理承受能力）也会有所不同，但质量风险却是客观存在的，对顾客的心理也就必然产生不可忽视的影响。

第三节 质量风险对顾客心理的影响

为了更好地把握质量交换中顾客的心理状态，有必要对顾客的质量风险进行分析。在进行这样的分析后，才可能对顾客面临质量风险的心理进行分析。

一、顾客的质量风险分析

质量具有的风险特征，使顾客在购买产品时存在着质量风险。具体来说，质量风险就是购买、使用产品给顾客造成额外损失的可能性。要进行质量风险分析，就必须真正理解质量风险定义中的"额外损失"和"可能性"这两个术语。所谓"额外损失"，就是不包含应当付出的购买费用和使用费用，也就是因为产品质量问题增加的损失费用。所谓"可能性"，就是这样的损失可能发生，也可能不发生。因此，质量风险在购买时只是一个概率。质量风险的概率是由质量问题存在的概率与质量问题爆发的概率来决定的。

质量问题存在的概率，可以用产品的合格率、返修率、顾客投诉率等指标来反映，但并不是这些统计数字本身。合格产品也可能存在质量问题，没返修的产品并不说明没有质量问题，顾客不投诉更不等于质量问题不存在。但类似的统计数字毕竟从一个方面反映了产品质量问题存在的可能性，因而顾客在计算质量风险时也可以借用。

产品虽然存在着质量问题，但并不等于一定要爆发出来，这正如电脑里存在病毒，病毒并不一定就要爆发一样。所谓质量问题爆发，就是质量问题显现出来，给顾客造成了损失。不爆发不等于没有质量问题，爆发了就肯定说明存在质量问题。子弹卡壳的原因很多，很多原因都涉及到子弹的质量问题。但即使哪颗子弹真的有质量问题，却并不一定就会卡壳，而一旦卡壳了，肯定说明这颗子弹是有质量问题的。在所有有质量问题的子弹中，哪一颗造成了卡壳的后果，却是一个概率问题。当然，子弹卡壳还与枪械的质量有关。

为了便于分析，我们暂时排除质量风险的"可能性"特征，而仅仅从额外损失的角度来进行分析。

如果买来的产品不能使用，顾客损失的是相当于产品价格的费用（姑且不计算购买过程的劳务费用）。如果产品具有安全性要求，其安全性又存在质量问题，产品就可能给顾客造成额外的人身和财产损失，顾客的损失就远远超过购买产品的费用。例如用5元钱买来1斤糕点,但该糕点却是变质了的或被污染了的,不能食用,顾客只有丢弃,顾客至少就额外损失了5元钱。如果食品店发出通告,要回收顾客已经购买的变质了的或被污染了的糕点,顾客可以不丢弃,但却要送到食品店去更换。这样,顾客的额外损失就是更换过程所需要的劳务费用(包括自己的劳务和交通费用)。如果顾客把这样的糕点食用了,并因此而生病,顾客的额外损失就包括了看病吃药的费用、身体和精神受到损害的费用等等,而这些费用肯定大大超过购买糕点的费用。

除此之外,产品因功能波动造成的损失(即顾客使用产品所应获得的质量效益的损失),由顾客自身原因造成的损失(如丢弃产品造成环境污染等等),也构成顾客的质量风险的一部分。但是,如果企业预先将产品功能波动及弊害项目告知了顾客,这两种损失可以划入顾客应付出的使用成本之中。在分析顾客的质量风险时,可以将其排除在外。

质量风险过大,超过顾客所能承受的水平,顾客就会拒绝购买。事实上,不论是购买什么产品,顾客都要对质量风险进行某种形式的估量,都有其确定的最大风险界限。当然,不同的人,对不同的产品,这个界限是不同的。收入高而又缺乏节俭习惯的人,这个界限可能很宽,买来不能使用,弃之即可。但是,如果该产品的安全性要求很高,也就是说对其人身、财产造成危害的风险很高,他也会大大收缩自己的风险界限。相反,收入低而又节俭的人,哪怕买一盒火柴,也会考虑其是否受潮之类质量问题,尽可能降低自己的质量风险,其最大的质量风险界限也就可能很窄。但是,他却可能去买廉价处理的罐头,因为他对产品安全性的要求相对于收入高的人来说又相对低一些,可能愿意去冒这种安全风险。

我们可以把顾客分为集团顾客(即企事业单位)和一般顾客(即消费者)。一般情况下,集团顾客可以用合同以及相应的一系列质量保证措施,例如对生产企业进行质量管理体系的考察认证、加强进货检验,甚至派驻代表对生产企业进行质量监督等等,来降低自己的质量风险。一般消费者则不同,既无合同作保证,又无必要的技术质量知识和技术手段对产品进行检测,往往仅能听凭于企业的广告宣传,因而所承担的质量风险也就更大。由于经济状况、文化水平、质量意识等多方面原因,相当多的消费者在购买产品时,可能根本没有查看生产许可证、合格证、生产厂名和厂址、所采用的产品标准以及生产日期、保质期等标识。这样,不仅不能降低自己的质量风险,反而可能增大。假冒伪劣产品正是钻了消费者这个空子而大行其道的。从这个角度说,顾客的状况也是决定质量风险大小的一个重要因素,这里我们暂且不讨论,留待后面再进行分析。

质量风险的大小,毕竟影响着产品的销售。为了扩大自己的产品市场,提高竞争力，企业应当尽量为顾客减轻质量风险。为了减轻质量风险，除了在产品质量上狠下工夫，提高产品质量，包括提高其安全性之外，很重要的一条，就是提高自己的质量信誉。所谓质量信誉，就是企业对产品质量的担保以及顾客对这种担保的认可。质量信誉，首先是企业长期的高质量产品所形成的声望。其次才是：(1) 向顾客提供的质量保证，例如：产品合格证、质量保证协议等等；(2) 向顾客提供的权威机构（包括政府机关）认可的证明，例如生产许可证、质量认证证书之类；(3) 对可能造成的额外损失进行必要补偿的承诺，例如"三包一赔"、售后服务、产品质量保险等等。集团顾客对企业的质量监督措施反过来也可以看作是企业质量信誉的一部分。企业的质量信誉越高，顾客的质量风险就越小，二者成反比。

综上所述，我们可以用下面的公式来表示顾客的质量风险：

$$F = \frac{J}{XA}$$

式中：F 是质量风险，用金额元表示。J 是产品价格，也用金额元表示。X 是企业的质量信誉，可以按不同等级从 1~10 来确定，其中 1 是质量信誉最差，或者说几乎没有质量信誉（如街头无证流动摊贩的"三无"产品），10 为质量信誉最高。A 是产品安全系数，范围为 $0 \leq A \leq 1$。安全系数越小，产品安全性要求越高，使用起来也就越不安全。当 A 趋于 0 时，顾客的质量风险将趋于无限大；当 A = 1 时，产品安全性则被排除于质量风险之外，但这种情况几乎没有。

应当说明，质量风险是顾客在购买时确定的，只是一种可能。也就是说，顾客在使用过程中，这种额外损失可能发生，也可能不发生，发生的额外损失 C 的范围为：$0 \leq C \leq F$。

还应当说明，顾客在进行购买决策时，质量风险只是其中一个影响因素，而不是全部因素。决定顾客购买决策的，首先是需求程度，其次是该产品可能提供的质量效益与质量风险之比。质量效益越大，质量风险越小，顾客越愿意购买。一般来说，对同一产品，顾客的需求程度是相同的，对其质量效益的预期也是相同的，而对同一产品不同牌号的质量风险的估计则可能不同。因此，质量风险在顾客决定购买哪家企业何种牌号的产品时，往往起着主要的作用。

二、顾客质量风险分析的意义

其一，能够使我们更加明白企业质量工作的重要性。企业质量工作的目的之一，就是为顾客降低质量风险，以促进其购买，从而扩大自己的市场。从这个角度看，企业推行 ISO9000 族国际标准、申请质量认证、申办生产许可证，以及现场质量监督、产品检验、不合格品处理等等，都是为了减轻顾客的质量风险。很多质量工作，如果站在顾客的立场上，充分考虑其质量风险，那么就可能做得更细心更好。例如在不合格品处理中，如果充分考虑顾客的质量风险，就不会像某些企业那样随便开绿灯，就会更加严格。其实，只要严格起来，再辅以必要的预防和控制，不合格品也不会有那么多，这对企业也是好事。

其二，从质量风险的公式中可以知道，要为顾客减轻质量风险，降低价格当然是一种办法，但重要的是提高质量信誉和提高产品安全系数。产品安全系数从 0.01 提高到 0.1，顾客的质量风险就可以降低十倍。也就是说，降低成本（价格是成本的反映）只是数量级地降低质量风险，其降低的范围有限，并且很狭窄；而提高质量信誉和产品安全系数，却是几何级地降低质量风险，其领域要宽阔得多。因此，企业质量工作的重点，应放在提高质量信誉和产品安全系数上。所谓名牌，实际上就是质量信誉高，顾客信得过。为了降低成本而牺牲质量信誉或降低产品安全系数，是不划算的。例如一个零件不合格，如果报废，可能增加企业的成本，但如果把它装上整机，就可能降低安全系数，从而就可能增大顾客的质量风险，最终还会给企业带来更大的损失。

其三，要将为顾客减轻质量风险作为一个重要的销售策略。质量风险是顾客预期的额外损失，相当大一部分来自其心理上的感受和估算。企业出售一万台产品，合格率即使达到 99.99%，也可能有一台不合格。如果企业不提供必要的质量保证及售后服务承诺，很可能因为这万分之一而吓退相当一部分顾客。特别是在市场上可供选择的产品以及能代替其功能的产品日益增多的情况下，更是如此。甲牌子产品质量风险大，就买乙牌子。顾客之所以被称为"上帝"，就因为其有权拒绝购买或选择购买什么。企业不为顾客降低质量风险，顾客就会弃他而去，质量风险最终便落到企业身上。产品卖不出去，企业焉能存活？因此，企业要把承诺"三包一赔"、建立售后服务网络、开展优质服务、提供产品质量保险等等作为大事来抓。

其四，对顾客质量风险的分析，也为政府对产品质量的监督管理提供了思路。作为企业与顾客之间的第三方、政府也要以维护正常市场秩序的"警察"身份，介入到产品质量交换中来。政府介入的目的之一，也是为顾客减轻质量风险，例如发放生产许可证、打击假冒伪劣、对产品质量进行监督抽查等等。目前，我国产品质量还不高，假冒伪劣商品依然泛滥，消费者惊呼："买东西没有安全感！"这就要求政府加强对产品质量的监督管理，为顾客减轻质量风险。

其五，明白了质量风险的道理，对顾客，包括对一般消费者，也有很大的好处。为了减轻自己的质量风险,顾客应当尽量提高自己的质量意识和有关产品的技术质量知识。虽然一般消费者不可能像集团顾客那样对企业进行质量监督,但是至少应当知道《中华人民共和国产品质量法》、《中华人民共和国消费者权益保护法》的有关规定,在购买产品时多一个心眼,对产品的外观、标识等等可以"检测"的质量内容,应当进行必要的"检测",从而减轻自己的质量风险。对质量风险有意识地进行评估,减少购买决策中无理性的冲动,也是一般消费者应当学会的一招。更重要的是,消费者应当明白,质量不是仅凭自己感官就能判断的,只要是购买产品就可能承担质量风险。因此,对质量风险有意识地进行评估,减少购买决策中无理性的冲动,对一般消费者来说是非常重要的。

三、顾客心理对质量风险的影响

任何产品都有质量风险,因而顾客在购买和使用产品的过程中,都将面临质量风险。一方面,顾客的心理状态将影响其能否接受、怎样接受、如何降低以及如何处置质量风险;另一方面,质量风险也会对顾客在质量交换过程中的心理状态产生作用。

顾客对质量风险能否接受,与其承受底线、认识程度和处置能力相关。首先,对某种产品来说,每个顾客都有自己能够承受的质量风险心理底线。消费需求越强烈,这条底线也就越高。消费需求是受消费能力制约的一种人生需要,虽然受其收入的限制,但并不等于其收入水平。人生需要的强烈程度往往更能提升消费需求,从而更能提升承受质量风险的底线。其次,顾客对质量风险的认识程度往往决定其是否接受。质量风险是隐藏于产品之中的,由于缺乏相应的知识和检测手段,人们往往难以认识。面对完全陌生的产品,人们对其质量风险的担心往往越大,也就越不愿意购买。人们往往是通过经验、知识、相关信息来认识质量风险的。对质量风险的认识越明确,顾客越能够通过理性来进行判断,也就越容易接受质量风险。最后,质量风险一旦爆发,顾客是否具有相应的处置能力,往往影响其事前接受质量风险的态度。对出现的质量问题能够自己维修,即使明知有这样的质量问题,顾客往往也能够接受。反之,即使只是一个小小的质量风险,也可能影响顾客购买。

顾客怎样接受质量风险,与其认识能力、购买使用经验和处置方式相关。首先,能够充分认识质量风险的顾客,就会采取相应的措施来维护自己的合法权益。例如查看生产厂家、合格证明、生产日期,索要发票和"三包"凭证,检查或试用产品,等等。聪明的顾客在购买产品产品之前,可能还会搜集相关信息,学习相关知识，来认识质量风险，从而使自己在接受质量风险时能够相当理性，不至于被厂商欺骗。其次，如果顾客有过购买使用该种产品的经验（包括他人的经验），在接受质量风险时，往往会受其经验左右。例如如今家用电器产品质量基本稳定，存在重大质量问题的概率极小。在这种情况下，相当多的消费者在购买时就可能忽略质量风险，而万一出了质量问题，就只好自嘲"运气不好"。最后，质量问题处置容易，顾客就能够相应减少接受过程的麻烦；反之，则在接受过程中就会增加相应的"刁难"动作。例如复杂设备出现质量问题，处置起来相当麻烦，在购买时或收货时顾客往往很"刁难"，要进行检验，要试车，还可能要求生产企业提供相应的技术支持等等。

顾客的心理状态，对其降低或处置质量风险也要产生影响。细心的顾客比粗心的顾客更容易把握质量问题，更容易采取措施降低质量风险。使用产品技能高的顾客比不会使用产品的顾客更能及时发现质量问题，更能减少使用过程中的质量问题，出了质量问题也更能有效处置，从而降低质量风险。意志坚决的顾客遇到质量问题后往往比"好说话"的顾客让企业更"难堪"，更不好"处理"，甚至让企业受到更大的损害（包括信誉损害），等等。

四、质量风险对顾客心理的影响

质量风险是客观存在的。如果质量风险过于严重，就会像一把高悬在顾客头上的利剑，使顾客产生不安全感，甚至惶惶不可终日。就是一般的质量风险，如果超出了顾客可以接受的底线，也可能给顾客心理造成严重伤害。此且不论，只说质量风险对顾客购买产品过程中心理所造成的影响。

顾客需要购买产品来满足自己的需要，但产品又存在着一定的质量风险，二者往往发生矛盾，使顾客难免不产生相应的"心理斗争"：买还是不买？特别是在质量风险相对较大的情况下，这样的矛盾，这样的"心理斗争"往往还比较尖锐。事实上，相当多的家庭在购买价值较高的产品时，都可能因此而发生过这样的争执，甚至还要经过家庭会议来讨论决定。即使是集团顾客，在购买重大设备时，可能也发生过类似争执，例如需要经过相关程序进行审批，就反映了这样的争执。

由于有这样的"心理斗争"，顾客在购买过程中自然就要提高警惕，加强注意，尽可能降低质量风险。产品质量风险越大，顾客的"警惕性"也就越高。对企业来说，顾客的"警惕性"往往可能阻碍企业在质量交换中实现自己的目标，从而迫使企业采取措施来降低或消除顾客的"警惕性"。于是，企业与顾客之间的交易费用就会大大增加，从而降低了质量交换的效率，增大了社会交易成本。事实上，企业质量广告宣传、质量保证认证之类举措的成本，政府的质量抽查、质量监督之类措施的费用，以及顾客"货比三家"的信息费用、了解产品质量的学习费用等等，都是增大的交易成本。

  顾客通过购买，接受了产品，也就接受了质量风险。如果质量风险较小，顾客可以不再关注。如果质量风险较大，顾客很可能重新评价自己的购买决策，甚至产生否定的评价，也就是说对自己的购买决定感到后悔。这种后悔心理实际上是顾客对自己的一种"惩罚"，严重者甚至会给顾客造成极大的心理压力。这样，当面临相似的购买决策过程时，顾客往往就会吸取教训，更加小心。

  质量风险的影响不仅反映在质量交换过程中，而且也反映在质量使用过程中。顾客购买产品之后，明知其有质量风险，往往不放心，心中不踏实，害怕质量问题爆发。这样的担心必然影响顾客使用产品，往往不敢放心使用。特别是安全性要求高的产品，更是如此。一旦听说或发现质量问题，很可能停止使用，甚至丢弃产品。例如消费者购买食品后，听说该食品可能含有有害物质，往往就会丢弃。实际上，那被丢弃的食品可能并没有任何质量问题。对相当多的产品来说，质量问题爆发后造成的损失，往往高于购买费用。为了避免质量问题给自己造成损害，顾客往往不愿意承担继续使用的风险。

第六章

质量在顾客购买决策中的地位

上一章,我们从质量风险的角度阐明了质量对顾客购买决策的影响,是从质量的负面来论说的。这一章,我们将从质量的正面来探讨质量在顾客购买决策中的地位。

第一节 顾客对质量的需求和期望

ISO9000族国际标准提出的质量管理八项原则的第一条就是"以顾客为关注焦点"。标准规定:"组织应当理解顾客当前和未来的需求,满足顾客要求并争取超越顾客期望。"显然,如何理解顾客的需求和期望,就成为贯彻这一原则的前提。

一、人生的需要

马克思曾经指出:"人们为了能够'创造历史',必须能够生活。但是为了生活,首先就需要衣、食、住以及其他东西。因此,第一个历史活动就是生产满足这些需要的资料,即物质生产活动本身。"产品,或者说产品质量,正是为了满足人们的需要才被生产的。即使是属于第一部类的生产资料的生产,也是为了满足需要。其直接的需要,是生产者或供应商的需要,其间接的需要,还是社会消费的需要。朱兰博士一再强调:"用户主要的兴趣,不在产品而在劳务。这些劳务,涉及范围广泛的人生需要,诸如营养、房屋、交通、身份等等。在很大程度上,为了提供这些劳务,产品才是重要的或有用的。"

那么,"范围广泛的人生需要"有哪些呢?按照马斯洛的需要层次论,顾客之所以要购买和使用产品,也是为了满足生理需要、安全需要、归属需要、自尊需要和自我实现需要中的某一个需要或某几个需要。例如朱兰博士所说的营养、房屋、交通的需要主要属于生理需要，而身份的需要其实就是归属需要和自尊需要。马斯洛对人类需要的划分是总体的、抽象的。实际上，从这五个层次的需要所衍化而来的人类的各种具体需要，包括某些人的特殊的具体需要，也是分层次的。譬如对服装的需要，最低层次是保暖，其次是遮羞，然后是体现身份，再后是享受，最高是审美。当然不能用马斯洛的"五层次"来硬套人们的具体需要，而应当进行具体分析。但是，哪怕是最简单的具体需要，也具有一定的层次性。朱兰博士也认为，对劳务的满足也是有层次的。他说："用户可以自由选择，通过什么办法来获取他所需要的劳务。例如，在交通方面，用户可以：（1）购买一件产品，例如自行车、汽车、汽艇；（2）租赁一件产品，例如租用一辆由自己驾驶的汽车；（3）单纯购买劳务，例如搭乘公共汽车。"而且，随着社会经济的发展，人们对产品的需要往往还呈现出多方面、多层次的现象。即使是食品这种满足人们生理需要的产品，也还必须具备诸如卫生、美观之类的质量特性，也就是说也还要在一定程度上满足人们的安全、归属、自尊等需要。在商品相对丰富的情况下，产品如果不在一定程度上具有满足多层次需要的质量特性，就得不到顾客的认可。

很显然，没有需要，不论你的产品质量水平多高，产品中包括的科学技术内容多先进，也是没有质量效益的，当然也就不可能继续生产。人类生产的最终目的是满足需要，满足人类本身的需要。

马斯洛不仅提出了需要的五层次说，而且还揭示了需要优势递进的规律：只有低层次的需要基本上得到满足之后，人们才可能去要求上一层次需要的充分满足。也就是说，需要是逐级上升的，而且不会终止。因为人的每一层次的需要都是复杂多样的，并且可以采取各种满足的方式，所以需要的满足是一个发展的过程。以食品为例，人类发明的食品（包括美味佳肴）不知有多少万种。中国不就有几大菜系吗？每一种菜系里又不知有多少种菜品，仅满汉全席就有180种菜。而且，人们还在不断地发明。当需要从低层次进入高层次之后，人们还会寻求更高的、更理想的满足方式，不断去寻求新的满足，社会也就会因此而不断发展。社会对产品，对质量效益的需要也是这样的，逐级上升，永不终止。

正因为有一个需要问题，因此，在人们的低层次需要尚未得到基本满足时，不能满足低层次需要的产品，不论其包含的科学技术多么先进，人们也不会购买。一个肚皮饿得咕咕叫而又衣不蔽体的人，如果他刚好得到一笔钱，他首先要买饭吃，买衣穿，而绝不会首先去买电冰箱、电风扇、电视机。19世纪中期德国统计学家恩斯特·恩格尔曾提出一条经济定律：一个家庭收入越少，其总支出中用来购买食物的费用所占的比例就越大。如果就一国而言，那么一个国家越穷，每个国民的平均支出中用来购买食物所占比例就越大。恩格尔定律正是需要优势递进规律在经济上的一个具体体现。

二、人生需要转化为需求

　　需求和需要是两个不同的概念。需要是人们在生活中感到某种欠缺而力求获得满足的一种内心状态。需求是需要的反映，是需要和实际购买能力相结合的产物。由于需求受实际购买能力限制，是受限制的需要，已经属于经济学的范畴。举例来说，人类都有品尝美味佳肴的需要，但只有在具备一定的主客观条件下（主观条件即要有购买能力，客观条件即要有某种美食生产和出售），这种需要才能转化为需求。

　　那么，这种转化又有哪些规律可循呢？

　　人的需要是多种多样的。从基本生活需要、安全需要、归属与爱的需要、尊重需要和自我实现的需要都可以引出各种各样的具体需要。例如饮食属于基本生活需要，可以分为对碳水化合物的需要，对蛋白质、脂肪、维生素及其他有关元素的需要；也可以分为对主食的需要，对副食的需要，对零食的需要；还可以分为对填饱肚皮（即对热能）的需要，对食物的色、香、味、形的需要；还可以有其他各种分法，并且每一种分法内又可以分为更加具体的需要。这样，人的饮食需要就呈现出千姿百态，而各种具体的需要又具有一定的层次性。人的具体需要有的是从人类诞生那天起就有的，有的是人类发展到一定程度后才产生的，还有的现在还潜藏着，还没有被人类认识或察觉。但是，不论是哪种具体需要，又总是随着社会生产力的发展而发展，不断地更新，不断地丰富。人类正是在这种需要机制的推动下，才从动物界中走出来，才从原始社会中走出来，才从落后和野蛮中走出来，成为现代人。

　　但是，需要不等于需求，并不是哪个人一有什么需要他就一定能实现的。从社会整体角度看，人们的需求至少受两大因素的制约：一是生产力发展水平，一是社会消费水平。在远古时代，人类就有了飞行的需要。可那时的生产力代表物还是石器，除了梦幻，飞行的需要是不可能转化为需求的。飞行是飞机、飞艇、热气球、航天器等产品的一种功能（或称质量属性）。只有到了现代，人类对飞行的需要才可能转化为需求。说"可能"，是因为需要还受社会消费水平，即购买力水平的制约。目前，中国社会对乘火车的需求大于乘飞机的需求，就是因为社会消费水平还比较低。当然，社会消费水平最终还是受社会生产力水平的制约。由于种种原因,社会消费水平与社会生产力水平并不一定完全同步。在过分强调积累或贫富过分悬殊时,前者就可能落后于后者。

人类的需要一旦形成就较为稳定,而社会的需求却呈现出明显的剧烈的动态变化。如果把需求落实到具体的产品上,落实到某一种型号或某一厂家生产的牌号上,这种变化就更明显更剧烈。特别是消费品,因为顾客的收益中,有相当成分的心理收益(特别是身份方面的心理收益),对其需求受社会心理和其他非理性因素的影响更大,因此,变化也就更加厉害。上个月畅销的产品,这个月就可能滞销,下个月就可能削价处理。市场的变化,实际上是社会需求变化的一种反映。企业如果看不到或不重视社会需求的这种变化,就只能在市场竞争中失利。

需要不等于需求,还可以从另一个角度来说明。首先,人的某种需要是可以压抑的,也是可以转化的。当他压抑了或转移了这种需要后,也就形不成需求。其次,人的某种需要又是可以用多种方式来满足的。某些需要甚至可以凭借他自己的某种生理或心理的活动来满足,而完全可以不必指向对产品的需求。那么,人们为什么又要购买相应的产品呢?那是因为该产品能够提供质量效益,也就是说,比他自己凭借生理或心理活动来满足要合算。譬如人们对交通的需要,完全可以通过人们自己的两条腿的运动,或走或跑来满足,来达到目的。但是,走或跑都很累,而且要多花费时间,付出的代价很大。于是他花一两元钱,坐上公共汽车。公共汽车给他提供的收益,即使排除心理上的那一部分收益,与他走或跑相比至少是相等的。但乘车的"损失"比走或跑要小,因此其质量效益更高,人们也就愿意乘车。当某种产品不能给人们提供大于他自己活动的质量效益时,或不能大于其他同功能产品的质量效益时,人们就会压抑或转移自己的需要,需求也不能形成。

在市场经济条件下,顾客的需求和期望体现在两个方面:一是购买和使用产品的需求得到充分满足,使自己的人生需要在原有基础上能够得到进一步满足;二是购买和使用产品所支付的代价,包括原价和使用费用,以及其他因此而产生的损失(例如对环境的污染、对身心的负面影响等),与需求所得到的满足是否"划算"。从经济学的角度看,顾客的需求和期望,实际上是一个效益问题。从质量效益的角度来看,我们可以对朱兰博士的观点进行一点补充:用户主要的兴趣,不在产品而在劳务。但是,产品所提供的劳务必须"划算",也就是能够使用户(顾客)获得所期望的质量效益。

顾客需求和期望这两个方面的要求,都需要靠产品质量来实现。要使顾客的人生需要在原有基础上得到进一步满足,企业提供的产品就要比顾客自己拥有或提供的产品质量更好;要使顾客感到更划算,也需要企业提供的产品中所包含的科学技术更先进,也就是质量更好。① 因此,顾客的需求和期望,实际上就集中到质量上来了。也就是说,顾客对企业、对产品的需求和期望,实际上就是对质量的需求和期望。正是因为这样,ISO9000族国际标准才将"以顾客为关注焦点"作为质量管理八大原则的第一条,而整个ISO9000族国际标准不仅要求企业把这一条作为出发点,而且也把这一条作为企业建立并保持质量管理体系的最终归宿。

三、顾客对质量特性需求的变化

质量作为一种属性,包括了产品所有的质量特性。以硬件产品为例,就可能有性能、寿命、可靠性、安全性、经济性、可维护性、时效性、美观性、创造性等若干个方面。质量是产品所有质量特性的总和或总称②。

当然,不同的产品质量特性要求是不同的。任何产品,哪怕是极简单的产品,都不是只有一个质量特性,而是具有一系列的质量特性。只要产品具有多种质量特性,这些质量特性就可能呈现出一定的层次性。也就是说,这些质量特性的重要程度就可能各不相同,顾客对其要求和评价也就不尽相同。例如我们可以把硬件产品的质量特性用图6-1的阶梯来表示。

从图6-1中可以看出,对硬件产品来说,产品性能是产品质量的基础。产品性能也就是为顾客提供劳务的能力。如果产品不能为顾客提供劳务,产品也就没有了意义。而其他质量特性主要是与顾客获得的质量效益有关,寿命长、经济性好、安全性高、可靠性强等等,能够使顾客获得更多的质量效益。一般来说,顾客对质量特性的需求就是沿着这样的阶梯,从低向高发展的。当低层次的质量特性能够满足顾客需求后,顾客对高层次的质量特性的需求就显现出来,从而成为顾客的主要需求和期望。单个的顾客对质量的需求是这样发展变化的,整个社会或顾客的总和对质量的需求也是这样发展变化的。

---

① 产品的质量是由生产力的质量决定的,生产力的质量又是由科学技术决定的。产品形成过程中运用的科学技术(包括管理技术)越先进,产品质量也就越高。从这个角度看,质量效益实际上是由科学技术提供的。

② 实际上,产品的某一质量特性值,例如化工产品的某一化学成分的含量,某一机械产品的尺寸要求,既可能与性能有关,又可能与安全性有关,还可能与其他质量特性有关。把质量特性进行分类,一是便于研究,二是为了对产品总体质量特性进行分类判断。

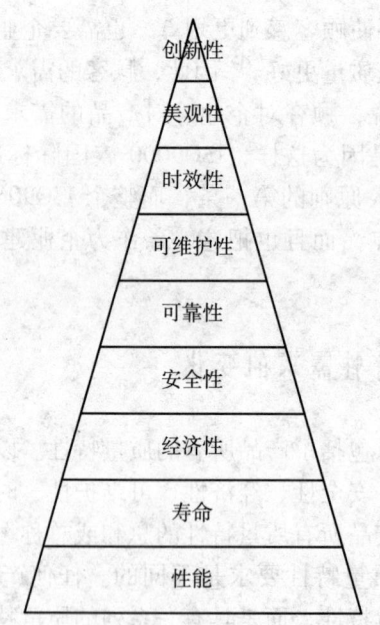

图 6-1 硬件产品质量特性重要程度层次图

从历史角度看，社会对质量特性的需求具有这样的规律：社会消费水平越低，对某种产品（包括功能相同或相似的同类产品）低层次质量特性需求就越高；随着社会消费水平提高，当低层次的质量特性得到基本满足后，社会就会提高对该产品高层次质量特性的需求。例如，在饥荒年代，只要有吃的就好；在短缺年代，"耐穿耐用"就成为质量的代名词；而如今人们在吃的方面是讲究营养和口味，在穿的方面是讲究美观和时尚。

从产品角度来看，顾客对某一种产品的质量特性是这样，对某一类产品也是这样，甚至对全部产品或产品整体也还是这样由低向高发展变化的。一种全新的产品刚出来，如果其功能完全是新的，顾客也可能会降低对其某些质量特性的需求，而把关注的重点放在其功能上，但这种现象实际上反映了顾客追赶新潮的心理。也就是说，顾客关注的是产品的创新性，依然是一种高层次的质量特性。

把握顾客需求和期望的这种发展变化趋势，对企业来说无疑具有重要意义。当然，实际生活中，顾客关注的质量特性重点可能会因人因地因时因产品或因其他原因而有所不同，很可能对某一特性不予重视或不太重视，但并不说明顾客就不需要这样的质量特性，可以说这是顾客隐含的质量需求。企业在关注顾客需求和期望时，不能忽视顾客隐含的质量需求。某种情况下，顾客甚至可能要求适当降低某些质量特性的标准，例如缩短寿命期，但那是顾客为获得更多质量效益（例如降价或减少维护费用)而提出的要求,并不等于顾客就愿意企业随意降低质量要求。

第二节 顾客的购买决策过程

在顾客的购买过程中,质量自始至终都是影响其决策的重要因素。顾客的购买决策过程,实际上就是质量如何作用、怎样作用于购买决策的过程。

一、顾客的购买决策过程

企业与顾客、生产与使用,它们之间的中间环节是购买(对企业来说是销售)。在市场经济条件下,购买是自愿的,也是自由的。虽然也可能出现强卖、搭配等垄断销售现象,但那毕竟不是任何企业都可以采取的,而且也是违法的。因此,对顾客来说,就有一个购买决策的过程。图6-2描绘了一个购买决策的运行过程。

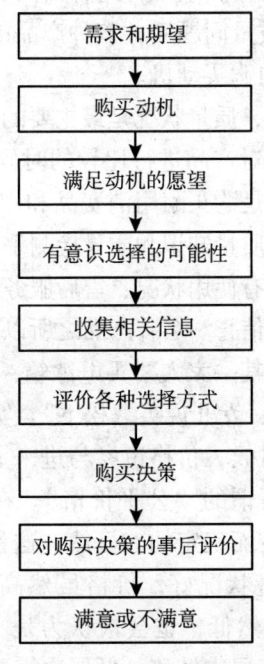

图6-2 购买决策过程

从图 6-2 中可以看到，顾客的需求和期望是购买决策的基础或前提。顾客的需求和期望是由顾客的人生需要转化而来的动机。为了解除生理上的饥饿感，人们才购买和消费食品；为了身体健康和生命安全，人们才进医院，才消费药物；为了家庭稳定和幸福，人们要求有住房和家具；为显示自己的教养和提高文化水平，人们才购买书籍等等。当然，人们购买某种产品的动机，不是单一的，往往是多种动机推动的结果。

顾客的需求和期望必然与质量相关。需求和期望是由人生需要产生的。要满足顾客的人生需要，产品就必须具有相应的功能，提供相应的劳务，这就要求产品具有相应的质量。而且，产品在满足顾客人生需要时，还不能对顾客的其他人生需要产生负面的影响，或者这种负面影响必须限制在尽可能小的范围内。这也是对产品质量的基本要求。

在市场上，能够满足顾客需求和期望的产品并不是一种。就是同一种产品，往往也有不同的品牌或规格。顾客可以在不同品牌的产品中进行选择。在这种情况下，质量在整个购买决策过程中就占有十分突出的地位。顾客有了某种需要，并且产生了购买某种产品的动机，但是这种产品的质量状况一直很差，他就可能取消这种动机，压抑自己的需要，或者将这种需要转移到另外的购买动机上。每当新闻媒体暴露某种产品的质量问题后，该种产品的销售量就会急剧下降，实际上就反映了顾客在转移自己的购买动机。

在收集产品信息的过程中，质量状况是最主要的信息之一。家庭成员、意见主导者，包括提供信息的人，在对产品进行比较的时候，质量状况是最重要的内容，甚至是占第一位的内容，特别是购买耐用消费品和用于再生产的产品（生产资料）更是这样。消费者在缺乏产品质量知识和质量检测手段的情况下，认可的质量内容首先是品牌，其次是外观，还有使用状况、售后服务等。品牌实际上是某种产品质量状况的代号，是企业的质量信誉。名牌产品之所以走俏，就在于其质量状况长期稳定，取得了消费者的信赖。某一家人要买电冰箱，父亲说买"海尔"，母亲说买"西门子"，儿子说买"美的"，女儿说买"松下"，实际上就是在进行质量比较。

在评价各种选择方案的时候，价格也参与进来了。价格往往也是和质量有关的。顾客能够接受的价格是所谓的"公平价格"。在同一种产品中，公平价格主要是与产品的质量状况相比较而确定的。显然，这种比较、评价和确定，主要是从心理的角度去进行的。质量状况好，价格虽然高一些，也会被认为是"公平的"；质量状况不好，价格虽然低，也会被认为是"不公平的"。随着经济收入的增加，人们的需要逐渐向高层次转移，低层次需要也由一般的满足向舒适完美的满足转移。在评价选择方案的过程中，价格的因素将逐渐降低，而质量的因素将逐渐上升。

对购买决策进行事后评价，其作用不仅在于对这一次购买进行心理上的安慰（或后悔），而且在于为下一次购买提供经验教训。事后评价的内容最主要的还是质量：（1）是否能够满足需要（适用性如何）；（2）使用过程中的质量状况（包括售后服务状况）是否与预期的一致；（3）使用成本（包括因产品过时而损失的费用）是否超过预期。这种评价往往很快地传递给周围的人，包括亲友、同事、邻居等等，从而影响他们的购买决策。为求得心理平衡，这种事后评价一般倾向于肯定性。如果出现否定性评价，往往是该产品质量状况太差，该产品提供的质量效益与预期的相去甚远。这类例证人人皆有，不胜枚举。

在市场经济条件下，作为顾客的企业（任何企业都需要购买和使用材料、原料、设备、动力等产品），其购买决策过程中的心理，本来应当与一般消费者相同，质量在决策过程中自始至终都应当起作用。但是，如果企业管理不到位，对采购过程控制不严，也可能出现忽视质量的情况。如果企业把采购职责完全交给采购员，而采购员的购买决策正确与否与其切身利益没有关系，就会为回扣、贪污、受贿等埋下了祸根，损害的是企业的利益。此其一。其二，购买者（采购员）与使用者（操作者）之间缺少沟通，买回的东西是否适用，质量状况如何，购买者往往所知无几，这就不能有效地对其购买决策进行事后评价。其三，不少企业的设计和技术部门没有参与到购买决策中来，致使采购员在购买产品时缺少具体的质量要求，也可能造成采购缺陷。其四，企业如果没有外购器材的入厂检验制度，上述情况将更糟。ISO9000族国际标准将采购作为一个重要的质量管理体系要素，提出了一系列要求，就是为了防止出现这样的状况。这实际上也表明了质量在企业购买决策中的地位。

二、顾客购买决策的心理差异

虽然质量在顾客购买决策中占有最核心的位置，但是不同的顾客，影响其购买决策的因素中却存在着不同的重点。顾客购买决策的这种心理差异，不仅使不同的顾客有不同的偏好，而且也促进了市场产品的丰富多彩，形成了不同层次、不同重点的产品质量供给。

其一，不同的顾客有不同的需求和期望。虽然人都有共同的需要，但这些共同需要转化为需求和期望时，却可能因为其收入状况、文化背景、个人偏好而变得五花八门。需求和期望不同，或者需求和期望的重点不同，就会影响顾客的购买决策。即使收入相同，文化背景也一致，不同的顾客往往也不会购买同一样产品。在需求极其旺盛的情况下，顾客很可能忽视质量。虽然忽视质量，并不等于质量就不在其购买决策中起作用。所谓"忽视"，是质量能够基本满足需要的情况下的"忽视"，而不是完全不考虑质量问题。

其二，同一顾客的需求和期望处在发展之中。一是人的某一种需要一旦得到满足，其需求和期望就会迅速降低，而另一种需要所转化出来的需求和期望就会迅速上升。能够吃饱，就想吃好；吃穿等生理需要基本满足了，就会有娱乐、进步等高层次需求和期望。对产品质量也是这样，低层次的质量特性基本没有问题了，就会对高层次的质量特性产生强烈的需求和期望。二是人生是在发展的，需求和期望也会随着人生的发展而发展。随着年龄的增长、文化的提高和环境的变化，同一顾客的需求和期望也会发生变化，这样的变化必然对顾客的购买决策产生影响。

其三，顾客获得的经验和信息不同。如果顾客有大致相同的需求和期望，影响其购买决策的就是经验和信息了。不同的顾客有不同的经验和信息，相同的顾客在不同的购买过程中往往使用不同的经验和信息，这就造成顾客对同一产品质量的不同评价，从而影响其购买决策。新获得的或记忆犹新的经验和信息，往往左右着顾客的购买决策。如果这种新获得的或记忆犹新的经验和信息又是负面的话，顾客就更加重视了，他很可能因此而压抑甚至取消自己相应的购买愿望。

其四，顾客对价格与质量的认识有不同偏好。顾客对价格的偏好表现为：一是承受能力，包括心理承受能力；二是在价格和质量的关系上偏重或偏好；三是对价格变动的偏好。价格与质量不同，往往一清二楚，不需要从技术上、心理上去进行评价。但是，由于收入、经历和文化背景不同，人们对价格往往有自己不同的偏好。收入高的人，并不一定就对高价格有心理承受能力，也并不一定就偏好于质量。由于偏好不同，在购买决策中，价格往往可能与质量发生争执。如果过分偏好于价格，价格在购买决策中的作用就可能超过质量。但即使这样，质量在购买决策过程中的作用依然占有决定性的地位。任何人都不可能因为价格低就去购买已经有严重质量问题的产品。

其五，顾客的购买决策习惯不同。在市场上我们可以看到，有的顾客买东西，问也不问，掏钱买了就走；有的顾客则挑来选去，犹豫不决，甚至讨价还价。不能说前者就没有一个购买决策过程，只是说其购买决策比较简单、粗糙，一旦想到购买，立即就作出决策。其实，在其决策过程中，依然有一个对产品质量的基本判断。即使是百万富翁，也不愿意花钱买一件不能使用甚至对生命健康有危险的产品。冲动型和犹豫型、自主型和依赖型，不同的购买决策习惯，使购买决策过程中的不同阶段呈现出不同的特点。

其六，顾客对质量的认识和评价不同。对顾客来说，质量往往不是那些技术指标，而是一种心理评价。即使顾客懂得一些质量技术知识，但要认识产品质量，依然离不开其心理，依然需要得出一个心理评价结果来。质量既然是心理评价的结果，就可能因为不同的心理需求和心理状态而产生不同的评价。购买决策过程中，顾客的心理差异往往影响了顾客对质量的认识和评价，从而影响其购买决策。同样一件产品，张三认为质量好，李四可能认为质量不好；张三可能购买，李四可能拒绝。

虽然顾客的购买决策心理存在着差异，这种差异可能使不同的顾客作出不同的购买决策，但却并没有否定质量在购买决策中的地位和作用，甚至可以让我们进一步理解这种地位和作用。随着经济社会发展，产品相对丰富，顾客选择的自由度增大，质量在顾客购买决策过程中的地位也逐渐提升，其作用也逐渐增大。作为购买决策中的一对矛盾，价格与质量的地位往往是你消我涨、你进我退。如果说短缺时代价格显得相当重要的话，如今质量已经具有直接影响顾客购买决策的作用。

第三节 顾客降低质量风险的措施

顾客需要质量，但质量又存在风险。为了降低自己的风险，顾客必然要采取相应的措施。不同的顾客可能采取不同的措施，我们通过一般消费者与集团顾客这两种情况来加以考察。

一、消费者降低质量风险的措施

正如我们曾经分析过的，相对于集团顾客来说，消费者往往没有产品的技术质量知识和检测产品质量的手段，又不能对产品形成过程进行监督，大多又处在非合同环境之中，因而质量风险更大。在市场中，消费者往往处于弱势，其降低质量风险的措施也相对较少。一般来说，只有以下几种：

1. 在购买决策中尽可能慎重。影响购买决策正确性的根本因素是获得信息的多少和是否准确。慎重决策，其实就是尽可能多、尽可能准确地获得相关产品的质量信息。质量信息从内容来说，一是产品的质量知识，包括产品的技术原理、结构、构成、成分等和产品质量特性要求；二是产品质量的实际状况。对顾客来说，能够尽可能掌握前者当然更好，但却不是那么容易的，不能要求顾客都成为所有产品的专家。即使是某一产品的专家，由于产品日趋复杂，也并不一定就能够完全掌握该产品的全部质量知识。因此，从购买决策来说，主要还是尽可能获得产品质量实际状况的信息。一般来说，这样的质量信息包括自己或他人购买和使用同类产品的经验、企业的广告宣传、政府或新闻媒体提供的相关信息等。经验固然重要，但因为是"过去时"，往往不能反映"当前时"，因而往往并不可靠。企业的广告宣传往往是自说自话，夸大、虚假在所难免。政府和新闻媒体提供的质量信息往往又太少，而且大多不是直接的。而且，要获取质量信息，顾客还必须支付相应的时间、精力或费用。如果支付的信息成本过大，往往又得不偿失。因此，在购买决策中，所谓的"慎重"往往也就要大打折扣。虽说如此，慎重还是必需的。针对不同的产品，针对不同的质量风险，顾客往往会按照自己的偏好，把握不同的"慎重"程度。一般来说，对质量风险较低的产品，"慎重"程度就低一些；质量风险较高的产品，"慎重"程度也就高一些。

2. 在购买过程中尽可能理智。购买过程不仅是一个交换过程，而且也是一个识别并判断产品质量的过程。所谓理智购买，就是在购买过程中要认真识别质量，尽可能对质量作出理智的判断。要能够识别质量并理智判断，当然需要相应的产品技术质量知识，有时还需要一定的质量检测知识、方法和工具。一般来说，人们如果使用过同类产品，也就具有了一定的质量技术知识。如果消费者又善于学习，还可以增加这样的知识。但是，即使是相关专家，也难以完全掌握产品的全部技术质量知识。即使有了相关知识，没有相应的检测方法和工具，也是难以完全"理智"的。人的眼、耳、鼻、舌、身可以感知一部分质量特性，例如产品外观之类。通过试用、简单检测（例如通电检测），也可以感知一部分质量特性，例如产品是否能够正常运行之类，但感知的质量特性毕竟是有限的。虽说如此，在购买过程中尽可能"理智"，尽可能利用一切条件去识别质量，然后对识别的结果进行判断，还是必要的。购买时，至少应当查看相关标识，坚决拒绝"三无"产品。

3. 借助企业提供的质量保证来降低自己的质量风险。按照法律法规的规定，并且也是为了竞争的需要，企业要为顾客提供相应的质量保证，例如提供产品合格证明、"三包"承诺等。企业的质量信誉往往是最重要的质量保证。消费者在购买产品时，要充分利用企业提供的质量保证来降低自己的质量风险。一是要关注企业的质量信誉，尽可能在大商场购买产品，尽可能购买质量信誉较高企业的产品。二是要查看产品的生产厂家、合格证明、质量认证标识、出厂日期、保质期等等，并进行对比，选择符合法律法规规定的产品，拒绝不符合法律法规规定的产品。三是要对企业提供的"三包"之类的承诺进行比较，尽可能选择对自己更有利的，例如"三包"范围更广、维修地址更方便等等。四是要尽可能把"非合同"购买变成"合同"购买。能够用合同形式固定企业质量责任的，要尽可能固定；不能固定的，也要通过索要发票、"三包卡"之类（企业的一些具体承诺还应当要求企业在发票上注明），以便形成事实上的合同关系。

4. 借助法律来降低自己的质量风险。对于消费者来说，至少应当掌握《中华人民共和国产品质量法》、《中华人民共和国消费者权益保护法》的基本要求，尽可能借助法律来降低自己的质量风险。首先，消费者要知道自己的哪些合法权益受到法律保护。《中华人民共和国消费者权益保护法》规定，消费者享有人身、财产不被侵犯的权利，享有知悉其购买、使用的商品或者服务的真实情况的权利（知情权），享有自主选择商品或接受服务的权利（选择权），享有公正交易的权利（公正交易权），在受到人身、财产损害时依法享有获得赔偿的权利（求偿权），依法享有成立维护自身合法权益的社会团体的权利，享有获得有关消费和消费者权益保护方面知识的权利，享有人格尊严、民族风俗习惯得到尊重的权利，享有对商品和服务以及保护消费者权益工作进行监督的权利。其次，消费者要敢于拿起法律武器来维护自己的合法权益。当自己的合法权益受到侵害时，应当理直气壮地向企业讨还公道，该投诉要投诉，该求偿要求偿。必要时，还应当诉诸法律，以求得公正。面对企业的侵权行为，如果消费者忍气吞声，往往只会助长企业的不法行为，对企业来说这往往也是有害而无利的。

5. 借助消费者协会等社会力量来降低自己的质量风险。单个的消费者往往势单力薄，只有联合起来才能壮大自己的力量。但是，与西方发达国家不同，我国的消费者运动一直没有真正开展起来。虽然很早就有了消费者协会（委员会）、用户委员会，但这样的协会、委员会往往是"官办"的。事实上，消费者协会就靠挂在政府的工商管理部门，用户委员会则是质量管理协会的下属部门，而质量管理协会也靠挂在政府的质量技术监督部门。虽然如此，消费者依然可以借助消费者协会以及新闻媒体等社会力量来维护自己的合法权益。一是从他们那里获得相关质量信息，以利于自己的购买决策。二是从他们那里获得相关的质量知识，以提高自己购买决策和识别产品质量的能力。三是一旦自己的合法权益受到侵害，可以通过向他们投诉，借助他们的力量迫使企业停止侵害并赔偿自己的损失。近年来，不管是消费者协会还是新闻媒体，在维护消费者合法权益方面起到了很大的作用，也提高了他们在消费者心目中的地位。

二、集团顾客降低质量风险的措施

相对于消费者来说，集团顾客（企事业单位）具有一定的技术质量知识和相应的检测手段，因而质量风险相对低一些。但是，如果集团顾客采购管理不善，购买决策一旦失误，造成的损失往往更大。集团顾客要降低质量风险，关键是完善自己的采购质量控制措施。

集团顾客（特别是现代企业）的采购，不是简单地"买"东西的过程。采购的产品越多，越复杂，质量要求越高，采购过程也就越复杂。集团顾客应当根据不同的采购产品，来确定该产品的具体采购过程。也就是说，集团顾客的采购过程因产品不同，可能存在多种多样的形式，可能从最简单的"买"到较为复杂的"采购"都有。采购那些批量大、性能和结构复杂、质量要求高的产品，必须按照 ISO9000 族国际标准的要求，严格进行控制。

在市场经济条件下，特别是买方市场形成之后，集团顾客采购的选择性更大了。为了确保采购产品符合要求，降低质量风险，集团顾客必须控制其采购过程。由于采购产品不同，这些采购产品对企业的生产和服务运作的影响不同，对最终的产品影响不同，因而控制的方式和程度也可以不同。集团顾客可以针对不同的产品，从下列的采购控制方式中选择一种或数种的组合，对采购加以控制，从而降低自己的质量风险：（1）编制采购文件，明确对采购产品的要求；（2）确定采购过程；（3）选择合格的供方；（4）与供方签订合同和质量保证协议；（5）对供方的质量管理体系进行审核认证；（6）对供方的生产过程进行监督；（7）派员进驻供方作为验收代表；（8）对采购产品进行验证；（9）与供方建立合作关系，包括建立厂际质量保证体系；（10）定期对采购过程进行审核和评审。

采购控制的中心环节是选择合格的供方。集团顾客应当根据供方按自己的要求提供产品的能力评价和选择供方，并将选择的结果编制成"合格供方名单"，然后按该名单与合格供方签订供货合同。选择合格供方的核心是确定供方有没有生产合格产品的能力，而要确定供方有没有生产合格产品的能力，就要对供方的资格进行评定。对供方资格进行评定有各种各样的方法，可以根据采购产品的具体情况选用。采购批量大、性能和结构复杂、质量要求高的产品，就应当选择对其质量管理体系进行考察认证之类的方法来进行评定。对供方资格评定需要与供方合作，也就是说，供方应向集团顾客提供相关的资料和证明文件，为集团顾客的供方资格评定提供必要的条件和便利。供方如果拒绝合作，那么其供应产品的资格就应当取消，也就是说就应当停止其供货。

采购控制的重要环节是采购文件的控制。与一般消费者不同，集团顾客采购产品往往不是供方提供什么就购买什么，而是要求供方按照自己的需求和要求提供相应的产品。而要供方按照自己的需求和要求来提供产品，就必须把自己的需求和要求说清楚，这就需要相应的采购文件。采购文件是采购的准则，它可以沟通供需双方对拟采购产品的质量要求和质量保证要求的了解，从而协调双方质量活动的方式和内容，使产品质量得到满足。因此，采购文件必须包括描述拟采购产品的信息（主要是质量要求），而且应当作为订货合同的一部分或附件，毫不含糊地用文字、图样等形式表达出来，使其与合同本身一样具有法律效力，成为双方都应遵守的准则和解决矛盾纠纷的依据。因此，对采购文件，必要时还应进行评审，以确保其不出现差错，能够正确、真实、全面反映集团顾客对采购产品的需求和要求。在合同条件下，采购文件成为订货合同的一部分，一旦采购文件规定的产品信息（主要是质量信息）出现差错，质量风险就落到了集团顾客自己身上。因此，要降低质量风险，对采购文件进行严格控制非常必要。

采购控制另一个重要环节是对采购产品的验证。根据产品的不同情况，其验证方式也可能不同，但绝大多数都采用进货检验的方式进行，也可以在供方范围实施验证。可以根据产品的性质、用途、重要程序以及对过程和最终产品的影响，来确定进货检验的内容。一般来说，对关键的和重要的采购产品要加强进货检验，必要时可以进行规定的质量特性检验，而且还可以进行全数检验。为了减少检验费用，对大多数采购产品则只进行抽样检验，而且只针对部分质量特性检验。因采购产品事后验证的困难，或者由于有相关要求，也可以在供方的范围实施验证，这种验证也称为驻外检验。驻外检验不仅承担着对采购产品进行检验的任务，而且往往还需承担对供方生产过程进行控制和对其进行技术、质量管理进行指导的任务。这对降低质量风险来说，其作用无疑重大。

验证的目的是为了能够及时发现产品质量缺陷，及时消除质量风险。发现产品质量缺陷后，应当严格进行控制，该退货就退货，该索赔就要索赔。即使要让步处理使用，也必须按照规定的权限、程序、要求，严格进行控制，必要时还应通报供方并得到其允许。

最后，不管采购产品是否经过检验，只要进入集团顾客控制的领域，由自己负责控制，就应当加强管理，防止因储存管理不善而造成质量问题或使质量水平下降。

与一般消费者不同，集团顾客采购人员的个人利益与集团的整体利益往往并不一致，采购人员并不是用"自己"的钱在购买，因而在降低质量风险上往往不像一般消费者那样用心用力。如果控制不严，采购人员为了个人利益，很可能牺牲集团利益，从而把质量风险转移给集团。索贿、受贿是违法犯法，姑且不论，即使是采购人员疏忽大意，也很可能增大集团顾客的质量风险。因此，采购质量控制除了严格按 ISO9000 族国际标准规定的要求来做之外，还必须对采购人员进行控制，制度上堵塞漏洞，思想上加强教育，过程中严格监督，一旦发现就严肃处理。总之，集团顾客要降低自己的质量风险，可能比一般消费者更难。事实上，最近几年曝光的有关政府采购价格高、质量差的新闻就说明了这一点。

第七章

顾客对质量的认知过程

质量在顾客购买决策过程中具有决定性意义。那么，顾客是怎样认识和判断质量的呢？其实，顾客对质量的认知同样是一个心理过程。分析顾客对质量的认知过程，可以使我们更好地站在顾客的角度来认识和理解什么是质量，从而更好地去满足顾客的需求和期望。

第一节 顾客对质量的感知

一、顾客对质量的感知基础

质量是产品的一种属性，离开产品就无所谓质量。但是，质量却依附于产品，任何产品都不可能不存在质量特性。所谓特性，就是一种性质，而性质又是与产品的本质相关联的。从哲学意义上说，本质是隐藏于现象之后的，是通过现象来表现的。要认识本质，只有通过对现象的感知，然后经过一番思维过程（也是心理过程），去粗取精、去伪存真、由此及彼、由表及里，分析演绎，综合判断，才能把握。

顾客对质量的认识起于感知。面对一件产品，顾客首先是通过自己的眼、耳、鼻、舌、身等感觉器官，对产品的形状、体积、位置、色彩、声音、气味、滋味、温度等等进行观察、感觉和体验。但是，顾客要进行这样的感知，必须具有相应的前提条件：一是顾客要能够直接接触产品，为他观察、感觉和体验提供机会。二是顾客对产品要有相关的知识，才会知道产品的形状、体积、位置、色彩、声音、气味、滋味、温度等等这些现象哪些与质量直接相关，需要去观察、感觉和体验。三是顾客的感觉器官要能够感觉产品的形状、体积、位置、色彩、声音、气味、滋味、温度等等。如果某项感觉器官有问题，不能感觉，或者感觉误差太大，也很难把握。四是顾客如果不懂得或不能够借助相应的设备仪器，就不能真正感觉产品的某些特有的现象。

现实中，这四个前提条件对顾客来说，往往并不具备。首先，相当多的产品是顾客不能直接接触的，例如服务产品，服务过程没有结束前，顾客不可能全部直接接触。又例如大型设备，顾客能够接触的往往只是其外观，产品的其他现象往往难以直接接触。其次，顾客缺乏产品的相关知识，不知道产品的形状、体积、位置、色彩、声音、气味、滋味、温度等等这些现象中哪些与质量相关、怎么相关、相关程度如何，在观察、感觉和体验时，往往就可能忽略。例如不懂产品标识的有关规定，顾客就不会去仔细查看产品标识，查看了也不会知道有什么意义。又例如没有彩电的相关知识，就可能忽略彩电诸如色彩饱和度之类的现象。再其次，顾客的感觉器官有问题，看不清、听不明，往往也会影响对产品的感知。例如听觉如果不敏锐或缺乏乐感，就很难听出音响的杂音或不和谐音来。又例如不常喝酒的人，就很难感觉名酒那特有的香味。最后，相当多的产品，其形状、体积、位置、色彩、声音、气味、滋味、温度等等往往需要依靠特殊的或专用的设备、仪器才能进行观察、感觉和体验。没有这样的设备、仪器，或不懂得借助这样的设备仪器，就不能很好地观察、感觉和体验。例如不通电，就不能感觉电器能否启动；不使用温度计，一般人就很难准确感觉温度。

对现代工业产品来说，在这四个前提条件中，相关知识和相应的检测设备和仪器对顾客感知产品质量的作用日益突出。原始社会的产品主要是采集的果实、捕捉的动物以及简单的工具等，往往不需要过多的相关知识，凭人的感官就基本上能够把握其质量。农业社会的主要产品是农产品和小手工业产品，要感知其质量，当然需要一定的知识，但由于品种不多，大多数都是人们日常生活中经常接触过的，只要经验丰富，也可以凭人的感官直接感知。现代工业产品，特别是机电、化工以及高科技产品，原理深奥、结构复杂、质量特性繁多、相互关联紧密，没有相应的知识，对其质量状况，你往往不知道去感知什么，如何去感知。即使知道了，如果不凭借相应的设备仪器，你的感官往往也是无能为力的。即使是我们日常饮用的自来水，有几个人知道其质量特性和检验标准？又有几个人具有检测的能力并拥有检测的手段？哪怕你是医生，你是化验师，可能也不会天天检测后才饮用吧？从这个角度上说，顾客感知质量存在着许多限制。即使是某一产品的专家，即使他有很先进的检测设备和仪器，他也可能难以全面地、真正地感知产品质量。

从感官到检测设备仪器，人们感知质量的手段有了根本的变化。但是，从最简单的度量衡到最复杂的检测设施,依然可以说还都是人的感官的延伸。没有这样的延伸,感官往往可能是睁眼而不见、充耳而不闻,完全失去作用。相应的设备仪器对人感知质量非常重要,但是,设备仪器检测的结果,依然需要通过人的感官,才能被人感知。因此,在认识质量的过程中,感官的作用依然不可忽视。事实上,即使对企业来说,在生产过程中不管配置多少检测设备,不管配置的检测设备多么先进,不管检验人员经过多少培训,依然可能发生错检、漏检等问题。所谓错检、漏检,就是检验人员用感官去感觉的过程中出现的问题。对顾客来说,感知偏差、感知错误存在的概率更大。这应当引起顾客注意。也就是说,在感知质量的过程中,我们不能过分相信自己的感官,也不能过分相信相应的设备仪器(设备仪器也可能作假,也可能出现误差)。

企业应当尽可能为顾客提供感知的条件,尽可能让顾客直接接触产品,尽可能普及相关产品质量知识,尽可能为顾客提供相应的观察、感觉和体验所必需的设备、仪器。如果企业对自己提供的产品质量具有信心,越是帮助顾客进行感知,越能赢得顾客信任,也就越能获得竞争力。不过,我们在市场上却发现,不少企业虽然也向顾客提供这样的帮助,但往往只关注顾客购买,只提供可以促使顾客购买的帮助,而且往往还会掩饰产品的缺陷和质量的不足,甚至误导或欺骗顾客。不少企业都知道,要在市场上站住脚,必须"讨好"顾客。要"讨好"顾客,一个重要的方法就是为顾客感知产品质量提供帮助。但是,企业"讨好"顾客并不是完全自愿的,企业还怀有自己的目的。对顾客来说,面对这样的"帮助",还是应当提高警惕,防止企业误导或欺骗自己。

顾客为了把自己对质量的认知建立在坚实的基础上,应当尽可能提升自己的质量知识水平,尽可能去直接接触产品,仔细观察、认真感觉和加强体验。与购买决策时需要获得相关信息一样,观察、感觉和体验也是为了获得信息。信息往往不是免费的,需要顾客投入相应的时间、精力和金钱。通过观察、感觉和体验,往往可以避免上当受骗,可以获得质量更好的产品,从而通过获得更多的产品质量效益而得到补偿,因而这样的投入往往也是划算的。当然,在观察、感觉和体验上究竟付出多少,需要针对具体的产品来确定。如果在超市买一个普通的面包,也要观察半天,拿在手上感觉其色、香、味、形,那就不划算了。如果购买一套房子,不去看看房子的结构、位置、朝向之类,贸然下手,今后就可能后悔莫及。

二、顾客对质量的感知过程

顾客对质量的感知过程大体要经历接触感觉、形成印象、初步认识等三个步骤。

接触感觉是感知的第一步。顾客来到商场或其他相关的地方，接触了准备购买的产品，并通过自己的眼、耳、鼻、舌、身等感觉器官，对产品的形状、体积、位置、色彩、声音、气味、滋味、温度等等进行观察、感觉和体验。这样的观察、感觉和体验，可能是有意识进行的，例如在购买时观察产品的外观、感觉产品的色彩、体验产品的功能等等；也可能是在无意识中进行的，例如进入特定的服务场所，无意识地观察和感觉场所的环境、气氛，甚至无意识地体验到服务的态度。即使顾客没有或不能直接接触产品，也要通过对产品模型、广告、说明、图片或类似产品、代用品之类，对产品进行间接的观察、感觉和体验。当然，顾客如果充分信任企业的宣传或他人的经验，自己也可以不接触不感觉产品，但那也是顾客借用了企业和他人的接触和感觉。完全不接触不感觉产品，肯定不能感知产品的质量。例如现在的网购，由于不能直接接触直接感觉产品，买来后出现质量问题的概率就大得多，发生质量纠纷的情况也就大得多。

感知的第二步是形成印象。印象是感觉过的事物在人的头脑里留下的迹象。顾客通过眼、耳、鼻、舌、身等感觉器官，获得了产品的形状、体积、位置、色彩、声音、气味、滋味、温度等等情况，汇合在一起后，头脑中就会形成对产品的印象。这种印象既包括了产品的有关"数"的内容，也包括了产品有关"质"的内容。对顾客来说，印象的主要内容就是对产品质量的印象。顾客对产品质量形成的印象，往往受顾客对产品某项质量特性的感觉的支配，特别容易受企业形象、经营环境、服务优劣等与产品质量没有直接关系的因素的影响，因而可能并没有真实反映产品质量。在形成印象时，诸如"成见效应"、"晕轮效应"以及各种各样的心理错觉，都可能对顾客造成影响。这种影响可能是正面的，也可能是负面的。虽然印象与产品质量实际往往并不一致，但却可能直接左右顾客的购买决策。因此，给顾客留下一个好的印象，不仅需要产品质量过硬，而且需要企业构建能够影响顾客形成良好印象的良好环境。

感知的第三步是对产品质量形成初步的认识，也就是对产品质量下一个初步的判断。虽然这种判断是初步的，在以后的认知过程中很可能还要改变，但往往能够直接促使顾客采取下一步行动。由于顾客的需求不同、购买意愿强弱不同，下一步行动可能是直接对产品质量进行判断，也可能是重新对产品质量进行接触感觉，进入对产品质量感知的第二次循环。事实上，在商店购物的顾客就是通过多次的接触感觉，最后才作出对质量的判断，最后才决定购买的。在重新进行接触感觉的过程中，顾客将更加细致地进行观察、感觉和体验，往往还要用相同或相似的产品来进行比较和分析。但第一次的接触感觉往往成为他的"路径依赖"，影响他下一次的接触感觉。如果这新的一次接触感觉能够加强他对产品质量的初步认识，那么他对自己的初步判断更加坚定，也就容易作出最后的判断，从而作出购买决策。

顾客对质量的感知是一种感性认识。感性认识虽然只是认识的低级阶段，却是认识的高级阶段的基础，是认识过程必不可少的一个步骤。没有这样的感性认识，也就难以对产品质量进行理性的判断，也就不会有相应的理性认识。因此，顾客在购买过程中要加强对质量的感知，企业也要顺应顾客的这种心理认识过程，为顾客感知产品质量提供相应的便利和帮助。

三、顾客对质量的感知差异

现实生活中，我们看到，同样的产品，同样的质量，不同的人往往会有不同的感知结果。为什么会出现这种状况呢？如果我们对顾客感知质量的差异能够有效把握，就能因地制宜、因人而异地为顾客感知质量提供相应的便利和帮助。

顾客对质量的感知差异，首先是由于人的感觉器官存在差异造成的。有的人眼睛锐利，有的人嗅觉灵敏，有的人容易受外界影响而产生错觉，有的人在感觉过程中能够专注……因此，在同样的感觉过程中，不同的顾客可能会有不同的观察、感觉和体验结果，从而形成不同的印象，得到不同的初步认识。

其次，同一个人，其感觉器官在不同的条件下也会存在差异。患感冒的人，嗅觉器官往往受到限制；有心事而精神不集中的人，对感觉过程中所获得的信息往往就不敏感……因此，在顾客反复感知的过程中，他对质量的感知很可能不一致，甚至矛盾。一般来说，顾客容易关注负面的信息，一旦形成负面的初步认识，往往难以改变。

再其次，任何感知都必不可免地要受到人已经具有的思想、认识、知识、思维习惯等影响。如何使用感觉器官，往往还要受人的思维的支配。人的思维方式、思维能力不同，在感知过程中如何"使用"感觉器官也就不同。如果顾客已经形成对某一产品的认识，他在感知其质量时，往往就会按其固有的认识去进行。例如顾客认准了某一名牌，在感知过程中，他往往就会忽略其可能存在的质量问题。

最后，顾客在感知产品质量的过程中如果发现质量问题，往往就会产生联想，由此及彼，去发现新的质量问题，甚至可能"一叶障目，不见泰山"。感知是认识的感性阶段，感性认识往往存在较多的非理性因素，这种非理性因素往往影响顾客的感知过程，或者忽略已经发现的质量问题，或者夸大已经发现的质量问题。顾客对产品质量的相关知识越是不了解，越容易受非理性因素的影响。

企业应当研究顾客对质量感知存在的差异，并针对这些差异采取措施，来帮助顾客更好地感知产品质量。这既是对企业制定营销策略的要求，也是对企业销售人员提高销售技巧的要求。在向顾客介绍产品质量时，应当根据不同的顾客和顾客的不同情况来进行，让顾客能够更好地感知质量。鉴于顾客在感知质量中存在的非理性因素，企业应当帮助顾客提高理性，尽可能全面地展示产品质量。

企业还应当通过多种手段，尽可能向顾客、向社会普及有关质量的法律法规知识和有关产品质量的技术知识，帮助顾客提高感知质量过程中的理性。在销售过程中，企业可以通过向顾客传授相关知识和如何感知质量、判断质量的方法，来争取顾客的信任。顾客的信任，是顾客在感知质量过程中克服非理性最重要的因素，对顾客感知质量起着关键作用。为顾客提供感知质量的便利和帮助，是企业获得顾客信任的重要途径。

对顾客来说，在感知质量的过程中，要尽可能运用自己的相关经验和掌握的相关知识，尽可能多观察、多感觉、多体验，尽可能全面去感知质量，尽可能消除非理性因素的影响。特别是在购买质量风险较大的产品时，更要增加感知的力度，在条件许可的情况下反复进行感知，尽可能发现可能存在的质量问题。俗话说："不怕不识货，只怕货比货。"还要尽可能多地进行同类产品的对比，多进行前后感知的对比。虽然这可能增加购买产品的时间和所花费的精力，但为了降低自己的质量风险，依然还是值得的。

第二节　顾客对质量的判断

一、从感知质量到判断质量

顾客对质量的感知，虽然可能形成印象和初步认识，但这还仅仅是对质量的感性认识，只反映了质量的现象和外部联系，还只是认识的低级阶段。要真正认识质量，还必须在感知的基础上，经过思考，将感知得到的材料加以去粗取精、去伪存真、由此及彼、由表及里的改造制作，完成认识的飞跃，形成理性认识。如果没有对质量的感知，没有对质量的感性认识，就不能发展为对质量的理性认识；反过来说，如果没有对质量的理性认识，对质量的感性认识就不能更深刻、更正确、更全面地反映质量的状况，对质量的认识也就是很肤浅的、很片面的，甚至是不正确的。这样，顾客对购买往往很难作出决策，即使作出决策，往往也是非理性的，甚至可能是错误的。

理性认识属于概念、判断和推理的认识。对顾客购买决策来说，最重要的是对质量作出判断，然后根据判断进行推理，估计可能存在的质量风险。判断正确，推理才可能正确，所估计的质量风险也才可能正确。如果估计的质量风险大于预先的设想，顾客就可能放弃购买。在理性认识阶段，顾客还会对相同或相似的产品进行质量风险的比较，尽可能选择质量风险较小的产品。

从哲学意义上说，只有人才能认识事物的性质。不少高级动物，包括有一定智力的黑猩猩之类，虽然与人一样，也有眼、耳、鼻、舌、身等感觉器官，但它们只能感知事物的现象，不能认识事物的性质，更不能认识事物的本质。质量不是产品的表面现象，而是产品的特性，是产品的一种性质，与产品的本质相关联。因此，只有人才能够真正认识质量。但如果人不能将感知的质量上升到对质量的理性认识，依然不能真正认识质量。因此，完成认识质量的这一次飞跃是非常重要的。

判断是对事物性质的一种认识。所谓判断，就是对事物的情况有所断定的思维形式。要判断，就必须有所辨别，也就是要把两种或两种以上的事物或有关事物的观念进行比较，然后作出断定。对顾客认知质量来说，两种或两种以上的事物或有关事物的观念，一是顾客通过对产品质量感知获得的相关印象和初步认识，一是顾客观念中的质量"标准"。顾客用自己的质量"标准"去对照感知所获得的相关印象和初步的认识，如果二者相符，或者后者好于前者，就会断定产品质量不错；反之，就会断定产品质量有问题。简单的判断是产品质量好或产品质量不好，可能只需要一个语句来表示判断的结果；复杂的判断则可能出现哪几个质量特性好、哪几个质量特性不好、质量好好到什么程度、质量不好又不好到什么程度等情况，需要两个或两个以上的语句来表示判断的结果。

在对质量的判断中，顾客所使用的"标准"显得相当重要。对相同质量的产品，用不同的"标准"去判断，往往就可能得出不同的结论。使用的"标准"高，判断得出的结果往往就低；使用的"标准"低，判断得出的结果往往就高。不同的顾客往往有自己不同的"标准"，因此，在同一产品面前，虽然也经过相同的感知过程，但往往有顾客赞赏其质量，也有顾客会贬低其质量。顾客对产品质量认知的差异，不仅因为其感知不同，也会因为其判断的"标准"不同。

除了那些有需要并有能力的顾客（例如军方向军工企业派驻军代表）之外，顾客（特别是一般消费者）判断质量的"标准"不是国家标准，也不是企业标准，更不是国际标准。顾客判断质量的"标准"也可能形成了书面文件（例如合同中的相关规定），但更多地体现为顾客头脑中的观念性的东西，其中最主要的是相关经验和相关知识。所谓相关，是指与所感知的产品相关，与所感知的产品的质量相关。

经验是指人们的经历和体验。多次经历和体验之后，就会形成经验。因此，经验是实践得来的一种知识，而且往往经过多次实践证明，因而很可能是一种正确的认识。人从出生后就开始接触产品，也就开始形成有关产品质量的经验。因此，可以说任何人都有一定的质量经验，在判断产品质量时，任何人都会利用自己的经验。但是，经验往往存在着不足、过时、不对称、不符合已经变化了的条件等情况。所谓不足，就是人们的经验不能满足判断质量的需要，也就是经验不够使用。所谓过时，就是已有的经验已经陈旧，是过时的经验，不能满足现在判断质量的需要。所谓不对称，就是已有的经验与需要判断的质量之间不对称，经验是一回事，需要判断的质量是另一回事。所谓不符合已经变化了的条件，就是产品所处的客观条件、其质量内容和要求、人的感知条件和感知结果等等已经变化，而已有的经验却没有跟上这些变化。因此，在判断质量时，不能过分相信自己的经验，更不要犯经验主义的错误。虽说如此，经验毕竟是人们判断质量的重要依据，是人们判断质量的"标准"的重要内容，而且是人们判断质量时首先使用的东西，增加相关经验，对我们判断质量至关重要。

在判断质量的过程中，相关知识可能更加重要，所谓相关知识，既包括相关的产品知识、产品质量知识，也包括一般的市场知识、质量法律法规知识以及相关的信息。要获得这些相关知识，当然要有一定的文化知识作基础，而且还要是个"有心人"，才会经常去获取这些相关知识。但是，现代工业产品越来越繁多，越来越复杂，其质量特性内容也越来越深奥，即使是一般的质量法律法规知识也越来越难以掌握，任何人都不可能完全拥有所谓的相关知识，而只能是相对拥有。一般来说，拥有的相关知识越多，判断质量也就越准确。因此，我们还是应当尽可能多拥有一些相关知识为好。在有了对某种产品的购买意愿后，适当搜集并尽可能多地掌握该产品的相关知识，还是非常必要的。

从心理学角度来看，判断过程也是一个心理过程，也需要人进行相应的思维，其中也可能包括或多或少或大或小的逻辑推理。判断是否正确，与思维方法、思维能力、思维过程等也是分不开的。不同的人或同一个人在不同的条件下或同一人在相同的条件下面对不同的思维对象，往往可能有不同的思维方法、思维能力和思维过程。因此，即使具有相同的感知和相同的"标准"，不同的顾客或同一顾客在不同的条件下也可能得出不同的结论。

二、质量经验的形成机制

在认知质量的过程中,经验往往起着至关重要的作用。从历时性角度看,人们最先对质量的认识,就是起源于经验的。从共时性角度看,顾客(特别是一般消费者)在认识质量时,依然主要依靠自己的经验。因此,有必要对人们的质量经验进行一下简单的讨论。

如果经验可以看作是一种认识,那么,人类对产品质量的认识就不是始于生产,而是始于消费。人要生存,就必须"吃",东西能"吃"好"吃",质量就好;不能"吃"不好"吃",质量就不好。吃的、穿的、用的都是产品。产品就是拿来吃、拿来穿、拿来用的,不能吃、不能穿、不能用就不能称其为产品。当然,这里所说的吃、穿、用是广义的,既包括生活资料,又包括生产资料。而"吃"产品、"穿"产品、"用"产品的是顾客而不是企业(生产者)。可以说,对质量的认知首先是从顾客开始的,是顾客站在自己立场上对产品性质的一种判断。

但是,过去我们所理解的"使用",不管是其内涵还是其外延,都是相当狭隘的,几乎只集中于满足我们的生理需要方面。即使是劳动工具类(生产资料),往往也仅仅是指与操作有关的使用,也直接与人的生理机能相关。在科学技术不发达的时代,人们的生理需要往往是由感觉器官来反映的,某种生理需要得不到满足或满足得不好,就会使人出现紧张、疼痛、疲劳、虚弱等等感觉。例如饥饿了,我们会感觉肚子有一种疼痛感;锄头质量不好,我们就会感觉挖地特别费劲……感觉器官的多次感觉,就会形成经验。在这种情况下,人们对质量的判断标准直接与我们的经验相关,决定判断结果的因素也主要来自我们自己感觉器官的感觉。

首先,在使用产品之前,我们总是要通过自己的眼、耳、鼻、舌、身等感觉器官,去感知产品。产品的形状、体积、位置、色彩、声音、气味、滋味、温度等等,通过我们的感觉器官被我们所感知,然后我们调动我们的经验,将自己意识或观念中的相同产品的形状、体积、位置、色彩、声音、气味、滋味、温度等等,与我们感知的产品相对照,然后进行判断,从而得出相应的结论。这或者也可以叫作"检验",可以称为感觉器官的"检验"。当然,不同的产品,我们需要"检验"的项目是不同的,我们要动用的感觉器官也会有所不同,有的产品需要动用多种感觉器官,例如食品;有的产品则只需要动用眼睛一个感觉器官就可以了,例如书籍(不含其内容)。如果我们感知的产品质量与我们经验中的产品质量相符合，甚至高于我们经验中产品的质量"标准"，我们就会认为其质量不错；如果不相符合，低于我们经验中产品的质量"标准"，我们就会认为其质量差。

其次，在使用产品的过程中，也会出现类似的"检验"过程。这时，除了眼、耳、鼻、舌、身等感觉器官外，人的其他器官也可能参与到这样的"检验"过程中来。比如食品被"使用"后能否"经饿"？即使是诸如种子、肥料之类生产资料产品，其效果如何，当然要以事实为依据，但也主要是通过人的感觉器官来进行"检验"的。这种"检验"的结果，作用于我们的大脑，从而形成了我们的经验。

最后，就是生产者对产品质量的"检验"，也离不开自己的感觉器官。在大工业生产出现之前，生产者对产品质量的检验，主要是靠自己的感觉器官来进行的。据考古发现，早在原始社会，人们在打制石器的时候，就已经有了最原始的质量检验，执行检验任务的往往是部落中的长老。到了自然经济时代，产品种类有所增加，复杂程度也有所提高，但绝大多数产品依然可以凭人的感觉器官和经验来判断质量，再加上由于商品交换的规模和范围都还极其有限，生产者对产品的检验也还是主要靠自己的感觉器官来进行的。就是到了现代，虽然已经有了相当多的检测设备，但工厂检验人员对某些产品的某些质量特性进行检验，也还是靠自己的感觉器官。

但是，感觉器官对产品质量的"检验"，只是对产品的形状、体积、位置、色彩、声音、气味、滋味、温度等等以及某些功能进行感知。质量究竟如何，还需要有一个标准，这个标准就是人们的经验。人们通过感觉器官，对产品的形状、体积、位置、色彩、声音、气味、滋味、温度等等以及某些功能进行感知，得到一定的感性认识，然后用自己的经验去进行比对，才能得出具体的结果。经验丰富的人，对产品质量的判断就准确一些；没有经验的人，就很难得出正确的结论。这种经验是在长期的生活和生产过程中形成的，在很多情况下还可能是父母或师傅传授的。事实上，在手工作坊中，师傅的地位和作用往往是至高无上的，没有多年的功夫，学徒是难以成为师傅的。这多年的功夫就是经验积累。

经验的作用不仅体现于对相同产品的质量进行判断，而且也体现在对从来没有见过的产品进行的质量判断。一种新产品出来了，人们从来没有见过，更没有使用过，但人们依然会调动自己相类似的经验来进行"检验"和判断。

在相当长的历史时期内，由于人们对产品质量的判断依赖于感觉器官和经验，这种客观现实决定了人们有关质量的思想观念，于是就形成了感觉器官论或经验论的质量观。鉴于经验在判断质量中具有"标准"的作用,我们可以把这种质量观称为经验论的质量观。

三、经验论的质量观

所谓经验论的质量观,就是人们主要是通过自己的感觉器官和经验去认识质量、去判断质量的一种质量观念。这种质量观特别强调产品能用、耐用和适用,把使用产品的经历和体验结果作为判断质量的主要标准,甚至是唯一标准。在大工业时代之前,可以说人们只有这种经验论的质量观。后来,虽然有了更先进的质量观念,感觉器官的作用、经验的作用已经降低,但人们在对质量进行认识或判断时,依然离不开自己的感觉器官,依然离不开自己的经验。只要不把感觉器官和经验的作用夸大,不要"经验主义",我们依然应当高度重视感觉器官和经验在认识和判断质量中的意义和作用。

经验论的质量观对质量的认识和判断直接来自于感觉器官。感觉器官对产品质量的认识往往集中于或局限于产品的外观,但不仅仅是形状、体积、位置、色彩等通常意义上的外观,还可能涉及到产品的声音、气味、滋味、温度以及文化特征等内容,可以称为产品的感觉器官质量。在相当多的情况下,产品的感觉器官质量是顾客对质量的第一印象,这种第一印象往往促使顾客形成一定的心理定势。定势是指主体的心理模式对以后心理活动趋向的制约性,是主体对某种体验的准备性和倾向性,也就是人们常说的"先入为主"。由于有了感觉器官质量这个第一印象,顾客就可能形成了对产品质量认识和判断的准备状态,决定着下一步继续认识和判断的趋势。第一印象不好,往往很难得到纠正,如果要纠正则需要更多更有说服力的信息。且不说在人们对产品质量缺乏理性认识的时代,即使就是现而今很有理性认识的顾客,在他们购买产品时,在进行购买决策时,产品的感觉器官质量依然是其"第一印象",这"第一印象"依然可能让他们形成心理定势,"先入为主",左右他们对产品质量的认识和判断。曾经有个故事说,20世纪80年代,韩国向日本出口的袜子即结实又美观,却只能摆在地摊上廉价出售,而且光顾者甚少。韩国商人觉得不可思议,问日本人为什么不买。日本人说:"你那袜子上的标签为什么不贴正呢?连小小的标签都贴不正,怎么能让人相信你那袜子质量好呢?"韩国商人这才恍然大悟。后来,韩国商人加强质量控制,不仅把标签贴得端端正正,而且对所有细微处都严加控制,韩国袜子在日本的销售量也开始直线上升。这个故事就说明,对质量感觉的第一印象很重要。

事实上，任何产品的质量，不管在什么情况下，首先都要接受人们感觉器官的"检验"。如果不能通过人们的感觉器官"检验"，再好的产品质量也难以得到顾客的认可。在供顾客选择的产品相当丰富的时代，过不了顾客感觉器官"检验"的产品，往往要被顾客忽视，甚至被顾客抛弃。因此，感觉器官质量是产品质量的基础，或者说是产品质量的"脸面"，任何时候都必须高度重视。

经验论的质量观对质量的认识和判断依赖于已有的经验。产品质量毕竟不仅仅是外观，也不仅仅是人的感觉器官就能完全、准确认识和判断的。两种产品，外观相同，感觉器官感觉也差不多，但其质量可能有天壤之别。笔者一个朋友买了一个相当便宜的手机，其外观相当不错，感觉也好，拿回来后正式使用才发现是一个假玩艺，是一个玩具！其次，人的感觉器官所感觉的，毕竟只是产品的印象，这种印象开始时甚至还是支离破碎的。经过分析综合，形成了产品整体的印象后，还需要对其质量状况进行判断。要判断就离不开相应的"标准"，而这种"标准"就只能是已有的经验。经验可能是直接的，例如面对油浸浸的大米，如果我们吃过，就会判断其煮饭好吃；经验也可能是间接的，如果这样的大米我们没吃过，但听人说起过，我们也会判断其质量好；经验还可能是类似的，这样的大米半透明，像玉石一样，而玉石是好东西，我们就可能推测这样的大米也同样珍贵。

在产品相当简单的时代，经验对产品质量的判断往往是最重要的，也往往是正确的，甚至往往是准确的。例如在手工业作坊时代，行会师傅的那双眼睛往往具有很高的敏锐性，他说质量好质量就肯定好，他说质量不好质量肯定就有问题。人们信任他，不仅在于信任他的经验，更在于信任他的名声。如果他有一次失误了，使他的名声受到损害，足以使他"丢掉"饭碗。于是，他也就相当重视自己的经验和名声。

经验来自于经历和体验。这种经历和体验可能是间接的，是由别人经历和体验后告诉自己的；但最重要的经验却是自己直接的经历和体验。对于产品质量来说，最重要的就是购买和使用产品的经历和体验。通过使用，产品质量特性（很可能只是部分质量特性）得以展示，我们的需要得到相应的满足（也可能没有满足），于是就要进行判断。把使用后的判断结果与购买时的判断相对比，就能够形成相应的质量"标准"。这种"标准"就是我们的经验。

作为一种朴素的质量观，经验论在顾客认识和判断质量的过程中依然具有相当大的作用和意义，我们对此应当有相应的认识。

第三节 顾客对质量认知的局限

一、感官与经验的局限

20世纪的90年代，我们经常在城市的大街上看到这样一幕：几个"哑巴"蹲在地上，握刀在手，并不看人，埋着头一刀刀地剁着铁皮、铁钉之类。于是，不少人围观，不少人购买。能剁铁丝、铁钉的菜刀，质量还有说的么？肯定好！有人甚至撰文说，"哑巴卖刀"实际上是在做"广告"，这样的"广告"很实际，"不着一字，尽得风流"。可是，那能剁铁皮、铁钉的菜刀，买回去用不了多久，磨它几次，别说剁铁丝、铁钉，连切菜也要卷口。笔者曾对这样的菜刀的制作过程进行过调查。原来，这样的菜刀是用废铁打的，仅仅在刃口上加那么一点点钢，哪够你长期使用？真正的好菜刀是全部用钢打的，不管你怎么用，怎么磨，磨得像纸一样薄了，还是照样好使。上当的人多了，"哑巴"卖刀也就失去了效果，如今很难再看到了。即使有，上当的人也少多了。

类似的还有现场充绒的羽绒制品、现场压榨的麻油之类。其实，那羽绒如化纤一样细一样白，究竟是羽绒还是化纤，你分得出来？那压榨出来的麻油的确很香，但你能肯定那商贩就没有另外添加香料什么的吗？

是的，用感觉器官和经验去认识和判断产品质量，存在着相当大的局限。

首先，质量与价格不同，并非一目了然，而且又包含了较多的内容。仅是性能，就有多项要求，更不用说质量还包括寿命、可靠性、维修性、经济性、售后服务等等了。现代工业产品的大多数质量特性，仅凭人们的感官和经验是无法判断的。哑巴卖的刀，性能可能不错，寿命如果达不到要求，你能说它质量好？现场充绒的羽绒制品，即使是100%的羽绒，如果消毒灭菌不善，你一用就因此而生疮害病，能说它质量高？菜刀、羽绒制品是简单产品，复杂产品就更麻烦了。有几个消费者懂得液晶电视的原理？有几个农民懂得化肥的化学成分？即使那个农民懂得一些化学知识，也没有谁将化肥买回去做过化学分析吧？质量的这种性质决定了，顾客购买产品，总会存在风险，弄不好就要上当吃亏。

其次，感官往往存在着错觉。人们的眼、耳、鼻、舌、身都可能产生错觉，也可能因为情感和环境因素产生错觉。这些错觉在认识和判断产品质量时就会造成失误，把质量不好的认为质量好，把质量好的认为质量差。例如两个瓷盘，因色彩不同，就会使人觉得一个大一个小。"情人眼里出西施"，在我们急于购买某种产品的时候，就会忽视其质量，或者就会过高或过分乐观地判断其质量。即使是通过我们使用，使用中间并没有出现任何质量问题，也能够满足我们的需要，但由于感官的错觉和感官不能对某些质量特性进行感觉，我们依然不能正确或准确判断产品的质量。如果再加上文化水平、科学技术知识和欣赏能力等方面的局限，我们更可能把本来存在质量问题，甚至存在质量缺陷的产品误认为质量不错。例如一台音响，在懂行人听来，音质早已变调，但如果我们缺乏欣赏能力，反而认为"很好听"。

再其次，经验往往让我们忽视客观事物的发展和变化，使我们犯"经验主义"的错误。最显著的例子是前面所举的油浸浸的大米。正宗的这种大米的确营养丰富，而且口感好，好吃。但是，一些不法分子却将不能作为口粮的陈化米拿来，经过加工，加入一定的油脂，高价出售，不知害了多少人！经验是宝贵的，但却具有保守性，用其来判断质量，在现代科学技术日新月异、产品种类层出不穷、产品质量千差万别的情况下，肯定是不够用的。特别是我们没有使用过的产品，经验欠缺，往往要借助于别人的经验和自己相似的经验，这更可能使我们对产品质量的认识和判断出现重大失误。一些不法分子正是利用我们的这一个弱点，雇用"媒子"、"羊儿客"来欺骗我们，使我们上当受骗。即使我们很有经验，这种经验反而容易使我们形成一种观念，左右我们的认识和判断。例如对进口产品质量的盲目信任，对国产产品质量的不信任，就与我们的崇洋观念相关。

最后，也是最重要的，是人与人之间的感官和经验存在着相当大的差别，难以统一，更难以明确和准确地表达，不适应大工业生产的需要。同样一件产品，根据各自的感官进行的"检验"，用各自的经验进行判断，张三可能认为质量好，李四可能认为质量不好，仅仅用经验论的质量观是无法进行最后判断的。即使是最权威的师傅，他对产品质量的认识和判断也只存在于他的大脑里，存在于他的意识里。他也可能形成若干条具体的"标准"，但那"标准"往往是说不清道不明的。现代大工业生产，如果使用师傅的这种"标准"，让师傅去对每件产品的生产过程进行监督，去对每件产品进行检验，显然也是不可能的。

正因为感觉器官和经验存在这样的局限，在认识和判断质量时，我们的思想中就应当多一根弦，时时提醒自己，不要被自己的感觉器官蒙蔽了，也不要被自己的经验限制了，要尽可能多地掌握相关知识，尽可能用理性去认识和判断质量。

二、质量的客观性和主观性

质量是产品的属性，是依附于产品的，甚至可以说是隐藏于产品之中的。只要有产品存在，就必然有质量存在。一方面，产品是客观存在的，因此质量也是客观存在的，质量具有客观性。但是，质量却需要我们去感知，去判断，去认识。由于质量的隐蔽性，在我们认知质量的过程中，就不能不受我们所能够具有的感知能力包括延长的感知能力（设备、仪器）的限制，不能不受我们已有的经验和知识的影响，因而质量又有一定的主观性。我们认知的质量，往往就是这种客观性和主观性统一的结果。

另一方面，质量作为产品的属性，往往具有多个质量特性，其中一些质量特性可以用客观标准来进行认识和判断，而另一些质量特性却不是客观标准就能完全能够认识和判断的。本章第四节将分析顾客的主观质量标准。诸如美学的、感官的、行为之类的质量特性，往往就带有强烈的主观性。事实上，在市场上我们经常发现，同样的产品，顾客甲认为好看，顾客乙认为不好看，两个顾客对同一产品的美学质量特性可能得出完全相反的结论。从这个角度来说，质量也是客观性与主观性的统一。

质量的客观性，为我们认识质量提供了基础。如果质量没有客观性，质量就没有一个客观公正的判断标准，就会出现"公说公有理、婆说婆有理"的尴尬局面。但是，在产品质量交换过程中，质量往往不能得到充分显示，加上交换的双方又有各自的目的和利益，因而对质量的判断也就存在差异，甚至存在对立。为了解决这些差异或对立，就只能够"请"出质量的客观性来"校正"供需双方对质量的主观认识。也就是说，把质量"交"给相应的检测设备、检测仪器来进行检测。在符合相关技术条件要求的前提下，检测设备、检测仪器对质量的检测具有客观性，往往可以使供需双方都愿意认可。

但是，检测设备、检测仪器对质量的检测，往往只能检测部分质量特性，而且往往还只是代用质量特性，而真正质量特性的检测往往是检测设备、检测仪器无能为力的。汽车轮胎的使用寿命是一种真正质量特性，但却不能完全进行检测，一旦这样检测了，也就报废了。因此，只能检测其代用质量特性，例如耐磨度、抗压和抗拉强度等。用系统论的术语来说，真正质量特性往往是一个"黑箱"。由于真正质量特性才是真正的产品质量，所以也可以说，质量就是一个"黑箱"。一般情况下，要完全打开这个"黑箱"，只有通过使用产品，使产品完成其寿命周期才有可能（例如对产品进行大型试验或寿命周期试验）。这不仅是针对产品寿命而言，而且也是针对相当多的其他质量特性，例如性能、可靠性、安全性、经济性等等。但是，大型试验或寿命周期试验往往又会结束产品的"生命"，使质量完全消耗殆尽，对顾客而言也就失去了意义。因此，顾客一般不会采用这样的检测方法来认识、来判断质量。

代用质量特性的检测，往往只能提供真正质量特性的一部分状况，或者说只能为我们提供质量的"灰箱"。一般来说，在质量交换过程中，人们认识和判断质量，只能是将质量这个"黑箱"变成"灰箱"，也就是通过感知（包括使用检测设备仪器进行感知）和判断，认识其中一部分或主要的质量特性，然后由表及里、由此及彼进行推理，得到质量基本可靠的结论。对顾客来说，质量更是这样的一个"灰箱"。"灰箱"虽然比"黑箱"有利于顾客认识和判断质量，但毕竟还是不太明白、不太清楚。况且，产品质量所包含的内容相当广泛，不是所有的质量特性都可以通过检测设备、检测仪器进行检测的，顾客还有自己的主观质量标准，因此，顾客在认识和判断质量时就不能不注入相当多的主观内容，使其对质量的认识和判断带有相当大的主观性。不管这种主观性是正确还是错误，企业都必须加以关注，加以分析，尽可能加以利用，使其尽可能与质量的客观性相符合。对顾客来说，在质量交换的时候，质量既然只能是一个"灰箱"，那就更应当谨慎进行购买决策，尽可能用理性去认识和判断质量。

三、用理性去认识和判断质量

在市场上，在购买过程中，我们都可以发现，顾客在感知和判断质量时往往存在若干非理性因素。例如：（1）迷信名牌（名牌产品也可能存在质量问题）；（2）迷信自己的感觉器官（对相当多的质量特性来说感觉器官往往是无能为力的）；（3）容易受到他人，包括企业的广告宣传的影响（脱离了具体的产品去认识质量其实是一种非理性认识）；（4）迷信自己的经验（犯了经验主义的错误）；（5）被晕轮效应所迷惑（被某一优良的质量特性所迷惑而忘记了其他质量特性）；（6）迷信价格（受"一分钱一分货"、"人不识货钱识货"之类传统认识的影响）等等。由于质量有"黑箱"性、"灰箱"性，在认知质量时，顾客不可能完全理性，也需要一定的非理性来参与感知和判断。但是，质量毕竟是客观存在于产品之中的，非理性往往难以真正认识质量。在感知和判断质量的过程中，应当尽可能增加理性因素，减少非理性因素；尽可能从客观的角度来考虑，尽可能降低主观因素对感知和判断的影响。

所谓增加理性因素，就是尽可能多地获取相关信息，尽可能多地了解相关质量知识，尽可能详细地对质量进行感知，尽可能调用经验和知识来加以判断。对一般消费者来说，在购买过程中至少应当注意以下环节：

1. 一定要看清产品标识。所谓产品标识，是指产品或者其包装上注明的或附有的产品名称，生产厂厂名和厂址，产品质量检验合格证明，需要标明的产品规格、等级、所含成分的名称和含量,需要事先让消费者知晓的或预先向消费者提供的有关资料,限期使用产品的生产日期和安全使用期或者失效日期,使用不当、容易造成产品本身损坏或者可能危及人身、财产安全的产品的警示标志或警示说明,相关的认证标志(如生产许可证、质量安全认证之类)及其编号,等等。产品标识实际上是生产者向消费者提供的产品最基本的信息,是《中华人民共和国产品质量法》规定的生产者最基本的质量责任和义务,如果连这一点都做不到,其产品质量怎能保证?从合同法的角度来看,产品标识是生产者的一种明示担保,如果这种担保不实或出现问题,生产者就应当承担相应的责任。对顾客来说,不去购买"三无"(无生产厂名称和地址、无产品质量检验合格证明、无相关标识)产品,就可以避免相当大一部分质量风险。

2. 一定要尽可能感知产品质量。购买产品时,要认真进行观察、感觉和体验,尽可能多地感知产品质量状况。对发现的质量问题,绝不要轻易放过。前面所举的韩国袜子的故事,说明质量没有小事,哪怕是很小的质量问题,也往往可以反映企业在质量控制中出现的问题。日本人对质量问题"零容忍"的态度值得我们学习。事实上,在产品质量和质量管理方面,往往是厂长松一寸,车间主任就可能松一尺,员工就可能松一丈。小的质量问题既然已经存在,谁能担保就没有隐藏着大的质量问题呢?在产品供应充足的市场上,消费者的选择更加多样,完全可以不买有质量问题的产品,而是尽可能选择那些"零缺陷"的产品。

3. 一定要谨慎判断质量。通过感知,虽然没有发现质量问题,但也不要匆忙进行判断,就认为其质量没有问题了。我们感知的质量特性毕竟有限,毕竟只是现象,即使感知很不错,但质量问题依然可能存在,在使用过程中依然可能爆发。因此,在判断时一定要谨慎,一定要留有余地,特别是不要受企业的宣传以及他人的和自己的经验的过度影响,一定要为今后可能出现的质量问题的解决留有后路。所谓留有后路,就是要索取发票、明确相关的质量责任、签订相应的"三包"协议(或者索要"三包"凭证)、明确解决质量争议的方式或方法、明确质量索赔的相关事宜等等。

第四节 顾客的主观质量

一、固有特性与赋予特性

在ISO9000:2005中,质量被定义为"一组固有特性满足要求的程度"。为解释"固有的",标准还加注说:"'固有的'(其反义是'赋予的')就是指本来就有的,尤其是那种永久的特性。"在该标准的"质量特性"定义的说明中,明确规定"赋予产品、过程或体系的特性(如产品的价格、产品的所有者)不是它们的质量特性。"

在汉语中,"固有的"是本来就有的,不是外来的。"赋予的"是外面或上面交给的,不是本来就有的。

ISO9000:2005这样来定义质量自然有它的道理。我们知道,ISO9000族国际标准是用来指导企业建立、实施和保持质量管理体系的,强调的是产品本身所固有的质量。但是,在现代社会中,质量并不仅仅限于产品本身固有的特性,产品一些被赋予的特性可能也具有质量的意义。在现实生活中,产品本身所固有的质量固然重要,这些被赋予的具有质量意义的特性同样不可忽视,同样具有可以决定产品能否在市场上出售、能否被顾客认可,也就是能否生存和发展的重要性。如果我们对此没有足够的认识,对这些"赋予的"特性不重视,即使"固有的"的特性全部符合要求,产品依然可能被判为不合格,顾客依然可能不买账。

产品被赋予的特性中,与质量关系最紧密的首先是产品的标识。《中华人民共和国产品质量法》第二十七条规定:"产品或者其包装上的标识必须真实",并规定了具体的标识内容和要求。第五十四条还规定了产品标识不符合规定要求如何进行处罚。所谓标识,是指产品质量检验合格证明、产品的名称、生产厂厂名和厂址,产品规格、等级、所含主要成分的名称和含量,生产日期和安全使用期或者失效日期,警示标志或者警示说明,等等。显然,产品标识与产品"固有的"特性是有区别的。正因为有这种区别,企业往往并不注意产品标识。在产品质量监督检验中,相当大一部分产品质量因此而被判为不合格,以上海市质量技术监督局2009年第4季度电热饼(袋)产品质量监督抽查结果为例,在抽查不合格的7种电热饼(袋)中,就有3个批次是标志和说明(也就是标识)不合格(有的还有其他项目不合格),占不合格总量的42.9%。近年来,这种状况虽然已经有所好转,但诸如电器能效标识不合格之类的情况依然严重,甚至涉及到一些名牌产品。产品因标识被判为不合格后,生产经销企业甚至还不服气。笔者就亲自听到一企业的领导说:"哪有什么关系嘛?产品质量是合格的就行了嘛!"这种忽视产品标识的思想和做法,在市场经济中是行不通的,对顾客造成的潜在危险也是不需要多加分析的。

其次是产品的包装。包装可以说是产品固有的特性,也可以说是赋予的特性。在相当多的企业管理者和工程技术人员头脑中,包装往往是产品赋予的特性。他们往往不把包装当回事,认为包装好坏无所谓,包装不合格也并不影响产品固有的质量。这也是相当落后的观念。在ISO9001：2005 中，产品包装实际上也被视为赋予的特性。标准的"7.5.5 产品防护"规定："组织应在内部处理和交付到预定的地点期间对其提供防护，以保持符合要求。选用时，这种防护应包括标识、搬运、包装、贮存和保护。防护也应适用于产品的组成部分。"仔细推敲这条规定，ISO9000族国际标准虽然将产品标识、搬运、包装、贮存和保护作为对企业质量管理体系的一个要求，但并没有将这些要求作为产品固有的特性来对待。虽然这些要求（特别是包装）不是产品固有的特性，但对产品质量的意义却是不言而喻的。对顾客来说，包装质量其实也是产品质量的一个重要方面，或者说是一个重要组成部分。某些产品（例如某些礼品）的包装质量，甚至可能决定整个产品的质量水平。因此，忽视包装质量是很不妥当的。

再其次是产品的价格。产品价格肯定不是产品固有的特性，而是赋予的特性，因为价格是由企业自行规定的。但是，产品价格并不是可以随便规定的，决定价格的因素固然很多，包括市场供需情况、竞争对手的价格、顾客心理承受能力等等。但是，我们知道，决定产品价格最重要的、最根本的和最终的因素是生产成本，也就是说，产品价格最终还是由产品的经济性来确定的。经济性是质量的一个重要方面。在ISO8402：1994 的质量定义中，质量就涉及了经济性。2000年版和2008 年版ISO9000 族国际标准虽然没有直接规定质量的经济性内容，但质量却是离不开经济性的。因为顾客"明示的，通常隐含的或必须履行的需求或期望"中，必然有经济性的要求。而质量又是"一组固有特性满足要求的程度"。如果从经济学角度来考虑，质量就是产品为整个社会提供的收益减去因其生产、使用和用后处置给整个社会造成的全部损失（成本）后，所剩余的那一部分（也就是效益），也就是我们在第一章给出的那个公式。从这个角度出发，价格这种外部赋予的特性，实际上也是由产品固有的特性决定的，为了使顾客满意，对作为产品质量重要内容的经济性，企业必须进行严格控制。

最后还有产品的名声。名声、名气、名牌之类不是产品固有的特性，也可以说不是产品质量的内容，但它们都必须以产品质量为基础。可以说，它们是产品质量的"副产品"，是产品质量的一种溢出效应。但反过来，它们又会给产品质量增加新的内容，或者说可以提升顾客主观上的产品质量水平。顾客（特别是消费者）不是专家，不可能精通产品的固有的特性，如原理、性能等等。顾客对产品质量的认识，一般都是从其主观角度出发的。除了可以用感官检测的质量特性（例如外观质量之类）外，顾客往往是从产品的名声、名气、名牌之类产品赋予的特性来判断质量的。从顾客角度看，名声、名气、名牌之类就成为产品质量的一个内容，甚至成为一个主要内容。企业如果不认识到这种赋予的特性的重要性,在市场竞争中很可能吃败仗。为了提升产品的名声、名气、名牌之类赋予的特性的水平,企业应当双管齐下,一方面要让产品固有的质量特性尽可能"满足要求",另一方面要加大产品宣传力度,扩大名声、名气,创立名牌。

我们知道,ISO9000族国际标准主要是用来指导企业建立、实施和保持质量管理体系的。标准对质量的定义为适应于这样的用途,就不可能顾及到产品赋予的特性。但是,标准提出的"以顾客为关注焦点"的原则,却又提醒我们,应当注意产品的某些赋予的特性。其实,标准在某些条文中,实际上也涉及到了某些赋予的特性。例如标准多处规定,质量管理体系和产品应当满足"适用的法律法规要求"。相关的法律法规对标识和包装的要求、对价格的要求(例如政府指导价、政府定价)等等,实际上都可能成为质量特性,成为质量内容的组成部分。在重视产品固有的特性的同时,企业也不能忽视这些产品赋予的特性。

二、客观质量与主观质量

质量是"一组固有特性满足要求的程度",而要求是"明示的、通常隐含或必须履行的需求或期望"。需求是需要的表现形式,而所谓需要,归根结底是人的需要。消费品更是直接满足人的需要的。我们知道,人既有生理需要,又有心理需要。不管是产品还是服务,除极少数外,都存在满足人们心理需要的问题。不少产品和服务,如首饰、娱乐之类,最主要的还是满足人的心理需要。在ISO9000:2005中,质量特性就分为物理的、感官的、行为的、时间的、人因工效的、功能的等等。感官的、行为的质量特性实际上就反映了人的一些心理需要。因此,能否满足人的心理需要,满足的程度如何,是质量的一个重要方面。而满足人的心理需要的质量,与人的主观感受直接相关,我们可以将其称为主观质量。

事实上,质量的赋予特性中,大多也与主观质量相关。

可是,人们(包括质量工作人员)往往把质量当作纯技术问题,一说质量,就是性能、尺寸、含量之类。近年来,美观性、创新性等质量特性已逐渐被人们接受;但满足人的心理需要的其他质量特性,仍然未能进入我们的视野。不少国货从纯技术角度来看,其质量并不差,价格也低,却争不过洋货。典型的例子是天府可乐、非常可乐,在可口可乐、百事可乐进攻下,败下阵来,其原因并不在其成分含量之类,而败在主观质量上。

任何产品或服务,其质量如何,最终还是由顾客来判断的。作为人,顾客既有理性的一面,又有非理性的一面,对于满足心理需要的产品或产品的质量特性，顾客的非理性判断，例如偏好、价值取向、文化观念、先入为主等心理，起着非常重要的作用，有时甚至是决定性的作用。即使是为满足生理需要，这种非理性判断也起着相当重要的作用。所谓主观质量，就是指反映产品满足人的心理需要的能力的特性总和。

需要说明的是，主观质量的基础依然是客观质量，也就是可以用技术手段规范和检测的质量。客观质量达不到要求，顾客的主观判断可能一时失误，但迟早都会醒悟过来。而且，不少主观质量如对产品外观的判断，往往又可以用光洁度、鲜艳度等客观质量指标来规范和检测。因此，可以说客观质量是本，主观质量是末，不能本末倒置。

顾客，特别是一般消费者，对客观质量的纯技术内容往往不懂。即使懂，也难以对产品进行严格的技术检测。现代工业产品，技术越来越复杂，越来越深奥，顾客不可能，也没有必要懂那么多，只能将产品作为一个控制论中的"黑箱"（最多是"灰箱"），只要其输出的功能能够满足自己的需要就够了。而是否满足，满足的程度如何，这种满足与所付出的成本是否划算，等等，则几乎完全依赖顾客的主观判断。这种主观判断往往又受非理性的支配。也就是说，对产品质量的最终判断，往往又是主观质量。

那么，顾客的主观质量又受哪些因素制约呢？

1. 市场情况的变化。随着顾客的需要和价值取向变化，产品的主观质量便随之发生增减。处理商品，特别是服装，其本身的客观质量往往没有变化，但因其式样陈旧，不再时兴，其主观质量大减，只好削价。朱兰博士曾举过一个例子：有两家相互竞争的发网制造厂商，费了很大力气来改进产品的质量（客观质量），但当有人试制成功一种发浆，更能满足顾客保持其发型的需要以后，他们双方都破产了。

2. 文化背景的差异。主观质量受顾客的社会习俗、价值取向、文化背景的制约。我国的一些出口产品，其商标、外形、色彩、装饰、包装等不适应输入国的社会习俗而遭拒绝的例子，并非绝无仅有。同样一部影片，受大学生欢迎，农民却可能很不喜欢，其原因绝不是影片本身的质量。顾客对客观质量的判断，更要受其文化背景的左右。学电子专业的大学生和文盲同时购买电视机，其对电视机功能要求的明显差异不言而喻。

3. 情感因素的左右。对某种产品或某家企业是否有偏好及偏好的程度，往往影响顾客对质量的判断，甚至可能大相径庭。在美国，可口可乐和百事可乐都有一批固定的顾客，常喝可口可乐的顾客总认为百事可乐不行，而常喝百事可乐的顾客又认为可口可乐差劲。这种偏好是一种非理性的情感因素。情感因素往往造成一叶障目，不见泰山。有人总认为进口产品质量高，就是这种非理性心理作怪。此外，顾客在购买使用产品时的心理状态（喜怒哀乐等），也要影响其对质量的评价。心情好评价可能高一些，反之则低一些。当然，不能过分夸大情感因素的作用。明显不合格的产品，再偏好的人也会拒绝购买。

4. 服务态度的认可。服务态度是产品，特别是服务质量的重要内容，也属于主观质量的范畴。厂商自以为"皇帝女儿不愁嫁"，盛气凌人，哪怕"女儿"再美，也会吓退相当多的顾客。服务态度好，即使产品有瑕疵，顾客也可能接受。

三、改进主观质量的重要性

忽视主观质量已经给我们的企业造成了巨大损失，改进主观质量是我们面临的重大任务。改进主观质量，当然要从改进客观质量入手。客观质量不高，甚至不合格，主观质量不可能高起来。我们说的改进主观质量，是在客观质量达到一定水平以后的事，至少应是同时进行的。需要指出的是，提高产品的客观质量往往受科学技术和生产力发展水平的制约，有赖于一定的物质和技术条件，因而往往很不容易。可口可乐的关键配料是7个X，为分析这7个X，世界各国的竞争者和化学家花了近百年的时间也未如愿。目前，我国不少主要品牌的家电产品，其客观质量相差很小，他们之间的竞争，主要集中在主观质量上。长虹推出"红太阳一族"，康佳打出"彩霸"，以及它们之间的降价战，与其客观质量几乎没有多少关系。这说明，当产品的客观质量（服务行业则是硬件设施）达到一定水平后，主观质量的改进就成了质量改进的关键。

不要以为提高主观质量就是一件容易的事。事实上，在很多情况下，提高主观质量比提高客观质量更困难。这反映在：（1）企业，包括其经营者管理者（更不用说工程技术人员了）对主观质量往往不懂，更说不上重视，即使有人建议，也可能被打入冷宫。（2）提高主观质量是一个长期的艰苦过程，其投入往往很大，而见效又往往很慢，不可能像改进客观质量那样"立竿见影"，因而企业很可能半途而废。（3）提高客观质量一般来说是企业内部的事，最多也只涉及配套厂家，而提高主观质量则有赖于顾客的参与和配合。功夫不到家，顾客往往不买账。顾客不买账，企业的努力也就可能付之东流。（4）主观质量的竞争比客观质量更激烈，企业没有几手高招，没有新颖的举措，往往难以战胜对手。（5）提高主观质量，有赖于企业经营者、管理者、形象设计（CI）人员、质量管理人员等相关人员熟悉心理学、社会学、文化人类学等知识，善于根据公众心理需要及价值观念的变迁，去设计与之相适应的语言或实物符号，去改进产品的形状、色彩、商标、包装、销售服务措施，使产品包含有公众欢迎的某些意义或象征，以提高顾客对产品的评价。这方面，有时甚至还要依赖于某种"天才"或"灵感"。

虽然困难，却并非不能办到，关键在于要解决我们的认识问题。认识上不去，一切都无从谈起。在现代的市场经济中，一个有远见的企业家，一家准备有所发展的企业，不把改进主观质量列入工作议程，是难以大有作为的。企业应当努力提高产品的主观质量，但因企业和产品情况的千差万别，提高主观质量的途径也会有所不同。针对目前主观质量尚未被人们充分认识的情况，且提供两点建议：

首先，企业应认真研究本企业产品的特点，分析其满足顾客需要的性质和方式，哪些是满足生理需要的，哪些是满足心理需要的；顾客在评价或判断产品质量时，将受哪些因素的影响，其中哪些是理性的，哪些是非理性的，等等。根据这些分析，采取相应的措施。例如汽车不仅有满足顾客生理（交通）需要的功能，而且有满足其"身份"（如显示富足、追求时髦）的心理需要。要提高汽车的主观质量，就应当在外形、色彩、外观质量以及品牌（创名牌）等方面下功夫。在评价或判断汽车质量时，顾客对其外观、速度、制动等较敏感而对其油耗、排放等不太敏感。对敏感的质量内容要下大功夫，以提高顾客的评价；对不太敏感的不是不管，而是必须达到规定要求。按相关的汽车质量标准的规定，油耗、排放都是具有否决权的指标，都必须满足标准的最低要求。

其次，企业应当有专门的人员研究主观质量。这个班子不必是常设的、固定的，可以是跨部门的矩阵机构，应当吸收各类人员参加，特别是技术"外行"参加。日本有本小册子《文职人员的创造发明》，介绍了很多非专业技术人员的创造发明，其中绝大多数都涉及到主观质量，使企业获得很大成功。专业技术人员自有其长处，但因限于其技术，往往又眼界狭窄、思想保守，对主观质量采取排斥的态度。吸收非专业技术人员参加改进主观质量，往往会收到意想不到的功效。不要怕非专业技术人员的异想天开，异想天开往往是创造发明的前奏，在改进主观质量上更是如此。

第五节 影响服务质量评价的心理因素

一、服务质量有赖于顾客的心理评价

与硬件产品不同，按 ISO9000：2005 的说法，"服务通常是无形的，并且是

在供方和顾客接触面上需要完成至少一项活动的结果"。首先，因为服务通常是无形的，往往难以用测量设备对其质量特性进行检测或验证。其次，因为难以进行检测或验证，其质量特性往往也就难以进行客观的阐述。例如礼貌、诚实、正直这样的行为的质量特性，就很难用具体的定量的语言去描述。再其次，因为服务是在供方和顾客接触时完成的，顾客接受服务往往和供方提供服务同时完成，顾客感受的服务质量往往和供方提供的服务质量同生同灭，这就很难对服务质量进行独立的、客观的、第三方的认证或监督。最后，服务的质量特性往往与物理的特性无关，而涉及到人的感官和行为，因为人与人的感官及其感受、行为及其评价存在着相当大的差异，有时同一服务质量甚至造成不同人的不同评价，因此对服务质量的准确判断往往较为困难。

服务的上述特征决定了我们不能简单用硬件产品的质量观来确定其质量标准，也不能简单用硬件产品的质量检测方式来评价其质量水平。如果说硬件产品也存在着诸如产品外观之类需要顾客进行主观评价的质量特性的话，那么，服务质量可能更多地需要顾客进行主观评价。而顾客的主观评价，往往是与顾客的心理相关的，在很大程度上甚至可以说是一种心理评价。事实上，在相当多的场合下，服务质量都是顾客心理评价的结果，而不是检测设备检测验证的结果，更不是什么权威部门包括社会媒体公布、宣传、鼓吹的结果。这也就决定了服务质量的评价更依赖于顾客，更需要用顾客满意的质量观来界定质量的内涵和外延。服务质量当然也应当有相应的标准，有符合性的要求，但这样的标准必须建立在顾客满意之上，而不是由企业自我定义就可以的。

顾客的心理评价是顾客对质量的一种感知和感受，是一个很复杂的心理过程，在这个过程中，既包括了认知因素，又包括了感情因素，还有相应的意志因素在其中。也就是说，影响顾客心理评价的心理因素是相当复杂的。不同顾客心理素质上的差异，同一顾客心理状态的变化，都会对相同的服务质量产生不同的评价，从而得出不同的结论。但这并不是说，顾客的心理评价就完全是随机的，是不可把握的。在一定的社会条件下，顾客对某一服务的质量的心理评价总是趋向一个平均值。虽然有个别顾客可能会对同一服务质量产生截然相反的评价，但全体顾客总的评价却会趋于平均值。因此，企业对自己的服务质量也是可以把握的。

如果说用检测设备对质量进行检测验证是一种技术评价，那么，顾客对质量的感知和感受就是一种心理评价。技术评价当然是重要的，但其结果最终还是要由顾客来认可。而顾客对技术评价的认可过程，依然是一个感知和感受的过程，也就是心理评价的过程。因此，对质量的评价最终离不开顾客的心理评价。特别是对服务质量来说，心理评价具有更重要的意义，企业一点儿也不能忽视，更应当把顾客满意作为自己的最终的质量标准。

与技术评价不同，心理评价往往更可能产生偏离现象。由于检测设备的误差，技术评价也可能产生偏差现象，但那往往是在合理范围内的，或者是偶然的。而心理评价产生的偏差往往可能与质量本身的水平相距甚远，很可能"冤枉"质量，"冤枉"企业。在这种情况下，企业为了防止被"冤枉"，还需要在服务质量之外做更多的诸如宣传、解释之类的工作，用自己的良好形象去影响顾客的心理评价过程。

二、影响顾客对服务质量评价的心理因素

影响顾客对服务质量心理评价的因素既有客观的服务质量状况、也有顾客自身主观的心理状况。客观的服务质量状况需要企业去改进或提升，主观的心理状况也需要企业去调查、分析和把握，并采取相应措施对顾客的心理状况进行影响，使其朝着企业需要的方向发展。

影响顾客服务质量评价的心理因素主要有：

1. 顾客的需求和期望。与动物不同，人不仅有生理需要，更有心理需要。随着社会生产力发展，人的心理需要已经占有更重要的位置。用满足心理需要占全社会总支出的比例来论，目前至少已经过半，而且还将持续上升。满足心理需要也需要硬件产品，但更需要服务。可以说，相当多的服务业都是为了满足人的心理需要的，这也是服务业必将得到更快发展的心理学、社会学基础。顾客对服务质量的心理评价，起源于其需求和期望。需求越强烈，评价就越高；需求不强烈，评价往往就较低。期望则相反，期望越低，评价就越高；期望越高，评价就越低。也就是说，需求与期望往往成反比，需求越高、期望越低，评价越高；需求越低，期望越高，评价越低。当然这不仅仅是对服务质量而言，对其他产品也是相同的。问题在于，与其他产品不同，顾客接受服务往往并不着重在其结果，而是其过程，对过程质量更加敏感。而且接受过程之前，顾客往往对过程质量有一个预期，或者说有一个期望值。如果过程质量达不到他的期望值，即使结果不错，他也会给予相当低的评价。因此，企业应当去把握顾客对服务质量的期望值，尽可能使服务过程和服务结果都达到顾客期望的水平。

2. 顾客的感受能力。服务质量是通过顾客的感官传递到顾客心理的。感官包括嗅觉感官（鼻）、触觉感官（身）、味觉感官（舌）、视觉感官（眼）、听觉感官（耳）等。正常人的感官基本上是相同的，但运用感官去感受客观世界，去获得对客观世界的认识、感情和评价的能力却各有不同，或者说人与人之间的心

理感受能力各有不同。比如同样去爬黄山，有人觉得是极大的享受，有人觉得是辛苦受累。这当然与人的需求和期望、年龄和知识、偏好和情绪等相关，也和人的感受能力相关。服务质量的高低，往往表现在一些细节上。对细节有较强感受能力的人，这些细节往往影响他对服务质量的心理评价。服务质量往往着力于满足顾客的心理需求，相当多的情况下还要着力于满足顾客主需求之外的一般心理需求。例如人们到银行存款的主需求是保证资金安全和增值，此外还有对服务态度、服务快捷、服务环境的一般心理需求。对满足一般心理需求的感受能力，不同的顾客往往更存在着差异，这也影响着他们对服务质量的心理评价。

3. 顾客的情感因素。在对服务质量进行心理评价时，顾客的情感因素往往起着重要作用。这里说的情感，是顾客对企业及其提供的服务的喜爱或厌恶的情绪反应。一般来说，对已经交往过的企业，顾客都可能产生某种情感，包括喜爱与否、信任与否等等。对尚未交往过的企业，也会因为过去类似的交往而产生相应的情感。这种情感可能很浓烈，也可能很淡薄。不管浓烈还是淡薄，都可能影响顾客对服务质量的心理评价。不管是正面情感还是负面情感，越浓烈对心理评价影响越大，也越容易使心理评价产生偏离现象。正面情感可以使心理评价超越质量本身的水平，负面情感则可以使心理评价大大低于质量本身的水平。因此，培养顾客对企业对服务的正面情感是很重要的。影响顾客情感的，除了其过去的经验之外，很重要的就是企业形象。具有良好形象的企业，顾客对其情感才会偏于正面，从而使顾客对其服务质量的评价才可能不出现偏差或向超越质量本身的水平方向提升。

4. 顾客的心理状态。人的心理往往处于变化之中，呈现出不同的心理状态。心理状态是指人在一定时间内心理活动的综合表现。"人逢喜事精神爽"，在心理状态处于振奋时，顾客往往对服务质量偏于正面评价。相反，当顾客心理状态不正常时，例如遭受挫折后或处在情绪不稳定时，往往就会表现出攻击性，从而影响他对服务质量的心理评价。人的心理状态当然要受其个性心理特征（例如气质、性格、心理节律等）影响，但更多的是受外界刺激的影响。在接受服务的过程中，企业及其员工的言语行动、服务过程的环境、最终的服务结果等等，都会对顾客形成刺激，从而影响顾客的心理状态。现实中，一句不礼貌的语言往往可能造成顾客激烈的情绪冲动，一个温馨的笑脸又往往会使顾客心情舒畅起来。在服务过程中如果出现问题，企业及其员工应当采取有效措施，尽可能减轻问题对顾客心理状态的负面刺激，使顾客的心理状态不要影响其对服务质量的心理评价。

三、顾客评价服务质量的心理误差

在调查中我们发现，顾客在评价服务质量时往往出现误差。所谓误差，是顾客评价的结果与实际的服务质量水平的偏差，或者说是偏离质量本身水平的情况。具体分析顾客在评价过程中因为心理原因而产生的误差，对于提升服务质量无疑具有重要意义。

下面就是一些常见的心理误差：

1. 成见效应误差。根据过去或他人的经验形成对某一企业或某一服务质量的固定看法，即是成见。顾客的成见在其对服务质量进行评价时，很容易产生误差。例如对外国公司的服务质量，人们往往具有较高的评价，于是产生成见，以为外国公司的服务质量就高。当顾客在接受外国公司的服务时，其评价往往可能高于其实际质量水平。顾客的成见是客观存在的，往往是难以消除的。企业应当利用这种心理，培养顾客对自己及自己的服务产生偏好的"成见"。事实上，创名牌也好，广告宣传也好，说白了，就是在培养这种"成见"。如果顾客对企业及其服务质量的成见不好，企业就要尽可能想办法扭转，消除不好的成见。

2. 第一印象误差。第一印象是顾客开始接受服务时对企业及其提供的服务产生的印象。这种印象对顾客在接下来的接受服务的过程中的认知往往要发生"先入为主"的作用，从而影响他对服务质量的评价。这也是所谓的"路径依赖"。如果顾客进门就碰上面目凶恶的保安，被一句"干什么的"质问惊了一跳，肯定会影响他对服务质量的评价。即使是"话好听、事好办"，但如果是"门难进、脸难看"，顾客依然会抱怨。一般来说，第一印象往往是片面的。特别是第一印象不好的话，要纠正这种片面性往往需要付出更多的努力。因此，企业应当重视自己给顾客的第一印象，引导顾客的心理朝企业需要的正面评价发展。

3. 晕轮效应误差。所谓晕轮效应就是以偏概全、以点概面的效应。服务质量总是由多种质量特性组成的，各种质量特性在服务过程中又可能是有变化的。顾客在接受服务时，可能只抓住某一质量特性，或者只抓住服务过程中某一阶段的质量，以偏概全，以点概面，用以对整个服务质量进行评价。这往往没有反映出整个服务质量的水平，掩盖了其他质量特性或服务过程中其他阶段的质量。一般来说，顾客对自己最关注的质量特性和服务过程阶段最容易产生晕轮效应。企业应当分析顾客最关注的质量特性是什么、最关注的服务过程阶段在哪里，在这些最受关注的地方下更多的功夫，使顾客的晕轮效应有利于对整个服务质量的心理评价。如果顾客产生了负面的晕轮效应，则要想办法消除或减轻。

4. 舆论效应误差。舆论可能是由社会媒体造成的，也可能是其他顾客的感受造成的。顾客接受服务后，总会或直接或间接或立即或长期将自己的感受转告他人，首先是转告自己的亲朋好友，然后是其他人。这种转告或者是有意的，或者是无意的，有时还是应他人的要求才进行的。如果顾客对服务质量特别满意或特别不满意，这种转告的欲望就越强烈。顾客之间这种转告的感受，就形成了舆论。顾客受舆论的影响，不管是正面的还是负面的，都会将这种影响自觉不自觉地带到对服务质量的评价中来，通常是用舆论的影响来确定自己的评价方向，至少也会用舆论的影响来修正自己的真实感受。如果顾客的感受与舆论的影响是相似的，舆论就起到强化顾客评价的作用；如果顾客的感受与舆论的影响是相反的，舆论就起到削弱或改变顾客评价的作用。一般来说，舆论往往具有夸大的成分，与实际的服务质量并不一致。为了纠正舆论的影响，企业往往需要投入更多的力量。因此，不要小看舆论的作用。

5. 价格错位误差。俗语说："一分钱一分货"，"人不识货钱识货"。在服务领域，价格同样左右着顾客对服务质量的评价，甚至比对硬件产品的评价有过之而无不及。由于我国服务业长期不发达，相当多的服务往往是由人们自己去完成的，人们对有偿接受某些服务还存有疑虑，对接受高质量服务需要支付高额费用还不习惯，价格往往成为顾客评价服务质量的一个重要因素。经济性是质量的一个重要方面，从价格出发去评价服务质量也有其合理性，姑且不论。但问题是，服务价格一旦错位，不管是偏高或偏低，都可能使顾客在评价质量时产生误差。价格过高，顾客对服务质量的期望值就高，一旦出现与其期望不符的现象，就会引起顾客抱怨：我给了这么多钱，怎么是这样的结果？

6. 错觉造成误差。人们的嗅觉、触觉、味觉、视觉、听觉都可能产生错觉。错觉可能是由于情感的或环境的原因产生的，也可能就是人的感官造成的。例如对服务人员的笑脸产生错觉，认为那是在"阴笑"；对等待时间的长短产生错觉，认为等得太久；等等。由于服务"是在供方和顾客接触面上"完成的活动，往往又难以重复进行，一旦产生错觉，就很可能影响顾客对服务质量的评价。而且，顾客产生错觉往往又是难以直言的，不便说出来的，有时还是难以纠正，因此错觉对顾客评价服务质量的影响往往又是很隐蔽的。因此，防止顾客产生错觉，应当成为企业进行服务质量控制的一个重要环节。

第八章

质量保证的心理作用

通过质量交换，质量风险将转移到顾客手中。为了避免质量风险，顾客在购买时就可能小心翼翼，从而影响其购买决策，甚至取消或减少购买。顾客取消或减少购买，就要影响企业的销售，这对企业来说不是好事。企业为了促成或扩大销售，就会采取质量保证的措施，来让顾客放心购买。在质量交换中，企业的质量保证往往是必不可少的。

第一节 企业的质量保证

一、质量保证就是提供信任

ISO9000族国际质量管理体系标准原来叫作"质量管理和质量保证标准"。所谓质量保证，就是"致力于提供质量要求会得到满足的信任"。虽然2000年版和2008年版ISO9000族国际标准不再像1994年版和1986年版那样强调质量保证了，但质量保证依然是其重要要求。ISO9000：2000规定："质量管理体系还就组织能够提供持续满足要求的产品，向组织及其顾客提供信任。"2005年版也有同样内容文字略有不同的规定。

质量保证的概念起始于西方国家的国防部门和核工业部门。20世纪50年代，航空航天和原子能等高新技术产业快速发展，这些高新技术产业往往需要花费大量资金，消耗大量时间，投入大量人力，任何一个小零件小部件出现故障，都可能引起整个设备或产品在试验或运行中出现重大问题，造成的损失往往成千上万倍地高出故障零件部件的价值。为了约束承包商，使其在质量控制上符合规定要求，能够给军方或政府提供"信任"，于是产生了质量保证的概念。50年代末，美国军方颁布了军用标准《MIL–Q–9858A 质量大纲要求》，要求供应商建立质量体系，并以明确的质量方针和健全的管理控制手段来提供相应的证据，以取得军方的信任。这是世界上颁布最早、应用最广的质量保证标准。60年代，北大西洋公约组织也向其承包商提出了AQAP系列质量保证标准，对相关工业部门的质量体系提出要求并给出相应的评定办法。到70年代，质量保证要求逐渐向一般工业部门扩展，发达国家纷纷制订适用于本国的质量保证标准。在这种情况下，统一各国质量保证标准成为国际贸易的需要，促成了ISO9000族国际标准的诞生。

作为质量管理的一部分，质量保证有内部和外部两种目的。内部质量保证是向企业的管理者提供信任，外部质量保证是向顾客或其他外部相关方（例如政府、社会、供方等）提供信任。内部质量保证我们在第三章里已经讨论过，此处从略。一般来说，企业的质量保证主要是外部质量保证，也就是向顾客或其他外部相关方提供信任。

信任是一个心理学术语。信者，诚实也，确实也，信奉也，明示也。任者，任用也，责任也，担当也，担保也。信任就是相信而敢于托付。企业通过质量保证措施，使顾客心理上产生信任，也就是相信企业所说的关于产品质量的话是"诚实的"，产品质量水平是"确实的"，是能够"担当的"，是可以"担保的"。这样，顾客就可以放下对质量风险的担心，就可以大胆地购买。因此可以说，企业的质量保证实际上是抚慰顾客心理的一副安慰剂。

事实上，人类社会自从有了产品交换，就有了相应的质量保证。从江湖骗子拍胸膛的担保，到老字号商铺的赫赫名声，从产品商标、产品合格证等产品标识，到公开承诺"三包"、"三保"，都可以说是质量保证。当然，这样的质量保证只能说是广义的，与ISO9000族国际标准所说的质量保证不可同日而语。为了使顾客真正能够"信任"，ISO9000族国际标准所说的质量保证包含着更加丰富的内容：一是质量保证不仅仅只是销售前和销售中的口头承诺，而且应当贯穿于整个产品的设计和生产过程中。二是质量保证首先要给定相应的质量要求（包括对产品质量的要求和对质量管理体系的要求），而且这样的要求还应当全面反映顾客的需求。三是为了实现有效的质量保证，对影响产品、过程和体系质量的因素要不断进行监视、验证和审核，必要时还应当提供相应的证据。显然，对一般消费者来说，要获得这样的质量保证是很难的，甚至是不可能也不必要的。因此，我们所说的质量保证将是广义的，我们把企业为了获取顾客信任的所有活动和措施都看作是质量保证，ISO9000族国际标准所说的质量保证当然也在我们所说的范围之内。

如果我们把质量保证看作是广义的，那么只要有产品交换，也就是只要有质量交换，就会有相应的质量保证，或者说就需要相应的质量保证。

二、为顾客降低质量风险

我们知道，任何产品都有相应的质量风险存在。企业与顾客进行质量交换，实际上就是企业把相应的质量风险转移给顾客。风险太大，超过顾客所能够承受的水平时，顾客就会拒绝购买产品。事实上，不论是谁，不论是购买什么产品，顾客在购买前或购买时都要对质量风险进行一定形式的估量，都有自己确定的最大风险界限。随着社会日趋富裕，商品日益丰富，顾客的选择能力和选择条件都大大提高和扩大了。除了必要的生活支出（必不可少的消耗品，其中又主要是食品）外，顾客既可以花钱，也可以不花，可以在相互竞争的各种产品中任意选择，必要时也可以将钱存起来，什么也不购买。这样，顾客实际上把自己可能承担的质量风险，又归还给了企业。在顾客拒绝购买的情况下，企业不仅得不到利润，而且连成本也得不到补偿，生存也就面临着极大的威胁。为了自身的利益，企业只有为顾客减轻质量风险，促使顾客尽快做出购买决策，尽快购买。这就是企业的促销策略和促销方法的实施。而最重要的促销策略和促销方法就是提供相应的质量保证。

企业质量保证的目的是为了促使质量交换能够进行，其表现形式就是承诺为顾客降低质量风险。企业通过质量保证的办法，可以达到三个目的：（1）让顾客相信其转移给顾客的质量风险是不存在的（这当然不可能）；（2）质量风险虽然存在，但质量问题发生的概率却是很小的，质量问题发生后造成的损失是很小的，这样的质量风险存在也是合理的；（3）即使质量问题真的发生了，企业也可以为顾客提供一定的补偿。这样做的目的，就是要让顾客信任，让顾客放心，使质量交换能够顺利进行下去。

我们可以把企业为降低顾客质量风险的所有活动和措施都看作是广义的质量保证。归纳起来，企业为顾客降低质量风险的方法主要有：

1. 提供相关的质量保证文件。根据《中华人民共和国产品质量法》的要求，产品或者其包装上必须真实地标识产品质量检验合格证明。法律法规还规定，相关产品还必须真实地标识生产许可证、质量安全认证、检疫合格、食品卫生、药品批准等标志。这是最起码的质量保证文件。此外，ISO9000、ISO14000之类标准的认证标识，相关的产品质量检测证明等等，也是很重要的质量保证文件。这些质量保证文件，实际上就是企业向顾客承诺，本企业销售的产品是合格的，产品质量以及为保证产品质量达到合格要求而建立和运行的质量管理体系也是合格的，而且还有第三方（包括政府）对产品质量进行检测或认证、对质量管理体系进行认证的结论为凭。

2. 直接接受顾客的检验、考察、认证和监督。企业为了获取顾客，有时是自愿的，有时是被迫的，直接接受顾客对其产品质量和质量管理体系的检验、考察、认证和监督。这样的质量保证大多是在合同环境下进行的，也有企业在非合同环境下邀请顾客代表到生产场所进行参观、考察、监督的。企业直接接受顾客的检验、考察、认证和监督，都是为了让顾客相信自己有能力满足顾客的质量要求，有能力把质量风险降低到顾客容忍的范围之内。事实上，ISO9000族国际标准在很大程度上就是为了提供这样的质量保证而制定的。在相当多的条件下，企业的质量管理体系如何，对获取顾客的信任更加重要。企业质量管理要达到的三个目的之一，就是使顾客相信本企业提供的产品能达到预定的质量要求。必要时，企业可以将证实这种能力的要求订入合同中。在市场上，订货与供货、样品和质量同样重要。原材料、元器件、装备类以及食品医药等产品的贸易中，质量保证的重要性往往更大于样品。

3. 提供自己的质量信誉。在非合同环境下，顾客不可能对企业的质量保证能力进行考察、审核和认证，企业的质量保证主要体现在质量信誉上。企业的质量信誉可以由权威机构来认可，如生产许可认证、官办或民间机构的质量认证等等；但最主要的还是企业经过长期艰苦努力，在顾客中建立起来的质量信誉。后者实际上是企业用自己过去的行为向顾客担保，这与顾客靠自己或他人以前的与某产品接触的经验来确定购买行为，例如从商标上来判断质量水平正好吻合。正因为企业的质量信誉主要是顾客的经验，如果企业一旦在质量问题上出了纰漏，信誉也就被败坏了。顾客往往要通过各种途径，将自己满意或不满意的信息转告给他人。这种被转告的信息，几乎全都与质量有关，实际上也就是企业的质量信誉。而且对被转告的人的购买决策将起到极大的影响，有时甚至是决定性的影响。企业也不能忽视那些对质量问题并未提出控告或申诉的顾客。美国的一个资料表明，有50%的质量缺陷顾客未提出抱怨，但这些顾客都带有"失望情绪"。这种失望情绪，对企业的质量信誉也是一个极大的威胁。在信誉问题上，企业切不可掉以轻心。

4. 为顾客提供必要的补偿。国家规定的"三包一赔"（包修、包换、包退、赔偿损失）是最起码的补偿，企业为顾客保险、扩大维修范围、延长保修期、提供优惠零配件、出了质量问题给予赔偿等等，也是对顾客的一种补偿。在销售时，企业往往就对这样的补偿向顾客作出了承诺，也就是表示要承担相应的质量风险所引起的质量责任，实际上就是企业承诺自己为顾客所接收的质量风险"买单"。这样，质量风险虽然转移到顾客手中，但其责任却依然由企业来承担，顾客相应就降低甚至免除了质量风险，质量交换中一个最重要的障碍也就得以消除，交换也就能够顺利进行了。因此，这样的质量补偿是质量保证中最重要的内容（当然企业的承诺是否真实、是否全面是另一个问题，且不论）。一般来说，企业对质量责任越重视，越认真，就越能为顾客降低质量风险，也就越能受到顾客的欢迎。这对企业来说，也是一件好事。企业为顾客提供质量风险损失的补偿，集中体现于企业的售后服务之中。售后服务虽然不是产品质量的内容，却与企业的工作质量相关联，实际上是企业为顾客降低质量风险的一种最重要的措施。至少在耐用品（包括装备类产品）方面，顾客对售后服务的重视，往往超过对产品质量本身的重视。

5. 为顾客提供相关的知识和检测手段。为了让顾客更好地认知质量，企业应当通过多种手段，尽可能向顾客、向社会普及有关质量的法律法规知识和有关产品质量的技术知识，帮助顾客提高认知质量过程中的理性。在销售时，企业可以通过向顾客传授相关知识和如何感知质量、判断质量的方法，以及提供检测质量的手段，来争取顾客的信任。顾客的信任是顾客在感知质量过程中克服非理性的最重要的因素，对顾客感知质量起着关键作用。

三、质量保证的心理作用

企业的质量保证是在销售前或销售中向顾客提供的，产品是否有质量问题，质量风险大小如何，出了质量问题企业是否真的能够按照其承诺的进行补偿，顾客往往并不知道。即使产品出质量问题的概率只有万分之一，对刚好碰上这万分之一产品的顾客来说，就成了百分之百的"倒霉蛋"。对任何一个顾客来说，都有可能成为这样的"倒霉蛋"。因此，任何一个顾客都可能为碰上质量问题而"提心吊胆"。在销售过程中，或者说在质量交换的过程中，企业质量保证的作用，往往并不在于消除这万分之一的质量问题，而是消除顾客的"提心吊胆"。也就是说，企业质量保证的作用，主要是体现在顾客的心理上。

首先，企业提供的质量证明文件，可以使顾客相信所购买的产品质量是合格的。质量证明文件越完善，顾客越能相信。但是，不管是什么样的质量证明文件，都不等于产品质量本身；即使质量证明文件全部真实，也不等于产品质量就没有问题，不等于不存在质量风险；况且质量证明文件也可能是伪造的或虚假的。虽然如此，只要质量文件证明不是伪造的，毕竟可以在一定程度上证明产品质量的状况。例如产品合格证可以证明产品质量是经过企业自己检验合格的，产品型式试验报告可以证明企业的同类产品进行过型式试验并且有相应的试验结果。特别是有关企业质量管理体系的质量证明文件，可以证明企业具有相应的质量保证能力，往往比单纯的产品质量证明文件更有价值。顾客在购买时检查相应的质量证明文件，至少可以排除"三无"产品的质量风险，顾客对质量风险的担忧，也可以大大降低。

其次，企业对可能出现的质量问题作出补偿的承诺，可以使顾客产生两种心理反应：其一，企业既然敢于这样承诺，说明企业提供的产品质量至少有一定的保证，质量风险相对较小；其二，即使出了质量问题，企业可以补偿，那么就可以大大降低自己的质量损失。企业的承诺是一种明示担保，按照法律要求，只要这样的承诺不违法，就是必须兑现的。但是，市场上一些企业的承诺却可能是一种伪装；一旦出现质量问题，企业可能就不再兑现。这种现象的存在，使顾客对企业的承诺产生怀疑，也就大大降低了这种承诺的心理作用。况且，产品质量真的出现问题，企业承诺的补偿往往难以完全抵消顾客的全部损失。例如产品出了质量故障，要送到企业指定的维修站去修理，这就要顾客支付相应的时间和费用。即使是上门维修，因故障造成的产品停用损失企业也是不会补偿的。虽然如此，质量风险毕竟大大降低，顾客对产品的信任因企业的承诺而得到加强。

最后，企业为顾客提供的质量信息、质量知识和检测手段，一是可以增强顾客对企业的信任；二是可以使顾客在购买过程中更全面、更真实地认知质量；三是可以使顾客更合理、更正确地使用产品。这样，也能够大大降低顾客的质量风险，避免质量问题的出现。但是，企业往往按照自身的需要来提供质量信息、质量知识和检测手段，很可能是片面的，很可能存在偏差，甚至可能有意识地掩盖某些质量风险。而且，顾客自身的条件往往决定着顾客能不能接收、怎样接收、接收多少质量信息和质量知识，决定着顾客如何使用相应的检测手段。这样，企业为顾客降低质量风险的措施就可能演变为掩盖质量风险的"阴谋"，顾客往往也不会完全相信。虽然如此，企业提供的质量信息、质量知识和检测手段毕竟有利于顾客，可以对顾客的购买心理产生促进作用。

一般来说，企业的质量保证是建立在企业自己对产品质量的信任之上的，也就是说，企业外部质量保证的基础是内部质量保证。内部质量保证达不到规定的要求，外部质量保证也就成为无源之水、无本之木。但是，即使内部质量保证很完善，外部质量保证也完备，但仍然不能完全等同于产品质量本身。因此，顾客在企业的质量保证面前仍然需要谨慎，需要对产品质量作出理性的判断。

第二节 企业的质量信誉

企业向顾客提供质量保证，是为了让顾客相信产品质量是合格的。顾客是否相信企业的保证，是否信任企业，往往取决于企业的质量信誉。企业的质量信誉越高，顾客就越容易相信，信任的程度也就越高。在一定程度上说，企业的质量信誉也就是企业的质量保证。

一、质量信誉是顾客购买决策中的决定性因素

现代社会，任何一家企业的生产都不是一次性生产。企业要成功，往往不在于一次买卖的成功，而在于长期的买卖成功。而要长期的买卖成功，最重要的是信誉。企业的信誉涉及的面可能比较广，但最重要或最根本的是质量信誉。

所谓信誉就是信用、信任的名誉。首先是企业讲信用，能够履行与顾客约定的事情，特别是与顾客约定的产品质量水平，保证自己的产品是合格的。其次是顾客对企业的信任，也就是顾客相信企业，敢于把自己的利益（例如因购买支付的金钱、因使用而可能存在的风险等）托付给企业。企业不讲信用，顾客就没有信任，信誉无从谈起。一般来说，信用主要是企业的行为，或者说是企业用行为来证实的；信任则主要是顾客的心理倾向，是顾客用以往的经验或他人的经验来决定的。所谓以往的经验或他人的经验，都是感受企业行为的结果。人的某种心理的形成往往比较复杂，没有反复的经验，或者其经验没有给他留下深刻的印象，信任往往就难以产生。

质量信誉是顾客购买决策中的决定性因素。顾客虽然可以对产品质量进行一定程度的认知，但却难以完全把握。某些质量特性，甚至到顾客使用完毕后也可能难以真正判断。例如某些有害物质超标的食品，对身体健康的副作用往往是长期形成的，或者是间接的。即使顾客因长期食用这种含有超标有害物质的食品而得了病，任何医生也无法提供直接证据，证明这种病就是食用这种食品的结果。不少不法厂商正是凭借这一个特点，大肆制造假冒伪劣产品坑害消费者，一般还难以将其揭露出来，更难以将其绳之以法。在这种情况下，顾客在认知和判断产品质量时，往往只能从企业的质量信誉去考察。一般来说，对大企业、大商场，往往"跑得了和尚跑不了庙"，其信任度可能要大一些。事实上，某企业某种产品一旦被揭露有质量问题，其销量往往立即就会降下来。这说明质量信誉对顾客

购买决策的决定性作用。

质量信誉当然与广告宣传有关。广告的作用本质上是给顾客购买决策施加影响，其"广而告之"的主要内容或核心内容也是质量。离开了质量，广告往往不能存在。产品的实际质量水平是广告的基础。广告可能存在夸张的现象，甚至可能采用了一些虚假信息，过分自吹自擂，但还是得以一定的质量作基础。而且，《中华人民共和国广告法》、《中华人民共和国消费者权益保护法》对广告还进行了必要的限制，散布虚假信息很可能受到法律的制裁。

质量信誉是扩大销售提高市场占有率的根本。据美国一家公司的调查，1个满意的顾客可能将其满意的信息转告给另外8个人，1个不满意的顾客可能把不满意的信息转告给另外22个人。这种被转告的信息，几乎都与质量有关，也就是说这种转告的信息实际上就是企业的质量信誉。这种转告的信息，对被转告的人的购买决策将起到很大的影响，有时甚至是决定性的影响。在有较多选择的市场中，一个不满意的信息，很可能抵消很多个满意的信息。在商场我们可以看到，一个消费者在购买某种产品时，如果有另外一个消费者在旁边说："这种产品不好，我上个星期买回去就出了问题。"那个正准备购买的消费者肯定就会犹豫起来，甚至立即就会放弃购买或者选择另一种品牌。这说明，质量信誉在扩大销售中起着决定性作用。

二、质量信誉是企业质量能力的外在表现

说质量信誉是企业质量能力的外在表现，也就是说质量信誉是建立在质量能力的基础之上的。一个企业的质量信誉如何，当然有赖于宣传，包括广告宣传。但是，只靠宣传，质量信誉是建立不起来的，或者建立起来用不了多久也会丧失掉。

秦池酒厂就是一个教训。1995年，凭着在中央电视台黄金时段所做的广告，一个名不见经传的山东临朐县酒厂便以"秦池"而出了名，效益"取得了历史性突破"。第二年，"秦池"又出资两亿多元，夺得中央电视台广告的"标王"，一下子就成了"名牌"，销售额从过去的一两千万元陡升到五六亿元。可惜，再过了一年，秦池酒厂的效益就开始滑坡。到1998年，竟已经是欠税经营了。短短几年，"名牌"、"秦池"就差不多烟消云散，几乎被世人所遗忘。到2004年初，据报道，秦池酒厂因经营困难，将整体出售"卖厂"了。

为何会出现这种大起大落的情况？不论是从产品本身的质量还是从秦池酒厂的质量管理水平来说，其质量能力可能在"历史性突破"的时候有所上升，但可

能从来就没有超过国内其他大型、老牌的酒厂,例如它肯定就不能与诸如宜宾五粮液等老牌酒厂相比。由于广告投入大,一时间也可能有了点"信誉",甚至是"质量信誉",但因为这样的信誉并没有建立在过硬的质量能力的基础上,正如一个庞然大物的基础是沙滩,怎能抗拒得住市场竞争的风吹雨打呢?倒台只是早迟的事罢了。

　　质量能力决定着质量信誉。首先,质量信誉是产品质量的"名声"或"名誉"。这种"名声"或"名誉"需要企业自己来"说",但光靠自己"说"是没有多少人相信的,或者相信的程度是不可能很高的。产品质量的"名声"或"名誉",根本上还是要靠顾客来"说"。而顾客如何"说",怎样"说","说"什么,"说"到什么程度,企业当然可能在背后做"工作",例如"收买"一些顾客来"说"(重庆人把这种顾客称为"媒子"),但"收买"毕竟是有限的,也不可能"收买"所有的顾客。用于"收买"的费用过高,企业往往付不起;"收买"的费用过低,不能抵销顾客相应的质量损失(体现为与另一种品牌的产品相比多支付的质量成本或少获得的质量效益),顾客就"收买"不到。要顾客心甘情愿来"说",只能是产品质量本身(需要再次强调,产品质量不是单纯的产品技术质量,而是包括价格、服务、文化等因素的综合质量)真正得到顾客认可。如果产品质量比不过别人的,顾客就不会心甘情愿"说"假话,"说"你的质量比别人的好。这样,就难以形成真正的质量"名声"或"名誉",质量信誉也就比不过别人。质量信誉总是真实地反映了产品质量,虽然二者可能并不是完全等同的,但二者肯定是直接相关的。质量信誉只能在产品质量水平上波动,其波动的幅度不会很大。

　　其次,质量信誉是企业质量管理水平的外在体现。一般来说,在合同环境下,作为采购方的顾客,特别是采购用于生产的原材料和零部件的顾客,往往就要按照ISO9000族国际标准的规定,对企业的质量管理状况进行必要的考察认证。姑且不论。作为消费者的顾客,往往不懂质量管理,也不会去过多探寻企业的质量管理状况。但是,企业的质量管理状况却通过宣传、产品、服务等途径,或直接或间接,或明白或隐蔽地反映出来,并给顾客一种切身感受。比如通过了ISO9001质量管理体系认证并向顾客进行宣传的企业,往往就比其他企业的质量信誉高。特别是在产品出现质量问题时,企业的质量管理能力往往就表现出来,是否妥善处理,尽可能减轻质量问题给顾客和企业质量信誉带来的损害,是否及时改进,避免类似问题重复发生,等等。质量信誉是一个动态的发展过程,在质量信誉建立、传播和发展的过程中,质量管理无时无刻不在起作用,更不用说产品质量本身就是质量管理能力的体现。即使是广告宣传,往往也要借助质量管理体系的力量来进行，例如宣传企业的质量战略、质量方针、质量目标、质量能力等等。因此，质量管理能力是企业质量信誉的强大动力，更是其基本保证。

三、质量信誉在市场中如何建立

现代社会的市场往往是被"瓜分"完了的。一种产品要打入被"瓜分"完了的市场，一般只能靠两种方法：一种是以低价进入，但这也必须让产品具有相应的质量，至少应当是合格的；另一种是以质量进入，但这种质量往往必须是高于现有产品水平的质量。不管是哪种方法，都必须建立起自己的质量信誉。

质量信誉首先是企业给顾客提供的质量保证，这种质量保证包括由权威机构提供的质量证明和企业作出的质量承诺。在建立质量信誉初期，这种质量证明和质量承诺是非常重要的。没有这种质量证明和质量承诺，要想把已经被其他厂商"占有"了的顾客"解放"出来，是相当困难的。

通常情况下，权威机构的质量证明包括：（1）政府部门颁发的诸如生产许可证之类的证书；（2）权威检验机构出具的产品质量检验证书；（3）权威机构出具的企业质量管理体系认证证书；（4）权威机构出具的各种各样的获奖证书之类。由于管理的混乱，权威机构的证明（特别是第四类获奖证书之类）往往过多过滥，顾客对其的信任度已经大大下降，其证明作用已经大大降低。即使顾客有一些信任，也不是牢固的。且不论。不管是什么证书，即使权威机构相当尽职尽责，也只能说明企业提供的"样本"合格，而不能说明企业所有的产品或质量管理过程都合格。ISO9001：2008规定："本标准所规定的质量管理体系要求是对产品要求的补充。"也就是说，即使通过了ISO9001质量管理体系认证，也只能说明企业的质量管理体系是合格的，而不能说明其产品质量就一定是合格的，更不能保证其产品质量就一定很高。

虽然权威机构质量证明的效用是有限的，但毕竟又是企业建立质量信誉过程中必不可少的因素，因而企业不可等闲视之。这与找工作是一样的，招聘方要求受招聘者有大学本科学历，你就必须出示大学毕业证书，否则你连登记的资格也没有。即使你有很高的能力，甚至比名牌大学的毕业生还强，但别人不认可，也不会相信，你只能"怀才不遇"。因此，你往往只能去"混"一张文凭了再来应聘。不仅如此，相当多的产品，如果没有相应的质量证明，按照国家的法律法规，甚至是不准进入市场的。例如实行生产许可证的产品，必须申领生产许可证后才能进入市场，否则就可能受到政府有关部门的查处。权威部门（特别是政府部门）的质量证明为企业的质量信誉设置了一道门槛，过不了这道门槛，往往也就进入不了市场，也就谈不上什么质量信誉。

企业的质量承诺是建立、保持、扩展企业质量信誉必不可少的要素。承者，承担也，担当也；诺者，答应也，允许也。承诺就是对某项事务、某项要求答应照办。所谓质量承诺，就是对自己的产品质量进行自我担保，对可能出现的质量问题如何解决提出具体办法并答应照办。在民事行为中，承诺是一个法律术语，也就是明示担保。一旦承诺，就应当履行。如果不履行，就要承担相应的法律责任。有一段时间，承诺成了一股风，谁都在承诺，什么都在承诺，却很少有人履行承诺。这与社会法制不健全有关。随着一些案例的判决，人们对承诺有了新的认识，承诺了而不办的，可以诉诸法律来解决，使承诺加重了分量。

企业对产品质量进行自我证明、自我担保，可以让顾客增加对产品质量的信任，促进其作出购买决定。企业对可能出现的产品质量问题提出具体的解决办法并答应照办，万一产品质量不像权威机构证明和企业自我证明的那样好，当质量问题出现后，顾客可以找到企业，要求企业按照承诺的办法照办，这样就给顾客心理起到了一种安慰，提供了一种"保险"，从而可以消除其心理上的担心，促使其作出购买决定。这两个方面，企业投入的都是信誉。一旦不能实现，损失的也是信誉。信誉一旦损失，要重新补救，可能需要投入更多的资源，有时甚至还是补救不了的。

要建立质量信誉，最根本的还是产品质量过硬，也就是产品质量真正具有较强的质量能力。权威机构的证明也好，企业的质量承诺也好，离开了产品质量本身，都只能成为一张空白支票。但是，一般情况下，企业才进入市场时，或者一种新产品才投入市场时，产品质量往往又是不稳定的，质量问题往往又是难以避免的。这时，最重要的就是加强售后服务工作，为顾客提供保障，尽可能减轻、消除和弥补质量问题给顾客造成的损失，尽可能消除因质量问题给企业质量信誉造成的负面影响。如果这时不兑现质量承诺，或者在兑现过程中拖延、推诿、扯皮，顾客损失的是利益，企业损失的是质量信誉。这样，质量信誉可能永远也建立不起来。顾客对产品质量的感受，顾客之间对产品质量的评价，往往才是企业质量信誉的根本，正所谓"金杯银杯不如顾客的口碑"。

四、质量信誉在市场中如何扩展

质量信誉的扩展是质量能力的本质要求。如果得不到扩展，质量信誉局限在一个较小的范围或一个较低的层次，企业的质量能力也就不可能得到完全的实现。要使企业的质量能力得到完全实现，企业的质量信誉就应当达到甚至超过企业质量能力所能达到的最高水平，就应当满足企业质量能力的要求。

质量信誉的扩展包括两个方面：一是量上的扩展；二是质上的扩展。质量信誉质上的扩展，也就是质量信誉的发展。

对质量信誉来说，量上的扩展包括三个方面：（1）在同一地区同一层次的市场或同一层次顾客中扩展质量信誉（也就是在更多的同一市场同一层次的顾客中建立质量信誉）；（2）在新地区的市场中建立质量信誉；（3）在同一地区的不同的市场层次或不同的顾客层次中建立质量信誉。

质量信誉的扩展是一个长期的过程。首先，这种信誉是在与第一批顾客相同或相似的潜在顾客中扩展的。通过第一批顾客的使用，产品质量得到证实。按1个满意的顾客会告诉另外8个潜在顾客、1个不满意的顾客会告诉另外22个潜在顾客来计算，可以得到如下结果：

$$M = (8N + N) - (22n + n)$$

式中：M是质量信誉影响的顾客（包括潜在顾客）；N是满意的顾客数；n是不满意的顾客数。

显然，只有当N大于n且至少是n的2.56倍的情况下，质量信誉才能得到保持。一般来说，不满意顾客的不满意信息更容易使潜在顾客相信，更容易流传，更容易左右潜在顾客的购买决策，因而也更有影响力。如果考虑到不满意顾客的不满意信息相对于满意顾客的满意信息更具有影响力的话，这个倍数至少还应加大10倍。即使加大10倍，可能也只能保持原有的质量信誉。在竞争状态下，保持实际上等于落后，很可能被竞争对手打败，遭到市场的淘汰。因此，只有把n降到最低限度，把N提高到最高水平，才能使质量信誉得到真正的扩展。

其次，在新地区新市场扩展。这种扩展当然需要企业大量的投入，例如广告、试销等等，但最重要的还是借用原有顾客满意的经验来进行扩展。一般来说，只有先在一部分顾客中建立起质量信誉，才能使质量信誉得到扩展。没有质量信誉，你扩展什么呢？

最后，把质量信誉向同一市场中的不同阶层扩展。市场是有层次的，最简单的分类也可以分为高档、中档、低档。一般来说，一个新产品往往从中档进入，然后再向上、向下扩展市场。在这样的扩展中，价格可能是一个重要因素，但如果没有良好的质量信誉，往往要受到竞争对手的顽强阻击。质量信誉良好，才容易扩展。

五、质量信誉的发展和消亡

如果只注意质量信誉量的扩展，随着竞争对手质量信誉的增强，自己的质量信誉就会被掩盖。顾客总是青睐那些质量信誉最好的产品和企业，往往并不看你的市场占有率。市场占有率是以质量信誉为基础的，质量信誉一旦受到损害，包括受到竞争对手质量信誉上升的损害，立即就会给市场占有率带来剧烈变化。因此，企业应把重点放在质量信誉质的发展上。

质量信誉质的发展，也就是提升质量信誉的档次。质量信誉一般包括：（1）产品质量信誉，也就是产品质量的稳定性，或者说产品出现质量问题的概率；（2）服务质量信誉，也就是企业对出现产品质量问题所承诺的售后服务水平及其实现程度；（3）企业形象特别是其他方面的守信情况。要提升企业的质量信誉，应当在这三个方面努力。

相当多的产品，特别是结构复杂的机电产品，往往不可能不出质量问题。即使是像服装这样的简单产品，也可能存在这样那样的质量问题。谁的产品质量问题少，谁的产品质量出现问题的概率低，谁的质量信誉就高。不能设想甲顾客买到有质量问题，乙顾客买到也有质量问题，这种产品还有很高的质量信誉。企业要提升质量信誉，最重要的就是要让产品质量问题尽可能不出、少出，此其一。其二，对一些看起来对使用并没有多大关系的质量问题也要尽可能消除。产品质量无小事。正如日本人说的，一个商标都贴不好，哪能保证产品质量好？连小事都做不好，大事又怎能得到保证呢？

不少企业都在推行"六西格玛（6σ）管理法"，即使完全达到要求，也仍然有0.00004%的不合格。对于企业来说，要达到这样的高标准，已经是相当努力的了；但那百万分之一的不合格产品一旦卖出去，对于买到的顾客来说，却是百分之百的不合格。不管顾客数量有多么庞大，对于每个顾客来说都存在着买到不合格产品的风险。为了降低这种风险，企业应当向顾客提供售后服务。这也是法律法规明确了的企业质量责任。不出质量问题则好，一旦出了质量问题，企业就按自己的承诺给予退换或修理，这对企业的质量信誉的建立扩展是必不可少的。即使从来没有出现过质量问题，这样的承诺也是必要的，至少可以给顾客减轻心理上的顾虑或担忧，提高顾客对产品和企业的信任，此其一。其二，如何兑现质量承诺往往更重要。一些企业也信誓旦旦进行承诺，但真的出了质量问题，却推诿扯皮，该退不让退，该换不给换，该修不愿修。这是对质量信誉最大的打击。企业可能认为这只是个别现象，对顾客来说却是百分之百的麻烦和损失。一传十，十传百，企业要恢复质量信誉，可能要花更多的功夫了，对企业来说，往往也是得不偿失的。

企业的形象当然不仅仅靠质量信誉来支撑，但质量信誉却是企业形象的重要内容甚至是主要内容。企业形象还包括企业的性质、规模、经营状况、赢利水平、社会责任、守信、企业管理者个人形象等等。这些都可能对企业的质量信誉产生或直接或间接、或大或小的影响。企业经营状况不好，甚至处于亏损状态，顾客当然有权怀疑企业还能不能履行自己的质量承诺。企业在财务上都不守信，欠款不还，连工人工资也长期拖欠，又怎能对顾客讲信用？企业不讲社会责任，例如环境污染严重却不下决心治理，也会受到顾客的责难，降低其质量信誉……因此，提升企业的质量信誉，涉及企业的方方面面，实际上是一个系统工程，需要企业多方面的努力才行。

企业的质量信誉要真正建立起来，得到市场的认可，往往是相当困难的。但是，如果企业不注意维护，往往很容易受到损害，甚至消亡。首先，质量信誉是顾客对企业的产品和企业本身的评价，是一个社会心理问题。评价虽然是客观的反映，却受到主观因素的影响，这种反映有时甚至是片面的、歪曲的、畸形的、不正确的、哈哈镜式的。而且，人们对客观存在的评价，又往往是从自身的利益出发来进行的。顾客购买和使用产品是要支付费用的，于是就要从自身利益出发来评价企业的质量信誉。为了保护自身利益，顾客对企业的负面信息特别关注，担心自己被企业欺骗。这样往往就会偏向于从负面来对企业的质量信誉进行评价。要使顾客从正面来评价自己的质量信誉，企业往往要费很大的功夫；而一旦顾客得到企业负面的信息，就会立即改变评价。这样的改变一旦扩展，或者改变的程度很大，企业的质量信誉也就可能归于消亡。

其次，在竞争的情况下，竞争对手之间的质量信誉实际上存在着你升我降、我升你降的波动状态。从整个市场来说，虽然质量信誉不是一个常数，但顾客购买的产品数量往往是一个常数。如果用销售量来衡量质量信誉的高低，那么甚至可以说质量信誉总量也可以是一个常数。也就是说，别人的质量信誉提升了，虽然你的产品质量和服务质量等都没有改变，但你的质量信誉却下降了。正所谓"逆水行舟，不进则退"。在激烈的市场竞争中，你的质量信誉如果长期被别人打压，而你又没有奋起反击，想办法提升，质量信誉也就会逐渐归于消亡。因此，在让顾客了解自己的产品质量和服务质量水平方面，也就是在提升自己质量信誉上，企业应当有所创新。企业不断推出新的服务项目，让自己为顾客提供的服务超越竞争对手，往往可以提升自己的质量信誉。

第三节 企业的形象竞争

企业的质量信誉是企业的质量形象，但企业的形象不仅仅是质量形象，还包括其他内容。在一定程度上可以说，企业向顾客提供质量保证，是拿企业的形象作为"抵押"，从顾客那儿"贷"来了"购买"行为，或者说"贷"来了资金（顾客用于购买的钱）。随着市场竞争日益加剧，企业之间在价格和质量领域的竞争进行到一定程度或处于相持状态的情况时，形象竞争往往成为竞争的主要内容。

一、企业形象与顾客评价

形象本来是指物体的形状相貌，后来因文艺学使用了这个词，引起其意义的变化。如今，形象是指能够引起人的思想或感情活动的具体形态或姿态。所谓企业形象，就是企业的相关信息给顾客留下的印象，这种印象能够引起顾客的思想或感情活动。也就是说，企业形象是能够使顾客对企业产生评价的印象，是顾客对企业的认识和评价。

那么，企业形象是怎样作用于顾客评价的呢？

首先，企业形象的本源是企业的"形状相貌"，是企业的具体"形态或姿态"，也就是企业的全部活动及其结果。对于企业来说，最主要的活动是经营活动，最主要的活动结果是产品，当然也包括其他非经营活动及其结果。企业的性质、规模、文化、人员、政治态度、社会责任、地理环境、经营理念、管理模式、生产过程、产品质量等等，都能够成为构成企业形象的"本源"。也就是说，企业的这一系列因素都能够对顾客评价产生影响。

其次，企业的全部活动及其结果是通过信息的方式对顾客产生影响的。一般来说，企业与顾客之间存在着相当大的空间距离，他们之间的联系往往也不是那么紧密，顾客只能通过相关的信息渠道了解企业的活动及其结果。而且企业的活动及其结果与顾客获得其信息，还存在着时间差。在相当多的情况下，顾客也不需要获得企业的全部活动及其结果的信息。这样，企业与顾客之间实际上就存在着相当大的信息不对称，顾客评价往往只根据自己掌握的有限信息来进行，因此其评价往往存在偏差。

再其次，顾客鉴于自己获得的企业信息不完整，而且往往偏向于正面，因而对企业的负面信息就特别敏感。在市场中，企业总是通过诸如广告之类手段宣传自己的正面信息，对负面信息总是讳莫如深，这往往降低了顾客的信任度。在这种情况下，顾客一旦获得了企业的负面信息，一是立即就会引起注意；二是相信的程度往往大于正面信息；三是相互之间往往会迅速进行传递；四是对其评价的影响往往更大。

最后，顾客对信息的处理受制于顾客自身的主观条件。顾客的主观条件包括了相当多的内容，诸如其政治态度、文化背景、价值观念、收入水平、消费习惯、性格特征等等，都可能对其处理相关信息、进行评价产生影响。在日本侵略中国的日子里，具有爱国心的中国人往往就要抵制日货。已经成为某企业"忠诚顾客"的人，即使获得该企业的负面信息，往往也会从"不相信"到不接受，即使接受了，往往也难以影响其对该企业的基本评价。

二、从价格和质量竞争到形象竞争

顾客对企业的评价包含着相当多的内容，一般来说，可以分为对企业提供的产品的评价和对企业本身的评价。

对产品的评价通常包括质量和价格两个方面，这也是市场竞争通常最激烈的领域。市场竞争首先是价格竞争。如果排除客观因素的影响，例如在基本相同的工资水平、税收政策、地理环境等条件下，同一种产品的价格将随着竞争的发展而逐渐趋同，至少不会相差过大。在这种情况下，虽然价格竞争依然存在，但往往失去了成为竞争焦点的地位。质量竞争与价格竞争是同时进行的。随着竞争的发展，产品质量和服务质量也会逐渐趋同。如果没有新产品出现，特别是没有具有创新意义的新产品出现，质量竞争也会失去竞争焦点的地位。而且通过竞争，一个市场往往只剩下少数几家知名品牌，其价格竞争力和质量竞争力往往也会趋同，谁也不能把谁"挤垮"，谁也不能独霸市场。在这种情况下，它们只好相互承认对方的利益，有时甚至可能结成相应的价格联盟。事实上，目前我国的家电市场就已经呈现出这样的状态。几家知名品牌的彩电、冰箱、空调、洗衣机价格趋于一致，质量也相差不多，前几年也曾出现过诸如"行业自律"之类价格联盟。虽然价格联盟不可能长期存在，但由于竞争已经将企业的利润空间挤得很小，价格竞争只会使竞争对手两败俱伤。而质量，特别是具有创新意义的质量（表现为全新意义的产品）又不是说提升就能够提升的，质量竞争往往只是在市场背后（很可能只限于企业的设计开发部门）进行着。

在价格和质量领域的竞争进行到一定程度或处于相持状态的情况下，企业的形象竞争就可能成为竞争的主要形式，甚至成为竞争的焦点。

企业的形象不是企业的"自说自话"，也不是政府部门或中介机构的奖状或证书，而是顾客对企业的评价。企业依存于顾客，顾客评价在其购买决策中往往成为决定性的因素。事实上，在企业进行价格竞争和质量竞争时，形象竞争就已经在进行中了。

顾客虽然看重价格，但价格离不开与之相应的质量。价格太低，顾客就会怀疑其质量是否合格。而质量往往涉及技术，顾客又往往没有相应的能力和手段对产品进行检测，因而在购买时对质量的认知和判断是不完整的，很可能是错误的，往往难也使自己完全放心。在这种情况下，也就是在质量竞争成为企业竞争焦点的阶段，顾客往往通过企业的质量信誉来判断质量，来决定自己的购买。企业的质量信誉实际上就是企业形象的重要组成部分。也就是说，企业形象的竞争在这时候就开始了。

随着竞争对手之间质量水平逐渐趋近，当顾客买到不合格产品的概率大大下降而万一买到不合格产品又有相应的售后服务予以保障后，企业形象对顾客购买决策的意义和作用便呈现出增长态势。一方面，顾客更加重视企业形象，企业形象对其作出购买决策可能成为占第一位的影响因素；另一方面，顾客看重的企业形象也从当初的质量信誉发展开来，企业的性质、规模、文化、人员、政治态度、社会责任、地理环境、经营理念、管理模式、生产过程、产品质量等都将成为顾客把握企业形象的因素。

三、影响企业形象的主要因素

企业形象是顾客对企业的印象。一般情况下，这种印象往往是一个整体，顾客通过获得的各种相关信息，形成了对企业的总体认识，很难要求顾客对企业"一分为二"，辩证地看待企业，辩证地分析企业的优点和缺点、长处和短处。不过，顾客形成企业印象（形象）的过程却是一个综合的过程。也就是说，顾客往往并不是根据有关企业的某一条信息，特别不是根据某一条企业的正面信息形成印象的。顾客往往根据自己获得的，包括有意获得（搜集）和无意获得的各种各样的有关信息，经过筛选、分析、综合，才形成相应的印象。

那么，哪些信息对顾客形成印象起主要作用呢？或者说，影响企业形象的主要因素有哪些呢？

其一是企业的质量信誉。这已经在前一节讨论过。

其二是企业的社会责任。经过激烈竞争，同一产品竞争对手的质量信誉往往可能趋于同一，例如几家大的彩电生产企业，都早已通过了ISO9001质量管理体系认证，在国家质量监督抽查中都完全合格，都在顾客中形成了较好的质量信誉。在这种情况下，顾客对产品质量的信任程度已经趋向同一，顾客在决定购买时往往就可能考虑企业的其他因素。于是，企业的社会责任就将纳入顾客考虑的范围。企业的政治态度（主要是企业领导特别是主要领导的政治态度）、企业的资源消耗和环境保护措施、企业内部员工的生存状态、企业对公益事业的参与程度等与社会相关的"形态或姿态",就会成为企业形象的重要组成部分。那些对环境造成重大污染的企业,那些不重视员工安全和健康的企业,其产品就可能受到顾客的抵制。不少国家已经将是否获得ISO14000环境保护体系认证、SA8000劳动者保护标准认证作为合格供应商的基本条件,也说明了这一点。中国人信任"海尔",与"海尔"发展壮大成为世界级家电企业,为中国人争了光不无关系吧?那些积极参与社会公益事业(例如积极为灾区捐款捐物之类)的企业,不能说没有塑造良好形象的动机吧?

其三是企业的实力。企业的实力与企业的性质、规模、技术能力、管理水平、赢利状况、企业文化等都密切相关。一般情况下,企业的实力越强大,越容易得到顾客的认可,其形象也就更具有竞争力。在相同条件下,顾客总是选择那些实力相对强大的企业,这能够给顾客带来更多的安全感。在市场上,名牌产品之所以比非名牌产品好卖,当然在于名牌产品的质量信誉,但是与名牌企业的实力更是紧密相关的。首先,企业的实力对企业的质量信誉具有至关重要的作用。顾客认为,购买实力相对强大企业的产品,即使遇到质量问题,也容易得到包括"三包"、赔偿之类的补偿。企业的实力弱,万一遭遇破产之类的变故,顾客可能就会索赔无门。其次,企业的实力对企业的社会责任起着至关重要的作用。企业规模小、能力低,往往难以履行自己应当尽到的社会责任,顾客对其心存的疑虑也就越大。最后,企业的实力对企业的发展至关重要。实力当然是发展的产物,但实力较强的企业与实力较弱的企业相比,毕竟不在同一起跑线上,往往更加具有优势。顾客在选择产品,特别是选择今后可能更新换代的产品时,这种发展趋势也是一个重要的考虑内容。

其四是企业领导人的魅力和优秀员工的模范作用。企业形象不仅是企业的产品和企业的行为给顾客留下的印象,更是企业成员给顾客留下的印象。企业成员的形象,在相当多的情况下,还是企业形象的主体。企业是由各种各样的成员组成的,应当说企业的所有成员对企业的形象都具有意义,特别是某些特殊企业更是这样。例如一个列车员的不良行为,都会影响整个车次甚至整个铁路系统的形象,正所谓"一颗耗子屎败坏一锅汤"。不过,一般情况下,企业的大多数成员并不与顾客直接接触,顾客难以从他们身上获得相应的信息,而只能从企业的领导人、公共关系人员(例如销售人员)和被宣传的优秀员工的身上来认识企业成员的形象。现实中,企业领导人一旦被查出贪污腐败,就会大大影响该企业的形象;而企业领导人把企业引导到新的领地,增强了企业的实力,甚至会成为人们心目中的英雄,该企业的形象也会得到相应的提升。企业的劳动模范、技术标兵、见义勇为者、有某种特长的成员，也会给企业带来信誉，从而改进企业的形象。

四、顾客形成印象的心理机制

在竞争的条件下，企业印象是顾客购买产品的前提。对一个"名不见经传"的产品，一个"名不见经传"的企业，顾客往往心存疑惑，甚至不会光顾。从这个角度说，产品形象和企业形象往往先于价格竞争和质量竞争。

顾客往往是从广告和新闻媒体获得企业的第一印象的。第一印象一旦形成，就会造成心理定势，影响以后的认识和评价。因此，顾客的第一印象对企业形象往往具有至关重要的作用。不过，由于如今广告过多过滥，顾客难以接受，也记不到那么多，顾客由广告获得的第一印象越来越淡漠，顾客第一印象的形成更加依赖于与企业的接触，包括与企业的产品接触。一旦第一印象不好，顾客形成心理定势，要纠正也就相当困难。

一般情况下，顾客对企业的第一印象是模糊的、浅显的。随着与企业的进一步接触，包括接收来自企业的各种各样的信息，顾客对企业的印象逐渐加深。但是，由于顾客接收的信息量越来越多，如果顾客与企业的关系不是特殊的、紧密的，顾客对这些信息往往是拒绝的，至少是不加以关注的。当顾客与企业形成一种特殊的关系，例如从企业的潜在顾客成为企业的直接顾客、由一般顾客成为企业的固定顾客（忠诚顾客）、与企业有经常的联系、需要依附于企业等等，顾客就会自动接收来自企业的信息，甚至会主动搜集企业的信息。在这种情况下，顾客往往要进行不同企业的比较，对企业形象进行排序（可能是模糊的，也可能是清晰的）。企业形象的竞争往往就体现在这个阶段。如果价格和质量相似，哪家企业的形象更好，顾客就会选择哪家企业。

通过与企业的直接接触，包括购买和使用企业的产品之后，顾客对企业的形象有了一个真切的了解，顾客对企业的印象才能够得以证实并加以固定。如果企业的真实形象与顾客原来所获得的印象不一致，顾客就会及时加以修正。这样的修正，也有正负两个方面的可能性。笔者患有痛风，第一次发作时到某大医院看外科，医生说是无名中毒，让笔者输液，一点作用也没有。第二次发作，笔者自己也知道是痛风了，去该医院看中医，医生却开了一大堆跌打损伤药，也是一点作用也没有。本来笔者对该医院有很好的印象，这一下全败坏了，甚至对医院、对医生都有了一个不好的印象，痛风发作后不再进医院，自己买药医治。这是从负面进行修正。如果企业能够像ISO9000族国际标准所说的，能够"超越顾客期望"，给顾客一个欣喜，能够在涉及企业形象的方方面面不断展示正面的信息，顾客就会从正面修正自己对企业的认识和评价，加深印象，使印象向好的方面转化。

在竞争条件下，企业都要尽可能地展示自己的正面形象，尽可能地隐藏自己的负面信息，这样就造成企业与顾客之间的信息不对称。在很多情况下，顾客对企业的广告和新闻媒体上关于企业的正面报道往往采取不信任的态度。顾客需要企业形象的相关信息，一是更多地从非正式渠道去获得，例如从流言、他人的经验、小道消息等去获得；二是更加注意有关企业的负面报道。其实，非正式渠道获得的信息，往往也是负面的。负面信息当然是有损于企业形象的，因此，几乎所有的企业一旦知道自己的负面信息可能曝光，总要采取应急措施加以控制。例如得知新闻媒体可能曝光，不少企业甚至动用行政的、经济的、法律的各种手段加以制止。有的企业甚至还有专门机构负责对新闻媒体进行"灭火"。但是，即使采取这样的措施，负面信息要完全封锁也是不可能的。我们往往可以看到，一些企业花费巨大物力、财力、人力来封锁负面信息，来宣传正面信息，效果却并不好。如果企业实际上的负面东西太多，封锁也是不可能的。特别是那些顾客需要或可以经常接触的企业，如果其成员普遍呈现负面形象，更不可能用封锁负面信息来维持正面形象。

企业在顾客中一旦形成负面印象，要改变往往很难，既需要用正面信息去改变，更需要对造成负面印象的"具体形态或姿态"进行改进。特别是企业发生了影响形象的重大事件（可以称为形象危机）后，如何及时应对，成为企业需要认真对付的事。正如前面所说，一个表示满意的顾客会把满意的信息传给另外 8 个人，一个表示不满意的顾客会把不满意的信息传给另外 22 个人，企业负面印象在顾客认识和评价的过程中，大于正面印象。负面印象形成的定势，一是影响顾客对企业有关信息的选择，可能更偏重于选择负面信息，而对正面信息却可能采取排斥的态度；二是降低对正面信息的信任度，顾客甚至可能把企业的广告和正面的宣传报道认作是"假打"；三是可能以偏概全，影响顾客对企业的认识和评价，突出负面认识和评价，在一定程度上歪曲企业形象。因此，企业要提高自己的形象，要在形象竞争中占优势，必须高度关注自己在顾客心目中的负面印象，想方设法改变或消除这种负面印象。

五、企业怎样管理自己的形象

良好的企业形象是企业无形的财富，它不仅可以提高企业的知名度和信誉度，而且能够赢得顾客的信赖和支持，使企业的各项活动都能在有利的条件下开展。随着形象竞争日益成为竞争的主要形式，如何更好地塑造自己的形象，将成为企业需要认真研究的重要课题。

（一）企业形象的战略管理

用以与对手进行竞争的企业形象，与同样作为竞争手段的价格、质量不同的是，一旦形成就较难改变。价格虽然是由成本决定的，但毕竟有一定的升降幅度，可以在这样的升降幅度内随时改变。质量虽然由企业的技术能力和管理水平决定，但只要认真对待，一般来说至少可以达到"合格"水平。即使出现质量问题，只要认真进行改进，一般来说也能够在较短时间内解决。形象的形成却是一个长期的过程，考虑到顾客心理定势的影响，更需要企业从宏观上加以考虑。因此，企业更应当把形象管理纳入到自己的战略管理中来。

所谓形象的战略管理，就是对形象进行长期的计划并决定塑造形象的长期策略，包括确立形象方针、形象目标和建立相应的机构、落实相应的职责、健全相应的制度等等，解决诸如应当塑造一个什么样的企业形象、怎样去塑造这样的形象、企业各部门和相关人员如何协调塑造和维护企业形象之类的问题。形象战略是企业整个经营战略的一部分，与企业的质量战略、市场开发战略、产品开发战略等密切相关，但又有自己独特的要求，并与其共同组成了企业的经营战略。

形象战略管理关系到企业的生存和发展，是企业最高管理者的职责，应当经常纳入最高管理层的议事日程，定期进行形象审核和管理评审，适时修订相应的计划内容。最高管理者的个人形象往往又是企业形象的一个重要组成部分，在公共场合是容不得其自行其是的，也应当纳入到形象管理中来，必要时还应当有专门人员对其进行设计和管理。例如作为国家元首、政府首脑或企业老总，总不能给人衣冠不整的印象吧？

（二）企业形象的策略管理

策略是企业在塑造形象过程中具体的行动方针和方法，一般来说应当根据形势变化来确定。企业形象的形成虽然是一个长期过程，但在这个过程中又需要有间断性的"高潮"，例如在某段时间集中宣传自己的某个方面，给顾客造成相对强烈的形象冲击，以加深顾客的印象。即使天天都在宣传自己，如果没有这样的"高潮"，顾客就会产生感知疲劳，就会对常规状态下的宣传视而不见、闻而不晓，甚至产生厌倦。因此，在形象战略的指导下，企业应当发动相应的形象宣传战役，在需要或必要的时候，在常规宣传已经使顾客产生感知疲劳的时候，开展某项集中宣传活动，展现企业形象，加深顾客印象，并与对手进行相应的竞争。

这样的宣传战役需要进行事前的策划，需要有独特的形式和方法，需要开展相应的一系列活动，还需要事后对宣传效果进行调查和测量。所有这些都可以纳入形象的策略管理范围。为此，企业应当有专门的部门或人员来进行这样的策划，这样的部门可以是常设的，也可以是临时性的。在策划中，要注意这种宣传活动与广告的区别。它当然可以包含广告宣传，但又不仅仅是广告宣传，还可以有其他多种多样的形式和活动，有时甚至可以撇开产品广告，去追求更高层次的形象。

（三）企业形象的监视和测量管理

企业对自己形象宣传中所表现的形象，并不是企业的真正形象，只有通过这样的宣传，在顾客中形成了印象，才成为企业的真正形象。也就是说，企业的形象如何，是由顾客来决定的。顾客是怎样决定的，决定的是一个什么样的结果，企业只有通过监视和测量才能得知。因此，企业对自己形象的管理，很重要的一个方面就是对自己形象进行监视和测量。

按ISO9001：2008规定，组织应对"顾客满意"进行监视和测量。"顾客满意"与企业形象密切相关，甚至可以说是企业形象的一个重要组成部分（但不是全部）。一般情况下，企业只对直接顾客的满意情况进行监视和测量，而企业形象往往涉及到全社会，即使不是直接顾客也可能对企业形象造成或大或小的影响，因而对企业形象的监视和测量包括的面应更广泛一些，至少应包括企业的潜在顾客。企业应确定获得顾客印象的来源、方法，建立相应的沟通渠道，并确定利用这些信息的方法。

应当说明的是，由于企业都企盼顾客对自己形象的正面的、肯定的评价，在监视和测量的过程中往往"忽略"顾客对自己负面的、否定的评价，而且往往对顾客正面的、肯定的评价进行"强化"加工，从而使监视和测量产生偏差，甚至严重失真。这既需要企业正确认识对顾客评价的意义，又需要企业自己采取措施来克服。

（四）企业形象的危机处理

所谓形象危机，是因种种原因，特别是突发原因，企业形象受到极大的损害，甚至面临崩溃的情况。1996年年初，中国香港维他奶国际集团有限公司就面临过这样的危机。因为有3宗消费者投诉，反映刚买到的麦精维他奶有酸味，引起舆论哗然。香港卫生署立即责令维他奶公司回收同类产品并停止生产。为此，维他奶公司损失 6000 多万元港币。近年来，类似的危机在国内、国际都经常发生，只是危机的程度有大有小而已。如何处理危机，使受到严重损害的形象得到恢复和发展，相当重要。事实上，不少企业由于没有相应的危机管理机制，当危机来临时手足无措，导致企业形象崩溃，甚至因此破产倒闭。

我们可以看看香港维他奶公司是怎样处理危机的。事实上，消费者饮用有酸味的维他奶后，并未造成任何不良后果。据香港卫生署多次抽样检验，51 个样本的细菌含量和化学成分均符合标准。但是，维他奶公司不护短，不怕损失，果断决定全面停产，回收全部产品，并高薪聘请瑞典专家来厂调查，同时按照卫生署的建议，积极进行整改。虽然损失高达 6000 多万港元，不仅挽回了自己的形象，而且还大大提升了，"危"就成了"机"，受到舆论和消费者一致好评。

相对来说，近年来，国内一些企业处理危机就相当逊色，不少企业在面临危机时甚至拿自己的形象来打赌。且不说三聚氰胺、瘦肉精之类事件了，只举一个小例子：在一次中央电视台的"3·15"晚会上，天津某企业生产的一种饮料被指出"细菌超标"。该企业的老总为此愤愤不平，呼吁对他这家"信誉颇佳"的企业的声誉负责，似乎"信誉颇佳"的企业就可以生产不合格产品，或者就可以在多次抽检合格中有那么一两次不合格。从法律上来说，任何企业生产的任何产品，包括任何一批任何一件产品都必须合格，不合格就要承担不合格的责任。且不论，从顾客角度来看，哪怕"细菌超标"的产品只有一批或一件，一旦饮用也可能造成损害身体健康的不良后果。为了躲避这个风险，顾客为什么就一定要购买这样的产品呢？如果市场上只有这一种产品，顾客没有选择余地，那还好说；在市场存在多种选择的情况下，顾客为什么不能抛弃你而去选择别的产品呢？如果该企业像香港维他奶公司那样来处理这样的危机，一方面分析"细菌超标"的原因，进行质量改进，加强产品质量控制，防止或杜绝类似质量问题重复发生；另一方面回收同批次的产品，并向社会公布自己的质量改进计划，宣传自己对消费者负责的决心和举措；其质量信誉和企业形象肯定将有一个意想不到的提升，对企业今后的发展也将产生深远的影响。

事实上，企业形象是很脆弱的，往往经不起诸如三聚氰胺事件之类的危机打击。有时，这样的打击只要有一次，就可能给企业造成致命损害，企业很可能因此走向衰退，甚至破产，三鹿奶粉集团就是例证。如何维护好自己的企业形象，如何面对危机事件，是企业形象管理最重要的工作之一，最好能够事先制定相应的预案，以防万一。

（五）企业形象管理与媒体

现代社会的信息传播方式在很大程度上依赖于媒体。企业要塑造自己的形象,要"打出名声"来,需要与媒体合作。没有媒体的配合,企业形象很难被顾客所认识,更难以有广度和深度上的展现。企业应当有自己的公共关系网络,与相关的媒体建立起良好的合作关系,充分利用报纸、刊物、电视、广播、互联网等,借船下海,宣传自己的形象,这当然包括广告投入。必要时,还可以有计划地、适时地开展一些新闻"炒作",甚至还可以借助捐款、救灾、庆祝活动之类来"作秀",以扩大自己的影响。同时,要对媒体进行必要的监视和测量,一旦发现新闻媒体的负面报道,就要采取措施,尽可能挽回影响;一旦发现失实或歪曲的报道,就要坚决给予反击,要求更正和道歉,必要时还应当拿起法律武器为自己"正名"。

前面我们曾经举过秦池酒厂从"标王"到卖厂的事例。这个事例说明,凭着一时的乱吹,采用广告"轰炸"和媒体"吹捧",企业也可以红极一时,却难以为继。企业形象要得到真正的提升,决不会像"秦池"冒出来那样简单。如果都是那样简单,只要舍得投入,大家都可以成为"名牌",成为"名企",名牌和"名企"也就失去了意义。没有过硬的质量作后盾,"名牌"是不可能长久的。没有过硬的企业实力和长期的塑造形象的功夫,企业形象是"吹"不起来的。即使一时"吹"起来了,没有实力作后盾,一遇风吹草动,便要倒塌下来。

第四节 企业与顾客的关系

一、企业与顾客的关系

不可讳言,企业和顾客之间在利益上往往存在着冲突。从经济学角度来,产品质量问题实际上就是一个质量效益的分配问题。在一定的技术和管理条件下,一种产品的质量效益,也就是其全部收益与全部成本之差,往往是固定的。企业通过获取利润(全部销售收入减去全部生产成本)来获得质量效益,顾客通过使用产品满足自身需要(获得的全部劳务减去支付的购买、使用等费用)来获得质量效益。此外,政府和社会还通过第二次分配来获得相应的质量效益。企业提供的产品质量不合格,可能为企业增加了效益,却使顾客减少了效益,就是一种质量效益分配问题。

质量效益分配不合理,不是顾客吃亏,就是企业吃亏,而顾客吃亏的情况更普遍。正因为如此,企业和顾客之间往往发生质量纠纷。企业和顾客都想获得最大的质量效益，但又不应随意损坏对方的利益，随意向对方转嫁损失。质量效益的分配只能在双方都能接受的条件下进行。排除价格因素，这个条件一般是以产品合格与否来确定的。大多数质量纠纷都是围绕产品合格与否引起的。这就又提出一个问题：即什么为合格，什么为不合格？要解决这一问题，一是要有一个双方认可的标准；二是要对产品进行公正检测。可以说，企业和顾客之间的平等关系，实际上直接体现在标准和检测上。某一方对标准或检测拥有较大的发言权，这一方就可能处于高于另一方的地位，双方的平等关系也就多少有些倾斜。

很显然，在合同环境中，顾客可以将自己认可的标准或检测方式列入合同中，可以自己派人进行检测，也可以委托第三方进行检测。除非顾客自愿放弃自己的权利，例如忽视合同中的质量要求，对企业交货的产品也不进行进货检验，等等。一般而论，合同环境中的顾客往往占有有利的地位。

在非合同环境中，标准是企业自己决定或选择的，检测是企业自己进行的，合格与否往往由企业自己说了算，顾客一般难以参与，也难以全面监督。顾客唯一的权利是选择，即选择这一种产品或拒绝这一种产品。选择的机会越多，顾客所处的地位就越有利；反之，就可能使自己的地位下降，任由企业来左右自己。

不要以为企业凌驾于顾客之上，企业就一定能够获利。因为顾客的质量效益被侵吞得太多，就会对企业进行抵制，这将给企业造成灾难性的后果。产品大量积压，往往就反映了消费者对企业进行的惩罚。

企业和顾客的关系是社会人际关系的一个重要方面。社会人际关系状况如何，对质量也是一个重要的影响因素。直到现在，中国都还有所谓的"特供"产品，其顾客是那些掌握着某种权力的政府机关。为这些政府机关提供"特供"产品的企业，显然处于弱势，不敢当然也不顾（"特供"产品更能使企业获利）在产品质量上做手脚了，总是千方百计用最好的产品去满足这些特殊的顾客。相反，对一般顾客，企业就可能将不符合"特供"要求的产品推向市场，有时还用此来蒙骗一般顾客。由此可以看到，企业和顾客的平等关系是促进产品质量提高的重要社会条件。

不管是什么样的企业，如果把自己凌驾于顾客之上，肯定搞不好质量管理，其产品质量也肯定相当低劣。所谓的"官商"作风，就是把企业当作"官"，把顾客当作被"管制"的"民"。在中国这个具有官本位传统的国家，"官商"作风曾经相当普遍，那时的产品质量，特别是服务质量也相当低劣。虽然党章、宪法都有规定，虽然我们的党和政府都在大力提倡以人为本，为人民服务，但是一些政府工作人员仍然没有摆正与服务对象即政府的顾客关系，依然自认为自己是"官"，是高人一等的，因而服务态度始终存在这样那样的问题，公共产品质量在我国仍然相当低。

企业与顾客的平等关系有赖于整个社会的发展和进步。商品交换和市场经济的一个根本要求就是平等。只有商品交换的双方地位平等，才能保证商品交换的等价原则。因此，大力促进企业（还应当包括政府以及其他赢利和非营利的组织）与顾客之间的平等关系，既是市场经济的一个根本要求，也是促进产品质量提高必不可少的一个前提条件。顾客满意质量观的产生，既从一个侧面反映了社会平等关系发展到一定的程度，又对这种平等关系的进一步发展提出了新的要求。

二、政府对企业和顾客之间关系的协调

在质量交换中，政府作为第三方，一个重要职能就是协调企业和顾客之间的关系。首先，政府应对企业的生产（即质量的形成过程）进行必要的质量监督，特别是对非合同环境中的生产进行必要的质量监督。质量毕竟是在企业里形成的，形成一定的质量水平毕竟需要一定的物质条件。不能设想，在一个土墙斑剥、阴暗潮湿、尘土飞扬的厂房里，能够生产出合格的食品、医药或电子产品来。对这些物质条件以及必要的非物质条件（如企业的质量管理、员工的素质等等），即生产必备条件进行考核、认证和监督，是确保质量，确保企业不弄虚作假的基本前提之一。企业只有具备了一定的生产必备条件，才能取得生产资格，也才能有与顾客发展良好关系的资格；否则，就是对顾客进行欺骗，就是不平等。第三方的质量认证工作，就是为了预防企业的此类欺骗行为。

其次，政府应当对质量交换的公平合理性进行必要的质量监督。企业用于交换的产品，其质量水平不应低于企业标明的标准，否则就是不合格产品，政府就应采取措施，对企业进行必要的处罚。为做到这一点，政府一方面通过发布各种标准，强制企业实施；另一方面又通过产品质量监督检验，以确定企业生产的产品是否合格。政府的这些监督，实际上代表了顾客的利益，有利于提高顾客在质量交换中的地位。

最后，政府应当维护企业和顾客双方的合法权益，接受申诉，进行必要的质量仲裁。企业和顾客因为利益不同，随时都可能发生质量纠纷，都可能发生某一方侵占另一方的合法权益的事情。不仅有企业侵占顾客权益的事，也有顾客侵占企业权益的事，例如不履行合同，拒不付款，产品损害责任本属顾客却要赖给企业等等。政府应当调节双方的利益分配，特别应当维护事实上处于弱势地位的一般消费者的合法权益。

三、顾客对自己地位的保护

在市场上，在广告上，我们经常看到诸如"顾客就是上帝"、"顾客是我们的衣食父母"之类的字样。"上帝"也好，"父母"也好，当然是高人一等的，这些企业似乎真的在"抬举"顾客，这似乎也违背了企业与顾客平等的原则。其实，"顾客就是上帝"之类的口号，仅仅只是企业的一种宣传伎俩，或者只是企业对自己的内部成员进行教育的一种手段。企业与顾客之间，不是"上帝"与"奴仆"的关系，更不是什么"父母"与"子女"的关系。企业和顾客的关系是因为商品（产品）交换形成的。即使是政府机关，向人民提供的公共产品，而人民支付的是税金，从经济学角度看，也依然是一种"买"与"卖"的关系。商品（产品）交换关系也好，买卖关系也好，都要求双方平等。没有一定的平等关系，交换和买卖都难以正常进行，更难以长期进行。

对于听惯了"顾客就是上帝"的人来说，这可能有些难以接受，但事实就是这样的。"顾客就是上帝"的口号不是中国的"土产"，而是从美欧发达国家传过来的。但在美欧发达国家，顾客也不是"上帝"。美国经济学家杰汉格·阿穆泽加就指出过："老百姓虽然有时也会忍无可忍，群起抵制和布置纠察线等，但消费者个人和资源所有者却毕竟势单力薄，对某些企业违法行径无可奈何。美国的消费者可能真的认为自己是'皇上'，但正如总统食品市场委员会指出的，消费者并不是'万事皆知、被捧上天的万岁爷'。"

当然，"顾客就是上帝"的口号传到中国来之后，对转变中国的"官商"作风，提升中国企业的产品（特别是服务）质量，起到了相当大的作用。一方面，企业运用这样的口号，对企业的质量方针进行重新定位，对企业的成员进行教育，可以提升企业的产品质量；另一方面，顾客利用这样的口号，对企业的产品质量（特别是服务质量）进行评价，并以此来维护自己的合法权益，在一定程度上提升了全社会的质量意识。虽然如此，我们却不能用感性代替理性，忽视这个口号在某种程度上的"欺骗"特征。

事实上，顾客，特别是一般消费者，不仅不是什么"上帝"，在与企业的交往中往往还处于弱势。顾客虽然有政府的质量监督来加强自己在质量交换中的地位，但这种地位往往还是比较低的，没有达到（甚至不可能达到）与企业平等的要求。除了前面所述的原因之外，也由于政府往往可能偏袒企业（政府要从企业那儿获得税收等好处，存在着偏袒企业的利益诱惑）。顾客对自己地位的保护，除了依靠政府，依靠社会舆论（包括报刊、广播、电视等新闻媒介），依靠社会团体（例如消费者协会等）之外，主要的还要靠自己。

由于保护消费者运动的兴起，从20世纪中叶开始，有关保护消费者利益的立法在西方国家的立法机构中成为爆炸性的问题，最终才使产品责任法确定下来。在此之前，西方国家里，顾客的地位也是很低的，同样受到企业的欺骗欺负而无处投诉，企业同样肆无忌惮向顾客转嫁损失而不受追究。保护消费者运动是消费者自己发起的，自己参加的，其权利也是自己来争取的，不是谁恩赐的。

《中华人民共和国产品质量法》和《中华人民共和国消费者权益保护法》于1993年即已发布施行。2000年对《产品质量法》进行了重大修订，但仍未按严格责任理论来修订。与国际上通行的类似法律相比，特别是与保护消费者的法律相比，我们还有相当大的距离。例如按严格责任（又称无过失责任）理论，只要产品有缺陷，对消费者和使用者具有不合理的危险，因而使他们的人身遭受了伤害或财产遭受了损失，该产品的生产者、储运者或销售者都应对此负责。又例如在产品责任的自我证明、惩罚性赔偿、伪劣产品的及时回收等方面，我国的法律法规也存在很大的不足。直到2010年，《中华人民共和国侵权责任法》发布施行，这种状况在法律规定上才有了改变。但是，即使有了产品责任的法律概念，有了惩罚性赔偿的规定，要真正落实，也还有相当长的路要走。在这种情况下，更需要顾客加强自我保护意识。

顾客要取得自己与企业的平等地位，不能等待企业"恩赐"，不能幻想企业真的把你当作"上帝"，而要靠自己的行动去争取。目前，中国的生产力发展水平和消费水平已经具备顾客去争取与企业平等地位的前提条件。关键在于，顾客要提高自己的质量意识，提高自己对质量的投入。

可喜的是，中国消费者协会受理的顾客来信虽然总量还不算多，却以每年40%~50%的速度增长，这不仅反映了质量问题的严重性，更反映了消费者质量意识的提高。从后者的角度看，这应当说是一件好事。从1992年开始的"中国质量万里行"活动，已经进行了20多年，实际上也是一场消费者运动。近年来，"3·15"活动的广泛开展，消费者积极参与各种维权活动，这都表明中国的消费者运动将以完全不同于西方国家的方式，逐步走向高潮。

四、与顾客平等：企业的最终选择

对企业来说，与顾客地位平等，并非是坏事。首先，与顾客地位平等，质量交换公平合理，企业对顾客承担质量责任，对自己也是一个很大的促进。产品责任的诉讼对企业生存的威胁很大，尤其对中小企业更甚。据欧洲共同体1985年通过的《成员国有关缺陷产品责任的法律、法令及行政规定一致的理事会指令》（简称《产品责任指令》）规定，产品责任赔偿最高可达2500万欧元。因此，往往一次经济赔偿就可以导致一个企业倒闭。为此，自20世纪60年代以来，欧美国家的工厂就纷纷根据厂内部门的主要职能，明确各自应负的责任，进行全面质量管理，使产品质量，特别是产品安全性得到显著提高。在我国，自《中华人民共和国产品质量法》、《中华人民共和国消费者权益保护法》颁布实施以来，经过各方的努力，顾客（包括一般消费者）的地位也得到很大提升，这不仅对顾客是有益的，对企业也是有益的。

其次，企业与顾客的地位平等了，顾客才可能充分信任企业，企业也才能扩大销售量。为了使顾客能够信任自己，不少企业自觉与有关社会组织，例如与质量管理协会、消费者协会、用户委员会、报刊广播等新闻媒体加强联系，自觉接受监督。为了加强与顾客的沟通，企业还应尽量减少中间环节的副作用，例如企业有关人员，包括厂长经理、工程技术人员等到商店去站柜台，直接与顾客见面；邀请顾客到生产现场参观考察并实施监督，直接听取顾客的意见；甚至将某些生产过程搬到销售点，让顾客直接接触。耳听为虚，眼见为实。一般消费者往往更相信自己的眼睛。随着市场竞争的加剧，越来越多的企业认识到顾客信任的重要性，而这只能在企业顾客之间关系平等的基础上才能实现。

企业和顾客之间的平等关系是市场经济的需要。企业为顾客服务，顾客给企业支持；企业主动为顾客排忧解难，顾客主动为企业提供质量信息；发现质量问题，发生质量纠纷，大家都主动为对方着想，尽量协商解决，才是理想的平等关系。在平等关系的基础上，企业的质量保证才能真正获得顾客的信任，企业的质量信誉才能真正建立起来。如果企业继续占据强势地位，继续把自己当作"官"，继续官商作风，不管是什么类型的企业，都将受到市场的惩罚，都将被顾客所抛弃。即使是政府部门，也将受到人民群众越来越严厉的批评，也将承受更大的政治压力而不得不加以改变。

第三编

质量消费过程的心理学

第三章　魚類生態系の科学

第九章

质量消费过程的心理特征

顾客购买产品，是用来消费的。产品通过交换，转移到顾客手中，顾客就开始了质量的消费过程。所谓"消费"，就是使用并消耗产品，其本质就是使用产品并消耗产品的质量。当然，这里说的"消费"，不仅仅是消费品的消费，也包括生产资料类产品的使用和消耗。一方面，随着消费过程的进展，产品质量逐步降低，例如寿命缩短、故障增多、成分变质等等；另一方面，在消费过程中，顾客也就获得了使用产品带来的收益，也就是劳务收益。质量降低和劳务收益都有一个心理学评价问题。而且，顾客如何消费也涉及到顾客的消费需要、消费（使用）能力等心理问题。因此，有必要研究质量消费过程的心理。

第一节 影响质量消费的心理因素

一、消费的质量问题

消费就是使用，使用也是"将输入转化为输出的相互关联或相互作用的一组活动"，也就是一个过程，而任何过程都可以得到一个或多个结果。按ISO9000：2005的定义，这样的结果就是"产品"。在相当多的情况下，使用产品的过程与生产产品的过程具有很大的相似性，某些情况下甚至难以区分。企业购买机器后的使用，一方面可以看作是一种"消费"，企业"消费"了机器；另一方面也可以看作是一种生产，企业通过"消费"机器（加上原材料），生产出了新的产品。即使是使用一般消费品，也可以作如是观。消费者通过消费产品，"生产"出了自己需要的"产品"，例如用"米"煮出了"饭"，用电视机"生产"出"文娱服务"，只不过消费者"生产"出来的"产品"不是用来销售的，而是自己享受的。

既然消费过程的结果是"产品",当然就有一个质量问题。从微观看,所谓消费质量,就是消费某一产品(或者说消耗该产品的质量)所得到的结果满足顾客要求的程度。从宏观看,就是全社会的消费所得到的结果满足全社会要求的程度。我们且把宏观的消费质量问题留到第四部分去讨论,本章只讨论微观的消费质量问题。

一般来说,对任何产品,顾客都可能有多方面的要求。也就是说,顾客通过消费产品,希望其结果能够满足自己多方面的要求。对一般消费者来说,主要是满足生理需要和心理需要两个方面的要求。由于顾客使用产品之前要支付购买费用,使用产品时要支付使用费用,在市场经济条件下,顾客往往用经济的尺度去衡量使用产品的结果,或者说是用经济的尺度去衡量消费质量。也就是我们在绪论中推出的公式:

$$Q = S - C$$

很显然,只有在 $S > C$,也就是 $Q > 0$ 的情况下,顾客才能获得质量效益,或者说顾客才能得到消费带来的质量效益。也只有在这种情况下,所谓的消费质量才是合格的。而要使 $S > C$,首先,企业提供的产品必须具有相应的质量水平,也就是能够给顾客提供质量效益的;其次,顾客在使用产品的过程中必须按产品使用规范进行使用,也就是使用过程质量必须达到使用规范的要求。所谓使用规范,既可能是企业提供的操作规程、使用须知、使用说明、操作要领之类成文的文件,也包括不言自明的、具有常识性的、社会流行的使用知识,还包括需要通过相应培训才能掌握的使用资格、使用技能,有时还是这三个方面的组合。例如使用自行车,既需要理解生产者提供的使用说明,又需要懂得一般的交通规则,还需要通过培训来掌握驾驶技巧,否则就不能使用或者不能有效使用,甚至可能给顾客自身或他人造成伤害。

在讨论质量消费过程的心理时,我们且把产品本身应当具有的质量水平作为已经解决的问题而不论,只着重讨论顾客使用的过程质量所涉及的心理学问题。

二、影响质量消费的心理因素

显然,对任何一个顾客(不管是一般消费者还是"消费"生产资料的"消费者")来说,对任何一种产品来说,都有一个会不会使用、如何使用、在使用中怎样发挥产品最大收益的问题。同样一本书,有人阅读后可以获得很大的收益，有人阅读后却没有什么感觉。同样一个收音机，有人可以用来收听很多电台的节目，有人可能只能收听到一两个电台的节目。消费作为一种过程，与生产过程一样，同样需要消费的"人"、消费的"机"（设备、设施等）、消费的"料"（材料、原料等）、消费的"法"（方法、程序等）、消费的"环"（环境条件）共同作用，才能正常进行。也就是说，消费过程同样要涉及到4M1E要素。在这五大要素中，"机"和"料"可能就是消费的产品。我们假定其质量是固定不变的了，是已经解决的了，那么影响消费质量的主要因素就是"人"与"法"，有时还可能包括"环"。"法"是需要"人"去掌握的，"环"是人选择或创造的，因此可以说，消费质量如何，主要涉及"人"。那么，我们在第一章讨论过的人的三大心理因素，也就是人的质量意识、质量能力、心理状态，对消费质量同样起着与工作质量一样的影响。不过，为了与分析工作质量相区别，我们且将这三大心理因素的名称改为消费意识、使用能力和消费心理状态。

消费意识是顾客为满足自身需要而消费的意识。对任何一种产品，顾客的需要都可能是多方面的，而且不同的顾客可能有不同的需要偏好。一般来说，顾客都想通过消费产品来获取最大的效益，只不过不同的顾客因为对需要的偏好不同，因而对效益以及决定效益的收益和成本可能有不同的评价。某顾客进餐馆点了很多菜，结果吃不完而浪费，但这样的浪费却满足了他摆排场、显身份、要面子的心理需要，浪费可能正是他的一种偏好，因此还不能说他没有消费意识。一般来说，消费意识可能有正确与否之分，有先进落后之别。这与作为生产者的质量意识可能是不同的。生产与消费的区别在于，前者往往不是为自己生产，至少暂时不是为自己生产，因此生产者的质量意识往往只有在外力的影响下才能形成、巩固和发展，往往用强弱来区分不同生产者的质量意识，而不用正确与否或先进落后来区分。消费是为了满足顾客自身的需要，消费意识是从顾客自身需要中产生的，可以说是先天具有的，因而不存在强弱的问题，而只存在正确与否或先进落后的问题。而正确与否或先进落后是社会评价的结果，在讨论宏观的消费质量问题时才具有意义，讨论微观的消费质量问题时，我们暂且将其排除。

使用能力是指顾客使用产品的能力。使用任何产品都需要使用者具有一定的能力，即使是喝一杯牛奶也需要相应的能力。才生下来的婴儿可能就没有这样的能力，因此需要母亲用奶瓶去"喂"，可能只有吮吸母亲乳汁才是婴儿天生的能力。当然，不同的产品所需要的能力是不同的，越是结构复杂的产品，对能力的需要就越高越专门，很多产品甚至还要通过专门培训才能获得其使用能力。即使通过专门培训，不同的顾客其使用能力可能也会因其主观原因而不尽相同。例如驾驶员都要通过专门培训，有的驾驶技能高，有的驾驶技能低。一般来说，使用产品的能力越高，在使用中产品质量就越能体现出来，顾客也就越能获得质量提供的收益，越能降低使用的成本，也就越能获得产品提供的质量效益。同样质量水平的汽车，由驾驶技能高的驾驶员驾驶，不仅速度快行驶稳，而且省油少故障，还能延长汽车的寿命，因而获得的质量效益也就高。相反，驾驶技能低的驾驶员驾驶，就可能因为操作不当而造成车毁人亡的事故。对大多数产品来说，只要其质量是合格的（也就是符合国家法律法规包括技术法规要求的），顾客的使用能力往往决定了其质量效益的大小。

不同的产品需要不同的使用能力，但我们在第一章分析质量能力时提出的知识和经验以及操作能力、注意能力、观察能力、发现问题的能力等一般能力，也是大多数产品使用时所需要的。同一种产品，对质量（生产）能力的要求往往大大高于使用产品的能力。企业在设计和开发产品时，为了获得更多的顾客，也会采取措施，例如采用所谓的"傻瓜技术"，尽可能降低对产品使用能力的要求。一般来说，使用能力更多地体现为知识和经验。例如使用电饭煲煮饭，往往只需要具有一般的电器知识就够了。多煮几次，获得经验后，下多少米、加多少水、饭的软硬等涉及到煮饭质量的问题，也能得到较好解决。因此，在使用过程中，知识和经验往往更具有决定意义。知识的基础是文化水平，也就是教育；经验的基础是实践以及对实践进行的提升和积累，当然这都需要顾客发挥主观能动性。

消费的心理状态对消费质量的作用主要体现在两个方面：一是心理状态往往影响顾客使用能力的发挥；二是心理状态往往影响顾客对使用所产生的成本、收益和效益的评价。急躁、粗心、紧张、郁闷、忧愁、疲劳等不良心理状态，很可能降低顾客的使用能力，造成使用过程中的差错，从而影响质量效益的发挥。特别是消费那些对使用能力要求较高的产品，心理状态对质量效益的影响更大。大量饮酒后，人的生理和心理都处在不良状态下，酒后驾驶往往就要引发道路安全事故，因此法律才会严禁酒后驾驶。人的心理状态不佳，在使用产品的过程中，对使用成本、获得的收益和最终取得的效益的评价往往偏低。我们自己也经常可能感觉到，当自己的心理受到不良刺激时，心情不好，心理状态不佳，在接受服务时往往会因为一件小事，甚至会因为一句一般的话而与提供服务的售货员、服务员、办事员等争吵。一些顾客参加旅游团后回来，往往叹气说："划不着划不着，拿钱买气受。"实际上，在相当多的情况下，这与其心理状态不佳有着很密切的关联。

消费是一个过程，顾客的消费意识、使用能力和心理状态并不是分开作用于这个过程的，而是始终同时伴随着消费过程。分析顾客的心理因素对消费过程的影响，对企业来说具有重要意义。企业可以通过宣传产品、改进产品设计、帮助顾客提高使用能力等方式，来影响顾客的消费心理，从而降低顾客不良心理因素对质量消费的影响。

三、企业提升消费质量的责任

产品虽然是顾客在使用，质量也是顾客在消费，但是企业依然有责任去帮助顾客，去提升消费质量。首先，这是顾客的要求。对相当多的产品来说，顾客对如何使用、如何消费往往并不完全知道，需要企业提供帮助。购买产品后，能够正常使用、正常消费，能够尽可能多地获得质量效益，能够正确评价使用的成本和收益以及质量效益，实际上也是顾客明示的或隐含的要求，企业应当给予满足。其次，这也是企业争夺顾客的需要。在相当多的情况下，顾客的使用情况对充分发挥产品质量效益具有决定性的作用，而质量效益越高越能吸引顾客，越能获得顾客的青睐、满意和忠诚，也就越能为企业带来效益，例如顾客的再次购买、免费宣传等行为就可以为企业带来新的业绩。最后，这还是企业持续改进的需要。产品在使用过程中，质量才能够真正得到检验，隐藏的质量问题才可能暴露出来，质量风险也才能得到证实。企业在帮助顾客提升消费质量的过程中，可以发现相应的质量问题，从而为持续改进提供相应的课题。

事实上，ISO9000族国际标准就规定了企业售后服务的责任。ISO9004：2000在明确规定"满足顾客和最终使用者的需求和期望"时指出，与组织的产品有关的顾客和最终使用者的需求和期望包括了"产品实现后的活动"。在1994年版的ISO9000族国际标准中，技术支持和售后服务甚至是企业质量环上重要的环节，也是企业质量管理体系的重要因素。虽然2009年版ISO9004没有这样的明确规定了，但依然内含着对企业技术支持和售后服务的相关要求，特别是对生产硬件产品的企业来说，为顾客提供技术支持和售后服务，更是不可推卸的责任。《中华人民共和国产品质量法》、《中华人民共和国消费者权益保护法》等法律法规都对此作了明确规定。

企业的技术支持和售后服务的实质就是帮助顾客按使用要求使用产品，一般来说包括以下内容：

1. 对产品进行宣传。包括广告宣传、产品展览、产品讲座、产品知识普及等等。虽然企业的产品宣传可能是在顾客购买前进行的，可能是为了扩大销售，帮助顾客作出正确的购买决策，但这样的宣传同时也能够提高顾客对产品的认识，增加顾客的产品知识和质量知识。显然，这有利于提高顾客的消费意识和使用能力，从而使顾客提升自己的消费质量，以获得更大的质量效益。当然，宣传产品必须实事求是，不能用虚假的内容欺骗顾客。

2. 现场安装。装备类产品都存在现场安装问题，一些耐用消费品如自行车、缝纫机也有现场组装问题。企业应尽量为顾客提供服务，以减少顾客的麻烦。不可小视安装调试工作，在相当长一个时段里，我国电梯质量的主要问题就是安装不善造成的。安装不善造成质量问题，顾客往往也会把账算在产品身上，怨恨企业。

3. 进行操作维修指导。企业可以通过向顾客提供详细的操作说明书、进行现场操作示范、举办相关的培训班等方式，来培训顾客，提高顾客的使用能力；也可以通过降低产品对使用能力的要求，例如增加像"傻瓜相机"那样的自动控制方式，来弥补顾客使用能力的不足。在相当长一个时段里，我国很多产品的使用说明书都太简单，有的连专家也看不懂，根本无法指导操作维修。为什么不能详细一点，并附有关示意图或卡通图呢？

4. 培训操作维修人员。企业可以通过各种手段，例如现场指导、派遣专家、举办培训班等方式，为顾客培训操作维修人员。即使是非装备产品，是一般消费品，也存在着培训顾客的问题，例如烹调、缝纫、编织等，也可能需要这样的培训。某厂为推销其硬笔，即曾举办过硬笔书法培训班，效果显著。

5. 后勤保障。包括维修、零配件供应，甚至包括对顾客的产品进行包销等等。在购买耐用消费品时，顾客首先考虑的往往就是这种后勤保障（其中主要又是维修）。对耐用消费品和装备类产品来说，后勤保障实际上成为产品质量竞争力的一项重要内容。没有后勤保障，要想在市场竞争中立住脚是不可能的。

6. 用后处置。这是企业和顾客目前均尚未重视的服务内容，但在旧版的ISO9000族国际标准中，却被作为质量环的一个环节，也就成为质量管理体系的一个要素。产品使用完毕，其质量已全部实现，其残骸如何处置，将随着环境保护和资源节约运动的发展日益尖锐地凸显出来。在这方面，企业同样应为顾客提供帮助，例如可以回收，以旧换新，还可以对顾客处置进行指导等。用后处置不当，就会给顾客和社会造成额外的损失和负担，从而降低企业产品质量的竞争力。因此，企业不可袖手旁观，一推了之。

第二节 消费过程中的质量问题

不同的产品有不同的消费过程。有的产品可能是瞬间即消费完毕，有的产品可能需要消费相当长一段时间。产品质量是在消费过程中实现的，也是在消费过程中最终体现出来的。因此，任何产品在消费过程中都可能出现质量问题，或者说其质量问题都可能在消费过程中暴露。

所谓质量问题，就是指产品质量出现了意外、故障或缺陷等负面的情况，可能是不合格，也可能是一般差错，还可能是严重隐患；可能给顾客造成严重损害，也可能对顾客毫无影响，甚至让顾客难以察觉。也就是说，质量问题的性质各有不同，程度差异甚大。但不管怎么说，产品出现质量问题，总是或多或少或明或暗降低了顾客的质量效益。

从法律角度来说，企业并不需要对所有的质量问题承担责任。只要产品是合格的，或者说是符合法律法规规定的，企业就可以对消费过程中出现的质量问题睁只眼闭只眼。但是，消费过程中出现的质量问题毕竟是客观存在的，很可能影响顾客下一次的购买决策，企业又不能不加以关注。因此，研究消费过程中的质量问题对企业来说，也具有重要的意义。

一、为什么会出现质量问题

企业在出售产品时，其质量即使是完全合格的，在消费过程中也会出现质量问题。

首先，产品质量合格，并不等于产品质量不存在问题。我们知道，产品合格是通过质量检验来确定的。一般来说，产品都有相当多甚至难以计数的质量特性，不可能对所有的质量特性都进行检验。检验过的质量特性可能是合格的，没有检验的质量特性就难以保证其合格。这些没有检验的质量特性，有的可能对产品消费没有影响，但却可能对顾客心理造成影响，使顾客感觉不舒服。例如不可能对机器上所有的螺钉都进行检验，很可能有的螺钉被扭坏了，甚至出现了毛刺。顾客看到这样的螺钉，心中就会不舒服，甚至可能划伤顾客的手或衣服。事实上，很多没有检验的质量特性，对产品质量的影响可能是相当重要的。以奶粉为例，原来不检测其蛋白质含量，结果造成安徽"大头婴幼儿"事件。后来，将蛋白质含量作为奶粉质量检测的必检项目。由于要检测蛋白质含量，不法分子便在牛奶中加入号称"蛋白精"的三聚氰胺，而三聚氰胺却没有及时纳入质量检测的范围中，结果又造成更加严重的"三鹿奶粉"事件。因此，产品质量合格，仅仅只是指经过检验的质量特性是合格的，并不意味着产品质量就是完全合格的。

其次，即使是通过检验的质量特性，也可能因错检、漏检、让步使用等原因，而将质量问题流转到消费过程中。特别是那些只能通过检验员感官检验的质量特性，更容易造成错检、漏检。而事实上，在生产过程中出现质量问题让步使用的并非鲜见，在那些小批量、多品种生产的企业里可能更是经常性的。虽然企业让步使用前也可能按 ISO9000 族国际标准的规定进行了控制，通过了相应的评审。但是，由于评审时往往难以完全预料质量问题可能给消费过程造成的影响，特别是可能给顾客心理造成的影响，因而流转下来的质量问题也就真的成了"问题"，后果很可能比预计的严重得多。

再其次，产品合格，仅仅是"合"技术标准之"格"，并不一定就能够完全"合"顾客需要之"格"。虽然制定技术标准时要通过调查研究，使其尽可能满足顾客需要。但是，二者之间并不完全等同。事实上，技术标准脱离顾客需要的情况时有所闻。由于不能完全满足顾客的需要，顾客就可能将其视为质量问题。企业可以不承认这是质量问题，但问题摆在那里却是客观的，对顾客造成的影响更是客观的。如果企业听之任之，顾客的心理就会产生相应地变化，从而影响顾客的满意度。因此，企业同样应当关注不能满足顾客需要的质量问题。也就是说，企业同样应当重视不"合"顾客需要之"格"的质量问题。

最后，顾客的需要是在发展的，今天合格，并不一定意味着明天也合格，今天没有质量问题，并不意味着明天也没有质量问题。在缺吃少穿的年代，产品质量即使有一些瑕疵，顾客也会接受，并不认为那就是质量问题。如今，哪怕产品外观上有那么一丁点瑕疵，顾客也会加以拒绝，甚至进行投诉。典型的例子是对服务质量的需要，如果诸如商店售货员之类的服务人员口气稍微硬一点，就会让顾客觉得是质量问题，甚至可能因此发生投诉。回想 30 多年前，这简直是不可思议的。

二、质量问题产生的原因

消费过程中出现的质量问题，绝大多数来自企业本身。即使顾客使用不当造成的质量问题，企业也有相应的责任。

（一）设计失误，或产品技术标准本身的问题造成的

设计失误不仅可能影响产品使用，甚至可能完全不能使用。电影《摩登时代》中那个喂食机虽然是一个讽刺，但也可以作为设计不当造成产品不能使用的例证。当然，大量的设计质量问题仅仅给质量消费造成影响，或者使用不便，或者使产品寿命缩短，或者使其某项功能不能充分发挥。

设计失误可能是因为设计人员疏忽，也可能是因为现有的科学技术暂时还办不到所致。20世纪90年代初，曾经有人透露，由于计算错误，我国用于儿童补充钙质的药品钙片实际含量只有所需含量的1%，延续几十年，致使中国儿童缺钙成了普遍现象，小儿患佝偻病的比例比国外高几十倍。这是设计人员疏忽的极端例子。现有科学技术限定产品质量水平的例子更多。为什么一些曾经红极一时的产品后来又被淘汰了呢？其原因就在于当时的科学技术水平尚未达到后来的程度，用当时的观点看，其质量水平很不错了，而用现在的观点看，其质量水平已经落后了。目前我国企业采用的产品技术标准，包括被采用的一些国家标准、专业标准和地方标准以及企业自己的标准，相当多的还是很落后的。国外在20世纪80代年初就对彩釉、瓷器规定了铅、镉溶出量限量标准，但我国大多数企业直到90年代仍按传统生产，结果超标较多，中国台湾、东南亚地区的厂商乘机将我们的产品挤出了国际市场。后来经过大力提倡采用国际标准和国外先进标准，情况才有了一些好转。但我们与国际先进标准相比，仍然有较大差距，还需要努力追赶才行。

因科学技术暂时办不到所引起的质量问题，法律规定可以不承担责任（见《中华人民共和国产品质量法》第四十一条），顾客往往可以理解。但是，顾客仍然希望尽可能减少。正因为如此，企业和科学技术界更应当去发展科学技术，去想方设法解决这种质量问题，从而将产品质量提高到一个新的水平。可以说，所有的产品都是这样日趋完善的。因此，不要以不可避免或其他借口，对类似的质量问题视而不见。

应当加强设计过程的质量控制，按照ISO9000族国际标准的规定，进行必要的设计评审、设计验证，及时发现设计质量缺陷，以便对设计进行更改和改进。为此，应当提倡设计人员参与市场调研活动，反对闭门造车，从而使设计出来的产品符合顾客需要，符合顾客使用的具体情况。我国曾出口一批三轮摩托车到孟加拉国，孟加拉国一般劳动者（包括三轮车司机）都有赤脚习惯，而该三轮车全靠脚踏启动杆启动，赤脚难以办到，结果只做了一锤子买卖。随着新产品开发日益增多，设计质量控制将日益受到企业的重视。应当大力推广诸如设计评审、"田口方法"、价值工程等方法，以减少设计缺陷。

（二）制造过程中工作失误造成的

大量的质量问题都是制造过程中的工作失误，包括管理和操作失误造成的。对工作失误引起的质量问题，顾客往往是不能接受的。因此，更应当加强控制。

但是，影响制造质量的因素很多，人、机、料、法、环（4M1E）中任何一个因素出现误差，都可能造成制造的质量问题。因此，一般来说，制造过程中的质量只能尽可能减少，不可能完全消灭。无缺陷运动的实质只能是减少缺陷，把缺陷降低到最低范围，而不是完全消灭缺陷。一定要消灭缺陷，一定要消灭制造的质量问题，就要投入更大的质量成本，对顾客来说，这往往也是不划算的（企业成本总是要转嫁给顾客的）。事实上，没有哪个企业哪种产品是完全消灭了质量问题的，只是质量问题的多少或严重程度不同。顾客消费过程中所发现的质量问题，有的是企业（包括企业的操作者，下同）无意中流转下来的，有的则是企业有意转嫁给顾客的。由于错检、漏检，或者由于无法检测，使产品在消费过程中出现严重质量问题，只要企业认真履行质量责任，按规定进行"三包"、"三保"，顾客往往是能够理解的。人非圣贤，孰能无过？但是，如果企业有意转嫁质量损失，明明知道产品有严重质量问题，还要顾客接受，而且又不认真承担质量责任，顾客就会产生愤怒。

（三）运输、贮存、销售过程中失误造成的

野蛮装卸，不按规定条件运输，贮存条件不符合要求，贮存期超过规定，销售中的工作失误，等等，都可能给产品消费过程造成质量问题。京剧《海港》中，那将玻璃纤维混入小麦中的质量事故，甚至可能造成食用者伤亡！不过，由于顾客与产品的运输者、贮存者并不发生直接的关系，由于运输、贮存原因造成的质量问题，顾客按《中华人民共和国产品质量法》、《中华人民共和国消费者权益保护法》的规定，只与产品的生产者或销售者交涉，而产品的生产者或销售者按照《中华人民共和国合同法》去和运输者、贮存者交涉。生产者和销售者不能借口不是自己责任造成的而对顾客进行推诿。

对企业来说，如何控制产品的运输、贮存和销售质量，是一个重要问题。ISO9000族国际标准对此也进行了规定，将"产品防护"作为一项重要的质量管理体系要素来进行要求。但企业往往由于自己的利益，在"产品防护"上掉以轻心，甚至故意作假。例如故意将产品出厂日期延后的事，就时有所闻。

（四）顾客使用不当造成的

顾客缺乏相应的知识和技能，违反操作规程，甚至故意或非故意损坏产品，也可能造成产品消费过程的质量问题。大量的交通事故，往往都不是汽车质量问题造成的，而是驾驶员（顾客）违反交通规则（也就是违反操作规程）造成的。但正如我们前面所说，产品虽然是顾客在使用，质量也是顾客在消费，但是企业依然有责任去帮助顾客，去提升消费质量。顾客使用不当，说明企业有关"产品

实现后的活动"的工作没有做好。因此，企业应当按照 ISO9000 族国际标准的规定，尽可能减少顾客使用不当造成的质量问题。

三、质量问题的性质

其实，对整个产品而言，质量问题仅仅是其中的某个质量特性，而不是全部质量特性。一般情况下，或者是某一个零件部件，或者是某一种化学成分，或者是某一样性能不能满足要求，不能满足顾客的需要或期望，就被视为质量问题。

生产者，特别是个别操作者对某一个零部件，对某一质量特性，对某一种化学成分的质量缺陷往往不重视，认为无关大局。有人甚至说："一颗螺钉没有扭紧，拧一拧就行了嘛。""就差那么一点点，有什么关系？"一些企业管理人员和工程技术人员也有这样的认识。

当然，并不是所有的产品组成部分，所有的质量特性都一样重要。针对其重要程度，可以把质量特性分为关键特性、重要特性和一般特性，并根据特性分类情况来确定关键件、重要件和一般件。这样区分，仅仅是为了便于进行质量控制，而不是说非关键或非重要特性（件）就可以有质量问题。某厂研制的一种大型复杂的武器系统，零（组）件达 13 万多个。在一次试验中，该武器系统发生失灵现象。经过几十天的反复检查，才找到失灵的原因。原来只因一个小小的电阻耐不住高寒，竟使一个庞然大物不能完成规定的功能。根据"水桶理论"，水桶的容量是以最短的那块木板决定性的。任何系统（且把产品都看作是一个系统）的功能，都是由该系统最弱的那一个子系统的功能所决定的。产品质量水平，往往也是由其最弱的那一项质量特性决定的。顾客往往是通过遇到的质量问题来判断产品质量的，其他质量特性再好，只要有一个质量特性出现问题，特别是出现严重问题，顾客就会给出负面评价。

的确，顾客在使用过程中发现的质量问题，对懂行的人来说，往往都是小问题。但对顾客来说，特别是对不懂行的人来说，那就成为一个难以解决的大问题。笔者曾买了一件西服，才穿一天扣子就掉了。钉颗扣子可能只是小问题，但同样的扣子笔者走遍大小商店，也没有配上，使一件好好的西服放在那里不能使用，难道不是大问题吗？无缺陷运动不可能杜绝所有的质量问题，却可以大大减少质量问题，包括减少小缺陷小问题，因此应当大力提倡。忽视质量的小缺陷小问题，最终将造成大缺陷大问题。事实上，哪一个重大质量事故不是因为小缺陷小问题引起的呢？

产品不仅给顾客提供直接的经济收益，而且还要提供心理的或身份上的收益。即使产品质量问题不给顾客造成经济损害，也将造成心理上的损害，从而降低产品的整体效益。顾客心理上的损失，企业当然可以不予赔偿。但是，顾客心理上受到损害后，就会产生失望情绪，甚至可能对企业产生怨恨。因此，不要小看所谓小缺陷小问题，说不定你的质量信誉正因为这些小缺陷小问题而败坏，使你失去市场和顾客呢。

四、企业如何对待消费过程的质量问题

总之，可以说任何产品，不管其生产过程中质量控制得如何严密，不管其是否进行了诸如六西格玛（6σ）管理，在消费过程中都不可能完全不出现质量问题。对企业来说，有两条界限必须把握：一是质量问题是否严重到顾客对整个产品质量形成负面认识，从而对企业形成负面认识；二是对严重的质量问题或经常出现的质量问题是否采取相应的整改措施。

一般来说，在消费过程，产品的质量问题数量不多，严重程度不高，顾客往往都能理解，都能理性地加以评价。这与顾客在交换过程中对质量问题的"小题大做"有所不同。在交换过程中，顾客之所以要"小题大做"，一是因为其对产品质量心中无底，往往只能通过细节或小问题还推测产品质量。例如与前面所举日本人买韩国生产的袜子的事例一样，我们在买东西时往往也会仔细检查，有没有划痕之类。二是因为交换尚未完成时，主动权在顾客手中，顾客必然要慎重考虑，从而"小题大作"。特别是顾客的选择权较多的情况下，对质量更是"精益求精"，不会轻易放过任何质量问题。但是，当产品通过交换转移到顾客手中，从而进入消费过程之后，顾客的这种态度就会起一个根本的转变，也就会更加理性对待质量问题，对质量问题的容忍度也就成倍增大。虽然如此，企业依然不能掉以轻心。顾客的容忍度毕竟还是有一个限度的。如果质量问题数量过多，特别是质量问题过分严重，顾客就难以容忍，就会产生失悔心理，就会影响顾客对产品质量的评价，从而影响顾客对企业的评价。

对企业来说，一定要严格把住两点：一是通过质量控制，尽可能减少质量问题；二是防止并杜绝消费过程中出现重大质量问题。为了做到第一点，任何质量问题，不论其大小，一旦在产品形成过程中或交换过程中被发现，都要尽可能给予解决，以减少消费过程可能出现的质量问题。如果发现的质量问题过多或某一质量问题较为普遍，更应该采取措施进行改进，不能随意将其流转到消费过程。要保证消费过程中不出现重大质量问题，特别是不能出现可能影响顾客人身、财产安全的致命缺陷的质量问题。一旦出现，很可能给企业带来严重的质量危机，

甚至导致企业破产倒闭。即使没有那么严重，也可能给企业造成重大信誉损失。

消费过程中产品出现质量问题，不管是大是小，毕竟给顾客造成了损害或损失。虽然并不需要对顾客的任何损害或损失都给予赔偿或补偿，但企业应当按《中华人民共和国产品质量法》、《中华人民共和国消费者权益保护法》和《中华人民共和国侵权责任法》的规定，给顾客造成人身、财产损失提供赔偿。此且不论。即使造成的损害或损失没有达到法律法规规定的标准，甚至顾客也没有提出来，企业依然应当加以关注。企业可以通过调查、征求意见、致歉、维修、顾客服务等多种方式，将质量问题给顾客心理造成的影响降到最低。这样，顾客即使发现质量问题，即使质量问题已经给顾客造成一定的损害或损失，也可能原谅企业，从而增强顾客对企业的满意度。

第三节 消费过程中顾客对质量的认知和评价

我们知道，质量是隐含于产品之中的。在交换过程中，由于产品质量并没有真正显现出来，或者并没有完全显现出来，不管顾客如何努力，他们对质量的认知和判断都只能是初步的、不完全的，甚至可能是错误的。只有在消费过程中，随着产品质量的逐步显现，随着产品质量的消耗，顾客才可能真正感知质量、认识质量，并通过与购买时的预期进行对比来评价质量。

一、消费过程中顾客对质量的认知

在消费过程中，产品质量逐渐显现出来。顾客通过自己的眼、耳、鼻、舌、身等感觉器官，感知到使用产品带来的结果，从而感知到产品质量。通过感觉、知觉，形成印象，然后经过思考，将感知得到的材料加以去粗取精、去伪存真、由此及彼、由表及里的改造制作，进行概括、判断和推理，完成认识的飞跃，从而形成对质量的理性认识。这样一个认知过程是相当复杂的，产品质量本身和顾客心理都可能对顾客的认知过程产生影响。我们假设产品质量是合格的，是固定的，那么顾客心理的影响就可能成为能否真正认知质量的主要因素。

首先，使用产品所带来的结果往往是多方面的，顾客在认知质量时却可能存在片面性。产品使用的结果，既有顾客预期的，也有顾客非预期的（例如污染或顾客不愿有的后果）；既有顾客可以直接感知到的，也有顾客不能直接感知到的（例如电磁辐射、营养成分）；既有顾客十分看重的，也有顾客忽视的（例如汽车排放的废气污染);既有一次使用就可以感知的,也有长期使用,甚至要使用到产品寿命周期结束后才能感知到的(例如可靠性、寿命等);既有第一次使用就可以感知到的,也有到产品使用完毕后才能感知的(例如用后处置);等等。顾客在感知产品使用结果时,不可能(有时也不必要)对所有的结果都完全去感知,因此顾客所认知的质量往往是片面的,是不完全的。由于在认知质量时就存在片面性,在对质量进行评价时就很可能存在不完全、不公正的现象。

其次,在消费过程中,顾客认知质量往往更容易以偏概全,更容易产生晕轮效应。顾客在购买产品时,对产品质量往往寄予很大希望。特别是在企业的宣传鼓动下,顾客对产品质量产生信任后,对出现质量问题的思想准备不充分时更是这样。但是,不管企业如何控制,质量问题都是可能存在的。且不说不管是按几个 σ 的标准来控制,都只能使合格率趋于100%,而不可能完全达到100%。而且所谓合格与不合格,是按一定标准来确定的。不管是什么样的标准,都不可能涵盖产品所有的质量特性,而只能对一部分质量特性进行规定。即使是规定了质量特性指标,也可能因检测手段的问题而不能完全检测或不能准确检测。不少产品的质量缺陷都是在使用过程中才暴露的。例如日本的帕杰罗汽车、东芝笔记本电脑的设计缺陷都是在顾客使用过程中发现的。不仅设计缺陷如此,制造加工缺陷也可能因为该质量特性没有列入检验项目而未进行检验,存在事实上的不合格而依然不影响企业的合格率。因此,对顾客来说,质量风险总是存在的。一旦碰到质量问题,哪怕这样的质量问题很小,顾客都可能以偏概全,对整个质量失去信任。当然,如果产品的某一项质量特性突出,超出了顾客的预期,顾客也可能以偏概全,产生晕轮效应,抓住一点而忽视其他质量特性。例如某顾客出门旅行前忘记关掉电源,两个月后回来,电风扇依然在旋转,就会以此为"晕轮"的"核心",而忽视电风扇的适用、安全、节电、噪声、风量等质量特性。

再其次,在消费过程中,顾客对质量的认知依然存在着局限性。与购买过程对质量的认知相似,顾客在消费过程中往往同样是用自己的感觉器官去感知的,用自己的经验去判断的。我们在第七章分析顾客在质量交换过程中对质量的认知局限时,对此已经进行了较为深入的讨论。质量的非直观性、感觉器官的错觉、经验的滞后性或保守性以及感觉器官和经验的差异,同样可能影响顾客在消费过程中对质量的认知,从而使顾客对质量的认知出现不完全、不全面,甚至错误等问题。

最后,顾客使用产品的情况也会影响甚至决定顾客对质量的认知。质量是在产品使用过程中显现出来的,是否正确使用,往往决定了使用的结果。由于使用的人、使用的设备、使用的材料、使用的方法和使用环境存在差异,使用的结果也就往往大不相同。正如我们在前面分析的,顾客的心理因素往往影响产品能否正确使用。显然，正确使用的结果，往往能够使顾客正确认知质量。如果不能正确使用，往往就会出现非预期的后果，或者质量就不能完全显现。如果顾客具有相关知识和经验，在认知质量时，他可能排除因使用造成的误差，使其认知保持相对的正确性。但是，对大多数顾客来说，要这样理智地认知质量，往往是不可能的。他们往往会把因为没有正确使用而出现的质量问题归之于产品质量本身，把账算到企业身上。虽然这并不一定就会给企业带来直接损失，但却可能损害企业的质量信誉。

二、消费过程中顾客对质量的评价

顾客通过交换，从企业手中接受了产品，并且对产品质量有了最初的评价。但是，这种评价却是在使用产品之前作出的，也就是说，与产品的实际质量状况往往不是直接"相关"的。通过使用，通过对质量的消费，顾客才能真正或真实地认知质量，在认知的基础上重新对质量作出新的评价。

评价的原意是评论货物的价格，今已泛指衡量人物或事物的价值。我们说过，顾客之所以愿意购买和使用产品，是因为产品能够给自己带来质量效益，质量效益也就是质量价值。顾客对质量的评价，实际上就是对自己获得的质量效益的评价。顾客获得的质量效益达到或超过顾客的预期，顾客就会有较高的评价；反之，评价就低。在相当多的情况下，顾客在说某产品"质量不错"、"质量很好"的时候，很大程度上就是说某产品给自己提供的质量效益较高，"划得来"、"划算"。如果顾客说某产品"质量很好，就是太贵了"，那说明他获得的质量效益相对较低，其实是在提醒自己或他人慎重购买，实际上也就否定了某产品的质量。

从哲学上看，评价是一种理性认识，是对事物的性质进行的判断。顾客对质量的评价就是对质量的理性判断，这种判断贯穿于整个消费过程，具有以下几个特点：

1. 顾客对产品质量的评价是一个持续的过程。顾客对产品质量的评价起始于购买过程，终止于产品的寿命周期结束。对大多数产品来说，都不是使用一次就结束产品寿命周期的，或者说使用是一个持续的过程，是多次使用。每一次使用，顾客都可能对产品质量有新的认知，因而也就可能对产品质量有新的评价。即使没有新的认知，也可能因有了新的参照系而作出新的评价。产品寿命周期不结束，顾客始终都可能有新的使用机会，也就有对产品质量新的认知机会，从而也就可能对产品质量作出新的评价。因此，只要产品还可能继续使用，顾客对产品质量的评价就可能没有结束，就可能出现新的评价。

2. 顾客消费过程对产品质量的评价更接近于产品质量的真实情况。我们一直强调，产品质量只有通过使用才能真正显现出来。通过使用，产品质量逐步显现，顾客逐步感知并认识质量。相对于购买时的认知，这样的认知与产品质量的真实情况更接近。我们之所以说接近而不说相符，是因为顾客对产品质量的认知始终存在片面性，不可能认知所有的产品质量特性。药品的毒副作用即使是在实验室进行严格实验，有那么多设备仪器进行检测，也可能难以发现，更不用说病人用药后的器官感知了。一般来说，通过对产品的使用，产品的功能得到展现，顾客的需要得到满足，从中获得质量效益，顾客就会有较高评价。但是，产品质量不仅仅是性能，还包括寿命、安全性、可靠性等等。顾客大多不懂安全性、可靠性等质量特性，他们只看产品出不出质量问题。只要不出现顾客非预期的质量问题，顾客就会作出较高评价。而不出质量问题，正说明产品质量是安全的、可靠的，这与产品本身的安全性、可靠性等正好相符，也就接近了产品质量的真实情况。

3. 先期的评价对后期的评价具有"成见效应"。顾客对产品质量的感知也好，认识和评价也好，都不可能完全客观，总会受自己已有的"成见"的控制。所谓"成见"，就是已经形成的认识。这种认识可能在购买产品之前就已经形成，也可能是在购买过程中形成或改变的。第一次使用或前几次使用，往往更容易形成、改变或加固这样的"成见"。不论"成见"是如何形成的，对顾客在使用过程中认知质量和评价质量都具有"成见效应"，也就是按照自己头脑中已经形成的评价来进行新的评价，成为一种惯性。除非在使用时出现重大质量问题，这样的"成见"往往难以真正改变。对于一般质量问题，顾客很可能忽略。否则，顾客就可能感到后悔，而后悔往往是一种心理上的自我惩罚，一般来说人们都要避免这样的自我惩罚。由于"成见效应"的作用，当产品使用一段时间后出现质量问题，顾客往往也会保持相应的评价，往往会用"已经用了这么久"来为质量问题开脱。

4. 顾客对产品质量的评价往往出现"晕轮效应"。所谓"晕轮效应"，就是抓住一点，不及其余，以偏概全。产品在使用过程中出现重大质量问题，或者某一项质量特性显现得特别优越，顾客就会以此为"轮心"，让其产品产生"晕轮效应"，掩盖其他质量特性。特别是重大质量问题，往往会破坏顾客对产品质量的总体评价。随着顾客对质量的要求越来越高，这种效应也就会越来越严重。

5. 顾客对产品质量的评价往往存在"递减效应"。通过消费，顾客获得了相应的"顾客价值"。所谓顾客价值，也称为消费者价值，也就是顾客获得了大于其所支付的购买和使用成本的那部分收益，也就是我们说的质量效益。由于顾客价值往往是顾客心理评价的结果，因而一般来说，顾客所获得的"顾客价值"是递减的。第一次乘坐飞机的感受肯定优于第二次；第二次到北京旅游比起第一次来，获得的心理愉悦体验肯定要差得多。由于这种顾客价值的递减，顾客对产品质量的评价往往也呈现出递减的现象。这种"递减效应"对企业的质量改进提出了新的挑战，只有不断推出新产品、新项目、新的质量内容，才能抵销这样的"递减效应"。

三、顾客期待心理对质量认知和评价的影响

顾客之所以要购买产品，要消费质量，是因为自身的需要。在市场经济条件下，顾客的这种需要往往被企业的广告宣传激发出来，成为一种需求，成为一种期待，也就是期待产品能够真正满足自己的需要，能够给自己带来期望的效益。这种期待心理在购买产品前就产生了，在购买产品后就更加强烈了。通过对产品的使用，"依附"或"潜藏"于产品中的质量，特别是产品的功能逐渐显现出来，也就是说逐渐满足了顾客的需要，顾客的期待也就逐渐变为现实。一般来说，顾客的需要越迫切，期待也就越强烈。顾客这种期待心理对质量消费过程中的认知和评价往往具有决定性影响。

所谓期待，就是等待希望获得的某种利益或结果。顾客对质量效益的期待来源于需要，形成于需求，定型于购买过程。在消费过程中，顾客的期待可能也在随时进行修正，但这种修正往往很小。事实上，定型于购买过程中的期待心理，成为顾客在消费过程中认知和评价产品质量的一个最重要的参照系，或者说成为认知和评价产品质量的"标准"。

标准是衡量事物的准则。但是，顾客的期待仅仅只是存在于其头脑中的一种模糊认识，与企业所使用的技术标准完全不同，没有那样固定，更不会用书面来表达，往往还说不清楚道不明白。一般来说，顾客的期待主要表现在三个方面：一是产品功能能够满足自己的需要；二是产品使用过程中不出质量问题；三是产品能够使用到期待的时限。虽然这三个方面也可能说不清楚道不明白，但随着顾客对产品的使用及其对产品质量的认知和评价，就会逐渐显现出来，逐渐明晰起来。

产品功能是产品性能的表现形式。性能是产品最主要的质量特性，性能不合格，顾客一使用就能感觉出来，因此产品功能是顾客最主要的期待。但是，相当多的产品性能并不是顾客能够通过自己的感觉器官就能认知的，顾客往往是通过比较来进行评价的。比较的参照系可能是经验，可能是同类产品，也可能完全是自身感受。如果把假冒伪劣产品排除在外，一般来说，只要企业在宣传时不夸

大产品功能，顾客在这方面的期待是很容易满足的。而且，很多产品（特别是家电产品）都具有顾客期待之外的功能，多余的功能往往只是满足顾客追求高档、时尚、身份等方面的需要。在使用过程中，这些多余功能往往并没有起任何作用。如果顾客在使用中能够发挥这些功能的作用，往往还会得到意外的惊喜。

要使产品在使用过程中不出质量问题，产品的安全性、可靠性等质量特性就必须合格。对复杂产品来说，即使合格，在使用过程中，也难免出现或多或少或大或小的质量问题。顾客当然期待产品不出质量问题，但在这样的期待后面，也有一定的可能出质量问题的心理准备。或者说，顾客实际上是期待不出大的或预期之外的质量问题，出了质量问题能够及时得到修理或服务。由于顾客对产品及其质量的认识深度和广度不同，对出质量问题的心理准备也就有所不同。如果心理准备不足，一旦出了预期之外的质量问题，虽然这样的质量问题可能是在正常范围内的，是相关法律法规（包括技术法规）所允许的，也会造成顾客对产品质量的评价逆转。反之，顾客有了相应的心理准备，即使产品出了质量问题，也不会严重影响他对产品质量的评价。如果有了心理准备又没有出质量问题，顾客就会感到惊喜。因此，企业在宣传产品时，特别是在顾客购买产品时，应当尽可能让顾客作好相应的心理准备。

为了获得预期的质量效益，产品就应当使用到预期的时限，这就涉及到产品的寿命。作为一项重要的质量特性，寿命如何，只能通过使用才能最终得到检验。虽然相当多的产品都有规定的寿命周期，但企业往往并不将其告诉顾客，不少产品的寿命周期是由政府来强制规定的。例如汽车行驶多少年或多少公里，政府规定强制报废。对顾客来说，产品寿命越长越好。"耐穿耐用"虽然是一种过时的质量观，但人们依然将其作为重要的质量特性来期待。事实上，不少产品甚至可以使用到永远。不过，随着社会经济发展，人们已经逐步改变了对"耐穿耐用"的期待，对产品寿命周期有了更加合理的预期。如果产品使用没有到达顾客的预期，顾客的评价肯定不佳。反之，顾客就会感到惊喜，就会高度评价产品质量。

四、消费过程中顾客对质量认知和评价的意义

产品最终是由顾客来消费的，顾客在消费过程中对质量的认知和评价虽然并不一定完全符合产品本来的质量水平，但却最终决定了顾客对质量的判断。即使这样的判断可能是错误的，也会影响顾客对下次购买的决策，影响顾客满意。因

此，企业不仅应当关注顾客购买过程中对质量的认知和评价，更应当关注顾客消费过程对质量的认知和评价。一是尽可能去把握顾客消费过程认知和评价质量的特点，在产品设计时就应当尽可能顺应这样的特点，为顾客认知和评价质量提供相应的方便。二是尽可能为顾客消费提供相应的知识和技能，使顾客能够克服认知上的误差，能够理性地去认知和评价产品质量。三是对顾客消费过程进行必要的帮助，尽可能提高顾客的消费质量水平。四是对顾客消费过程进行必要的监视，发现可能影响顾客认知和评价质量的情况后，尽可能及时予以必要的干预，防止顾客产生负面的评价，防止顾客严重不满意。

对顾客来说，也应当认识自己对质量认知和评价的特点，增加消费知识和技能，提升自己的消费质量，防止认知和评价的片面性和情绪化，尽可能准确、全面和客观地认知和评价产品质量。这不仅有利于对质量的充分消费，而且也有利于自己的心理满足，从而可以从消费过程中获得更多的收益。

第四节 怎样判断产品质量的优劣

同样一件产品，甲说质量好，乙说质量不好；企业自吹自擂说其质量如何如何优异，消费者却往往不买账；企业认为不成问题的质量问题，政府的监督检验机构却判其不合格；在中国被认为是质量最优异的产品，出口到欧洲却被当作质量低劣产品而"处理"……质量是产品的"优劣程度"，那么，什么是优什么为劣？什么是好什么为差？

一、产品质量的检验与判断

要确定产品质量的优劣程度，当然需要相应的标准或准则，但是要把产品和标准联系起来却需要一个检验过程。检验是"通过观察和判断，适当时结合测量、试验或估量所进行的符合性评价"。将检验结果与相应的标准或准则进行对照，二者相符就是合格；二者不相符（没有达到标准的规定）就是不合格。不进行检验，或不能进行检验，或检验失误，就不能判断产品质量。检验是判断产品质量优劣程度必不可少的中间环节。

首先是企业自己进行的检验。不管什么样的产品，都有相应的检验要求、检验方法和检验过程。对经过加工、制作的产品来说，《中华人民共和国产品质量法》规定："产品质量应当检验合格，不得以不合格产品冒充合格产品。"还规定：产品或者其包装上的标识必须"有产品质量检验合格证明"。对于服务类的产品来说，同样也需要进行必要有检验。ISO9000族国际标准把测量、分析和改进作为质量管理体系过程模式"四大板块"之一，并且具体规定了"监视和测量"的具体要求。监视和测量实际上就是一种检验，服务类的产品同样需要这样的检验，只是不一定要出具"合格证明"而已。

一般来说，企业对产品进行的检验都是按照相应的技术标准来进行的。我们知道，任何用于检验的技术标准都只能规定对一部分质量特性进行检验，而不可能对全部质量特性进行检验。例如寿命是产品很重要的一个质量特性，可以对某一件产品的寿命进行寿命试验，却不可能对所有的产品进行寿命试验，否则产品就要全部被检验所耗损，也就失去了正常使用的意义。受科学技术和经济性的限制，不少质量特性也是不能检验的。ISO9000：2005指出："对形成的产品是否合格不易或不能经济地进行验证的过程，通常称之为'特殊过程'。"对特殊过程的结果往往就不能或不便进行检验。此外，还存在着其他影响产品检验的因素。例如对大批量的产品，往往只能采取抽样检验的方法，只要不合格品所占的比例符合相关技术标准的规定，也就认为是合格的。即使是全数检验，也还存在着让步接收、偏离许可等情况。因此，企业进行的检验是不完全或不完整的，检验合格的产品也同样存在着不合格的风险。

虽然如今绝大多数企业都很重视检验，但毕竟这种检验是企业自己进行的，其检验结果和合格与否的判断都是企业在"自说自话"，顾客往往难以真正相信或完全相信。事实上，市场上的产品有几个是没有合格证明的？假冒伪劣产品同样可以弄一个合格证贴在产品或其包装上。

为了维护正常的市场秩序，政府往往也要介入到产品质量检验中来，这就是产品质量监督检查制度。《中华人民共和国产品质量法》规定："国家对产品质量实行以抽查为主要方式的监督检查制度，对可能危及人体健康和人身、财产安全的产品，影响国计民生的重要工业产品以及消费者、有关组织反映有质量问题的产品进行抽查。"对农产品、服务类产品，政府也通过相关的法律法规（包括技术法规）进行必要的监视和测量。例如政府的旅游主管部门就经常对旅游景点和旅行社的服务质量进行检查考核。

但是，政府部门进行的检验毕竟只是"抽查"，其对照的标准毕竟只是相应的法律法规（包括技术法规），其判断结果也只能是合格或不合格，往往难以作出优劣的结论。与企业自己进行的检验相比较，政府部门进行的产品检验可能更具有公正性、客观性，但检验的内容（项目）和检验方法，与企业自己进行的检验往往是相同的，甚至还可能少于或低于企业自己进行的检验。因此，这样的质量检验也是不完全的或不完整的。政府判断为合格的产品,也可能存在不合格的风险。

不管是企业还是政府部门,都是按照产品的技术标准,使用相应的检验设备(检测仪器)来进行检验的。而顾客,特别是一般消费者往往不懂产品具体的技术标准,更没有相应的检验设备(检测仪器),当然难以进行这样的检验,甚至不可能进行这样的检验。消费者中,谁检验过买来的面包营养成分?谁检验过自来水的细菌含量?哪些需要高难度技术的产品,更没有哪个顾客能够像企业或政府部门那样进行检验的。

但是,顾客依然要对产品进行检验。只不过顾客的检验内容和检验方法与企业和政府部门不同而已,除了用自己的感官对产品的诸如外观、味道、气味之类的质量特性进行必要的检验外,他们对产品的检验主要是通过使用来进行的。通过使用产品,产品的功能得以展开,得以实现,这种功能与顾客的需要结合,顾客才能判断自己的需要是否得到了满足,满足的程度究竟如何。也只有在使用过程中,有关产品质量的各种各样的质量特性,例如性能、寿命、可靠性、可维修性、经济性等也才能得到真正的检验。这种检验在相当多的情况下,甚至比最先进的检测仪器还准确、还全面、还深入,并且还重要。因此,顾客的使用过程才是对产品质量的最终检验,顾客通过使用得出的结论才是产品质量优劣程度的最终结论。从这个角度来说,产品的优劣程度只有通过使用,或者说只有在使用过程中才能得到最终判断。

不过,顾客在使用中的检验依然是不完全或不完整的。其一,产品的一些非预期的功能(例如药品的副作用),顾客往往不给予关注,或者相当忽略。这些非预期功能却是产品质量的一个重要方面,有时还是相当关键的方面。例如由于有副作用,或者副作用太大,乙双吗啉、乙亚胺等药品就被国家禁止使用。其二,相当多的质量特性在使用过程中并不一定得以明确展示,顾客往往不能对其进行感官的感受。例如电视机的放射性污染,顾客怎么可能对其进行使用检验呢?食品的营养价值也不是顾客可以直接通过使用来感受的。其三,即使顾客可以通过使用来感受的产品质量特性,由于受顾客的知识、心理、习惯、需要程度、使用条件、使用方法等限制,其感受的优劣程度与实际情况可能也存在较大的差距。同样的产品,张三通过使用,可能认为很好,而李四却认为不好,是经常发生的事。其四,顾客在使用中往往可能只使用了产品的部分功能,对其他功能往往没有使用,也就没有检验。特别是高科技产品更是这样。例如手机的诸如日程表之类的功能,不少人就根本没有使用过。因此,对产品质量的判断,也不能仅仅根据顾客使用得到的感受来决定,而应当是与使用检验设备(检测仪器)进行的检验相结合,进行综合评价,才能得出比较全面比较完整的结论。

二、由谁来判断产品质量

其实，由谁来判断质量的问题，我们已经在前面的论述中说清楚了。不管是企业还是政府部门，甚至也不管是顾客，都难以对产品质量作出全面的和完整的判断。但是，产品是拿来使用的，没有顾客，产品及其质量就失去了意义，企业也难以继续生存。从企业的角度来说，应当"以顾客为关注焦点"。ISO9000：2005指出："组织依存于顾客。因此，组织应当理解顾客当前和未来的需求，满足顾客要求并力争超越顾客期望。"

顾客是"接受产品的组织或个人"。ISO9000：2005举例说：消费者、委托人、最终使用者、零售商、受益者和采购方都是顾客。如果把"接受"一词的含义作广义的理解，把"产品"也作广义的理解（例如也包括非预期功能的"使用"），那么顾客的含义将更为广泛，不少产品的顾客甚至包括了整个社会。例如政府提供的诸如治安安全、环境保护、社会保障等公共产品的顾客，就是全社会，包括了所有的公民。即使是私人产品，例如汽车，由于对环境造成了污染，也可以把整个社会看作是汽车的间接顾客，只不过汽车的间接顾客接受的是汽车的非预期功能而已。

产品质量究竟如何，其优劣程度究竟怎样，虽然可以用标准来鉴定，来衡量，但却是由作为产品的接受者、使用者的顾客来进行最终判断的。虽然这种判断可能存在着不完全或不完整的情况，但对企业的继续生存却具有直接的决定作用。产品质量当然要符合企业自己确定的技术标准，当然也要符合相应的法律法规（包括技术法规），但更重要的是要与顾客判断产品质量的"标准"，也就是顾客的期待相协调。

首先，质量是"一组固有特性满足要求的程度"。谁的要求？当然有法律法规（包括技术法规）的要求（这可以说是政府的要求），有企业自己确定的要求，但最重要的还是顾客的要求。法律法规（包括技术法规）的要求，企业自己确定的要求，反映的是顾客的要求，或者说是在顾客要求的基础上确定的，因此可以说，它们实际上也是顾客的要求。能否真正满足要求，当然也只有顾客才能作出最终的判断。如果企业自己的要求和政府的要求不能反映顾客的要求，企业的技术标准和政府的法律法规（包括技术法规）也就失去了作用。即使产品质量已经满足了技术标准和法律法规（包括技术法规）的要求，如果顾客不接受，产品依然没有意义，企业依然难以生存和发展。

其次，一个企业的顾客往往有很多，甚至成千上万。不同的顾客可能有不同的要求，也就有不同的判断产品质量的标准。企业自己的技术标准往往只能综合不同顾客的要求来制定相应的质量要求，这样就与某一个顾客的具体要求有了差异，甚至可能有相当大的差异。至于政府的法律法规（包括技术法规），更是综合全社会的质量要求来制定的，对某一产品的质量要求往往更显得原则性而缺乏针对性，因而也就具有一定的局限性。顾客之间对产品质量要求的差异，企业当然不可能完全给予解决，对某一顾客的特殊要求也不可能完全给予满足，但随着社会经济的发展，顾客对个性化产品的需求越来越强烈，企业如果对此不加以关注，不采取相应的措施去应对，也是不行的。

再其次，顾客的要求总是随着时间的变化和社会的发展而在不断变化和发展。昨天顾客只要求吃得饱，今天顾客已经要求吃得好，明天顾客还可能要求吃得营养。同样一种产品，昨天顾客可能认为其质量很好，今天却认为其质量一般，明天更可能认为其质量不好。顾客判断产品质量的标准往往是一种心理标准，而心理总是在变化和发展的。顾客检验产品质量往往只能通过自己的感官对使用过程的感受来进行，这种感受往往又受顾客的知识、经验、情绪、偏好以及社会和他人的制约和影响，因而是很难固定的。如果企业对顾客这种发展和变化的质量要求和判断产品质量的特点认识不足或把握不准，就会被顾客所抛弃。

最后，质量只有在使用过程中才能得到真正的检验。即使是按照企业的技术标准来衡量产品质量，也只有等到顾客对产品使用完毕后才能真正得到证实。诸如寿命、可靠性、可维修性、经济性之类质量特性，更是只有在使用过程中才能得到真正的检验。产品的一些非预期功能，企业当然应当加以控制，例如污染、副作用之类质量特性，但是，由于受科学技术和管理水平的限制，在很多情况下都是在使用过程中才被发现的。使用是顾客的使用，顾客亲身经历了产品质量展现的全过程，因此他们才对产品质量有最终的判断权。

三、法律把选择权交给了顾客

虽然产品质量的最终判断权属于顾客，但顾客对产品质量的最终判断却并不具有法律效力。法律对产品质量的判断，在合同环境下，总是根据合同的约定来进行，按合同确定的标准来判断；在非合同环境下，则只能根据相应的法律法规（包括技术法规）来进行，按相应的技术标准来判断。代表法律的政府凌驾于顾客与企业之上，或者说是处于第三者位置，也就是所谓的"裁判"。它既不能偏向顾客一方，也不能偏向企业一方，只能平衡和协调顾客和企业对质量概念理解的差异或分歧。

一般情况下，顾客对质量的理解是模糊的、没有操作性的，法律或政府不能用这种模糊的和没有操作性的"定义"去处理质量问题。政府理解的质量概念是法律概念，也就是《中华人民共和国产品质量法》第二十六条规定的："产品质量应当符合下列要求：（一）不存在危及人身、财产安全不合理的危险，有保障人体健康和人身、财产安全的国家标准、行业标准的，应当符合该标准；（二）具备产品应当具备的使用性能，但是，对产品存在使用性能的瑕疵作出说明的除外；（三）符合在产品或者其包装上注明采用的产品标准，符合以产品说明、实物样品等方式表明的质量状况。"显然，这样的质量定义，与顾客所理解的质量相去甚远，与企业应当追求的质量也相去甚远。但是，法律或政府只能这样来要求，显然这只是最低要求。

事实上，质量的法律定义把质量的具体内容交给了企业去确定。只要产品是安全的，符合标准的，也就是说是"合格"的，政府就予以认可。而采用什么样的标准（除了强制性标准外），是企业自己的事，由企业自行决定。看来，法律或政府似乎把顾客抛到了一边。其实不然，一方面，法律或政府通过制定相关标准来满足顾客对质量的最低要求或基本要求；另一方面，法律或政府把顾客与企业对质量理解的分歧交给双方自己去协商解决，更有利于顾客充分行使自己的权力。如果法律或政府把质量的具体内容确定得过死，就会妨碍顾客对质量需求的发展，就会窒息企业的质量创造力。也就是说，法律或政府将选择权交给了顾客，由顾客去"逼迫"企业进行质量创新。

质量的法律定义基本上是一个"符合性"的定义，而且还只是一个较低水平的"符合"。如果企业仅仅只满足于"符合"这样一个质量定义，法律或政府也不会再来干预，在与顾客发生纠纷时，的确也可以免除若干法律责任，但却不能赢得顾客。顾客不买账，企业就很难在日益激烈的市场竞争中站住脚。虽然法律或政府不会惩罚你，你却因为没有顾客只好去品尝"门前冷落车马稀"的滋味。

市场当然需要法律，需要政府监管，但那只是最基本的。法律或政府只是为市场搭起了一个平台。要在这平台上"唱戏"，就离不开供需双方，特别是离不开顾客。没有顾客就没有市场。因此，顾客满意是在满足法律法规（包括技术法规）基础上的顾客满意，必然包含了满足法律法规（包括技术法规）要求的内容。

第十章

顾客满意的心理基础

顾客对产品质量的评价,一般来说不可能是技术性的。很少有顾客会说,某产品的某项技术质量指标是多少。顾客评价的结果,往往是通过满意或不满意来表示的。即使顾客对某一项质量特性有切实的认知和评价,这样的认知和评价往往也只是组成其满意或不满意的一项内容或一项决定因素。顾客的满意或不满意是顾客通过使用产品,对企业的一种综合评价。不管是满意还是不满意,都是一种心理状态。产品质量在顾客那里,往往是一种心理评价。

第一节 顾客满意与顾客不满意

一、如何理解顾客满意

我们知道,"满意"是一个心理学术语,是指人的一种肯定性的心理状态。这种状态是由于外界的某种刺激,使人的某种需求或期望得到满足,因"合意"(即符合人的本意)而使人感到的某种"快意"(即心理上的愉悦)。满意的前提是外界的这种刺激,包括物质的、精神的以及二者结合的刺激。所谓刺激,就是外界的某种物质或信息对人进行输出,使人获得这种物质或信息的输入。消费产品的过程,实际上就是顾客获得某种"刺激"的过程。顾客满意实际就是企业向顾客输出了某种物质(如硬件产品等)或某种信息(如服务等),顾客接受了这种输出,享受到这种输出所带来的功能或"劳务"后,心理上感到愉悦的一种心理状态。例如消费食品,顾客获得了食品提供的色、香、味、型以及营养的"刺激",使其营养、口感(口味的感觉)、审美(食品的美感)、身份(包括饮食的环境等所体现出的食品档次）等方面的需求得到满足，从而表现为满意的心理状态。

在 ISO9000：2005 中，顾客满意被定义为："顾客对其要求已被满足的程度的感受"。所谓"感受"就是通过接受"刺激"，受到影响，获得体会，从而经历某种心理状态的过程。这种心理状态的过程可能体现为肯定的、正面的，例如愉快、认同、兴奋、获得、喜悦、喜爱；也可能是否定的、反面的，例如痛苦、反感、沮丧、失望、愤慨、厌恶。肯定的、正面的心理状态过程让顾客满意，否定的、反面的心理状态过程使顾客不满意。在某种情况下，顾客虽然接受了产品，但并不一定就有明确的感受。消极接受或消极"消费"产品的过程，顾客就可能没有明确的感受。例如我们在接受公共产品的时候，除非有人提起，我们往往就没有或没有意识到自己的感受。又例如我们在"消费"电视机的时候，往往只对电视节目有直接的感受，而对电视机的感受却可能是"沉睡"着的，需要提醒才能感受。虽然顾客满意在很多情况下是一种"沉睡"着的心理状态，但并不是说顾客就没有感受或不能感受。一旦遇上质量问题，或者有他人提醒，"沉睡"的感受就会"惊醒"过来。例如电视机出现故障，或者有人问起电视机的质量状况，顾客就会将"沉睡"的感受变为直接的感受，从而表现出满意或不满意来。

按照顾客满意的定义，要满足顾客的要求，首先企业必须向顾客输出相应的产品；其次顾客要通过消费产品使自己的要求得到满足；最后顾客对要求得到满足的结果要有一定的感受。这三个条件缺一不可。没有企业提供的产品，顾客的要求就不可能得到满足；顾客不消费产品，也就不可能有相应的感受；而顾客没有明确的感受，就不可能满意。

ISO9000：2005 在顾客满意的定义后加了两个注。注 1 说："顾客报怨是一种满意程度低的最常见的表达方式，但没有抱怨并不一定表明顾客很满意。"也就是说，顾客满意程度低，满意还是不满意，并不一定要向企业进行反馈。对企业来说，顾客满意的情况往往是隐藏的，需要企业通过"监视和测量"去提醒、去发掘、去把握，才能把握顾客满意情况。

注 2 说："即使规定的顾客要求符合顾客愿望并得到满足，也不一定确保顾客满意。"也就是说，要使顾客满意，仅仅一般地满足顾客的愿望还不行，还需要全面把握顾客的要求和期望，并且尽可能"争取超越顾客期望"。

由于"顾客满意"这一术语涉及到心理学，上面的阐述可能使人有些不好理解。我们画一个图来加以说明，图 10-1 为顾客满意示意图。

图 10-1 顾客满意示意图

从图 10-1 中可以看出，顾客是否满意，或者说，是否值得我们研究，首先应有产品作为中介。而产品是企业提供的。顾客满意状况虽然是针对产品的，但却只能反馈给提供产品的企业，而不可能提供给产品本身。因此，顾客是否满意来自于产品，最后却可能针对企业。

综上所述，要理解顾客满意这一术语，可以从以下几个方面去把握：（1）顾客满意是顾客的一种心理状态，是顾客对产品提供的功能或劳务的一种主观评价；（2）顾客满意状态能否产生，前提是要获得"刺激"，即接受或使用某种产品；（3）顾客满意状态往往是隐藏的，需要提醒的或发掘的，需要进行"监视和测量"；（4）顾客满意与否不仅仅是针对产品的，而且也是针对提供产品的企业。

二、顾客满意与不满意

任何事物，总有正反两个方面。有顾客满意，就有顾客不满意。在 ISO9000：2000 的草案中，有"顾客不满意"的定义。顾客不满意是指"顾客对某一事项未能满足其需求和期望的程度的意见"。也就是说，不满意是顾客的一种否定性的心理状态，是一种"不快意"（即心理上的痛苦、反感、沮丧、失望、愤慨、厌恶等等）。顾客不满意，也是因为企业提供产品"刺激"了顾客的一种结果。在 ISO9000：2000 的正式版本中，顾客不满意的术语被取消了，但这并不等于就不存在顾客不满意的状况。正式版本顾客满意定义的注 1 说："顾客报怨是一种满意程度低的最常见的表达方式，但没有抱怨并不一定表明顾客很满意。"满意程度低，实际上就是我们日常所说的不满意。这和质量术语一样，质量是"一组固有特性满足要求的程度"，满足程度低，实际上也就是我们日常口语所说的"没有"质量。

要区分满意与不满意，关键是要找到满意与不满意的临界点。临界点之上是满意，临界点之下是不满意。由于不同的顾客可能有不同的要求，对质量的判断标准也可能不同，因而不同顾客满意与不满意的临界点也不相同。由于临界点不同，满意程度高低的划分往往就可能因人而异。这也是顾客满意心理差异的原因之一，对此我们将在下一章再进行讨论。

对任何一个企业来说，其顾客的满意与不满意状态都存在相当复杂的情况。

1. 一些顾客满意一些顾客不满意。企业总会有若干个顾客。即使只有一个顾客，由于该顾客可能是由相当多的个人所组成的，实际上也可以说是有若干个顾客。在所有的顾客中，总会有一些顾客满意，而另一些顾客不满意。100%的顾客满意，往往是不可能的。某个企业宣布自己的100%的顾客满意，很可能是虚诓的。因此，满意的顾客往往是由一个百分比来回答的问题。

2. 对某一顾客来说，满意与不满意的现象同时存在。企业提供的产品，总会有多种质量特性，例如：性能、寿命、可靠性、经济性等或者服务内容、服务态度等。有的产品质量特性多达数十项。对某一顾客来说，他可能对某些质量特性感到满意，对另一些质量特性感到不满意。因此，顾客的满意往往也是由一个百分比来回答的问题。一个顾客100%满意某一产品，较为少见。

3. 对某一质量特性来说，满意与不满意的现象也可能同时存在。产品的某一质量特性，例如某一员工的服务态度，可能在认真、负责上没有问题，但因其语言粗鲁，或只会说方言而使顾客听不大懂，顾客对他的服务态度既有满意的成分，又有不满意的成分。特别是在中国，长期讲究"二分法"，人们更容易用这种哲学方法来进行分析。也就是说，顾客的满意有一种程度性，也是由一个百分比来回答的问题。对某一质量特性即使是100%满意，也仅仅是与其过去的经验进行对比后一时的心理状况。一般来说，100%满意的情况较少。

4. 顾客满意的心理快意存在程度之分。由于顾客满意是顾客的一种心理状态，而心理状态往往有程度之分。例如一个人悲伤，有轻微的伤感，有较重的悲哀，有严重的悲痛，其心理和外在表现都不会相同。作为满意这种心理状态，也是这样的。没有意见，是一种一般的满意；得到满足，是一种较强烈的快意；而如果产品或服务超越了顾客期望，顾客获得了一种欣喜，更是一种强烈的满意。由于满意程度不同，顾客的表现也不同，对企业的回报也不同。如果用100分来代表强烈的满意，那么这种程度也可以用数字来表示。

5. 顾客不满意的强度不同。同满意的心理快感存在程度之分一样，顾客不满意的强度也存在差异。最强烈的是愤怒型不满意，次之的是失望型的不满意，再次之的是不满足的不满意。顾客在上当受骗、人身、财产遭受严重损害、投诉得不到回答等情况下，往往就会产生愤怒。而愤怒的顾客往往会采取相应的措施，对企业实施相应的"报复"，例如向有关部门投诉、向新闻媒体公告、向人民法院起诉、向其他人散布不利于企业的信息等等。失望型不满意的顾客采取的措施相应温和，一般只是"抛弃"该企业，不再购买该企业的产品。不满足型不满意的顾客往往不公开表示，企业可以通过调查获得其不满意的情况，并可以通过质量改进来改变这些顾客的态度。

6. 顾客满意随着时间和外界条件而起变化。顾客满意是对自己的要求被满足程度的感受。首先，顾客的要求随着时间和外界条件的变化而处在变化之中，顾客的要求一旦变化，其感受的满足程度也就变化了。其次，顾客要求是否被满足，与顾客对产品质量的认知是紧密相关的，而顾客对产品质量的认知很可能随着其知识、经验的增长以及产品质量本身的逐渐显现而有所变化，于是顾客的满意情况也就会随之变化。因此，企业不能满足于顾客一时的满意，而只有进行持续改进，才能确保顾客一直满意下去。否则，逆水行舟，不进则退。

三、顾客满意的特性

顾客满意与否实际上是一种心理评价过程，这种心理评价过程具有以下特性：

1. 客观性。顾客满意与否，对企业来说，是一种客观存在。也就是说，顾客一旦接受了企业提供的产品（包括售前服务如广告宣传之类）之后，就有了一个满意与否的问题。不论企业是否对此加以关注，是否去进行调查，顾客的评价总是客观存在的。作为一种客观存在，企业只能去"监视和测量"，而不能去臆造和作伪。目前，不少企业都在进行类似的调查，调查结果都惊人的好。例如不少公安机关的群众满意率调查都达到90%以上，甚至100%。但是，实际上却并非如此，群众对公安机关的意见相关多，甚至有诸如"警匪一家"之类的说法。原来，他们在调查中事先选择了特殊对象，将那些经常得到公安机关特别关爱的诸如人大代表、政协委员之类特殊人员作为调查对象，满意率当然就高了。这种无视顾客满意与否客观性的做法，除了自欺欺人之外，没有任何用处。

2. 主观性。对顾客来说，满意与否又是主观的，受着自己的各种主观因素的影响。也就是说，同样的产品，对甲顾客来说是满意的，对乙顾客来说可能就不满意了。顾客是否满意，以及满意与否的程度，取决于他们的经济地位、文化背景、需求和期望、评价动机，甚至受其偏好、性格、情绪等非理性因素的影响。由于这种主观性，针对某一个顾客的调查，往往很难真实反映产品的实际质量。因此，那些借助某几个顾客的来信或所送的锦旗之类，来证明自己产品质量就很好的企业，即使来信和锦旗都是真实的，也并不值得信赖。

3. 依赖性。在产品寿命周期没有结束之前（也就是产品在继续使用的过程中），顾客对产品质量的心理评价过程就没有结束，其满意与否的状况也就没有结束。即使产品已经使用完毕，顾客对该产品的质量评价和满意与否的心理评价也依然继续着，直到顾客完全忘记。我们的记忆中，总会有使用各种产品的记忆,这种记忆的深浅与产品质量紧密相关,与我们当初的满意状况也紧密相关。距离满意与不满意临界点越远的,给我们的记忆越深刻,其持续的时间也就越长久。例如某次到银行取款,遭遇了态度粗暴的对待,多年后我们也会记忆尤深,如果没有后来的新经验,我们对该银行的不满意很可能就会持续下来。

4. 变化性。顾客的需求和期望随着客观条件和自身的主观条件的变化而变化,随着社会的经济和文化的发展甚至可能发生剧烈变化。需求和期望变化了,顾客满意的状况也就会跟着变化。一般来说,社会的经济和文化发展了,顾客的需求和期望就会相应提高,顾客的满意程度就会下降,甚至从满意转变为不满意。在现代社会,经济和文化发展变化加快,加上竞争对手的作用,只要企业的产品质量没能跟上这种发展而提高(包括创新),顾客满意程度将趋于下降。企业要确保顾客满意,只有持续改进,不断提高自己的产品质量水平,并且达到或超过全社会的质量平均水平,顾客满意的程度才能维持在既定的水平。否则,顾客就会由满意转为不满意,从而使企业失去顾客。20世纪80年代以前,整个社会的服务质量极差,政府部门的服务质量与当时全社会的服务质量水平相差不大,因此并不突出。经过30多年改革开放,私人产品的服务质量水平由于竞争的作用已经有了极大的提高,政府部门的服务质量水平虽然也有了一定的提升,但提升程度却落后于私人产品服务,因此其服务质量问题相当突出,人们对某些政府部门"人难进、脸难看、话难听、事难办"意见极大。

5. 非全面性。虽然顾客对某一产品可能同时存在满意与不满意的情况,但由于不满意是一种顾客不愿意经历的、否定的、反面的心理感受,更容易促使顾客对产品或企业进行否定的评价,甚至用不满意去掩盖满意、去否定满意。应当说,产品不出质量问题,顾客满意,本来就是应当的;而产品出现质量问题,顾客不满意,则是不应当的。因此,顾客以偏概全,以不满意之"偏"去"概"满意与不满意共存之"全",也是正常的、合理的。企业不能要求顾客个个都是辩证唯物主义的哲学家,在表示不满意的时候都能"一分为二",也表示其满意的情况。事实上,产品的性能、寿命、合用性、可信性、安全性、环境、经济性和美学以及与产品有关的广告、服务、产品介绍(使用说明)、交付(送货)、售后服务等等,任何一个质量特性或服务环节出现问题,都会引起顾客不满意,这种不满意就会去"概"对整个产品的全面评价。

顾客满意的非全面性还体现在针对企业本身的满意与否上。企业的性质、形象、管理、承担的社会义务或社会责任,甚至企业所在的国家或地区、内部员工的生存状况,所在社区的反映、与政府或其他企业的关系、主要管理者或最高管理者的政治态度等等,都可能直接或间接影响顾客的满意状况。2008年北京奥运火炬在巴黎传递时，发生有人干扰破坏的事件，引起中国人民的愤怒，网上就出现抵制家乐福（法资企业）的言论，并且在不少城市也的确发生了阻挠消费者进入家乐福超市的事件。这个事例说明政治对顾客满意也有很大的影响。

第二节 顾客满意的形成机制

一、顾客满意的心理基础

顾客满意是"顾客对其要求已被满足的程度的感受"。要求则是"明示的，通常隐含的或必须履行的需求和期望"。显然，要求是建立在需求和期望的基础之上的，可能等于需求和期望，也可能不等于需求和期望，一般小于或低于需求和期望。如果要求等于顾客的需求和期望，并且得到完全满足，顾客就会表示满意。如果要求小于顾客的需求和期望，即使要求全部得到满足，顾客的满意程度也可能还有相当的空当。ISO9000族国际标准要求"组织应当理解顾客当前和未来的需求，满足顾客要求并争取超越顾客期望。"也就是说，只有理解了顾客的需求，满足了顾客要求，并超越了顾客期望，顾客才可能真正满意。

顾客要求来自于顾客的需求和期望，顾客的需求和期望来自于顾客的人生需要。显然，顾客满意的心理基础是顾客的人生需要，也就是顾客的生理的和心理的需要。在本书第六章中，我们已经比较详细地讨论过顾客的人生需要以及人生需要如何转化为对质量的需求和期望。我们借助该章的分析，来讨论顾客满意的心理基础问题。图10-2为顾客满意的心理基础示意图。

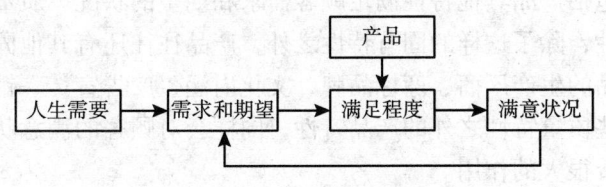

图10-2 顾客满意的心理基础

从图10-2中可以看到，顾客的人生需要转化为对产品的需求和期望。当这种需求和期望可以被顾客表述为对产品的要求（包括虽然没有明确表述，但通常人们都能理解的隐含要求，或者相应的法律法规、社会习俗、市场惯例等决定的必须履行的要求）时，顾客的需求和期望就可能转化为对产品的要求。但是，在很多情况下，顾客的需求和期望往往不能直接表述为对产品的要求，而只能由企业通过市场调研去把握，从而形成相应的市场调研报告，指导企业进行设计和开发。电影未发明之前，顾客不可能对电影提出要求。发明电影的人正是通过对人们人生需要的把握，发明了电影，从而刺激了人们的需求和期望。马克思说："艺术对象创造出懂艺术和具有审美能力的大众，——任何其他产品也是这样。因此，生产不仅为主体生产对象，而且也为对象生产主体。"也就是说，企业不能等着顾客提出要求，而应当通过市场调研，去识别、理解、把握顾客的需求和期望。为此，在图 10-2 中我们省略了"需求与期望"和"满足程度"之间本来应当有的"要求"，把产品与需求和期望直接结合起来，作为满足程度来考察。

顾客的需求和期望与产品结合后，通过使用产品，需求和期望就会得到一定程度的满足。所谓一定程度的满足，一是说需求和期望得到满足的程度往往难以达到100%，即使产品质量完全符合要求，完全满足要求，也可能没有完全满足需求和期望；二是说顾客对任何产品都可能有多方面的需求和期望，大部分需求和期望满足了，也可能还有小部分需求和期望不能得到满足；三是说需求和期望往往是变化的、发展的，即使现在满足了，也难以保证今后也同样得到满足。随着科学技术和社会的发展，顾客的需求和期望也在不断发展。由人生需要转化而来的需求和期望，往往是没有止境的。企业如果固步自封，产品一成不变，就不可能让顾客持续得到满足，也就很可能被顾客所抛弃。

需求和期望的满足状况，直接决定了顾客的满意状况。满足程度高，满意程度就高；满足程度低，满意程度就低。但是，应当强调的是，这里说的满足程度，是一个综合评价后的满足程度，而不是仅仅指某一项或某几项需求和期望的满足程度。决定顾客满意状况的，不仅包括产品质量特性满足顾客需求和期望的状况，而且也包括产品其他特性满足顾客需求和期望的状况。质量特性是与要求相关的固有特性，除了这样的固有特性之外，产品往往还有其他固有特性和赋予特性，例如产品的生产厂商、商标品牌、文化内涵、广告宣传、销售方式、价格特征等等。这些质量特性之外的产品特性，同样会对顾客的满意状况起作用，有时还可能还起着很大的作用。

顾客满足与顾客满意一样，也具有分辨性（一方面满足而另一方面不满足）、程度性（可以用百分比来表示）、时效性（随着时间变化而变化）。

顾客满足的基础也是顾客的需求和期望。在产品特性保持不变的情况下，需求和期望值越高，满足状况就会越低，满意状况也就越低。由于满意状况低，顾客心理上就可能受到损伤，毕竟人们都不喜欢否定的、负面的心理状态，不喜欢痛苦、反感、沮丧、失望、愤慨、厌恶等感受。为了避免自己心理上受到损伤，避免这种负面的心理状态，顾客往往会通过调整自己的需求和期望来提升满足程度，从而提升自己的满意程度。因此，顾客满意状况对顾客的需求和期望具有相应的反馈作用。一般来说，随着满意状况的改进，顾客往往会提升其需求和期望；满意状况不佳，顾客很可能降低其需求和期望。这也可以从图 10-2 上看到。我们经常听见顾客说"不满意又怎么样？只有认了。"虽然顾客还是不满意，但这种不满意却是控制在顾客能够接受的范围之内的，是一种无可奈何的状态。

二、顾客满意的参照系

顾客是否满意，还与顾客对企业、产品评价的参照系相关。所谓参照系就是顾客用来评价企业和产品质量的"标准"、"样板"。一般来说，顾客不会甚至不可能使用技术标准来作参照系，只会使用自己或他人的经验来对照企业及其产品质量。

首先，这种参照系是长期积累的结果。人们从生下来开始使用产品，一旦有意识后，就会对使用产品产生经验。随着使用产品的数量增多和意识的发展，这种经验也就会越积越多，从而逐渐固定下来。在购买和使用产品时，这种经验就会成为参照系，去对照产品使用的结果。所谓使用产品的结果包括使用产品过程所遇到的麻烦，例如支付的成本、出现的故障、出现的意外等等，也包括使用产品所带来的效益。如果使用产品的"结果"高于过去的经验，顾客就会感到满足，从而表示满意；反之就会表示不满意。

其次，这种参照系往往又要吸取他人的经验。现实生活中，我们经常遇到这样的事，自己购买了一件产品，出了一点故障，虽然很快就修好了，但仍然不满意；但是，当我们听说他人也购买了同样的产品，也出了故障，而且很长时间都没修好时，就会感觉自己是"不幸中的万幸"，不满意的程度往往就会降低，甚至可能转化为满意。此外，新闻媒体的相关报道也会产生类似的作用。当然，他人的经验更多地体现为正面的、肯定的。自己买件衣服打九折，朋友买的同样的衣服却是打的七折，于是就会产生遗憾感。遗憾实际上也是不满意的一种表现形式。

最后，这种参照系是在不断发展中的。从宏观来看，由于整个社会的产品质量水平总是在不断上升着的，不管是顾客自己的还是他人的对产品质量的经验也都是"上升"着的。即使从某一产品来看，其质量水平往往也是在上升的（至少与产品质量直接相关的服务质量水平是在上升的），这也会促使顾客的经验"上升"。近30 多年来，全社会的服务质量水平已经有了根本变化，于是顾客往往用全社会的服务质量水平去要求政府机关。如果哪个政府机关还"门难进、脸难看、话难听、事难办",就会受到群众的投诉,受到社会舆论的监督。个别政府工作人员至今还不明白这个道理,甚至把人民群众当作"刁民",显然有逆于潮流。

顾客的参照系有时是明显的,有时却可能是潜在的。潜在的参照系往往融入了顾客的需求和期望之中,成为其重要的组成部分。实际上,顾客的需求和期望的基础是顾客的人生需要,但仅有人生需要往往还难以形成需求和期望。在人生需要的基础之上,又吸收了参照系的因素,才可能形成需求和期望。因此,我们在后面的相关论述中,就可能将这种参照系融入需求和期望之中,而不再特别强调了。

三、顾客满意的形成机制

在相当多的情况下,顾客满意是从对企业形象的感受开始的。在市场经济条件下,顾客选择的机会大大增加。在未接触产品之前,顾客往往已经"接触"了作为产品生产者、销售者的企业。这可能与大量的广告"轰炸"相关,但也与顾客能够从其他渠道获得的大量其他相关信息,例如亲朋好友的介绍有关。企业的形象往往是顾客选择产品的重要依据,甚至可能是最主要的依据。企业的形象好,顾客还没有接触产品就已经在一定程度上具备了产生满意的心理基础。反之,就可能产生潜在的不满意。要把这种潜在的不满意转化为满意,往往更费力一些,甚至是相当困难的,不仅需要产品本身更能满足顾客的需求和期望,而且还需要企业对自己的形象有一个质的改进。

顾客购买产品,与企业直接接触,企业的产品能否满足顾客的需求和期望以及其服务状况,直接作用于顾客的心理,于是顾客就正式开始了对企业及其产品的心理评价过程。一旦顾客产生不满意,这个过程就可能中断,就会与企业失之交臂。要把这样的顾客重新吸引回来,往往也很困难。因此,产品技术方面的质量能否比竞争对手的高,在销售过程中服务方面的质量是否好(至少不能有过多过大的缺陷),是防止顾客流失的两大前提。

顾客购买产品之后,通过使用,满足了需求和期望,就会产生满意的心理。如果产品在使用过程中出现问题,或者与别的产品进行比较后,顾客感觉自己购买的产品在满足自己的需求和期望的程度上要差一些,就会产生不满意。一般来说,企业对顾客满意进行监视和测量,主要就是针对这种顾客进行的。从表面上看,顾客已经购买了产品,满意与否对企业已经没有多大损害。但是,不满意的顾客往往不会第二次购买;而且他还可能将他的感受传播给22个潜在的顾客。这样就会给企业的质量信誉造成巨大损害。因此,要尽可能使顾客由不满意转变为满意，防止自己的质量信誉遭受损害。一般来说，售后服务是转变顾客不满意心理的主要手段。

相当多的企业，包括一些很有点声誉的大企业，对不满意顾客的关注往往不够。他们认为，顾客那么多，有那么几个不满意的顾客没有关系。这可能是相当危险的。首先，即使是满意的顾客，也可能存在着不满意的地方，或者其满意程度也可能是相当勉强的。顾客往往怀着与人为善的心理，即使存在不满意的地方，或者是勉强的，他们往往也不会表示不满意。如果已经表现出不满意，说明顾客的心理已经受到相当大的损害，产品和服务质量已经存在相当大的问题。存在的问题没有得到解决，还可能继续危害其他顾客，将给企业埋下祸根。发展到一定的时候，企业再来改进，往往要付出更大的代价。

企业还应认真关注表示满意的顾客。首先，表示满意的顾客也可能存在不满意的地方，而这些地方往往是企业所忽视的。解决这些存在的问题，可能并不需要费多大的劲，却可以大大改进质量。其次，顾客虽然表示满意，但很可能是勉强的，其满意程度往往并不高。这样，他随时都可能从满意转变为不满意。顾客满意程度不高，说明企业进行质量改进还有相当大的空间，更说明企业如果不加以改进，就可能造成顾客流失。最后，即使完全满意并且满意程度较高的顾客，由于条件的变化，也可能转变，由满意变为不满意。如果企业能够掌握顾客的心理评价为何要改变、怎样改变、向什么方向改变等等，就可以采取相应的措施，延缓、阻止或逆转顾客心理评价的这种转变，把他们留在满意顾客的行列中，并且由他们去影响其他潜在的顾客，为自己争取更多的现实顾客。

四、顾客满意的非理性因素

作为一种心理现象，作为一种心理评价，顾客是否满意，当然与客观存在的产品质量和企业对待顾客的行为密不可分，在很大程度上还是顾客对产品质量和企业行为理性分析的结果。之所以说是"很大程度"上，是因为顾客满意往往也存在非理性因素。所谓非理性因素，就是顾客在对产品质量进行心理评价时，往往要受其感觉、感情、心理状态等与产品质量和企业行为并无直接联系的一些自身因素的影响。顾客不是技术专家，更没有相应的检测手段，要求顾客完全客观地、科学地、理性地进行心理评价，实事求是地得出结论，往往是不可能的。

首先，顾客对产品质量进行评价，其依据往往不是技术检测获得的结果，而是自己使用产品的经验。人的经验是有限的，往往只能建筑在人的眼、耳、鼻、舌、身的感觉基础上，缺乏相应的理性和科学性。添加了苏丹红的食品，色彩更加鲜艳，可能更能使顾客的有一个好的感觉，但是却是有害于人身健康的。在媒体没有揭露前，相对于没有添加苏丹红的食品，顾客可能就会更"满意"一些。这显然就是一种非理性评价。事实上，几乎所有的产品都存在这样的情况，顾客往往不可能对产品质量作出全面、准确、科学的判断，因而其满意状况往往也就存在着非理性因素。

其次，满意作为一种心理感受，必然要掺入相应的感情因素。在产品质量实际一样的情况下，对自己喜爱的产品或企业，往往更容易表示满意；对自己不喜爱的产品和企业，往往更容易表示不满意。这也就是人们常说的"偏好"。人们购买和使用产品，是为了获得产品给自己带来的质量效益，隐含着一种经济学计算。但是，这种经济学的计算往往并不太精确，更容易受"偏好"的影响。虽然媒体屡屡曝光进口名牌产品存在的质量问题，但总有一些人偏好于进口名牌，情愿花更多的钱来购买。这种非理性因素不仅在顾客满意评价中普遍存在，而且往往成为影响评价的重要因素。因此，在相当大的程度上，特别是在产品质量差异不太大的情况下，顾客满意往往更集中于企业形象，特别是企业所代表的科技水平、生活方式、文化背景之类与产品质量没有直接关系的一些因素上。

最后，顾客在评价自己是否满意时，往往受自己心理状态的影响。人逢喜事精神爽，人遇悲伤情绪低。人的心理状态与人的气质、性格、心理节律以及外界刺激相关，心理状态正常时，顾客进行评价往往更加理性；反之，就可能有更多的非理性因素。例如心理状态大起大落时，顾客往往就可能更粗心；心理状态低沉时，顾客往往就容易从负面来看问题，评价相应就低得多。顾客家中正遭遇灾祸，你去调查，他甚至会加以拒绝；顾客挨了领导批评，你去问他是否满意，他可能想都不想就回答你一个"不满意"。这种状况对顾客满意调查也提出了相应的要求。

总之，顾客满意肯定是建立在对产品质量的感受基础上的，但往往又会掺入相当多的其他因素，并且还要受顾客自己各种各样的非理性因素的影响（图10-3）。因此，顾客满意往往是一个很复杂的过程，是一个值得我们认真研究的课题。

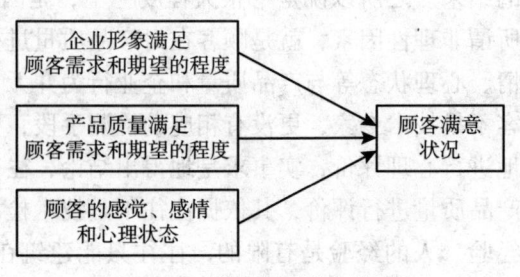

图10-3　影响顾客满意的因素

第三节 顾客满意的心理差异

一、不同顾客满意与否的心理差异

同样的产品，不同的顾客往往表现出不同的满意状况，有的表示很满意，有的表示很不满意，企业在进行顾客满意状况调查时往往因此而感到困惑。其实，顾客满意状况的差异之所以存在，是因为不同的顾客其需求和期望以及其对产品质量的感知和判断往往不同，也因为其表示或表达的目的和方式往往不同。

首先，不同的顾客往往有不同的需求和期望。顾客的需求来自于顾客的人生需要，虽然每个人的人生需要可能是相同的，但不同的人的人生需要的重点往往不同，特别是在高层次的人生需要上往往存在很大的差异。这样，人生需要的差异往往就可能造成顾客的需求不同，此其一。其二，需求是人生需要与实际购买能力相结合的产物，人们的实际购买能力更是千差万别的。因此，即使顾客的人生需要相同，也会因其实际购买能力不同而使其需求不同。例如人们都要穿衣吃饭，不同收入的人对服饰和饮食的需求就存在着相当大的差异。其三，顾客的期望不仅受其需求的制约，往往还要受其相关经验、文化水平、所掌握的信息量以及相关的心理因素的影响，不同顾客的期望往往也就呈现出相当大的差异。其四，人们的需求和期望还要受其偏好的影响，而偏好产生的原因相当复杂，与人们的民族、家庭、经历、文化背景、文化水平、心理特征等很多因素相关，甚至与人们的外貌相关，从而使顾客的需求和期望更加五彩缤纷。顾客的需求和期望是决定顾客满意的前提，既然前提不同，结果当然也就会有所不同。

其次，不同的顾客对产品质量的感受往往不同。顾客满意是"顾客对其要求已被满足的程度的感受"，这种感受是感知和评价的结果。正如我们在第七章已经分析过的一样，顾客在感知质量时因自己的感觉器官、外界条件、知识水平等因素的影响，存在着相当大的差异；在判断质量时因自己判断标准、思维能力等因素的影响，也存在相当大的差异。作为一种评价，顾客满意是建立在自己对产品质量的感知和判断的基础上的。既然顾客对相同产品的感知和判断都存在差异，那么其评价当然也就存在差异。

再其次，不同的顾客表示满意与否的目的往往也会不同。顾客不是企业的附庸，顾客也不是什么"上帝"，顾客和企业之间的关系是平等的互利的。顾客对产品质量不管是满意还是不满意，都是他自己的事。企业为了改进自己的产品质量，对顾客满意状况进行调查，顾客可以回答也可以不回答，甚至可以不予理睬。任何企业都不能强迫顾客接受调查，给予回答。这是顾客的基本人生权利，受着宪法和法律的保护。那么，为什么绝大多数顾客在企业进行调查时却能够接受并且给予回答呢？这是因为顾客接受调查并且给予回答往往有一定的目的，例如希望通过回答来回报企业（因为企业或产品给自己提供了超越期望的惊喜）、获得企业提供的服务、给企业某种程度的惩罚（因为企业或产品没有满足自己的需求和期望）等等。有时，顾客可能会也是为了获得企业提供的某种礼品（例如企业的有奖调查）。由于顾客表示满意与否的目的不同，在表示时就很可能掩盖其实际的满意情况，甚至进行歪曲表示，本来不满意或不甚满意的，可能也会表示为满意或很满意。

笔者曾主持过一次对一个内部小报的读者调查，收到的调查问卷几乎全是表示满意的。在"你特别喜欢的栏目"中，可以明显看出问卷答卷人是通过揣摩编辑部的意图后填写的。而事实上，编辑部平时接到的读者投诉不少，几乎全部是指责、批评和建议。为什么会出现这种状况呢？原来，问卷调查设置了相应的奖品，答卷人可能误解了编辑部的意图，欲图通过"讨好"编辑部来获奖。其实，类似的情况在现实中大量存在，即使没有设置奖品，也可能因其他原因使顾客表示的满意状况与实际的满意状况大相径庭。例如不少公安机关在进行群众满意或群众安全感调查时，都能获得90%以上的满意率或安全感率，但实际上很多群众并不满意，并没有安全感。只要上网一看，就可以发现这样在差异。也就是说，群众在填写调查问卷时往往没有说真话。当然，相反的情况也可能存在，本来相当满意，因为其他原因，却偏偏表示不满意的情况也可能存在。因此，企业在进行顾客满意的监视和测量时，一定要区分顾客的实际满意与表示满意之间的差异。

最后，顾客在如何表示满意上也可能存在差异。顾客满意调查不能仅仅只是满意与不满意，也不能仅仅只是5个量级的满意程度（很满意、满意、基本满意、不满意、很不满意），而应当根据调查的目的，设置相应的调查栏目。但是，在这种情况下，顾客能否把"其要求已被满足的程度的感受"真实地、全面地表示出来，往往取决于其文化水平等因素。一般来说，文化水平较高的顾客，往往不愿意把诸如"很满意"之类的评价送给企业，而文化水平较低的顾客却可能在此栏画勾。如果调查内容复杂一些，这种差异更容易表现出来。

二、顾客从满意到不满意的转化

同一顾客购买和使用同一产品，其满意状况往往是在发展着的，是在变化着的。今天表示满意，并不意味着明天他也会表示满意；此处表示满意，也并不意味着彼处他也会表示满意。如果把企业的全部顾客看作是一个顾客群体，这种情况更是普遍存在。一般来说，如果产品质量以及与其相关的服务质量、企业形象等等影响顾客满意的因素没有变化，随着时间的发展，顾客的满意程度总的倾向是在降低的。甚至可以说，在前者没有变化的条件下，顾客往往会从满意逐渐转化为不满意。因此，分析顾客满意的发展变化，对企业持续改进具有重要意义，对企业始终保持自己的竞争力也具有重要意义。

首先，顾客的需求和期望是发展和变化的。不管是从某一顾客来分析，还是从顾客群体来分析，顾客的需求和期望都是发展着的、变化着的。其一，按马斯洛的需要层次论的理论来说，人们的低层次需要基本得到满足后，对高层次的需要就会变得强烈起来。既然需要是在发展着的变化着的，那么作为需要的具体体现的需求当然也会因为需要的发展而发展，因为需要的变化而变化。其二，顾客的需求与顾客的收入相关，而收入也是发展的变化的，需求也随着收入的发展变化而发展变化。其三，顾客的期望受社会的产品质量总体水平的影响和制约，由于竞争的作用，社会的产品质量总体水平总是发展的变化的，顾客的期望当然也就在发展和变化着。事实上，只要我们把现在顾客的需求和期望与10年前相比，就会容易明白这样的发展和变化。

这其中，最重要的是社会的产品质量总体水平，也就是顾客满意与否的参照系。随着科技水平的进步，社会的产品质量总体水平总是在不断提升的。即使是老产品，是传统产品，过去不为人们重视的一些质量特性，如今也逐渐被人们看重。近年来，食品安全日益受到全社会的重视，食品添加剂成为社会关注的重点。其实，这样的添加剂过去同样有，有的甚至更加严重。食品加工的卫生条件更是如此。30多年前，笔者曾经参观过一些食品厂，甚至还在一个食品厂作过临时工，深知那时食品厂的卫生状况。例如某酿造厂的职工就从来不买本厂生产的酱油吃，而是自己熬制，因为那酱油池里经常发现死老鼠之类！可是，一些人不了解过去的情况，出于对食品质量安全问题的义愤，自觉不自觉地美化过去的情况，却不知缺吃少穿年代根本不可能像现在这样关注诸如滥用添加剂之类质量安全问题。随着社会产品质量总体水平的提高，顾客的需求和期望也必然提高。改革开放30多年来，我国的产品质量已经有了一个很大提高，特别是服务质量已经有了根本好转，顾客对产品质量和服务质量的需求和期望也早已今非昔比。即使是政府机关，如果仅仅只有一个"微笑服务"，仅仅只解决"门难进、脸难看、话难听、事难办"，也难以真正获得群众的好评。

其实，顾客需求和期望的发展和变化不仅体现于宏观层面，也体现于微观层面。顾客在购买产品时,其需求和期望可能集中于某一个或某几个方面,如果能够得到满足,他可能表示满意。产品到了顾客手中,其潜在的需求和期望可能逐渐显露,如果这些潜在的需求和期望没能得到满足,他就可能表示不满意。而且,在整个使用过程中,前期(包括购买时)显露的需求和期望还可能继续发展,原来感觉得到满足的,后来就可能感觉没有得到完全满足,于是他也可能从满意变为不满意。特别是顾客发现自己购买使用的产品不如其他同类产品后,这种状况更可能发生。

其次,顾客对产品质量的认知和判断也是在发展变化的。从宏观上看,一个社会对产品质量的认识是在发展变化的。原始社会对质量的认识停留在"能吃能用"上,农业社会则强调"耐穿耐用",且不论。只说最近30多年来,我们对质量的认识不就经历了一次又一次根本变化吗?不管是什么产品,随着供应和使用的增多,人们对其质量的认识也逐渐加深,用以判断其质量水平的知识和经验也逐渐丰富。如今,打开报刊,就可以看到很多诸如"如何识别假货"、"如何判断真伪"之类的文章。在质量知识大普及的情况下,企业欲图用"瞒"、"骗"、"藏"之类手段来掩盖某一产品质量特性的做法,可能越来越难以见效了。

从微观上看,顾客通过购买产品,通过使用产品,逐渐认知了产品质量,获得了产品质量知识和经验,然后再用这样的知识和经验来认知质量、判断质量,往往就能发现原来没有发现的产品质量问题。在没有发现时,顾客可能表示满意;一旦发现了质量问题,顾客就可能表示不满意了。而且,通过使用产品的实践,还能够激发顾客潜在的需求和期望。一方面,需求和期望提高了;另一方面,认知和判断产品质量的水平也提高了,而产品质量却没有改变,顾客甚至可能感觉失望,至少感到不满足。事实上,我们每个人都有类似的失望体验。虽然这样的不满意不是愤怒型的,但依然可能对企业产生消极影响。如果顾客发现的质量问题相当严重,企业又没采取相应的补救措施,顾客就可能从失望走向愤怒。事实上,大多数愤怒型不满意的顾客都是这样从失望发展而来的。

最后,新产品的出现对顾客满意状况将产生深刻影响。新产品实际上就是为顾客增加了一个新的参照系,对照新产品这个参照系,顾客往往就可能从满意变为不满意。在当今这个强调创新的时代,新产品总是层出不穷的,既有通过改进提高了质量的新产品,也有在全新理论指导下创造出的新产品。一般来说,新产品总是增加了功能、降低了成本或提高了质量,能够更好地、更多地满足顾客的需求和期望。顾客对照新产品这个参照系,也就是说通过新产品与自己购买和使用过的产品进行比较,一方面引起需求和期望的变化;另一方面引起对质量的认知和判断的变化，往往就会感觉不满足，甚至后悔，于是就会感到不满意。当然，这种不满意顾客可能并不会表示出来，但却可能通过拒绝继续购买旧产品（甚至"抛弃"旧产品）来表示。对企业来说，如果不迅速推出新产品，这比顾客表示不满意可能更糟。

综上所述可以发现，如果企业及其产品不能跟上顾客需求和期望的发展，不能跟上顾客经验的积累，不能跟上社会总体质量水平（包括新产品）的提升，顾客从满意到不满意的变化就是不可避免的。正所谓"逆水行舟，不进则退"！要阻止这个过程，企业只有采取措施，跟上这三个方面的发展步伐。

三、顾客从不满意到满意的转化

可以说，任何企业都不愿意顾客从满意变成不满意。顾客从满意到不满意的变化，一般来说，不是企业有意为之的，除了产品质量本身存在的问题之外，是社会条件和顾客自身心理变化引起的。因此，这样的变化往往是企业难以控制的。但是，要让顾客从不满意到满意，却不是一个自然而然的过程，需要企业采取措施，去促进顾客从不满意到满意的转变。

顾客不满意产生的时间及其内容、程度、原因和表达方式是各不相同的，企业在对顾客满意进行监视和测量时就应对此进行分类，以便真实把握，针对不同情况采取不同措施。只不过措施得当、措施到位，顾客的不满意就会减少，就会降低，就会改变。

其一，从顾客不满意产生的时间来看，就有多种情况。有的顾客在购买产品时（甚至在购买前）就已经存在不满意了，但由于没有其他更好的方案，只好在不满意的情况下购买。不过，大多数顾客购买时往往是满意的，在产品使用过程中才产生了不满意。也有顾客是产品使用完毕后才产生不满意的。区分顾客不满意产生的时间，企业的措施才会有针对性。对购买时就不满意的顾客，可以通过对产品质量的讲解、调试、试用、担保等措施来消除；对使用过程中和使用完毕后产生不满意的顾客，则要通过调查了解其不满意产生的原因，并消除这样的原因来促进其转化。

其二，顾客不满意的内容千差万别，相当一部分可能是因为误解、缺乏相应知识或使用能力而产生的，当然更多的可能是产品质量本身存在的问题引起的。对前者，企业有消除误解、传授质量知识和培训顾客的义务，企业通过相应的服务措施，可以在很大程度上改变顾客的态度。对后者，企业应当尽可能采取补救措施，例如包修、包换、包退、包赔，为顾客提供相应的补偿，以消除顾客的不满意。事实上，任何企业、任何产品都不可能不存在质量问题，加强售后服务是解除顾客后顾之忧、消除顾客不满意的必然要求。没有良好的售后服务，顾客肯定会不满意的。

其三，顾客不满意的程度是有区别的，企业应当特别关注那些愤怒型不满意的顾客，及时采取补救措施，以尽可能降低其不满意的程度，防止这样的顾客对企业的信誉造成危害。当然，对失望的或不满足的顾客也不能忽视，通过对他们不满意原因的调查，可以获得改进产品质量的信息和机会。一般来说，只要企业能够认真听取顾客意见，做好相应的解释工作，并采取措施加以改进，失望的或不满足的顾客往往容易转化为满意，这应当是企业积极争取的对象。

其四，顾客不满意既可能针对产品质量，也可能针对购买产品或使用产品的过程中所遇到的麻烦，例如支付的成本、出现的故障、出现的意外等相关。而后者往往更容易引起顾客不满意。事实上，顾客不满意，特别是严重的不满意（愤怒型不满意），往往不是针对产品质量本身的，而是针对这种麻烦的。如果企业能够通过加强售后服务，尽可能消除或减轻给顾客购买和使用产品造成的麻烦，顾客的不满意往往就会转化为满意。

其五，顾客不满意还可能针对企业本身。企业形象如何，虽然并不一定就与产品质量相关，但在顾客评价产品质量时，企业形象往往成为其潜在的一个重要因素。企业形象不佳，产品质量再好，顾客往往也难以给予好的评价。因此，企业形象的改变，往往能够改变顾客的评价，使顾客从不满意转化为满意，至少可以使顾客减轻不满意的程度，或者增加满意的分量。关于这一点，我们在第八章已经进行过专门论述，此处从略。

其六，顾客表达不满意的方式大多是潜在的。ISO9000：2005 指出："顾客抱怨是一种满意程度低的最常见的表达方式，但没有抱怨并不一定表明顾客很满意。"潜在的不满意同样可能使顾客拒绝企业、拒绝同类产品，从而给企业带来损害。因此，企业对这种潜在的不满意依然应当给予关注，尽可能消除或减轻。如果企业放任这种潜在的不满意，"潜在"也就会变为"显现"，甚至促使顾客加重不满意的程度。企业应当通过多种监视和测量的手段，去把握、分析这种潜在的不满意，然后采取相应措施，使顾客从潜在的不满意转变为潜在的满意，进而变为"显现"的满意。

第十一章

顾客满意的质量观

人类一旦开始生产活动，就有了产品，于是就有了原始的质量观。从原始的质量观到现代的质量观，人类的质量观念是一个发展的过程。如果说"能吃能用"、"耐穿耐用"是经验论的质量观，用技术标准来判断是否符合是技术论的质量观，用质量效益分配来决定质量是经济论的质量观，那么，用顾客满意与否来判断质量就是一种心理学的质量观。经验论的质量观出现于天然经济和自然经济时代，技术论的质量观出现于大工业时代，经济论的质量观是人们对市场经济的反映，而顾客满意的质量观则是后工业时代的质量观。

第一节 顾客满意质量观的形成

一、后工业社会的特征

早在 20 世纪七八十年代，一些未来学家就发现世界正在进行一次新的产业革命。阿尔温·托夫勒的《未来的冲击》、《第三次浪潮》，约翰·奈斯比特的《大趋势——改变我们生活的十个新方向》等著作提示了现代科技革命的发展趋势及其对人类社会产生的影响，在世界引起了很大的震动。托夫勒把这次产业革命比同于与农业产业革命（第一次浪潮）、工业产业革命（第二次浪潮）并列的第三次浪潮，奈斯比特则称之为"信息社会"，也有不少人称之为"信息经济时代"、"知识经济时代"、"新经济时代"、"后现代"、"全球化时代"、"后工业社会"等等。虽然各种冠名争执不休，专家们都有自己分析评价的重点和特殊贡献，但笔者认为不应纠缠于冠名上，而应对这次新的产业革命对人类社会的影响加以重点研究。

本书主要研究的是产品的质量问题，而产品的质量问题是工业社会才凸显出来的社会问题，因此我们最好还是不要脱离"工业"二字。如果"后工业"指称的是"第三次产业革命"，而"第三次产业革命"依然以工业生产为代表，那么我们还是使用"后工业社会"术语为好。从研究质量问题出发，后工业社会的主要特征表现为：

1. 信息技术在产品生产和消费中的应用越来越广泛。目前，信息技术正在日益深入地进入社会的生产和生活和方方面面。一个以信息技术广泛应用为主导，信息资源为核心，信息网络为基础，信息产业为支撑，信息人才为依托，法律法规、政策、标准为保障的信息化综合体系正在形成。由于信息技术的广泛应用，新的产品种类不断涌现，产品的生产成本进一步降低，使用产品更加方便，产品的总体质量以及质量总效益都得到前所未有的提升。通过充分利用信息，企业的质量管理也在发生根本变化，持续改进不仅是必要的，也是可能的。企业对顾客使用产品的监视和测量也更加容易。

2. 市场对产品质量的要求越来越高。一是由于信息技术的广泛应用，顾客更加容易获得有关产品质量的信息，往往就要比照最高的质量标准来要求企业。二是由于信息技术提供了可能，顾客的需求"从非此即彼的选择到多种多样的选择"，对产品和产品质量的需求将呈现出个人化、多样化。三是政府可以通过信息技术，加大对市场的监管力度，防止违法生产。四是消费者权益越来越受到重视，某个消费者的权益受到损害，就会通过信息传播，影响一大片消费者。五是社会其他成员对产品生产和消费的关注程度加强，一旦谁发现产品的生产和消费损害了社会的整体利益，就会引发社会其他成员的抗议。这样，市场竞争特别是质量竞争也就更加激烈。

3. 顾客将日益参与到产品质量的形成过程中来。信息技术的广泛运用，使顾客对产品质量的需求越来越趋向于个性化、多样化。企业要获得顾客这种个性化、多样化的需求信息，往往就要吸引顾客参与到产品的设计和生产过程中来。为了赢得顾客的信任，在信息技术支撑的前提下，企业将尽可能把自己的设计、生产、销售等情况向顾客展示，从而吸引顾客参与质量控制。按托夫勒的说法，这是"生产者与消费者合而为一"，甚至可能出现一个"超越市场"的文明。按奈斯比特的说法，这是"从向组织机构求助到自助"，"大工业福利国家的宏观经济正在让位于信息自助社会的微观经济"。

4. 社会对产品的生产和消费的干预将日益增强。进入后工业社会，人们更加关注环境、资源、社会公正等问题。如果产品生产和消费不能满足社会对环境保护、资源节约、社会公正等方面的要求，社会就将通过法律、舆论等手段，对产品的生产和消费进行干预（甚至可能是强制性的干预）。这样，产品生产和消费就不仅仅是企业和顾客两家的事了，或者说企业的顾客范畴大大扩展了，顾客也有了自己的"顾客"。这样，企业不仅要关注产品的预期使用质量，还必须关注产品的非预期使用质量。而顾客为了获得社会的许可，对非预期使用质量也将更加关注，甚至成为其选购产品的重要考虑内容。

5. 顾客满意情况将直接左右着市场。过去，如果有产品不合格，顾客投诉，企业可以"悄悄"解决，不至于过分影响自己的质量信誉。随着信息技术的发展，使顾客可以在相关网站上，或者通过微博什么的，直接对产品质量发表意见，不管是正面的意见还是负面的意见，其影响都是过去无法比拟的，不知将增长多少倍！特别是顾客的负面意见，更可能在网上迅速传播。这样，企业的质量信誉往往要受到挑战，逼迫企业不能不关注顾客的满意情况，不得不采取相应的措施加强监视和测量，并采取相应的措施予以控制。随着市场走向虚拟化，企业和顾客之间的关系，特别是双方的沟通也将呈现出一系列新的特点。

后工业社会的特征当然不止这一些，我们只是从产品质量和质量管理的角度列举了几条。从这几条中我们就已经发现，后工业社会对我们的质量观已经提出了新的挑战。

二、顾客地位的提升

过去，我们往往从狭义的角度去理解顾客的定义，把顾客仅仅看作是在商店或服务行业买东西的人或接受服务的人。但即使作这样狭义的理解，只要有产品交换，也就会有人购买产品，也就有顾客。那么，最早的顾客应当是原始人了。早在原始社会就有了最初的产品交换，也就有了最初的顾客。那时，产品交换虽然极少，但只要在交换，就有"顾客"。不过，那时的交换几乎都是以物易物，也就是说，产品交换的双方既都是出卖者也是购买者，既是"供方"又是"顾客"，即使在同一场合，交换双方都保持着双重身份。当然，这样的"顾客"是相当原始的。

随着经济的发展，交换日渐增多，在原始社会末期，货币产生了，在一定程度上摆脱了以物易物形式。这样，用货币去购买产品的人也就成了名副其实的顾客。不过，"顾客"一词产生相当晚，很可能是从日本语转借而来的。顾者，还视也，往而视也，也就是回头看的意思。顾还有照顾的含义，暗含着卖方对买方的感谢。旧时，商店对来购买的人往往要说声："谢谢光顾。"也表达了一种感谢的意思。客者，来宾也，带有尊称的成分。英语 customer 可以译为顾客，也可译为客户、客人、买主、用户等等。《水浒传》成书于元末明初，书中店家把旅客或食客称为"客官"，"官"带有尊称的成分。顾客就是"照顾"、"光顾"卖方生意的"买方"或"客人"。从"顾客"的词源分析，就已经包含了对其地位的尊重。

但是，在商品化不发达或经济短缺的情况下，顾客的地位实际上是相当低的。在自然经济条件下，商品交换很少，几乎所有的商人都要或多或少采用欺诈之类的手段来谋利，所以中国有"十商九奸"的说法。虽然那时商界也有诸如"和气生财"之类的话，但往往掩饰不了欺诈顾客的实质。计划经济是一种典型的短缺经济，年龄大一点的中国人对当年买东西凭票据、排长队、受窝囊气的情景可能都还记忆犹新。

即使是在市场经济中，顾客的地位一开始依然是很低的。以产品责任为例，直到20世纪中叶之前，像美、英、法这样的市场经济发达的国家，一直偏袒产品的生产者及销售者。如果生产者或销售者与顾客之间没有合同关系的，生产者或销售者对产品质量就一律不负责任。对于一般消费者来说，由于处于弱势，对产品质量不懂且没有检测手段，是不可能与生产者或销售者签订合同的，更不可能在合同中对产品质量进行约定。虽然生产者和销售者都在那里高喊"顾客就是上帝"，但实际上顾客遇到质量问题，往往无能为力。显然，这是相当不公平的。

随着生产力的发展，卖方市场逐渐转为买方市场，社会对产品的需求从量的需求为主转为以质的需求为主，顾客的地位才逐渐得到提升。第二次世界大战以后，西方各国兴起的保护消费者运动，迫使政府把关注的重点转移到消费者一边来。西方各国的立法机构纷纷制定保护消费者的法律，逐渐形成了产品责任法体系。在消费者的强大压力和法律的干预下，厂商才逐渐开始考虑顾客的利益，提升顾客的地位。在这个过程中，一些企业忽视顾客的利益，结果走向衰败，惨痛的教训也加快了这个过程。于是，关注顾客，以顾客的需求为导向，才逐渐被企业纳入了自己的经营管理战略。但即使这样，顾客的地位依然没有能够与企业"平起平坐"，"店大欺客"的现象依然存在，依然没有哪家企业把"顾客满意"当作质量问题去加以考虑。

的确，早在20世纪50年代，就有了"顾客满意"这个术语，还有诸如"顾客至上"、"顾客是上帝"之类的用语。但是，那时候人们，包括企业与顾客，并没有将"顾客满意"作为质量概念的内涵，作为质量的根本。不论是在理解上，还是在实际中，"顾客满意"更像是一句口号或一种广告用语。经过几十年的社会实践，特别是20世纪90年代以来世界经济的变化和转折，"顾客满意"的质量观才逐渐被企业和顾客所接受，形成了世界性的潮流，越来越深入人心。

可以说,"顾客满意"是适应于后工业时代的质量观。

三、市场竞争发展提出的新要求

顾客地位的提升,得益于市场竞争的发展。顾客满意质量观的产生,是市场竞争发展到一定阶段的产物。

我们知道,市场竞争首先是价格竞争。在价格竞争中,企业关注的是降低成本,顾客看好的是谁的价格低。但是,通过降低成本而降低价格,毕竟是有限度的,成本不可能一直降下去。在价格竞争进行到一定程度或处于相持阶段时,竞争双方往往就只能维持这种趋于一致的价格。这时,质量竞争就上升为竞争的主要形式。但是,在相同的技术条件下,产品质量经过一段时间的竞争,往往也可能趋于一致。事实上,在许多生产领域,同类产品的质量已经大体相同,已经不足以成为顾客选择的主要因素。例如,在如今的家电市场上,顾客很难区分海尔、长虹、美的……它们之间的质量差别,即使是专家,也很难说出哪种品牌的质量更好一些或更差一些。还有就是服务竞争,服务本身往往并不蕴含多少科技内容,而只是企业采取的一种策略。只要有一家企业采用了某种服务措施,其他企业立即就可以学习并跟上,采用相同或相似的服务措施。这更容易趋向同一。

但是,竞争还是在进行中。在价格、质量、服务之类竞争趋于同一的情况下,企业要赢得顾客的青睐,更需要"卖乖",把顾客吸引到自己这边来。有人认为,这时的竞争形式已经集中到品牌上,是一种"意义竞争"策略。笔者则认为是一种"形象竞争"。但不管怎么说,与价格竞争、质量竞争和服务竞争相比,其竞争的内容更加广泛,竞争的形式更加丰富,竞争的手段更加多样化,竞争的程度也更加激烈。虽然如此,其核心只有一个,就是让顾客满意,不仅是对价格满意,也不仅是对质量和服务满意,而且是顾客在购买和使用产品的全过程中对产品及与生产产品所有有关的事物和信息感到满意。

从价格竞争到质量竞争,再到服务竞争,如果说西方发达国家是用了上百年的时间才走完的过程,那么,在中国,这个过程只用了短短十几年的时间。20世纪80年代,我们还处于短缺经济的落后状态,能够买到就是一件好事,哪还顾及到价格、质量和服务?进入90年代后,卖方市场逐渐转变为买方市场,首先是"价格大战"。以家电产品为例,短短几年,大多数家电价格下降了一半,有的甚至下降得更多。接着是"质量大战",一些质量存在缺陷或不稳定的产品被淘汰出局,几百个彩电品牌只剩下十来个。再接着是"服务大战",几乎所有的厂商都在全国各地建立起自己的维修服务基地,一个电话就能够上门为消费者提供服务。20世纪80年代说起日本厂商的上门维修服务,我们还以为那是遥不可及的幻想,如今我们可能比日本人做得更好。

正是在这样的竞争中,不少企业已经感到竞争的手段似乎已经使完,竞争的态势已经趋于平衡,于是,当"顾客满意"作为一种新的质量观提出来,给这些企业的竞争战略注入了新的活力。研究顾客的需要,把握顾客的需求,将以人为本的理念注入到顾客关系中,逐渐成为追求竞争"先手"必不可少的前提。要让顾客满意,不仅仅是满足顾客在某一方面的需要或需求。价格竞争也好,质量竞争也好,服务竞争也好,其本质都只是满足顾客对产品实用功能的需要或需求。降低价格是在同一实用功能条件上让顾客少支付费用,提高质量往往只是提高或增加实用功能,改进服务仅仅是实用功能的延伸,是为了使实用功能顺利实现。而顾客是人,人不仅需要产品的实用功能来满足自己的生理或心理的需要,而且需要与产品有关的非实用功能来满足自己的心理需要。所谓非实用功能,包括赋予的产品特性或与产品有关的品牌、形象、意义等功能。在产品相对丰富、顾客相对富裕的条件下,顾客在购买和使用产品过程中,从产品的实用和非实用功能中获得的归属、自尊、自我实现等心理满足的重要性,往往可能超过产品实用功能给顾客带来的生理满足。于是,聪明的企业看准了竞争发展的态势,着力于满足顾客这种更高层次的需要或需求,以便尽早占领竞争的优势地位。

当竞争进入这样一个阶段后,质量观就不能不发生变化,单纯从技术的角度或经济的角度去认识质量,必然落后于顾客的需要或需求。于是,顾客满意的质量观就应运而产生。

四、ISO9000所起的推动作用

ISO9000族国际标准自1986年正式颁布实施以来,对企业的质量管理体系建设和产品质量的提高,发挥了极大的推动作用。但是,这套国际标准在对顾客的认识上,特别是在对顾客满意的认识上,却存在着一个发展的过程。这个过程实际上折射出30多年来在全世界范围内顾客地位的提升,也折射出市场竞争的发展,从一个侧面证明了我们本节前面部分论述的正确性。

在ISO8402:1986《质量—词汇》中,没有顾客的术语及其定义。在1986年版的3个质量保证模式的标准中,前两种保证模式标准中仅仅提到"顾客提供的物资",并规定了相应的控制要求。在ISO9004:1987《质量管理和质量体系要素指南》的引言中,"满足企业和顾客的需要"是质量体系"两个相互关联的方面",并规定了企业提供的产品或服务必须"满足顾客的期望"。但是,即使是这个用于指导企业如何建立质量体系的标准,也没有说明应当如何去满足顾客的需要,更没有进行相应的规定。

在1994年版的ISO9000族国际标准中,有了顾客的定义,并说明"ISO9000族国际标准着重为满足顾客提供指南和要求"。但是,"为顾客和其他受益者提供一种信任,即质量要求正在或将会在交付产品中得以满足"仅仅是企业5个质量目标和质量职责之一,而且还被放在第四的位置。在3个质量保证模式的标准中,体现"顾客的期望和需求"被作为对企业的质量方针的要求之一,但却是在"体现供方的组织目标"之后,并且是"以及"。虽然增加了有关合同评审的要求,却没有再提及顾客。在ISO9004:1994《质量管理和质量体系要素 第1部分 指南》中,有了"营销质量"的要求,要求企业建立起"顾客信息反馈"系统,却依然没有"顾客满意"的提法。

在2000年版的ISO9000族国际标准中,顾客的需求成为标准的出发点,顾客满意则成为组织最主要的质量目标。首先,标准提出了质量管理的八项原则,而"以顾客为关注焦点"位居第一。其次,不仅保留了顾客的定义,而且增加了顾客满意的定义。再其次,不管是ISO9001:2000《质量管理体系 要求》还是ISO9004:2000《质量管理体系 业绩改进指南》,其逻辑结构都是从顾客的需求和期望出发,层层展开的。标准所给出的"以过程为基础的质量管理体系模式"图,质量管理体系的输入端与输出端,都是顾客。输入端是顾客的要求,输出端是顾客的满意。最后,从识别顾客的需求和期望,到监视和测量顾客的满意状况,标准都进行了详细的规定。顾客这个术语在标准中使用的频次,是1994年版完全无法比较的。以ISO9001:2000为例,就使用了40多次(不含附录)。除组织、产品、质量等术语之外,顾客是使用最多的术语。2008年版在2000年版的基础上进行了一些修订,但上述情况却没有根本改变。

令人感兴趣的是,在ISO/CDI9000:2000中,没有把质量放在一般术语中来进行定义,而是把"质量是什么"放在标准的引言中,用了相当大有篇幅对其进行阐释。这个标准草案规定:"在ISO9000族国际标准中,术语'质量'用于表示:达到持续的顾客满意。"这样的"定义"可以说完全符合后工业时代的需要,能够适应当今顾客地位的变化,能够反映市场竞争的发展态势。但是,鉴于ISO9000族国际标准的主要用途是指导组织建立、实施和保持质量管理体系,又必须在全世界范围内考虑各类组织的具体情况,因而在标准正式版中取消了这样的"定义"。不过,随着时代的发展,特别是质量竞争的需要,在ISO9000族国际标准今后的修订版中,也很可能重新将质量定义为"达到持续的顾客满意"。

即使2000年版ISO9000族国际标准没有将质量直接定义为"顾客满意",但只要认真研究标准,就可以发现,"增强顾客满意"已经成为标准的核心,成为标准的灵魂。顾客满意的目标,不仅大于产品质量的目标,而且包含了产品质量的目标。如果说单纯的产品质量目标仅仅是企业的一个较低层次的质量目标的话,而顾客满意才是企业较高层次的质量目标。在ISO9004:2000中,"顾客满意"扩展为"相关方满意","产品质量"扩展为"组织的业绩"。这样,2000年版的ISO9000族国际标准实际上形成了一组有层次的质量目标或质量定义(表11-1)。

表11-1　　　　　　　　　质量定义与质量目标

层次	质量定义	质量目标
第一层	一组固有特性满足要求的程度	稳定地提供满足顾客和法律法规要求的产品
第二层	达到持续的顾客满意	通过质量管理体系的有效运用,包括质量管理体系持续改进的过程及保证符合顾客与适用法律法规要求,以增强顾客满意
第三层	达到持续的相关方满意	通过质量管理体系的持续改进,以增强顾客和其他相关方的满意

相关方概念实际上是顾客概念的扩展,本书第十四章将对相关方的满意问题进行讨论。

自ISO9000族国际标准发布实施后,在全世界范围形成了一个推行的热潮。事实证明,建立、实施并保持质量管理体系,对提升企业的质量管理水平,甚至对提升企业的整个管理水平,都具有重大的促进作用。2000年版ISO9000族国际标准已经发布多年,标准中关于"以顾客为关注焦点"的原则,关于"达到持续的顾客满意"的质量目标,已经深入人心,至少在企业中已经形成共识,形成一个从经营决策者到普通员工都不得不认可的理念。即使是政府部门,由于以人为本的理念得到社会的普遍认同,"人民满意"、"群众满意"(可以视为顾客满意的另一种说法)也成为其工作的主要目标。这样,"顾客满意"逐渐被社会所接受,顾客满意的质量观也就逐渐被社会所认同。在这个过程中,ISO9000族国际标准的推动作用是不可低估的。

第二节　顾客满意质量观的主要内容

一、以顾客为关注焦点

当 ISO9000 族国际标准才被引进的时候，中国人总觉得其中很多字句都有点佶屈聱牙。这可能有中英文不同语言习惯的原因，也可能有翻译的原因。与文学作品不同，作为标准，翻译更需要准确，有时也不得不"硬译"，于是中国人听起来就不大习惯。

2000 年版提出了质量管理的八条原则，第一条就是"以顾客为关注焦点"，这也让中国人觉得不顺耳。同样的意思，中国人一般说成是"以顾客为中心"。不过认真考察，"以顾客为中心"的含义就不如"以顾客为关注焦点"丰富。所谓"关注"，一是"关"，二是"注"。"关"就是牵连、涉及，也就是关心。"注"就是灌入、集中，也就是注意。"关注"就是关心重视，这就需要企业采取必要的行动。企业要关心重视的对象（事物）多，而顾客则是企业关注的"焦点"，是企业全部活动围绕的"中心"。所谓"焦点"，就是"焦"之"点"，就像放大镜能够把太阳光聚成一个"焦点"一样，顾客是企业"关注"的"集中点"，是企业"关注"的主要部分，在企业"关注"的对象（事物）中顾客占着重要地位。两种说法虽然意思大致一样，"以顾客为关注焦点"可能更准确更有意味一些。

为什么要以顾客为关注焦点？按标准的说法，是因为"组织依存于顾客"。任何企业，都有自己的顾客；没有顾客，企业也就不可能存在。企业没有顾客，企业可以成立，却不能生存。学校没有学生，只好关门大吉。而政府如果没有顾客（选民），能否成立都要打一个大大的问号。即使是独裁政府，它要统治人民，没有统治对象，独裁政府也是不可能存在的。从广义上来说，独裁"统治"也是提供一种"产品"，只不过提供的是一种恶劣的坏的"产品"而已，也要有"接受产品的组织或个人"。在市场经济条件下，顾客具有与企业平等的地位，任何企业都不能超越法律法规对任何顾客采取强制行动。顾客在法律法规的范围内是自由的，这种自由是神圣的，不可剥夺的。企业要生存，就必须赢得顾客的青睐；而要赢得顾客的青睐，就必须"以顾客为关注焦点"。

"以顾客为关注焦点"，是顾客满意质量观的核心内容。从企业角度来考察，企业要生存要发展，其出发点是顾客，其落脚点也是顾客。2000年版ISO9000族国际标准给出了一个以过程为基础的质量管理体系模式图（图11-1），从图上可以看到，质量管理体系的输入和输出都是顾客（和其他相关方）。输入的是顾客（和其他相关方）的要求，输出产品的接收者也是顾客（和其他相关方）。具体说来，"以顾客为关注焦点"有这样几个方面的要求：

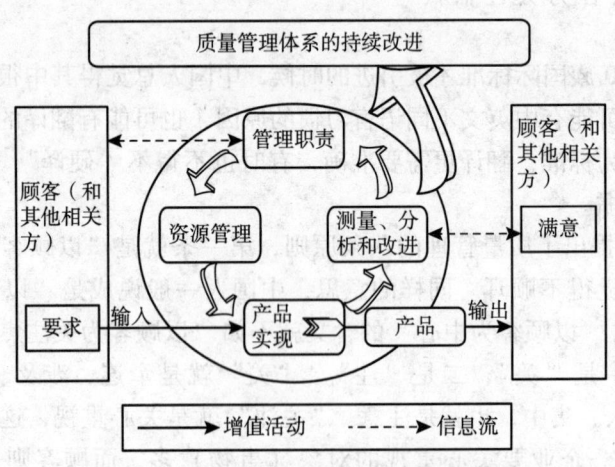

图11-1 以过程为基础的质量管理体系模式

  首先，企业应当关注顾客的需求。顾客的需求是企业的产品能否"适销对路"的前提，也就是企业生存和发展的前提。如何关注顾客的需求，在ISO9000族国际标准中已经进行了相当详尽的规定。从市场营销到市场调研、从合同评审到顾客沟通、从识别顾客需求到理解顾客需求、从确定顾客需求到把握顾客需求的变化，都是企业不可或缺不可忽视的职责。标准规定，"组织应当理解顾客当前和未来的需求"，也就是说，这种"关注"，一是有历时性的要求，要长期"关注"，而不是"关注"一次就可以完结的；二是有前瞻性的要求，不仅要"关注"当前的需求，而且要"关注"未来的需求；三是有深度的要求，这种"关注"不仅是要进行调查研究，也不仅是要识别和确定，更重要的是要"理解"。

  其次，企业应当关注产品是否满足了顾客需求。根据顾客的需求而设计和开发出来的产品，经过生产制造，提供给顾客。虽然这种产品可能是通过"关注顾客的需求"而设计和生产的，但并不一定就能满足顾客需求。产品能否满足顾客需求，还需要企业"关注"，即通过调查、试验、访问等多种方法来获得结论。ISO9001：2008规定："组织应监视顾客关于组织是否满足其要求的感受相关信息，并确定获取和利用这种信息的方法。"这种"关注"虽然是事后的，但却可以为企业提供改进产品的依据，而且又成为关注顾客需求的一个延长过程。

再其次，企业应当关注顾客是否满意。虽然产品可能满足了顾客的需求，但顾客却并不一定就会感到满意。产品的非固有质量特性、非预期质量特性等以及与产品生产、销售、使用等有关的附加"产品"，对顾客是否满意往往起到决定性的作用。企业要关注顾客在哪些方面满意，满意的程度如何；在哪些方面不满意，不满意的程度如何；并将结果与历史情况，与竞争对手进行对比，以确定需要改进的地方。鉴于顾客满意总是随着时间的推移和条件的改变而在不停地变化着，这种"关注"不是一次可以完成的，应当经常进行、长期进行，应当成为企业的一项日常工作。

最后，企业应当关注顾客的期望，尽可能争取超越顾客期望。所谓"超越顾客期望"，就是能够为顾客提供顾客未能预期的产品或产品价值，也就是提供的产品超越了顾客的期望，使顾客能够获得更多更好的产品价值。要到达这样的要求，当然困难。特别是在顾客的预期不断发展进步的情况下，要超越其预期，企业不下一番大的功夫往往不行。但是，企业在激烈的竞争中要占"先手"，要争夺优势，又必须"超越顾客期望"，也就是说提供的产品价值要高于顾客通过市场调查了解到的相同产品的产品价值。正因为如此，ISO9000族国际标准才提出了这样的要求。要达到这样的要求，企业就应当"关注"顾客的期望。

二、判断产品质量的最高标准

顾客是产品的接受者，顾客满意与否，当然离不开产品，是以产品本身的质量为基础的。顾客满意的质量观，针对的还是产品质量。

同样一个事物，从不同的角度去认识，往往会得出不同的结论。同样，对产品质量，如果用不同的判断标准去判断，也会得出不同的结论。从法律角度去判断，只要产品质量符合标准，不存在可能危及人身、财产安全的缺陷，产品质量就是"合格"的。从技术角度去判断，产品性能越多越先进，相关技术指标越高，产品质量就越好。从经济角度去判断，购买和使用费用越低，产品提供的劳务越多越优，产品质量就越好。不能说这些判断标准不正确，但它们只能适用于一定的场合。产品是由顾客来接受的，来使用的，用"顾客满意"来衡量、来判断产品质量，应该说有更多的合理性。

为了不引起误解，应当先说明的是，顾客表示满意并不一定等于顾客满意。顾客表示满意，可能是因为他不了解相关法律法规，或者是他不懂得并且不能检测产品的技术质量，或者是他一时受了企业的或产品本身的"欺骗"而被一些假象所蒙蔽。在这种情况下表示满意，对企业来说是没有意义的。一旦顾客了解了相关法律法规，识破了企业或产品的假象，他马上就会表示不满意。在信息传媒高度发达的当今世界，这是很容易做到的事。因此，在被"欺骗"的情况下，顾客表示满意，很可能是一种临时的假象，是不能持久的"伪满意"。我们说的顾客满意，是在排除了上述情况之后，顾客真实的心理上的满意。这样的顾客满意，是建立在产品已经符合相关法律法规要求、产品技术质量方面不存在问题，并且顾客已经获得企业或产品的相关信息的基础上的。这样的顾客满意，当然就是判断产品质量的最高标准。

用"顾客满意"的标准来判断产品质量，首先，产品应当是合格的，即"合"法律法规之"格"。一个生产销售假冒伪劣产品的企业，一个把明知不合格的产品推给顾客的企业，没有资格引用"顾客满意"来谈论产品质量，我们可以将其排除在外。其次，产品应当是适用的，即"适"顾客之"用"。产品的技术质量达到法律法规规定的标准后，其质量如何，是由使用来判断的。只有适用于顾客的需要，能够给顾客提供其需要的劳务，顾客才可能感到满意。再其次，产品应当是适宜的，即"适"顾客之"宜"。产品的寿命周期成本只有适宜于顾客预期的购买和使用成本，能够使顾客获得相应的质量效益，顾客才可能感到满意。最后，产品应当是满意的，即"满"顾客之"意"。产品的非固有质量特性、非预期质量特性等以及与产品生产、销售、使用等有关的附加"产品"，对顾客满意与否的作用在最后这个层次上反映出来，只有产品及这些"附加"都能够使顾客满意，顾客才会真正感到满意。

我们说顾客满意是判断产品质量的最高标准，正是在这样的前提下来说的。有人以为，我把产品卖出去了，问一声顾客，你满意不满意，顾客说满意就算作"顾客满意"了。这实际上是对顾客满意的一种误解，而且是一种低层次的误解。ISO9000：2005在定义"顾客满意"时，没有用诸如"顾客表示"之类词语，而是用"顾客对其要求已被满足的程度的感受"来定义，就已经预示着有这种误解的可能。在为这个定义所加的注2中，标准还提醒人们："即使规定的顾客要求符合顾客的愿望并得到满足，也不一定确保顾客满意。"

正因为"顾客满意"包含着相当丰富的内容，甚至包括了法律法规、技术质量、适用性和经济性等方面的要求，它才能够成为判断产品质量的最高标准。为了进一步说明顾客满意是判断产品质量的最高标准，可能还需要啰嗦几句：（1）如果说法律法规对产品质量的要求是最低标准，要达到顾客满意，产品首先就要符合法律法规这个最低标准，而不管顾客是否了解这样的法律法规，是否知道产品是否符合法律法规所规定的标准。(2) 如果说技术指标是判断产品质量的客观标准，要达到顾客满意，产品首先就要达到规定的技术指标要求，而不管顾客是否懂得这些技术指标，是否有兴趣有能力去进行技术质量方面的检测。(3) 如果说适用性是判断产品质量的顾客一方的一种主观标准，要达到顾客满意，产品首先就要适用，而且其非预期的质量特性还应当在社会可以接受的范围之内。(4) 如果说经济性是判断产品质量的市场标准，要达到顾客满意，产品首先就要保持在市场能够容忍的购买价格和使用费用之下，而不管产品的生产成本如何。产品的生产成本是由企业自己控制的，降低生产成本是企业的事，顾客往往只认可自己能够接受的购买和使用费用。

把顾客满意作为判断产品质量的最高标准，但并不意味着要用顾客满意来作为检测产品质量的标准，也不意味着要用顾客满意来对比竞争对手之间产品质量的优劣。检测毕竟是一个技术过程，依然需要相应的技术标准。竞争对手之间，顾客满意状况由于产品不同、顾客不同、调查对象不同、调查方式不同和统计差异等等原因，在两个企业之间往往没有可比性。即使是同一企业的同一产品，虽然后来产品的质量特性值还有所提高，但由于顾客的期望值的变化，顾客满意状况反而可能比原来下降。因此，不能把顾客满意这个判断产品质量的最高标准拿来随便乱用。

三、把质量创新作为第一要务

江泽民曾指出："创新是一个民族进步的灵魂，是国家兴旺发达的不竭动力。一个没有创新能力的民族，难以屹立于世界民族之林。"对企业来说，创新既包括制度创新，又包括技术创新，还包括管理创新。从很大程度上说，技术创新和管理创新就是质量创新，因为技术创新和管理创新的目的，最终要体现在提高质量、增加效益上。所谓质量创新，就是通过技术的、管理的等手段，对产品进行改进，特别是进行根本性的改进，以更好地满足顾客需求。

显然，质量创新是一种质量改进活动，但比一般意义上的质量改进和持续改进层次更高，其结果（产品）往往具有全新的意义。按 ISO9000：2005 的定义，质量改进是"质量管理的一部分，致力于增强满足质量要求的能力"。持续改进是"增强满足要求的能力的循环活动"，实际上就是持续的质量改进。如果说质量改进是一次活动或几次活动，那么持续改进就是不间断的质量改进活动。如果说质量改进和持续改进着眼点主要还是满足要求的话，那么质量创新不仅是满足顾客要求，更强调"超越顾客期望"。但是，质量创新又必须以质量改进，特别是必须以持续改进为基础。可以说，在一定程度上，质量创新也就包含了质量改进和持续改进的全部内容。

持续改进是 2000 年版和 2008 年版 ISO9000 族国际标准的一个最大改进，被列入质量管理的八大原则之一。虽然排在第六位，但其重要性却不能低估。八大原则中，最重要的是两条：一条是"以顾客为关注焦点"；另一条就是"持续改进"。以顾客为关注焦点，规定了企业质量管理的目的；持续改进，规定了企业质量管理最基本的方法。事实上，持续改进最终往往将导致质量创新。从这个意义上说，只有持续改进，只有质量创新，才能满足顾客的需求和期望，也才能实现以顾客为关注焦点的目的。

为论述方便，我们且使用"质量创新"一词来概括所有的质量改进活动。那么，对企业来说，顾客满意质量观的另一个基本要求就是要把质量创新作为第一要务，用质量创新去保持和提升顾客的满意程度。

首先，顾客需要在质量创新中获得对生理和心理需求的满足。要让顾客满意，就要"以顾客为关注焦点"，特别是要关注顾客的需求。顾客对产品的需求是一个发展的过程，这个过程可能是没有止境的。特别是满足顾客心理需求的产品（可以说几乎所有的产品都有满足顾客心理需求的一面），更是没有止境的。其实，顾客对生理需求和心理需求往往是分不开的，随着物质的逐渐丰富，寓于生理需求中的心理需求往往更高更强烈。用通俗的说法，顾客总是"喜新厌旧"的。产品一旦形成，就只能逐渐变"旧"，顾客也就会由满意变为不满意，至少也要降低对产品的满意程度。因此，要满足顾客这种没有止境的需求，要适应顾客"喜新厌旧"的心理，就只有不断推出新产品。所谓的新产品，从质量角度来看，其绝大多数，实际上是旧产品经过质量创新获得的。

其次，顾客需要在质量创新中获得更多的质量效益。顾客总是期望用更低的价格和使用费用来获得产品和产品提供的"劳务"，总是期望产品能有更多的功能、更长的寿命、更可靠的使用性能、更低廉的维护保养费用……也就是说，顾客总是期望产品能够给自己带来更大的质量效益。而只有质量创新，才可能降低成本（包括降低顾客的使用成本），才可能增加产品功能、延长产品寿命、提高产品可靠性、降低维护保养费用……从而为顾客提供更大的效益。事实上，如果排除通货膨胀的因素，产品价格和使用费用总是呈下降趋势，而产品的质量却总是呈上升趋势。最典型是的电脑，每 18 个月功能提高一倍、价格下降一半的"摩尔定律"和"贝尔定律"已经持续了 30 多年，正是质量创新的结果。

最后，市场和科学技术的发展促使顾客更加关注质量创新的产品。进入 21 世纪，从世界范围看，传统的消费品已逐渐趋于饱和。即使出现一种新产品，由于生产能力非常强大,在很短时间内也会趋于饱和。短短几年,VCD 机、DVD 机在中国就如此过剩,然后就被淘汰,即是典型例证。还有光伏产业,也是短短几年就饱和了,整个行业现在已经亟待"休假式治疗"。当然,饱和或过剩都是相对的,但这种"相对"与20世纪前期的"相对"已不可同日而语。另外,科学技术的发展为质量创新提供了坚实的基础。20世纪后期飞速发展的微电子技术、新材料技术、生物工程技术等,已广泛深入到生产、流通和消费领域。利用这些技术更新或改造原有产品,就会使其面目一新。此外,由于信息传播速度加快,各种各样的发明、专利层出不穷,这也为质量创新创造了条件。在这样的背景下,顾客更加关注并青睐具有质量创新意义的产品,以便用来进一步提高自己的生活质量。企业对这样的趋势不能有效把握,又怎么能让顾客保持满意呢?

质量要有所创新,就要不断问问自己:"你到底从事什么行业?"在管理学中,这叫做"形势法则"。"形势法则"是美国第一位女管理顾问玛丽·派克·弗莱特提出的。她有一家客户是窗罩公司。她说服了这家公司的老板,他们所从事的其实是光线控制的生意。由于把自己的公司定义为光线控制行业,使这家公司能够不断创新,发展机会大大增加。美国社会预测学家约翰·奈斯比特早在20 世纪80 年代就指出,各种范围非常广泛的变化正在促使企业从短期考虑向长期考虑改变。"形势法则"正是改变的方法之一。在质量创新中,运用"形势法则",提升企业为顾客提供"劳务"的外延,把产品的定义从子概念提升为母概念,可以开阔企业的视野,为质量创新提供全新的课题。

第三节 顾客满意质量观的特征

一、落脚点:生理和心理的需要

本章第二节从企业的角度阐明了顾客满意质量观的主要内容。这一节里,我们将跳出企业的视角来分析顾客满意质量观的主要特征。

顾客满意质量观与过去所有的质量观不同之处在于它的落脚点。经验论或感官论的质量观把质量定义为"用",其落脚点是能用、耐用或适用。技术论的质量观把质量定义为"特性",其落脚点是相应的技术特性指标或数据。经济论的质量观把质量定义为"价值",其落脚点是能够用"钱"来计算的效益。而顾客满意的质量观把质量定义为心理学的"满意",其落脚点是顾客生理的和心理的需要。

首先，顾客满意质量观把质量与顾客直接联系在一起，克服了纯粹的技术观点，给质量观赋予了人本主义的内涵。不错，质量是产品固有的特性，但这种特性只有与"人"联系，只有相对于"人"来说，才是有意义的。离开了"人"，产品及其特性，也就是"质量"本身就失去了意义。但是，在相当长一个时间内，企业却忽视了"人"对于"质量"的这种根本规定性，过分强调质量的技术内容，在一定程度上造成质量的异化，甚至造成技术"专政"的现象。譬如企业的设计人员只管技术的"先进性"，不问顾客是否需要；譬如企业凭借自己的技术优势，对顾客进行欺诈；等等。顾客满意质量观以人为本，把"人"置于技术之前，从而摆正了"质量"的正确位置，也摆正了技术的正确位置。质量也好，技术也好，都是为"人"服务的，而不是独立存在的，更不能反过来让"人"（特别是顾客）去服从质量，服从技术。

其次，顾客满意质量观既关注顾客的生理需要，更关注顾客的心理需要。人与其他动物不同，除了需要相应的物质来满足自己的生理需要外，还存在着如何满足自己的心理需要的问题。即使是满足生理需要，也有一个如何满足、怎样满足、用什么满足、满足得如何等一系列问题。这些问题又恰恰是要用人的心理来进行评价的。把质量定义为"用"，强调能用、耐用、适用，虽然也考虑到"人"的问题，但对"人"的需要的全面性却考虑不周，特别是对"人"的心理需要考虑得不够，因而是朴素的，甚至是狭隘的。随着科学技术的发展和生产力的不断提高，顾客对产品的需求已经扩展到精神领域，满足心理需要的产品或产品特性所占的比例早已大大超出了满足生理需要所占的比例。如果企业依然只强调产品"用"的功能，就会与顾客、市场及社会脱节。事实上，一些企业经常以"不影响使用"，将不合格产品推向市场，就没有考虑到顾客的心理需要。

最后，顾客满意质量观的"满意"二字包含了相当丰富的内容，产品不是一般地满足顾客的生理和心理需要，而是与顾客的心理期望相联系的"满足"，是接近、达到或超越顾客心理期望的"满足"。如今的顾客是生活在信息迅速传递的社会中，任何产品，即使是全新的产品，都有自己的竞争对手，都有自己的参考系，顾客都可以用自己掌握的信息对其进行比较，都可以对其质量的优劣进行判断。或者说，任何顾客对任何产品都有一个较高的期望值，包括对该产品的购买费用、使用成本、性能、使用过程的可靠性、使用产品给自己带来的效益等等，都有预期的期望值。如果达不到这样的期望值，或者不能接近这样的期望值，顾客就不会感到满意。这样的落脚点，显然已经超越了一般的"用"，也超越了通常的"经济",大大向前迈进了一步。也就是说,顾客满意质量观的"起跑线"大大靠前,即使要达到这样的起跑线,企业也要费相当大的功夫才有可能。

质量定义的落脚点,往往还决定了质量发展的方向。技术论的质量定义往往过分偏重于产品的技术含量,忽视这些技术对顾客的意义,不是增加一些没有使用价值的功能,就是借口技术问题而降低质量水平,或者就是把诸如标识、说明书、销售服务和售后服务等非技术要求不当一回事。事实上,标识不合格、说明书简略得专家也看不懂等现象,在市场上几乎俯拾皆是。经济论的质量定义往往过分强调降低成本,特别是降低生产成本,忽视了产品价格对顾客心理的影响,甚至造成顾客使用费用增加。顾客满意的质量定义可以引导企业关注顾客,把产品与顾客的生理和心理需要结合起来,从而创新产品,促进社会的进步和发展。

顾客满意质量观从心理学的角度来认识质量,这也符合经济学、管理学发展的方向。事实上,心理学已经大大渗透到经济学、管理学等领域中,诺贝尔经济学奖已经多次奖给从心理学角度研究经济的经济学家。例如丹尼尔·卡尼曼和弗农·史密斯就是因为在心理和实证经济学研究方面作出了开拓性贡献而获得2002年度诺贝尔经济学奖的。管理学方面更是如此,从霍桑实验到行为主义风行,从X理论到Y理论,直到管理心理学的创立和发展,可以说心理学一直在陪伴着管理学的理论和实践。从心理学角度来认识质量问题,必将为质量及质量管理的理论和实践带来新的天地。

二、包容量:企业的和顾客的利益

从表面上看,顾客满意质量观似乎只强调顾客的利益,但实际上它也包容了企业的利益。企业和顾客作为一对利益共同体,他们之间既有矛盾冲突,又不能相互脱离,只有通过博弈,达到双赢,才能皆大欢喜。强调顾客满意,用这样的质量观来指导企业制定和实施质量战略,实际上正是达到双赢结果的必由之路。

在 ISO8402:1994《质量管理和质量保证 术语》中,质量被定义为:"反映实体满足明确和隐含需要的能力的特性总和"。这个定义可以被看成是质量的技术性定义。定义中的"需要"虽然也包含了相当多的内容,在定义的注释中还列举了性能、合用性、可信性(可用性、可靠性、维修性)、安全性、环境、经济性的美学等特性。但是,由于这个定义只把质量作为独立的"实体"的特性,因而其包含的内容往往既脱离顾客(产品的接受者),又脱离企业(产品的提供者）。例如，安全性如果脱离了具体的顾客，就无法确定其"可接受水平"，什么才是安全的，也就说不清楚。虽然这可以通过制定相关的技术标准或者法律法规（包括技术法规即国家标准）来确定，但技术标准也好，法律法规也好，都只能建立在社会平均的"可接受水平"之上，对特殊顾客往往就不适用。例如重庆曾发生过这样一件事：某电扇厂生产的电扇是合格的（符合相关技术标准），一位老年顾客因看不懂说明书，结果将电线的火线、地线接反了，造成电扇漏电，将老人打伤。电扇厂当然可以不承担相应的责任，但从顾客满意质量观的角度来看，电扇厂实际上就没有达到相应的质量要求。

可能正是因为技术性的质量定义没有充分考虑到顾客的利益，特别是没有充分考虑到特定顾客的利益，一些企业面对产品质量问题，往往采取推诿扯皮的态度，动辄用"顾客使用不当"来搪塞。前不久，某银行规定，凡是该银行代收的水费、电费、天然气费、电话费等，一律由顾客自己在自动取款机上处理。相当多的顾客根本不会使用自动取款机，只好到相关单位用现金缴费，结果像天然气公司、供电局之类的单位就排起缴费的长队。该银行也有自己的质量方针和质量目标，但其质量观却没有将将顾客的利益纳入，其质量定义仅仅是服务态度之类，是相当狭隘的。

顾客满意的质量观要求把顾客的利益放在企业的关注焦点上，包含的内容相当广泛。但这并不否认企业的利益。ISO9000：2005 明确指出："组织依存于顾客"。正是从这样一个前提条件出发，2000 年版和 2008 年版 ISO9000 族国际标准才如此强调顾客满意。可以说，顾客满意一直贯穿在整个 2000 年版和 2008 年版 ISO9000 族国际标准中。

企业相对于顾客而存在，顾客也是相对于企业而存在的。考虑顾客的利益，是从"组织依存于顾客"的前提出发的，实际上也就包含了考虑企业自身的利益。企业与顾客相辅相成，没有顾客，企业就不能生存；从广义来说，没有企业，顾客也就不可能存在。企业与顾客之间，是买卖关系。政府部门与"顾客"之间，虽然不是传统的买卖关系，但从经济学角度看，依然可以看作是一种经济关系。"顾客"通过纳税，从政府那里"购买"公共产品（服务）。非赢利性组织与顾客的关系，也依然可以看作是一种经济关系。接受捐助的"顾客"，通过"感谢"等方式，把"慈善"的名声交给了相关的非赢利组织，也是一种交换关系。既然是"买卖"，是"购买"，是"交换"，就要讲公平、公正、平等、等价。也就是说，照顾了顾客的利益，也就照顾的企业的利益。

相对于顾客来说，企业始终处于优势地位。一般情况下，往往只有企业损害顾客利益的，而没有顾客可以随便损害企业利益的。强调顾客满意，正是对这种地位不平等进行的反拨。在激烈竞争的环境中，顾客最大的权力是选择，他可以选择这个企业，也可以选择那个企业。企业只有通过"讨好"顾客，才能得到顾客的认可，也才能实现自己的利益。事实上，企业让顾客满意，顾客就更愿意回报企业，企业也就更容易在这样的回报中得到利益。

如果说技术论的质量观可能既脱离企业利益也脱离顾客利益，经济论的质量观仅仅把质量作为一种经济利益来分配，能用论、耐用论、适用论的质量观过分强调使用一方的利益，那么，顾客满意质量观的包容量就大大增加了，它既强调满足顾客的需要，又包容了顾客对企业的回报，是对双方利益的兼顾。

三、增长极：永无止境的追求

我们从历时性角度来考察顾客满意质量的特征，显然，它是一个过程，而且是一个永无止境的过程，理应成为企业永无止境的追求。

从顾客满意的角度来看，产品质量不仅仅是技术问题，也不仅仅是经济问题，而是技术、经济和心理相结合的问题。企业的持续改进，当然需要关注产品的技术问题，不断改进产品设计，不断推出新产品；当然也需要关注产品的成本问题，不断降低产品的生产成本，并尽可能使顾客降低使用成本。这些正是推行质量管理小组活动、推行"六西格玛（6σ）管理法"等要做的或已经做的事情。今后这样的事情当然还要继续做，并做得更好。但是，对于像传统中成药、可口可乐之类的产品来说，至少在其产品改进上，并没有多大的多余空间，难道生产这类产品的企业就不需要持续改进了吗？答案当然是否定的。

从质量成本理论我们知道，质量的技术指标并不是越高越好，尽善尽美的技术质量对企业和顾客来说都不一定是好事，既要给企业增加成本，又要让顾客支付更多的购买费用。因此，过剩的质量还应当消除，企业应当追求的是最佳质量水平（图 11-2）。

所谓最佳质量水平，就是最经济的质量水平，也就是能够给企业、顾客和全社会提供最大效益的质量水平。为了使产品达到或接近这样的水平，一方面要将不足的质量补足，另一方面要将过剩的质量消除。价值工程（VE 工程）就是一种消除过剩质量的方法。

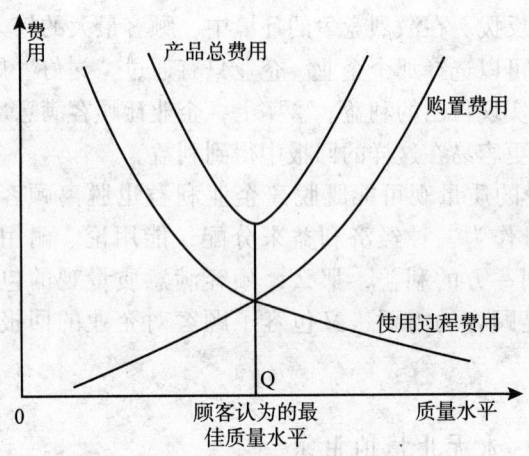

图 11－2　质量的最佳水平

当然，质量的最佳水平不是固定的。随着科学技术的发展，质量的技术指标（也就是产品的性能、寿命、可信性等）将越来越提高，成本（包括生产成本和使用成本）将越来越降低。虽然这也是一个没有止境的过程，但在一定的条件下，科学技术及其体现在产品上的技术指标毕竟要受经济的制约。在科学技术没有根本改变的情况下，质量的最佳水平很可能是固定不变的。因此，如果只从技术角度来考察质量，持续的质量改进很可能是不能"持续"的，或不需要去"持续"的，这与全面质量管理及 ISO9000 族国际标准的要求显然是矛盾的。这虽然只是一个逻辑性的矛盾，毕竟影响了全面质量管理理论的完整性。

但是，如果我们用顾客满意的质量观来考察质量，这个矛盾就会迎刃而解。顾客满意是一种心理过程，人们的心理变化往往相当剧烈、频繁，而且很可能不受外界客观条件的影响。满意作为一种积极的心理态度，要保持一个相当长的时段又相当困难。因此，顾客满意与否及满意的程度、满意的比例，是在不停变化着的。今天满意了，明天不一定满意；今天很满意，明天很可能把那"很"字去掉。企业要让顾客保持满意，就只有不断推出能够与顾客需要相符的新产品或附加于产品的新的服务，以及与产品相关的文化、生活方式、企业形象等等。顾客满意质量观视野下的质量内容大大增加，特别是质量的非技术、非经济内容的增加，大大扩展了持续改进的对象。文化、生活方式、企业形象等等是变化的、无止境的，甚至是不确定的，这样，质量的增长也就是无止境的了。

其实，从顾客满意的角度出发，持续改进更多的不是针对产品本身，不是为了改进而改进，而必须面对顾客，从顾客的需要出发，去寻找引起或可能引起顾客不满意的各方面的薄弱环节，去寻找可能促使顾客更加满意的与产品、服务以及与产品相关的文化、生活方式、企业形象等方面的主意、"点子"，进行相应的改进。为什么一家企业为灾区捐款后销售量会增长？可能并不是广告效应，而是企业形象得到了一定的改进，获得了顾客的认可（满意），顾客便积极给予了回报。

用顾客满意质量观来认识，持续改进不仅仅只是要"减少错误"，更重要的要"发掘长处"。世界公认的质量管理大师费根堡姆在1998年10月第三届上海国际质量研讨会上指出："现在全世界的人们都会要求商品质量是完美的、人人都可以买得起的、服务是满意的。把握这种全面质量的价值体现，是所有公司取得成功的基础。我们的工作需要从减少错误转向发掘长处。"什么是"长处"？当然包括技术的"长处"，但更重要的是与顾客满意与否的心理状态相关的，包括附加于产品的技术、经济、文化等内容的"长处"。从逻辑上推论，"减少错误"始终有一个极限，如果错误已经"减少"到"零"时，就没有可"减少"的了；而"长处"却是没有止境的，"发掘长处"当然也就没有止境。

顾客满意质量观在理论上消除了全面质量管理关于持续改进的一个逻辑漏洞，且不论。更重要的是，这样的质量观为企业提供了新的质量视野，使企业的产品质量、质量管理，特别是持续改进再也没有"终点"，而只有一个没有止境的质量增长极。企业把质量作为一个永无止境的追求，从而为企业提供了更大的生存和发展空间。这或许对企业更加具有意义吧。

第十二章

企业的顾客满意战略

顾客满意战略起初只不过是企业使用的一种营销战略,随着一些优秀企业的探索实践,这种战略的内涵和外延已经或正在得到不断的充实和开拓。从目前发展的趋势来分析,顾客满意战略是指:企业以顾客为关注焦点,运用科学的方法调查测量和分析顾客对自己产品和服务的满意程度,并据此不断改进和完善企业的设计和开发、生产、销售、服务和企业文化,以实现顾客获得满意、企业效益倍增的双赢目标的一种经营战略。

第一节 企业的顾客满意战略

一、企业的顾客满意战略

"战略"本来是一个军事术语,是指导战争的全面计划和策略,人们用来比喻决定全局的策略。20世纪60年代,美国的 H·I·安索夫的《组织战略论》一书出版后,经营战略引入了组织管理之中,如今已成为组织管理应当首先解决的问题。在美国哈佛商学院(HBS)的 MBA 教学内容中,经营战略管理被列在最前面,可见其重要意义。

经营战略要求企业着眼长远,从适应企业内外形势出发,作出总括性的发展规划。经营战略要在符合和保证实现企业使命的条件下,在充分利用环境中存在的各种机会和创造新机会的基础上,确定企业同环境的关系,规定企业从事的事业范围、成长方向和竞争对策,合理地调整企业结构和分配企业的全部资源。经营战略具有全面性、长远性、抗争性、纲领性、相对稳定性等特性。不论是在战争中还是在市场竞争中,无数的事例说明,战略决策一旦失误,就可能导致一系列重大失败，甚至导致"满盘皆输"。战略决策正确，战略管理得当，即使遭遇一系列挫折和磨难，也能转败为胜，"笑到最后"。不论是政治家、军事家还是企业家，都不能漠视战略问题。

恰恰是在经营战略上，大多数中国国有企业是相当忽视的。据笔者调查所知，真正制定了经营战略，并对其进行了管理控制的企业并不多，相当多的厂长经理甚至没有考虑过经营战略问题。这有历史的原因。在计划经济条件下，企业不必考虑经营战略，企业的中长期规划和年度计划，甚至月计划，都有"上面"安排，企业仅仅是一个执行的"工具"。虽然我们已经转向了市场经济，但诸多现实原因，也使相当多的企业无暇顾及经营战略。某军工企业早在20世纪70年代末期就开始"军转民"，由于没有制定经营战略，结果每任厂长上台，都抓了民品开发，从轻纺设备到采矿设备，从三轮摩托车到重型汽车，从燃气灶具到汽车部件，什么都做，20年间仅鉴定投产的产品至少也有一百几十种。但是，企业却始终摆不脱困境，最后只能走到破产的边缘。虽然该企业20世纪80年代就曾制定过中长期规划，但厂长一换，形势一变，那厚厚几大本规划便成为废纸，再也没有人去看上一眼，只能令人遗憾。

30多年前，当中国引进全面质量管理之时（当时称为TQC），质量问题其实并不没有后来那样尖锐、那样突出。那时，社会总需求大于社会总供给，几乎什么东西都能卖出去，企业对"质量是企业的生命"体会并不是真切更说不上深刻。正是这种客观环境，使我们仅仅把质量管理作为企业管理的"中心环节"（一个环节而已），把全面质量管理作为18种现代"管理技术"（一种技术而已）而与诸如价值工程、试验设计之类并列。进入21世纪，国际国内市场都发生了深刻的，甚至是带有转折性的巨大变化，质量的重要性空前突出，质量的价值已成为世界经济的首选目标。全球化和知识经济作为两个巨大的杠杆，把质量抬升到前所未有的高度。如果说，20世纪80年代质量还仅仅只是企业经营中的一个战术问题（有人甚至认为仅仅是一个技术问题），那么，在21世纪，质量已经成为一个战略问题。在考虑企业的经营战略时，不考虑质量是难以想象的。

在21世纪，企业的经营战略除了体制创新之外，最重要的是技术创新、产品创新、管理创新。而技术创新、产品创新、管理创新的目的都是提高产品质量，从而提高顾客的满意度。因此可以说，企业的经营战略就应当是质量战略，而顾客满意即是质量战略的出发点，又是其归宿；既是其核心内容，又是其"中心"或"纲"。

世界各国的企业都越来越关注顾客满意的战略意义。不论是在欧洲质量组织的会议上，还是在美国、日本、澳大利亚等发达国家以及中国，专家、企业家、管理人员都在谈论顾客满意的战略意义,都在探索如何使自己的企业尽快占领质量的制高点。不少大型企业,包括世界500强企业,早在21世纪还未到来之时,就开始制定21世纪的质量战略,并将顾客满意作为质量战略的核心,作为支撑其他内容的"纲"。不仅如此,一些非盈利性组织,一些政府机关,例如香港特区政府的多个部门,也纷纷引入顾客满意的质量概念,来推动自己的工作,提高工作效率和工作质量。又如中国的公安机关也一直要求每一位民警,每一个部门或单位,都应把"群众满意不满意"作为衡量自己工作的唯一标准(注意:是"唯一")。为此,他们开展了丰富多彩的各种爱民活动,取得了很大的成效。

离开了顾客,任何企业都难以存在。在21世纪的竞争中,谁赢得了顾客的倾心和回报,谁就能生存和发展;反之,则只有衰败和死亡。顾客的倾心如何,回报如何,又取决于企业使他们的满意程度怎样。制高点是在100%的满意上,而且那100%的满意又是一个动态的过程。一旦达到100%满意,马上就会下降。只有不停努力,才能使满意率和满意程度不断接近或不断达到100%。这样,企业的质量战略就应瞄准顾客满意的制高点,通过体制创新、技术创新、产品创新和管理创新,去与竞争对手争夺,使自己居于制高点上。如果说,质量是企业经营战略的"纲",那么"顾客满意"则是企业质量战略的"纲"。

二、实施顾客满意战略的要点

20多年前,就有一些企业提出过顾客满意战略。但是,那时提出的顾客满意战略与我们所说的具有完全不同的内容。那时,所谓的顾客满意战略,仅仅只是企业的一种营销战略,甚至只是企业的一种销售策略。顾客满意质量观要求企业制定和实施的顾客满意战略,是涉及企业的经营目的、经营理念、经营方向的战略指导方针,是需要企业在各个部门、各个环节,特别是在企业进行重大决策的时候都必须贯彻执行的原则,这与单纯的营销战略是不同的。

对于企业来说,顾客满意战略要求:建立以顾客为关注焦点、以顾客满意为最终目标的企业经营理念,并形成与之相应的企业文化氛围,引导企业运用科学的方法调查、测量和分析顾客对自己的产品以及附加于产品的服务、文化、生活方式、企业形象等等的满意程度,并据此不断改进和完善企业的设计、生产、销售、服务以及企业的品牌、文化、形象等等,以实现获得顾客持续的较高程度的满意,从而为企业的生产和发展创造更优越的环境。

具体说来,企业要实施顾客满意质量战略,应当包括以下几方面的内容:

1. 以顾客满意为中心,调整企业经营战略。一般来说,企业经营战略的目标往往不是单一的,既有对外的目标(例如市场占有率目标),又有对内的目标(例如利润目标),各个目标之间也不是独立的,而是相互关联的,从而形成一个多目标的系统。但是,不管有多少目标,在这个目标系统中,应当以顾客满意为中心目标,用顾客满意目标去统领其他目标。企业的经营战略思想要体现"吸引更多的顾客"和"不断提高顾客满意"的方针。前者是扩大自己的顾客群体,是平面的扩张;后者是提升自己的顾客满意度,是立体的扩张。一般来说,只有后者做好了,前者才可能真正实现。为了实现企业的经营战略和经营目标,企业在进行文化建设,包括开展职业道德、行为规范、价值观念教育,提升员工素质,进行企业形象塑造等方面,都要渗透"一切让顾客满意"的理念。这当然不是一蹴而就的,只有长期坚持顾客满意战略,运用一切手段向员工,特别是管理人员灌输相应的经营理念,才能逐渐形成。而且,还要特别注意不要破坏这样的建设,往往一次负面行为,就可能使建设过程受到极大的损害。

2. 以顾客满意为宗旨,促进产品质量和质量管理的创新。要经常和有目的地进行顾客需求和市场信息的调查分析,全面、深入和准确地掌握顾客各方面的需求,包括潜在的需求,为产品的市场定位、开发设计、改进和创新提供相应的依据。要将调查分析获得的顾客需求的信息(包括产品的功能、技术质量指标、价格、外观等各个方面),全面和准确地转化为产品设计或改进的技术参数、成本元素,动员企业的相应资源来保证产品的相关要素能够满足顾客的需求,并力争越超顾客的期望。在生产过程中,要贯彻"下道工序就是顾客"的方针,全面开展"内部顾客满意"的活动,创新企业内部的质量管理理念、体制、方法、技术,以确保产品能够达到设计的要求,能够满足顾客的需求。

3. 以顾客满意为准则,创新企业的营销管理。要有目的地采用科学方法,进行顾客需求和顾客满意的调查和分析,为不断创新和改进产品设计、改进产品质量、改善营销策略和提高服务质量提供依据。在系统掌握顾客结构、需求层次、购买特点、消费心理和市场竞争等信息的基础上,调整营销策略,以满足顾客的需求并提升顾客的满意程度。从提高顾客满意率、满意度和忠诚度的目标出发,建立相应的顾客档案,实施全方位的、多形式的、规范的售后服务。通过营销,通过相应的产品,将企业的文化、提倡的生活方式以及企业形象传达给顾客,力争获得顾客的认同,在顾客心目中建立起企业的品牌效应,使顾客与企业之间形成更加亲密的关系。

4. 以顾客满意为导向,创新企业的信息管理。要重视对产品生产前和销售后的顾客信息管理以及与市场有关的信息管理,建立起系统化的信息收集、分析、储存、处理等规范。要对企业内外信息的收集、分析、传递、反馈、处理等节点和流程进行合理的设计，并对各节点信息流量和流转速度加以控制，对信息反馈和处理的周期和时间规定作系统研究。

5. 以顾客满意为主线，实施企业的组织结构重组。随着上述经营管理的调整，必然要对企业的组织结构和各部门的职能进行调整，实施以下方面的重组设计：（1）以信息双向传递速率、信息流转损耗率、管理效率三大指标综合最优化为原则，减少企业过多的管理机构层次和管理人员层次，使企业的组织结构扁平化和决策快速化。（2）以实现顾客满意的管理目标为主线，合理调整各部门的管理职能，消除各部门职能接口处的重叠区和其他的管理灰色区，以实现管理的科学化和高效化。

三、企业的质量理念建设

企业要制定和实施顾客满意战略，关键在企业必须建立以顾客为关注焦点的经营理念。这样的经营理念也可以称为企业的质量理念。在第四章里，我们曾经从企业质量文化建设的角度，讨论过企业的质量理念建设问题。这里换一个角度再深入讨论一下，可能有利于我们对企业制定和实施顾客满意战略的理解。

企业的质量理念是从质量战略中引申出来的。在确定质量战略时，肯定就要有相应的质量理念；质量战略一旦确定，又要求对质量理念进行相应的修订。质量理念与质量战略二者之间可能也存在着"先有鸡还是先有蛋"的问题，但我们用不着去探讨这种没有实际意义的玄学问题。从企业质量理念建设的角度来分析，首先就要从企业质量战略出发来考虑。有什么样的质量战略，就会有什么样的质量理念。可以说，质量理念是为企业的质量战略服务的。

企业要建设自己的质量理念，首先就要考虑自己所处的质量环境。所谓质量环境，是指社会对产品质量的需求、认可和投入的环境，包括市场环境、法治环境、资源环境、社会文化环境、科学技术环境等等。也就是说，企业要通过调查研究，充分把握以下一些问题：（1）顾客对产品质量的需求和期望如何？（2）市场上同类产品质量的状况如何？（3）顾客对此类产品质量的认识如何？（4）法律法规对此类产品质量的规定如何？（5）政府对产品质量的管制如何？（6）企业具有生产确定质量水平的产品的资源（包括技术资源、人力资源、供方资源、自然资源等等）吗？（7）社会对质量形成过程关注的重点在哪些方面？（8）社会舆论对质量的容忍度如何？（9）社会整体的质量道德如何？（10）法律如何处理可能出现的质量问题？等等。

对上述问题，不仅只是把握当前的状况，还要对历史状况有所把握，更重要的是还要把握其发展的方向。因为只有在把握现状的基础上并且又能把握其发展方向，企业才能使自己的质量理念建设适当超前，从而获得"先手"，使自己处于竞争的有利地位。逆水行舟，不进则退。否则，就可能使企业始终赶不上环境的变化，始终处于被动的地步，从而在竞争中处于弱势。

其次，企业在建设自己的质量理念时，要尽可能去吸收先进的质量理念。从20世纪初开始，现代质量理念已经得到很大发展。仅仅从"质量是什么"这个角度来看，就已经经过"不出错"（检验把关的质量）、"符合性"（符合规定要求）、"适用性"（产品能够为顾客提供所需的劳务）、"经济性"（用最低的成本去获取最大的效益）、"顾客满意"（满足顾客需求并尽可能超越顾客的期望）等阶段。如今，"卓越质量"的理念也正在形成中，那就是质量不仅要使"顾客满意"，而且也要使所有的"相关方满意"。一个多世纪来的历史证明，一个先进的质量理念出来后，总是大大推进了质量管理的发展，大大提升了整个社会的质量水平。日本正是接受了全面质量管理（TQC）的质量理念，才在短短十多年时间里成为"质量大国"。国家如此，企业往往也如此。海尔"真诚到永远"的质量理念，使其迅速崛起，成为中国的一个骄傲。

再其次，企业要考虑自己的能力。实际上，不同的质量理念是需要不同的质量能力的。先进的质量理念往往建立在先进的质量体制、质量技术、质量管理之上的。当然，质量理念改变了，可以通过努力去相应地改变质量体制，提高质量技术，改进质量管理。但是，体制、技术和管理的改变往往并不是那么容易的，更不是一蹴而就的。明明只有几间旧厂房，却要去创世界一流；明明连生产合格品的能力都还欠缺，却要把创造名牌作为自己的质量理念；即使是"真诚"的，也肯定难以成功。对相当多的企业来说，只要能够真正把"生产合格品"作为自己的质量理念，就已经很不错了。事实上，在国家进行的产品质量监督检验中，不是一直有相当高比例的产品不合格吗？如果我们的企业能够真正把"质量第一"作为自己的质量理念，我国的产品质量肯定能够提高到一个新的水平。

最后，要把质量理念作为制定质量方针和树立质量意识的指导思想。作为观念的质量理念，当然可以用文字进行表述，甚至可以简化为一两句话。但是，任何一个观念，实际上都是相当丰富的，有其产生的背景，有其历史沿革，有其表述文字背后的潜在内容，还有其难以表述的深层次含义。其实，质量理念一经文字表述，往往就可以成为企业的质量方针。质量理念是企业的理念，是企业对质量的认识和态度，要真正起作用，不仅需要将其变为质量方针，而且需要将其作为员工的质量意识、质量道德准则和指导企业开展质量管理的指导思想。特别重要的是，要用企业的质量理念，去和与这种理念相矛盾的或相冲突的其他理念作斗争，用这种理念去战胜不符合这种理念要求的其他理念。要在企业中大张旗鼓地宣传质量理念，也可以向顾客和其他相关方公布自己的质量理念，从而使企业的质量理念这个"批判的武器"成为"武器的批判"。

作为观念的质量理念，一旦建立起来，当然就会相对稳定。但随着企业所处的质量环境和自身质量能力的变化，也需要定期进行评审，必要时也需要改变。一些国际知名大公司进入中国后，因中国的质量环境相对其本国的质量环境要差得多，特别是质量法治环境相对宽松得多。于是，他们就改变自己的质量理念，降低自己的质量标准，甚至发生违反中国质量法律的事件。这是负面改变质量理念的例子，且不论。作为企业，时刻处在竞争中，而且我国正处在经济转型期，改革尚未完成，企业所处的质量环境变化相对较快，更应当经常审视自己的质量理念，以跟上质量环境变化的步伐。

第二节　企业与顾客的沟通

一、企业与顾客沟通的意义

沟通就是意见沟通。企业一方面需要建立适当的内部沟通过程，以便将质量方针、要求、目标及完成情况在内部机构和成员之间进行上传下达；另一方面又需要建立适当的外部沟通过程，以便与顾客和其他相关方建立联系，识别和理解顾客和其他相关方的需求和期望。

企业是生产者，顾客是消费者，双方的性质不同，所处的地位不同，其利益往往也不同。至少从表面看来，企业获得的利益，往往就是顾客损失的利益（成本）；企业要多获得一些利益，顾客就可能多损失一些利益（成本）。但是，这只是一方面。这个方面的原因造成企业与顾客沟通的障碍，往往影响沟通的效率和效果。另一方面，企业与顾客之间又存在某种利益的一致性，顾客需要获得企业提供的产品（或者说是产品带来的劳务），企业需要获得顾客用以购买产品的货币。也就是说，企业与顾客都需要通过交换来使自己获得利益。如果双方不能沟通，企业就不能识别顾客的需求和期望，顾客就会失去对企业的信任，产品交换就不能实现。这样，顾客不能获得产品，企业产品卖不出去，也就不能获得生产的补偿，从而对双方的利益都可能造成损害。因此，企业与顾客的沟通十分重要，是双方建立买卖关系的一个前提条件。这个方面的原因又决定了企业与顾客之间存在着沟通的必要性。既有必要又存在障碍，企业与顾客之间的沟通就显得与企业内部沟通有所不同，更需要企业采取主动措施，去建立相应的沟通渠道，去主动获取顾客相关信息，并主动向顾客传递有关自身的和产品的信息。

从历史角度看，人类开始进行商品交换时，就有了这样的沟通，卖方把自己所卖的商品展示给买方（顾客），就是一种沟通，只不过这种沟通还是相当原始的。随着商品交换的发展，卖方不仅要展示商品，而且还要通过吆喝、招贴、广告等方式来宣传商品，不仅沟通的方式扩大了，而且沟通的相对面（顾客面）也扩大了。如果生产者是事先就决定为了交换而生产，这样的生产者也就可以看作"企业"了，于是企业就必须事先就了解顾客的需求和期望。事实上，沟通都是双向的。而在这样的情况下，这种双向沟通也就更加明显。

企业与顾客进行沟通，从企业的角度来看，一是有利于了解、识别和理解顾客的需求和期望；二是有利于获得顾客对产品质量的意见和建议；三是有利于获得顾客满意与否的信息。从顾客的角度来看，一是有利于获得产品及产品质量的信息（从而降低购买决策过程中所需要的信息费用）；二是有利于对产品质量提出意见和建议（甚至可以在一定程度上参与产品的设计和开发）；三是有利于获得因产品质量造成非正常损失的补偿（例如"三包"服务）。但是，更重要的是，良好的沟通有利于建立企业与顾客之间的合作信任关系。在市场经济条件下，企业与顾客的合作信任关系，能够给双方带来更大的利益。

首先，在合同环境下，顾客与企业的关系，正如企业与供方的关系一样（只是身份换了一下），甚至可以作为一种资源来管理。顾客通过与企业建立的合作关系，可以从企业那里获得继续供货的机会，能够采购顺利进行，可以降低采购成本（例如招标费用），可以获得良好的服务，等等。企业有了较为固定的顾客，能够保持销售渠道，可以降低销售成本（例如广告费用），可以获得顾客有关质量管理的指导、监督和经验，等等。而要建立这样的合作信任关系，又有赖于双方的沟通。

其次，在非合同环境下，顾客虽然是零星的或非规律性散布的，没有组织的，但依然需要企业通过各种沟通渠道，与他们建立某种关系。例如某种产品的顾客联谊会、消费者协会等等。企业与这些组织建立起合作信任的关系，也有利于企业获得竞争的实力，包括获得顾客的信任。另一方面，顾客也可以通过相应的沟通渠道，向企业传递自己的需求和期望，向企业反馈有关产品质量的信息，从而获得更好的产品和服务。

二、企业与顾客沟通的渠道

企业与顾客之间进行沟通，顾客当然也能从中获得利益，顾客也盼望着进行沟通。在很多情况下，顾客往往也要寻找与企业的沟通渠道。但是，由于顾客往往是分散的，又缺乏相应的资源，而且沟通往往更能给企业带来利益，因此，建立沟通渠道就成为企业的一大义务，或者说是企业的一大责任。

从企业的角度看，顾客往往是无数个，而且又是分散的，要建立与顾客的沟通渠道，需要企业去设计、建立和保持、改进相应的沟通渠道。也就是按ISO9004：2000所说的，企业应当规定"与顾客和其他相关方相互认可的有效和和高效的沟通过程"。或者就是按ISO9001：2008所说的：组织应对与产品信息、问询、合同或订单处理，顾客反馈"确定并实施与顾客沟通的有效安排"。一般来说，在合同环境下，企业与顾客的沟通渠道较为固定，且不论。在非合同环境下，顾客更加分散，而且购买过程一旦结束往往就会失去联系，企业要与这样的顾客建立沟通渠道也就相对困难。而且，企业与顾客的沟通不仅存在于产品出售时和出售之后，而且在产品出售前也需要甚至更加需要与顾客沟通，而产品出售前顾客还只是潜在顾客。潜在顾客可能最终成为顾客，也可能永远不会成为顾客，因此其数量更大，也就更分散、更难以确定。在这种情况下，企业往往通过要约、市场调查等方式来与顾客进行沟通。企业建立的沟通渠道越多越有效，也就越能够争取顾客，越能够获得顾客的认可。因此，企业与顾客的沟通渠道往往成为企业竞争力的重要组成部分，不少企业为此投入了大量资源，包括人力、物力和财力。例如广告宣传、使用说明书、合同评审、市场调查等等，在不少企业的经营成本中都占的相当大的比例，某些企业甚至超过50%。

我们可以把企业的广告宣传、使用说明书、合同评审、市场调查等等看作是与顾客沟通的渠道和方法，但这些仅仅是一般的渠道和方法，肯定是不够的，还需要有多方面的沟通渠道和方法。在沟通渠道和方法上，企业如果能别出新招，往往可以收到意想不到的效果。

下面介绍一些常用方法：

1. 企业形象宣传。企业形象是吸引顾客的重要因素。一个好的企业形象可以使顾客产生认同感，从而有利于沟通，更有利于企业参与竞争。企业可以通过多种手段，包括赞助公益活动等方法，来提高企业的形象。

2. 产品现场展销。这不仅是一种销售手段，而且也是一种沟通方式。通过产品现场演示或试用，可以弥补产品说明书的不足。

3. 开通顾客热线电话。热线电话可以接受顾客的咨询、投诉等，用以加强沟通。

4. 接待顾客来信来访。企业应指定一个部门，必要时配备专业人员接待顾客来信来访，接受投诉，并进行咨询服务。顾客来电、来信、来访都应记录并建立档案，并有一套回复顾客的程序和要求，对顾客及时回复。

5. 顾客培训班。对使用要求高的产品，企业可以通过开办培训班的方式，与顾客沟通，使他们掌握使用产品的方法或技能。

6. 顾客联谊会。在顾客自愿的基础上，企业可以组织顾客联谊会，顾客之间可以互相交流学习使用产品的方法或技能，企业也可以通过联谊会来获取自己所需要的信息。

7. 邀请顾客参观或进驻企业。对普通消费者来说，这种参观可以加强其对企业的信任，并达成沟通。对集团购买者来说，参观或进驻（例如派驻企业的代表）有利于双方直接沟通，特别是对生产过程的监控，更能增强信心。

8. 售后服务日活动。选择合适的时间和季节，举办各种与顾客相关的活动，如巡回修理、走访、知识讲座、新产品展示等，与顾客沟通。

9. 有奖征集意见。对顾客反馈较少的产品，可以采用有奖征集意见的活动，以获得顾客的意见和建议。

10. 定期回访。对顾客定期回访，征求意见和建议，并进行指导和维修。

一般来说，企业与顾客的沟通渠道都呈现为 Y 型（见第二章图 2-1）。Y 型沟通网络的优点之一就是沟通速度快，但由于代表企业与顾客进行直接沟通的部门或人员往往不能直接处理顾客意见和建议，而仅仅只承担类似"秘书"的职责，只能将顾客的意见和建议向企业内部的相关部门或相关人员转达，因而也就可能存在"秘书专政"的现象。如果"秘书"不愿意转达，顾客的意见和建议就失去了作用，也就"沟"而不"通"了。而且，"秘书"在转达前往往要对顾客的意见和建议进行归类整理，舍弃那些"无用"的信息，强调那些"有用"的信息。如果"秘书"在理解企业对顾客信息的需求上存在问题，很可能就会舍弃"有用"的信息，而保留"无用"的信息，从而使沟通失去意义。要克服"秘书专政"的弊端，需要企业采取相应的措施，例如尽可能让相关部门或相关人员直接与顾客沟通，定期更换"秘书"等等。

在第二章讨论意见沟通的基本条件时，我们曾指出，地位上的差距是沟通的主要障碍。在相当多的情况下，与顾客相比，企业处于强势地位，对顾客的意见和建议，特别是对顾客负面的意见和建议往往听不进去，往往采取推诿、拖拉等不负责的态度，甚至给予回绝，形成所谓的"店大欺主"的现象。另一方面，顾客不是企业的成员,更不是企业的附庸,企业在向顾客征求意见和建议时,顾客可以完全不予理睬。这样,也会造成沟通的堵塞。企业与顾客之间的沟通,同样需要双方互相尊重、互相理解和相互参与。因为沟通对企业更为有利,企业又处于强势地位,因此企业应当主动采取措施,去消除顾客的怀疑、抵触,尽可能吸引顾客参与到沟通中来。

沟通是双方的事,有来就应有往。如果沟通渠道只有单向流动的信息,流出方得不到相应的反馈,往往就会失去沟通的信心,从而放弃沟通。一般情况下,顾客主动与企业沟通,往往都是产品质量出现问题之后,因此,顾客更需要得到反馈信息。如果企业对此认识不足,顾客不仅可能放弃沟通,甚至可能放弃产品(不再购买)。因此,企业在建立沟通渠道或沟通过程时,必须认真考虑信息的反馈问题。否则,沟通渠道或沟通过程必然堵塞,甚至名存实亡。

三、对顾客需求和期望的把握

企业与顾客地位不同、利益不同,所需要的信息也不同,因此对沟通的内容要求也不同。企业最需要的是顾客需求和期望的信息,而顾客最需要的则是与产品质量相关的信息。由于顾客是分散的,其需求和期望往往又是隐藏着的,甚至是潜在的,企业要获得这样的信息也就具有相当的难度。同样,产品质量往往也是隐藏着的,难以认知和判断的,加上企业可能有意隐藏有关产品质量的负面信息,顾客要获得这样的信息也具有相当的难度。关于后者,我们在本书第二编里已经进行了很多分析,不再赘述。这里主要说说企业如何通过沟通去把握顾客的需求和期望。

顾客的需求和期望虽然都是从人生需要引发出来的,但一涉及具体的需求和期望,就显得相当复杂,绝不是凭主观想象就能把握的,因此,应进行调查研究才能把握。

在市场经济条件下,供大于求的买方市场使顾客有了更大的挑选余地,他们的需求和期望越来越多样化,甚至越来越挑剔,他们的爱好、购买动机和欲望对企业的市场营销影响很大。特别是对顾客的潜在需求和潜在期望的把握,影响着企业"满足顾客要求并争取超越顾客期望"具有重要意义,更应当成为企业进行调查的重点。

顾客的一些需求和期望是可以用语言表示的,我们称之为"显在需求"、"显在期望"。但顾客的另一些需求和期望是难以用语言表示出来的,与"显在需求"、"显在期望"相对应,我们称之为"潜在需求"、"潜在期望"。例如顾客不懂得数字技术，就不会有对数码相机的"显在需求"，但却有"潜在需求"。顾客对售后服务的期望，"显在"的往往是市场已经出现过的形式，但"潜在"的却可能需要企业去开发。对于顾客不能用语言表述出来的需求和期望，只有靠企业依靠新技术和对顾客负责的态度去分析、开发和引导，从而将"潜在"变成为"显在"。

不少企业虽然认识到调查顾客需求工作的重要性，但对其难度和具体方法缺乏认识和了解，做起来往往存在简单化和走过场的问题，影响到工作的效果。要充分认识到，了解顾客需求和期望是一项非常困难又相当细致的工作，需要运用消费心理学、市场营销学、社会调查、统计学和产品生产技术等方面的专门知识，还需要信息分析处理的技术，当然更需要强烈的事业心和责任感，以及刻苦的工作精神。

要有效地把握顾客的需求和期望，首先，企业应当与顾客建立相互信任的关系。企业要以朋友和伙伴的态度去善待、去关照每一个顾客，设身处地为顾客着想，诚心诚意地急顾客之所急，想顾客之所想，认真倾听顾客意见，积极解决和处理顾客的建议和反馈信息，真正做到信任、尊重、关心和体谅顾客，并积极主动地帮助顾客满足他们的需求，去实现他们的期望，才能使顾客真正感到信任和真诚，顾客也才愿意把自己的意见和建议告诉给企业，愿意为企业提供真实、可靠、有用的信息。

其次，企业应当尽可能充分地收集相关信息。很多企业对来自顾客信息的收集都是被动的，往往是等待顾客投诉后才获得相关信息。这样得到的信息显然是不完整的，甚至是偏颇的。随着市场观念的深入，企业将越来越认识到主动收集顾客信息的重要性。主动收集可以根据顾客分布、调查目的等具体情况，采取询问调查法、观察法、实验法等社会调查方法。企业应当建立顾客档案，调查各类顾客建议，收集关于产品或服务的发展历史、产品开发动向、竞争对手信息、顾客满意情况、顾客爱好和偏爱、家庭特点、生活时尚和社会消费动向等方面的资料，从这些信息中去分析、理解和把握顾客的需求和期望。

再其次，企业应当充分理解顾客的需求和期望。一是要理解顾客的价值取向。顾客在购买和使用产品时，都有自己的价值取向。企业所提供的产品与之相适应，顾客就满意；反之，顾客不满意。企业要通过调查，分析和理解顾客的身份、地位与价值观，分析和理解顾客的个性化的隐含的需求和期望，分析和理解顾客对产品功能、档次、等级、品位以及产品给其带来的好处。二是要理解不同顾客的不同需求。企业既要了解顾客群体的普遍要求，还要理解每一个顾客的不同需求。对企业来说，每一个顾客都是重要的，每一个顾客的需求和期望都应当受到重视。企业应当珍惜顾客提出的每一个意见或建议，细心体察顾客的感受和愿望，认真研究和采取措施去满足每一个顾客的需求和期望。三是可以派出业务人员去体验顾客的需求和期望。企业可以采用多种方式，让企业的营销、设计、生产、服务和维修人员去顾客处或使用现场进行观察、体验、调查、感受顾客的实际情况，包括环境、使用条件等，甚至让他们通过充当顾客角色，以便深刻理解顾客的需求和期望。

最后，企业应对收集到的信息进行认真的加工处理。信息收集的目的不是为了收藏，而是为了利用。对于收集到的信息，企业要及时进行整理、分析和研究，并提出报告，向企业内部的相关部门和相关人员传达。许多企业也重视顾客信息的收集，但对信息的分析、研究很不够，没有对企业产品开发、质量改进提出有用的意见。信息的分析、研究需要运用正确的观点和方法。对于同样的信息，有不同的观点和方法去分析，可能得出不同的结论。例如海尔集团冰箱公司得知胶东一位顾客投诉新购买的双王子电冰箱不停机，经海尔胶东维修中心人员检查，原因是顾客误将冷冻箱的速冻开关打开了，关掉速冻开关后，冰箱恢复正常。对这一来自顾客的信息如何分析有两种意见，维修人员认为这是顾客误操作造成的故障，但维修中心售后经理认为，不能责怪顾客操作失误，而应分析为什么顾客看不懂说明书。为此，他们很快对所有型号的说明书做了改进，将原有的文字说明方式改成图画指导方式，通俗易懂，市场跟踪效果良好。以正确的思想和观点分析获得的信息，才能从顾客的立场出发，真正理解和把握顾客的需求和期望。

第三节 顾客满意战略的提升

一、提升顾客满意度

本书第十章在介绍顾客满意时说过，顾客满意实际上存在着相当复杂的情况。一是一些顾客满意，一些顾客不满意；二是某一顾客同时存在满意和不满意；三是对某一质量特性同时存在满意和不满意；四是满意程度上有相当大的差异。这样，顾客满意状况就不是一句话可以说清的。但是，如果对顾客满意状况不能加以把握，企业又怎能真正实施顾客满意战略呢？于是，"顾客满意度"的概念就产生了。

顾客满意度反映的是顾客满意程度，也就是顾客满意的水平。用顾客满意度既可以测量顾客个体的满意水平，也又可以测量顾客群体的满意水平。

满意是顾客通过对使用产品的感知的效果（或结果）与他的期望值相比较后所形成的心理状态。满意程度或满意水平是指顾客对使用产品的感知效果和其期望值之间差异的函数。如果感知效果低于期望，顾客就会不满意；如果感知效果与期望相匹配，顾客就满意；如果感知效果超过期望，顾客就会高度满意或感到欣喜。那么：

$$顾客满意度 = f(感知效果 - 期望值)$$

由此可见，顾客满意度是和顾客的期望与感知密切相关的。而期望与感知是顾客的心理活动，这种心理活动的模糊属性是绝对不容忽视的。顾客满意度除了具有顾客满意的全部特性（见第十章第一节）外，还具有以下特性：

1. **集合性**。对企业来说，顾客满意度既是针对某一个顾客的（没有一个个的个别顾客，也就没有全部的顾客），又是针对全部顾客的，全部顾客的满意是若干个顾客满意集合起来的。测量顾客满意度，首先就是测量全部或其具有代表性的一部分（其数量若太小就失去意义）的满意状况，而不是只测量一个顾客的满意状况。

2. **抽样性**。在相当多的情况下，对顾客满意度只能进行抽样测量和监控。由于抽样方法的变化，测量到的顾客满意度往往并不能完全反映顾客整体的满意度。为了充分发挥测量和监控的作用，企业可以采用测量和监控顾客不满意度来进行。

3. **否定性**。顾客向企业提供的，往往是不满意的意见信息（投诉）。而这种不满意的意见对企业可能更有价值，因而更要大力收集。那种"报喜不报忧"的测量，往往失去意义。

4. **隐含性**。顾客满意与否，往往隐含于顾客的意识（甚至下意识）之中。只有在企业进行调查时，才可能得到确认。当然，特殊情况下也可能是公开的，例如顾客主动向企业投诉，包括提供好的意见和建议等。但大多数顾客的满意情况则是隐含的。

5. **复杂性**。顾客满意度测评时，不同的顾客、同一顾客对不同质量特性，同一顾客对同一质量特性的不同方面都存在不同评价，而且这种评价的强弱程度又各不相同，因而顾客满意度指数往往不能只用一个百分比来表示，而可能用多个数据来表示。那种只用一个百分比来表示的，往往存在虚假问题，可信性将大打折扣。

6. **下降性**。顾客的需求和期望总是发展的，总是提高的，因而在企业的质量相对稳定（更不用说下降了）的情况，顾客满意度就会呈现出下降的趋势。要维持顾客的满意度，只有不断改进和提升产品质量。

显然，要提升企业的顾客满意战略，首先就要提升顾客满意度。企业应当通过持续改进，特别是改革创新，更好地满足顾客的需求，让更多的顾客满意，让更多的顾客更满意。

二、给顾客以欣喜

所谓顾客欣喜，是指企业超越了顾客的需求和期望后，顾客的一种心理状态及心理评价。欣喜同满意一样，都是人的一种肯定性的心理状态，但程度不同。欣喜是一种喜悦，比满意更使人愉悦、高兴，甚至有点惊喜的成分。成语"欣喜若狂"，用"狂"来修饰"欣喜"，就可以使人体会到"欣喜"的内涵了。

一般来说，顾客满意有一个幅度区间，这个幅度区间就是企业满足其需求和期望的幅度区间。全部满足为100（这种状况肯定很少见），基本未满足为0，不能满足就是负数值。超越顾客的需求和期望，就会超越100的区间，从而使顾客满意成为顾客欣喜。

但是，任何企业都不能使顾客所有的需求和期望全部100%满足并全部超越。也就是说，顾客欣喜是指顾客对某一质量特性的欣喜。这种欣喜有两个特征：一是其绝大部分需求和期望已经得到满足，他也感到满意；二是其中某一项或某几项需求和期望已经被企业超越，在满意或基本满意的基础上，他感到一定程度的欣喜。因此，顾客满意是基础，缺乏这个基础，顾客欣喜也是难以产生的。单纯追求顾客欣喜，不仅追求不到，反而会使顾客不满意。

据美国RDS公司调查结果表明，当顾客期望值达到并超越之后，顾客的满意会变得更加明确和肯定，而顾客相应的情感会变得更加积极和明朗，达到通常称之为"令人惊喜的高兴"。一般来说，欣喜的顾客一定是"非常满意"的，而"非常满意"的顾客并不一定是欣喜的顾客。但是可以有理由相信，通过增加非常满意顾客的百分比，欣喜的顾客人数也能增加。

仅有顾客满意往往还是不够的，他们可能不会再次购买或向其亲朋好友和周围的人员推荐，而只有欣喜的顾客才会自觉这样做。欣喜程度越高，再次购买或向其亲朋好友和周围的人员推荐的热情也越高。RDS公司从1992年就开始进行调查，发现公司利润与顾客欣喜度成正比关系。也就是说，顾客欣喜度提高，利润也就提高。

要使顾客感到欣喜，就应超越顾客的需求和期望。这种超越表现在以下几个方面：

1. 提前满足顾客未来的需求和期望。顾客的需求和期望如果能提前予以满足，实际上就是一种超越。这就涉及到预测顾客的需求和期望的问题。在调查顾客的需求和期望时，企业获得的是顾客现在的或现实的需求和期望。但由于调查人员广泛接触顾客，如果对其现在的或现实的需求和期望能有所理解，也就可以对其未来的需求和期望做出某种预测，只要企业有能力且顾客在价格上又能接受，那么满足这种未来的需求和期望的产品就会给顾客一个欣喜。当然，在预测时一定要注意准确，并要分析其风险、效益和成本，不能盲目。

2. 将少数顾客的需求和期望变为对全部顾客的需求和期望而加以满足。在调查顾客的需求和期望时，有少数顾客可能提出一些"离奇的"、"怪异的"、"超前的"、"不合理的"、"异想天开的"、"苛刻的"、"无理的"要求。对这些要求切不可等闲视之。说不定把这些要求作为一种需求和期望输入，就可以刺激企业在某一方面的创造发明。有农民将洗衣机用来洗红薯，泥沙堵住了出水管，因而投诉。海尔集团公司并未指责该顾客，反而据此设计出既可洗衣物又可洗红薯的洗衣机来。少数顾客的需求和期望，对大多数顾客来说可能只是潜在或未来的需求和期望。因此，若能满足，就可以使大多数顾客感到欣喜。

3. 引进国内外的先进产品。除了文化背景和地区差异之外，人们的需求和期望总是有其共同性。国内外先进的产品或服务，对尚未使用或接受过的顾客来说，满足的正是他们潜在的需求和期望，因而也可以给他们一个欣喜，当然，为了适应当地的文化背景和地区差异，也应进行某些改进。

4. 力争比竞争对手"多"一点、"好"一点。顾客在市场上有选择任何产品的自由。如果企业的产品比所有的竞争对手"多"一点（例如功能）、"好"一点（例如质量）、"省"一点（例如使用费用），也可以给顾客带来欣喜。

要使顾客满意，要使顾客欣喜，归根到底是企业是否有不断创新的产品推出。可以说，顾客满意战略的本质就是质量创新战略。作为世界质量管理的创始人之一，费根堡姆对持续质量改进的意义和作用是非常理解的。他在21世纪到来之前曾指出："我们的工作需要从减少错误转向发掘长处。"事实上，全面质量管理，包括ISO9000族国际标准，虽然都强调持续改进，但持续改进针对的，首先还是"减少错误"，即减少或清除不合格，减少或消除产品中包含的质量问题或质量隐患。要使顾客欣喜，仅有此是不够的，还需要"发掘长处"，也就是不断创新，不断超越顾客的需求和期望，不断使顾客感到欣喜。

三、培养忠诚顾客

所谓顾客忠诚，是指顾客对企业的一种态度，也就是愿意继续购买企业的产品，愿意向其亲朋好友和周围的人员宣传企业及其产品，愿意参与企业的活动。愿意作为一种态度，有坚定或坚决的程度之分，从尽心尽力的忠诚到一般化认可的忠诚,可以划分为若干等级,因而顾客忠诚也是可以度量的。于是,就出现了顾客忠诚度的概念。

显然,顾客忠诚是顾客对企业的一种回报。企业只有留住老顾客,并不断扩大新顾客的队伍,才能得到发展。顾客不忠诚,纷纷离开而"改嫁"他方,企业就会出现危机。因此,培养顾客忠诚,提高顾客忠诚度,对企业来说是一件很重要的事情。

顾客与企业之间几乎纯粹是一种利益关系、买卖关系。在市场经济下,他们之间不可能用诸如政治的或道德的、法律的或家族的利益关系以外的手段,来逼迫他们交往,更不能强迫顾客忠诚于某企业而不忠诚于另一企业。顾客忠诚首先是建立在顾客满意的基础之上的。顾客满意度越高,其忠诚度也就越高。有时,受客观条件影响,顾客也可能不购买或不使用其忠诚对象的产品,但并不影响他的忠诚。要顾客忠诚,要提高顾客的忠诚度,只有靠提高顾客满意度(特别是顾客欣喜度)来达到。

一般情况下,顾客面对的提供同类产品的企业往往不是一家两家,企业之间在提升顾客满意度方面进行竞争,往往可以使其满意度趋于平衡。这时,要使顾客忠诚于自己,仅仅只有顾客满意,甚至仅仅只有顾客欣喜也是不够的了。顾客忠诚在相当大的程度上还建立在对企业形象、企业的价值观以及对企业及其产品所体现的生活方式的认可上。例如一些年轻人"忠诚"于可口可乐、麦当劳、牛仔裤、好莱坞,实际上就是对美国文化或美国生活方式的认可。日本一些企业的员工只购买本企业生产的产品,也是对本企业的认可。企业形象差劲,特别是酿出重大丑闻,出现形象危机又没有采取切实措施进行挽救的时候,往往会受到顾客的抵制。顾客抵制,从反面说明了顾客忠诚的意义。

顾客忠诚一旦形成,往往就会有以下一些表现:(1)再次或大量地购买企业该品牌的产品;(2)主动地向亲朋好友和周围的人员推荐该品牌产品;(3)几乎没有选择其他品牌产品的念头,能抵制其他品牌的促销诱惑;(4)发现该品牌产品的某些缺陷,能以谅解的心情主动向企业反馈信息,求得解决,而且不影响再次购买。而且,上述这些的表现往往较为稳定,有的可能持续几年几十年而不变。

但是,不能因为顾客有了这些较为稳定不变的表现,企业就可以掉以轻心。随着时间的推移和市场竞争的加剧,顾客满意度往往有下降的趋势。这种趋势很可能使顾客转向企业的竞争对手,从而使忠诚的顾客也改变态度,变为不忠诚了。事实上,顾客"改嫁"他方的情况时时刻刻都在发生。企业只要在某一方面失误,顾客就可能跑掉一大半。虽然这样,却不能说顾客都是"没有良心"的、"不讲情谊"的。企业与顾客之间本质上是平等的关系。既然是平等互利的,你不能给他"利",他为什么要"忠诚"于你呢?要顾客"有良心"、"讲情谊",只有靠企业自身努力,去提高顾客满意度。

图 12-1 和图 12-2 表明了顾客满意与顾客忠诚、顾客满意度与顾客忠诚度的关系。从购买行为来看,顾客满意一般是指一次性的,而顾客忠诚往往表现为多次。从心理活动的角度来看,顾客满意是顾客的自我感觉,是企业"赠予"给顾客的,顾客忠诚是顾客对企业的态度,是顾客回报给企业的。一般情况下,顾客满意度可以达到很高的比例,而顾客忠诚度却不可能有很高的比例。

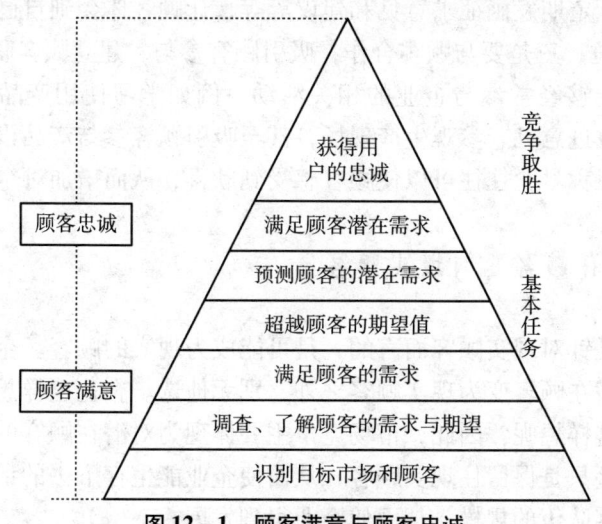

图 12-1 顾客满意与顾客忠诚

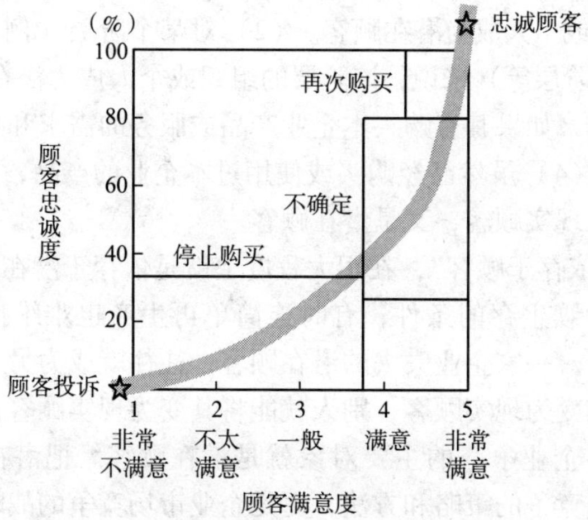

图 12-2 顾客满意度和顾客忠诚度的关系

任何企业的忠诚顾客都不可能有很多，但是，由于忠诚的顾客往往主动向亲朋好友和周围的人员推荐，企业实际上获得了大量的免费"推销员"，而且由于这些"推销员"的身份是顾客，更容易获得其他顾客的认可，因而企业可以获得相当大的效益。忠诚的顾客往往是企业的宝贵资源，企业应当想办法尽可能多地培养忠诚顾客，并充分发挥他们的作用。

要培养顾客忠诚，一是要不断提升顾客满意度，特别是顾客欣喜度；二是要加强与顾客的沟通，与重点顾客建立特殊关系，例如走访顾客、邀请顾客作客、节日慰问顾客、定期发函征求意见和建议等等，让顾客体会到自己在企业心目中的"上帝"地位；三是要与顾客合作，吸引顾客参与，建立顾客联谊会之类的组织。如果顾客能够经常参与企业的相关活动，例如学习使用产品、交流使用经验、提供产品改进意见、参观生产现场，甚至吸引顾客参与产品设计和开发，授予顾客名誉员工称号，往往可以使顾客感受到欣喜，从而增加对企业的忠诚度。

四、把潜在顾客变为现实顾客

潜在顾客是针对现实顾客而言的，是可能成为现实的顾客。企业要扩大顾客队伍，除了把潜在顾客变为现实顾客之外，别无他选。企业这样想，企业的竞争对手又何尝不这样想呢？因此，市场竞争主要体现为对潜在顾客的竞争。如果说培养忠诚顾客还只是保留住现实顾客，从而使企业能生存下去的话，争夺潜在顾客则是扩大顾客队伍的规模，从而使企业得到发展。

潜在顾客包括4个层面：(1) 对某个地区来说，该地区可能是潜在的销售市场，该地区的组织或个人成为潜在顾客。(2) 对某个阶层（例如以收入划分的阶层、以城乡划分的阶层等）来说，该阶层的组织或个人成为潜在顾客。(3) 对某个组织或个人来说，如果其有购买本企业产品或服务的需求和期望，也可能是本企业的潜在顾客。(4) 虽然已经购买或使用过本企业的产品，在他第二次购买或使用之前，他既是现实顾客，又是潜在顾客。

显然，"组织依存于顾客"，在很大程度上就是依存于潜在顾客。没有潜在顾客，企业就没有持续生存的条件，有时连简单再生产也难维持，更不用说发展了。在竞争状态下，一家企业失去的潜在顾客，往往就成为另一家企业的现实顾客；自己未能将其变为现实顾客，别人就能将其变为现实顾客，从而使自己失去了一个潜在顾客。企业争夺的主要对象就是潜在顾客。把潜在顾客变为现实顾客，既是企业市场竞争的策略和方法，更是企业市场竞争的战略和目的。

要将潜在顾客变为现实顾客，首先是要留住现实顾客，尽可能多地培养忠诚顾客。忠诚顾客不仅会再次或大量地购买本企业的产品，抵制其他品牌的促销诱惑，而且还会主动地向亲朋好友和周围的人推荐本企业的产品。其次是要开辟新市场，将地区性的、层次性的潜在顾客变为现实顾客。要开辟新的市场，需要更多的谋划和费用，不可盲目从之。一旦进入新市场，就要慎重，万万不可为一些小问题而影响自己的信誉。再其次是要争夺一般潜在顾客。所谓一般潜在顾客，是指已有购买意向尚未成为任何同类产品或企业的顾客，以及虽然已经成为过某企业的顾客，但其购买决策时，品牌（也即企业）较为随意的顾客，也就是忠诚顾客之外的顾客。由于忠诚顾客对企业来说总是少数，这种一般潜在顾客是潜在顾客中数量最大的，因而也是企业之间争夺最激烈的。谁的"道法"高，谁就可能更多地赢得这些潜在顾客的青睐，从而扩大自己的顾客群（实际上也就是常说的市场占有率）。最后是要争夺竞争对手的顾客。在相当多的情况下，特别是在中间顾客（例如批发商、零售商）这一层次中，顾客往往已被"争夺""完毕"。这里所说的"完毕"，包括两个情况。例如某地若有10个零售商，这10个零售商已经有了自己的固定的进货渠道，不愿再增加进货渠道了。另一种情况是某一种产品市场上已经有个若干个品牌，已经占据了市场，新的品牌要打进去，很可能遭到"封锁"和"抵制"。在这两种情况下，你要"挤"进去，都必须费相当大的力，都必须将竞争对手的顾客拉过来，使其首先变成自己的潜在顾客，然后再变成自己的现实顾客。将竞争对手的顾客争夺过来，也就是"挖墙角"，当然必须采取合法手段，不能违反有关反不正当竞争的法律。

五、对顾客不满进行补救

任何企业，无论其产品质量如何，哪怕是最好的，也不大可能使100%的顾客达到100%的满意，总会有顾客不满意，表示满意的顾客中也总会有对某些质量特性不满意的情况。顾客不满意之所以存在，首先是产品从设计、制造到服务过程中的缺陷或疏忽造成的；其次是顾客期望值过高，企业因种种原因而不能给予满足造成的。顾客不满意的状况相当普遍，各级消费者协会每天都要接到大量投诉就是证明。

顾客不满意，一是可能会拒绝再次购买，二是可能会与企业"扯皮"（向企业投诉），三是可能向其他顾客（包括新闻单位）散布企业的"坏话"，四是可能采用其他手段（例如向消费者协会投诉、向法院起诉等等）来挽回自己的损失。因此，顾客不满意对企业是一大威胁。如何对顾客不满意进行补救，使其由不满意转化为满意，应是企业实施顾客满意战略必须关注的一个大问题。

顾客不满意，最直接的表现就是"叛变"离去。顾客"叛变"，不外乎两种原因：一是未能满足顾客需求和期望，顾客不满意而离去；二是竞争对手采用了更优惠的手段、更满意的服务把顾客"挖"了过去。对企业来说，不管是哪种原因，顾客"叛变"离去，都是一个损失。这种损失不仅是因为这一个顾客离去了，企业少了一个顾客；更重要的是，这个顾客的离去是因为企业或产品本身存在的问题而离去的，如果问题没有解决，任其发展，还可能有更多的顾客"叛变"离去，甚至可能酿成企业的危机。

顾客因不满意而离去，说明企业的顾客满意战略在实施中存在问题。不论是产品质量本身引起的，还是价格、服务等问题引起的，都不能忽视。既然有一个顾客已经不满，那么就可能有更多的顾客不满。这一个顾客不满，就会向其亲朋好友和周围的其他人员传播这种不满，从而使企业的信誉受损。为此，企业应当采取措施，尽可能予以补救。首先，要弄清顾客不满意的原因，迅速采取纠正措施，清除存在的缺陷、不足或隐患，防止类似问题再发生。其次，要用最短的时间与不满意的顾客取得联系，表示歉意，尽可能采取相应的补救措施。再其次，要通过感情投资，取得顾客的谅解，尽最大可能挽回"叛变"离去的顾客，把他再"拉"回来。最后，要尽可能与"叛变"离去的顾客保持联系，千万不要恶言相待，更不能采用报复措施，要等待时机再把他"挖"回来。

随着市场竞争加剧，竞争对手之间相互"挖"顾客的情况也将越演越激烈。被竞争对手"挖"过去的顾客，虽然并不一定就是不满意的顾客，但相对于竞争对手，顾客的满意度可能要差一些，实际上也可以算在不满意顾客的范围之内。竞争对手既然能够"挖"走你的一个顾客，也就可能"挖"走你的所有顾客。这说明，你在某一方面比竞争对手差，至少在这一方面你的竞争力低。企业应当调查竞争对手"挖"走顾客所用的方法、手段、策略，从中发现自身存在的问题、缺陷、不足或失误，分析原因，采取措施，加以改进；同时，根据具体情况，充分发挥自己的长处，用自己的长处去吸引竞争对手的顾客，以弥补自己的损失。总之，对这样的顾客，企业也应当采取措施，尽可能"挖"回来。当然，如果竞争对手采用的是不正当竞争手段，你可以诉诸法律，用法律来讨回这种损失。

第四编

社会的质量心理学

第四部

牛乳流通の発展

第十三章

社会文化心理对质量的影响

我们知道，不管是生产者还是消费者，都是处在一定的社会环境中的。社会环境是一个外延十分丰富的概念，包括政治、经济、文化、心理以及地理、自然等多个方面的内容。社会心理学作为一门重要的学科，因研究社会各个方面人与人关系的心理活动规律，越来越得到人们的重视。按通行的哲学教科书的说法，社会心理是一种低水平的社会意识，直接与日常社会生活相联系，是一种无系统的不定型的自发的反映形式，表现为感情、风俗、习惯、成见、自发的倾向和信念等等。文化的概念则要宽泛得多。所谓文化，就是人们行为和心理的一种传统的固定的模式，是人类现实心理活动的投射、表现与凝结，表现为思想观念、道德风尚、宗教、文学艺术、科学教育等等。我们使用社会文化心理的概念，用意在于不要把研究的范畴局限在哲学教科书上那样的规定之中。

第一节 社会环境对质量形成、交换和消费的影响

一、社会环境对质量形成的影响

20世纪80年代以来，不少企业都从国外引进了生产线，引进了新产品，可是，不管怎么攻关、怎么整顿、怎么改进，产品质量就是不能达到国外原产产品的质量水平。即使是引进散件进行组装，其质量水平也要差好大一个档次。虽然不同的企业不同的产品可能有不同的原因，但整个社会环境对质量的制约却是最重要的原因。

质量是在企业内部形成的，质量的形成离不开人的行为。不论是员工个体还是群体，甚至作为生产者的企业，都是生活在社会中的，是社会中的人，是社会中的群体，是社会中的企业。员工的衣食住行、婚丧嫁娶、思想文化观念、思维和行为方式等等，都必定要受到社会的政治、经济、文化的制约。企业的结构、领导人员的选配、经营目标包括质量目标的确定、意见沟通的方式和网络等等，更要受到社会制度、管理体制、文化背景的制约。没有能够脱离社会的企业和员工，也就没有能够超越社会的产品和产品质量。此其一。

其二，现代大工业生产是社会化生产，几乎所有的产品都需要其他企业提供相应的配套服务。在自然经济条件下，虽然生产者与社会也有千丝万缕的联系，但其生产过程以及最终产品与社会往往是隔绝的。在市场经济条件下，企业的原料、材料、半成品、设备、动力等往往来自于其他企业，而其产品往往又是供其他企业使用的。社会消费的最终产品，哪怕是最简单的产品（例如铅笔），都不可能是一家企业就能够完全独立生产制造出来的。例如一台最普通的电脑，其主机板可能来自中国台湾地区，其硬盘可能来自马来西亚，其内存条可能来自韩国，其CPU可能来自美国，其组装可能在中国大陆，其买主可能是英国的学生，电脑里装的各种软件的知识产权所有人，可能有美国人，也可能有中国人，还可能有法国人。随着全球经济一体化的步伐日益加快，世界将变得越来越"平"，越来越多的产品与整个国际社会相联系。

其三，现代大工业生产都是商品生产，一般来说，其产品不是供生产者自己使用的。这样，产品就要通过交换和使用，与顾客联系起来，从而也就与社会联系起来。企业要把产品销售出去，不能不考虑顾客的需求和期望，不能不考虑社会的质量观念和质量要求。这种考虑直接决定了企业的质量方针和质量目标，对产品质量的形成起着至关重要的作用。

产品质量的整个形成过程都是和社会相联系的。这种联系是多方面的，而且是十分紧密的。社会环境作为一个不可或缺的因素，或是直接的或是间接的，或是明显的或是潜在的，但都要自始至终地作用于质量的形成过程，从而制约着产品质量。马斯洛认为："社会的质量对工业来说十分重要。一个健康的社会能带来健康的工业；相反，一个健康的工业又促进更健康的社会。"邓小平也曾经尖锐指出："必须认识，一个国家产品质量的好坏，从一个侧面反映了全民族的素质。"图13-1是社会环境对产品质量形成制约作用的示意图。其实，企业及其员工、顾客以及供应厂商也都是社会的一部分，他们与社会的其他部分互为环境，也就是说他们对社会也要产生相应的影响。

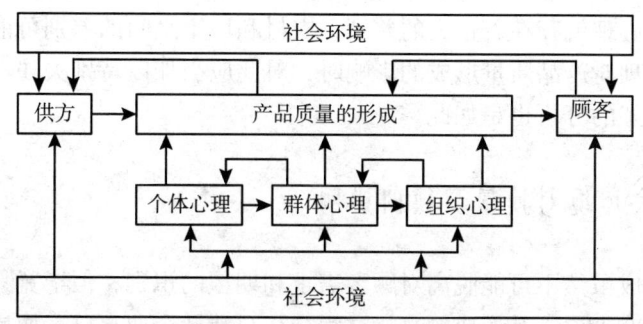

图 13-1　社会环境对产品质量形成的制约作用

在制约产品质量形成的社会环境因素中,最重要的是社会的政治经济发展水平、社会的法治环境和社会的文化心理。与质量有关的社会文化心理,特别是社会对质量的需求和对质量的认知,对产品质量的形成更是有着直接的影响。

中国曾经长期处于短缺经济之中,只要能吃,管他是什么都吃;只要能用,即使有点质量问题也要用;只要不死人,好像都没有问题。在这样的社会文化心理支配下,不管是企业还是员工个人,都难以真正把诸如安全性、环保性之类的现代质量标准的原则融入到产品质量的形成过程中去。20世纪60年代,为还债,中国出口水果到苏联,苏联要用专门的设备检验,大的不要,小的也不要。这本来是国际贸易惯例,我们却把这作为"苏修"的一大罪状,向全国人民宣传,竟然激起了全国人民的愤怒。随着改革开放和社会经济的发展,中国的社会文化心理已经有了突飞猛进的转变,强调安全、健康、环保成为整个社会的共识,追求名牌、时尚、舒适成为社会的潮流。不管是什么企业,即使是政府部门和其他赢利或非营利组织,也不管是一般员工还是企业的管理者,即使是才从山区来的农民工,都已经感受到了社会文化心理的这种变化,都已经或多或少或深刻或肤浅地知道质量的重要性。这样的社会文化心理,一方面制约着企业的质量战略、质量方针和质量目标,并转化为对质量的具体要求,从而影响产品质量的形成,另一方面则通过员工质量意识的提升而直接作用于产品质量的形成过程。

社会是一个具有层次性的概念。如果一个企业是一个点,那么以这个点为圆心,可以形成无数个同心圆。企业本身可能就是一个小社会,企业所在的社区或城市可能就是一个亚社会,而国家可以被看作是一个较为完整的社会,在全球化步伐加快的情况下,又出现了国际社会的概念。概念外延不同的社会,对产品质量形成的影响是不同的。越靠近圆心的"社会",其文化心理对产品质量形成的影响越大也越直接。在中国这样一个发展差异相当大的国家里,东部、中部、西部的社会文化心理就存在着很大的差别,农村和城市之间的差别可能更大。在分析社会文化心理对产品质量形成的影响时,对此应当加以特别关注。对企业的分析如此,对员工的分析也是如此。

二、社会环境对质量交换的影响

质量的形成虽然不可能脱离对顾客需求和期望的识别,但毕竟只是在企业内部形成的,相对来说,其形成的直接过程往往只涉及企业自己。而质量的交换过程必然要涉及到买卖双方,也就是企业与顾客双方。而且大多数交换场合都是在市场内进行的,市场实际上就是一个社会,或者说是社会的一个特殊的场所。于是,社会环境对质量交换的影响或制约也就更加突出。

且以一个农贸市场为例,市场里有卖方(摊主),有买方(顾客),有管理者(工商所),与卖方相联系的还有批发商、种植户等等,与买方相联系的还有其家庭成员,与管理者相关的还有市场的诸如清洁工、保安等各类服务人员。人头攒动、吵吵嚷嚷的市场里,各色人等聚集,加上相应的硬件设施,于是就形成一个特殊的小社会。这样的小社会,其环境对买卖双方的心理和行为都要产生相应的影响,从而影响着买卖双方的交换。即使现在物质如此丰富了,但只要看到市场内有排队的,我们说不定就会赶去看看,甚至在还没弄明白情况时也要先去排在后面看看再说。如果一个市场相当破烂、拥挤、肮脏,我们就会怀疑市场内出售的产品质量。相反,那些地处闹市、装饰华丽的大型商场,往往能给我们一种质量信任感。此其一。

其二,任何一个具体的市场,都是宏观意义的市场的组成部分。上述农贸市场,与其他农贸市场共同组成宏观的农贸市场(专业市场),又与该区域的其他市场组成该区域的一般市场。一般意义上的市场,是社会不可缺少的重要组成部分,实际上也就是社会的一部分。不管是宏观的专业市场,还是一般的区域市场,所谓的市场环境当然要包括市场的硬件设施等因素,但更多的是则是指市场的供需关系、管理体制等等因素。这些因素对质量的交换往往具有决定的意义。在需求旺盛的卖方市场里,质量往往被忽略;而在供大于求的买方市场里,质量往往成为竞争的主要手段之一。在一个受地方保护的市场里,优质产品则往往受到排斥。

其三,不管是买方还是卖方,都是生活在一定的社会环境之中的,社会的政治、经济、文化的发展水平,对质量交换的作用是不言而喻的。其他不说,只说社会的风俗习惯对质量交换的影响。一个崇尚节俭的社会与一个追求时尚的社会，人们同样要追求质量，但是对质量的认识却可能存在着极大的差异。前者可能更强调"耐穿耐用"，而后者可能更强调新颖美观。经过 30 多年的改革开放和经济社会发展，我国已经解决了温饱问题，正在为实现全面小康而奋斗。早在 2007 年，在党的十七大政治报告中，胡锦涛在谈到加快转变经济发展方式，推动产业结构优化升级时，就强调要"确保产品质量和安全"。把质量和安全放在一起，反映了我们党对质量问题认识的一个重大转变，实际上也就是反映了整个社会对质量特性的要求从强调性能到强调安全性的转变。此后的事实，例如被揭露的诸如三聚氰胺、瘦肉精之类的引起全国震动的质量问题也证明，那些在安全性上存在缺陷或隐患的产品，越来越受到市场的抵制，也越来越受到政府的控制，这必然也影响着产品质量的交换。如今走进超市，消费者在选购产品时已经知道要看看出厂日期，看看是不是转基因，那些有质量问题被揭露的产品就难以有人光顾了。

在实际的质量交换中，社会环境的影响往往是通过买卖双方的心理来表现的。卖方通过各种各样的广告宣传以及市场的环境、销售人员的表现或表演（微笑服务实际上就是一种表演）来影响买方的心理，来"勾引"顾客；买方则在自己的需求指引下，通过自己对产品质量的认知和情感等心理因素，去选择卖方。在具体的质量交换过程中，买卖双方不断博弈，不断用自己掌握的相关信息，去探试对方，去"讨价还价"。就质量交换来说，所谓的"讨价还价"，不一定反映在价格上的讨价还价上，而是相互"逼"着对方，以便于获得更多的对方可能隐藏的信息。在质量交换中，买卖双方信息是不对称的。一般来说，卖方往往不知道顾客购买的欲望究竟如何，因此需要通过"讨价还价"来了解顾客购买欲望的信息，以便投其所好，促使销售成功。对顾客来说，质量存在着风险，难以把握真实的质量信息，因此需要通过"讨价还价"来获得产品质量的真实信息，以便能够更有把握地确定产品质量水平。在这样一个"讨价还价"的过程，不管是卖方还是顾客，往往都要调动自己的知识、经验、能力等几乎所有的手段来增强自己的地位。而知识、经验、能力等都与社会环境相关，特别是与社会文化心理相关。任何人的知识、经验、能力都是在一定的社会环境中形成的，并受到社会文化心理的制约。从这个角度来说，社会环境特别是社会文化心理对质量交换的每个环节每个步骤都将产生影响。特别是对顾客来说，产品或产品销售过程中存在的任何一个与他所认可的社会文化心理不相符合的地方，都可能使他中止购买过程，于是质量交换也就可能中止。

假冒伪劣产品泛滥，社会诚信度不高，这两大社会环境因素对质量交换造成了重大影响，给买卖双方的心理都蒙上了阴影，甚至在相当程度上抑制了质量交换。对卖方来说，为了消除顾客对产品的怀疑和对企业的不信任，往往要使用更多的手段，采用更多的措施，从而付出更大的代价；对顾客来说，为了避免买到假冒伪劣或避免被卖方所欺骗，往往要提心吊胆，往往要想办法尽可能多获得一些有关质量的知识、信息、经验，甚至逼迫自己成为所购产品的"专家"。特别是在购买诸如房子、汽车之类高价格产品的时候，更是必须小心翼翼，购买前的"学习"、咨询往往要付出相当大一笔成本（包括时间和精力）。而一些企业往往正是利用顾客这方面的弱点，采用欺骗、蒙混、夸大正面信息、隐瞒负面信息等手段，使顾客上当受骗。打开报刊杂志，我们就可以看到很多这方面的事例，还可以看到诸如"选择某产品常识"之类的文章。这实际上增大了全社会质量交换的成本，是很不值得的，也是无可奈何的。

三、社会环境对质量消费的影响

任何消费都是在一定的社会环境中进行的。虽然绝大多数产品的消费对社会的自然环境可能并没有特殊要求（有的产品也有这样的要求，例如一般的锅在高原上就煮不好饭），但对社会的人文环境、心理环境却可能有特殊要求。反过来说，社会的人文环境、心理环境对产品质量的消费不仅有影响，而且还可能有相应的限制。

其一，质量消费也是一个过程，这个过程也会产生相应的结果。这样的结果既有预期的，例如我们看电视，获得信息和娱乐；又有非预期的，例如看电视给我们造成的辐射；既有提供给直接顾客的，例如正在看电视的家人；也有提供给间接"顾客"的，例如电视声音传给了邻居（邻居往往认为是噪声）。严格说来，任何产品都有相应的间接"顾客"，即使是食品，由于可能造成垃圾，也可能存在像清洁工这样的间接"顾客"。从宏观来看，一方面我们是自己消费自己所有的产品的直接顾客；另一方面我们又是他人消费产品过程中的间接"顾客"。如果把我们自己消费产品的所有间接"顾客"看作一个整体，也就是社会。如果消费产品对间接"顾客"的影响达到一定的程度，间接"顾客"就会对我们的消费提出意见，甚至给予限制。例如吸烟，经科学研究证明，被动吸烟对身体（特别是对未成年人的身体）也将造成严重影响，世界各国纷纷禁止在公共场所吸烟。被动吸烟者实际上就是我们说的间接"顾客"。这是社会对质量消费进行干预的一个典型例证。

其二，即使是对直接顾客的消费，社会往往也要加以或多或少的干预。有些干预是通过法律法规来进行的，例如政府严格禁止对毒品的消费；有些干预是通过社会舆论来进行的，例如社会舆论对浪费的批评；有些干预是通过社会风俗习惯来进行的，例如在伊斯兰教地区不得消费猪肉食品；有些干预是通过影响顾客的心理来进行的，例如社会时尚对顾客的影响。任何一个顾客，不管是集团顾客还是个体顾客，都生活在一定的社会中，社会文化心理对其都有相应的影响和限制，这种影响和限制也要体现在其质量消费上。那些追求时尚、高档、名牌、新潮的消费者，其受社会环境影响和限制的程度往往更严重。当然也有所谓"反潮流"的人，那只是从另一个方面证明了社会环境对他的影响而已。

其三，产品质量的消费过程往往需要社会提供相应的知识技能和配套设施。20世纪80年代，我国进口了不少先进设备，由于没有相应的人才会使用或者配套设施不齐备，很多进口设备成为摆设，甚至成为废铁。即使是普通消费品，顾客如果没有相应的知识和经验，往往也难以"完全"消费其质量。如今手机上的功能相当多，但有几个人"完全"消费了那些功能的呢？事实上，电子产品功能过剩的现象是相当普遍的。功能是产品最重要的质量特性之一，不能"完全"消费产品的功能，就是不能"完全"消费产品的质量。如果电网、电话网、宽带网、路网之类配套设施不齐备，或其质量不高，对诸如电器、电话、电脑、汽车之类的产品来说，即使其质量很高，也不能充分发挥其效益，也就是说不能"完全"消费其质量。而电网、电话网、宽带网、路网之类配套设施，虽然也是产品，也是相关企业提供的，但其质量却与整个社会的经济发展相关。事实上，越是先进的现代科技产品，社会对其消费的影响和限制也就越大。

其四，从宏观来看，在对质量消费的影响中，除了社会政治经济的因素外，最重要的是社会文化心理。社会政治经济因素往往也是通过诸如消费需求、消费习惯、消费获得的心理体验、消费后的心理评价等文化心理来体现的。近年来，世界不少国家的媒体，特别是美国的媒体，对中国产品的质量问题进行了"排山倒海"的炒作，一时间，"MADE IN CHINA"（中国制造）成了有毒食品、有害商品的代名词，使一些国家的消费者对中国产品失去信心。在这样的社会心理支配下，这些国家的一些消费者不仅拒绝购买中国产品，而且在使用中国产品时往往也存在着过分的担心，从而增大了使用成本（例如增加了检查的内容或次数），影响了中国产品的质量效益的发挥。个别人甚至将已经购买的中国产品丢弃而不再使用，中止了质量消费。这当然是不理性的社会心理现象，但也从反面说明社会文化心理对质量消费的影响。

社会对质量消费的影响和限制，反过来也会影响质量的交换，从而也要影响质量的形成。因此，关注社会环境对质量消费的影响和限制，尽可能消除负面影响，并在相应的限制中寻找能够施展质量效能的天地，对企业来说是相当重要的。对顾客来说，理性对待社会文化心理的影响，在相应的社会环境中尽可能去获得质量消费带来的效益（顾客价值），从而提高自己的生活质量，才是正确的选择。为此，一方面要排除社会环境方面的不利因素（例如落后的风俗习惯的影响）；另一方面又要充分利用社会环境中的有利因素（例如政府的鼓励和提倡），从而使相应的质量消费发挥更大的效益。

第二节 社会质量风气和质量道德

社会环境包含着相当多的因素，其中较为直接地对产品质量产生影响并限制产品质量水平的，是社会的质量风气。质量风气是有关质量问题的社会文化心理，既反映在产品质量的形成过程中，也反映在产品质量的交换和消费过程中；既左右着对质量的需求和期望，又左右着对质量的认知和投入；既通过社会的质量舆论来表现对质量的关注状况，又通过社会的质量道德来控制质量的形成、交换和消费。

一、国民质量意识制约产品质量

社会质量风气包含了相当多的内容，但首先是国民的质量意识。国民质量意识是一个国家或一个民族对质量的认识，是整个国家全部国民或整个民族的所有成员对质量认识水平的平均值，是在传统的国民质量意识基础上形成并发展着的，是有关质量问题的社会文化心理的核心或基础。

在第一章、第二章、第三章里，我们曾经分析过员工、员工群体和企业的质量意识对产品质量形成的影响和制约。事实上，不管是个人的质量意识还是企业的质量意识，不管他们是作为生产者的质量意识还是作为顾客（消费者）的质量意识，对产品质量都要产生影响，并在很大程度上制约着产品质量的形成、交换和消费。从宏观来看，一个国家或一个民族的质量意识，对这个国家或民族的产品质量具有决定性的作用。甚至可以说，一个国家或民族有什么样的质量意识，就会有什么样的产品质量水平。正是在这个意义上，邓小平才说，一个国家产品质量的好坏，从一个侧面反映了全民族的素质。

质量意识是人们对质量的认识。按唯物主义反映论的观点，质量意识是产品质量在人们意识中的反映。没有产品质量的形成、交换和消费过程，就不会产生质量意识。由于质量是产品的本质属性，只要有产品就有相应的质量，因此，即使是原始人，即使是原始社会，也有了相应的质量意识。据考古发现，原始人对打制的石器就要进行相应的"检验"。虽然那时人们的质量意识还很模糊、淡薄和原始，但也已经认识到质量的重要性。

　　质量意识作为一种观念，又反过来作用于产品的形成过程。我国经历了数千年的自然经济和数十年的计划经济。自然经济相对于商品经济来说，对质量的要求不高。计划经济又是短缺经济，质量问题往往被推到第二或第三的位置上（多、快、好、省的排列，"好"就在第三位置）。受此影响，我国的国民质量意识总体上说是不高的，这是制约我国产品质量最重要的一个因素。

　　为说明这个问题，让我们对国民的质量意识在社会生产的消费、生产、交换、分配四个环节中的作用进行一番简单的考察。

　　任何人一旦出生，就要吃要喝，也就是要消费。消费不但要满足人的生理需要，而且也要满足人的心理需要。而不管是满足生理需要还是满足心理需要，都会伴有诸如舒适、愉悦、持久、可靠、方便、经济等要求，而这些要求往往与质量相关。因此，一般来说，消费有天生追求质量的倾向。但是，自然经济和计划经济都是短缺经济。在短缺的情况下，首先要满足的是"有"，其次才是"好"，于是质量往往就降到次要的地位。消费是生产的目的，体现为对生产的需求。长期以来，社会对质量的需求不高，仅仅把质量看作是"耐穿耐用"，强调"新三年，旧三年，缝缝补补又三年"，使生产缺乏提升质量的动力。随着经济的发展，这种状况有了一些改善，但短缺的阴影依然存在于人们的意识之中。另一方面，作为社会文化心理的国民质量意识，往往具有一定的惰性，往往跟不上经济社会的发展。虽然我们的市场现在已经发展为买方市场，基本上消除了商品短缺的现象，但国民质量意识依然还没有提升到应有的位置上来。而且短缺现象也并没有完全消除，例如人们过分看重价格，实际上也是因为短缺（短缺的是货币）。假冒伪劣商品之所以屡禁不止，其根本原因就在它有一定的市场，我们的社会还存在短缺的问题。且不说还有相当多的贫困人口，就是所谓的"中产阶级"，也依然还要为诸如房贷之类焦头烂额。

　　社会对质量需求不足，必然影响生产、交换和分配。首先，生产质量是需要增加投入的，包括资金的投入和工作的投入。生产者是理性人，他总想用最小的投入去换得最大的利益。既然社会对质量需求不高，为提高质量增加的投入不能得到相应的回报，他肯定不愿意提高质量。其次，质量与数量、价格等产品的其他属性不同，是隐含于产品数量之中的，在相当多的情况下是难以检测、难以把握的。于是，在交换中往往是隐蔽的，可能生产者知道，消费者却不知道。消费者对质量需求不足，就更可能忽视。也就是说，即使产品质量很好，我们往往也不予以认可。最后，质量的生产既然需要投入，在分配阶段，质量也就应当得到补偿，参与分配。人们对质量消费要求不高，社会对质量需求不足，就会在分配上"歧视"质量，使其吃亏，得不到应有的补偿。

消费、生产、交换、分配都是由人在进行的，国民的质量意识对这四个环节都具有直接的限制。生产者不能认识质量的重要意义，他就不可能在质量上有过多的投入。交换的双方都没把质量当回事，真真假假、好好坏坏一律推出，另一方也一律接收，质量往往被排除在外。这样，质量在分配环节也就被忽略了。质量意识在消费、生产、交换、分配中的反映，就形成社会的质量风气。社会的质量风气既包括人们的质量态度，又包括政府的质量态度。一个社会的质量风气是产品质量形成最重要的社会条件，对产品质量从形成到交换，到消费的全过程起着制约作用。

二、社会质量风气的表现和提升

国民的质量意识在消费、生产、交换和分配的各个阶段可能存在着不同的表现形式，这些表现形式汇集起来，就是社会的质量风气。社会质量风气可能表现得很强烈，也可能相当平静，但表现强烈并不说明质量风气就好，而平静的表现形式往往说明该社会的质量风气可能处于稳定状态。改革开放以来，不管是新闻媒体还是社会舆论，不管是国民的日常生活还是政府的相关工作，质量都成为社会关注的一个焦点，社会质量风气也就表现得相当强烈。这相当强烈的表现，从一个方面说明了我国社会正处于一个转型期，社会质量风气正在从低级阶段向高级阶段发展。虽然如此，却不能说明我国有社会质量风气就已经很好了。发达国家可能很少谈及质量问题，但其质量风气却是通过消费、生产、交换和分配各个阶段很平静地表现出来。"不谈"往往意味着质量问题已经不是主要问题，其质量风气可能更好。我们如此关注，反而意味着质量问题的严重性，社会的质量风气并不高。

那么，社会质量风气是如何表现的呢？

首先，社会质量风气表现在消费领域。质量最终是用于消费的，消费领域如果流行诸如"新三年，旧三年，缝缝补补又三年"的社会风气，质量的全部特性往往就被等同于"寿命"一个特性，社会质量风气往往就集中于"耐穿耐用"上。我国的经济发展还相对落后，作为消费者的国民往往还存在着"将就吃"、"将就用"等心理，即使发现质量不合格，还是"将就"使用。这样的质量风气显然不利于产品质量的提升。由于消费领域"将就"，生产领域也就更可能"将就"。一些企业往往以"不影响使用"，随意让步放行，将不合格产品推向市场。即使被政府监督检验抽查到了，也还振振有词，正好反映了这种社会质量风气对生产领域的影响。

其次，社会质量风气表现在生产领域。质量是生产出来的，生产力的水平往往决定了质量的水平。但是，在相同的生产力水平下，质量状况如何，往往可能有天壤之别。即使能够卖出去，不少生产者也能够坚持不合格产品不出厂的原则。相反，很多生产者却变着法子将不合格产品推向市场。事实上，由于产品质量特性繁多，某一质量特性不合格而又能瞒过消费者的情况相当普遍。生产者如果不自觉，如果有意无意采取欺骗的做法，不合格产品也就很容易"过关"，消费者往往只能被蒙在鼓里。只有生产者都能够真正坚持质量第一的方针，才能形成良好的社会质量风气。

最后，社会质量风气更重要或更集中地表现在交换领域和分配领域。社会质量风气肇始于社会对质量的需求，但更重要的却反映在社会对质量的投入上。社会对质量的投入包括资金的投入和工作的投入两个方面。如果人们承认质量的价值，也就必须承认质量参与分配的权力。质量既然可以参与分配，较高质量的产品就需要给予较高的价格来购买。这就是对质量进行资金投入的本义。在现代社会中，我们既是消费者，又是生产者。如果对质量进行资金投入体现了我们的消费者身份的话，对质量的工作投入就体现了我们的生产者身份。从宏观角度考察，一个社会产品质量总体水平，是这个社会所有产品（包括公共产品）的质量水平的平均数。除了孩子、老人之外，几乎所有的人的工作质量都与社会产品质量总体水平相关，都增益着或损耗着社会产品总体质量水平。因此，"从我做起，从现在做起，从本职工作做起"，提高自己的工作质量水平，也就为提高社会总体质量水平做出了贡献。

一个国家或一个民族的社会质量风气状况，可能与其历史传统相关。但对处于经济快速发展的我国来说，社会质量风气需要提升，需要改进，还需要培育。要培育良好的质量风气，首先就要提高国民对质量的需求。国民对质量的需求不是自然产生的，而是受着多种经济社会因素的影响，其中政府的因素往往具有相当重要的意义。国民对质量需求，是在摆脱了短缺经济的阴影之后才能得到提高的。短缺不仅是供给的短缺，也包括需求的短缺。经过 30 多年的改革开放，我国供给的短缺得到了很大缓解，但由于分配上存在的问题，贫富差距拉大，需求的短缺依然存在。即使不说还有几千万贫困人口，大多数人依然不富裕。特别是几亿农民，收入增长缓慢，严重制约了国民对质量的需求。收入过低，需求短缺，往往可能导致人们过分看重价格而忽视质量。安徽阜阳婴儿奶粉事件，根本原因就是因为农民还比较贫困，只能购买低价的奶粉，从而使不法厂商钻了空子，这是一个典型的例证。国民的收入问题，随着我国社会经济的发展和政府更加关注民生问题，肯定会逐渐得到解决，但这个"逐渐"，可能还需要一个相当长的过程。因此，类似阜阳奶粉事件的悲剧也还可能再次发生，我们切不可大意。

社会对质量的需求不仅体现为一般国民对质量的需求，也体现为政府对质量的需求。政府对质量的需求主要表现为质量在政府发展战略中的地位。可以说，目前政府对质量的需求还相当低。特别是地方政府，其发展战略还是粗放型的、数量扩张型的、资源消耗型的，不少地方甚至还没有考虑过发展的质量问题。党中央提出要树立科学发展观，正是针对这种忽视质量的发展战略的。虽然转变经济增长方式的话已经说了不知多少年了，但直到现在也还没有根本转变。因此，要提高社会对质量的需求，首先就要落实科学发展观，改变经济增长方式，提高政府，特别是各级地方政府对质量的需求。

政府可以通过相关的质量法律、法规、规章和标准来提升社会对质量的需求。一般来说，法律、法规、规章和标准应当高于社会对质量的需求水平，才能起到导向作用。目前，《中华人民共和国产品质量法》、《中华人民共和国消费者权益保护法》等相关的质量法律还是很不完善的，反映了对质量的需求还不高的现状。例如从 2010 年 6 月开始实施的生乳新国标，一是蛋白质含量的规定比旧国标规定的少了；二是菌落总数比旧国标规定的多了，被一些专家批为"全球最差"，"是全球乳业的耻辱"。早日修订完善相关的质量法律、法规、规章和标准，提高其对质量的需求水平，引导社会对质量的需求，是很必要的。

当然，提升社会质量风气也是我们每个人的责任。要履行我们的责任，需要从两个方面入手。一方面，对我们自己的工作应当一丝不苟、精益求精，遵守质量道德规范；另一方面，对他人的产品质量要学会"苛刻"，进行相应的监督，决不让违反质量道德的行为随意得逞。当你发现了假冒伪劣产品，你应当及时举报；当你买到的产品存在质量问题，你应当勇于投诉。你对自己工作质量的保证和改进，你对质量问题的举报和投诉，实际上就是为提升社会质量风气作出了贡献。

三、社会质量道德

社会质量风气集中体现为社会的质量道德。道德是调节人们行为的准则，质量道德是调节人们质量行为的准则。从道德的层次上来说，道德既可能是社会的，又可能是某一企业或某一群体的，也可能是某一个体的。社会质量道德就是整个社会在质量问题上所体现的道德观念和道德现象，它是社会对质量进行控制的极其重要的内在因素。

(一) 质量道德是一般道德的组成部分

道德是社会意识形态之一，是社会调整人们之间以及个人和社会之间的关系的行为规范的总和。它以善和恶、正义和非正义、公正和偏私、诚实和虚伪等道德概念来评价人们的各种行为和调整人们之间的关系。它通过各种形式的教育和社会舆论的力量，使人们逐渐形成一定的信念、习惯、传统而发生作用。

产品质量从一个方面反映着人们之间以及个人和社会之间的关系。在市场经济条件下，产品是用于交换的。交换反映了人们对产品占有关系的变化，实际上也就反映了人们在生产过程中的经济关系。质量是产品的本质属性，没有相应的质量，产品就不能存在或不能成立。也就是说，没有相应的质量，产品就没有意义，或者只有废品的意义。因此，交换不仅仅是交换产品的数量，更重要的是交换产品的质量。在相当多的情况下，质量决定了产品交换的形式和价格。从这个角度看，产品交换过程必然需要一定的质量行为规范，这就是质量道德。

产品交换是建立在产品生产的基础上的。产品质量并不是在交换过程中，而是在生产过程中形成的。一般来说，产品交换时，产品质量已经客观存在着了，那时再要从根本上改变产品质量，往往是不可能的了。这样，在交换过程中对产品交换的质量道德要求，必然要上溯到产品的生产过程中来。在生产过程中，生产者可能没有与顾客形成直接的关系，但却存在着间接的关系。虽然是间接关系，也需要相应的质量道德来调整。

事实上，员工与顾客之间的间接关系，往往又是通过员工与管理者的直接关系来体现的。企业的销售部门及其销售人员往往要直接面对顾客，而管理者往往要直接面对销售部门。这样，通过几次传导，顾客对质量的要求就传到员工这里，交换的质量道德要求，也就通过这样的传导，传到员工身上。

如果我们换一个角度来看，员工也是消费者，也要消费产品，也就要对产品质量提出要求，当然也就要求提供消费产品的企业遵守相应的质量道德。这种要求反过来又会对员工的自我和超我形成反作用，从而使其将这种质量道德也变为对自己行为进行约束和控制的一种规范：既然我都要求别人遵守质量道德，我怎么能不遵守呢？

当然，在一定的社会中，不同的成员可能有不同的道德观念，或者说其道德水平有高有低，形成极高极低两头小、中间大的格局。除极高极低的少数人外，社会大多数成员还是有一个基本的道德水平，并遵守这种道德水平所规范的习惯和传统。质量道德可能也一样，大多数企业和大多数社会成员都有一个基本的质量道德水平，故意制假售假的毕竟是极少数。况且，由于产品质量关系到国计民生，关系到消费者的人身、财产安全，关系到社会的安全稳定，社会和政府都不会允许假冒伪劣产品随意泛滥，必然要采取相应的措施予以控制和打击。在这样的情况下，整个社会的质量道德必须并且必然会维持在一个相对稳定的状态，不可能随意下降。随着社会政治、经济和文化的发展，质量道德还必须逐渐提高，才能适应。

　　在一定的社会中，只有大多数成员都能遵守相应的道德，社会才能正常运转，才不至于发生混乱。如果一个社会道德沦丧，也就预示着这个社会出现危机，甚至可能走向崩溃，也就可能产生新的社会形态，从而产生新的道德规范。同样，一个社会中，只有大多数成员都能遵守相应的质量道德，社会的生产、交换、分配和消费才能正常进行。否则，你生产假货歪货，我销售伪劣产品，社会就会陷入混乱，首先是消费不能正常进行，消费者权益受到损害，甚至危及其人身、财产安全；其次是市场发生混乱，产品无人敢买敢用；最后是生产瘫痪，生产出的产品卖不出去，结果企业只能破产关门。

　　质量道德是一般道德在质量领域的表现，一般道德关于善和恶、正义和非正义、公正和偏私、诚实和虚伪等评价体系，一旦进入质量领域，与质量意识相结合，用相应的质量要求作为评价标准，也就形成了相应的质量道德。与相应的质量要求符合，就是善的、正义的、公正的、诚实的；不符合相应的质量要求，就是恶的、非正义的、偏私的、虚伪的。也就是说，只有质量意识，难以形成质量道德的评价体系；只有一般道德，也难以有质量道德的判断标准；只有二者相结合，质量道德才能真正形成。40多年前，笔者才进工厂当装配工，曾出过一次质量事故，把一个有裂纹的灯座装上了产品。当时认为，有那么一点小裂纹没有关系，结果造成批量返工。不能说那时笔者不诚实，是故意要将缺陷零件装在产品上。说实话，笔者还以为这是节约呢。事实上，笔者上岗前并没有经过相应培训，也不懂相应的质量标准，也就是说没有形成相应的质量道德，才造成这样的质量事故。

　　但是，不管怎么说，一般道德水平往往决定了质量道德水平。一般道德水平提供的是评价体系，具有根本性的作用；质量意识提供的是评价标准，具有路径导向作用。一个社会质量道德水平也好，一个人的质量道德水平也好，总是由其一般道德水平决定的。一般道德水平较高，质量道德水平也就相对较高；反之，质量道德水平可能就高不起来。因此，对提高质量道德水平来说，提高一般道德水平是十分重要的。

（二）质量道德是职业道德的主要内容

职业道德是一般道德在职业上的具体体现，是一般道德与职业特性的共同要求。不同的职业因为有不同的特性，因而就会有不同的职业道德要求，但是这种不同往往是很微细的，所有的职业都要求忠于职守，讲求信用，或者说，都要求有相应的质量道德。可以说，职业道德是一般道德与质量道德的中介，质量道德是职业道德的主要内容或基本内容。

20世纪80年代，我国曾掀起过树立职业道德的"运动"。当时，经济（职业）正处于转轨初期，靠政治运动或政治说教来规范人们的职业道德已经很难收效，而市场经济所需要的职业道德因市场经济尚未建立起来又极不规范。不能说这个"运动"没有收获，但职业道德的建立毕竟需要相应的市场经济条件。如今，我国的市场经济体制已经建立起来，职业道德也逐渐在形成和完善。但是，由于市场经济本身的弱点和缺陷，职业道德也就将成为一个永久的话题，需要不断地提升其水平以适应市场经济发展的要求，当然也需要全社会的共同努力。作为职业道德的核心内容，质量道德也需要不断提升水平，从而确保整个社会处于质量大堤的保护之下，使全社会及其成员都能获得质量安全。

在分工细密的市场经济条件下，每个人都是通过直接为别人服务而使自己间接得益，任何一个成员的工作质量都将影响一大片受之服务的人群，这是市场经济与自然经济的重要区别。这样，职业道德包括质量道德的概念就产生出来了。在市场经济条件下，人与人之间至少在法律上是平等的。社会为了有效运转，为了维持正常的生产和生活秩序，就要求每一个人忠实于自己的职务，严格履行好自己的职责，包括质量职责，也就是遵守相应的质量道德。可以说，小到任何一种产品的制造、销售与消费，大到政党施政、民族交往、国际贸易、世界和平，人们的行为都在回答着：遵守还是败坏了质量道德？败坏的质量道德如果受到交互感染，便会形成可怕的瘟疫。而要重建质量道德，不仅是艰巨的，而且是长期的。你出劣质产品，我搞劣质服务，恶性循环，首先会把不幸降到质量身上。用劣质产品去和优质产品进行变换，实际上是对他人财富的侵吞。社会决不会允许人人都能实现这种侵吞的梦想，价值规律最终也会使生产劣质产品的人尝到苦果。为了维护正常的商品交换秩序和质量秩序的建立，就不能不讲职业道德和质量道德。生产工人不忠于自己的质量职责，缺少道德因素的制约，质量是难以想象的。一些企业、一些员工那种不讲职业道德和质量道德的倾向，最终还是要被市场经济的客观要求所阻止，所改变，这是不以人们意志为转移的。

质量道德的核心内容：一是守信；二是忠于职守。社会分工越细，交换越发达，人与人之间的关系也就越是交错纠葛，守信也就越发重要。以工厂生产为例，任何一种原材料和外购件不守信，质量达不到合同规定的要求，就会影响产品的制造和质量。这种产品投放市场，影响将更为广泛。守信的要求不仅仅是对企业而言的，对每个人来说，都存在着这样的质量道德要求。任何工作都要一定的质量要求。质量道德要求我们达到质量要求，如果没达到就应当返工。绝大多数工作是没有检验的，这就需要守信。即使有专门的检验，如果想找"窍门"、拆烂污、偷工减料、以次充好，要混过检验关也是很容易的。没有一定的质量道德约束，要保证质量几乎是不可能的。目前，我们最缺乏的就是守信的道德约束，更缺乏用精益求精的质量道德来约束自己的质量行为。将就、马虎、大概、差不多、没有大问题、反正可以使用之类的词语，实际上反映了我们在质量道德上存在的偏差。

质量是社会生产和生活的保障。朱兰博士把质量比拟成现代社会赖以生存的"大堤"。这道"大堤"既是保护社会每个成员的，又是社会每个成员共同建造的。利用这个比拟，我们可以说，质量道德与质量法制一起成为构造和维护质量"大堤"的两种基本"材料"。加强质量法制可以说主要是政府的事，而提升质量道德却需要我们每个人都来努力。质量道德一旦沦丧，就可能造成质量"大堤"崩溃，从而造成灾难性的后果。

(三) 质量道德的形成机制

如果我们用精神分析的自我机制来说明，所谓质量道德，就是社会的、外界的关于质量的要求，通过人的自我，内化为的一种超我意识。所谓内化，就是在其他超我意识的帮助下，将社会的、外界的要求转化为自己对自己的要求，并且在社会的、外界的要求暂时不存在的时候，这种自己对自己的要求依然继续起着控制自己行为的作用。这里所说的其他超我意识，主要的就是一般道德（特别是职业道德）。也就是说，只有内外结合，质量道德才能较快地或较容易地形成。

质量道德是一般道德的组成部分，没有一般道德，即使有很强的外界的质量要求，也难以形成质量道德。或者说，没有一般道德也就没有质量道德。此其一。其二，外界的质量要求不仅要通过一般道德进行转化才能变成质量道德，而且还要通过超我（思想）中质量理念的"审核"，才能转化为质量道德。所谓"审核"，就是用自己的质量理念去核对外界的质量要求，当外界的质量要求与自己的质量理念相符合时就容易转化为质量道德；当其不符合自己的质量理念时就可能或明或暗加以拒绝，即使迫不得已必须按外界的质量要求去做，也很难将其转化为能持久起作用的自我约束机制即质量道德。精神分析的自我机制说明，一般道德和质量理念都属于人的超我。

　　道德不是天生的，但从孩提时候开始，人就不断接受父母的、他人的和社会的教育，包括潜移默化的教育，从而形成相应的道德观念。质量道德是职业道德的核心内容，而职业道德是在人从事相应的职业，或者说是在工作后、在进入生产领域后才需要才产生的，因而也就大大晚于一般道德的形成。这样，一般道德就成为质量道德形成的基础或前提。例如一般道德要求我们不能损人利己，而质量达不到规定要求就可能造成损人利己的结果，不损人利己的一般道德要求与质量要求就合拍了，质量必须达到规定要求这样的外界要求，通过一般道德的"认可"并加强，就可能变成质量道德。显然，如果不能损人利己的一般道德观念在我们头脑中很牢固、很强烈，就越容易把质量必须达到规定要求的外界要求转化为质量道德。因此，企业在招聘员工时考察其道德水平，在企业文化建设中提升员工的道德水平，对于质量道德的形成、巩固和发展是很必要的。

　　员工在进入企业之前已经接触到产品，甚至已经对生产有了一定的认识，也就有了相应的质量意识和质量理念。虽然这时其质量意识和质量理念还是朴素的、朦胧的、简单的，但对企业的、顾客的质量要求却已经有了一定的分辨能力，能够对外界的质量要求进行"过滤"处理，吸收其符合自己质量意识和质量理念的部分，转化为自己的质量道德。当然，反过来说，企业的、顾客的质量要求也可以增强员工的质量意识，改进其质量理念，从而进一步促使其质量道德的形成、巩固和发展。质量理念、质量意识和质量道德是相互促进的。一般来说，有什么样的质量理念，就会有什么样的质量道德；有怎样的质量意识，就会有怎样的质量道德。质量理念决定质量道德的方向，质量意识决定质量道德的强弱。它们共同组成了员工的质量精神。

　　质量道德不仅表现在员工个体上，也表现在整个企业的质量行为中。企业的质量行为同样有一个是否遵守质量道德的问题，这不仅是指其员工，也是指其企业行为。不过，任何企业行为都要落脚到具体的人头身上，一般是落脚到其管理者，特别是其最高管理者身上。因此，我们关于质量道德的阐述，同样适用于企业，适用于企业内部的组织，当然也适用于企业的管理者。

　　社会质量道德是社会全体成员，包括全体企业成员质量道德的总和或平均值，其形成机制与上述分析具有相似性，不再赘述。

第三节　社会人际关系

　　社会人际关系是一个重要的社会环境因素。社会人际关系当然包括企业内部的人际关系，而企业内部的人际关系对质量的影响我们在前文已经进行了分析，这里着重分析整个社会的人际关系对质量形成、交换和消费的影响。

一、社会人际关系对质量的影响

社会人际关系首先是阶级关系。罢工、怠工、有意差错、制造质量事故是早期无产阶级反抗资产阶级的主要方式，且不论。事实上，在阶级斗争激烈或社会矛盾特别尖锐的时期，社会心理随政治态势而变动，谁也不可能花心思去关心质量，社会产品质量的总体水平往往是下降的，甚至会出现灾难性的后果。十年动乱就是一个生动的例子。第二次世界大战结束以来，西方发达国家十分注意调节劳资双方的阶级关系，尽可能弱化劳资双方的对立。行为科学的兴起，为调节劳资关系提供了理论根据和实践方向；科学技术的飞速发展，为这种调节提供了物质基础；工会权力的增强，为这种调节提供了合适的形式。从某种意义上来说，全面质量管理就是这种调节的产物。诸如"领导作用"、"全员参与"等质量管理原则，实际上就起着调节劳资关系的作用。在这方面，日本企业取得的成效更为显著。日本产品质量高，这也是原因之一。

在社会主义条件下，党群关系、干群关系、工农关系、工商关系、政企关系、国有企业民营企业之间的关系等等，处理不当，也会造成人际关系紧张。动辄抓"阶级斗争新动向"，你打过来，我斗过去，弄得人心惶惶，人人自危，必然造成质量大滑坡。不仅像十年动乱那样的时期会造成人际关系紧张，就是现在，如果对有关社会问题处理不当，也会造成紧张气氛。目前，我国改革开放积累下来的诸如贫富不均、环境污染、腐败现象等社会问题已经严重影响社会人际关系，如果不有效加以解决，很可能引起社会动乱，从而影响质量的形成、交换和消费。正因为如此，党中央提出了深入贯彻落实科学发展观，积极构建社会主义和谐社会的要求。胡锦涛在十七大政治报告中指出："要按照民主法治、公平正义、诚信友爱、充满活力、安定有序、人与自然和谐相处的总要求和共同建设、共同享有的原则，着力解决人民最关心、最直接、最现实的利益问题，努力形成全体人民各尽所能、各得其所而又和谐相处的局面，为发展提供良好的社会环境。"

直接影响质量的社会人际关系，首先是生产者与消费者的关系，也就是企业与顾客的关系。关于企业与顾客的平等关系，我们在第八章曾经作过较为详细的论述，此处从略。且举一个例证：第二次世界大战前，日本凭其军事实力，靠战舰和刺刀推销其劣质产品，作为顾客的亚洲各国则用"抵制日货"的方法来反抗，终于导致战争爆发（当然这只是其中原因之一）。第二次世界大战后，日本被取消了武装，这就逼迫日本提高产品质量，靠质量来打开市场。结果，战舰和刺刀没有办到的事情，靠质量办到了。日本产品不仅在很大程度上占领了亚洲市场，而且也在很大程度上占领了欧洲、美洲、大洋洲和非洲市场，在很长一个时期，世界各地到处都泛滥着日本货。这当然是一个极端的例证，但由此也可以看到，生产者与消费者的平等关系，是促使产品质量提高的一个重要社会条件。

历史上，中国封建政权一直实行抑商政策，把"商"纳入"官"的管辖之下，甚至直接以"官"为"商"，或以"商"为"官"，"官"、"商"不分，"官"、"商"合一。这样，官商作风就成为中国一大传统。所谓官商作风，就是企业把自己摆在"官"的位置上，以"官"凌"民"，凌驾于顾客之上。这样的企业，其产品质量肯定难以得到改进，服务质量可能更是相当低劣。事实上，如果我们用企业的服务态度去衡量政府机关，我们就会发现政府机关的服务质量始终要低一个等级。虽然政府机关几乎年年都要开展诸如作风整顿之类的活动，但这一现象却没有得到根本改进。原因就在于，政府与其所服务的对象，其地位是不平等的。没有相应的民主政治，没有相应的监督机制，这一现象可能很难从根本上得到解决。

其次，生产者与生产者的关系也是直接影响质量的社会人际关系。生产者与生产者如果不平等，例如某个生产者能够垄断市场，就会排斥质量更高的生产者进入，而他自己也就失去了提高质量的兴趣和动力。此其一。其二，生产者与生产者之间如果存在供求关系，如果某一方"店大欺主"或"客大欺店"，也就是说某一方如果具有垄断地位，都可能对质量造成影响。因此，作为生产者的企业，不管是谁，不管是生产什么，一旦形成垄断地位，一旦能够垄断市场，不平等也就不可避免地要产生了。而一旦不平等，占据垄断地位的生产者就可能在质量问题上为所欲为。因此，生产者关系不平等既是垄断的前提，又是垄断的结果，这种不平等和垄断，都是提高产品质量的严重障碍。

要打破垄断，只有依靠竞争。竞争是促使市场参与者，包括生产者和消费者之间、生产者与生产者之间形成平等关系的重要手段，甚至是唯一的手段。通过平等竞争，才能实现优胜劣汰，而首先就是质量的"优胜劣汰"。事实上，从社会整体角度来看，也正是由于有了竞争，质量才能不断提高。没有竞争，几十百几百年一贯制的产品才能存活，质量也就难以得到发展。可以说，竞争是产品质量提高的最重要的促进因素。

竞争的前提条件是竞争者的平等关系。当然，在现实社会中，不管是生产者与消费者，还是生产者与生产者，都不可能完全平等，都可能存在着事实上的不平等。但只要有相应的法律作为平等的保障，不允许强势者采用非法手段打击弱势者，并用相应的法律手段保护弱势者，这种事实上的不平等就可以通过竞争来改变。今日的弱势者，通过自身努力，通过竞争，可以超越强势者；今日的强势者如果固步自封，就很可能失去强势地位。从这个意义上说，平等只是相对的，平等只是法律意义上的，或者说平等是通过法律保护下的竞争来实现的。而法律保护的平等，最重要的是在质量上的平等；而法律保护下的竞争，最重要的是质量的竞争。在质量面前，人人平等，厂厂平等。

二、社会诚信对质量的影响

社会诚信状况，实际上是社会人际关系的一个重要方面。所谓诚信，一是诚，即实实在在，确有其事；二是信，即能够信任，确有信用。诚的反面是欺骗，信的反面是怀疑。即使从词语的性质来说，诚信也是一个关系概念，说到诚信，必然要说到谁对谁诚信，也就是人与人之间的诚信。因此，诚信反映的是社会的人际关系，而欺骗和怀疑是从反面来反映这种人际关系的。如果一个社会没有最基本的诚信关系，人与人之间相互欺骗、相互怀疑，社会就难以正常运行，质量也就会受到沉重打击。因此，诚信是社会质量道德的核心因素。

作为社会人际关系的诚信状况，必然影响着质量的生产者与消费者。即使某一生产者能够在社会诚信程度较差的情况下"慎独"，坚守质量道德，保持相应的诚信，但往往也会受到怀疑，其诚信往往也得不到相应的认可和回报。这样，就很难使其继续"慎独"下去。同样，某一消费者对社会诚信程度的真实状态可能把握不准，很容易就相信了他人，对生产者予以相当的信任，但如果他连续受到欺骗的打击，他也就很难保持这样的信任。所谓"害人之心不可有，防人之心不可无"，事实上已经成为当前社会普遍接受的一种观念，不管是警方还是新闻媒体，都经常用这句话来提醒老百姓，要老百姓提高警惕，防止受骗。这正好说明，当前社会的诚信程度不高，过去人与人之间那种温情脉脉的关系已经被腐蚀。2011年10月召开的党的十七届六中全会也看到了这一点，尖锐地指出："一些领域道德失范、诚信缺失，一些社会成员人生观、价值观扭曲"。显然，我国当前这样的社会诚信程度，对质量的不利影响也是很明显的。

首先，社会的诚信程度制约着质量的生产过程。我们知道，与价格不同，质量是产品的属性，往往是隐藏于产品之中的，需要相应的知识和检测手段才能判断，往往不可能一目了然，此其一；其二，任何产品的质量特性都可能不止一个，甚至可能是成千上万，人们往往不可能对所有的质量特性进行检测或作出判断；其三，随着产品复杂性的增加，除非进行破坏性检测，很多涉及质量的检测在产品成型以后不可能再进行；因此，质量的生产需要用诚信作为最基本的保证。如果社会诚信程度太差，如果生产者失去最基本的质量道德，随便做点手脚，在某一质量特性上降低标准，往往是很容易的。笔者当过装配工，装配过程中很多工序都要进行检验，但如果真的想混过检验人员，往往也很容易。对企业来说也是这样，国家产品质量监督检验毕竟是抽查，要将不合格产品拿出来蒙混消费者往往也相当容易。在相当长一段时间里，国家产品质量监督检验合格率一直在70%左右徘徊，不就说明总有30%左右的不合格产品在市场上蒙混消费者吗？

为防止生产者失去诚信而将不合格产品推向市场，需要加强质量法制，需要促进质量竞争。在充分竞争的条件下，如果市场普遍丧失诚信，而谁能够坚持诚信，谁往往也就能够获得更优势的竞争地位。也可能正是这样的原因，加上质量法制和国家质量监督的日益加强，促进了我国产品质量的普遍提高，假冒伪劣的市场也就越来越小。

其次，社会的诚信程度影响着质量的交换过程。由于社会诚信程度不高，在进行质量交换时，生产者往往借用夸大质量水平、掩饰质量缺陷等手段来推销产品；而顾客往往心存疑虑，在购买决策过程中需要借助更多的信息，在购买过程中需要花费更多的精力，即使完成购买过程后，往往也可能继续存在担心。事实上，只要稍有疏忽，顾客就可能上当受骗；即使说不上是上当受骗，也可能给自己增添相当多有麻烦。打开报纸电视，总能看到政府官员或专家学者在向消费者传授购买东西时要到正规的大商场、选择商品时要查看诸如质量安全认证之类标志、购买时要开具发票等等知识。在社会诚信程度较高的社会里，顾客买东西哪里有中国人这样多的疑虑、麻烦和担心啊！如果把这些疑虑、麻烦和担心也计算为成本（宏观经济学把这种成本称为交易成本），中国的社会质量成本是相当惊人的。

最后，社会的诚信程度也影响着质量的消费过程。由于社会诚信程度不高，消费者始终难以完全相信生产者，不能形成百分之百的信任关系。因此，购买产品后，消费者对其质量很可能还是心存疑虑，生怕自己在购买时上了当。在使用过程中，任何质量问题都可能使消费者加重这样的思想负担。加上许多产品没有"三包"或有许多"三包"限制，不少消费者在使用时往往小心翼翼，生怕出现故障。事实上，相当多的产品功能，特别是一些高档电器，正是因为这样的原因而没有得到充分运用。一旦产品出现质量问题，即使有"三包"、"三保"，生产者往往又推诿责任，总是让消费者"很受伤"。由于社会诚信程度差，生产者往往又不相信消费者的陈述，往往把质量问题归于消费者"使用不当"，消费者往往也更加怀疑生产者的诚信，弄得双方更不愉快，相互之间的信任很可能丧失殆尽。

目前我国社会的诚信程度不高，既有历史的原因，又有现实的原因。虽然中国古代一直把"诚"与"信"都作为重要的社会道德来要求，"诚"、"信"二字在古籍中俯拾皆是，前人也作了很多很深刻的论述，但由于自然经济和宗法制定的限制，"诚"与"信"在现实社会中还是缺乏相应的根基。中国人往往以家为核心，越往外，诚信程度也就越低。自然经济商品交换情况极少，骗到一次算一次，诚信对于生产者可能并不那么重要。市场经济的商品交换是长期的经常的，即使骗到一次，也难以保证生产者能够真正赢利。为了使商品交换长期持续下去，生产者往往就需要靠诚信来打开市场。因此，目前我国社会诚信程度不高的现状肯定是不适应市场经济需要的。为了改变这一状况，当然需要加强法制建设，需要建立社会信用制度。党的十六大、十七大都强调要健全社会信用体系，从2011年开始的"十二五"规划，也提出要加快社会信用体系建设。但是，不管是对于生产者还是消费者来说，作为社会的一员，也必须提升自身的素质，提高自己的质量道德，不能借口社会诚信程度不高来为自己的不诚信打掩护。

第四节 政府对质量的管理

政府是社会的代表，是社会的管理者，是处于生产者与消费者之间的第三方。一方面，为了促进社会的发展和经济的繁荣，政府要鼓励和支持企业发展生产；另一方面，为了保持社会的稳定和人民的安全健康，政府又要对企业的生产以及生产出来的产品交换、消费等过程进行监督管理，防止因质量问题给社会造成重大损害。

一、政府对质量的宏观管理

根据管理者和管理对象的不同，质量管理可以分为微观质量管理和宏观质量管理。微观质量管理是企业对质量的管理，其管理对象主要是企业内部产品质量形成过程以及售后服务，其管理手段主要是技术的和经济的。政府对质量的监督管理可以称为宏观质量管理，其管理对象是整个国家（地区）或整个行业的有关产品质量的形成、交换和消费（使用）过程，其管理手段主要是法律的和行政的。从一定意义上说，宏观质量管理的主要任务就是对微观质量管理的管理。

20世纪90年代，市场经济体制刚刚开始建立的时候，一些企业的管理者有一种误解，以为一旦搞市场了，就不需要政府来管质量了。的确，在计划经济条件下，政府对企业的质量管得过多过细，甚至要给企业下达诸如产品合格率、质量损失率之类的质量指标，实际上承担了很大一部分微观质量管理的事务。在市场经济条件下，政府应当从微观质量管理中退出来，加强宏观质量管理。按照《中华人民共和国产品质量法》的规定，政府质量管理的主要任务包括：（1）加强对质量工作的统筹规划和组织领导；（2）引导、督促生产者、销售者加强产品质量管理，提高产品质量；（3）组织有关部门依法采取措施，制止产品生产、销售中违反《中华人民共和国产品质量法》规定的行为。

产品质量关系到国民经济和社会发展，需要政府加强管理。产品质量不高，必然影响国民经济和社会发展，也就必然影响人民的生活质量。因此，在质量形成前，政府就应当开始介入，通过统筹规划，把提高产品质量纳入国民经济和社会发展规划；通过制定相应的质量法规，包括技术性法规（产品质量标准），确立相应的产品质量水平；通过完善质量法制和进行质量宣传，尽可能营造一个良好的能够促进质量形成、交换和消费健康发展的社会环境；通过推行产品质量认证制度和质量管理体系认证制度等手段，引导企业加强质量管理，提高产品质量；通过以抽查为主要方式的监督检查制度，防止或制止不合格产品流入市场。如果进行一下归纳，可以把这一系列监督管理用三句话来表达：制订规划、引导监督、制止违法。

政府提高产品质量的规划往往伴有相应的政策（例如产业政策）。根据规划，政府还可能出台相应的措施（例如支持提高产品质量的措施、限制低质量产品生产的措施等等）。因此，从企业的角度来说，应当认真研究政府的规划，并尽可能使自己的发展战略与政府关于提高产品质量的规划相适应，这样就可以得到政府的支持和帮助；如果与其背道而驰，就可能受到政府的限制，甚至可能被强制"关停并转"。政府的规划对质量的影响不可忽视。企业在制定质量战略时，在开发新产品时，首先应当充分理解政府的规划。

按照《中华人民共和国产品质量法》的规定，企业是否愿意申请产品质量认证或质量管理体系认证，要根据自愿原则。也就是说，这仅仅只是政府的一种引导，企业愿意或不愿意接受这样的引导，由企业自愿决定，且不论。但是，也有个别产品（例如玩具、食品、药品等）或个别行业（例如军工行业等）是强制认证，企业必须接受政府的这种"引导"，否则就可能失去生产经营的资格。此外，所有涉及保障人体健康和人身、财产安全的标准（技术法规）都是强制性的，企业也必须满足这些标准的要求。因此，企业也不能忽视政府的"引导"。

政府对企业产品的监督抽查虽然以产品为主，而且抽查的重点只有三类，一是可能危及人体健康和人身、财产安全的产品；二是影响国计民生的重要工业产品；三是消费者、有关组织反映有质量问题的产品；但是这种抽查对企业的影响极大。一旦抽查不合格，政府就可以采取相应的行政措施，迫使企业整改、停业、整顿，甚至可以吊销企业的营业执照。在相当长一段时间里，这样的监督抽查总有30%左右的产品质量不合格。不少企业正是因为抽查不合格而走向衰落，甚至走向破产的。当然，也有不少企业抽查不合格后经过质量整顿，后来居上，重新辉煌起来。

企业很可能把不合格产品推向市场，推给消费者。事实上，在质量形成、交换和消费的过程中，企业违法的可能性极大。政府的一大职能就是制止违法，防止企业的违法行为危害消费者和社会。一方面，政府可以通过抽查去发现企业的违法行为；另一方面，政府可以根据消费者和其他相关方的举报去发现企业的违法行为。当企业的违法行为得到确认后，政府就可以依法对企业进行处罚。如果处罚的力度够大，就可以迫使企业纠正违法行为。

政府对质量的宏观管理，对质量的形成、交换和消费都将产生巨大影响。政府的管理到位、管理得法，就能够促进质量的提高，否则就可能使质量失控，给社会造成严重的质量损失。《中华人民共和国产品质量法》是1993年9月1日起执行的，2000年又进行过修改。但是，由于种种原因，政府，特别是某些地方政府，对质量的监督管理并不到位，而且还不得法。一是对质量的重要性认识不足，虽然也把提高产品质量写进了国民经济和社会发展规划，但往往停留在纸面上。二是对质量的引导滞后，相应的质量法律法规不齐全，相关规定对企业的保护力度往往大于对消费者的保护力度，应当强制认证或强制执行的覆盖面太小，很多世界通行的强制手段都没有认真实施。三是在监督检查方面软弱，面对抽查发现的不合格产品，几乎没有采取能够根本扭转的措施，往往听之任之。四是对假冒伪劣产品打击不力，至今仍在泛滥。国外经常对中国产品质量问题进行大肆炒作，影响了我国的国际声誉，甚至影响了出口贸易，实际上就是对中国政府监督管理不到位的一个警告！

随着中国经济社会的发展，政府必将加大对质量的监督管理，我国的产品质量水平也必将提升到一个新的高度。

二、营造良好的质量环境

在市场经济条件下，不需要政府这只"看得见的手"去左右或支配质量的形成、交换和消费。政府对质量监督管理的目的，是营造一个良好的质量环境，促使企业去提高产品质量。当然，这样的环境条件，仅仅靠政府也是不行的，生产力的发展水平和社会对质量的需求往往更重要。生产力没有发展到相应的地步，即使想提高产品质量，往往也是不行的。而国民经济和社会发展没有达到相应的水平，社会对质量的需求也不可能无限制的提升。但是，政府的作用就是促使生产力水平的提高，促使国民经济和社会发展，同时也就是促使质量的提高。营造良好的质量环境，是政府不可推卸的责任。

营造良好的质量环境，首先就要加强质量法制建设，把质量的形成、交换和消费都纳入到法律规定的轨道中来，使企业在法律规定的范围内生产，使企业与顾客在法律规定的范围内交换，使顾客在法律规定的范围内使用。由于中国采用的是大陆法系，强调成文法，政府没有相应的规定，就被视作允许。因此，更应当加强立法，包括技术立法，建立相应的技术法规，颁布相应的技术标准。由于国民经济和社会发展相对落后，我们在质量立法方面也还相对落后，对产品可能涉及人体健康和人身、财产安全的质量特性还重视不够，相关的产品标准规定也相应滞后。因此，还需要加强立法。但是，更重要的却是执法。在质量问题上，执法不严可能更加严重。政府，特别是某些地方政府，往往更强调保护企业而不是保护消费者。这其实是在恶化质量环境，对企业来说这也并不是有利的，对那些守法的企业来说更是不公平的。

政府应当更多地通过提供相应的服务来加强对质量的监督管理，这种服务对企业来说也是一种质量环境。及时提供相应的法律法规（包括技术法规），建立健全各种有利于企业提高质量的认证制度，帮助企业建立质量管理体系，等等，引导企业去加强质量管理，去提高产品质量。

良好的质量环境不仅体现在质量的形成过程中，也体现在质量的交换过程中。政府是市场的监管员。由于质量的性质，对质量交换来说，市场往往可能失灵，假冒伪劣产品往往可能打败优质产品。这就更需要政府这只"看得见的手"来进行监管，来进行调节。一是建立市场的质量壁垒，把不合格产品堵在市场之外；二是建立市场监管体系，一旦发现不合格产品混进了市场，就要立即将其逐出市场；三是建立相应的认证制度，为顾客提供合格产品和优质产品的信息；四是建立质量仲裁制度，对企业与顾客之间发生的质量争议提供便利的检验检测手段，并进行相应的仲裁；五是建立质量奖罚制度，对优质产品给予相应的表彰奖励，对不合格产品和假冒伪劣产品进行严厉处罚。

政府当然应当管住质量的源头，例如通过质量标准、质量准入（生产许可证制度）、质量认证等手段，对企业的生产过程进行必要的监督管理。但是，笔者认为,政府的质量管理应当以管结果为主。也就是说,政府在营造质量环境时,主要是营造一个有利于优质产品而不利于不合格产品的市场环境。朱兰博士曾经对政府的质量管理工作提出过几点建议:"管理适用性,而不管规格的符合性;集中精力对付少数的重大质量问题;集中精力对付一帮'坏蛋',即那些一贯地违犯规定的人们;采用监督的方法,而不是重行试验的方法;公开记分表,用以说明提高适用性方向已取得了哪些进展;在达到适用性方面,避免承担各个行业的基本责任。"朱兰博士的建议对我们也是适用的。

政府还应当采取相应的手段引导顾客的质量消费。由于中国长期物资短缺,又有勤俭节约的传统,只要能吃能用就行,甚至"新三年,旧三年,缝缝补补又三年",对质量消费往往比较忽视。如今的社会时尚又只看重高档、名牌之类,虽然高档、名牌往往是建立在质量之上的,但毕竟不等于质量,质量依然没有成为消费的重心。政府当然不可能直接干预消费,但可以引导消费。例如通过公布质量标准、质量监督检查结果,引起顾客对质量的重视,从而引导顾客的质量消费。近年来,正是政府不断公布涉及食品安全的质量问题,例如添加苏丹红、瘦肉精、三聚氰胺等等,引起了广大消费者的警觉,人们在选购食品时也就更加注意质量了。这实际上不仅是为质量消费营造环境,也是为质量形成和交换营造环境。

人们可能还没有忘记,20世纪八九十年代有那么一段时间,市场上假冒伪劣产品泛滥成灾,甚至一些国有大型企业也纷纷生产假冒伪劣产品,消费者买东西没有安全感,一旦上当受骗也投诉无门,一些地方政府或明或暗包庇、支持、助长企业生产假冒伪劣产品,对消费者的正当要求则采取打压态度,质量环境之恶劣,到了不可复加的地步。为了扭转这样的局势,国家采取了一系列措施。经过20多年的努力,质量环境已经得到了根本转变,但依然还存在不少问题,还需要继续努力。事实证明,一个良好的质量环境,能够促使生产者去提高产品质量,能够保证消费者去放心购买和放心消费质量,从而可以促进国民经济和社会又好又快地发展。

三、政府对消费者的保护

我们知道,质量的风险特征决定了质量交换的性质。在质量交换中,由于信息不对称,顾客始终处于弱势。通过质量交换,质量风险就转移到顾客手中,顾客很可能承担企业转嫁的质量损失。顾客的质量损失,实际上也是社会的质量损失。作为社会的代表,作为企业与顾客之间的第三方,政府当然不可能允许企业为所欲为,把质量损失无条件向顾客转嫁。顾客可以分为两大类,一是通过书面合同形式与企业进行质量交换的集团顾客,二是一般消费者。相对来说,集团顾客比一般消费者掌握着更多的资源和手段,他们的地位要比一般消费者强,一旦与企业发生质量纠纷,也能够有更多的途径来维护自己的合法权益。对于一般消费者来说,如果没有政府的特殊保护,很可能只有受企业"欺负"的份了。因此,通过消费者运动,从20世纪中期开始,世界各国纷纷建立起保护消费者权益的法律体系,对消费者进行保护。我国也于1993年10月31日发布了《中华人民共和国消费者权益保护法》,并于次年1月1日起执行。《中华人民共和国消费者权益保护法》规定的消费者权利有9条,这些权利的大多数实际上就是消费者的质量权利。

政府对消费者权益的保护,首先是通过对企业的生产,即质量的形成过程进行必要的质量监督来进行的。质量毕竟是在企业里形成的,形成一定的质量水平毕竟需要一定的物质条件。不能设想,在一个土墙斑驳、阴暗潮湿、尘土飞扬、污水横流的厂房里,能够生产出合格的食品、医药或电子产品来。对这些物质条件以及必要的非物质条件(如企业的质量管理、员工的素质等等),即生产必备条件进行考核、认证和监督,是确保质量,确保企业不弄虚作假的基本前提之一。企业只有具备了一定的生产必备条件,才能取得生产资格,也才能有与顾客发展良好关系的资格;否则就是对顾客进行欺骗,就是不平等。特别是生产对消费者人体健康和人身、财产安全有重大影响的食品、医药的企业,更应当加强这样的监督,以预防企业对消费者进行欺骗。

其次,政府应当对质量交换的公平合理性进行必要的质量监督。企业用于交换的产品,其质量水平不应低于企业标明的标准,否则就是不合格产品,政府就应采取措施,对企业进行必要的处罚。为做到这一点,政府一方面通过发布各种标准,强制企业实施;另一方面通过产品质量监督检验,以确定企业生产的产品是否合格。政府的这些监督,实际上代表了消费者的利益,有利于提高消费者在质量交换中的地位。

最后,当消费者的权益受到侵害,政府应当通过接受投诉,进行必要的质量仲裁,维护消费者的合法权益。事实上,企业和消费者因为利益不同,很可能发生质量纠纷。消费者权益受到侵害,大多数都是因为质量问题造成的。政府对消费者权益的保护,实际上也就是对消费者质量权利保护。目前,政府对消费者这种质量权利的保护还很不够。也正因为如此,不少消费者都还存在着"买东西没有安全感"的疑虑。

政府要保护消费者,当然也要保护企业,这就可能使政府处于两难状态。政府要从企业那里获得税收。如果企业收入减少，政府的财政收入也将减少。更不用说国有企业本身就是政府的资产了。因此，在调整企业与消费者的关系时，政府往往就会偏袒企业。但是，在涉及产品质量责任时偏袒企业，保护企业，给企业网开一面，反而可能害了企业。从长远看，更可能给企业带来削弱其竞争力的严重后果。20 世纪 90 年代末，邯郸啤酒厂的啤酒瓶一而再、再而三爆炸，法院以消费者无法举证啤酒瓶存在缺陷，偏袒企业，使消费者得不到赔偿。企业赢了官司，依然故我，对类似质量问题不进行改进，继续向市场销售酒瓶有质量问题的产品。哪知广大消费者谈虎色变，纷纷抵制，结果该厂产品卖不出去，最终导致破产。如果法院早一点判决该厂赔偿，促使其下功夫加强质量控制，可能不致于使其走到绝路吧？因此，政府应当转变观念和思路，把保护的重点转移到消费者一边来。从长远看，这样可能对企业提高产品质量、降低质量损失更为有利。

四、加强质量法制建设

政府对质量的管理当然可以采取行政手段，例如进行产品质量监督检查。但这样的监督检查毕竟是抽查，而且毕竟又是抽样进行的，政府也不可能对所有企业的所有产品都进行检查或检验。因此，对企业来说，这样的行政手段往往只具有心理学的意义。也就是说，可以起到一定的震慑效果，却不可能杜绝企业有意无意生产不合格产品，甚至有意生产假冒伪劣产品。事实上，虽然政府对产品质量的监督检查一直在加强，但假冒伪劣产品依然不绝于迹，不合格产品依然大量存在。这个事实说明了政府监督检查的作用是很有限的。

改革开放以来，除了监督检查，政府也采取了其他不少行政手段来加强宏观质量管理。20 世纪 80 年代，政府采用行政手段，大力推行全面质量管理（TQC），虽然取得了显著成效，但并没有从根本上扭转产品质量低、质量损失高的局面。90 年代，国务院和各地都相继制定了诸如《质量振兴纲要》之类的规划，大大促进了我国产品质量的提升，但至今质量问题依然是国民经济发展中一个突出的大问题。随着市场经济体制的建立，政府逐渐从微观经济中退出，政府的行政手段也就越来越失效。

政府对质量管理的主要手段应当是质量法制。所谓质量法制，就是依法办事、依法行政，不允许任何企业和个人超越法律之上。要建立健全质量法制，首先是质量立法，也就是用法的形式去规范企业和政府的质量行为，去明确他们的质量职责。其次是质量执法，也就是用质量法律法规去对照企业和政府的质量行为，一旦发现他们有违反质量法律法规的行为就给予纠正，必要时就给予处罚。

只有质量立法比较完善，质量执法比较严格后，才能有效减少诸如制售假冒伪劣产品之类的质量违法现象，也才能有效保护消费者的合法权益，从而促使产品质量的提高。

在约公元前18世纪的古代汉谟拉比法典中，有一条法律规定："如果营造商为某人建造一所房屋，由于他建造得不牢固，结果房屋倒塌，使房主身亡，那么这位营造商将被处死。"这可能是世界上最早的有关质量的法律。这样的法律虽然并不能完全保证营造商建造房屋的质量，但只要严格执行，至少可以给营造商造成极大的心理压力，使其调动相应的资源去保证建造的房屋牢固而不至于倒塌。

目前，不管是质量立法还是质量执法，我国的质量法制建设都还存在不少问题，加强质量法制依然具有相当重要的现实意义。随着国民经济和社会的发展，我国的质量法制将日益健全，政府对质量管理也将日益加强，我国的产品质量也将逐步提升。就像日本曾经创造过的质量奇迹一样，中国也将创造自己的质量奇迹。

第十四章

企业的社会质量责任

不管是什么性质的企业,都有自己的产品,都要通过自己的产品与社会发生相应的关系,从而对社会产生相应的影响。这种影响可能是正面的,也可能是负面的。企业的质量责任,强调的是企业应当通过自己的产品质量对社会产生正面的影响,并且把这种影响作为企业应当履行的一种责任。

第一节 企业的社会质量责任

一、企业通过质量对社会产生影响

任何企业都是通过相应的产品与社会发生关系的,并对社会产生影响。产品不仅本身具有质量属性,而且其生产、交换和使用过程也有自己的质量属性。生产过程的质量属性,可能与产品质量本身无关,但交换过程和使用过程的质量属性,与产品质量本身往往直接相关。虽然生产过程的质量属性与产品本身质量可能无关,但往往却是产品质量形成不可或缺的前提条件,因此,我们也可以将其看作是产品质量的一部分。企业通过产品对社会产生的影响,也就可以看作是质量对社会的影响。

首先是企业的生产过程质量对社会产生的影响。要形成和维持生产过程,就需要相应的投入,包括人、机、料、法、环的投入,或者说就要消耗相应的人力、设备、材料原料、信息、环境等资源。生产过程的质量要求,最简单的表述就是"低投入、高产出"。其他且不论,当前社会对企业的消耗越来越关注,其中最关注的是三个:一是对人力的消耗集中于安全,二是对材料原料的消耗集中于节约,三是对环境的消耗集中于污染。这三个问题如果处置不当,将直接影响社会，给社会造成严重负担，因此社会不能不加以关注。如果企业的生产过程质量不好，消耗过高，例如经常出现安全事故，或者排放的废渣、废气、废水、噪音等对社会造成严重危害，就会受到社会的严厉谴责，甚至被代表社会的政府严厉处罚。反之，如果企业对生产过程控制有效，过程质量优异，消耗低、产出高，特别是在安全上不出大的事故，在排放时不造成环境污染，就会受到社会的鼓励。为此，企业应当把提高自己的生产过程质量当作自己一项重要的社会质量责任。

其次是企业的产品质量对社会产生的影响。企业生产的产品虽然是由若干顾客购买后进行消费的，但这些顾客却是生活在社会之中的，若干单一顾客相加，就成为社会的一部分，所有的顾客相加就是整个社会。因此，从宏观上看，企业的产品是由社会来消费的。产品质量不好，顾客承担的质量损失（包括购买费用、使用费用以及使用过程造成的各种损害）过高，也就是整个社会承担的质量损失过高，就会引起社会的强烈反应。此其一。其二，相当多的产品都是具有外部性的。所谓外部性，就是某一顾客在使用产品的过程中，可能给他人或社会造成正面的或负面的影响。如果产品质量不好，就会加大负面的外部性，给社会造成更大的损害。例如汽车质量不好，经常抛锚，不仅会给顾客造成损失，而且还要给社会造成诸如阻塞交通之类的损害。产品质量的外部性，有的顾客能够承受，社会却不能够承受。例如汽车的尾气，驾驶员可以不管，社会却不能不管。反之，产品质量水平高，能够尽可能为顾客减少损失（成本），能够为顾客为社会带来更多的效益（顾客价值），不仅能够得到顾客更多的欢迎，也能够得到社会的更多鼓励。为此，企业也就应当把提高产品质量作为自己一项重要的社会质量责任。

最后是企业的质量文化对社会产生的影响。一般来说，企业为了竞争，总是先于社会形成或接收较为先进的质量文化，从而确保生产过程质量和产品质量都能占据相应的优势。企业的质量文化体现于质量管理之中，往往通过企业的质量理念、质量方针和质量管理方式表现出来。企业先进的质量文化与社会对质量的需求一旦结合起来，就会促进社会质量文化的提升。改革开放30多年来，正是诸如全面质量管理、ISO9000、质量安全认证之类的企业质量文化对社会不断产生影响，才大大提升了社会质量文化的水准，诸如合格、适用、可靠、安全、创新之类的质量特性才逐渐被人们所理解，才打破了过去那种质量就是"耐穿耐用"的旧观念。此外，企业在质量问题上出现的重大问题，也可能从反面"教育"社会，让社会更加关注质量。诸如三聚氰胺、瘦肉精、滥用添加剂之类食品安全事件，就成为这样的反面教材，大大提升了整个社会的质量意识。为此，企业还应当把提升自己的质量文化作为自己的一项社会质量责任。

企业能够认识到自己的社会质量责任，自觉去履行这样的责任，对企业来说具有相当重要的意义，可以促使企业持续改进质量，使自己始终处于质量竞争的优势地位。如果企业没有这样的认识，不能够自觉去履行，社会当然不会放任不管。如果我们把"考核"作一广义的理解，把社会对企业履行社会质量责任的所有干预都视为"考核"，我们可以说，社会几乎无时无刻不在对企业履行社会质量责任进行着"考核"，从而"强迫"企业去认真履行。

二、企业对谁承担着质量责任

所谓责任，包括两个方面：谁对谁承担责任？我们把前一个"谁"称为责任的主体，把后一个"谁"称为责任的客体。责任就是责任的主体因职责没有尽到或尽得不好，需要对责任的客体承担的义务，或者是向责任的客体提供相应的补偿。因为责任的性质、责任的程度、责任的客体等有所不同，补偿的手段可能有所不同。接受批评、弥补过失、接受处罚等都可以看作是一种补偿（心理补偿），而赔偿责任客体相应的损失则是最重要的补偿。

围绕质量的形成、交换和消费，企业与顾客、所有者、员工、供方和社会形成了相当复杂的关系。企业必须保证在质量形成、交换和消费过程中，不给其中任何一方的权益造成损害。也就是说，企业对其中任何一方都承担着相应的质量责任。如果其中任何一方的权益因质量的形成、交换和消费而受到损害，他们都可能要求企业改正，并补偿或赔偿他们的损失。由于索取补偿或赔偿相当困难，所以他们对企业履行质量责任的情况也就相当关注，从而形成类似于"考核"的态势。因此，企业的社会质量责任不仅是企业自己给自己"强加"的，而且也是社会对企业的要求。企业如果不能有效履行自己的社会质量责任，或者履行得不符合要求，社会就会使用法律的、行政的、经济的各种手段，对企业进行"考核"，甚至会"强迫"企业去认真履行。

首先，顾客会对企业履行社会质量责任的状况进行"考核"。顾客是产品的接受者、使用者、消费者，产品质量不能满足顾客的要求，顾客就会拒绝购买；产品质量存在问题或缺陷，顾客就会要求企业进行"三包"、"三保"或赔偿；因产品给顾客的人身、财产造成损害，顾客就会要求企业给予侵权赔偿。

其次，企业的其他相关方也会对企业履行社会质量责任进行"考核"。企业的产品质量差，质量管理混乱，很可能给其他相关方造成或直接或间接的损害。因此，不管是企业的所有者还是企业的员工，不管是企业的供方还是企业的合作伙伴，都会站在自己的立场上，对企业的社会质量责任进行相应的评估，从而作出自己的选择，并通过相应的手段表明自己的态度，以避免企业给自己造成的连带损害。

再其次，政府是企业履行社会质量责任的直接"考核者"，对企业履行社会质量责任进行着经常性的"考核"。其一，在企业投入生产之前，政府就要通过相关的审批制度，对企业进行提前"考核"。如果发现企业可能在质量上存在问题，也就是说企业可能难以履行社会质量责任，政府就会不予批准。其中最典型的审批是发放生产许可证（包括卫生许可证之类）。甚至可以说，生产许可证制度、环评制度等等，就是政府对企业的一种"强迫"，迫使企业履行社会质量责任。其二，在企业生产过程中，政府也要通过相应的检查、评价等手段，对企业履行质量责任进行"考核"。虽然如今这样的"考核"已经减少了许多，但依然还有。诸如安全、排污之类检查以及重点行业（如医药、食品）的质量检查，还必须加强。政府还通过鼓励、表彰、设置相应奖项、颁布相应的标准等手段，来引导企业去履行社会质量责任。其三，企业将产品生产出来之后，政府将通过市场监管、产品质量监督检查等方式，对企业履行社会质量责任进行"考核"。"考核"不合格的，将被限期改正；逾期不改正的，将被公告；公告后经复查仍不合格的，将被责令停业，限期整顿；整顿期满后经复查仍不合格的，将被吊销营业执照。

产品质量往往关系着人的人身、财产安全，一旦出现重大质量问题，不仅会影响直接受害者的幸福，而且很可能影响社会安定。作为社会的代表，政府最关注的就是社会安定、人民幸福。政府为了避免发生因质量造成的社会问题，为了满足人民对质量的需要，而且也为了避免人民因质量问题受到损害后对政府产生不满，因此对企业履行社会质量责任的"考核"往往有趋于严格的走向。一段时间内，中国产品质量问题被西方发达国家的政府官员和一些政治家拿来炒作，借题发挥，他们无非是为了讨好选民，以获取政治利益。虽然我们反对把质量问题当作政治问题，但即使是在国内，如果处理不当，质量问题也很可能成为政治问题。正因为如此，20世纪80年代以来，在中国共产党历次代表大会的政治报告中，都涉及了质量问题，其中有好几次，质量问题所占的篇幅还不少。在西方，严重的质量问题甚至可能导致政府的垮台。在这样的情况下，政府不得不加强对企业履行社会质量责任的"考核"。

最后，企业所在的社区以及社会也会参与对企业履行社会质量责任的"考核"。企业生产过程质量状况太差，安全事故繁多、环境污染严重，资源消耗巨大，即使政府能够容忍（例如当地政府实行地方保护主义），企业所在的社区或社会也往往难以容忍。社区群众因此而采取阻工阻路之类的事件，近年来呈现增长之势，就反映了社区对企业履行社会质量责任的强烈关注。打开报刊电视和网络，就可以看到社会舆论对企业履行社会质量责任的监督在日益加强。随着社会的日益开放，类似的"考核"肯定还将增多增强。

三、企业承担哪些质量责任

从性质上来说，企业承担的社会质量责任包括法律责任、行政责任、经济责任和道义责任，其中最重要的是经济责任。当然，企业的行政责任和经济责任也是在法律法规规定的范围内来承担的，而法律责任和行政责任有时候也可能采用经济手段来实施，例如罚款、没收违法所得、没收违法生产产品等等。

法律责任是企业必须承担的最重要的社会质量责任。按照《中华人民共和国产品质量法》的规定："生产者应当对其生产的产品质量负责。""产品质量应当检验合格，不得以不合格产品冒充合格产品。""生产者、销售者应当建立健全内部产品质量管理制度，严格实施岗位质量规范、质量责任以及相应的考核办法。"企业不履行法律规定的质量责任，政府就可以按照法律的规定对企业进行相应的处罚，顾客也可以通过法律的手段向企业要求相应的赔偿。但是，由于《中华人民共和国产品质量法》和《中华人民共和国消费者权益保护法》尚不完善，顾客通过法律手段要求赔偿十分困难，政府在实施法律时也显得还不太有力，因此法律责任对企业的约束能力还有待加强。

政府依据相关法律法规，对企业履行质量责任的情况进行"考核"，并根据"考核"结果作出相应的行政决定。这样的行政决定就是企业需要承担的行政责任。随着法治化的进展，政府将越来越多地采用法律手段，但行政手段也是不可或缺的。政府通过行政手段干预企业的质量行为，迫使企业履行相应的社会质量责任。企业如果不能有效履行社会质量责任，政府就可能采取诸如加大监督检查、责令停业、吊销营业执照之类行政手段，对企业进行处罚。但是，政府面对的企业成千上万，企业很可能规避政府的行政监管，除非企业的社会质量责任十分重大，政府往往并不可能去追究。加上有的地方政府实行地方保护主义，有意保护企业的违法行为，有意减轻企业的社会质量责任，企业所承担的行政责任往往很有限。

企业的所有者（上级主管部门、母公司、董事会之类）往往也会采用行政手段来对企业履行社会质量责任进行干预，例如通报批评、进行质量整顿、调整领导班子等等。由于企业的所有者掌握着企业的人事大权，并且能够直接下达指令，其处罚力度在企业的管理者看来很可能大于政府。但是，所有者往往关心的是质量问题带来的经济损失和信誉损失。相当多的质量问题虽然造成了经济损失却并不一定反映到财务账面上来，甚至还可能在短期内为所有者增加利润或带来其他经济上的好处，所有者对这样的质量问题往往并不特别关注。所有者关注的往往只是企业自身的质量损失，特别是生产过程产生的诸如报废损失之类的直接损失。信誉损失对所有者来说，涉及到长期利益，但如果不是很严重，所有者往往也会忽视。这样，企业很可能将质量损失转嫁给顾客或社会，例如加大环境污染、将不合格产品当作合格产品出售，而并不履行自己的社会质量责任。

顾客是质量的消费者，为质量付出了相应的代价，对质量也就有广泛的要求。一般来说，顾客对生产过程的质量以及企业的质量损失并不关心，企业报废十万百万元，不关顾客的事。顾客只希望产品提供的质量效益越高越好，产品达不到规定的效能和作用，或者造成的损失（使用的成本）高于规定，顾客就会要求企业补偿。但是，顾客没有对企业进行了法律或行政处罚的权力和手段，对诸如通报批评之类并不感兴趣，要求的只能是经济补偿或赔偿。因此，企业对顾客承担的主要是经济责任，包括法律法规规定的和企业自己承诺的诸如"三包"、"三保"之类责任。当然，顾客对企业也有败坏其信誉、拒绝购买其产品之类的处罚手段，但鉴于顾客往往是分散的个体，其力量有限，如果不能形成一定的规模，这样的"处罚"对企业来说很可能不痛不痒。

企业存在于社区或社会之中，社区或社会对企业社会质量责任的关注重点和关注程度可能有所不同，但企业一旦因质量问题，特别是因生产过程的质量问题给社区或社会造成了损害，就会引起社区或社会的谴责，甚至引起诸如抗议之类的群体性事件。因此，企业对社区或社会承担的社会质量责任主要是道义责任。过去，企业对这种道义责任基本上是忽视的。随着社会的发展，这样的道义责任越来越成为企业的重要责任。企业的质量信誉、企业的政治态度（主要是企业领导特别是主要领导的政治态度）、企业的资源消耗和环境保护措施、企业内部员工的生存状态、企业对公益事业的参与程度等等与社会相关的"形态或姿态"，也越来越为社会所关注，已经成为企业形象的重要组成部分。现实中，那些对环境造成重大污染的企业，那些不重视员工安全和健康的企业，很可能受到社区或社会的批评、抵制，甚至阻挠。也正是因为如此，ISO14000 环境保护体系认证、SA8000 劳动者保护标准认证之类如今才大行其道，迫使企业不得不主动去贯彻实施。

法律责任、行政责任、经济责任和道义责任又是相互联系、相互影响的。同一质量问题，企业很可能既要承担法律责任和行政责任，又要承担经济责任和道义责任，各个责任客体都可能要求企业予以相应的补偿（也就是给予企业相应的处罚）。企业当然可能通过各种手段逃避社会质量责任，但这一次逃脱了，并不等于下一次也能逃脱。而且，即使逃脱，质量责任的"账"依然存在，各个责任客体很可能在下一次将其一并计算，企业也就很可能承担不了这样的清算，也就很可能付出更大的代价。因此，如果真的逃脱了一次质量责任，企业也应当从质量问题中吸取教训，防止质量问题重复发生。如果是这样，企业实际上也就承担了相应的道义责任。

四、企业如何把质量责任转化为质量动力

企业为什么要生产高质量的产品？企业的质量动力来自何处？在市场经济条件下，企业的质量动力不可能来自企业内部，而只能来自企业的外部。企业的质量责任对企业形成一种压力，这种压力通过一定的转化形式，就成为企业的质量动力（图14-1）。

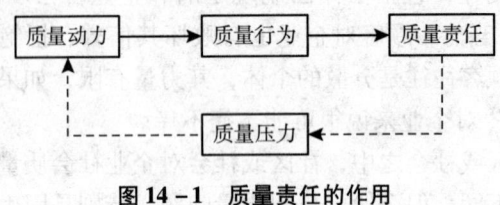

图14-1 质量责任的作用

我们这里说的压力和动力都是心理学的概念。心理学认为，人的任何行为都需要一定的心理动力。没有起码的心理动力，人甚至不会有任何行动和行为。在第四章分析质量责任制的时候，我们对此已经进行过论述。企业虽然不是个体的人，却可以看作是人的集合集。与单个的人一样，企业也需要相应的心理动力才能生存，才能发展。企业的质量动力来自于质量压力，而质量压力又来自于质量责任，这中间就存在一个转化问题。要搞好这种转化，关键在于将来自外部的质量责任变成内部的质量责任，并促使内部质量责任的落实。

企业的社会质量责任首先要转化为企业的质量压力。但是，这种质量压力很可能被企业自己或其他责任客体消解。因企业所处的市场状况、经济体制、经济政策、社会环境、文化背景以及企业的产品种类、管理水平、供求关系等方面的因素不同，企业所感受到的质量压力也就可能有所不同。例如在供不应求的情况下，企业即使感受到质量压力，往往也会自我消解、降低、推诿、放弃、否认自己应当承担的社会质量责任。不同的责任客体所处的地位不同，对企业社会质量

责任的要求不同，很可能产生某一责任客体严格要求企业履行质量责任，而另一责任客体则放弃自己对质量责任的权利，甚至帮助企业消解质量责任的压力。例如地方政府对企业实施的所谓特殊保护，就是一种消解企业质量责任的作法。又例如某餐馆生产过程中对社区环境造成严重污染，引起社区群众的严重不满，但该餐馆却顾客盈门，那些顾客可能就消解了该餐馆的质量压力。

　　为了促使质量责任转化为质量压力，质量责任就要伴以相应的处罚。也就是说，企业未能履行好社会质量责任，就要给予企业相应的处罚，在某个方面给企业造成损失，例如经济损失、信誉损失、停产损失等等。如果质量责任没有赋予相应的处罚手段，仅仅是文字规定的一些条条款款，企业即使不履行自己的社会质量责任，也不会有什么损失，企业也就不会感觉到质量责任是一种压力。处罚的力度越大，企业感觉的质量压力也就越大。随着竞争的加剧，一般来说，企业往往能够忽视不痛不痒的罚款，而对诸如信誉损失之类的处罚往往更难承受，有时一次重大信誉损失甚至可能导致企业破产倒闭。因此，各个责任客体应当通过必要的手段联合起来，多种处罚手段结合使用，或者采用对企业更有效的处罚手段，以加大对企业的质量压力。

　　一般情况下，企业的质量压力最先总是由企业的管理者来感受的。管理者天天接收来自责任客体的各种信息，特别是在接受了对企业有负面影响的信息后，就会感受到一种压力。质量压力通过管理者的避害趋利的心理活动，就会转化为质量动力。这样的质量动力促使管理者去开展相应的质量工作。其中最重要的质量工作，就是把企业的质量责任层层展开，转变成各部门、各级各类人员的质量责任。为了保持压力的强度，这种展开不是分解，不是"串联"，而要通过"并联"的方式，使各部门、各级各类人员都能感受到来自社会的质量压力。这就像电路一样，串联电路会使电压成倍降低，而并联电路的电压却不变。有的质量问题对企业一时一地可能并未形成质量压力，对该质量问题的责任者却应该形成质量压力。为此，企业还需要建立"变电站"，将那些较小的或未形成的质量压力提高强度，输送给责任者，以防微杜渐。

　　各部门、各级各类人员接受质量压力后，通过质量责任制的转化，从而形成质量动力，并将其作为控制自己质量行为的心理因素。这一点我们在第四章已经进行了论述，此处不再赘述。

　　正是通过上述过程，企业的社会质量责任才能转化为质量动力，推动企业的管理者以及各部门、各级各类人员去履行展开到自己身上的质量责任，通过企业全体人员努力履行质量责任，从而保证企业能够按照社会的要求去履行质量责任，避免因质量问题给企业带来的处罚，并争取通过提升质量而使企业获得更大的利益。

第二节 企业对相关方需求和期望的满足

一、相关方的概念

在前面的论述中，我们已经多次涉及到相关方的概念，也已经多次涉及到相关方对质量的影响。按 ISO9000：2005 的定义，相关方是"与组织的业绩或成就有利益关系的个人或团体"。随着市场经济的发展，特别是全球化步伐的加快，企业的相关方呈现出越来越复杂的情况。过去看来与企业毫不相关的个人或团体，现在也可能与企业相关了。有的可能是直接相关，有的可能是间接相关；有的相关得可能紧密一些，有的相关得可能不太紧密。虽然相关的程度不同，但一旦相关了，企业的业绩或成就，特别是其质量问题，就可能或直接或间接或大或小地影响相关方的利益。

不能小看那些似乎不太相关的相关方。经济学上有所谓的"蝴蝶效应"，某个企业的某个行动或行为，很可能通过其影响直接相关方而放大其效应，再通过直接相关方影响间接相关方，包括影响那些似乎不太相关的相关方，从而造成灾难性的后果。由于广东东莞集中了世界上相当比例的计算机零部件生产厂家，就有经济学家说，东莞一旦发生交通拥堵，很可能影响世界计算机的价格。也就是说，世界相当大一部分计算机使用者，都可能成为东莞公安交通管理部门的相关方。如果因为东莞公安交通管理部门管理不力，经常造成交通拥堵，就可能引起这些相关方的不满或者批评。西方国家新闻媒体对中国产品质量问题的炒作，实际上也反映了这样的相关性。

事实上，如果把企业所有的相关方集合起来，可能就是整个社会。典型的如石油输出国组织（OPK），其相关方可能就是整个国际社会。该组织任何一个举动，都可能影响世界的石油价格，石油价格的涨跌，很可能影响其他产品的价格，从而可能影响到全世界相当大一部分人。从这个角度说，相关方对质量的影响，也就是社会对质量的影响。虽然如此，不同的相关方是社会的不同部分，又各有其相应的需求和期望，因此，相关方依然是我们进行社会的质量心理学分析的一个视角。从这个视角出发，我们可以更加深刻地把握社会环境，特别是社会文化心理对质量的影响。

按 ISO9004：2009 的说法，组织的相关方包括：顾客（包括中间商、购买者和最终使用者）；所有者/股东（也就是投资者，不论是个人还是团体，甚至包括公共部门，他们与组织之间有着利益关系）；员工（即组织内的人员）；供应商及伙伴（伙伴可能是产品的供方、服务的提供者、技术和财务机构、政府和非政府组织或其他利益相关方）；社会（即受企业或其产品影响的团体和公众，即可能是社区，又可能是整个社会，其代表是政府）。这些相关方与企业的相关程度不同，相关方式也不同，因而对企业的需求和期望也不同。在ISO9004：2009中，标准罗列了相关方的需求和期望，并要求企业采取措施去识别、考虑和满足这些需求和期望（见表14-1）。

表14-1　　　　　　　　　　相关方的需求和期望

利益相关方	需求和期望
顾客	质量、价格、交付以及产品性能
所有者/股东	可持续获利、透明程度
员工	良好的工作环境 工作的安全性 认可和奖励
供应商及伙伴	互利关系及可持续性
社会	环境保护 道德行为 满足法律法规要求

顾客（最终使用者也是顾客）是企业关注的焦点，顾客对质量的影响以及企业如何满足顾客的需求和期望，我们已经进行了十分详细的分析。因此，除特别说明之外，我们所说的相关方，是指除顾客以外的其他相关方。

二、企业对相关方需求和期望的满足

企业对相关方需求和期望的满足，是企业的社会质量责任，也是企业能够生存和发展的基本条件。因此，虽然作为用于证实包括认证企业质量管理体系的ISO9001只强调了满足顾客的需求和期望，而没有涉及其他相关方，但作为用于指导企业建立质量管理体系的ISO9004，则将其他相关方与顾客并列，强调要满足所有相关方的需求和期望。在ISO9004中，还规定了对相关方满意程度进行监视和测量，"以便均衡地配置资源"。

（一）对员工需求和期望的满足

企业内人员也就是员工。全员参与是 ISO9000 族国际标准提出的八项质量管理原则之一。要求员工参与，首先就必须满足员工的需求和期望。先有企业对员工"需求和期望的满足"这个"输入"，才有员工对企业的"全员参与"的"输出"。在 ISO9000 族国际标准中，员工不仅是最重要的资源，而且也是企业培训服务的对象。因此，从某种意义上说，员工也是企业的另一类顾客，企业应当尽可能满足员工的需求和期望，使员工满意。只有员工满意了，员工才能真正参与，企业也才能真正获得他们的才干为企业带来的收益。否则，全员参与就可能成为一句空话。

要使员工满意，首先就要识别员工的需求和期望。员工典型的需求和期望是工作满意，主要包括以下三个方面：

1. 工作业绩得到承认。首先，企业应当制定评定员工个人和集体的业绩以及他们对企业成果所作贡献的方法，定期进行测量和评定。其次，企业应当根据测量和评定的结果，按规定给予相应的表彰奖励，包括给予相应水平的工资和其他奖励。这样，员工才能创先争优，企业也才能获得不竭的活力。

2. 对工作感到满意。企业应当为员工创造一个轻松的、能够充分发挥其潜能的环境，使员工增强自豪感。这种环境既包括物理环境（自然环境以及对自然环境的改造控制，符合安全、卫生、舒适等要求），但更重要的是人文环境（特别是人际关系）。当由于客观原因前者不能完全满足员工需求和期望时，更要优化后者。

3. 在个人发展上取得进展。企业应当通过教育、培训、总结经验等方式来提高员工的能力，增加他们的知识，对确有潜力的员工应当及时赋予更多的职责或更高的职位，使员工不断增强成就感。企业还可以通过技术比武、课题招标、竞争上岗等方式，来激发员工的潜能，促进员工的个人发展。

企业对员工的关心可以提高员工的满意程度，也有助于调动员工的参与意识和能动性。而员工的积极参与，对企业来说又是极其重要的，甚至是极其宝贵的。任何企业都是由员工组成的，只有员工的积极性和潜能得到充分发挥，企业才能真正获得发展。因此，不能把满足员工的需求和期望看作是额外负担，恰恰相反，这是为企业获取效益并得到发展必不可少的工作。

（二）对所有者需求和期望的满足

所有者和投资者的需求和期望是盈利，是良好的财务状况。一般来说，所有者和投资者对企业的盈利都有相应的计划或期望，这也就是企业的赢利目标。企业对这样的目标应当进行识别，并采取相应的措施以保证目标的完成。ISO9004：2009 要求："组织应建立并保持过程以监视、控制、报告与组织目标相关的财务资源的有效分配和有效使用。"企业可以通过质量成本核算，减少过程和产品故障，减少材料和时间浪费，降低因担保而引起的赔偿费用，以及减少因失去顾客和市场所付出的代价。因此，满足所有者和投资者的需求和期望，与提高质量的目标应当是完全一致的。

但是，又不能不看到，所有者和投资者也可能短视，也就是可能因短期的效益而牺牲长远的利益。即使是在市场体制相当健全的情况下，企业也可能寻找到市场或政府的监管空档，用降低质量的手段去获取短期的效益。如果所有者和投资者具有投机心理，很可能要求企业这样去做。因此，企业应当从长远利益出发，抵制这种短视行为。

（三）对供方需求和期望的满足

供方是企业所需产品的提供者，企业是供方的顾客。供方当然应当"以顾客为关注焦点"，但从企业的角度来看，供方又是企业的重要资源，企业通过处理好与供方的关系，可以获得各种增值机会，同时也可以为供方提供效益。供方的需求和期望主要是继续经营的机会，"与供方互利的关系"是 ISO9000 族国际标准提出的质量管理八大原则之一。

要满足供方的需求和期望，企业就应当与供方建立合作关系，推动和促进交流，共同提高增值过程的有效性和效率。为此，就需要双方：（1）对顾客的需求和期望达成清楚一致的理解；（2）对合作的需求和期望达到清楚一致的理解；（3）建立确保持续合作机会的目标；（4）加强双方的沟通；（5）对供方作出的努力和成就进行评价并给予承认和奖励；等等。

虽然企业是供方的顾客，但企业与供方依然是一种平等互利关系。与一般消费者不同，在相当大的程度上，企业对供方，特别是对那些长期合作的供方承担着社会责任或道义责任。企业发生的重大质量问题，往往也可能涉及供方；而企业如果因为质量责任而受到严重损失，例如停业或破产，也会使供方受到连带损失，甚至也会引起供方停业或破产。因此，供方对企业的质量往往相当关注，也会或直接或间接地给企业施加相应的质量压力。

企业与供方又是一种特殊的人际关系（厂际关系）。相互沟通对双方都具有重要意义。ISO9004：2000 规定："在双方组织的合适层次上双向沟通，从而促进问题的迅速解决，避免因延误或争议造成费用损失。"这仅仅是一个方面。诸如"对顾客的需求和期望达成清楚一致的理解"之类,更需要有效沟通。因此,企业要满足供方的需求和期望,很重要的一个方面就是做好沟通工作。

由于企业是供方的顾客,企业往往处于有利或较高的地位,因此往往难以平等对待供方,甚至可能盛气凌人。这样,虽然供方可能一时忍气吞声,但却依然可能存在不满,并可能在某种场合发泄。一旦供方找到新的顾客,很可能抛弃企业,这对企业也是不利的。企业与供方的合作关系是基于共同的战略、共享的知识和利润以及共同承担损失,这三个"共"就确定了双方的平等关系。企业可以通过对供方的质量管理体系进行认证,对供方交付合格产品的能力等进行监视,还可以帮助供方改进质量和质量管理,甚至可以"强迫"供方采用先进的工艺手段或管理方法,但这些都只能在平等互利的基础上进行。

(四) 对社会需求和期望的满足

任何一个企业都存在于社会之中,其所有的活动都或直接或间接或大或小地影响着社会。例如企业发展了,可以为社会解决就业问题,可以增加税收;企业要生产,必然要消耗资源,而资源属于全社会所有;企业在生产过程中很可能污染环境,而环境污染的直接后果是由社会来承担的。因此,任何社会都会对企业的生产经营活动进行或多或少或直接或间接的干预。如果企业能够满足社会的需求和期望,使社会满意,社会就会大力支持企业的生产经营;如果企业不能满足甚至侵犯了社会的需求和期望,社会就不会满意,就会采取诸如限制、抗议等手段来进行干预。因此,任何企业都不能漠视社会的需求和期望,更不能漠视社会的态度和取向。

对于企业来说,可以把社会分成三个层次:一是企业所在的社区;二是受到或可能受到企业或其产品影响的其他社会团体和公众;三是代表社会的政府。这三个层次的社会对企业的需求和期望虽然具有一致性,但其重点却可能有所不同,我们分开来说。

1. **对社区需求和期望的满足**。企业所在的社区直接受到企业产品、过程和活动影响,这样的影响如果对社区具有正面意义,社区就会支持企业;如果具有负面意义,社区就会报怨、批评、抗议甚至反对企业。具有正面意义影响的如解决就业问题、改善环境条件(例如改善交通状况之类)、增加税收、增加经营的机会(例如出租房屋、开办服务业之类)、降低企业所生产的产品价格(包括节省运费之类)、获取企业带来的新的文化、给社区带来繁荣等等。正面意义的影响可能仅仅是企业的"副产品",企业可能并没有刻意为之,但这样的正面意义的影响又的确是各地招商引资的出发点。对于企业来说,尽可能发挥这些正面意义的影响，也是自己应尽的社会责任。如果能够积极参与社区的公益事业，能够自觉促进正面意义的影响，企业更能够得到社区的支持，从而也为企业自己创造了一个良好的社区环境。

但是，企业更应当关注自己的产品、过程和活动可能给社区造成的负面意义的影响，其中最重要的是三个方面：一是要考虑对卫生和安全的责任，二是要考虑对自然环境的影响，三是要考虑对人文环境的影响。事实上，如果相应的措施没有跟上，企业的产品、过程和活动都可能对社区居民的健康造成危害，甚至引发安全责任事故。生产过程中排放的"三废"（废气、废水、废物）以及噪声、辐射、光污染等等，都可能危害社区居民。相当多的产品、过程和活动还可能存在着安全隐患，一旦发生安全事故，社区居民也可能身受其害。以重庆为例，2003年，中石油川东矿区开县一气井发生井喷事故，造成居民近200人死亡，几万人转移。2004年，天原化工厂发生氯气泄漏事故，也转移了数十万居民。类似的事件，不管是在中国还是在世界，几乎年年都有发生。

即使对居民健康和安全不存在威胁，但企业依然要考虑环境污染给自然环境造成的影响。随着人们环境保护意识的增强，破坏自然环境、浪费自然资源、过多消耗能源，都会引起社区居民的反对。此外，如果企业的产品、过程和活动不符合当地的社会文化心理，也会引起社区居民的抵制。例如在学校周边开设电子游戏厅，就可能影响学生的学习，还容易引起治安问题。又例如一些商家用美女入浴之类活动来促销浴缸，有违传统风俗，与社会文化心理相悖，就遭到了社会舆论的谴责。

2. 对社会需求和期望的满足。社区可能是一个小社会，也可能是社会的一部分。社区可能受企业的产品、过程和活动的直接影响，社会则可能受间接影响。对间接影响的社会，对企业的反应虽然没有受直接影响的社区那样直接、那样强烈，但依然可能在社区受影响居民的带动下，投入到批评、抵制、反对、抗议企业的行列中来。事实上，社会往往是社区抗议企业的后盾。因此，企业应当通过满足社区的需求和期望，同时去满足社会的需求和期望。

但是，某些企业或某些企业的产品、过程和活动可能对社区具有更大的正面意义的影响，或者其正面意义的影响超过了负面意义的影响。在这种情况下，社区就可能容忍企业或企业的产品、过程和活动。但企业的产品、过程和活动却可能对社会没有多少正面影响，甚至可能给社会造成更大的负面影响，社会也就可能与社区居民相左，采取反对的态度。例如生产假冒伪劣产品的企业，可能不会给社区带来过多的负面意义的影响，但却危害了到整个社会，社会也就不会容忍。一般来说，由于社会与企业之间往往没有直接的利益共享或利益冲突，因而社会更可能只是从一般道义上与企业发生关系。企业的产品、过程和活动如果能够符合社会文化心理和道德倾向，往往就可以得到社会的支持；反之，如果企业与社会文化心理和道德倾向背道而驰，就可能引起社会的反感，甚至引起社会的反对。2010年以来，以代工著名的富士康公司连续发生十多起员工不堪压力而跳楼自杀的事件，引起世界舆论的广泛关注，网上更是一片抗议之声，就形象地说明了这一点。因此，企业应当合法经营，尽可能在政治、文化、管理以及社会事业方面与社会主流文化保持一致，尽可能为社会提供诸如慈善捐款之类的帮助，以树立自己的正面形象。

3. 对政府需求和期望的满足。政府是社会的代表，政府对企业具有相应的管理权、监督权。任何企业都不可以忽视政府的需求和期望，而且只有努力去满足这样的需求和期望才能得到政府的支持。

一般来说，政府的需求和期望体现于相应的法律法规之中，企业应当具有适用于产品、过程和活动的法律法规要求方面的知识，并应当将这些要求作为质量管理体系的要素之一。但是，由于长期计划经济的影响，中国政府对企业的干预相对而言较多，在法律法规之外的要求也较多，往往使企业穷于应付。虽然政府已经通过废除、修订、合并等手段，革除了相当多的行政干扰，但事实上的干扰却依然存在。有时，连社区居委会也可能对企业指手画脚、要这要那。在这样的情况下，如何做到既要满足政府的需求和期望，又要对违法或无理要求进行抵制，对企业来说是个难题。

政府特别看重企业为经济发展、就业、财政收入等方面带来的利益。为了这样的利益，一些地方政府甚至不惜牺牲环境、资源和其他社会利益。在这样的情况下，企业如何把握好自己的经营战略显得尤其重要。虽然有地方政府的支持，但如果或明或暗违了法，或者是以牺牲社区或社会利益为代价的，迟早都可能受到法律的处罚，迟早都可能受到社区或社会的反对，到最后很可能得不丧失。与其后来受到处罚，不如预先考虑。因此，最重要的还是严格依法办事。

三、相关方满意对顾客满意的影响

所有的相关方都生活在一个共同的社会之中。即使是出口产品，企业的员工与顾客也处于共同的国际社会之中。因此，各相关方是否满意，在相当多的情况下又是可以互相影响的。这里只讨论其他相关方的满意与否对顾客满意的影响。

1. 员工的满意与否对顾客的影响。随着社会的进步，顾客对企业内部的员工生存状况越来越关心。19世纪美国的南北战争，20世纪联合国对南非的制裁，其本质就是因为对美国南方和南非的奴隶制度和种族隔离制度的不满而引起的。美国北方顾客关心黑人奴隶，世界所有主持正义的人都关心南非黑人。这当然是极端的例子，但如果一个企业不顾员工的健康和安全进行生产，真相一旦传出去，就会引起顾客的不满，从而招来抵制。浙江某地私营工厂招收大量童工生产电器，被中央电视台"焦点访谈"曝光。节目主持人一改平时不发表个人评论的做法，竟号召消费者都来抵制该地的电器产品（此事后得到妥善解决）。试问：如果你进入一家酒店，那服务员是非法招来的童工，你能接受吗？如果你知道某种产品的生产过程中曾使大量的员工铅中毒，你会买这种产品吗？这种情况，还将更加普及。企业既然制定了顾客满意战略，对员工的满意状况也不能不闻不问吧？近年来，欧美尤其是美国的许多跨国企业，例如麦当劳、迪士尼等都对供应商提出要符合SA8000并通过相关认证的要求，就是这个道理。

2. 所有者的满意与否对顾客的影响。企业赚了钱，或者提高了竞争力（实际上是为今后赚钱作了准备），所有者和投资者才会满意。而一个企业赚的钱只要是合法的，正说明该企业兴旺发达，也就更具有吸引顾客的魅力。在经济领域内，"马太效应"（富的越富，穷的越穷）是很正常的现象。顾客往往信任那些兴旺发达的企业，给他们打更高的满意分。当然，如果企业是非法赢利，短视的所有者和投资者也可能满意，但毕竟满意不会长久。顾客对非法赢利的不满意，迟早也会使所有者和投资者不满意的。

3. 供方的满意与否对顾客的影响。供方的满意与否对顾客的影响可能小一些，可能更间接一些，但仍然有影响。供方的不满意总会通过其提供的产品质量或价格反映出来，最终影响顾客的满意状况。

4. 社会满意与否对顾客的影响。顾客生活在社会之中。社会的态度，包括政府的态度、社会的舆论（例如新闻媒体的舆论监督）以及企业所在社区居民所表达的态度和行动（例如抗议、议论），必然直接影响顾客。20世纪二三十年代，中国人民抵制日货，反映的是爱国主义情绪，而不是说日货就不好。在那种形势下，购买日货甚至可能被人当汉奸，谁还敢去买？谁还敢谈自己"顾客满意"？这当然有些极端，但类似的事情并非就可以绝迹。前举的浙江某地童工事件也是例证。如果是政府出面，宣布某产品为不合格，或者宣布某企业生产为非法，更会使顾客退避三舍。事实上，报刊电视上一条很短的涉及企业负面形象的新闻，都可能大大败坏企业的形象，从而使顾客的满意度陡然下降。因此，企业千万不可忽视自己的一言一行。事关形象，事关信誉，都是企业的大事，都与顾客满意的质量战略相关，都需要慎重对待。

5. 顾客满意与否对其他相关方的影响。顾客是企业最直接的相关方，其他相关方的满意与否，往往以顾客满意与否为根据、为基础、为转移。顾客因不满意而纷纷离去，企业就失去了生存的基础，企业就难以甚至不可能去满足员工的、所有者的、供方的和社会的需求和期望。事实上，顾客对企业或产品产生严重不满后，往往要通过投诉来引起社会的关注，从而通过社会舆论、政府干预、法律诉讼等手段，来迫使企业改变态度，从而给顾客提供相应的补偿或赔偿。顾客的满意与否对其他相关方的影响更大是不言而喻的。企业在使其他相关方满意时，切不可忘了这个根本。在计划经济条件下，企业首先满足的是上级主管部门（政府部门）的需求和期望。对顾客的忽视，正是计划经济最大的弊端。在市场经济条件下，企业只有按照ISO9000族国际标准的要求，首先去满足顾客需求和期望，然后才谈得上满足其他相关方的需求和期望。

第十五章

社会质量文化建设

质量文化实际上是人们与质量有关的行为和心理的一种传统的固定模式。质量的形成、交换和消费都是在社会中进行的,质量文化也就不仅存在于企业内部,也存在于整个社会之中。一方面,社会质量文化是在质量的形成、交换和消费中形成的;另一方面,社会质量文化又对质量的形成、交换和消费产生影响,制约着质量的形成、交换和消费。

第一节 社会质量文化

一、社会质量文化的构成要素

(一)社会质量文化的两个方面

所谓社会质量文化,是指社会在质量的形成、交换和消费过程中形成的、比较稳固的、社会大多数成员认同的对质量问题的普遍认知、理念、态度和行为准则、行动方式等文化现象。

任何社会只要存在着生产和消费,就存在着质量问题,因而也就存在着对质量问题的认知、理念、态度和行为准则、行动方式等,这些对质量问题的认知、理念、态度和行为准则、行动方式等一旦固定成某种模式,就是社会质量文化。因此,任何社会都存在着自己的质量文化。不过,可能由于人们对质量问题关注不够,在相当长的历史时期内,人们并没有意识到质量文化的存在。随着社会生产力的发展,人们对追求生产和消费的质量越来越自觉,要求也越来越高,特别是随着消费者运动(包括保护消费者合法权益的运动)的广泛开展,才逐渐认识到质量文化的存在，质量文化的研究也才提上了议事日程。

产品质量是在企业中形成的，是由顾客来消费的。也就是说，质量既涉及到生产过程，也涉及到消费过程。从社会的角度来看，质量文化也就存在两个方面：一是生产过程所体现的质量文化，二是消费过程所体现的质量文化。虽然可以进行这样的区分，但生产和消费又是不可截然分开的。用历史唯物主义的观点来看，消费是由生产决定的，有什么样的生产就有什么样的消费；消费又对生产起着巨大的反作用，并引导生产朝自己所需要的方向发展。因此，生产过程的质量文化必然要受消费过程的质量文化的影响和制约，而消费过程的质量文化也只能在一定的生产过程的质量文化的基础上才能得到发展。

质量是由企业生产的，因此生产过程的质量文化往往体现为企业的质量文化。不同企业虽然有不同的质量文化，但企业并不是独立存在的，企业的质量文化从形成到发展必然要受着社会环境的制约，企业的质量文化总是要打上社会质量文化的烙印。而且，在一定时期内，不同企业的质量文化往往又可能呈现出相同的要素、相同的特质，从而又构成了社会质量文化的组成要素，并对整个社会质量文化产生影响，推动社会质量文化的发展。

产品生产出来总是要用于消费的，由于消费涉及到社会的每一个成员，因而消费过程的质量文化往往更能体现社会质量文化的性质。人们对质量的认知也好，理念也好，往往是从质量消费开始的。可以说任何人都愿意消费高质量的产品而不愿意消费不合格的产品，但什么是高质量，什么是不合格，不同的人却有不同的看法，不同的社会甚至有根本不同的看法。即使只拿改革开放30多年来的情况来举例，也可以看出这种不同来。20世纪80年代，你去商店买东西，只要售货员不发脾气，可能你就觉得服务质量不错了；如今，如果售货员"阴"着脸，对你爱理不理，你肯定认为其服务质量太差。当时买一台电视，只要能够看到图像，你可能就满足了；如今，你对电视机的要求可能已经大大增加，色彩、音响、清晰度……哪一样都不能存在问题。

由于不同社会对质量的看法不同、认知不同，不同的社会也就会有不同的质量理念，从而对生产过程的质量文化产生影响，逼迫企业按照这样的质量理念去修正自己的质量理念，去制定自己的质量方针，去改进自己的质量体制，去重塑自己的质量形象。当然，企业为了夺得先机，抢占质量竞争的制高点，在理解社会质量理念的基础上，或者说是在理解消费过程质量文化的基础上，往往要提出超越社会质量理念的质量理念，并在这样的质量理念指导下去建设自己的质量文化。某个或某些企业这样超前的质量理念如果取得成效，就会引起其他企业纷纷效仿，从而推动生产过程的质量文化建设。生产过程的质量文化建设反过来又会推动消费过程的质量文化建设,提升消费者对质量的认知,使社会逐渐形成新的质量理念和新的质量文化。

我国30多年来的质量文化发展历史,就是一个生产过程质量文化和消费过程质量文化相互影响、相互推进的过程。当年,我们从报刊上、从电视中看到日本家电企业的维修人员上门服务的情景,几乎不敢相信,几乎认为在中国这是永远不可能的事。但如今,如果哪家家电企业没有这样的上门服务,肯定会被全社会认为不正常,更要被几乎所有的顾客所抵制,该企业也就很可能因此而陷入困境,甚至关门大吉。一方面是企业不断在改进,不断增加新的服务项目;另一方面是消费者"得寸进尺",对企业提出了更高的要求。正是这样相互促进,产品质量才能不断得到提升,而整个社会的质量文化才能朝着更高的水平发展。

(二) 社会质量文化与社会公认的质量定义

社会质量文化也可以分为三大层次:一是物质形态的质量文化,是质量文化在物质层面的体现,是社会质量文化的物质载体,包括整个社会的产品质量水平以及与质量有关的设施(例如相关的质量检验机构之类);二是制度层面的质量文化,主要是社会对质量的管理体制,主要体现为质量法律法规;三是精神层面的质量文化,是社会对质量的认识、社会的质量价值观、质量意识和质量道德等等。

社会质量文化的核心是社会的质量价值观,也就是说社会把什么视为质量,把质量放在什么位置来认识,以及如何来处理质量问题。不同社会有不同质量价值观,而不同社会的质量价值观往往集中体现为社会公认的质量定义上。

质量定义就是对质量的内涵和外延进行界定,也是对质量的本质特征进行概括的说明。不同的社会有不同的质量定义,而这不同的质量定义往往反映了社会的质量观念,反映了社会对质量的认知、理念、态度和行为准则、行动方式等质量文化的特征。

人类从诞生那天起就开始了生产,因而也就有了产品,也就有了作为产品固有特性的质量。产品质量状况不断作用于人们的大脑,就有了对质量的认识,也就有了相应的质量观念。人们对质量的认识是从"用"开始的。

原始社会是天然经济时代,其最突出的特点是"攫取",人类主要靠采集果实、捕捉动物来维持自己的生存。原始人当然不可能有明确的质量观念,但是,我们可以从我们所了解的当时的经济状况,从考古所发现的当时的产品(工具)以及神话传说的分析中,推测出原始人的质量观念。

我们知道,在原始社会,人类要满足自己基本生存的需要都是很困难的,只能靠简单的工具去采集果实,去捕捉动物。原始人被动地随大自然的变异而迁徙,经常受到饥饿、寒暑、疾病和自然灾害包括毒蛇猛兽的威胁。在这种情况下,产品(包括采集的果实、捕捉的动物以及简单的工具等)以能吃能用为原则,其质量观念的核心是能吃能用。如果把"吃"也看作是一种"用",可以简化为"能用"。

原始人有吃人肉的习惯。据考证,我国古代的越族、巴族都吃人肉。如今非洲南部某些原始部落都还有将死人分而吃之的习俗。吃人肉是典型的"能吃"的例证。考古发现的北京猿人的石器,可分为砍砑器、刮削器和尖状器等类型,虽然大部分石器的石片都经过单面修理制造的,但还是有一部分石片未经修理就直接拿来使用。这是"能用"的例证。《吴越春秋·勾践阴谋外传》所载的《弹歌》:"断竹,续竹,飞土,逐宍(古肉字,指禽兽)。"相传为黄帝时代的歌谣,从中我们也可以体会到这种竹箭是以能用(逐宍)为质量标准的。就是那些色彩斑斓、图案丰富的陶器,也是以"能用"为质量标准的,色彩和图案的主要作用是图腾崇拜。在当时的生产力水平情况下,烧出的陶器哪怕缺个口也不会随便丢弃,只要"能用"就一定要用。

虽然我们给原始社会的产品下了一个"能用"的质量定义,并不是说原始人已经有了质量观念。人类的质量观念的形成大大迟于数量观念。数量的概念也是在原始社会末期才真正形成,质量概念的形成就更晚了。明确的质量概念是人类进入了自然经济时代才逐渐形成的,因为那时人类劳动方式才从攫取进入到生产阶段。

在自然经济条件下,生产有如一根根铁钉,将人确定在自然界的一个个点上,形成一个个相对独立的经济单位,与自然界进行着封闭的循环,极少进行社会交往,商品交换是极少的。一个生产者偶尔与另一个生产者交换一次,获得一种自己不能生产的产品,当然就希望尽可能"耐穿耐用"。产品使用过程所耗费的劳动(例如维修保养)和费用,只要是直接凭自己的劳动支付的,就不再计算成本。由于与社会交往极少,"不知有汉,何论魏晋",产品是否升级换代,是否有更新更便宜更适用的,往往不知道,知道了往往也以自己的产品为"国粹"而拒绝购买,甚至拒绝使用。显然,自然经济时代质量观念的核心内容是寿命,用一句我们听惯了的话来说,就是:耐穿耐用。

商品经济时代,人们对产品质量的要求集中到适用上来了。适用性是朱兰博士提出来的,反映了商品经济对质量的要求。所谓适用,就是适合于使用。使用不仅仅是使用产品的功能,而且还要耐用(寿命长),还要好用(可靠、可维护等等),还要能够经济地用(经济性)。在适用性的质量定义提出之前,企业把质量定义为"符合",也就是符合相关法律法规,符合标准。符合性的质量定义过分强调技术,是一种工程的质量观。在ISO9000中,质量是"一组固有特性满足要求的程度",而"要求"则是"明示的,通常是隐含的或必须履行的需求和期望"。这实际上是将"符合性"和"适用性"综合起来下的质量定义。从能用、耐用到适用,竟然经历了几十万年的发展过程。

但是,适用性的质量定义只是从顾客使用产品的角度去认识质量问题,对顾客多方面的需要,特别是心理(精神)需要考虑得还很不够。随着社会的发展,市场上与产品交换有关的问题越来越多,人们在购买和使用过程中需要考虑的因素也日益增多,仅仅是适用的产品往往并不能受到顾客的青睐。而且,适用性质量定义依然站在企业一边来考虑质量问题,对什么是适用、如何适用、怎样适用等问题缺乏操作性的安排。于是,顾客满意的质量定义或质量观就诞生了。顾客满意质量观是在适用性质量定义的基础上产生的,但并不等于只要产品适用顾客就会满意。"顾客满意"比"适用"的要求更多更高,顾客满意的质量观比适用性质量定义包含着更多更丰富的内容。

顾客满意的质量观强调顾客满意,而要顾客满意,首先产品要合格,要适用,要与顾客对质量的感官和经验相协调。不合格的产品、不适用的产品、与顾客感官和经验相悖的产品,顾客肯定不会满意。但是,合格的、适用的、与顾客感官和经验相符的产品,顾客也不一定就会满意。顾客满意所包含的内容更多,所提出的要求更高。目前,这样的质量观正在普及,不管是对企业的质量文化建设还是对社会质量文化的发展都将起到极大的推动作用。

(三)全社会的产品质量水平

若干年前,人们评价中国的产品质量是"跑、冒、滴、漏",评价苏联的产品质量是"傻、大、笨、粗",评价日本的产品质量是"精、细、妙、好"。这样的评价可能并不中肯,但却多多少少反映了当时不同国家不同的产品质量水平。如今,我国的产品质量的总体水平已经有了很大提高,相当多的产品畅销全世界,但是,"MADE IN CHINA"(中国制造)仍然被视为低质低价产品,从经济角度分析,仍然处于价值链的尾端,中国企业甚至成为跨国公司的"打工仔"。

一个社会的产品质量水平是这个社会质量文化在物质层面上的体现,是社会质量理念和质量价值观的物质载体,构成了社会质量文化的"硬文化"或"外显文化"。不错,任何一个社会都可能有相当多的企业,相当多的产品,这些企业或产品的质量水平肯定各不相同。但是,从宏观的角度来看,一个社会的企业或产品总有一个总体的质量水平,或者说有一个平均的质量水平。这样的总体的质量水平或平均的质量水平，就是这个社会的质量水平，这样的质量水平也就反映了这个社会的质量文化。这也正如邓小平指出的，产品质量的好坏，在一个重要方面反映了民族的素质。

以服务产品质量为例，20世纪80年代，从中国的航空服务到商店服务，从旅馆住宿到银行取款，不管是外国人还是中国人，碰到的都是一副冷漠的面孔，甚至可能花钱买气受。那时，消费者与服务员发生纠纷，企业总是偏袒自己的员工，围观的人往往也只好采取"公正"的态度，甚至指责发生纠纷的消费者做得"过分"。如今，上述现象虽然还时有发生，但从总体上看，早已经起了一个甚至可以称为"翻天覆地"的变化。你走进商场，迎接你的不仅是笑脸，而且还有问候；如果你与服务员发生纠纷，企业管理人员首先就会批评自己的员工，甚至对其加以处罚。这样的变化使一些中国人养成了不讲道理的脾气，动辄与服务员争吵，得理不让人，甚至无理取闹。有的人走到国外，也把这样坏习气带去，一遇到不顺心的事就采取一副横蛮不讲理的态度，受到国外媒体相当多的抨击。

目前，我国的产品质量水平还不高，一方面表现在国家质量监督抽查时，总有相当大比例的产品不合格；另一方面也表现在那些虽然合格，虽然在国内还被冠于诸如优质、名牌、用户信得过之类荣誉的产品，一旦进入国际市场，就显现出质量水平不如人家的窘况。中国要成为世界强国，就要以"质量立国"，把产品质量真正搞上去，争创世界一流的产品质量。这对于我们来说，还任重道远啊！

（四）社会质量文化和质量法律法规

质量法律法规是社会质量文化中的制度文化。早在公元前18世纪，在古代汉谟拉比法典中，就有了涉及质量的法律规定。在我国古代，也有相应的质量法律法规，只不过我国古代的质量法律法规相对来说是不健全的。

中国是世界四大文明古国之一，很早以前就有了有关质量的法律法规。但是，由于商品经济不发达，小手工业又主要是为封建官僚服务的，因而质量法制建设相对落后。我国现代意义上的质量法律法规建设，还是从改革开放后才开始的。直到20世纪80年代中期之后，我们才开始制定实施与质量有关的法律法规。像《中华人民共和国民法通则》、《中华人民共和国全民所有制工业组织法》、《中华人民共和国计量法》、《中华人民共和国经济合同法》、《中华人民共和国技术合同法》、《中华人民共和国商标法》、《中华人民共和国专利法》、《中华人民共和国食品卫生法》、《中华人民共和国药品管理法》、《中华人民共和国标准化法》、《中华人民共和国进出口商品检验法》、《中华人民共和国企业破产法（试行）》等法律都对质量进行了或多或少或直接或间接的规定，例如《中华人民共和国民法通则》就规定："因产品质量不合格造成他人财产、人身损害的，产品制造者、销售者应当依法承担民事责任。"但是，却没有专门的质量法。1984年发布实施的《工业产品质量责任条例》，可以说是我国第一个质量法规，但其适用的范围有限，相关规定也很不明确。

1993年2月22日，第七届全国人民代表大会常务委员会第三十次会议通过了《中华人民共和国产品质量法》，并于当年9月1日起施行。2000年7月8日第九届全国人民代表大会常务委员会第十六次会议又通过了《中华人民共和国产品质量法（修正）》，并于当年9月1日起施行。《中华人民共和国产品质量法》的颁布和施行是我国法制建设上的一件大事，标志着我国的产品质量工作纳入了法制管理的轨道，对促进我国市场经济的发展，保护顾客和消费者的合法权益，惩治生产、销售假冒伪劣产品的违法活动，维护社会经济秩序都具有十分重要的意义。近20多年来，《中华人民共和国产品质量法》在促进我国产品质量和企业质量管理等方面已经发挥了重要作用，并将继续发挥作用。

但是，我国的质量法制建设依然滞后于社会主义现代化建设的需要。以《中华人民共和国产品质量法》和与其密切相关的《中华人民共和国消费者权益保护法》为例，都落后于国际通行的类似法律，在我国加入WTO之后，这不仅难以与国际接轨，而且为某些国家歧视中国消费者提供了方便和借口。近年来，日本一些产品接连出现质量问题，在美欧那些质量法制健全的市场，日本企业采取的召回、赔偿等措施都很及时，在中国却往往"犹抱琵琶半遮面"，甚至推诿，甚至以符合"中国法律"为托词，拒不承担质量责任。事实上，在法律概念上，如何定义消费者；在责任理论上，如何认定企业的质量责任；在减轻消费者举证责任时，如何采用"事实自我证明"；在对消费者进行赔偿时，应不应该有惩罚性赔偿；发现伪劣产品后，如何及时召回；等等方面，都有许多值得探讨的问题，适时修改这两个法律是完全必要的。此外，鉴于现实的需要，《中华人民共和国食品卫生法》、《中华人民共和国药品管理法》等也存在一些不足。2009年，《中华人民共和国食品卫生法》升格为《中华人民共和国食品安全法》，弥补了过去的不足。2010年，《中华人民共和国侵权责任法》颁布实施，其中专辟一章来规范产品责任，并明确规定了产品责任的"惩罚性赔偿"，标志着我国的质量法制建设进入了一个新的时期。

立法固然重要，但更重要的是严格执法。如何严格执行相关的质量法律法规，更值得我们关注，更需要我们去努力。加强质量法制建设，还任重而道远。

质量法律法规是社会制度层面的质量文化，其产生当然有赖于社会物质层面质量文化的发展，有赖于社会精神层面质量文化的进步，但制度层面的质量文化往往起着"火车头"的作用，可以拉动社会物质层面的质量文化，并促进社会精神层面的质量文化。事实上，20多年来我国社会质量文化的发展，在很大程度上得力于《中华人民共和国产品质量法》、《中华人民共和国消费者权益保护法》。一方面，政府用这两个法律去规范企业的质量行为，促使企业在质量上下功夫；另一方面，消费者用这两个法律来维护自己的合法权益，使整个社会的质量意识和质量道德有了一个很大的提高。随着质量法制建设的进一步加强，我们的社会质量文化建设也将得到进一步提升。

二、社会质量文化的形成和发展

（一）社会质量文化的形式

社会质量文化是社会生产发展的结果，也是社会生产发展的反映。一个社会有什么样的生产方式，能够生产什么样的"质量"，就会有什么样的社会质量文化。从这个角度来看，社会质量文化与社会经济发展密切相关，也经历了原始质量文化、自然经济质量文化、大工业生产质量文化等发展阶段。

原始人为了生存，就要进行生产，而生产的产品总是有质量属性的，因此原始人也就有了对质量的模糊认识。据考古发现，原始人对打制的石器就已经有了最初的"检验"。打制出一件石器，要交给经验丰富的长老看看，甚至要由长老帮忙修理。由于有了这样的"检验"过程，就能保证打制的石器达到一个相应的质量水平。这看似简单的"检验"过程，实际上蕴含着质量文化的全部内容：从精神层面来看，原始人已经有了初当的质量概念，形成了一定的质量价值观；从制度层面来看，"检查"成为一种制度，打制技术高的人往往会更受尊重；从物质层面看，原始部落里往往保存着"标准"的石器样本，作为大家仿制的对象。当然，那质量意识也好，那"检验"过程也好，都是相当原始的。但是，不管怎么说，作为一种文化现象，我们完全可以说，质量文化同样起源于原始社会。

在自然经济条件下，原始的质量文化有了一定的发展，但由于产品交换机会不多，人们对质量的认识依然相当模糊。与数量不同，质量的价值往往只有通过交换才能够真正展示出来。不进行交换，质量往往只隐藏于数量之中，甚至往往被数量所掩盖。不管是奴隶社会还是封建社会，由于产品产量严重不足，人们即使有质量意识，看重的往往只是"耐穿耐用"。即使具有相当消费能力的王公贵族，也把产品的使用寿命作为第一要求。从质量制度角度看，早在奴隶社会，我国就已经出现诸如"司空"、"司工"之类专门管理手工业生产的官吏，早在封建社会初期就已经出现统一度量衡以及诸如"车同轨"、"物勒工铭"之类质量管理制度，但依然相当简陋。作为质量文化的物质载体，一两千年之间，产品质量的整体水平并没有多大发展。农作物产品质量受制于自然条件，难以得到根本性的提高。手工业产品质量虽然在不断发展，但往往是依靠手艺人父传子或师傅传徒工的方式继承发展的，其发展速度相当缓慢，甚至经常出现"失传"的现象。例如指南针就多次"失传"，又多次重新"发明"，从传说中黄帝使用的指南车，一直延续数千年，到元代都还有重新"发明"的记载。

只有进入大工业生产后，社会质量文化才得到飞速发展，一方面，大工业生产刺激了消费，使消费过程的质量文化得到极大发展。人们购买产品有了选择的机会，当然就要"货比三家"，从而使质量成为购买决策中的重要因素。另一方面，消费过程的质量文化反过来又促进了生产过程的质量文化发展，为了竞争的需要，迫使企业在提高产品质量和质量管理上下功夫。此外，由于产品交换增多并日趋复杂，纠纷也逐渐增多，这就要求政府来充当"游戏"规则制定者和裁判的角色，于是质量法制开始建立起来。社会质量文化的发展，既是在社会经济政治发展的基础上开始的，又是对社会经济政治发展的一个促进。不管是从世界的角度来看，还是只从我国的情况来看，目前，社会质量文化都还处在发展期，甚至正处在发展的加速期。这主要表现在：（1）人们对质量的需求越来越高；（2）人们对质量的关注越来越强烈；（3）社会的质量观念（或社会公认的质量定义）还没有真正确定下来，还处在发展变化之中；（4）质量法制建设正在加强；（5）质量文化研究才开始进入人们的视野。

（二）中国传统质量文化的特色

受长期的封建社会束缚，又错过了数次产业革命的机会，应当说中国的质量文化一直比较落后。这种落后既体现于生产过程的质量文化，也体现于消费过程的质量文化。

从生产过程来看，由于中国古代工商业主要是官办（可以称为官工业或官营工业），因此其质量文化就不能不具有官僚的特征。这种特征一是强制性，掌握了国家权力的政府通过官工业管理机构（例如"司空"、"司工"之类），以暴力相威胁，强制施行由政府规定的管理措施，甚至动不动就动用暴力，以确保官工业产品的质量。二是生产和消费分化不够，往往是按"计划"进行的。官工业是由封建政府或皇室直接经营的手工业，主要是为满足统治集团的需要而进行生产。即使是像盐、铁之类老百姓也需要的产品，往往也是通过官营来买卖的。这样,生产和消费分化不够,相互独立性不强,生产者没有"自主权","消费者"也没有"自主权",政府确定的"质量"就是生产者必须生产的"质量",也是"消费者"必须接受的"质量"。生产和消费不能互相促进,产品质量往往就很难有所进步。

这样的质量传统我们却一直继承下来。到了近代,不论是洋务运动中的官办企业,还是国民党统治时期的官僚资本企业,几乎依然按封建社会官工业那一套来管理企业、管理质量,"生产者"和"消费者"的分化依然不够。新中国成立后,在计划经济模式下,这种状况也依然没有得到根本转变,在某些方面、某些时期甚至还得到加强。十年动乱中,动辄把质量问题当作"阶级斗争新动向",采取抓人、关人、斗人的方法来管理质量。实际上,这样的管理方法,与封建社会手工艺者出了质量问题就要被杀头没有根本区别。由于是计划经济,几乎所有的商品都要凭票供给,"消费者"的身份和权益几乎完全被剥夺,使"生产者"几乎失去了改进质量的动力。事实上,十年动乱中,我国的产品质量是相当低劣的。以机电产品为例,在那样短缺的情况下,竟然有价值数百亿元的库存废品!就是以质量较好的军工产品来说,1979年那场边境战争暴露出来的兵器质量问题也让人触目惊心了!

从消费过程来看,几千年的自然经济迫使人们把消费降到最低水平,因此对任何产品都要求"耐穿耐用"。所谓"新三年,旧三年,缝缝补补又三年",就典型地反映了中国质量文化的特征。产品只要"耐穿耐用",即使有其他质量问题也没关系,可以自己修,可以通过"缝缝补补"继续用。至于自己修、自己"缝缝补补"是否合算,增加了多少使用费用,则不在考虑之列。因此,当年张之洞进口的轧钢用的电机,竟然一直用到20世纪80年代!一双皮鞋也可以补了又补,而用于修补的成本可能早已够买一双新皮鞋了。

这样的质量文化在中国历史上当然有其合理的地方,也起过一些作用,但显然不利于社会经济的发展。作为一笔文化遗产,我们不可能一下子就能够把这样的质量文化抛弃。如何从中去寻找合理的因素,去继承其优良的地方,去改进其落后的一面,对于创新我们的质量文化具有重要意义,值得我们去研究去探索。

(三)现代质量文化的发展

所谓现代质量文化,是建立在大工业生产上的质量文化。质量文化的转型首先是从生产过程中开始的。从世界范围来看,一百多年来,生产过程的质量文化大体经历了以检验为象征意义的质量文化、以统计控制为象征意义的质量文化和以全面质量管理为象征意义的质量文化等三个阶段。

以检验为象征意义的质量文化,在生产过程中体现为"检验员把关"的质量文化,在消费过程中体现为"符合性"的质量文化。这样的质量文化,本质上强调质量的技术性含义,是一种工程的、技术性的质量文化。检验员代表企业,根据技术标准把关;消费者认可相关的技术标准,把是否符合技术标准作为质量的定义;作为第三方的政府,只管产品是否合格。在此基础上形成的社会质量文化,都围绕着"合格"二字来展开。

以统计控制为象征意义的质量文化,本质上是围绕降低成本来展开的,也就是强调质量的经济性含义。对于消费者来说,质量就是自己花最少的钱去获得最大的劳务收益;对于生产者来说,质量就是能够给自己提供效益的产品属性。在这样的质量文化背景条件下,企业通过运用数理统计方法,尽可能地改进生产加工,减少废次品损失;消费者则通过"货比三家",寻找价格最低、质量最好也就是质价比最高的的产品,来获得更多的收益。

以全面质量管理为象征意义的质量文化,从生产过程来看,强调的"全面"是全员的、全过程的、全企业的质量;从消费过程来看,强调的"全面"是顾客的全面满意,而且是"全面"的顾客(包括员工、所有者、供方、政府和整个社会)。目前,这样的质量文化还处在发展过程之中。顾客满意,质量就不仅仅只是技术合格,只是经济合算,而是在此基础上还要让顾客心理上感到满意,质量涉及的范围更广、内容更深。

虽然社会质量文化在不断发展,但发展是在继承的基础上进行的,也就是说在扬弃原来的质量文化的基础上进行的。一方面,新的质量文化可能提出的新的质量观念;另一方面,旧的质量文化的合理内核也可能被吸收进来。原始质量文化强调质量就是"能吃能用",虽然太单一化了,但现代质量观能够否定产品首先必须"能吃能用"么?同样,"耐穿耐用"(产品寿命)也是现代产品必不可少的一个质量要素。要顾客满意,产品必须"合格",必须"经济"。如果连"合格"和"经济"的要求都达不到,顾客怎么能满意呢?由于社会公认的质量定义不同,社会关注的质量的内涵和外延不同,或者说社会的质量理念不同,社会对质量的管理理念、管理重心、管理方法、管理手段(包括政府的宏观质量管理和企业的微观质量管理)也就不同,从而形成了不同的社会质量文化。

以全面质量管理为象征的社会质量文化正处在发展的过程中,一方面它要求企业跟上这种质量文化的发展步伐,加强企业的质量文化建设;另一方面它也要求整个社会适应它的需要,在质量法制建设、质量观念改变、质量道德提升等诸多问题上不断进步。可以说,这样的质量文化正适合科学发展观的要求,正符合全面建设小康社会、构建和谐社会的要求,值得全社会共同努力去建设。

三、社会质量文化的表现

社会质量文化是客观存在的,一方面它通过每个社会成员的质量行为(包括生产行为和消费行为)来表现;另一方面,我们也可以通过对整个社会的质量行为(包括生产行为和消费行为)来把握。关于生产行为,我们在本书的其他章节已经进行了详细阐述,这里且对社会质量文化在消费行为中的表现进行一些说明。社会的质量消费行为主要表现为对质量的需求、认可和投入三个方面。

(一)社会质量文化在质量需求上的表现

社会质量文化既是在社会对质量的需求过程中形成的,反过来又会对质量需求产生重大影响。这主要表现在以下几个方面:

1. 社会关注的质量内容。不管是硬件产品还是服务产品,都有自己的多种质量特性。例如硬件产品,就有性能、寿命、可靠性、安全性、经济性、可维护性、时效性、美观性、创造性等若干个方面。按重要程度来划分,这些质量特性往往又形成一定的阶梯。社会关注的质量特性,也就是社会关注的质量内容。社会关注的质量内容不同,往往体现了社会对质量的不同理解,也就体现了社会的质量理念。"能吃能用"强调的是产品的性能,"耐穿耐用"强调的是产品的寿命。如今,人们对产品的安全性、创新性更加看重,反映了社会质量文化的发展。

2. 社会对质量的需求程度。质量不是"免费的午餐"。高质量的产品往往需要高质量的成本,因而也就会有较高的价格。人们的需求是受其购买能力限制的,购买能力越强,需求程度就越高,反之则越低。虽然高质量的产品可能更多地提供质量效益,但前提条件是人们要买得起。在购买能力的限制下,人们往往更多地追求数量而不是质量。对质量的需求不足或需求过猛都可能严重影响产品的生产过程,需求不足使企业不愿意在提高质量上下功夫,需求过猛使企业不能维持相应的质量水平。

3. 法律法规对质量的界定。质量法律法规是制度层面的社会质量文化,反映了社会对质量的需求。由于法律法规是由社会阶层中层次较高的人参与制定的,因而所反映的对质量的需求具有一定的超前性,并具有广泛的普适性。法律法规对质量的界定不仅是指其所下的质量定义(例如《中华人民共和国产品质量法》所下的质量定义体现在第二十六条上),而且指法律法规对发生质量问题后如何处置的规定。处罚过重,可能对企业形成过大的压力,不利于生产的发展;

处罚过轻，可能对消费者造成损害，也不利于产品质量的提高。因此，质量的法律法规正反映了一个社会的生产水平，也反映了一个社会的质量文化。可能正是因为这个原因，我国相关的质量法律法规对消费者的保护才显得较弱，而对企业违反质量法律法规的处罚也显得较轻。

4. 政府对质量需求的"调节"。政府对质量负有监督的义务，因而对质量的需求也有进行调节的作用。地方政府滥用职权、玩忽职守或者徇私舞弊，包庇、放纵假冒伪劣产品，或者动用政府权力，对本地区质量低劣的产品实行保护措施，实际上就是对质量的一种"调节"。这样的事，20世纪八九十年代是相当普遍的，至今也没有完全消失。当然，政府对质量的"调节"更多的是正面意义的，比如通过提倡、鼓励、奖赏和监督、批评、责令停产整顿等手段，对那些质量管理先进、产品质量优异的企业予以支持，对那些质量管理混乱、产品质量不合格的企业予以限制。在很多情况下，政府的作用对全社会的质量需求具有决定性的作用。

（二）社会质量文化在质量认可上的表现

对质量的认可，就是通过对质量的检查、检验，把握其水平后，所表示的一种态度。要认可质量，一要具有相应的质量意识，二要具有相应的质量知识，三要具有相应的质量检测和质量监督手段，而这些都是质量文化的组成部分或表现形态。

1. 质量意识对认可质量的意义。不管是个人消费者还是集团消费者，不管是作为顾客代表的政府还是整个社会，质量意识如何，对质量问题考虑得如何，往往决定了对质量的认可。质量意识强，才会在检查、检验数量的同时，对质量也进行检查、检验。长期的计划经济生产模式，使我们对质量相当忽略，过去的工业总产值也好，现在的GDP也好，都不包括或都不能反映质量。20世纪七八十年代，在相当短缺的情况下，国家竟连续决定报废数百亿元的库存机电产品！而那些报废的产品，全都计算过工业总产值或GDP的。国家如此，个人消费者大多也如此，买东西首先考虑价格等因素，往往买到假冒伪劣产品，也是质量意识不强的表现。

2. 质量知识对认可质量的意义。质量意识以质量知识为基础，着重于对质量的态度；质量知识是对质量的认知，着重于对质量的了解情况。经过30多年的努力，人们对质量的认知已经有了很大进展，但依然还相当薄弱，对产品质量所包含的质量特性及其工艺、用途了解不深，对商品管理知识（如商标、计量、质量责任等）的了解就更差。碰上质量问题，人们往往不知道如何维护自己的权益。近年来，一些保健品生产销售企业屡屡以虚假疗效欺骗顾客，顾客上当的一个重要原因，就是不知道保健品实际只是一种食品而已，更不懂"药准字"和"食卫准字"的区别。

3. 质量检测和质量监督对认可质量的意义。目前，我们的质量检测和质量监督体系还不健全，政府质量监督部门对产品质量的监督也不完善，作为物质层面的社会质量文化设施，还需要进一步加强。对于一般消费者来说，买到假冒伪劣产品，即使要想上法院去维护自己的合法权益，也要被举证责任吓退。重庆竟然出过记者举报假冒伪劣产品，有关部门竟要记者支付检测费用的怪事！目前，消费者唯一可以借用的检测工具，大概只有农贸市场的公平秤了。在这样的情况下，人们对质量的认可，只能借助于企业出示的相关的质量认证证书或检测报告，而这样的证书或报告造假的可能性又太大，于是消费者就存在着相当大的质量风险。

4. 政府质量监督对认可质量的意义。政府对企业的质量监督内容、方式，也是社会质量文化认可质量的一个方面。过去，政府对企业的质量指标进行考核，但考核的多是诸如良品率、废品损失率之类的并不反映产品质量水平的指标。企业为了提高良品率或降低废品损失率，往往向顾客转嫁内部故障损失。如今，政府不再进行这样的考核，但政府（特别是承担着直接进行质量监督责任的地方政府）对企业的质量监督相当薄弱，对那些有担保意义的如生产许可证、质量认证、质量监督抽查报告之类的管理也还存在不少问题，这也影响了社会对质量的认可。

（三）社会质量文化在质量投入上的表现

社会质量文化的状况如何，最终反映到对质量的投入上，包括资金投入和工作投入。

1. 对质量的资金投入。质量不是免费的，社会质量文化的性质如何，往往反映在对优质优价原则的承认程度上。所谓优质优价，就是社会对优质产品的承认和投入。人们愿意为优质产品支付较多的钱，实际上就是对生产优质产品的企业进行资金投入，从而鼓励和支持这样的企业保持质量水平，使其处于竞争的优势。当然，生产优质产品的企业也可以通过提高管理、创新技术等手段来降低优质产品的成本，但社会承认优质优价的原则却是必不可少的投入。此外，政府对质量的投入，包括对社会质量设施（例如质量检测机构之类）也是很重要的。

2. 对质量的工作投入。资金投入固然重要，但对质量的工作投入更重要。没有全社会对质量的工作投入，社会质量文化建设很可能就是一张白纸。质量法制建设、质量监督管理、质量咨询服务、各种质量引导措施（例如质量认证之类），都可以说是社会对质量的投入形式。政府在这方面具有主导作用，还应当进一步加强。而对于社会成员来说，除了对产品质量进行监督之外，对质量的工作投入主要表现在"从我做起，从现在做起，从本职工作做起"，提高自己的工作质量。只有全社会都这样做了，才能形成良好的、浓厚的社会质量风气，社会质量文化也才能有自己的根基。

3. 社会质量道德。社会对质量工作投入的水平，往往反映为全社会的质量道德。关于质量道德，我们在前文已经作了详细的阐述。从社会的角度看，除了少数人之外，只要在工作的，不管是做什么工作，都可以说既是消费者，又是生产者。一个人不能只把自己当作消费者，只要求别人讲质量（这种要求可能体现在对产品质量的要求之中），而自己不讲质量；只要求别人讲质量道德，而自己不讲质量道德。如果人人都这样，社会质量道德肯定就会出现严重问题，在质量上搞欺骗、不守信就会泛滥成灾，作为质量"大堤"黏合剂的社会质量文化就会缺失，从而导致质量"大堤"崩溃，社会就会陷入混乱之中。从这个角度看，全社会的质量道德建设是社会质量文化建设的重点。

第二节 社会质量文化与企业质量文化的互动

企业是生活在社会中的，并且又是社会的组成部分。因此，社会质量文化与企业质量文化是整体与局部的关系，它们之间相互制约，也相互促进。

一、社会质量文化对企业质量文化的制约

（一）企业质量文化建设的文化背景

企业不是生活在真空中，企业生产的产品需要社会来接受，企业的员工来自于社会，企业生产的产品必须符合社会对质量的需求，包括必须符合质量法律法规的规定。因此，企业的质量文化建设只能在社会提供的质量文化背景下进行，只能在社会质量文化的基础上进行。在一个假冒伪劣产品泛滥却不受惩罚的社会质量文化背景下，却要所有的企业都能树立"质量第一"的理念，肯定是不可能的，企业即使制定了相应的质量方针，也是不可能认真实施的。相反，如果社会质量文化的水平已经有了很大的提高，企业继续坚持原来的质量理念和质量方

针,就可能被市场淘汰。因此,企业在策划质量文化建设的时候,应当对社会质量文化进行必要的调查和分析,认识并理解所处的社会质量文化背景,找到相应的社会质量文化基础。

当然,影响企业质量文化建设的不仅仅是社会质量文化,也包括了其他文化,特别是社会心理文化。20世纪80年代初,我国开始引进先进技术包括引进全面质量管理(TQC)时,竟然发生过争论。"50年代我们的质量不是很好吗?何必多此一举,搞什么全面质量管理?""QC小组是日本从中国学去的,有什么了不起?""技术可以引进,资产阶级的文化不能搬来!"类似的议论何其多!现在这样的议论虽然很难听见了,但这也已经说明,文化背景对于企业质量文化建设起着制约的作用。

作为人们行为和心理的一种传统的固定模式,文化背景不仅制约着人们的心理,而且直接影响着产品质量和质量管理,也直接影响着企业的质量文化建设。马克斯·韦伯在《新教理论与资本主义精神》一书中论述了文化背景与社会生产发展的关系,撇开其历史唯心论立场不谈,我们不能不承认文化对社会生产的巨大影响。朱兰博士说:"政治障碍的减少对文化障碍影响很小。在文化格局(以及它们出现的理由)得到理解、重视和考虑之前,这些文化障碍始终是一个持续存在的问题。"事实上,以小农经济为背景的中国传统文化不仅对引进和推行全面质量管理构成障碍,而且对产品质量本身也构成障碍。社会质量文化是社会文化的组成部分,对企业的产品质量和质量管理的影响更加直接,对企业的质量文化建设也就更加重要。

一个民族的文化(包括质量文化)总是深深浸入和沉淀到该民族所有的成员心理之中,任何与民族文化不相符合的技术和方法,目标和行为,甚至产品和服务,都将受到公开或隐蔽的抵制和阻拦。国情不仅包括国家的政治经济和资源状况,而且包括文化和心理状况。朱兰博士多次强调,在推行先进质量管理经验的时候,要考虑文化条件。他举例说,日本对质量全过程的概念,假如不注意人与人之间的关系,则未必能够直接采用;西方模拟采取的类似工厂内部"无缺陷"运动的做法,同样是毫无效果的。

人类现实心理活动分为知、情、意三个方面,社会心理文化的基本内容也必然是这三方面活动的投射、表现与凝结。因此,可以把社会心理文化分为三种基本内容,即知识文化、情感文化和意向文化。这三种文化在企业质量文化建设中都起着很大的作用。不管是从微观还是从宏观看,不管是从个体还是从群体或整个社会人群看,文化知识水平不仅是质量能力和技术系统发挥作用的重要前提,而且是质量意识和质量道德形成和发展的重要前提。我国尚有数千万文盲,员工的文化水平也较低。在这种背景下，质量文化建设可能就要花更大的力气。泱泱大国的民族情感对于引进先进技术包括引进先进的质量理念和质量管理技术也是不利的。而属于意向文化的伦理道德，更是直接构成员工质量道德的基础。

人们接受某种文化往往是无意识的，是从小就开始的一个长期过程。企业管理者也好，普通员工也好，都不可能完全摆脱社会文化心理的制约和影响，因此，企业只能在既有的社会质量文化的心理基础上进行质量文化建设。

（二）社会质量文化确定了企业质量文化建设的方向

企业为什么要进行质量文化建设？企业的质量文化建设不是无事找事做，不是公益性事业，更不是"慈善"之举，而是为了在市场的质量竞争中获得优势。要在市场质量竞争中获得优势，就必须使自己的产品质量满足社会对质量的需求。而社会质量文化正反映了社会对质量的需求以及这种需求的发展方向。这种需求和需求的发展方向是引导企业进行质量文化建设的方向。企业的质量文化建设只有跟着这种需求去进行，才能对企业有实际的效果。否则，为"文化"而"文化"，为"建设"而"建设"，不仅没有意义，而且还会给企业造成不必要的损害。

社会质量文化不是固定的，而是处在不断的发展过程中。同样，社会质量文化反映的社会对质量的需求也是不断发展的。正是因为有发展，才能起到推进企业质量文化建设的作用。改革开放前，我们的企业不能说没有质量文化，但那种质量文化毕竟是在"耐穿耐用"质量理念和"质量问题是个政治问题"的社会质量文化背景下形成的。随着改革开放，质量与政治，与阶级斗争脱了钩，社会对质量的需求急剧增长，全面质量管理（TQC）的质量理念和质量管理方法的引进，促使企业的质量文化建设有了一个飞跃的发展。从制度层面来看，大多数企业建立了专门的质量管理机构，制定了相应的质量管理规章制度。这一变化，显然离不开当时的社会文化背景，也离不开社会对质量需求的增长。30多年来，正是社会质量文化的提升，促使了企业质量文化的发展。想当年，人们对日本人享受产品售后服务的羡慕、对服务态度恶劣的愤恨以及政府对提升产品质量的指导，包括制定诸如《中华人民共和国产品质量法》之类的法律法规，反映了社会质量文化在发生根本的变化。这种变化最终迫使企业在质量文化建设上努力，才使我国的产品质量发生了根本的变化。

（三）社会质量文化对企业员工质量意识和质量道德的影响

员工生活在社会中，本身就是社会的一员，社会质量文化必然影响员工对质量的认识,影响他们的质量意识和质量道德。

首先,社会质量文化影响着员工的质量意识。员工也是消费者,也要消费产品,当然也就对产品质量有自己的需求。这种需求既要受员工个人因素,例如其收入水平、质量偏好、对质量的认知能力等等的影响,更要受社会质量文化的制约。在"新三年,旧三年,缝缝补补又三年"的年代,某人即使要追求服装样式的新颖,往往也只能隐蔽。不是有过里面穿新衣服,外面罩旧衣服的怪事吗?作为消费者的员工,在企业对他进行质量教育时,他对那些符合他质量消费需求和习惯的东西往往就能接受,相反就不太容易接受。20世纪80年代,某企业也曾经强调要防止产品上出现划痕,但总有相当多员工不注意,认为那对所谓的使用没有关系,因而总是禁而不绝。十几年后,也是这个企业再次重申防止产品出现划痕后,竟然很容易就得到认真贯彻执行。如果进行调查分析,就会发现,员工的质量意识随着社会质量文化的变化已经大大提升了。

其次,社会质量道德制约和影响着员工的质量道德。这可以从两个方面来看:一方面,质量道德是一般道德的组成部分,并受着一般道德的制约。员工从小接受社会一般道德的熏陶,在进入企业之前,已经形成了他固有的一般道德。员工的一般道德对于他接受企业的质量道德教育(包括潜移默化的教育),提供了相应的平台。一般道德水平高的员工,很容易接受企业的质量道德教育,从而较快、较好地形成自己的质量道德。另一方面,员工生活在社会中,必然要受社会质量道德的影响,其个人的质量道德往往只能围绕社会质量道德的水平波动。从员工质量道德的平均水平来看,不可能离社会质量道德水平太远。如果某个员工的质量道德水平太高,他的利益很可能因此而受到损害,他就可能调整他的质量道德;如果太低,与社会质量道德格格不入,他就很可能会受到社会的责难、谴责甚至处罚,逼迫他提升自己的质量道德。再有,员工在社会中形成质量道德水平,往往也决定了他接受企业质量道德约束的自觉程度。

在资讯相当发达的现代社会,不管是企业也好,还是员工个人也好,都不能不接收社会对质量的需求、认可和投入等多方面的信息,在接受过程中,也不能不受到这些信息的影响。正是在社会质量文化的影响下,企业才能够不断更新自己的质量理念,员工也才能够不断提升自己的质量意识。

(四) 社会质量文化限制了企业质量战略的作用

制定质量战略,是企业质量文化建设的重要步骤。企业的质量战略是在企业的质量理念指导下制定的,并对企业制定质量方针起着导向的作用。但是,企业的质量战略却不能不受社会质量文化的制约,社会质量文化往往限制了企业质量战略的作用。

首先，企业在制定质量战略时，不能不分析社会对质量的需求、认可和投入，也就是不能不分析社会质量文化的特质。与社会质量文化及其发展方向不协调的质量战略，肯定是失败的质量战略。20世纪90年代初，一些企业看到农村市场对低质低价产品的需求以及农民质量意识不足的情况，于是确定了降低质量来降低价格的质量战略。但是，他们没有看到，农村市场也是在发展和变化着的，低质低价是不符合这种发展变化趋势的。随着大量农民工外出和信息渠道的畅通，农村社会的质量文化也在不断提升，这样的质量战略最终导致这些企业陷入困境。相反，不少企业则通过提高技术水平、改善管理来降低成本，从而降低价格，用不降低质量的战略去占领农村市场，取得了辉煌的成效。

其次，企业在实施质量战略的过程中，不能不与社会质量文化发生碰撞，甚至冲突。如果这种碰撞或冲突与社会质量文化发展的方向是不协调的，或者是相反的，企业的质量战略就得不到社会的认可，甚至被社会所淘汰。20世纪80年代，浙江温州曾靠制售假冒伪劣产品而发展起来，不少地区也想学温州的榜样，也靠相同的质量战略来发展。殊不知，即使是相同的质量战略，在不同的时期，在不同的社会质量文化背景下，其效果往往是大相径庭的。温州"成功"了，其他地区就"成"不了"功"。如今，不少企业都想通过名牌战略来发展自己，各级政府也想了很多办法来支持企业名牌战略的实施。但是，我们的社会质量文化对名牌的需求、认可和投入却没有多少人去认真分析过，虽然各级政府颁发了那么多名牌证书，结果没有几个真正得到社会的认可。

（五）质量法制对企业质量文化建设的影响

企业的质量文化建设只能在相应的质量法制环境中进行。一般来说，意识到质量文化建设的企业，大多具有相应的质量文化基础，质量理念和质量方针都超出了一般企业的水平，质量体制和质量管理也较为完善。但是，企业毕竟是赢利性的组织，其质量文化建设可能高于其他组织，也可能高于相关质量法律法规的要求，但却不能脱离整个社会的质量法制环境。

首先，企业的质量文化建设必须符合相关质量法律法规的要求。质量法律法规是对企业产品质量的基本要求，企业必须满足。但是，相当多的企业却无视质量法律法规，甚至不知道有相关的质量法律法规。有一次，新闻媒体揭露了某企业生产的产品不合格，竟引起该企业喊冤叫屈，说什么"本企业生产的所有产品都是优质产品，就这一个批次出了点质量问题，这样曝光是对企业的无情打击"。据说该企业甚至还打算起诉新闻媒体侵犯了名誉权。真是笑话！"不合格就是不合格，不合格已经违反了《中华人民共和国产品质量法》的基本要求，已经属于违法行为，竟然还喊冤叫屈，竟然还得到某些所谓专家学者的同情，岂非咄咄怪事！企业在进行质量文化建设时，应当认真学习相关的质量法律法规，才能保证质量文化建设不脱离质量法制轨道。

其次，社会质量法制对企业质量文化建设的影响是相当大的，如果社会质量法制不健全，企业违反质量法律法规得不到制止和处罚，企业很可能削弱自己的质量文化建设。质量法制不仅是制定与质量相关的法律法规，更是社会的法制理念、法制意识和执法状况的综合体。应当说，我们的质量法制环境还欠佳，即使是一些优秀企业，也时不时地在违反质量法律法规。特别是与顾客发生质量纠纷之后，往往采取不负责的态度，推诿、扯皮，加大了顾客的损失。事实上，虽然《中华人民共和国产品质量法》、《中华人民共和国消费者权益保护法》都已经颁布施行了近20年，但即使从全国范围来看，也没有几个顾客，特别是一般消费者上法院打官司，能够打赢的就更少了。重庆一退休工人花了3000元钱订购了一套家具，厂方交货时就存在严重质量问题，消费者当即要求退货，却被厂方拒绝。找消协，上法院，委托鉴定，搞了两年，最后，法院判决厂方赔偿400元。这400元能补偿消费者的实际损失吗？在这样的质量法制环境中，企业的质量文化建设又怎能真正让顾客满意？

二、企业质量文化对社会质量文化的推动

（一）社会质量文化的提升决定于生产方式的改变

我们在前面多次说过，社会质量文化是由社会的生产方式决定的，而社会的生产方式往往又是由企业的生产方式来体现的。因此，社会质量文化的提升往往决定于企业生产方式的改变。

首先，社会对质量的认识是由生产方式决定的。原始社会的生产是"攫取"，其产品（包括采集的果实、捕捉的动物以及简单的工具）的质量属性主要由自然界来决定，因此，原始人对质量的认识是很模糊、很单纯的。自然经济条件下，生产者和消费者往往是同一的，分工合作还相对落后，交换极少，生产方式依赖于自然条件，于是产品质量就强调"耐穿耐用"，社会依然没有形成有意识的质量文化。即使到了大工业时代，在产品供不应求的情况下，人们对质量的认识依然还显得淡薄，往往只强调某一个方面，或者是"符合"，或者是"经济"，或者是"适用"。只有当生产方式有了巨大进步后，社会质量文化的课题才呈现在

人们面前，人们才意识到需要全社会共同努力，构建起一种向上的合理的质量文化，才能促进产品质量的更快提升。

其次，社会对质量的需求也是由生产方式决定的。需求不等于需要。需要是人生本来具有的一种本能，是人们在生活中感到某种欠缺而力求获得满足的内心状态。需求是需要的反映，是需要和生产能力（包括购买能力）相结合的产物。从社会整体的角度看，只有生产力发展了，相关的产品能够生产了，才会产生对这种产品的需求。马克思说："艺术对象创造出懂得艺术和具有审美能力的大众，——任何其他产品也都是这样。因此，生产不仅为主体生产对象，而且也为对象生产主体。"倒回去30年，人们不能设想在互联网上"冲浪"，甚至不能设想可以使用3G手机。其实，在很多领域都是这样。正是因为生产发展了，质量提高了，在生产方式提供的质量水平基础上，人们才有了对更高质量的需求。

最后，社会的整个质量文化建设也是由生产方式决定的。不管是人们的质量道德建设还是社会的质量法制建设，都只能建立在一定的生产方式的基础上。为什么改革开放之前我们没有像《中华人民共和国产品质量法》之类的质量法律？可以说，在计划经济条件下，不需要这样的法律。为什么我们现在特别要强调质量道德建设，就因为大工业生产条件下，只有相互合作才能保证产品质量，只有提供了对质量的信任（质量保证）才能使顾客（包括下工序）放心。如果不讲质量道德，顾客买一瓶水喝都会提心吊胆，担心里面是否有致癌物质，从而尽可能克制自己的喝水需要，生产厂家还能有利可图吗？30多年来，我国的社会质量文化已经起了一个翻天覆地的变化，这与我国的改革开放是同步的，与我国的生产方式进步也是同步的，从一个方面也反映了我国产品质量的飞跃发展。

（二）企业质量文化建设促进社会质量文化研究

质量管理是企业的生产方式之一，企业质量文化与社会质量文化往往又具有最直接的关系。从某种意义上说，社会质量文化的提升往往又决定于企业质量管理和质量文化的改变。

20世纪之前，虽然也存在着"企业"（生产者或生产单位），但由于"企业"的质量管理还相当原始，有意义的或人们有意识的质量文化几乎还不存在，因此也就没有社会质量文化的说法。在我国，企业质量管理课题的提出，还只有30多年历史。此前，企业虽然也有质量管理，但仅仅是指质量检验。"质量管理"这个词汇的大量使用，是我们引进全面质量管理（TQC）以后的事了。而质量文化的概念在我国出现得更晚，一方面是由于质量管理的深入引出了质量文化问题，另一方面是企业文化研究的深入介入了质量文化领域。

1986年第10期《质量管理》（现《中国质量》）杂志发表了朱兰博士的一篇文章《产品质量——一张用于西方的药方》，提出了全面质量管理与文化背景的问题。1988年第4期《质量春秋》发表了李正权的论文《全面质量管理和文化背景》。李正权在《质量心理学》（1989）和《质量问题大剖析——对质量的社会学研究》（1992）中都用了大量篇幅论述质量管理与文化背景的问题。20世纪90年代中期后，质量文化日益受到企业质量管理工作者和有关专家的注意，研究文章逐渐增多。这样一个历程正反映了企业质量管理进步对质量文化建设的意义和作用。

从文化角度来看，企业的质量管理实际上就是一种质量文化建设。开始时，企业质量管理所涉及的面可能还较窄。例如20世纪80年代，人们还只把质量管理局限在生产过程，后来才有了"前伸后延"，"前伸""伸"到了设计过程，"后延""延"到了销售和售后服务。再后来，才有了质量保证体系、质量体系和质量管理体系的概念，TQC才变成了TQM，全面质量管理也才真正"全面"起来。在质量管理"全面"起来的过程中，质量战略、质量方针、质量教育、质量制度……才得到发展，于是质量文化才提上了议事日程。

企业的质量文化发展到了一定的程度，人们才开始关注社会质量文化。这一是因为企业质量文化是在一定的社会文化背景下形成的，也只能在一定的社会文化背景下去建设，不了解一定的社会文化背景就不能很好地建设企业的质量文化，而社会文化背景就包括了社会质量文化背景。二是因为企业质量文化建设发展到一定程度，就必然要突破其外壳，通过各种方式，向包括顾客、供方和其他相关方在内的社会扩展，影响社会质量文化。特别是主机厂强迫其配套厂推行ISO9000以及企业质量宣传、企业售后服务改进、企业的某些竞争手段等形式的扩展，将企业质量文化推向了社会，从而促进了社会质量文化的发展。三是因为企业质量文化的发展，促进了整个社会的产品质量水平提高，为社会提升质量观念和加强质量法制建设提供了物质基础，从而推动了社会质量文化建设。最近几年，人们更加关注食品、药品质量，把安全性作为最重要的质量要素，就反映了这样一个事实。

（三）企业质量文化进步对社会质量文化的促进

从狭义的角度看，我国的企业质量文化建设是从改革开放后才开始的。30多年来，企业质量文化从"无"到有，大致经历了三个时期。企业质量文化建设的每一次重大进步，都对社会质量文化起到了促进作用。

第一个时期，从20世纪80年代到90年代初期，可以称为企业质量文化建设的草创期。此前，企业实际上也存在着质量文化，但是却是不自觉的，可以忽略不计的。以军工企业为例，新中国成立后一直借鉴苏联的质量检验模式，出了质量问题则用政治运动的方式开展质量整顿，"抓阶级斗争新动向"。从引进全面质量管理（TQC）开始，企业的质量管理方式有了根本转变，企业质量文化建设才通过质量教育、质量奖罚、质量制度和质量保证体系的建设体现出来。虽然这个时期还没有人明确提出过质量文化，但事实上的质量文化建设已经开始。企业的这种质量文化建设通过各种形式，影响了社会质量文化。在那十多年时间里，质量问题成为一个严重的社会问题，消费者"买东西没有安全感"，引起全社会极大关注。另一方面，人们对质量的需求全面提升，过去那种你卖什么我买什么（凭票供应）的模式被打破，人们开始对质量进行选择。可以说，在这十多年里，社会对质量的关注程度是空前的，这大大促进了社会质量文化的发展，引起了人们的思索。

第二个时期，从20世纪90年代中期开始，到21世纪中期，可以称为企业质量文化建设的发展期。前一个时期企业质量文化建设为这个时期打下了坚实基础，那些质量文化建设落后的企业纷纷走入困境，甚至破产；而在质量文化建设上取得真正成效的企业，在这个时期大多都得到了发展；而一批新企业，包括三资企业、民营企业，从一开始成立就注重质量和质量管理，少了老企业传统质量管理模式的包袱。随着推行ISO9000族国际标准，一种较为固定的企业质量文化模式建立起来，从而推动了产品质量的全面提高。这个时期，企业质量文化建设的课题也提出来了。企业质量文化的这种变化，很快就影响了社会质量文化。一是表现在社会对质量的需求大大提升，二是表现在社会质量法制建设加强了，三是表现在社会质量道德有了很大提高。虽然还时不时传出假冒伪劣产品的消息，还继续出现假药假酒之类，但社会的容忍度已经大大降低。80年代，一些地方官员把制假造假作为发展地方经济的法宝，采取种种方法加以保护，以致出现像浙江温州那样以一个地区出名的假货窝点；90年代以后，这种现象基本绝迹，连温州都改变了自己的质量形象。

第三个时期，2007年党的十七大以后，人们从全面建设小康社会和构建和谐社会的角度，来审视企业和社会的质量文化建设。这个时期虽然才刚刚开始不久，但人们对质量的认识更加完整更加深入。人们认识到，质量不仅仅是企业和消费者的事，质量好，全社会都可以从中获利；质量不好，全社会都可能因此而受损。能否节约资源、能否友好环境，成为社会公认的质量定义的重要因素。企业在推行ISO9000族国际标准的过程中，也逐渐认识到除顾客之外的其他相关方对企业的重要意义，采取措施以使其他相关方也能受益。社会对质量的关注依然强烈,对质量的需求有了更大的提升,社会的质量道德也有了新的进步,假冒伪劣的市场日益萎缩,不买假冒伪劣成了人们的共识。在质量法制建设方面,政府也加大了力度,过去打假仅仅是地方政府的事,而地方政府往往对本地的假冒伪劣睁只眼闭只眼;如今中央政府对查处质量问题的介入程度得到加强,国务院多次研究质量问题。此外,问题产品的召回制度也建立起来了。中央电视台开办《质量纵横》、《每周质量报告》等栏目,也从一个方面反映了社会质量文化建设的进步。

当然,不管是我国的企业质量文化建设还是社会质量文化建设都还任重而道远。特别是对社会质量文化建设来说,更需要企业和政府以及全社会的共同努力。我国的《中华人民共和国产品质量法》、《中华人民共和国消费者权益保护法》等质量法律法规还不完善,还不适应我国经济社会发展的需要,还应当尽快修订。在质量执法上存在的问题就更多了,要建设起发达国家那样"买到Y货就发财"的法制环境,还需要下大功夫。但是,在科学发展观的指引下,趁着30多年质量文化建设的发展势头,我国的质量文化建设一定能够取得更大的进展。

(四) 企业对构建社会质量文化的责任

从前面的论述中可以看出,从某种意义上说,企业是构建社会质量文化的主体,承担着构建社会质量文化的责任。那么,企业应当怎样来履行自己的这种责任呢?

首先,企业应当加强自身的质量文化建设,以企业的质量文化去推动社会质量文化。一方面,企业通过质量文化建设,提升产品质量,可以促进社会对质量的需求;另一方面,企业的质量理念、质量方针、质量意识和质量道德可以影响社会对质量的认识,从而提升社会对质量的认识。一般来说,先进的质量理念总是在企业中先产生或先由企业来接受的,先进的质量理念通过企业的产品和企业的传播,逐渐影响顾客和社会,逐渐为社会所接受,从而变为社会质量文化的"灵魂"。目前,不少企业都引进了诸如"顾客完全满意"、"使相关方获利"等质量理念,并通过制定新的质量战略和改进质量管理来落实这些质量理念。当那些龙头企业或先进企业都在这样做的时候,必然促使其他企业跟进,社会也将逐渐接受这样的质量理念,并用这样的质量理念来认识产品质量、来调整自己对质量的需求。

其次,企业应当主动承担起自己的社会质量责任,提升对社会的质量承诺,以促进整个社会对质量的需求或期望。企业的社会质量责任不仅仅是提供合格产品，那只是法律规定的最低要求。提升自己的质量承诺，扩展自己的质量责任，不仅是竞争的需要，也是促进社会质量文化的需要。例如相关法律法规并没有上门维修服务的要求，但由于有企业首先实施了这一服务，其他企业不得不跟进，于是上门维修服务就从某家企业的"特态"成为所有企业的"常态"，从而也就成为社会质量文化的一种表现。如果现在某家企业不愿意上门维修服务，就会受到社会质量舆论的谴责。有了上门维修服务，在此基础上，社会对售后服务又将产生新的需求或期望。这是一个无止境的过程，也是持续改进的客观前提。企业不断提升对质量的承诺，不断"加重"自己对社会的质量责任，就对社会质量文化建设作出了贡献。在这个过程中，企业也可能获得更多的商机或竞争优势。

最后，企业要主动参与到社会质量文化建设中来，为社会质量文化建设提供资金、人员、设施等资助。社会质量文化同样有自己的物质层面的文化设施，例如质量宣传载体、社会质量组织、各种质量活动等等，都需要企业来参与和资助。企业在各种媒体上进行质量宣传（包括质量的广告宣传），举办和资助各种形式的质量宣传活动（例如质量月活动），可以为社会营造相应的质量氛围，刺激社会对质量问题的关注。企业积极参与或资助质量协会、消费者协会等质量组织的活动，不仅可以从中获利（例如获得相应的质量信息），而且也为社会质量文化出了力。企业通过开展走访顾客活动、产品质量展示活动、邀请顾客或其他相关人员进行质量监督活动、参与政府或其他相关组织开展的质量活动（例如质量评选活动之类），都可以收到两全其美的效果。

第三节 创建中国特色的现代质量文化

中国正在发展，中国已经成为"世界工厂"，中国的产品质量正在提升。但是，从质量管理的角度看，从质量文化建设的角度看，我们还缺乏创新。创建有中国特色的质量文化，是我们面临的一个历史任务。

一、世界质量文化对中国质量文化的影响

（一）世界质量文化的发展历程

不可否认，虽然原始经济和自然经济都存在着质量文化的现象，但质量文化能够从物质生产文化和消费文化中分离出来，毕竟还是大工业时代的事。即使是

欧美发达国家,以质量管理模式为象征意义的质量文化,也只有一百来年的历史。从欧美(日)质量文化发展的轨迹来看,我们发现,质量文化受着三大因素的影响。

一是社会需求的影响。以检验为象征意义的质量文化,发生在20世纪初期。那时,欧美发达国家的人均GDP已经达到1000美元,工业消费品正在涌入普通家庭,人们对质量的需求有了很大提高,要求企业提供合格产品。企业为了满足这种需求,只好加强检验,从而形成了以检验为象征的质量文化。第二次世界大战中,单纯的检验已经不能适应军需品对质量的需求,于是促进了以统计控制为象征的质量文化。大战之后,随着消费者运动的兴起,欧美各国相继施行产品责任法,体现了社会对质量需求的进一步提升,于是才有了全面质量管理以及以此为象征的质量文化。

二是生产力发展的影响。当工业生产摆脱了手工操作和小作坊生产的模式,特别是流水线出现之后,把检验从生产操作中分离出来就成为质量管理的必然要求。当生产规模逐渐加大,大批量生产成为主要生产模式后,仅仅靠检验把关往往就把不住了,于是质量管理就前移到生产过程中,统计质量控制就产生了。全面质量管理是在生产分工更细、自动化程度更高、人的作用相对降低而机器的作用相对提高的情况下出现的。特别是计算机技术广泛运用于生产,信息成为生产力的一个主要因素后,引起了一场质量管理模式的革命。

三是社会发展的影响。以检验为象征意义的质量文化所处的阶段,人往往只被看作是"物"的附庸。泰罗的"科学管理运动"是检验职能从操作职能分离出来的理论根据,而在泰罗的眼中,工人只是机器的延伸,工人的操作动作只能配合机器。统计质量控制强调技术人员的作用,表明了社会对知识的重视。全面质量管理强调全员参与,是社会对人的价值有了全新的认识后才开始的,体现了人本主义的价值观,从而把人从机器的附庸地位中解放出来,让人尽可能成为机器的主人。如果没有重视人、重视人的因素社会理念,也就很难推行全面质量管理。

(二) 学习借鉴世界先进质量文化

虽然中国已经有了几千年的历史,但严格说来,现代意义的质量文化建设却是从改革开放后才开始的,而且是从学习世界先进质量文化开始的,目前这个学习过程都还没有结束。

20世纪70年代末80年代初,中国刚从十年动乱中苏醒过来,放眼世界,才发现别人已经走了好远好远。虽然在引进全面质量管理(TQC)时也存在诸多问题，但那种先进的质量理念和管理方法，的确让人们耳目一新。笔者70年代初进入一家军工企业当工人，虽然"军工产品质量第一"，但用现在的眼光看，其质量管理依然相当原始，除了检验几乎没有质量管理。引进全面质量管理（TQC）后，通过教育培训，不管是管理人员还是技术人员，不管是老工人还是新工人，才知道产品质量不仅仅是"耐穿耐用"，而是包含着性能、寿命、可靠性、安全性、经济性等特性的统一体；才知道出了质量问题不仅仅是工人的责任，而且可能涉及到方方面面，包括管理人员也有责任；才知道影响产品质量的因素包括人、机、料、法、环等……可以说，全面质量管理的这些质量理念、质量观点和质量管理方法，对人们来说，都是全新的内容。

随着全面质量管理（TQC）在各行各业的推行，不管是企业质量文化还是社会质量文化，都进入了一个新的发展阶段。在学习借鉴的过程中，我们也有创新，但真正具有价值的创新却并不多，主要还是学习。把质量管理"前伸后延"也好，进行质量职能分解也好，搞全公司的质量管理也好，推广质量管理小组活动也好，几乎都是学的日本的质量管理。进入90年代，开始推行ISO9000，学习的重点从日本转到了欧美，质量保证、质量认证、质量管理体系等等新名词新观念再一次冲击着中国企业的管理者和广大员工，从而再一次提升了中国的质量文化。

质量文化的引进也是建立在质量需求的基础上的。这种需求既表现为社会对产品质量的需求，也表现为企业对质量管理理念、模式、技术和方法的需求。不管是引进全面质量管理还是引进ISO9000，都体现了这样的需求。

20世纪70年代末80年代初，一方面，我国企业中存在大量的质量问题，产品质量不断报警（1979年那场边境战争中所反映的军工产品质量问题就是集中表现），而原来那种把质量问题作为"阶级斗争新动向"来抓的方法已经不可能继续下去了。另一方面，随着国门打开，人们对国外产品质量的倾慕，以及实现四个现代化的现实需要，也大大刺激起人民群众对高质量产品的需求。这两方面的原因，促使了我们对全面质量管理（TQC）的引进。可以说，在人们的思想还不开放，极左的政治观念还在左右相当多的日常生活时，引进带有强烈日本色彩的全面质量管理（TQC），是有很大风险的。也可能正是因为如此，人们才把全面质量管理（TQC）当作一种"技术"（似乎技术是没有阶级性的），才强调所谓的"三图一表"（因果图、排列图、控制图和措施计划表）的作用，才把日本的质量管理小组说成是从中国的"两参一改三结合"学去的。在引进全面质量管理（TQC）时，以中国工程院院士刘源张为代表的一批先驱者发挥的作用，是我们永远也不能忘记的！没有他们当年筚路蓝缕的工作，就没有今日质量文化建设的话题。

　　引进 ISO9000 族国际标准是另一场质量管理理念的革命。虽然 TQC 也强调"质量第一、用户至上",但在引进 TQC 时,在推行 TQC 时,我们对顾客的关注还是相当薄弱的。这当然有社会的、历史的原因。在整个 80 年代,企业还没有感觉到顾客对企业的意义和价值。那时,什么都供不应求,得罪了此处的顾客,再找彼处的顾客就是了。也就是说,企业还没有那样的需求,社会的需求也还没有达到相应的程度。进入 90 年代中期,激烈的竞争,已经使企业感受到顾客对自身的价值,而随着消费市场的发展,顾客对自身权益保护的意识也大大增强。在这样的需求下,ISO9000 族国际标准的"顾客满意"的质量价值观便得到广泛传播。先是质量保证,后有质量承诺,再后就是实打实的改进服务,在很短的时间内就普及了诸如上门服务之类的质量保证措施,整个社会的质量理念和质量道德都上了一个大台阶。

　　其实,国外先进的质量理念和质量管理并不仅仅是 TQC 或 ISO9000,也不仅仅是 TQM 或过程再造之类。事实上,美国企业中经常有花样翻新的管理理念和管理方法冒出来,也包括新的质量理念和质量管理方法。如果不从自己的实际情况出发,不考虑企业的和社会的现实需求,只要见了一个"新"字就盲目引进,很可能取不到预期的成效。前几年,一些企业在引进"六西格玛(6σ)管理"时就存在这样的问题。虽然相关部门在大肆鼓吹,虽然也有企业取得一定成效,但却没有形成引进 TQC 或 ISO9000 那样的气候和声势,当然也没有获得那样的成果。从社会角度来,知道"六西格玛管理"的人极少,更不可能对社会质量文化产生深刻影响了,而 TQC、TQM 和 ISO9000 对社会质量文化建设的影响却是有目共睹的。

二、中国质量文化建设的特点

　　虽然中国现代意义的质量文化建设是从引进世界先进质量文化开始的,虽然才只有 30 多年历史,但中国的质量文化依然形成了自身的若干特点。与世界其他国家相比,这些特点主要体现为三个方面。

(一)政府主导的质量文化建设

　　我国的现代质量文化建设一直是在政府主导下进行的。1978 年 9 月,原国家经委决定在全国开展第一个"质量月"活动。1979 年 6 月,原国家经委发布了《优质产品奖励条例》。同年 8 月,由国家经委出面,成立了中国质量管理协会

（现名中国质量协会）。1980年3月，原国家经委颁发了《工业企业全面质量管理暂行办法》。同年8月，中国科学技术协会、中国质量管理协会、中央电视台等单位联合主办的《全面质量管理电视讲座》开播……可以说，没有政府的启动，就没有全面质量管理（TQC）的引进，也就没有现代质量文化建设的启动。

1980年3月，原国家经委颁发《工业企业全面质量管理暂行办法》，对我国的质量管理和质量文化建设来说，都是一个标志性的事件。由于当时还是完全的计划经济，企业几乎都是国有企业，国家经委又具有相当大的权威性，这个法规性的文件"迫使"企业"不得不"推行全面质量管理，"不得不"按照规定成立相应的"全面质量管理办公室"（简称"全质办"）。

国家经委全名是国家经济委员会，中国质量管理协会就依托于国家经委。1982年，国家经委决定设置一个新的职能部门——质量管理局。朱镕基就曾经担任过质量管理局的领导。不管是组织全面质量管理电视讲座，还是进行优质产品和质量管理奖评选活动，不管是在8200个全民所有制工业企业推行全面质量管理的计划及其实施，还是进行全国性的质量大检查或质量大整顿，都是在国家经委和各级地方经委的组织下实施的。

随着市场经济的建立和完善，政府对企业的直接干预直接指导逐渐减弱，但政府依然主导着质量文化建设。一方面，政府通过强化质量法制建设，来规范企业的质量行为，打击生产、销售假冒伪劣产品的不法行为；另一方面，政府通过公开产品质量监督抽查的结果，来引导社会关注质量问题。此外，政府还通过提倡、表彰、评选名牌产品以及通过质量协会等，对企业的质量管理和质量文化建设进行指导。在中国，政府一直是质量文化建设的主导力量。事实上，改革开放以来的历次党的代表大会和人民代表大会，都把质量问题列入了议事日程。在党代会上所作的政治报告和在人代会上所作的政府工作报告，都要谈到质量问题，而且都要提出相应的解决原则和解决措施。这在其他国家是很少见的。

政府主导质量文化建设，其优势在于政府具有权威性。政府通过法律的或行政的手段，可以"强迫"企业接受先进的质量管理方法，可以动员全社会的力量来关注质量问题，可以促使企业和社会按照政府设计的质量文化建设路线发展。我国30多年的质量文化建设，充分展示了政府所起的巨大作用。但是，如果政府过分相信自己的行政能力，过分干预企业内部事务，在"强迫"企业的过程中就难免会产生形式主义的弊端，甚至使相当多的措施"走过场"，不能取得实际效果。20世纪80年代评选优质产品和企业质量管理奖也好，如今一些地方政府评选名牌产品也好，都存在着一些形式主义的东西，人们有诸多诉诘，也是有原因的。如何在引导和干预之间找到平衡点，继续发挥政府在质量文化建设中的作用，值得研究。笔者认为，政府应当主导质量文化建设，但主要是引导，是宏观的指导，而且主要应当运用法制手段，尽可能少用行政手段。

(二) 企业在质量文化建设中承担着主要责任

质量文化首先是生产过程中的质量文化，企业在质量文化建设中承担着主要责任。改革开放前，我国的产品质量存在着大量问题，但企业可以不管，人们也不说，质量问题并没有成为严重的社会问题。改革开放后，人们对产品质量有了比较，对质量的需求迅速提升。正在这时，企业开始推行全面质量管理（TQC），全社会对质量问题的关注才陡然加强。30多年来，不管是推行TQC还是推行ISO9000，都是从企业开始的。企业一方面通过提升产品质量水平，促使了全社会对质量的需求；另一方面，企业在竞争中不断改进质量管理，并向社会进行宣传，又促进了社会对质量管理文化的认知。如今，知道全面质量管理的人、知道ISO9000的人、知道3C认证的人，在社会上已经占有相当大的比例。而产品有了质量问题，主动投诉的比例也大大提高。应当说，企业为此作出了主要贡献。

一个社会的产品质量水平首先是这个社会质量文化在物质层面上的体现，是社会质量理念和质量价值观的物质载体，构成了社会质量文化的"硬文化"或"外显文化"。而产品质量是设计和制造出来的，设计和制造都是企业的事。从这个角度看，质量文化建设的主要责任应当由企业来承担。其次，质量文化的内核是质量价值观，是质量理念，反映为社会公认的质量定义。社会对质量认识的改变或进步，往往是由企业先走一步的。不管是符合性的质量定义还是适用性的质量定义，虽然其本质上反映了顾客对质量的需求，但首先还是由企业提出或接受的，然后才逐渐普及到全社会。从这个角度看，企业同样承担着推动质量理念发展的责任。最后，社会质量文化建设的其他诸方面，如质量法制建设、质量道德建设等诸方面，也需要企业积极参与。企业内部的质量文化建设，在某种程度上也就是社会质量文化建设，至少是社会质量文化建设的一部分。按照马斯洛的说法："社会的质量对工业来说十分重要。一个健康的社会能带来健康的工业；相反，一个健康的工业又促进更健康的社会。"

作为质量文化建设的主力军，企业应当把自身的质量文化建设与社会质量文化建设结合起来考虑，在做好自身质量文化建设的前提下，通过各种手段，例如各种宣传、提供服务、资助社会质量文化建设等方式，把自身的质量文化推向社会。这样，不仅可以起到资助社会质量建设的公益作用，而且实际上也起到了广告作用，能够给企业带来比一般广告更优厚的回报。

（三）全社会对建设质量文化的关注

30多年来，中国社会对质量的关注从来没有放弃过，而且越来越强烈。翻开报刊，打开电视，登录网络，都能看到大量的有关质量问题的报道。30多年过去了，我国的产品质量已经有了一个翻天覆地的变化，但社会对质量问题的关注依然不减，甚至更加强烈。阜阳毒奶粉、"齐二"假药、三聚氰胺、瘦肉精、毒胶囊等质量问题所引起的社会轰动，甚至比禽流感还要厉害。应当说，全社会对质量问题的关注，既是质量文化建设取得的成果，又对质量文化建设产生着深远的影响。

质量文化是一种广义文化，是涉及到社会方方面面和每个人的文化。某些文化，某些人可以不参与，甚至可以不闻不问；而质量文化因为涉及到每个人的切身利益，必然要吸引全社会来共同参与。实际上，你对产品质量提高了需求，你在购买产品时对质量有了选择，你了解了诸如ISO9001质量管理体系认证的意义，你发现质量问题后进行了投诉……你就参与了质量文化建设。如果你又是生产者或工作者，在生产或工作过程中，你能够按照质量要求操作，你能够遵守相应的质量规章制度，你能够学习相应的质量知识……你也就为质量文化建设做出了贡献。

中国社会有一个很大的特点，就是任何一件事，动不动就会形成所谓的群众运动，就会有成千上万的人参与，就可以形成相当大的热潮。在质量文化建设上也同样如此。从20世纪80年代初开始，由原国家经委主持，由中国质量管理协会具体实施，全国各类企业中有几千万职工参加了全面质量管理基本知识的学习和考试。在普法教育中，《中华人民共和国产品质量法》被列入学习考试的范围，又不知有几千万人参加了学习和考试。在其他国家，这样大规模的学习和考试简直是无法想象的事。每年的"3·15"、每年的"质量月"，都有成千上万的群众参与各种各样的活动。

质量文化建设的群众性和社会性不仅表现在参与的人多，而且也表现为参与的面广。有关质量的活动，政府相关部门和人大、政协、工会、科协等都纷纷参与，各种新闻媒体也积极介入，往往形成一个时段社会关注的焦点。30多年来，先是从工业企业开展，然后推广到其他行业，还多次举行过诸如"质量下乡"、"质量进校园"、"质量从娃娃抓起"之类的活动，其深度和广度也都是国际上少见的。质量文化也是一种群众性文化，全社会的共同参与，使质量文化得到普及。这是我们进行质量文化建设的优势，今后还应当更好地动员全社会来普遍参与。

三、创建中国特色的质量文化

中国的质量文化当然应当向世界先进质量文化学习，应当借鉴世界先进质量文化。30多年来，我们也正是这样做的。但是，中国毕竟是世界性的大国，目前又处在高速发展的过程中，应当为世界质量文化建设作出自己应有的贡献。因此，提出创建中国特色的质量文化是相当必要的。另一方面，目前，我国正处在发展的关键时期。创建中国特色的质量文化，对于落实科学发展观，对于构建和谐社会和实现全面建设小康社会的宏伟目标，无疑也具有重大意义。

（一）中国的质量文化应当具有什么特色

要创建中国特色的质量文化，首先就应当解决中国质量文化应当具有什么特色的问题。中国特色不能是人们臆想的，而应当从中国的实际情况出发来把握。

首先，中国是一个以马克思主义为指导思想的社会主义国家，无论是"三个代表"重要思想还是科学发展观，都强调要以人为本，我们的质量文化建设也要体现以人为本的原则。

提高质量可以给企业带来更多的利润。但如果质量文化建设着眼于利润，就会走向歧途。产品不是企业自己消费的，产品的质量更不是企业自己消费的。质量之所以能够给企业带来利润，是因为质量能够给顾客带来效益。可以说，质量是人们生活的"必需品"。质量文化建设的着眼点应当是顾客，是全社会的"人"，是为提高全社会"人"的生活质量（或称社会净福利）服务的。此其一。其二，即使是企业内部的质量文化建设，也应当以人为本，把关注员工的利益放在第一位，尽可能通过改进质量管理、提高产品质量来减轻员工的劳动强度，来满足员工的利益需求。因此，那种从保护企业角度出发制定的质量法律法规，就不符合以人为本的要求，应当进行修订；那种只强调处罚的质量管理和只能够加重员工劳动强度的质量改进，就有违以人为本的要求（实际上也违背了全面质量管理和ISO9000族国际标准）的要求，也应当抛弃。

全面质量管理和ISO9000族国际标准强调全员参与，但往往是从"各级人员都是组织之本，只有他们充分参与，才能使他们的才干为组织带来收益"来强调的。这当然不错，但仅仅把员工看作是"带来收益"的"工具"，是不符合马克思主义以人为本思想要求的。如何把全面质量管理和ISO9000族国际标准的全员参与与科学发展观的以人为本结合起来，应当是企业质量文化建设的一个大课题。

全面质量管理和ISO9000族国际标准也强调以顾客为中心、以顾客为关注焦点,甚至强调要尽可能理解和满足相关方的需求和期望,但是也仅仅是站在企业获利的角度来强调的。这当然也不错,但如果仅仅把顾客和其他相关方看作获利的对象,至少是不够的。企业应当为增加国民净福利尽力,为全社会提升生活质量作贡献。以人为本的一个根本要求就是要提升全社会的生活福利和生活质量,我们的质量文化建设应当围绕这一目的来进行。

其次,中国是一个人口众多而资源相对贫乏的国家,我们的质量文化建设应当从这一实际出发,体现节约资源、友好环境的要求。

从本质上说,质量就是节约,就是用最少的投入去获取最大的收益。当然,这里所说的节约和收益都是宏观的,是从全社会的角度去认识去计算的。强调节约,并不是要把质量定义退回到"耐穿耐用"的老路上去。从经济学的角度看,"耐穿耐用"并不一定就是节约,很可能是更大的浪费。从质量的角度看,降低质量损失是一种节约,提高产品质量水平也是一种节约,改进过程质量更是一种节约。20世纪90年代初,国家质量技术监督局曾对全国的质量损失进行过调查,当时每年的质量损失高达2000亿元,大约占工业总产值的10%左右。如今质量损失率可能有所下降,但因经济总量的增长,质量损失的绝对值据专家估计,至少翻了好几番!据国家宏观质量水平评价指标体系研究课题组组长蒋家东告诉《中国经济周刊》的数据:"2010年,我们统计了全国75个重点城市和1000家重点工业企业的一个直接质量损失数值是1700亿,这反映出我国制造业直接质量损失的规模。"而国家质量技术监督检验检疫总局局长支树平则认为还远不止这些,"质量问题造成的间接损失更大,估计也会有上万亿"。这里所说的质量损失还只是"水上冰山",潜在的质量损失更让人吃惊。目前,相对于发达国家来说,我国的产品质量水平还相当低,提高产品质量水平,也就是用尽可能少的资源生产能够提供更大效益的产品,这也是节约资源的一条重要途径。因此,质量文化建设既可以从降低质量损失入手,也可以从提高产品质量水平入手。

除了技术的原因之外,可以说,所有的浪费和环境污染都是因为工作质量达不到要求而造成的。要节约资源,要保护环境,最重要的是决策。决策质量也是一种工作质量。工作质量是节约资源和保护环境的根本保障。质量文化建设的重要内容就是讲质量道德,就是提高自己的工作质量。如果全社会的"人"都有较高的质量道德,都能够在提高工作质量上下功夫,那么相互促进,就能实现节约资源、友好环境的要求。

(二) 加强质量和质量管理理论研究

质量理论和质量管理理论研究是质量文化建设的一个重要方面。但是,我们在质量和质量管理理论研究方面却存在不少问题。30多年来，在理论研究方面，我们几乎没有什么可以"拿得出手"的东西，几乎只是跟在别人后面爬行。引进先进的管理模式和管理办法，学习别人的先进经验，当然没有错。问题在于我们只讲引进，不进行消化；只学别人的皮毛，不学别人的理念；特别是不和自己的实际情况结合起来，没有自己的创新，要真正取得成效，肯定很难。

当然并不是说我们完全没有创新。20世纪80年代末90年代初，我们研究质量责任制，提出了"质量否决权"，并在企业中广泛推行，就很有"中国特色"。当时，"质量否决权"也的确取得了一定的成效，以致在国家标准GB/T10300.5－88（我国等效采用的ISO9004：1986，也是我国第一次采用ISO9000族国际标准）中，就增加了"质量考核"的内容，并明确规定"在质量考核中要实行质量否决权"。但是，质量考核也好，"质量否决权"也好，实际上只是一种行政手段，只是调动员工积极性的一个方法。一旦进入市场经济领域，往往就失效了。特别是政府对企业实行的"质量否决权"，因为偏重于贷款、原材料供应之类，如今几乎完全没有什么作用了。即使在企业内部，针对奖金什么的，将质量考核单独列出来进行，搞什么"质量否决权"，也已经被相当多的企业抛弃。于是，这个唯一具有"中国特色"的质量管理方法几乎再没有人提起，其生命相当短促。

不少质量管理的专家也曾进行过质量心理学、质量社会学、质量经济学之类研究。但是，由于这些研究与企业的质量管理相距远了一些，要将这些研究的成果转化为具体的管理制度和管理模式很难。但是，这些研究成果对于企业管理者来说，却是相当重要的。企业的管理人员，特别是质量管理人员，缺乏必要的理论知识，包括质量心理学之类的理论知识，在实践中处理相关问题时就会少一个"心眼"，也就可能处理不好或处理后留下后遗症。掌握包括质量心理学、质量社会学、质量经济学在内的质量管理理论，是对企业质量管理人员的基本要求。可惜，人们对这些有重要作用的理论并不感兴趣，相关的研究也基本上停滞不前。近年来，除了上海质量科学院进行的顾客满意度研究外，有关质量管理理论的研究也几乎没有多少新东西。大家都将注意力集中到ISO9000族国际标准的阐释上，或者就是介绍诸如摩托罗拉公司推行的"六个西格玛"（6σ）之类，缺少创新，缺乏"中国特色"，很少有真正适用于中国企业（特别是国有企业和民营企业）提高质量管理水平、提高产品质量的新方法出现。

要建设中国特色的质量文化，就应当加强质量和质量管理的理论研究。没有相应的理论，就难以指导具体的实践。比如，社会公认的质量定义往往反映了社会的质量价值观，那么在中国现阶段，人们是如何理解质量的，又有怎样的发展趋势，应当怎样引导全社会去认识具有节约资源、友好环境意义的质量定义，以及如何把我们现在理解的质量（着重于产品的属性）变为更加广义的质量（着重于生活质量），都值得认真研究。又比如，目前的质量管理主要还局限在私人产品的生产中，如何去适应社会对公共产品质量的要求，如何去加强公共产品"生产"过程的质量管理，也是很值得去研究的。

（三）当前建设中国特色质量文化的重点

建设中国特色的质量文化是一个长期的艰巨的任务。从横向的角度来看，涉及到企业、社会和政府的方方面面；从纵向角度来看，涉及到社会对质量的需求到质量的形成、交换和消费的全过程。经过30多年的努力，中国的质量文化建设已经取得显著成绩，但与中国的经济社会发展还不相适应，与全面建设小康社会和构建和谐社会的目标还很不协调。质量文化建设，特别是社会质量文化建设需要共同努力，任务很重，而且也不可能迅速就能"大见成效"，但笔者依然认为，当前要着重从三个方面去努力：

1. **提升全社会的质量道德**。质量道德的核心是守信。信者，真实也，诚实也。守信就是守卫自己的真实和诚实。质量是产品的属性，是隐藏于产品之中的，往往只有企业才能真正把握。在进行质量交换的时候，顾客（特别是一般消费者）只能依赖于企业对质量作出的承诺（质量保证）。质量交换最重要的是讲质量道德，保证自己提供的产品质量与自己承诺的产品质量是一致的。因此，企业就更应当守信，把质量的真实情况告诉顾客，用诚实的态度对待顾客。如果企业不讲质量道德，把不合格说成是合格，或者夸大产品质量，顾客就会受到损害。企业应当如此，个人也应当如此。社会中的大多数人都可能既是消费者又是生产（工作）者，在生产（工作）过程中也都有一个质量问题，也都需要讲质量道德，坚守自己对产品（工作）质量所作出的承诺，保证自己的产品（工作）质量达到规定的要求。

目前，诚信问题已经成为中国社会最大的道德问题，欺骗、欺诈、不守信用的现象普遍存在，反映到质量道德上就是假冒伪劣产品泛滥、出了质量问题推诿扯皮、对自己的生产（工作）质量掉以轻心等等。因此，进行质量文化建设，要高度关注质量道德的建设。质量道德建设不仅需要宣传教育，还需要建立必要的制度来保证。对那些讲诚信的讲质量道德的，应当有相应的表彰奖励机制；相反，对那些不讲诚信不讲质量道德的，也应当有相应的揭露处罚机制。只有全社会的诚信道德水平有了提高，全社会的质量道德水平也才能得到提高，质量文化建设也才能有更新更大的发展。

2. **提升产品质量的整体水平**。从整体上来说，我国的产品质量已经有了很大的提升，但相对于发达国家的产品质量，水平依然较低。一个社会的产品质量整体水平，是这个社会质量文化的物质载体，是这个社会质量文化建设最终的物质体现。提升我国产品质量的整体水平，不仅是经济发展的需要，也是建设质量文化的需要。

要提升产品质量的整体水平，当然需要改进质量管理，但更需要的是进行质量创新。所谓质量创新，既包括通过加强研发而进行的产品创新，也包括通过质量改进进行的产品创新，既包括创新质量管理的理论和方法，也包括创新质量理念和质量知识。要进行质量创新，首先要创新我们的质量管理理念。要创新质量管理理念，一个重要方面，就要像费根堡姆所要求的那样，"从减少错误转向发掘长处"。

对企业来说，要进行质量创新，一要不断确立新的甚至是大胆的质量目标，用大胆的质量目标去激励员工；二要想法重新定义产品的概念，以开阔企业的视野，为质量创新提供全新的课题；三要更加注重人的作用，管理应当更加民主化，尽可能支持员工的每一项建议和每一个"点子"；四要培养员工特别是管理人员的创新勇气，绝不能嘲笑任何失败；五要改变观念，把质量管理的重点从质量控制转移到为员工质量创新服务上来。

通过质量创新，追赶世界先进质量水平，我们的质量文化建设才能真正得到世界的公认，也才能真正走到世界前列。到那时，人们看到"MADE IN CHINA"（中国制造）才能普遍伸出大拇指，世界各国的企业管理人员也才会像当年去日本那样，到中国来取我们的质量管理之"经"。

3. 进一步加强质量法制建设。我国的质量法制建设虽然已经取得长足进展，但依然不适应社会对质量法制的要求，也不适应质量文化建设的需要。首先应当完善相关的质量法律法规，特别是对《中华人民共和国产品质量法》和《中华人民共和国消费者权益保护法》进行必要的修订和完善。例如，为了真正保护消费者的合法权益，就应当规定惩罚性赔偿。又例如，对伪劣产品（特别是涉及到安全性的质量问题）应当规定必须及时召回。这样规定，可以体现对人民群众人身安全和健康以及环境保护负责，可以体现我们国家人民当家作主的性质，可以体现"三个代表"重要思想和以人为本的科学发展观。

更重要的是在执法上要更加严格。由于历史的原因，企业特别是国有企业似乎就是政府的"儿子"。政府（特别是地方政府）为了单纯的 GDP 增长，为了给自己增加政绩，往往对企业的非法违法质量行为睁只眼闭只眼，甚至公然包庇、支持、怂恿企业在质量上进行违法活动。这样，政府的质量执法往往就是嘴巴说的比法律规定的要软，实际做的往往又比嘴巴说的要软。所谓地方保护主义，并没有保护当地的消费者，而是保护当地的企业，特别是国有企业，甚至是牺牲消费者的合法权益来保护当地的企业。我们批评地方保护主义已经 20 多年了，事实上，几乎所有的地方保护主义都没有得到严肃查处，也没有在实质上有所收敛。究其原因，这与国家的政治经济体制多少有着关联。只要国家在处理企业与顾客、企业与消费者的关系时，或明或暗偏袒企业的现实没有得到根本转变，地方保护主义也就难以根本消除，查处地方保护主义也就难以真正大刀阔斧、刺刀见红。因此，要加强质量执法，关键还是要按照"三个代表"重要思想和科学发展观的要求，来反思质量执法的立场问题：究竟是只保护企业还是更需要保护广大人民群众？

进一步加强质量法制建设，还需要加强质量法制宣传教育。我国已经实施了 5 个五年普法教育规划，法制宣传教育，包括质量法制宣传教育都取得了显著成绩，但全民的法制意识依然还有待提高，全社会的法治精神依然还有所欠缺，政府和企业依法治理的理念也还需要进一步提高。事实上，真正了解相关质量法律法规的人还不多，甚至一些律师、法官对相关法律法规的解释都有问题，能够拿起法律武器来自觉维护自己合法权益的人就更不多了。目前，"六五"普法规划正在实施，质量法制的宣传教育也列入了"六五"普法规划。通过各种形式的质量法制宣传教育，提高广大人民群众的质量法制观念，是质量文化建设的重要方面。只有消费者敢于并善于拿起法律武器，用质量法律法规来维护自己的合法权益，在与非法和违法的质量行为作斗争中展示消费者的力量，才能对企业形成更大的质量压力，迫使企业依法办事，去落实质量法律法规的要求。也只有在这种情况下，企业才能够获得更大的质量动力，从而促进产品质量的提高和质量文化建设的水平。

第十六章

公共产品与社会生活质量

任何一个社会，总离不开消费。人们消费的，既包括有形产品，也包括无形产品，既包括私人产品，也包括公共产品。不管是什么产品，都有其质量属性。产品的质量属性，往往决定了消费质量。因此，从本质上来说，社会生活质量就是消费质量，消费质量往往决定了社会生活质量。进行革命也好，发展经济也好，其根本目的都是为了提高人民的生活质量。作为质量管理者，应当把自己的目光放得更远一些，从全社会的角度来考虑质量问题，把自己的工作和提高社会生活质量挂上钩来。这样，可能使自己更具有战略眼光，也更具有人文关怀，从而可以提升自己的自豪感和成就感。

第一节 提升公共产品质量

随着社会经济的发展，人们对公共产品的需求越来越强烈。提升公共产品质量，已经成为当前我国社会经济发展的突出问题；关注公共产品质量，已经成为当今世界质量管理的一大潮流。

一、公共产品的特性

公共产品是指由公共部门提供的用来满足社会公共需要的产品，包括诸如社会治安、环境保护、义务教育、社区建设等纯公共产品和诸如医疗卫生、社会保障、公共交通、质量认证等准公共产品。相对于私人产品而言，公共产品具有效用的不可分割性、消费的非排他性和受益的不可阻止性等基本特性。

公共产品不仅是人们生活必不可少的，而且随着社会经济的发展，还将呈现出重要性的提升、涉及面的扩大、供应品种的增多、内容的增添和质量的提高等显著特点。但不可否认的是，目前我国的公共产品质量还相当低，人们的满意率也相当差。党的十六大报告所明确的全面建设小康社会的四大目标，十七大报告所提出的全面建设小康社会的五项要求，几乎都与提升公共产品质量相关。扩大社会主义民主、加强文化建设、加快发展社会事业、建设生态文明等奋斗目标，更是涉及了公共产品质量。公共产品质量不能满足人们的需要，达不到人们预期的要求，就不能说人们的生活质量真正得到的提升。因此，提升公共产品质量，是全面建设小康社会最重要的任务之一。

公共产品通常是由政府机构来提供的，一般不是直接收费的，而是通过政府强制性的征税，由全体公民来承担公共产品的生产费用。也就是说，公共产品的生产者是政府，其顾客是全体公民，是整个社会。显然，在公共产品的交换中，政府具有绝对的强势地位。虽然作为顾客的公民可以通过民主政治的渠道，反映自己的意见，但与私人产品的交换不同，不管公共产品的质量如何，顾客往往只能被迫接收。随着民主政治的发展，政府要代表人民，就要扩大人民民主，就要听取人民的呼声，保障人民的知情权、参与权、表达权、监督权，往往也会采用诸如政务公开、听证会之类形式，来调查顾客的需求和期望，来听取顾客对公共产品质量的意见。但由于顾客的分散性和政府的权威性，顾客的意见往往很难真正落实。事实上，很多听证会实际上并没有认真听证，被人们讥讽为"被听证"。或者说听不听证，政府只是做个过场，政府想要涨的价必定要涨，而顾客对公共产品质量的意见政府却很可能左耳进右耳出。一般来说，政府改进公共产品质量的动力，往往更多地来自于政府的政治动机而不是顾客的意见。

政府生产公共产品包括两种情形，一是政府直接生产，二是政府间接生产。那些纯公共产品和自然垄断性很高的准公共产品，通常采取政府直接生产的方式提供给顾客。这样的公共产品，政府在生产和提供方面都具有很高的垄断地位，因此往往可以单方面作出自己的决定，而不必征求顾客的意见。即使要征求顾客的意见，往往也是采取议会讨论、表决的方式，与一般公民的关联度不大。特别是在缺乏民主政治传统的中国，人们往往过分看重政府的权力而忽视自己的权利，即使政府主动征求公民的意见，相当多的公民可能也不愿意或不屑于表达。这往往使一些政府官员更加偏爱于"为民作主"，而不是"由民作主"。

政府间接生产的公共产品，也就是政府委托私人企业（包括诸如学校、医院之类所谓的事业单位）生产公共产品，例如教育、医疗、公共交通、自来水、城市建设、市政管理等等，往往是准公共产品。由于有政府作为私人企业的后盾，而且也由于这些公共产品往往具有自然垄断的性质，企业依然具有相当强势的地位，顾客往往也只能被迫接受。但毕竟是私人企业生产的，顾客与这些私人企业在法律上毕竟处于平等地位，在一定条件下政府将对二者的关系进行协调，抑制私人企业非法牟利的动机。与政府直接生产公共产品相比，这种私人企业生产公共产品的质量和效率将更高一些。随着社会经济的发展，这种私人企业生产的公共产品将越来越多，其质量的提升也将日益受到政府和顾客的关注。

公共产品是由全体公民出资（纳税）生产的，当然要由全体公民来享受。因此，要判断公共产品的质量水平，不仅要看其一般质量特性，例如性能、可行性、可信性、持续性之类，更重要的是要看其公平性、公正性、正义性。如果某一公共产品只由一部分公民享受而拒绝其他公民享受，或者说具有某种排他性，不能体现公平性、公正性、正义性，就不能说这样的公共产品具有好的质量。这与私人产品有很大的不同。

从公共产品质量的形成角度来看，决定其质量水平的，一是制度设计质量，二是公共产品所使用的私人产品的质量，三是维护和管理质量。首先，为了保证公共产品的公平性、公正性、正义性，就要保证公共产品的设计质量。公共产品的设计首先是一种制度设计，制度设计完善，能够体现公平、公正、正义等政治要求，能够涵盖全体公民，即使从数量上看可能还不能满足公民的要求，但也可以说其质量是好的。相反，虽然数量很充足，但却具有排他性，相当多的公民实际上不能享受，这样的公共产品就不能说质量是好的。而制度设计正是决定公共产品公平性、公正性、正义性的关键环节，因此，制度设计的质量往往也就决定了公共产品的质量。其次，公共产品也可能使用到私人企业提供的产品，政府采购的绝大多数产品实际上就是用于公共产品的。这些私人产品一旦用于公共产品中，也就成了公共产品的组成部分，其质量当然也就会影响公共产品的质量。最后，公共产品质量一旦形成，还存在着一个维护和管理的问题，维护质量和管理质量也将影响公共产品的质量。

从公共产品质量的交换来看，顾客与政府之间不可能存在私人产品质量交换时那种"讨价还价"式的对质量的判断和选择过程，顾客往往是被动地接受政府提供的公共产品。事实上，绝大多数公共产品都是无形的服务产品，这种服务往往又只是为顾客创造出一种环境的服务。任何一个公民，只要生活在这样的环境中，不管他是否意识到，也不管他是否愿意接受，他都成为了政府的顾客，或者说他都成了该公共产品的使用者、消费者。他对该公共产品的质量虽然也可能进行认知、判断和评价，也可以提出批评和建议，但却往往没有选择的余地，更没有不接受该公共产品并向政府讨回用于购买这种产品的费用（拒绝纳税或讨回已经缴纳的税金）。

从公共产品质量的消费来看，任何公民的消费都不能排除其他公民的消费，张三能够享受政府提供的公共产品，李四在同样的条件下也能享受。即使因条件限制，某人不能享受了，他也没有权力要求政府补偿或赔偿他不能享受的损失。事实上，公共产品的质量越高，这种情况也就越明显。

且举城市路灯照明来说明，路灯照明的质量首先是制度设计出来的，哪儿要有路灯，哪儿的路灯要密一些，都需要设计。一到晚上，只要是生活在城市的人，都接受了政府提供的这种照明服务，也都是这种作为公共产品的照明服务的顾客。如果哪一盏路灯坏了（可能是作为私人产品的质量不合格），如果哪一段路路灯照不到，都可以看作是路灯管理维护系统（也就是政府的路灯主管部门）的工作存在着质量问题。这样的质量问题，可能使每一个作为顾客的公民因此而成为受害者（例如因看不见路而跌伤）。但是，并不是每一个作为顾客的公民都会成为受害者，没有受害的公民（顾客）往往就会采取"事不关己高高挂起"的态度。这样，路灯系统的提供者（路灯主管部门）往往更容易"欺负"受害者。即使受害者提出索赔要求，往往也更容易遭遇他们的推诿和抵制。公共产品的这种特性，对公共产品的质量评价将产生很大的影响。

二、公民对公共产品质量的评价

绝大多数公共产品都是无形的服务产品，作为顾客的公民对公共产品质量的评价也就更难以用相应的技术指标来进行，更多的是从心理上来进行。因此，我们在第七章第五节所讨论过的影响顾客对服务质量评价的心理因素和心理误差对公共产品具有同样的意义。但是，公共产品相对于私人产品来说，又具有自身不同的特点，公民在评价公共产品的质量时，往往要投入更多的心理因素，因而不同的公民其评价结果往往会出现相当大的差异，甚至完全对立。

其一，公共产品往往具有一定的政治性。公共产品的制度设计往往是政府设计的，而政府本身就是政治活动的产物，政府在设计公共产品制度时不能不考虑自身的政治利益（例如继续执政的利益），从而使公共产品具有或多或少或明显或不明显的政治性。公民所处的不同的阶级、阶层、职业、地区、团体、政党及其不同的政治观点、政治倾向，都可能影响其对公共产品质量的评价。推出一项新的公共产品，或者修改一项公共产品的制度设计、生产方式、供给方式、价格等，都可能引起公民极大的反响，赞成的和反对的往往尖锐对立，甚至可能因此而引发社会动乱。进入21世纪以来，法国发生的几起大罢工和社会骚乱，都与政府对劳动就业、社会保障等公共产品进行改革相关。日本进行邮政体制改革，也是困难重重，经过多次反复，相应的法律才在议会获得通过。对于具有较大的明显的政治性倾向的公共产品，作为顾客的公民即使享受了，不管其质量如何，赞成该政治性倾向的公民评价可能就高，反对该政治倾向的公民评价可能就低。显然，这与对私人产品的质量的评价是完全不同的。

其二，公民对公共产品的享受往往存在着事实上的不平等。虽然公共产品没有排他性，人人都可以享受，但也需要相应的前提条件。由于公民所处的地区、所从事的职业、所获得的收入以及消费习惯等等的不同，从某一公共产品中获得的利益也就可能不同。不同的利益群体，对公共产品的需求和期望往往是不同的，有的更看重眼前的享受，有的更关注持久的利益。即使是能够代表人民根本利益的人民政府，即使在设计公共产品制度时也进行了深入的调查研究，即使也充分考虑到不同利益群体的需求和期望，但也不可能完全平衡不同利益群体的利益，始终可能使部分利益群体在享受该公共产品时出现事实上的不平等。这样，处于弱势的利益群体，虽然也与其他利益群体一样享受到该公共产品，但这事实上的不平等很可能还是要影响他们对该公共产品质量的评价。高速公路修得再好，对于没有汽车或从来不出门的公民来说，很可能就没有意义。如果高速公路全部是用财政经费（税款）来修的，又不采取收费通行的话，他们实际上就很吃亏。

其三，公共产品比起私人产品来，对其质量的判断往往更加具有的滞后性。一项新的公共产品推出以后，对于某一公民来说，自己是否能够立即成为该项公共产品的直接顾客，也就是说是否能够立即直接享受，往往是不确定的。而且即使已经享受了，例如国家安全、社会治安这样的公共产品，人们往往也难以真正感受到。在这样的情况下，要判断公共产品的质量往往就难。即使作出判断，往往也是受社会舆论的影响后作出的。只有直接享受了公共产品提供的服务，作为直接顾客而不是潜在顾客，公民才可能作出与自己利益相关的判断。

其四，公共产品往往需要作为顾客的公民共同参与，参与的程度往往影响公民对公共产品质量的评价。不仅准公共产品，例如社会保障、医疗卫生等，需要公民参与，只有参与了才能享受；就是纯公共产品，例如社会治安、环境保护等，也需要公民参与，只有参与了才能真正感受其质量。参与的程度越深入，感受也就越深刻。因此，公民在评价公共产品质量时，往往受其参与程度的影响。虽然这种参与可能需要公民投入一定的资金或劳动，但却使公民能够换一个角度看问题，从而对公共产品的质量作出比其他公民更好的评价。正因为如此，政府往往采取多种措施，尽可能公开政务，尽可能吸引公民参与相关公共产品的"生产"，特别是吸引公民参与社会治安、环境保护等纯公共产品的"生产"。

其五，公共产品的提供往往跟不上公民的需求和期望，从而可能造成评价结果比实际的质量水平偏低的现象。政府提供公共产品,一般不再收费,或者只收极少的费用。政府提供公共产品当然需要投入,需要财政预算。从表面上看,投入了往往没有收入,这就很可能影响政府的投入决策,政府在投入上往往卡得很紧,从而造成公共产品供给不足。供给不足既表现在数量上,但更多的却表现在质量上。城市道路拥堵,本来应当多修路,但不到万不得已时,政府往往不愿意投入。很多公共产品都是因为公民意见太大,可能造成了严重的社会损失,甚至已经形成了政治问题,政府才开始关注,才会下决心提供。这种情况必然影响公民对公共产品质量的评价,相对来说也就容易倾向于抱怨和不满。世界上几乎所有大城市的居民,对公共交通可能都会表现出不满,其原因就在于此。

其六,公民在评价公共产品质量时,使用什么样的参照系,往往影响其评价结果。对于像中国这样的发展中国家来说,公共产品需求日益增长,而供给的数量和质量往往都跟不上公民的期望。如果只与过去相比,不管是纯公共产品还是准公共产品,早已今非昔比;但与发达国家相比,却又相差甚远。一般来说,年龄大的公民往往只作纵向比较,而年纪轻的公民却喜欢作横向比较。由于使用的参照系不同,对同样的公共产品,往往可能得出完全不同的评价。由于公共产品是全体公民共享的,而且是不直接收费的,公民的评价与其享受基本没有关系,评价高也好低也好,公民都可以继续享受。在这样的情况下,除了理论工作者,除了今后进行的历史评价,可能作出理性的评价之外,要求公民完全理性来评价公共产品的质量,往往是很困难的。实践中,公民对公共产品质量的评价低一点,往往更能促使政府去提升质量,因此也就不值得因此而大惊小怪。

其七,公民对公共产品的评价很可能受社会思潮的影响。社会思潮是一段时间里社会心理的集中体现,不同的领域可能有不同的社会思潮。对公共产品质量评价来说,与政治、经济和文化有关的社会思潮,都可能影响对公共产品质量的评价。社会思潮趋于开放,人们往往就会用先进的参照系来评价公共产品;反之,就会更多地采用纵向比较的方法。社会思潮与社会舆论,与媒体宣传往往相关,因此,人们在评价公共产品质量时,往往又在很大程度上受到社会舆论和媒体宣传的影响。特别是社会舆论和媒体宣传倾向于负面时,这样的影响往往更大,也更直接。

提升公共产品质量,是政府义不容辞的义务,更是政府必须履行的职责。要提升公共产品质量,就要及时了解公民对公共产品质量的评价。政府应当通过诸如社会调查、民意测验、舆论监测等手段,来了解公民的评价;还应当通过建立诸如安全感、满意率、满意度之类的质量指标体系,来监视和测量公民的评价。通过对公民评价的把握,寻找公共产品质量存在的薄弱环节,不断加以改进。这样，政府也就越能得到公民的拥护，社会也就能够不断得到发展，这样的政府也才能真正称得上以人为本的政府。

三、大力提升公共产品质量

如果我们只有质量优良的私人产品，而没有质量优良的公共产品，我们同样不会感到幸福，更不会感到美好，所谓小康生活也就是不完全的，甚至是不可能的。近年来，我们享受到的公共产品逐渐增多，其质量也有相当大的改善，但仍然存在着相当多的问题，与我们的国民经济发展很不协调，与我们的需求和期望也有很大的差距。且以社会治安为例，治安状况恶化已经是不争的事实。虽然政府采取了很多措施，来改善治安状况，公安机关为此也下了很大的功夫，但刑事犯罪和治安案件的增长势头并没有得到根本遏制，人们的安全感在事实上还相当低。这当然有多种原因，但社会，包括政府和公民（也就是公共产品的消费者）的投入不足却是首要原因。公安民警数量不足、公安机关经费短缺已经成为人所共知的事实。相当多的居民不愿消费（雇佣）诸如保安之类的服务，更是投入不足的明证。社会治安是最重要的公共产品，其质量状况堪忧，必然拉扯国人生活质量的提升步伐。即使你有了再多再好的私人产品，包括住房、汽车之类，只要社会治安质量没得到根本转变，你就可能遭遇诸如抢劫、诈骗之类犯罪的侵害，你就可能为此而提心吊胆，也就不能说你的生活质量真正是高的。

对公共产品投入不足，当然有历史的原因。传统的小农经济相互隔绝，对公共产品相当忽视，或者说小农经济社会不太需要多少公共产品，这使我们对公共产品重视相当不够。小农经济的狭小视野，也使人们不愿意对公共产品进行必要的投入。"各人只扫门前雪，休管他人瓦上霜。"鉴于公共产品的性质，消费公共产品，人人都可以"搭便车"。于是，人们往往把公共产品视为只是政府的责任，害怕在共同消费中自己吃了亏而别人占了便宜。这样的思想观念阻碍了公共产品的生产，更阻碍了公共产品质量的提升。不仅公民如此，连政府部门也是如此。相当多的地方政府放弃自己的责任，把公共产品的生产抛在一边，甚至看着社会治安和环境保护之类的公共产品日益恶化而不愿意投入。这样，至少在目前，人们消费的公共产品与消费的私人产品，不仅在质量上存在相当大的反差，而且在数量上也不成比例。

党的十六大以来，公共产品的生产及其质量已经逐渐受到人们的重视，不少地方也取得了很大进步。特别是2003年那场"非典"灾难发生后，政府和社会对公共产品的重视程度已经有了显著改善。近年来，通过推进"民生工程"，在改进民生方面也取得了很大的进步。这对今后改进公共产品的生产，提高公共产品质量无疑具有重大意义。但是，公共产品生产和供给的垄断性，对其生产和质量都可能产生严重影响。我们知道，垄断性往往是低效率的，对提高质量极其不利，甚至可能阻碍质量的提升。如何让质量管理理论和方法介入到公共产品的生产领域，如何提升公共产品的质量，应当是今后一个时期质量管理工作者的一个重要任务。

提升公共产品质量的途径，与提升私人产品的途径可能有很大的不同。公共产品的生产首先涉及到制度设计，也就是法制建设。政府以及政府委托生产公共产品的某些部门、企业和组织往往也有自己的利益，为了垄断公共产品，为了避免自己的责任，往往利用自己的强势地位，去左右或影响公共产品的制度设计。事实上，当年制定的诸如邮政法、电力法、航空法、公路法、铁路法之类涉及公共产品的法律，都在一定程度上体现了对部门利益的保护，尽可能地为相关部门解脱了义务和责任，而忽视了作为顾客的公民权利。至于由政府部门制定的法规，这种现象可能更加严重。这可能是影响公共产品质量最大的问题。在社会的关注下，经过有关专家和社会舆论的呼吁，政府可能也认识到这一问题。近年来，不仅作为立法机关的人民代表大会及其常委会正在对有关法律进行清理，而且政府也在对自己颁布的法规进行清理、修改、合并或宣布作废。"立党为公、执政为民"理念的倡导，也促使政府部门通过采取政务公开、简化办事程序、提高服务质量、出台优惠措施、改进管理方式等手段，来提升公共产品质量。但是，与经济社会发展相比，与人民群众的需求和期望相比，公共产品质量依然还相当差劲。这又集中体现在供给不足（例如诸如社会保障体系还不完善）、涵盖面不广（例如广大农村往往不能享受）、供给不及时（例如贫困群众得不到及时救济）以及服务不到位（例如门难进脸难看事难办）。

要改进公共产品质量，首先应当转变观念。政府，特别是地方政府，如果没有真正树立科学发展观，也就不可能真正把改进公共产品质量当作一回事。对政府来说，相当多的公共产品可能都只有投入，没有产出，在短时间内难以见到效益（政绩）。某些公共产品不投入不供给，公民可能什么话也没有说的；投入了，供给了，反而可能引起公民的议论，因其质量问题而问责政府。在相当长一段时期内，政府把注意力都集中到GDP的数字增长上，为此又往往牺牲公共产品，更遑论什么改进公共产品质量了！党中央提出科学发展观，提出以人为本，提出构建和谐社会，都是为了纠正单纯追求GDP增长的思想偏差。但是，要真正转变观念又不是那么容易的事，往往是别人"戳"一下才"跳"一下，没人"戳"就不会"跳"。因此，要促使政府改变观念，需要全社会的共同努力。

改进立法质量是改进公共产品质量的关键。实际上，绝大多数法律法规都涉及到公共产品的制度设计，相当多的法律法规本身就是规范公共产品生产、交换和消费的。如果立法质量不高，让相关部门、企业和组织钻了空子，法律法规成了保护这些部门、企业和组织利益的工具，公共产品质量怎么能够提升呢？以《中华人民共和国消费者权益保护法》为例，因经营者违法给消费者造成了损害，即使是经营者有意欺诈，其赔偿也只能为购买价款的一倍。事实上，在绝大多数情况下，这一倍的赔偿根本不能补偿消费者的损失。当初在讨论该条款时就产生了极大的争议，最后为了减轻经营者的责任，放弃了五倍赔偿的方案。显然，现行法律法规中类似的情况很多。不论是对已经颁布实施的法律法规进行清理、修改，还是制定新的法律法规，都应当把改进公共产品质量作为一条原则。只有公共产品的制度设计质量提升了，公共产品质量才能得到真正的提升。

四、公共产品的质量管理

我们知道，传统的质量管理理论和实践几乎没有涉及到公共产品，全面质量管理的理论、方法、工具等是不太适应政府部门的，不进行一番改造、创新和探索，照搬照抄企业（特别是硬件生产企业那一套）显然是不行的。虽然已经有人进行过探索，也有的政府机关进行过实践，但对大多数质量管理工作者，包括进行理论研究的专家、咨询人员、认证人员等来说，如何开展公共产品的质量管理，的确还是一个新的课题。

ISO9000 族国际标准高度概括、总结和提炼了世界各国质量管理理论的精华，统一了质量管理的原理、方法和程序，被很多国家的政府机关引用，在加强政府机关的质量管理，提高公共产品质量水平等方面取得了良好的效果。我国的一些政府机关也纷纷引入 ISO9000 族国际标准，并通过了第三方认证，取得了显著成效。但是，据统计，我国公共行政管理领域的组织（包括政府机关但不限于政府机关）取得的质量管理体系认证证书的，只占颁发的全部认证证书的 0.8%。因此，从总的情况来看，把 ISO9000 族国际标准引入政府机关还只是刚刚开始，而且，即使取得认证的政府机关往往也存在着这样那样的问题。

为了鼓励和推进在政府机关中应用 ISO9000，国际标准化组织于 2005 年 10 月发布了 ISO/IWA4：2005《质量管理体系　地方政府应用 ISO9001：2000 指南》标准，2009 年 3 月又发布了该标准的修订版。这个标准为政府机关应用ISO9000族国际标准提供了指导。地方政府或政府机关按该标准要求建立并有效运行质量管理体系,可以确保辖区居民满意并增强对政府的信任程度。对政府机关来说,实施该标准可以规范内部管理,可以提高公共服务（也就是公共产品）的质量水平,可以提高作为服务对象（也就是顾客）的公民的满意度,可以改善政府机关自身的形象,还可以提高政府的决策水平,并有利于建立反腐倡廉的长效机制。该标准已经在实际中得到广泛运用,特别是其中规定的制订应急预案和对应急预案的策划、控制、确认等要求,为政府在紧急情况和发生意外事件时及时提供保护环境,保护公民健康和人身、财产安全,保障社会经济正常运行等公共产品,以防止和缓和紧急情况和意外事件对环境、健康、安全及社会经济的不良影响,提供了控制要求。按照该标准的要求,建立并有效运行质量管理体系,必将大大提升公共产品的质量水平。该标准的发布,表明了质量管理已经介入到公共产品的生产过程中。

但是,即使这样,对公共产品质量的形成、交换和消费的研究依然还是相当薄弱的。理论应当走在实践的前面,这就需要我们具有创新思维,去开拓质量管理的新领域,去丰富传统的质量管理理论,到公共产品的生产、交换和使用过程中去调查、去探索、去实践、去总结。虽然还不能说这就是全面质量管理的一个全新的领域,但毕竟为质量管理工作者提供了一个广阔的新天地。可能有人会说,别人（政府及其他公共产品的生产者）不需要什么质量管理,何必自作多情。当年推行全面质量管理时,企业不是也"不需要"吗？正是在以刘源张为代表的老一代质量管理专家的坚持不懈的努力下,全面质量管理才在我们的企业中扎下了根,才有了今日"世界工厂"产品的价廉物美。我们现在又处在一个关键时刻,绝不能妄自菲薄,放弃历史赋予我们的责任。但愿有更多的专家学者和质量管理工作者共同来关注这个问题,以促进我国质量管理的发展,促进公共产品质量的提高,从而为提升中国人的生活质量作出应有的贡献。

第二节 质量大堤与小康社会

一、质量大堤对社会的保护

朱兰博士曾经把质量比拟为保护现代社会的大堤。由于有了质量这个大堤,阻挡住假冒伪劣产品的侵害,人们才能安全地生活和工作。质量大堤的任何损害，都将给人们和社会带来危害。一旦这个大堤发生决口，那将给人们和社会造成无法估量的损失，造成巨大的危害和灾难。产品交换越频繁，人们越需要质量大堤的保护；市场经济越发达，质量大堤越需要牢固。

人类产生以后，对人类最大的威胁可能是自然灾害。火山、地震、海啸、洪水、森林大火等自然灾害，曾经给人类造成过严重危害，如今这样的危害也还没有从根本上得到消除。但是，从原始社会以降，人类自己生产的产品越来越多，产品质量与人类的关系越来越密切。到了现代社会，自然灾害虽然依然威胁着人类，但相对于产品质量而言，已经降为第二位的因素了。即使是自然灾害，相当一部分也与人类自己的活动有关（按 ISO9000：2005 的定义，人类活动的结果也可以看作是一种产品）。如果我们把世界政治也看作是一种公共产品，这样的说法也就更加具有可信性。冷战时期的核战阴云，可能比任何自然灾害的威胁都还要可怕。冷战结束后，环境污染日益成为威胁人类生存的第一杀手。从质量管理者的角度来看，所有的环境污染，几乎都可以看作是质量问题，追根到底，不是因为产品质量就是因为过程质量（工作质量）达不到环境保护的要求。因此，提高产品质量和过程质量（工作质量），就是加固质量大堤，就是保护人类社会。

在现代社会，人们的生活工作都离不开产品，也就是说，人们所吃、所穿、所用、所住的几乎都是他人生产的。某些产品（例如饮食）即使是自己生产（加工）的，其原料、材料往往也是他人生产的。由于是他人生产的，是通过交换获得的。在交换中往往存在着质量风险，也就是说作为消费者的我们，往往并不知道通过交换获得的产品其质量是不是合格的，是不是存在着问题或隐患。如果没有质量大堤的保护，哪怕是一杯水，我们也可能不敢喝，或者说喝下后就可能给我们造成严重损害。从这个意义上说，一个社会全靠质量大堤的保护才能维持正常运转，人们也才能够正常生活工作。质量大堤一旦决口，假冒伪劣产品就会像无情的洪水一样，扑向千家万户，吞噬无限的原野，冲毁人们的家园，夺去千千万万人的生命。

在市场经济条件下，任何产品的质量都具有一定的外部性。质量不好，不仅可能给消费者造成损失，而且可能给其他人、给社会造成损失。食品质量出现问题，消费者食用后发生呕吐、腹泻，消费者身体健康受到损失，且不论。消费者成了病人，其家属将为病人担忧，还要为此支付照顾病人的劳务（劳务也是成本或损失）。病人要去医院看病，必然增加诸如支付医疗保险、加重医疗设施负担之类的社会损失。病人因病请假，又将给其工作的单位造成损失。即使是一般产品的一般质量问题，受损的往往也不仅仅只是消费者。产品寿命达不到预期要求而提前报废（遗弃），就会给社会带来更多的垃圾；产品因质量问题要维修，就会给社会造成更多的资源损失；产品因质量达不到规定要求，要多耗费能源，要多产生"三废"，就会给社会增加更多的环境污染和资源消耗……社会为避免这样的损失，就需要构筑质量大堤，尽可能防止这样的损失，尽可能减少受到损害的机会。

质量大堤的构筑和维护都需要全社会的共同努力。这首先是政府的责任。像河流的大堤一样，质量大堤的标准、走向、高度、坚固度等等，需要规划，需要设计。作为一项涉及全社会利益的重大工程，需要政府通过法律的、行政的等多种手段来加以规范和监督。企业是质量的生产者，也是质量大堤的构筑者和维护者，当然也可能是破坏者。如果企业将不合格产品从质量大堤外偷偷输送到质量大堤内，就会给质量大堤造成诸如管涌、裂缝、垮塌之类的损害。顾客也是质量大堤的构筑者和维护者。顾客一旦发现企业向质量大堤内输送不合格产品，就要像发现河流大堤出现了管涌、裂缝、垮塌之类险情一样，及时报告（包括向企业、向消费者协会和政府相关部门投诉），及时预警（包括向其他顾客报告），并且与其他顾客、政府以及企业一起，去"抢险救灾"，去堵塞漏洞，去堵塞缺口。从这个意义上说，顾客有关质量的投诉，实际上就起到了维护质量大堤的作用。

滔滔黄河，千里大堤，保护着亿万人民的安居乐业。与黄河大堤相比，质量大堤虽然是无形的，但其规模可能更巨大，其作用可能更重要。我们每个人都应当像维护黄河大堤一样，来维护质量大堤的安全。维护质量大堤安全，实际上也就是维护我们自己的人体健康和人身、财产安全，也就是维护我们自己的生活质量。

二、生活质量与小康社会

党的十六大提出全面建设小康社会的宏伟目标，党的十七大在十六大确立的全面建设小康社会目标的基础上，对国民经济和社会发展提出了新的更高的要求。按笔者的理解，全面建设小康，实际上启动了中国人追求生活质量的时代。

所谓生活质量，就是人们的人生需要得到满足的程度。把人们生活的实际情况与人们的人生需要进行比较，二者的差距越小，生活质量也就越高。且以人们的"吃"为例，人们饿肚子的时候，首先需要的是吃饱，这是对"量"的追求。当人们吃饱了，就要求吃好，这就是对"质"的需求。"吃好"不仅仅是"大鱼大肉"，主要的也不是"大鱼大肉"，而是包括了对营养、安全、偏好、猎奇等等以及对"吃"的过程所需要的服务、环境、气氛、身份等等的要求。近年来，人们"吃"的质量已经大大上升，但诸如食物中毒、有害食品之类的报道却时有所闻，应当说人们"吃"的质量还没有达到安全这一基本指标。虽然食品安全事件不多，却在人们心理上投下了很强的阴影，这种阴影可能使相当多的人提心吊胆。

改革开放以来，我们的生活水平和生活质量都有了很大的提高。但实事求是说，这种提高主要还是数量水平的提高，质量水平方面的提高还相当不够。当然，生活的数量水平和生活的质量水平的内涵虽然不同，其外延却有相当大部分是重合的，要截然划分可能相当困难。不过，我们可以暂且将生活数量水平定在主要从"量"的方面满足人的需要，而把生活质量水平定在主要从"质"的方面满足人的需要。于是我们可以发现，30多年来，我们已经走出了短缺经济的泥沼，与人们生活最密切相关的消费品已经相当丰富，"量"的问题可以说已经得到基本解决。可是，"质"的问题却依然严重存在。诸如假冒伪劣，诸如坑蒙欺骗，诸如恶劣服务，不仅大量存在，甚至还相当严重。特别是公共产品，诸如公共安全产品之类，其质量状况甚至还不能满足人们最基本的需要。如果从地区差距、城乡差距、贫富差距等角度来分析，人们的生活质量更是不容乐观的，相当大一部分中国人还处在贫困之中，其生活质量还很差。

当然，从缺吃少穿走向高质量的富足生活，必然有一个首先追求"不缺不少"的以数量为显著特征的中间阶段。30多年来，不管是我们的经济运行状况还是人们的生活质量，都还处于这样一个低质量的阶段。这是不可避免的，也是完全必要的。经过30多年努力，"数量"得到扩张，各种产品已经相当丰富，甚至出现了某种过剩。十六大报告指出："我国正处于并将长期处于社会主义初级阶段，现在达到的小康还是低水平、不全面的、发展很不平衡的小康。"十七大报告也指出："我国仍处于并将长期处于社会主义初级阶段的基本国情没有变，人民日益增长的物质文化需要同落后的社会生产之间的矛盾这一社会主要矛盾没有变。"如果我们停留在这样的小康水平上，如果我们的经济还继续停留在"数量"扩张上，我们的发展就会受挫。提出全面建设小康的宏伟目标，实际上就是将"数量"扩张的战略转移到质量提升的战略上来，这是我国发展战略的根本转变。党中央把国民经济和社会发展的前缀从"又快又好"改变为"又好又快"，就体现了这种战略转变。

人要生活，首先就要消费。在现代社会，人们的消费主要是产品。要全面建设小康社会，要提升人们的生活质量，首先就要提升产品质量。一方面，经过30多年努力，我国硬件产品质量已经得到很大提升。但是，不可否认的是，即使是硬件产品质量，也还不尽如人意。假冒伪劣产品屡禁不绝且不论，严重的是新产品开发总是落后于别人，跟不上别人的步伐，使人们对质量的需求和期望往往得不到真正的满足。另一方面，随着我国经济的进一步发展，消费者包包的钱将进一步增加，人们对服务产品的需求也将加大。如果说如今我国硬件产品的质量已经得到很大提高的话，服务产品的质量却还相当落后。不错，如今服务业的服务态度已经有了很大改善，但我们不能把服务产品质量仅仅理解为服务态度。服务不是硬件产品的附加，服务产品质量如何，最根本的还是由顾客的满意程度来决定的，而顾客的满意程度又是由他们的要求是否得到满足来决定的。因此，服务产品的质量也涉及到服务产品的开发问题。目前，我国第三产业的服务产品开发还相当薄弱，还不能满足人们的需求。

为了满足人们对生活质量的需求和期望，笔者认为，应当把提升质量的重点放在产品开发上。人们的需求和期望总是"喜新厌旧"的，随着中国人家庭财产普遍增加，这种"喜新厌旧"的倾向将更加强烈。因此，开发能更好地满足人们需求和期望的新产品，是提升产品质量的题中应有之意。即使不是生产消费者品的企业，也面临着技术进步、产品更新的强大压力，也需要不断开发新产品。如果说过去30多年我们在提升产品合格水平（也就是各项技术指标）上有了一定成绩，那么我们在产品开发上却存在相当大的问题，跟不上人们需求和期望的发展。在全面建设小康社会的过程中，对企业来说，可能首先要解决的就是这个问题。

还要特别重视服务产品的质量。人们对硬件产品的消费总是有一个度的问题，一是消费的数量不可能无限制增长，例如你不管怎么吃，也只能吃那么多，从健康角度来说还不能吃得过多过好；二是硬件产品消费过分增长，必然加重环境的负担，增加资源的消耗，这也不符合提高生活质量的要求。而对服务的消费一般来说不存在这样的一个度的问题，即使存在，也没有硬件产品那样突出和尖锐。目前，我国的服务产业正在迅猛发展，出现的质量问题比工业企业更多，消费者的意见也更强烈。诸如餐馆就餐却食物中毒、小区保安人员打人骂人、保险公司理赔消极、出租车拒载坑人等等现象就时有所闻。面向企业的服务产业问题也不少，诸如咨询公司只收钱不咨询、教育培训走过场、供货不及时等等，也屡见不鲜。服务产品的质量问题已经超过硬件产品质量问题，成为消费者投诉的重要内容。如果任其发展，如果我国的服务产品质量不能得到根本改变，全面小康肯定也是不"全面"的。人们不能享受到自己满意的优质服务，怎么能够说他们的生活质量就得到提升了呢？服务产品质量还包括服务产品的开发问题，这也是一个相当大的领域，在今后一段时期内必将得到扩张。

胡锦涛在十七大政治报告中提出了2020年实现全面建成小康社会奋斗目标

的要求，其中人民群众的"生活质量明显改变"是一个重要的方面。产品质量是生活质量的基础之一，没有较高的产品质量，就不可能有较高的生活质量。任何人的任何生活环节，都需要使用相应的产品。如果人们购买和使用的产品不是这里有问题，就是那里有毛病，哪里还谈得上生活质量！如果这些产品还普遍存在着安全性的质量问题，弄得人们经常提心吊胆的，那更要大大降低人们的生活质量。因此，没有产品质量的提高就没有生活质量的提高，而没有生活质量的提高，也就没有全面小康。中国要全面建设小康社会，中国人要追求生活质量，就必须更加努力、更加迅速去提高产品质量。

三、质量也要以人为本

在相当长一个时期内，我们都把质量问题当作一个经济问题，甚至只当作企业的效益问题。经济性是质量的一个重要特性，质量当然应当与经济效益挂钩。企业通过提高产品质量，可以降低消耗，可以提高价格，从而促使经济效益的提升。但是，如果仅仅只从经济效益的角度来认识质量的意义，来看待质量的价值，特别是又仅仅是站在企业的角度来认识来看待的话，那么质量仅仅只是企业经济效益的附属物，或者仅仅只是获得经济效益的工具。虽然质量与企业的经济效益在一定的条件下具有同一性，一般来说只有质量好经济效益才可能提高，但如果脱离了相应的条件，或者相应的条件有了某种转变，这种同一性就可能丧失。也就是说，条件一旦失去或一旦变化，质量并不一定可以为企业带来更多的经济效益。此其一。其二，虽然质量与企业的经济效益具有一定的同一性，但企业的经济效益并不仅仅只与质量具有同一性，能够促使企业提高效益的除了质量，还有诸如产品创新、产量提高、销售策略、市场变化等多种因素，而且这些因素往往更直接、更现实、更迅速地影响着企业的经济效益。正是因为质量与企业经济效益的这种关系，对于宏观质量管理来说，对于质量管理理论来说，仅仅用经济效益的说法去"劝告"企业重视质量、提高质量，往往收效甚微，甚至可能是完全无效的。

胡锦涛在十七大报告中指出："科学发展观，第一要义是发展，核心是以人为本，基本要求是全面协调可持续，根本方法是统筹兼顾。"按照科学发展观的要求，国民经济和社会发展的根本目的就是提高人民的生活质量，提高产品质量的根本目的也是提高人民的生活质量。为此，就要把对质量问题认识的角度，把对质量问题关注的重点，从生产环节转移到流通环节和消费环节，从质量的形成转移到质量的交换和消费，从企业的立场上转移到顾客的立场上来。也就是说，质量也要以人为本。

质量要以人为本，首先就要满足人的人生需要，当前又要特别重视满足人的安全需要。胡锦涛在十七大报告中谈到加快转变经济发展方式，推动产业结构优化升级时，特别强调要"确保产品质量和安全"。把安全作为一个特殊的要求与质量并列，说明我们党已经对质量问题有了新的认识。我们知道，在人的基本需要中，安全需要是仅次于生理需要的基础需要。从整个社会来说，如今人们对低层次的生理需要可以说已经基本得到了满足，生活困难、缺吃少穿的现象已经不那么突出，但安全的需要却日益突出。现代社会之所以特别重视人的安全需要，之所以特别强调产品的安全性，是因为人的地位大大提升，社会更加看重人的价值，更加以人为本。人的身心和健康一旦受到损伤，即使从社会的角度来看，也是一种重大损害。这种损害所造成的损失，往往不是可以用"经济效益"、用多少钱来计算的。在发达国家，一旦顾客提起有关产品安全责任的诉讼，其索赔的金额往往就是天文数字，而法院的判决也往往更倾向于受损害的顾客。

质量要以人为本，要求尽可能多的创造"顾客价值"，也就是要把国民经济和社会发展成果拿出来让人民共享，造福于人民。在以人为本的理念面前，与人民群众的根本利益相比，与人体健康和人身、财产安全相比，与"顾客价值"相比，企业的经济效益就应当降一格下来。企业是以赢利为目的的，当然不会自己降下来。作为企业和顾客之间的第三方，政府在遇到他们之间发生矛盾和纠纷时，就应当从过去"偏袒"企业的立场上，转到"偏袒"顾客的立场上来。凡是可能造成人体健康和人身、财产损害的，就应当"牺牲"企业或其他任何一方的经济利益，真正以人为本。例如在质量形成过程中对员工的人体健康造成了损害，在质量交换过程中对相关方的人身安全造成了隐患，在质量消费过程中对顾客的财产安全造成了损失，都应当由责任人给予补偿或赔偿，甚至给予惩罚性赔偿。此其一。其二，企业应当尽可能通过降价、开发新产品、提高产品质量、增加产品附加值等手段，为顾客创造更多的价值。企业如果不愿意，例如一些垄断企业长期维持高价政策，政府就应当通过适当手段，主要是引入竞争机制，包括采用一定的行政手段，迫使企业降价。其三，政府应当通过完善并加强社会保障、增加社会福利、发展社会公益事业等形式，也就是通过提高公共产品的质量，把国民经济和社会发展成果拿出来让人民共享，造福于人民。目前我国的公共产品质量还相当低，公共产品质量不能满足人们的需要，达不到人们预期的要求，就不能说人们的生活质量真正得到的提升，也就不能说真正落实了以人为本的科学发展观。

质量要以人为本，还要体现于质量的形成、交换和消费过程之中。在产品设计和开发时，就要利用诸如劳动心理学、工程心理学、人—机工程之类理论和技术，考虑到产品生产、交换和消费的全过程对人的影响，尽可能降低劳动强度，提高生产（加工）和使用产品的舒适度，满足顾客和社会对产品所体现的文化要求。为此，有必要提升人体工效的、感官的、行为的等质量特性在整个质量特性中的地位和价值。也就是说，在判断某产品质量是否优良时，应当更多地从是否适用人的需求和期望，是否有利于人的人体健康和人身、财产安全，是否为生产（加工）的员工和使用产品的顾客增添了方便和舒适来考虑，而不能继续像过去那样过多地看重产品的性能、寿命之类的物理特性。或许我们可以把与人相关的质量特性称为"软质量"，而把与物理的、功能的质量特性称为"硬质量"。在二者不可兼得的情况下，为了提高"软质量"，甚至可以在一定程度上降低"硬质量"。

主要参考文献

[1]［美］约瑟夫·M·朱兰等：《朱兰质量手册》，人民大学出版社 2003 年版。

[2]［美］约瑟夫·M·朱兰等：《质量控制手册》，上海科技文献出版社 1981 年版。

[3] 陈昭：《工业心理学漫谈》，甘肃人民出版社 1985 年版。

[4]［奥］弗洛伊德：《日常生活的心理分析》，北京出版社 2010 年版。

[5]［美］杰克·D·道格拉斯：《越轨社会学》，河北人民出版社 1987 年版。

[6]［美］约瑟夫·M·朱兰等：《质量计划与分析》，石油工业出版社 1985 年版。

[7] 李正权：《关于完善〈产品质量法〉〈消费者权益保护法〉几个理论问题的探讨》，载《世界标准化与质量管理》2003 年第 3 期。

[8] 李正权：《从全面质量管理到全面质量创新——论 21 世纪质量管理的主要特征》，载《世界标准化与质量管理》1999 年第 12 期。

[9]［美］弗兰克·戈布尔：《第三思潮：马斯洛心理学》，译文出版社 2006 年版。

[10] 李正权：《论如何克服持续改进的阻力》，载《世界标准化与质量管理》2002 年第 6 期。

[11]［奥］A·阿德勒：《自卑与超越》，光明日报出版社 2006 年版。

[12] 李正权：《简论科学技术的质量效益》，载《质量管理》1992 年第 10 期。

[13] 李正权：《质量问题大剖析——对质量的社会学研究》，电子科技大学出版社 1992 年版。

[14] 何大隆编译：《外国经济体制概论》，新华出版社 1985 年版。

[15]［美］约翰·奈斯比特：《大趋势——改变我们生活的十个新方向》，中国社会科学出版社 1984 年版。

[16]［美］阿尔温·托夫勒：《第三次浪潮》，生活·读书·新知三联书店

1984年版。

[17] 王新新：《品牌本体论》，载《企业研究》2004年第8期。

[18] 李正权：《论组织的形象竞争》，载《世界标准化与质量管理》2004年第11期。

[19] [美] 费根堡姆：《21世纪质量领先者的机遇》，引自《1998年第三届上海质量研讨会论文集》，1998年。

[20] 胡锦涛：《高举中国特色社会主义伟大旗帜，为夺取全面建设小康社会新胜利而奋斗》，人民出版社2007年版。

[21] [美] 丹尼尔·A·雷思：《管理思想的演变》，社会科学院出版社2002年版。

[22] [德] 马克斯·韦伯：《新教理论与资本主义精神》，上海人民出版社2010年版。

[23] 李正权：《关于质量管理理论研究的几个问题》，载《质量春秋》2003年第2期。

[24] 江泽民：《全面建设小康社会，开创中国特色社会主义事业新局面》，人民出版社2002年版。

[25] 陈宽仁：《品质系统中的人性因素》，中华民国品质管制学会（台北）1992年版。

[26] 马林：《用户完全满意》，中国经济出版社1998年版。

[27] 唐晓芬：《顾客满意度测评》，上海科学技术出版社2001年版。

[28] 周朝琦、侯龙文、郝和国：《质量经营》，经济管理出版社2000年版。

[29] 张富山、李正权：《顾客满意——关注的焦点》，中国计划出版社、科荣出版社（香港）有限公司2001年版。

[30] 李正权：《质量心理学》，重庆大学出版社1989年版。

[31] 陈炳全：《质量心理学导论》，机械工业出版社1991年版。

[32] 温德成、李正权：《面向战略的质量文化建设》，中国计量出版社2006年版。

后　　记

　　用ISO9000的术语来说，人生也是"将输入转化为输出的相互关联或相互作用的一组活动"，也就是说，人生也是一个过程。所谓输入，其实就是消耗资源。人的一生将消耗多少物质资源且不论，人还要消耗诸如母爱、友情、教育、家庭、环境、朋友之类的社会资源。对社会化的人来说，后者比前者可能更宝贵。如果大家都只有输入，都只有消耗，资源又从何而来？因此，人生又应当输出，把输入的资源转化为新的资源再输出给社会，也就是为社会奉献新的资源。

　　从输入到输出，从消耗到奉献，前后至少应当相等。否则，人生就会成为一个"剥削"的过程。要使人生有意义，还要让输出的大于输入的，也就是说，人生这个过程又应当是增值的。一个人奉献给社会的资源应当大于他消耗的资源，二者之间的差越大，人生也就越有意义。所谓意义，也就是对社会，对人类有正面的价值，有正面的作用。其实，岂止是人，就是动物、植物和微生物，也有延续并壮大"种"的本能。人未必还不如动物、植物和微生物吗？

　　人生所增之"值"，奉献给社会，归根结底是为了"延续"并"壮大"人类，当然不仅是量的"壮大"，更是质的"壮大"。每个人所增之"值"可能有大有小，各不相同。这当然与输入有关，父母只给了自己这样一副身躯和头脑，社会只给了自己这样一个环境和条件，往往限定了自己所增之"值"的性质、层次和范围。但是，在给定的条件下，能否增值，能够增多大的"值"，还是要看自己是否努力了。为了使人生这个过程能够更多的增值，为了让人生更加有意义，就应当对人生进行全面质量"管理"。

　　如果把人生增值过程用公式"增值＝输出－输入"来表示的话，显然，仅靠减少输入是有限的。人毕竟要生活，不能没有输入。只有更大地增加输出，才能使所增之"值"量更大、质更优。按ISO9000提供的质量管理体系方法，首先就要确定方针，设立目标，制定措施计划并加以实施。人生也要有方针（世界观和人生观），也要有目标（人生目标），也要有相应的措施计划并应当锲而不舍地去实施。对人生过程进行这样的全面质量"管理"，可以提高所增之"值"的量,更可以提升所增之"值"的质。

　　读者可能感到奇怪,我怎么说这些与质量心理学完全不沾边的话呢?其实,我也知道,这些话的确与本书内容无关。不过,完成全书校对后,思绪不知怎么就飘荡起来,想起了自己这一生。人生很短,忽忽然就过了花甲。"少时不知世事艰",当年多少雄心壮志,如今回首,均付之东流。于是就有些悔恨,有些叹惜,只恨自己没有抓住机遇,于是也就有了上面这些废话。但愿读者能够理解!

　　本书从策划、写作到出版,已经走过好几个年头,其间得到过不少专家和朋友的鼓励和支持,在此谨向各有关方面表示衷心的谢意。目前,质量心理学依然还属于理论研究的"大草原",到处都可以找到新的研究课题。读者翻阅本书后,如果能够发现本书中存在的问题和谬误,如果能够给我以批评和指正,我将衷心感谢;如果能够激发出这方面的兴趣,如果能够加入到质量心理学的研究中来,共同完善这门新学科,把这门新学科推向更高的境界,我就十分欣慰了。此心忐忑,敬候回音。

李正权
2012年4月